Klaus von Beyme

Das politische System der Bundesrepublik Deutschland

Klaus von Beyme

Das politische System der Bundesrepublik Deutschland

Eine Einführung

11., vollständig überarbeitete Auflage

VS VERLAG

Bibliografische Information der Deutschen Nationalbibliothek
Die Deutsche Nationalbibliothek verzeichnet diese Publikation in der Deutschen Nationalbibliografie; detaillierte bibliografische Daten sind im Internet über http://dnb.d-nb.de abrufbar.

Die früheren Auflagen (1. bis 8.) erschienen im Piper Verlag, München
9. Auflage 1999
10. Auflage 2004
11., vollständig überarbeitete Auflage 2010

Lektorat: Frank Schindler

VS Verlag für Sozialwissenschaften ist eine Marke von Springer Fachmedien.
Springer Fachmedien ist Teil der Fachverlagsgruppe Springer Science+Business Media.
www.vs-verlag.de

Umschlaggestaltung: KünkelLopka Medienentwicklung, Heidelberg
Druck und buchbinderische Verarbeitung: Ten Brink, Meppel
Gedruckt auf säurefreiem und chlorfrei gebleichtem Papier
Printed in the Netherlands

ISBN 978-3-531-17728-1

Inhalt

Verzeichnis der Tabellen und Grafiken

Tabellen

Grafiken

Abkürzungen

AEI	American Enterprise Institute for Public Policy Research
AJdD	Allensbacher Jahrbuch der Demoskopie
APSR	American Political Science Review
APuZ	Aus Politik und Zeitgeschichte
BT.-Drs.	Bundestagsdrucksache
BVerfGE	Verfassungsgerichtsentscheidungen
BVerfGG	Bundesverfassungsgerichtsgesetze
DÖV	Die öffentliche Verwaltung
FAZ	Frankfurter Allgemeine Zeitung
FR	Frankfurter Rundschau
GGO	Gemeinsame Geschäftsordnung der Bundesministerien
GMH	Gewerkschaftliche Monatshefte
GSFP	Gesellschaft für Sozialwissenschaftliche Forschung und Publizistik
hektogr.	hektographiert
JdöM	Jahrbuch der öffentlichen Meinung
JÖR	Jahrbuch des öffentlichen Rechts
JZ	Juristenzeitung
KZFSS	Kölner Zeitschrift für Soziologie und Sozialpsychologie
Lev.	Leviathan
MEW	Marx-Engels-Werke
PVS	Politische Vierteljahresschrift
SVG	Gutachten des Sachverständigenrats
SVR	Sachverständigenrat zur Begutachtung der gesamtwirtschaftlichen Entwicklung
VVDStRL	Veröffentlichungen der Vereinigung der Deutschen Staatsrechtslehrer
WEP	West European Politics
ZfP	Zeitschrift für Politik
ZfSoz	Zeitschrift für Soziologie
ZParl	Zeitschrift für Parlamentsfragen

Einleitung: Der Weg zur deutschen Einheit

„Die Präambel ist der wichtigste Teil einer Verfassung“, begann einmal ein bekannter amerikanischer Verfassungsrechtler seine Vorlesung über die amerikanische Verfassung. „Wenn meine Kollegen das Gegenteil sagen, glauben Sie ihnen nicht.“ Für das Grundgesetz der Bundesrepublik Deutschland sollte er recht behalten. Im Lauf der 40jährigen Geschichte der Bundesrepublik wurde der Anspruch des Grundgesetzes, auch für „jene Deutsche“ zu handeln, „denen mitzuwirken versagt war“, für manche westdeutschen politischen Kräfte zunehmend zum Ärgernis, die sich im Status quo der Teilung eingehaust hatten. Wie die Anerkennung der DDR als Staat zu vereinbaren war mit dem Festhalten an der Aufforderung des Grundgesetzes an das deutsche Volk, „in freier Selbstbestimmung die Einheit und Freiheit Deutschlands zu vollenden“, schien immer schwerer zu begründen. Dennoch erwies sich diese Präambel – ihren Spöttern zum Trotz – als der erfolgreichste Teil dieser provisorischen Verfassung. Immer größere Teile des westdeutschen Volkes schienen aber geneigt, sie eher unter die „*dignified parts*“ der Verfassung zu rechnen – „ehrwürdig“, aber bedeutungslos. Walter Bagehot, auf den diese Unterscheidung zurückgeht, hatte jedoch schon vor solchen Verallgemeinerungen gewarnt: Die effizienten Teile des Systems wendeten nach seiner Ansicht die Macht nur an, aber die ehrwürdigen Teile „attract its motive power“, sie legitimierten die Macht. Die Analyse der politischen Kultur in Deutschland (Kap. 2) wird zeigen, dass das Nationalgefühl der Westdeutschen im Vergleich der Nationen unterdurchschnittlich entwickelt war. Aber die Macht der Präambel war bei etwa zwei Dritteln der Bevölkerung groß genug, um die Einheit so rasch zu ermöglichen, obwohl schon früh klar wurde, dass sie Opfer verlangen würde.

Im Frühjahr 1990 schien der Prozess der Annäherung der beiden deutschen Staaten noch offen. Auf einer Tagung der Vereinigung der deutschen Staatsrechtslehrer (VVDStRL 49:124) hat ein Berichterstatter noch argumentiert, dass – falls die Vereinigung trotz guter Chancen scheitern sollte – erwogen werden müsse, die Präambel des Grundgesetzes und das Wiedervereinigungsgebot abzuschaffen, um der Europäischen Integration auch in der Verfassung Priorität zu geben. Vierzig Jahre lang hatte es Lippenbekenntnisse zur Konzeption Adenauers gegeben, dass die Wiedervereinigung nur über eine enge Anlehnung an den Westen zu erreichen sei. 1990 wurde diese Auffassung richtig, wenn auch unter ganz anderen Prämissen, als sie Adenauer zugrunde gelegt hatte. Die europäische

Einigung wurde 1990 nicht zur Alternative der deutschen Einheit, sondern trug dazu bei, sie zu beschleunigen und international abzusichern.

Unter den ca. 70% der Bürger, welche die Einigung in Westdeutschland Ende 1989 billigten, war ein großer Prozentsatz für eine langsamere Vereinigung. Willy Brandt sprach davon, dass nun zusammenwachse, was zusammengehöre, aber vielen wurde bei dem Tempo unheimlich. Selbst Bundespräsident von Weizsäcker warnte vor dem „Zusammenwuchern". Drei Stadien lassen sich in diesem Prozess unterscheiden:

1. Bis Dezember 1989 war ein großer Teil der Westdeutschen zunächst für die Zweistaatlichkeit. Vor allem in der SPD gab es starke Kräfte gegen den Kurs auf die deutsche Einheit. Brandt wurde von der Parteibasis gefeiert, aber die Mehrheit der Führung wie Egon Bahr, Oskar Lafontaine, Walter Momper oder Gerhard Schröder hatte starke Vorbehalte gegen die Überwindung des Status quo und huldigten einem „negativen Nationalismus" (Sturm 2006: 247, 464, 474).
2. Bis Februar 1990 wurde klar, dass die Erosion des Systems der DDR auch unter der Regierung Modrow so rasche Fortschritte machte, dass eine lockere Form der Vereinigung unvermeidlich wurde. Dafür waren drei Faktoren maßgebend:
   - Die Zuspitzung der *wirtschaftlichen Krise* in der DDR.
   - *Der anhaltende Exodus* aus der DDR, der in der ersten Jahreshälfte auf eine halbe Million geschätzt wurde.
   - *Die Halbherzigkeit der Maßnahmen der DDR-Regierung.* Misstrauen wurde durch einen Brief Modrows an Gorbatschow vom 2.2.1990 geschürt, in dem der DDR-Ministerpräsident die Sowjetunion bat, „mit ihren Rechten als Siegermacht des Zweiten Weltkrieges ... für die Sicherung der Eigentumsverhältnisse" einzutreten (DDR-Almanach 1990: 364).
3. Nach den ersten freien Wahlen der DDR im März 1990 und dem Wahlsieg der Unionsparteien kam es von beiden Seiten zu verstärkten Einigungsbemühungen. Die linken Gegner einer Vereinigung begannen sich in Resignation zu üben. Die Intellektuellen wurden aufgerufen, ihre Rolle zu bestimmen, ob sie „Mittäter bei einer machtpolitischen und ökonomischen Landnahme sein wollen – oder Sand im Getriebe dessen, was läuft oder abfährt" (Greiner 1990: 68).

Zwei Interpretationen des improvisierten Prozesses wurden in der westdeutschen Linken angeboten:

- Als treibende Kraft wurde ein *„Nationalismus von oben"* gesehen, der Arbeitsplätze für Machthaber und Staatsdiener schafft (Decker/Held 1990: 21). Die reflektiertere Variante sprach von einem „Syndrom des Eliten-Nationalismus", der „keineswegs eine in der Bevölkerung tatsächlich vorherrschende Gefühlslage zum Ausdruck" bringe, sondern, umgekehrt, das nationale Motiv zur Erzeugung der Akzeptanz einsetze (Offe 1990). Hartnäckig hielt sich die Vorstellung: „Art und Tempo der Vereinigung sind von der Bundesregierung bestimmt worden." „Terminzwänge" wurden als ausschließlich selbstgesetzt dargestellt (Habermas 1991: 63). Diese Analytiker kritisierten nicht die Vereinigung an sich, sondern die Art und Weise. Der langsame Prozess der Vereinigung, um Zeit für Kommunikation und Reflexion zu gewinnen, war in der Stille von der Hoffnung gekennzeichnet, dass ein längerer Prozess der Besinnung auf die wohlverstandenen Eigeninteressen der DDR zu einer weniger anschlusswütigen Sofortentscheidung geführt hätte. Kommunikationstheorien der Politik geben dem Volk gern jede Möglichkeit der Mitwirkung, scheuen aber nichts mehr, als auch die Möglichkeit zuzugeben, dass das Volk sich in höchst konservativer und wenig aufgeklärter Weise entscheidet.
- Eine zweite Hypothese scheint näher an der Realität, wenn festgestellt wurde, dass das Nationale in der Bundesregierung erst einmal keine Rolle gespielt habe und nur von einigen „Pickelhaubenträgern vom Dienst" vorgebracht worden sei. Der politischen Klasse in Bonn wurde nicht nationale Mobilisierung vorgeworfen, sondern umgekehrt, dass sie *machtlos gegen den Einigungsdrang* war und über keinen Willen verfügte, den sie dagegen hätte mobilisieren können (Schmid 1990: 92f.).

Konservative Betrachter befürchteten eher ein Ende der Bundesrepublik. Für Niklas Luhmann (1990) schien die Kontinuität allenfalls gesichert durch die zwei Haupthaltungen der Bevölkerung: „Dabeisein und Dagegensein", Teilhabe an den wirtschaftlichen „Errungenschaften" und zugleich eine Protestkultur zu pflegen.

Beide Sichtweisen überschätzen den Anteil der deutschen Akteure am Geschehen. Zur raschen Einigung wurden die Eliten in beiden deutschen Staaten durch die Ereignisse eher gedrängt, als dass sie diese geplant hätten. Weit bemerkenswerter als dieser Prozess des Sich-Drängen-lassens war die internationale Hinnahme der Einigung, die sie erst ermöglichte und ohne welche die Intentionen der deutschen Akteure zweitrangig für den Erfolg geblieben wären.

Anders als bei dem historischen deutschen Einigungsprozess 1871 war die zweite Vereinigung keine innerdeutsche Angelegenheit. Es ist leicht, mit Faktoren der Stabilitätssehnsucht politischer Eliten und der Risikoscheu der Massen in beiden deutschen Staaten zu erklären, warum der rasche Anschluss gewählt wurde. Schwerer ist zu erklären, wie es international möglich wurde, dass Deutschland 1990 durch eine ganz „schmale Tür der Geschichte in die Einheit schlüpfte", wie der brandenburgische Ministerpräsident Stolpe sich so treffend wie behutsam ausdrückte. Es grenzte an ein Wunder, dass die außerordentlich heterogenen Akteure – trotz aller Annäherung seit der Perestroika in der Frage der deutschen Einheit dem Drängen der Deutschen nachgaben.

Auch innenpolitisch gab es keinen „Meisterplan" zur Vereinigung. Kohls 10-Punkte-Plan vom Dezember 1989 – in sträflichem Leichtsinn nicht einmal mit den westlichen Verbündeten abgestimmt – ließ nicht darauf schließen, dass die Bonner Regierung Ende 1989 mit einer raschen Vereinigung rechnete. Gleichwohl ist von Akteuren der DDR-Opposition wie des Demokratischen Aufbruchs schon der moderate 10-Punkte-Plan als „größte Katastrophe nach Öffnung der Grenzen" bezeichnet worden. Pfarrer Schorlemmer aus Wittenberg (DA) befürchtete eine Wirkung des Konföderationsplans, der den Selbstlauf der Ereignisse verstärkte: „Er bestärkt nicht unser Selbstvertrauen, sondern unsere Hilfsbedürftigkeit" (Interview mit der RNZ 16.1.1990: 13). Die Wirkung des Plans wurde damit vermutlich überschätzt. Aber die rasche Bonner Initiative gegenüber der DDR verstärkte zweifellos die Erosionstendenzen in der DDR.

Die größte Leistung der Bundesregierung – neben der außenpolitischen Konzertierung, bei der sie häufig mehr Glück als Geschick bewies – war zweifellos, die rasche Führung gegenüber dem wirtschaftlichen System zu übernehmen. Die Wirtschaftseliten hatten naturgemäß mehr Bedenken gegen die Währungsunion und den raschen Einigungsprozess als das Volk.

Entscheidend für die deutsche Einigung war die Dynamik der Annäherung in Europa. Andreotti hatte als italienischer Außenminister 1984 geäußert, dass niemand in der Welt die deutsche Einigung wünsche. Selbst Bruno Kreisky assistierte damals: „Dem Herrn Andreotti ist es halt passiert, dass er etwas deutlicher formuliert, was alle denken" (FAZ 29.9.1984: 5). Noch Egon Krenz berief sich in seiner kurzen Regierungszeit auf diesen Satz. Andreotti hat im Februar 1990 diese Meinung revidiert, und dieser Prozess der weltweiten Revision alter bipolarer Konzeptionen wurde der eigentliche Schlüssel zur Vereinigung. Die Motive der anderen Mächte waren unterschiedlich. Nur Amerika hatte immer mehr als Lippenbekenntnisse zur deutschen Einheit abgelegt und hatte auch von einem zu großen Deutschland in der Mitte Europas nichts zu fürchten. Für die USA war die deutsche Einheit eine Art Krönung ihrer „Einhegungspolitik" gegenüber dem sowjetischen Expansionismus (Kaiser 1991: 49).

Die westeuropäischen Mächte sahen nun die positiven Möglichkeiten einer deutschen Vereinigung aus einer Reihe von Gründen:

- Nach dem Zusammenbruch des bipolaren Sicherheitssystems war die Rolle der DDR unsicher geworden. Noch waren 400000 sowjetische Soldaten auf dem Territorium Ostdeutschlands stationiert, die neutralisiert werden sollten.
- Die *Neutralität* Deutschlands war seit den Erfahrungen mit der Weimarer Republik ein *Alptraum.* Die Devise für 40 Jahre „to keep the Soviets out, to keep the Germans down" hatte sich gewandelt. Es ging vor allem um die Einbindung eines künftigen Deutschlands.
- Die *Prävention gegen einen deutschen Nationalismus* im Falle eines Vetos gegen die Vereinigung hat ebenfalls einige Akteure motiviert.
- Eine unabhängige DDR hätte der Europäischen Gemeinschaft starke *finanzielle Lasten* aufgebürdet. Die rasche Vereinigung wurde auch für die anfangs zögernde EG ein Mittel, die Kosten des Annäherungsprozesses in Deutschland zu internalisieren. Eine spanische Zeitung rechnete viele Milliarden Dollar aus, welche ein Eintritt der DDR in die EG für Spanien kosten würde (La Vanguardia 21.3.1990: 15).
- *Die Wirtschaftskraft* der Bundesrepublik konnte durch diese Kosten für die Zukunft mittelfristig *stark gebunden* werden und schien den Vorsprung Westdeutschlands im Handel mit Osteuropa zu mildern und die Chancen anderer westeuropäischer Länder zu vergrößern.

Die *osteuropäischen Länder* verbanden ebenfalls einige Hoffnungen mit der raschen Vereinigung, die ihre Bedenken schließlich überwogen.

- Die *Hoffnung auf eine sichere Grenze mit Westeuropa* und den Wegfall einer Bedrohung durch die DDR, die auf bedingungslose Gefolgschaft zur Sowjetunion angewiesen war.
- Die Hoffnung auf *raschere Beitrittschancen zur EG,* wenn die Sonderrolle der DDR entfiel.
- Die Hoffnung, *ganz Deutschland in der Nato zu halten*, um Deutschland unter Kontrolle zu halten. Artikel 23 des Grundgesetzes schien den Eintritt der DDR in die westdeutschen Bindungsverpflichtungen zu garantieren.

Die *Sowjetunion* war im Februar 1990 durch die internen ethnischen Konflikte relativ handlungsschwach. Ohne diese Ablenkung hätte sie vermutlich ihre Interessen stärker im Sinne der Großmachtkontinuität durchgesetzt. Gorbatschow akzeptierte schließlich die Einheit – und zur großen Verwunderung aller Kenner der sowjetischen Außenpolitik – auch die deutsche Nato-Mitgliedschaft aus mehreren Gründen:

- Von Breschnew bis Gorbatschow hatte die Führung nie ausgeschlossen, dass „die Geschichte" die deutsche Frage lösen werde. Der Glaube nahm ab, dass dies unter sozialistischen Vorzeichen geschehen werde. Es schien sinnvoll, verlorene Positionen aufzugeben, solange Gegenleistungen dafür erhältlich waren. Die *traditionellen Sonderbeziehungen* zwischen Deutschland und Russland, von Tauroggen bis Rapallo, waren ein Alptraum der Westmächte; sie passten jedoch durchaus ins Moskauer Kalkül.
- Die *Übernahme der wirtschaftlichen Verpflichtungen der DDR* durch die westdeutsche Regierung und eine erhoffte enge wirtschaftliche Kooperation zum Nutzen des wirtschaftlichen Umbaus in der Sowjetunion. Bis März 1990 wurde die PDS-Position gegen die Einigung nach Artikel 23 noch unterstützt. Diese Haltung wurde angesichts der vollendeten Tatsachen nach der März-Wahl aufgegeben.
- Zweimal gab Gorbatschow seine Vetoposition auf (Wettig 1990). Die Nichtratifizierung des Zwei-plus-Vier-Abkommens wurde nur gelegentlich angedroht, schien aber nicht opportun zur Erhaltung des neugewonnenen Vertrauens der Westmächte. Die Trumpfkarte der sowjetischen Truppen in der DDR stach zunehmend weniger. Bis Februar 1991 gab es 550 Asylanträge sowjetischer Soldaten. Disziplinschwierigkeiten ließen es sogar geraten erscheinen, den Abzug so rasch wie möglich ins Werk zu setzen, zumal mit der Schnelligkeit des Abzugs weitere *finanzielle Konzessionen* Bonns erwartet werden konnten.
- Die Ungewissheiten des eigenen Lagers machten es ratsam, die *Wünsche der früheren osteuropäischen Verbündeten* nicht zu ignorieren, um ihr Wohlwollen für die Schaffung einer neuen Sicherheitsordnung in Osteuropa zu erhalten.

„Das Wunder von Moskau" und der Stimmungsumschwung der sowjetischen Führung im Kaukasus anlässlich des Besuchs von Bundeskanzler Kohl im Juli 1990 ist aus westdeutscher Sicht übertrieben wahrgenommen worden. Hans Modrow (1991: 123) nahm für seine vorangegangenen Initiativen in Anspruch, die Grundhaltung der sowjetischen Führung zur Vereinigung der beiden deutschen Staaten bereits „geklärt" zu haben. Aber Gorbatschow ging nach Modrow (1991: 121) auch von einem losen Konföderationsszenario für die Einheit Deutschlands aus. Er rechnete damit, dass die Mehrheit der DDR-Bevölkerung sich für die Weiterexistenz der DDR aussprechen und dass die SPD bei den Wahlen die besseren Chancen haben werde. Beides erwies sich als Fehleinschätzung. Beide Annahmen wurden im Februar 1990 auch im Westen noch vielfach zugrunde gelegt.

Modrow und andere Gegner der überstürzten Vereinigung haben das Argument benutzt, um die Eilbedürftigkeit des Prozesses zu verneinen. Der Schluss ist freilich im Licht immer neuer Quellen unhaltbar. Nicht nur die Memoiren von Schewardnadse (1991) zeigten, dass die Zustimmung der Sowjetunion zur Einigung am seidenen Faden hing und dass die Gegenkräfte, auch nachdem die Haltung der sowjetischen Führung „geklärt" schien, nicht locker ließen und versuchten, die Aufgabe der DDR zu verhindern.

Nur zweimal hat die Bonner Regierung im Alleingang gegen die Interessen ihrer Verbündeten gehandelt:

- bei der Nichtabstimmung des 10-Punkte-Plans zu einer deutschen Konföderation
- und beim Zögern der Anerkennung der Oder-Neiße-Grenze in einem Abkommen mit Polen.

Im Ganzen aber war der Prozess international konzertiert, und der Spielraum der Bonner Regierung wurde aus der deutschen Perspektive vielfach überschätzt.

Die friedliche Revolution in der DDR – und in ihren Nachbarländern – hatte *kein historisches Vorbild.* Die Erkenntnisse der Forschung über den Übergang zur Demokratie in Südeuropa und Lateinamerika in den siebziger Jahren lassen sich nicht auf die DDR und Osteuropa anwenden.

1. Selbst Spanien hatte lange vor Francos Tod seine Autarkiebestrebungen der faschistischen Epoche aufgegeben und war in die europäische Wirtschaft integriert worden. Ursprünglich halboppositionelle Opus-Dei-Eliten hatten den Prozess beschleunigt. Die vollendete Marktwirtschaft konnte das autoritäre System wie eine reife Frucht aufplatzen lassen. In Osteuropa hingegen siegte eine friedliche politische Revolution. Die neue Führung musste *das Wirtschaftssystem erst schaffen.* Sie befand sich eher in einer Situation wie Lenin, nur ohne seine Mittel der Gewaltanwendung.
2. In allen Revolutionen musste das neue Regime zunächst *mit den alten Eliten in der Bürokratie weiterarbeiten.* Das galt vor allem für das italienische Risorgimento, mit dem die deutsche Einigung gelegentlich verglichen wurde (Lehmbruch 1990: 465f.). Selbst Lenin stand vor dieser Notwendigkeit. In Italien wurde 1860 zwar das effizientere moderne Verwaltungssystem Piemonts ganz Italien übergestülpt. Auf die Dauer aber konnten die süditalienischen Administratoren einen gewaltigen Einfluss im ganzen System erlangen. In der DDR bestand eine solche Kontinuität auf unterer Ebene, und die Klagen darüber rissen nicht ab, dass die „Wendehälse" der alten SED-Elite in administrativen Posten oder in der freien Wirtschaft sich rasch mit dem

Wandel zurechtgefunden hatten. Dennoch ist in diesem Fall der deutschen Einigung soviel administrativer Sachverstand ostwärts dirigiert worden, dass Kolonialisierungsgefühle in den neuen Bundesländern entstanden (vgl. Kap. 8.4).

Nach dem Grundsatz, den das Verfassungsgericht am 31. Juli 1973 anlässlich des Grundlagenvertrages mit der DDR feststellte, war die Bundesrepublik nicht „Rechtsnachfolger", sondern als Staat identisch mit dem Staat „Deutsches Reich", auch wenn die räumliche Ausdehnung nur teilidentisch war (BVerfGE 36, 16). Die rabulistische Debatte um die Frage, ob das Deutsche Reich untergegangen sei, hat im Prozess der Einigung keine Bedeutung gehabt. Die Debatte hatte etwas von theologischen Spitzfindigkeiten alter Abendmahlsstreite gehabt, die um die Frage tobten: „das ist mein Leib" – oder „das bedeutet mein Leib". So überholt die Identitätsthese angesichts einer Aushandlung der Einigung durch völkerrechtliche Verträge zweier deutscher Staaten schien, so war doch nicht zu verkennen, dass die Bundesrepublik vom Vollgefühl der Identitätsthese auch rechtlich gestärkt wurde und daher folgerichtig keinerlei Abstriche von ihrer eigenen Grundordnung zuließ.

Vier Verträge ebneten den Weg zur Einigung, welche die Grundordnung der Bundesrepublik noch über die in der Verfassung festgelegten Prinzipien hinaus auf die DDR übertrug:

1. Der Vertrag über die Schaffung einer Währungs-, Wirtschafts- und Sozialunion vom 18. Mai 1990, der sogenannte Staatsvertrag.
2. Der Wahlvertrag vom 3. August 1990.
3. Der Einigungsvertrag vom 31. August 1990 und
4. Der Zwei-plus-Vier-Vertrag vom 12. September 1990, der die internationale Weichenstellung zur Einheit Deutschlands vorbereitete.

Zu 1.: *Der Staatsvertrag* unterschied sich von vergleichbaren Schaffungen von Währungsunionen im Sterling-Gebiet (1931) und im Franc-Gebiet der Communauté Française (1958) in der auf weitere Einigungsschritte angelegten Präambel. Waren diese historischen Währungsunionen die Zementierung einer letzten Klammer eines zerfallenden Kolonialreiches, so war der Staatsvertrag als erster Schritt zu einem neuen Staatsgebilde in Deutschland konzipiert. In den ersten Artikeln überwogen die materiell staatsrechtlichen Inhalte bereits die völkerrechtlichen Aspekte einer Abmachung unter Gleichen. Artikel 1 Abs. 3 ging dabei sogar über das Grundgesetz hinaus. Das Grundgesetz ist in den fünfziger Jahren in seinem Grundgehalt zur Wirtschaftsordnung stark umstritten gewesen. Die Rechte sah das Grundgesetz als Schranke gegen den Sozialismus an, die

Linke hielt es für „offen gegenüber einer sozialistischen Transformation". Das Bundesverfassungsgericht hat im Investitionshilfeurteil 1954 die wirtschaftspolitische Neutralität des Grundgesetzes dahingehend relativiert, dass sich der Verfassungsgeber nicht ausdrücklich für ein bestimmtes Wirtschaftssystem entschieden habe. Das Prinzip der sozialen Marktwirtschaft ist durch den Staatsvertrag zwar noch nicht in den Rang des Verfassungsrechts gehoben worden, aber zweifellos wurde es aufgewertet (I. von Münch in: Die Verträge 1990: XVL). Nicht nur das Sozialstaatsprinzip von Art. 20 Abs. 1 und Art. 28 Abs. 1 GG wurde festgeschrieben, sondern sogar die Grundsätze des magischen Vierecks (hoher Beschäftigungsstand, Preisstabilität, außenwirtschaftliches Gleichgewicht und angemessenes Wirtschaftswachstum) wurden auf die DDR ausgedehnt (Art. 11.1). Nur im Bereich der Umweltunion wurden Abstriche von westlichen Vorstellungen gemacht. Die DDR verpflichtete sich, das Umweltrecht der Bundesrepublik zu übernehmen.

Die Durchsetzung der Grundordnung der Bundesrepublik in allen Bereichen, vom Rechts- und Sozialstaat bis zur sozialen Marktwirtschaft, war jedoch mit großen Leistungen verbunden, welche das Paket für die DDR-Politiker akzeptabel machten. Die größte Leistung der Bundesregierung bestand weniger in der Überzeugung des DDR-Partners als in der weitreichenden Selbstbin-dung, die einem ungläubigen westdeutschen Wählervolk noch schwer zu vermitteln war und die gegen den nahezu einhelligen Sachverstand der Wirtschaft stand. Gegen alle politökonomischen Restriktionshypothesen für das Handeln der Politiker gegenüber dem marktwirtschaftlichen System kam es zu einem beispiellosen Primat der politischen Führung.

Es hatte ursprünglich keinen Meisterplan zur Einigung gegeben. Es ging eher archaisch machiavellistisch zu: Die Perestroika hatte „*fortuna*" geschaffen, die politische Führung – ursprünglich eher auf lange Übergangszeiten eingerichtet – entwickelte „*virtù*". Die widerstrebenden Wirtschaftsexperten von den Forschungsinstituten bis zur Bundesbank beugten sich der „*necessità*" einer raschen Einigung binnen weniger Wochen. Auch Bundeskanzler Kohl hatte kein fertiges Konzept für das deutschlandpolitische Regierungshandeln. Im Rückblick auf den Erfolg wurden die intern und extern beklagten Führungsschwächen Kohls verkleinert. Der eigentliche „Prozessmanager" war Schäuble (vgl. Korte 1998: 158, 243, 226).

Die Währungsunion zum 2. Juli 1990 galt den meisten Wirtschaftsexperten als riskant. Christian Watrin verglich die Maßnahme mit der „Eigernordwand im Winter" (FAZ 23.2.1990). Vor allem die Kosten für die Bundesrepublik erschreckten die Experten, weil sie einseitig der Bundesrepublik auferlegt wurden. Manfred Borchert sah in der raschen Währungsunion die teuerste Lösung, die „einem Kauf der DDR durch die Bundesrepublik" gleichkomme, „allerdings zu einem stark überhöhten Preis“ (Die Zeit 23.2.1990). Der Preis hätte nach der Vorstellung der SPD noch erhöht werden können. Die finanzpolitische Sprecherin der SPD-Fraktion, Ingrid Matthäus-Maier, setzte sich für einen Umtausch von Renten, Löhnen und Sparguthaben im Verhältnis 1:1 ein, während den Betrieben die Schulden völlig erlassen werden sollten. Ausgleichsforderungen in Höhe von fast 200 Milliarden DM wären entstanden.

Der Präsident des Deutschen Instituts für Wirtschaftsforschung hielt den Kurs 2:1 nur für die Bewertung der Verbindlichkeiten der Unternehmen für sinnvoll. Sonstige Umstellungen 2:1 hätten dieser Ansicht nach ein Sinken unter das Existenzminimum für große Teile der DDR-Bevölkerung zur Folge (Die Zeit 6.4.1990: 27). Als sich die beiden deutschen Regierungen auf die Lösung 1:1 für Löhne und Renten und Sparguthaben und Bargeld bis 4000 DM und für restliche Bestandsgrößen auf den Kurs 2:1 einigten, stellten die Experten ihre Bedenken zurück: „Damit ist der Disput durch eine im ganzen vertretbare politische Setzung entschieden worden“ (Kloten 1990: 91).

Bei der Organisation der Akzeptanz der „politischen Setzung“ wurde nicht ganz so machiavellistisch verfahren, wie die weitverbreitete Wahlbetrugsthese nach dem Dezember-Wahlkampf von 1990 suggerierte.

Es gab kein wirtschaftswissenschaftliches Alternativszenario mit Aussicht auf Erfolg. Eine protektionistische Marktwirtschaft in der DDR hätte eine neue Mauer mit Devisenkontrollen und scharfer Überwachung erfordert. Fehlallokationen in diesem protektionistischen System wären nicht zu vermeiden gewesen. Für eine Dolchstoßlegende der DDR-Wirtschaft besteht kein Anlass (Willgerodt 1991). Selbst wenn der langsame abgesicherte Übergang in die Marktwirtschaft hätte funktionieren können, wäre die Akzeptanz, für die späteren Kosten der Vereinigung aufzukommen, in Westdeutschland vermutlich auf Null gesunken.

Die westdeutsche Elite übte sich früh in der Aussage, dass die Einheit „nicht zum Nulltarif“ zu haben sei. Über die Höhe der notwendigen Opfer wurden keine Aussagen gemacht. Die Tatsache, dass im Sommer 1990 bei einer Umfrage 73% der Westdeutschen ihre mangelnde Bereitschaft, Opfer für die Vereinigung auf sich zu nehmen, zu Protokoll gaben, konnte noch nicht als Beweis dafür gelten, dass die Kostenfrage aus negativer Demagogie heruntergespielt wurde. Die Beratung durch wirtschaftlichen Sachverstand war nicht eben der Klarheit förderlich. Steuererhöhungen waren mit der nächsten Stufe der EG 1992 im Bereich der Mehrwertsteuer ohnehin zu erwarten.

Man konnte 1990 hoffen, bis dahin eher mit Umschichtungen des Haushalts plus Erhöhung der Staatsverschuldung über die Runden zu kommen. Die Opposition war dennoch rasch mit dem Vorwurf des „Wahlbetrugs“ zur Hand. Erstaunlicher als die unterstellte wahltaktische Täuschungsabsicht ist wohl die Tatsache, dass die Regierung Kohl in großen Teilen geglaubt hat, eine Steuererhöhung vermeiden zu können. Sie vertraute auf die Marktkräfte, nachdem ein Fonds für die deutsche Einheit mit den Ländern ausgehandelt war und die rechtlichen Grundlagen für Erwartungssicherheit der Investoren gelegt waren (vgl. Kap. 9.4).

Die Wirtschaftsexperten hatten 1990 nicht nur kein Konzept, wie der Übergang der DDR zur Marktwirtschaft bewerkstelligt werden könnte. Sie widersprachen einander auch über die Höhe der Kosten. Der wirtschaftspolitische Sprecher der CDU-CSU-Bundestagsfraktion, Matthias Wissmann, veranschlagte 890 Milliarden DM in 10 Jahren (FAZ 17.2.1990). Der Vizepräsident des HWWA-Instituts für Wirtschaftsforschung überbot den Ansatz mit der Zahl von 1000 Milliarden (Hamburger Abendblatt 20.2.1990). Je gigantischer die geschätzten Summen, umso nötiger wurde das Vertrauen auf die Investoren. Der einstige SPD-Wirtschaftsminister Schiller hoffte, dass bei 100 Milliarden Nettokapitalexport die Probleme schon gelöst werden könnten, wenn nur ein Drittel davon in die DDR flöße (Wirtschaftswoche 2.3.1990). Alle Prognosen sind von der Realität rasch zu Makulatur gemacht worden (vgl. Kap. 8.4, 9.5). Man begann Bismarck zu beneiden, der in seinem Einigungswerk 1871 geringere wirtschaftliche Systemunterschiede auszugleichen gehabt hatte als Kohl. Bismarck konnte 1871 noch auf die Milliarden an französischen Reparationsleistungen rekurrieren, während das neue Deutschland noch durch reparationsähnliche Restverpflichtungen belastet schien, etwa mit den Milliarden, die für den sowjetischen Truppenabzug ausgehandelt worden waren.

Die Bundesregierung war mit ihrer Zurückhaltung, die Kosten der Einheit dem Wähler gegenüber im Halbdunkel zu lassen, theoretisch gut beraten:

- Die wissenschaftlichen Experten spekulierten über diese Kosten kaum weniger verwegen als die ökonomischen Laien.
- Die Akzeptanz der Vereinigung lag bei über 70% im Westen und über 90% im Osten Deutschlands, sie sank aber im Westen auf unter 30 Prozent, wenn die Frage nach der Bereitschaft wirtschaftlicher Opfer hinzugefügt wurde (vgl. Kap. 2).

Psychologisch hingegen war es ein Fehler, die nationale Begeisterungswelle im Herbst 1989 nicht zu einem Appell an die Opferbereitschaft umzumünzen. Nach einer Umfrage vom Januar 1991 hatten 55% (selbst viele Anhänger der Unionsparteien) den Eindruck, die Bundesregierung habe die Belastung vor der Wahl im Dezember 1990 vor den Bürgern verheimlicht. 45% rechneten inzwischen mit großen Belastungen, 48% mit mittleren Belastungen in der Zukunft. Trotz der alarmierenden Ergebnisse hat die kurzatmige Befragungsindustrie jedoch voreilig auf ein Wachstum der Unwilligkeit zu Opfern geschlossen, zu Unrecht. Die Kluft zwischen Erwartungen und Bereitschaft, diese Erwartungen hinzunehmen, hatte sich eher leicht geschlossen. Eine große Belastung wollten zwar nur 5% der Befragten akzeptieren, aber immerhin 46% waren für eine mittlere Belastung und 49% für eine geringfügige Belastung zu gewinnen. Vergleichbar waren die Daten freilich nicht, da die späteren Umfragen vom Ist-Zustand ausgingen und die mangelnde Bereitschaft zur Übernahme von Belastungen gar nicht mehr als Alternative offen ließen (Der Spiegel 1991, Nr. 6: 471). Da inzwischen jedoch der Golfkrieg mit seinen Kosten als Belastung hinzugekommen war, durfte die Zahlungsverweigerungsbewegung nicht überschätzt werden. 69% der befragten Bundesbürger sprachen sich sogar für eine finanzielle Beteiligung an den Kosten des Krieges aus, während nur 28% bereit waren, auch Truppen ins Kampfgebiet zu entsenden. Opfer für die deutsche Einheit hätten bei einiger propagandistischer Umsicht in ähnlicher Höhe mobilisiert werden können.

Zu 2.: Der *Wahlvertrag* vom 3. August 1990 wurde in der Präambel als weiterer wichtiger Schritt zur Herstellung der deutschen Einheit bezeichnet. Selbst die Rücksicht auf die ablaufende Tagungsperiode des Deutschen Bundestags wurde vorgeschrieben. Als die Fristenkalkulation in Gefahr geriet, kam es zu unschönen taktischen Manövern. De Maizière hatte sich dafür ausgesprochen, dass die Beitrittserklärung erst nach der Wahl wirksam werden solle, auch wenn sie vorher abgegeben werde. Die rasche Erosion zwang zu einem anderen Zeitplan und führte zu jener unguten Interimsperiode, in der die DDR-Repräsentanz in Bonn nur „zu Gast“ war. Namhafte Staatsrechtler hatten kurz vor der Verabschiedung des Wahlgesetzes noch zweierlei Wahlgesetze für nicht verfassungswidrig erklärt, wenn man die Gesetzgebungshoheit der DDR in diesem Punkt respektiere und die dadurch bedingten Ungleichheiten in Kauf nehme (M. Kriele in: FAZ 19.7.1990: 8). Nur durch den Eingriff des Bundesverfassungsgerichts wurde verhindert, dass kleinliche taktische Parteivorteile wie das Huckepack-System und die Benachteiligungen durch eine einheitliche Fünfprozentklausel festgeschrieben wurden (vgl. Kap. 3).

Als die Volkskammer der DDR am 23. August 1990 ihren Beitritt zum Geltungsgebiet des Grundgesetzes nach Art. 23 GG mit Wirkung zum 3. Oktober erklärte – ein PDS-Abgeordneter sprach in der Debatte um die Zwei-plus-Vier-Verhandlungen in der DDR-Volkskammer von einer „Sturzgeburt“ (Auf dem Weg V: 275) – musste sie in ihrem Beschluss noch Vorbehalte für zwei weitere Einigungswerke machen:

- dass der Einigungsvertrag zu diesem Termin abgeschlossen sein müsse,
- und die Zwei-plus-Vier-Verhandlungen soweit gediehen sein sollten, dass die außen- und sicherheitspolitischen Bedingungen der deutschen Einheit geregelt sein müssten.

- Nur in der Länderbildung wurde eine Bedingung geschaffen, welche die DDR-Gesetzgebung selbst in der Hand hatte. Das Länderbildungsgesetz der DDR lag seit dem 22. Juli 1990 vor, aber Grenzfragen zwischen den DDR-Ländern und die Voraussetzungen zur Wahl waren noch nicht völlig geklärt.

Zu 3.: Der *Einigungsvertrag* vom 31. August 1990 kam rasch zustande. Der Vertrag war erstaunlich knapp gehalten. Wichtige Regelungen der Rechtsanpassung in der DDR wurden in die Anlagen verwiesen. In Art. 1 des Einigungsvertrages wurden die Länder und die Vereinigung Berlins erwähnt. Art. 2 erklärte Berlin zur Hauptstadt. Die Frage des Sitzes von Parlament und Regierung wurde auf die Zeit nach der Herstellung der Einheit verschoben: ein geschickter Schachzug, angesichts der Tatsache, dass die Lobby für den Verbleib in Bonn täglich stärker wurde. Die Hauptstadt Berlin war im Einigungsvertrag eine der wenigen Konzessionen, die an die DDR gemacht werden konnten. Nur hier ließ sich ein paritätischer Beitrag von West und Ost in einer wichtigen Frage der symbolischen Politik leisten. Berlin war in West- und Süddeutschland immer umstritten gewesen und war fern davon, als „natürliche“ Hauptstadt wie Paris oder London empfunden zu werden. Eigentlich hat sie erst durch Teilung und Knebelung in der Akzeptanz an Boden außerhalb der östlichen, ehemals preußischen Gebiete gewonnen. Eine Umfrage der Amerikaner ergab in Hessen 70%, in Baden-Württemberg 58% und in Bayern 52% für Berlin. In den 40 Jahren der Teilung hatte sich an dieser nicht überwältigenden Akzeptanz wenig geändert. Im April 1990 ergab eine Allensbach-Umfrage 51,6% für Berlin und nur 26,3% für Bonn. Im Oktober 1990 war die Bevorzugung Berlins wenig gesunken (51%, Westdeutschland 46%, Ostdeutschland 70%), aber die Stimmung für Bonn war im Volk günstiger geworden (28%, davon in Westdeutschland 33% und in Ostdeutschland 9%) (Quellen in: von Beyme 1991: 123). In anderen Umfragen lag Berlin geringfügig höher, nie aber erreichte die Stadt mehr die 60%-Marke. Der Lobbyismus für Bonn hat die finanziellen Interessen der Mehrheit der politischen Klasse mit vielen Argumenten verbrämt:

- Die neue Bescheidenheit Deutschlands werde durch Bonn repräsentiert,
- astronomische Kostenszenarios wurden gegen Berlin ausgespielt.
- Latent wurden Furcht vor Stasi-Relikten und Sorge um ein Leben in der sozial unruhigen (schon Bismarck hatte einst Bedenken gegen das „rote Berlin“) und grenznah-östlichen Stadt laut.

Der Streit zwischen Bonn und Berlin ließ sich nicht mit historischen Argumenten entscheiden. Wäre Frankfurt 1949 nicht von der damaligen Bonn-Lobby ausmanövriert worden, wäre der Konflikt 1991 vermutlich zugunsten des Kompromisses „Frankfurt“ gelöst worden. Die öffentliche Auseinandersetzung in der Frage des Regierungssitzes wurde vielfach von kleinlichen Kostenargumenten und historischen Ressentiments gegen Berlin beherrscht. Das Lob der Bonner Demokratie machte sich nicht selten unglaubwürdig, wenn der Wandel der Deutschen zur Demokratie als so unsicher dargestellt wurde, dass er bereits durch eine Verlegung des Parlaments an die Spree gefährdet werden konnte. Die Debatte am 20. Juni 1991 im Deutschen Bundestag war im Vergleich zu den publizistischen Vorspielen von hohem Ernst und dem Geist der Toleranz geprägt. Die knappe Entscheidung für Berlin (338:320) wird voraussichtlich nicht von weiteren Zweifeln an der Mehrheit beeinträchtigt werden. In beiden großen Parteien ergab sich eine knappe Mehrheit für Bonn. Den Ausschlag für Berlin gaben die kleinen Parteien (FDP, PDS und Bündnis 90/Grüne).

Die offene Zukunft wurde zugunsten der Interessen der Bundesrepublik vor allem bei den Artikeln des Einigungsvertrages präjudiziert, welche die Grundgesetzänderungen betrafen (vgl. Kap. 1.4). Nicht eigentlich beitrittsbedingt war die Grundgesetzänderung, welche die Vormacht der westlichen Flächenstaaten festschrieb, weil der Beitritt einiger kleiner Länder – im Schlüssel der Verteilung von Bundesratssitzen leicht privilegiert – eine Verschiebung des Machtgleichgewichts hätte bedeuten können. Mit der Stimmenerhöhung für Länder mit mehr als 7 Millionen Einwohner auf 6 Bundesratsstimmen (vgl. Kap. 9.2) haben die mächtigeren Länder sich gegen die Majorisierung durch die kleinen Länder geschützt. Wo Interessen von Teilen der DDR-Bevölkerung geregelt werden sollten, wie bei der ursprünglich geplanten Amnestie für Spionagetätigkeit von Angehörigen der DDR-Nachrichtendienste, wurde mit Rücksicht auf die DDR-Regierung darauf verzichtet, die einen solchen damals unpopulären Schritt nicht mittragen wollte: Die Angleichung der öffentlichen Verwaltung und Rechtspflege war ein unvermeidlicher Hauptbestandteil des Einigungsvertrages. Vordergründiger politisch war das Kapitel über öffentliches Vermögen und Schulden. Im „Treuhandgesetz zur Privatisierung und Reorganisation des volkseigenen Vermögens“ vom 17. Juni 1990 war die Umgestaltung der Eigentumsverhältnisse in der DDR im Hinblick auf die Währungsunion in Angriff genommen worden. Art. 25 des Einigungsvertrages gab der „Treuhand“ Quasi-Verfassungsrang. Nur im Kapitel über „Kultur, Bildung und Wissenschaft, Sport“ wurden zahlreiche Zugeständnisse gemacht, die freilich eher nicht einklagbarer Natur waren. Die ganze Härte der „Abwicklung“, die kommen sollte, war aus diesem Text nicht herauszulesen. Die Finanznöte der neuen Länder haben diese Härte mangels Finanzierungsmöglichkeiten inzwischen noch verschärft (vgl. Kap. 8.4).

Zu 4.: Der *Zwei-plus-Vier-Vertrag* mit den vier Siegermächten vom 12.9.1990 hat die Notwendigkeit eines umständlichen Verfahrens für einen Friedensvertrag umschifft und die Nichtmitwirkung zahlreicher ehemaliger Kriegsgegner und Kriegsbetroffener sichergestellt. Er diente der Einbindung des neuen Deutschland in das westliche Sicherheitssystem. Die Sicherung der Grenzen, die Beschränkung der deutschen Truppen auf 370 000 Mann, die Begrenzung des Aufenthalts sowjetischer Truppen in Ostdeutschland bis Ende 1994 und die Verpflichtung, keine NATO-Truppen in Ostdeutschland zu stationieren, waren die Konzessionen der deutschen Seite. Dafür erlangte man für relativ bescheidene finanzielle Kompensation an die Sowjetunion die Souveränität zurück und das Recht, für das westdeutsche Gebiet Mitglied der Nato sein zu können.

Der interne Willensbildungsprozess über die Vertragswerke und die zahlreichen Einzelgesetze, die sie begleiteten, ist erstaunlich wenig beleuchtet worden. Der Inhalt der Regelungen bot täglich so viele neue Überraschungen, dass die Interna auch von der Presse weit weniger beachtet wurden als in Zeiten bloßer Routineentscheidungen. Bundesinnenminister Schäuble und seinem Haus kam zweifellos eine Schlüsselrolle zu, die dem Innenminister ein Ansehen brachte, das ganz ungewöhnlich in einem Ressort ist, dessen „regulative" und „repressive" Tätigkeitsaspekte in der Öffentlichkeit meist Respekt, aber kaum Bewunderung einflößen. Die Kodifikationsleistungen unter ständig wechselnden Bedingungen sind ebenfalls eine erstaunliche Leistung. Möglich waren sie in diesem Tempo freilich nur, weil der westdeutsche Standpunkt so dominant blieb. In einem paritätischen Verhandlungsprozess hätte das Tempo kaum eingehalten werden können.

Über die Einzelheiten der Verhandlungen über die Verträge zur deutschen Einheit wird erst die historische Forschung dermaleinst Aufschluss geben können. Erste Vorboten der Aufklärungen zeigten sich in den Erinnerungen der Beteiligten. Wolfgang Schäuble (1991: 130) berichtete über zahlreiche Wünsche de Maizières, die nicht erfüllt wurden. Viele lagen im Bereich der Staatssymbolik von der Flagge bis zur Hymne. Die Formulierung des behutsam-verständnisvollen Innenministers ließ aber keinen Zweifel daran, dass für die Bonner Regierung viele Sonderwünsche des „Beitrittsgebietes" nicht akzeptabel waren: „Ich habe diese Anregungen unterschiedlich ernst genommen." Nur in der Hauptstadtfrage kam es zu dem Kompromiss, der die Entscheidung über den Sitz der Regierung dem Bundestag überließ. Vor allem die SPD versuchte sicherzustellen, dass der Bundesrat in dieser Frage kein Mitwirkungsrecht bekam. Hart umstritten war vor allem die Finanzverfassung (vgl. Kap. 9.4). Zeitweilig schien der Vertrag ganz zu scheitern. Ein Vertrag war in den Augen mancher Bonner Unterhändler ohnehin nicht nötig und wurde schon als großzügige Konzession an die DDR angesehen. Die „Vereinigung in Würde", die viele Politiker auch im Westen beschworen hatten, konnte angesichts des raschen Systemzerfalls in der DDR nicht gewahrt werden. In der Debatte über den Einigungsvertrag am 6. September 1990 sprach ein Abgeordneter des Bündnis 90 – trotz des Bekenntnisses zur „Einheit der Nation“ – davon, dass die Vereinigung nicht „die Vereinigung zweier Regierungsmannschaften, auch nicht die Verbrüderung zweier Parlamente“ sein dürfe, sondern nur in freier Volksabstimmung entschieden werden könne (Auf dem Weg V: 211). Als die DDR-Minister nach dem Beitritt am 3. Oktober 1990 als Gastminister ohne Portefeuille in die Bundesregierung eintraten, wurde deutlich, dass nicht einmal eine Vereinigung der Regierungsmannschaften herausgekommen war. Ministerpräsident de Maizière hatte in seinem Plädoyer für den Einigungsvertrag vom 31. August erklärt, dass dies „kein Einverleibungsvertrag sei“ (ebd.: 161). Dennoch ging das böse Wort von der „bedingungslosen Übergabe“ um. Vergessen wurde dabei, dass die Assoziation mit der deutschen Niederlage 1945 auch positive Seiten für die Betroffenen hatte: Im Gegensatz zu 1918, als die demokratische Neuordnung durch harte Reparationen erschwert wurde, mussten die Sieger bei der zweiten Niederlage auch die Verantwortung für das Weiterleben der Besiegten übernehmen. Ähnlich haftete nun die Bundesrepublik zur gesamten Hand. Im Vertrauen auf die Pflicht der konkurrierenden Gesetzgebung im Artikel 72.2.3 GG, die „Einheitlichkeit der Lebensverhältnisse“ zu schaffen, wurden von der DDR raschere Konzessionen gemacht, als ursprünglich erwartet.

Die ehemalige DDR hat eine gewisse Vetoposition mit 20% der Stimmen in den legislativen Gremien bewahren können. Die Hoffnung, diese Position gewichtiger ausfallen zu lassen, ließ sich nicht realisieren, da die Länder und Parteiinteressen der Bundesrepublik eine nur nach der Bevölkerungszahl angemessene Repräsentation akzeptierten. Die Gefahr, dass 20% der Wählerschaft die Opposition verstärken könnten, wurde jedoch zu einer realen Drohung, die Wohlverhalten der stärkeren Hälfte Deutschlands zu garantieren schien. Selbst im Bundesrat wurde durch „Stimmenspreizung“ zugunsten der großen Länder der Machtvorsprung der mächtigen Territorien gegenüber „den armen Vettern“ ausgebaut.

Literatur

Auf dem Weg zur deutschen Einheit V. Deutschlandpolitische Debatten im Deutschen Bundestag vom 5. bis 20. September mit Beratungen der Volkskammer der DDR zu dem Vertrag über die Herstellung der Einheit Deutschlands. Bonn, Deutscher Bundestag 1990

K. von Beyme: Hauptstadtsuche. Hauptstadtfunktionen im Interessenkonflikt zwischen Bonn und Berlin. Frankfurt, Suhrkarnp 1991
R. Czada/G. Lehmbruch (Hrsg.): Transformationspfade in Ostdeutschland. Frankfurt, Campus 1998
R. Czada/H. Wollmann (Hrsg.): Von der Bonner zur Berliner Republik. Wiesbaden, Westdeutscher Verlag 2000
DDR-Almanach '90. Daten, Informationen, Zahlen. Bonn, Bonn aktuell 1990
P. Decker/K. Held: Der Anschluß. Eine Abrechnung mit der neuen Nation und ihrem Nationalismus. München, Resultate Verlag 1990
Deutscher Bundestag, Wissenschaftliche Dienste: Politisches Geschehen 1990. Chronik der wichtigsten Ereignisse. 1.12.1989-3.12.1990. Bonn, Dez. 1990
Deutscher Bundestag, Wissenschaftliche Dienste: Revolution und Reformen in der DDR. Auswahlbibliographie 1989-1990
Deutschland 1990. Dokumentation der Berichterstattung in der DDR und die deutsche politische Entwicklung. Bonn, Presse- und Informationsamt der Bundesregierung 1993, 99 Bände
Deutschlands aktuelle Verfassungslage. VVDStRL 49. Berlin, De Gruyter 1990
Th. Ellwein/E. Holtmann (Hrsg.): 50 Jahre Bundesrepublik Deutschland. Berlin. Opladen, Westdeutscher Verlag 1999
H. Esser (Hrsg.): Der Wandel nach der Wende. Gesellschaft, Wirtschaft, Politik in Ostdeutschland. Wiesbaden, Westdeutscher Verlag 2000
R. Fritsch-Bournazel: Europa und die deutsche Einheit. Stuttgart, Bonn Aktuell 1991[2]
B. Giesen/C. Leggewie (Hrsg.): Experiment Vereinigung. Ein sozialer Großversuch. Berlin, Rotbuch 1991
K.H. Goetz (Hrsg.): Germany. Aldershot, Ashgate 1997, 2 Bde.
V. Gransow/K.H. Jarausch (Hrsg.): Die deutsche Vereinigung. Dokumente zu Bürgerbewegung, Annäherung und Beitritt. Köln, Wissenschaft und Politik 1991
U. Greiner: Das Phantom der Nation. Die Zeit. 1990, Nr. 12: 67-68
D. Grosser: Das Wagnis der Währungs-, Wirtschafts- und Sozialunion: Politische Zwänge im Konflikt mit ökonomischen Regeln. Stuttgart, DVA 1998
J. Habermas: Die andere Zerstörung der Vernunft. Über die Defizite der deutschen Vereinigung und über die Rolle der intellektuellen Kritik. Die Zeit 1991, Nr. 20: 63-64
K. Hancock/H. A. Welsh (Hrsg.): German Unification. Boulder, Westview 1994
W. Hankel: Die sieben Todsünden der Vereinigung. Berlin, Siedler 1993
W. Heisenberg: Die Vereinigung Deutschlands in europäischer Perspektive. Baden-Baden. Nomos 1992
J. Isensee: Verfassungsrechtliche Wege zur deutschen Einheit. ZParl 1990: 309-322
H. Jarausch/V. Gransow: Uniting Germany. Documents and Debates 1944-1993. Providence, Berghahn 1994
E. Jesse/A. Mitter (Hrsg.): Die Gestaltung der deutschen Einheit. Bonn, Bouvier 1992
M. Kaase u.a. (Hrsg): Politisches System. Berichte zum sozialen und politischen Wandel in Ostdeutschland. Opladen, Leske & Budrich 1996
K. Kaiser: Deutschlands Vereinigung. Die internationalen Aspekte. Bergisch Gladbach, Bastei Lübbe 1991

P. Graf Kielmansegg: Nach der Katastrophe – die Deutschen und ihre Nation: Eine Geschichte des geteilten Deutschlands. Berlin, Siedler 2000

N. Kloten: Probleme des (Wieder-) Vereinigungsprozesses in Deutschland. Der Bürger im Staat. 1990: 91

K.-R. Korte: Deutschlandpolitik in Helmut Kohls Kanzlerschaft. Regierungsstil und Entscheidungen 1982-1989. Stuttgart, DVA 1998

G. Lehmbruch: Die improvisierte Vereinigung: Die Dritte deutsche Republik. Leviathan 1990: 462-486

G. Lehmbruch: Die deutsche Vereinigung: Strukturen und Strategien. PVS 1991: 585-604

Ch. Lemke: Die Ursachen des Umbruchs 1989. Opladen, Westdeutscher Verlag 1991

U. Liebert/W. Merkel (Hrsg.): Die Politik zur deutschen Einheit. Opladen, Leske & Budrich 1991

N. Luhmann: Dabeisein und Dagegensein. Anregungen zu einem Nachruf auf die Bundesrepublik. FAZ 22.8.1990: N3

Ch.S. Maier: Das Verschwinden der DDR und der Untergang des Kommunismus. Frankfurt, Fischer 1999

H. Modrow: Aufbruch und Ende. Hamburg, Konkret Literatur Verlag 1991

C. Offe: Vom taktischen Gebrauchswert nationaler Gefühle. Die Zeit 1990, Nr. 51: 42

K.-D. Opp u.a.: Die volkseigene Revolution. Stuttgart, Klett-Cotta 1993

J.-S. Park: Transformation in einem geteilten Land. Frankfurt, Lang 1999

F. Pilz/H. Ortwein: Das vereinte Deutschland. Wirtschaftliche, soziale und finanzielle Folgeprobleme und die Konsequenzen für die Politik. Stuttgart, G. Fischer 1992

J. Priewe/R. Hickel: Der Preis der Einheit. Bilanz und Perspektiven der deutschen Vereinigung. Frankfurt, Fischer 1991

R. Rauschning: Der deutsch-deutsche Staatsvertrag als Schritt zur Einheit Deutschlands. APuZ B 33 1990: 3-16

S. Roos: Das Wiedervereinigungsgebot des Grundgesetzes in der deutschen Kritik zwischen 1982 und 1989. Berlin, Duncker & Humblot 1996

A. Sa'adah: Germany's Second Chance. Trust, Justice and Democratization. Cambridge/Mass., Harvard University Press 1998

W. Schäuble: Der Vertrag. Stuttgart, DVA 1991

E. Schewardnadse: Die Zukunft gehört der Freiheit. Reinbek, Rowohlt 1991

Th. Schmid: Staatsbegräbnis. Berlin, Rotbuch 1990

M. Schmitt/L. Montada (Hrsg.) Gerechtigkeitserleben im wiedervereinigten Deutschland. Opladen, Leske und Budrich 1999

K. Schroeder: Der Preis der Einheit. Eine Bilanz. München, Hanser 2000

W. Seibel: An unavoidable desaster? The German currency union of 1990. In: P. Gray/ P.T. Hart (Hrsg.): Public Policy Desasters in Western Europe. London, Routledge 1998: 96-111

H. Siebert: Das Wagnis der Einheit. Eine wirtschaftspolitische Therapie. Stuttgart, DVA 1992

G. u. H.-W. Sinn: Kaltstart. Volkswirtschaftliche Aspekte der deutschen Vereinigung. Tübingen, Mohr 1991

D. F. Sturm: Uneinig in die Einheit. Die Sozialdemokratie und die Vereinigung Deutschlands 1989/1990. Bonn, Dietz, 2006

H. Teltschik: 329 Tage. Innenansichten der Einigung. Berlin, Siedler 1991. Die Verträge zur Einheit Deutschlands. München, DTV 1990

Th. Waigel/M. Schell: Tage, die Deutschland und die Welt veränderten. Vom Mauerfall zum Kaukasus – die deutsche Währungsunion. München, Ferenczy 1994

A. Waschkuhn/A. Thumfart: (Hrsg.): Politik in Ostdeutschland. München, Oldenbourg 1999

H. Weber: Aufbau und Fall einer Diktatur. Köln, Bund 1991

W. Weidenfeld/K.-R. Korte (Hrsg.): Handwörterbuch zur deutschen Einheit. Frankfurt, Campus 1992

G. Wewer/B. Sievers: Was kostet die Einheit? Gegenwartskunde 1990: 209-222

H. Willgerodt: Gegen eine Dolchstoßlegende. Der politische Entschluß zur deutschen Währungs- und Wirtschaftsunion steht nicht im Gegensatz zur ökonomischen Vernunft. FAZ 13.4.1991: 13

1 Die Verfassungskonzeption des Grundgesetzes

1.1 Der Prozess der Verfassungsgebung

Verfassungen sind Kompromisse im Streit von Parteien und Gruppen. Selbst wenn die Verfassungsarbeit durch eine Regierung vorbereitet wurde und durch Experten versucht wird, das Werk aus einem Guss geraten zu lassen wie am Anfang der Weimarer Republik durch die Vorarbeiten von Hugo Preuß, sind komplizierte Verhandlungen nötig, um Kompromisse zu erzielen. Die Entstehung der Bundesrepublik war im Gegensatz zu früheren verfassunggebenden Prozessen an einigen innenpolitischen Konfliktlinien entlastet: Parteien und Verbände entstanden angesichts der alliierten Lizensierungspolitik in kleinerer Anzahl und waren beschränkt in ihrem Meinungsspektrum. Kirchen und Gewerkschaften waren die Interessengruppen, die den Alliierten am wenigsten suspekt erschienen. Im Prozess der Verfassunggebung setzten sie sich jedoch nur zugunsten von Teilinteressen ein: die *Kirchen* vor allem in den Bereichen Erziehung sowie Kirche und Staat, die *Gewerkschaften* im Bereich Wirtschafts- und Sozialordnung. Die Gewerkschaften waren dabei gelegentlich sogar kurzsichtig in bezug auf ihre eigene Position, wenn sie zum Beispiel erklärten: „Es ist nicht Sache der Gewerkschaften, sich über die Fragen der Kompetenzverteilung zwischen Ländern und Bund ein Urteil zu bilden, soweit sie nicht die Interessen der arbeitenden Bevölkerung direkt oder indirekt berühren" (zit. Merkl 1968: 148). Erst als die föderalistischen Dezentralisierungstendenzen der Länder und der Alliierten deutlich wurden, begann der DGB gegen eine übertriebene Aufsplitterung der Gesetzgebungskompetenzen Front zu machen, weil er um die Geschlossenheit einer die Gleichheit fördernden Wirtschafts- und Sozialpolitik fürchtete. Die Kirchen waren bei der positiven Mitgestaltung der Verfassung im Ganzen erfolgreicher als die Gewerkschaften, vor allem in Fragen des Verhältnisses von Kirche und Staat, in der Schulpolitik und der Anerkennung des Elternrechts. Die Gewerkschaften waren allenfalls im negativen Sinne erfolgreiche Lobbyisten. Sie erreichten den Verzicht auf eine verfassungsrechtliche Regelung der negativen Koalitionsfreiheit, mussten aber ihrerseits auf die ausdrückliche Garantie des Streikrechts verzichten, um es nicht durch allzu viele Einschränkungen, die seine Durchsetzung mit sich gebracht hätte, faktisch wieder aushöhlen zu lassen (Hartwich 1977: 37). Die Möglichkeit der Sozialisierung von Produktionsmitteln wurde nur in abgeschwächter Form (Art. 14 Abs. 3; Art. 15) durchgesetzt. Freie

Berufswahl und freie Arbeitsplatzwahl wurden garantiert (Art. 12 Abs. 1), nicht aber das Recht auf Arbeit schlechthin.

Den Widerstand der *Unternehmer* kann man in diesem frühen Stadium für die mangelnde gewerkschaftliche Durchsetzungsfähigkeit nicht verantwortlich machen. Außer den *Vertriebenen,* deren Organisation sich die Alliierten aus Sorge vor nationalistischem Protestpotential widersetzten und an deren Konkurrenz die lizenzierten Parteien ebenfalls kein Interesse zeigten, waren die Unternehmer die in ihrer Organisationsmöglichkeit am stärksten behinderte Gruppe. Die Besatzungsmächte sahen die Unternehmer und die Beamten als mitschuldig am nationalsozialistischen System an und belegten diese Gruppen daher mit Organisationsverboten. Gänzlich einflusslos waren die Unternehmer gleichwohl nicht. Über die Presse und einige bürgerliche Parteien konnten sie trotz der beschränkten Organisationsfähigkeit Einfluss ausüben. Das Grundgesetz ist jedoch nicht in erster Linie Ausdruck dieses Interesses. Die Stellungnahmen der Unternehmerpresse zum Grundgesetz waren angesichts der Sorge um die wirtschaftlichen Kompetenzen der Zentralregierung nicht weniger skeptisch als die Meinungen der Gewerkschaften (Soergel 1986: 222f.).

Die These vom „erzwungenen Kapitalismus“ lässt sich jedenfalls schwer am Handeln einzelner etablierter Interessen festmachen. In der Eigentumsfrage und in bezug auf den Sozialisierungsartikel war die Mehrheit der westdeutschen Bevölkerung damals relativ offen. Der Sozialisierungsartikel der hessischen Verfassung fand bei der Volksabstimmung am 1.12.1946 immerhin eine Mehrheit von 71,9%. Daraus kann jedoch kaum auf eine mehrheitlich sozialistische Gesinnung der Bevölkerung geschlossen werden, wie die Umfragen der Zeit zeigten. Der Kampf der KPD für die Sozialisierung war im Hinblick auf die sowjetische Besatzungs- und Deutschlandpolitik in manchem Punkt unglaubwürdig. Wo KPD-Mitglieder für stärkere Autonomie deutscher Politik und Berücksichtigung der Arbeiterinteressen kämpften, wurden sie nicht selten als Titoisten von oben desavouiert (Schmidt/Fichter 1971: 88). Der Mehrheit der Bevölkerung brauchten die Alliierten keinen Kapitalismus aufzuzwingen. Auch in Italien und Frankreich stellte sich ein marktwirtschaftliches System wieder her, obwohl dort keine Besatzungsmacht ihren Einfluss ausübte und obwohl die Kommunisten durch ihre Resistance-Tätigkeit in diesen Ländern mehr Ansehen und politischen Kredit besaßen als in Deutschland und in den Verfassungen 1946 und 1947 auch einige Punkte durchsetzen konnten. Die These vom „erzwungenen Kapitalismus“ lässt sich allenfalls in modifizierter Form halten: Politisches Desinteresse und Folgebereitschaft der Mehrheit der westdeutschen Bevölkerung hätten vielleicht größere Schritte in Richtung Sozialismus hin erlaubt, jedoch – wie Umfragen jener Jahre zeigen – nur in Richtung eines nichtsowjetisch geprägten Sozialismus. Selbst für diesen gab es aber – nach den Wahlergebnissen in den Ländern zu urteilen – nur in wenigen Teilen Westdeutschlands eine Mehrheit.

Für die mangelnde Durchsetzungsfähigkeit der Organisation der Gewerkschaften trotz des Vorsprungs vor den durch Organisationsverbote behinderten Unternehmern lässt sich kein einzelner Grund herausstellen. Eine Reihe von Faktoren wirkte zusammen:

- Der Frankfurter Wirtschaftsrat schuf im Wirtschaftsbereich vollendete Tatsachen, auf welche die SPD mit harter Opposition reagierte. Ihre Politik war aber mit der Fehleinschätzung verbunden, dass die neoliberale Wirtschaftspolitik bald scheitern werde.
- Die Marshallplanpolitik war mit gewissen Optionen der Amerikaner für eine marktwirtschaftliche Ordnung verbunden, was die antigewerkschaftlichen Gruppen stärkte.
- Die Gewerkschaften waren besonders auf die parlamentarische Durchsetzung ihrer Ziele und die Zusammenarbeit mit der SPD fixiert. Ob die Alternative einer „kontrollierten Massenbewegung" den Besatzungsmächten größere Zugeständnisse hätte abnötigen können (Schmidt 1974: 171), erscheint fraglich, schon weil der „Kontrollierbarkeit" solcher Bewegungen von Seiten deutscher politischer Kräfte enge Grenzen gesetzt waren.

Von den übrigen Interessen waren dank der Restriktionen für das Verbandswesen und der Beschränkung der Organisationen auf möglichst unpolitische Agenden die *kommunalen Verbände* und die *Beamten* besonders begünstigt, denen gleichsam naturwüchsig ein überproportionaler Einfluss zufiel. Mit 16 Ministern der Länderkabinette, 2 hohen Landesbeamten, 13 kommunalen Beamten und fünf Repräsentanten aus den Wirtschaftsordnungsämtern hatten diese Gruppen eine komfortable Mehrheit im Parlamentarischen Rat.

War ein Verfassungskompromiss 1948/49 leichter als bei früheren deutschen Prozessen der Verfassunggebung im Hinblick auf die Konzeptionen von Parteien und Gruppen, so musste er schwerer erscheinen angesichts der mehrfachen alliierten Interventionen und der starken Stellung der Länder. Zwar waren letztere 1948/49 formell nur indirekt beteiligt, im Gegensatz zum Jahr 1919 spielten sie aber faktisch eine größere Rolle:

- Es gab keine Reichsregierung, die wie 1919 das Staatsgebiet zusammenhielt und dank der preußischen Hegemonie auch faktisch dominierte. Preußen war aufgelöst und seine Gebietsteile in drei Einflusszonen (Westzonen, SBZ, polnisch verwaltete Gebiete) waren handlungsunfähig.

- Es gab 1948/49 keine volksgewählte Nationalversammlung. die kraft ihrer Parlamentssouveränität Zugeständnisse der provisorischen Regierung an die Länder wieder zurücknehmen konnte.
- Die Konferenzen der Ministerpräsidenten übten manche der Funktionen aus, die 1919 von der provisorischen Regierung wahrgenommen worden waren. Der Parlamentarische Rat war von den Landtagen gewählt und von den Ministerpräsidenten gebilligt worden. Nicht eine zentrale Regierung versuchte einen Verfassungsentwurf aus einem Guss durchzusetzen, sondern die Vorarbeit von Herrenchiemsee war das Werk föderalistischer Kräfte, und die Verfassungsarbeiten des Parlamentarischen Rates wurden durch Parallelkonferenzen begleitet. Gelegentlich kam es auch zu gemeinsamen Sitzungen der Ausschüsse.
- Die föderalistischen Kräfte konnten sich wesentlich unbehinderter durchsetzen als 1919, da der Föderalismus als Ideologie nicht mehr mit „Separatismus“ gleichgesetzt wurde wie am Anfang der Weimarer Republik, deren Bestand von separatistischen Bewegungen stets bedroht erschien. Selbst in Bayern war die konservative Mehrheit nicht separatistisch gesinnt. Zwar lehnte die Mehrheit der CSU-Abgeordneten das Grundgesetz ab, zwei fränkische Abgeordnete der CSU stimmten jedoch mit der bayerischen SPD und der FDP im Parlamentarischen Rat dem Grundgesetz zu. Die Zugehörigkeit Bayerns zu einem deutschen Gesamtstaat wurde niemals in Frage gestellt. In der bayerischen Verfassung von 1946 heißt es im Artikel 178: „Bayern wird einem künftigen deutschen demokratischen Bundesstaat beitreten.“ Als die Ablehnung des Grundgesetzes durch die bayerische Regierung feststand, wurde das „Nein“ zum Grundgesetz mit der Versicherung gemildert, dass Bayern ebenso „die Ausgliederung aus der deutschen Schicksalsgemeinschaft“ ablehne. Ministerpräsident Hans Ehard beeilte sich, der Militärregierung mitzuteilen, dass Bayern sich der Entscheidung der Mehrheit der deutschen Länder unterwerfe. Das grundsätzliche Ja zum deutschen Staat erleichterte es den ultraföderalistischen Kräften jedoch, im Prozess der Verfassunggebung hart zu pokern.

Die Alliierten unterstützten ihrerseits die föderalistischen Kräfte, wenn auch in unterschiedlicher Stärke: am meisten die Franzosen, am wenigsten die Briten. Die Meinung der Amerikaner bot sich gelegentlich nicht nur wegen ihres faktischen Übergewichts unter den Siegern, sondern auch sachlich als Kompromiss an.

Das Grundgesetz wurde auch im Nachhinein nicht vom Volk ratifiziert, sondern nach dem Plazet der Militärgouverneure durch die Landtage. Die Länder, außer Bayern, stimmten mehrheitlich für die Annahme. Die Opposition gegen den Verfassungskompromiss war im Vergleich zur Weimarer Republik klein: Kommunisten, Zentrum und die Südschleswiger Wählervereinigung stimmten dagegen. Die Haltung der beiden letzten Gruppen war jedoch nicht mit der Fundamentalopposition der Konservativen gegen die Weimarer Verfassung zu vergleichen.

Partizipation und Interesse der Bevölkerung an einem so wenig plebiszitär legitimierten Verfassungsprozess waren gering. Laut Umfragen jener Zeit wurde zwar von 51% die Bildung der Bundesrepublik gutgeheißen und nur von 23% abgelehnt, aber 33% erklärten, nur wenig, und 40%, überhaupt nicht an der Verfassungsarbeit interessiert zu sein (JdöM 1947-1955: 157; Merritt 1970: 307). Ein Teil der Gegnerschaft war jedoch nicht grundsätzlich von anderen Verfassungskonzeptionen geleitet, sondern richtete sich gegen den Föderalismus des Systems, der nicht weitgehend genug erschien. In einigen Ländern hatte sich sogar die Mehrheit der CDU (vor allem in Südwürttemberg-Hohenzollern) nicht zu einem „Ja" durchringen können. Gleichwohl haben die deutschen Staatsrechtslehrer – wie bei den von den Landesherren oktroyierten Verfassungen des 19. Jahrhunderts – auf einen Konsens der Mehrheit der Bevölkerung durch „konkludente Handlung" geschlossen. Die Wahlbeteiligung betrug 1949 78,5%. Von den dezidierten Neinsager-Parteien erhielten die Kommunisten 5,7% und die regionalen Gruppen nur zwischen 3-4% der Stimmen (vgl. Tab. 4.1). Ein großer Teil der Bevölkerung blieb aber skeptisch gegenüber dem deutschen Föderalismus, was sich erst im Laufe der Jahre wandelte (vgl. Kap. 9).

Tabelle 1.1: Die Ratifizierung des Grundgesetzes durch die Landtage

Länder	Mitglieder insgesamt	Ja	Nein	Enthaltungen	Abwesend
Bayern	180	63	101	9	7
Bremen	99	77	9	1	12
Hamburg	109	97	3	-	9
Hessen	90	73	8	-	9
Niedersachsen	149	98	37	-	14
Nordrhein-Westfalen	216	153	38	-	25
Rheinland-Pfalz	101	91	8	-	2
Schleswig-Holstein	70	59	6	1	4
Südbaden	60	49	2	-	9
Württemberg-Baden	98	80	8	-	10
Württemberg-Hohenzollern	62	34	16	1	11
Gesamtzahlen	1234	874	236	12	112

Eine umfangreiche Literatur vertrat in der linken Welle Anfang der siebziger Jahre die Ansicht, dass durch Massenmobilisierung Mehrheiten für eine weit sozialistischer orientierte Politik in den Westzonen hätten gefunden werden können. Vergleicht man jedoch die Umfragedaten jener Zeit, so sind an dieser These Zweifel erlaubt.

Die Billigung der Westorientierung und des Marshallplans sowie die Kritik an sowjetischen Vorschlägen zur deutschen Frage hatten komfortable Mehrheiten in der Bevölkerung. Die Prioritäten wurden eindeutig zugunsten der Wiederaufbauarbeit gesetzt. Drei Viertel der Bevölkerung der amerikanischen Zone erklärten sich zu täglich einer Stunde unbezahlter Mehrarbeit für den Wiederaufbau bereit, aber 71% waren nicht gewillt, ein politisches Amt in ihrer Gemeinde zu übernehmen, und fast zwei Drittel der Befragten hatten Zweifel an der Gemeinwohlorientierung der Parteien. Allenfalls in der Frage der repräsentativen Demokratie gab es Dissens zu den Eliten. Die Mehrheit war weit stärker plebiszitär orientiert als die Väter des Grundgesetzes: 65% hätten 1949 einen direkten Einfluss der Bevölkerung auf die Gesetzgebung bejaht (Merritt 1970: 307ff., 315f., 317). Die Akzeptanz des Grundgesetzes ist nach Allensbach-Umfragen (IfD-Umfragen 083, 2085, 10032) im Westen kontinuierlich gestiegen von 30% (1955) auf 82% (2009). Im Osten hingegen beurteilten nur 58% das Grundgesetz als „gut". Bei der Fangfrage, ob wir ein neues Grundgesetz brauchen sank die Zustimmung im Zeitraum 1991-2009 von 33% auf 26% und in Ostdeutschland von 58 auf 41%.

1.2 Grundprinzipien des Grundgesetzes

Im Gegensatz zu den Verfassungen westlicher Nachbarländer, die kurz vor dem Grundgesetz erarbeitet wurden, liegen die Innovationen des Grundgesetzes vor allem im institutionellen Teil. Der Verfassungskonsens war überwiegend auf Machtbalance und Stabilitätssicherung aus: Die horizontale und die vertikale Gewaltenteilung (Föderalismus) und die Sicherung vor Machtmissbrauch des Staatsoberhauptes (geringe Rolle des Bundespräsidenten bei der Regierungsbildung und der Parlamentsauflösung, das Fehlen von Notstands- und Sonderrechten, wie sie der Weimarer Reichspräsident hatte, der misstrauische Modus der Wahl durch die Bundesversammlung, in der das föderative Element auf Kosten des plebiszitären gestärkt wurde) bildeten Schwerpunkte des Konsensus. Die Beschneidung der „Willkür parlamentarischer Mehrheiten" (konstruktives Misstrauensvotum, erschwerte Bedingungen für die Vertrauensfrage) flankierte das Misstrauen gegen den Bundespräsidenten (vgl. Kap. 3.3). Vor allem in den Unionsparteien wurde immer wieder der Gedanke laut, dass „parlamentarische Diktaturen" die Gewissensfreiheit nicht weniger vergewaltigt hätten als „Einmanndiktaturen" (Niclauß 1974: 177). Das misstrauische Wahlrecht sollte später außerhalb der Verfassung das Trauma von Weimar, das die Väter des Grundgesetzes nicht abgearbeitet hatten, noch verstärken (vgl. Kap. 4.1).

Selbst das positive Vorbild der Weimarer Verfassung wurde für das Grundgesetz im ganzen weniger als von den Landesverfassungen aufgegriffen. Abschreckend wirkte die etwas heterogene Zusammensetzung des Grundrechtsteils der Weimarer Verfassung, wo effektive Rechte mit allerlei gutgemeinten Deklamationen gemischt waren. Zum Beispiel waren Art. 119 Abs. 2, der sich die „Reinerhaltung, Gesundung und soziale Förderung der Familie" zur Aufgabe machte, oder Art. 122, der die Jugend gegen „Ausbeutung sowie gegen sittliche, geistige oder körperliche Verwahrlosung" schützen sollte, wahllos zwischen effektiven Grundrechten wie Versammlungs- und Koalitionsrecht unter der wolkigen Bezeichnung des Abschnitts „Das Gemeinschaftsleben" eingestreut.

Schon im Konvent von Herrenchiemsee haben Vertreter der beiden größten Parteien sich dagegen ausgesprochen, den ganzen Weimarer Grundrechtskatalog zu übernehmen. Im Lichte der Erfahrungen mit dem Nationalsozialismus schienen vor allem die dem Individuum zustehenden Freiheitsrechte stärker gefährdet als die sozialen Rechte. Zudem ließ sich die Ausklammerung der sozialen Grundrechte mit der Abwendung von einer rechtspositivistischen und funktionalistischen Grundrechtskonzeption hin zu einer neonaturrechtlichen Auffassung verbinden, da für soziale Grundrechte kaum der gleiche „Ewigkeitscharakter" unterstellt werden konnte wie für die individuellen Freiheitsrechte. Auch kam ein Verzicht auf einen umfangreichen Grundrechtskatalog zugunsten der expansiven Interpretation der Gesetzgebungskompetenz des Bundes der deutschen Verfassungstradition entgegen, die zu diesem Zeitpunkt mehr von der SPD als von den Unionsparteien hochgehalten wurde.

Der Verfassungskonsens in diesem Bereich kam aus unterschiedlichen Motiven der Parteien zustande:

- In der CDU/CSU setzten sich mehr die norddeutschen Vertreter mit ihrer altliberalen Grundrechtskonzeption gegenüber zahlreichen süddeutschen Vertretern durch, die unter dem Einfluss der katholischen Soziallehre und in Anlehnung an korporative Gedankengänge die „Rechte der menschlichen Lebensgemeinschaften" im Grundrechtsteil des Grundgesetzes ausführlich zu regeln suchten. Der Verzicht auf weitreichende – in Richtung Sozialismus deutende – soziale Grundrechte von Seiten der SPD wurde gleichsam mit der Aufgabe konservativer Konzeptionen in der CDU erkauft.
- Der SPD wurde vielfach in der Literatur vorgeworfen (Soergel 1986^2: 206; Hartwich 1977: 27ff.), sie habe es an einer Konzeption vermissen lassen und nicht entschieden genug auf die sozialen Grundrechte gedrungen. Die SPD hatte dafür drei Gründe:

1. Einmal hielt sie im Ganzen stärker als die CDU an gesamtdeutschen Vorstellungen fest. Sie wollte das Grundgesetz nicht als Verfassung verstanden wissen. Menzel hat seinen Entwurf als „Westdeutsche Satzung“ bezeichnet. Selbst den Ausdruck „vorläufige Verfassung“ lehnte er ab, weil dies endlose Debatten über Grundrechte, Bodenreform, Sozialisierung und Arbeitsrecht bedeutet hätte.
2. Das Grundgesetz sollte nach SPD-Konzeption sowohl in räumlicher Hinsicht (in bezug auf die Wiedervereinigung) als auch in struktureller Hinsicht (Wirtschafts- und Sozialordnung) offen bleiben. Letzteres zum Teil ebenfalls im Hinblick auf eine zukünftige gesamtdeutsche Lösung, zum anderen Teil jedoch im Hinblick auf die Hoffnung der SPD, bei den Wahlen die Mehrheit zu gewinnen und dann die durch Diskussion angesichts der Mehrheitsverhältnisse im Parlamentarischen Rat kaum zu lösenden Fragen in ihrem Sinne gestalten zu können. Auch die Verschiebung der Aufmerksamkeit vom Grundrechtskatalog auf die Kompetenzen der Zentralregierung zeigt die Bedeutung dieses Punktes für die SPD.
3. Dieser taktische Gesichtspunkt wurde durch eine gewisse – für einen Konstituierungsprozess unziemliche – Eile bei der SPD verstärkt. Sie versprach sich Vorteile von baldigen Wahlen, während die CDU die Wahlen eher hinauszuschieben trachtete. Die CDU hoffte, dass für sie im Zeichen des Aufschwungs die Früchte der Erhardschen Wirtschaftspolitik zu Buche schlagen würden. Die übertriebenen Hoffnungen, die sich die SPD für den Wahlausgang machte, sollten die folgenreichste Fehlkalkulation sein. Hätte die SPD geahnt, dass 20 Jahre Hegemonie der Unionsparteien bevorstanden, hätte ihr Verhalten im Parlamentarischen Rat vermutlich anders ausgesehen.

- Die FDP war von ihren liberalen Grundsätzen her weit stärker zu einem Engagement für die Individualgrundrechte bereit. Wie bei allen liberalen Parteien – die nach dem Bonmot Herriots dazu neigen, „das Herz links, aber das Portemonnaie rechts“ zu tragen – wurden soziale Grundrechte als Einfallstor für Bestrebungen zur Änderung der marktwirtschaftlichen Ordnung empfunden. Der Einsatz für die klassischen Freiheitsrechte, bei denen es nicht um Eigentumsfragen geht, wurde von jeher als Domäne des Liberalismus betrachtet. Bei der FDP war auch die Abneigung gegen ideologische Grundrechtsdeklamationen am stärksten, ob sie nun aus konservativ-korporatistischem Gedankengut kamen oder aus sozialistischem. Heuss mokierte sich etwa über die hessische Verfassung, die auch später noch von Linken zur Rechtfertigung von wenigstens regionalen „Verfassungsaufträgen“ herangezogen wurde: „Man kann in eine Verfassung ganze Parteiprogramme hineinschreiben. Die hessische Verfassung ist wunderbar; sie ist eine Rededisposition für Leute, denen selbst nichts einfällt. Auf diesem Wege kommen wir nicht weiter" (PR-Grundsatzausschuss, 8.-21. Sept. 1948, Sten. Prot.: 12f., 16, 33).

Soziale Grundrechte sind in jedem System problematisch. Sie sind einerseits Ausführungsbestimmungen und an die Aktivität des Gesetzgebers gebunden. Auch eine noch so radikale Lehre vom Verfassungsauftrag schützt nicht vor Untätigkeit des Gesetzgebers. Das zeigte sich in Italien, wo von den Regionen bis zum „Recht auf Arbeit" und anderen sozialen Grundrechten, die im ersten „historischen Kompromiss" zwischen De Gasperi und Togliatti in die Verfassung aufgenommen wurden, bis in die siebziger Jahre wenig realisiert wurde. Ließe man Leistungsbeschwerden zu, würde das Gericht den Gesetzgeber ersetzen, und das System der Gewaltenteilung würde noch mehr verletzt, als es in einem System mit Verfassungsgerichtsbarkeit ohnehin schon Gefahr läuft, auch wenn der „Richterstaat" noch ein Schreckgespenst und nicht Realität ist. Zum anderen sind soziale Grundrechte an den wirtschaftlichen Entwicklungsstand gebunden. Sie werden wertlos, wenn der Verfassungsgesetzgeber in einem Anflug von Ehrlichkeit – wie in der alten Verfassung der Türkei (Art. 53) – den Staat zur Realisierung der sozialen Grundrechte „nur im Rahmen der wirtschaftlichen Entwicklung und der zur Verfügung stehenden finanziellen Mittel" verpflichtet.

Der Verzicht auf die sozialen Grundrechte im Grundgesetz – mit Ausnahme von Art. 6 Abs. 4, der den Müttern „Anspruch auf Schutz und Fürsorge der Gemeinschaft" verspricht – hat freilich dem System keinen Konflikt erspart, auch wenn ihre Aufnahme an sich noch kein einziges soziales Problem löst. Die Mehrheit von CDU und FDP ist gegen die Lehre vom sozialen Verfassungsauftrag gewesen. Beide Parteien haben aber einem Kompromiss zugestimmt, der als Auftrag gedeutet werden konnte, mit der Formel vom „sozialen Rechtsstaat" (Art. 28). Die Vagheit dieses Begriffes hat nicht minder scharfe ideologische Konflikte ausgelöst als die Kodifizierung von sozialen Grundrechten in anderen Verfassungen.

Seit der Schrift von Adolf Arndt über „Das nichterfüllte Grundgesetz" (1960) ist die Lehre vom Verfassungsauftrag wieder stärker in die Diskussion gekommen. Die Anfänge der Protestbewegung in den sechziger Jahren, zunächst meist noch bürgerlich-radikal gesinnt, haben den Auftragsgedanken betont und dabei die Dehnungsfähigkeit des Rahmens, den das Grundgesetz spannt, gelegentlich wohlmeinend überschätzt. Zwar ist das Grundgesetz auch nach Auffassung des Bundesverfassungsgerichts wirtschaftspolitisch neutral (BVerfGE 4, 7, 17; 7, 377, 400). Die Demokratisierung der Wirtschaft ist kein Gebot des Grundgesetzes, aber sie ist in gewissen Grenzen auch nicht verfassungswidrig. Das Grundgesetz, wie es uns vorliegt, ist daher nur für kleine Schritte in Richtung Sozialismus hin offen und nicht so generell neutral gegenüber der Frage der Gesellschaftsformation, wie die Abendroth-Schule gelegentlich interpretiert hat. Sozialistisches Gedankengut, das im Parlamentarischen Rat geäußert wurde, war jedenfalls überwiegend nicht vom marxistischen Klassenkampfgedanken inspiriert.

Das System der Kompromissformel vom sozialen Rechtsstaat ist überwiegend nicht als sozialistischer Staat gedacht. Aber schlechthin als „Schranke gegen den Sozialismus" (Roman Herzog) braucht man das Grundgesetz ebenfalls nicht aufzufassen. Jedenfalls ist es in seinem Rahmen erlaubt, über Alternativen nachzudenken und um Mehrheiten für ihre Realisierung zu werben. Einige Gruppen links von der SPD betonen daher heute auch die Wichtigkeit der Grundrechte, neigen aber zu ihrer Instrumentalisierung, die auf der anderen Seite zu einer engherzig-technokratischen Verfassungsauslegung geradezu herausfordert.

Aber selbst ohne solche potentiellen Hintergedanken gegenüber dem Grundgesetz bei einigen Linken ist die konservative Kritik am Auftragsgedanken weit über das Ziel hinausgeschossen. Da wurde die Gefahr beschworen, dass dem Grundgesetz „sakraler Gebotsrang" zugeschrieben werden könnte: „Das Wort soll Fleisch werden" und „die Verfassung als Vergatterung der Nation zum Grundrechtsvollzug" (Hennis 1968: 21). Jedenfalls handelt es sich nicht um ein „deutsches Problem", auch wenn das gleiche Problem sich in den USA anders stellt, weil der Verfassungswandel dort überwiegend nicht so sehr durch Verfassungsänderungen als durch richterliche Interpretation der Verfassung zustande kommt, und wenn es sich in Großbritannien mangels einer geschriebenen Verfassung aus einem Guss in dieser Form gar nicht stellen kann. Für viele kontinentale Länder Europas existiert hingegen ein ähnliches Problem mit ganz ähnlichen Konflikten, die daraus resultieren.

Im Kampf gegen das Denken in Verfassungsaufträgen haben konservative Gruppen häufig vergessen, dass sie den Auftragsgedanken der Präambel des Grundgesetzes bis 1989 stark betonten. Wo das Grundgesetz selbst Gesetzgebungsaufträge enthält, haben auch konservative Juristen immer wieder die lange Verschleppung ihrer Realisierung kritisiert (z.B. Art. 6 Abs. 5 GG [Gleichstellung des unehelichen Kindes], Art. 21 Abs. 3 [Parteien]). Gelegentlich wurden diese Aufträge so lange verzögert, dass ihre Realisierung durch die Entwicklung überholt oder politisch unmöglich erscheinen musste wie bei Art. 95, bei dem die Dringlichkeit um so geringer erachtet wurde, je länger dieser Gesetzgebungsauftrag unerfüllt blieb, da kein effektiver Arbeitsbereich für ein Oberstes Bundesgericht übriggeblieben war. Auch der Gesetzgebungsauftrag des Art. 29 Abs. 1 GG, der bis 1976 die Neugliederung verlangte, ist durch Verzögerung zwar nicht obsolet, aber aufgrund der Verfestigung von Interessen immer weniger realisierbar geworden (vgl. Kap. 9.3).

Die Lehre vom Verfassungsauftrag spielt auch beim Bundesverfassungsgericht (vgl. Kap. 10) eine wichtige Rolle und ist damit gewiss keine Domäne der Anhänger einer totalitären Mobilisierungsherrschaft. Die Rechtsprechung des Bundesverfassungsgerichts geht von einer Auftragskonzeption aus, nach der es Pflicht des Staates ist, für eine gerechte Sozialordnung zu sorgen (BVerfGE 5, 85 [198]; 22, 180 [204]; 27, 253 [283]; 35, 202 [235 f.]), und nimmt selbst diesen Auftrag wahr, wenn es bei der Auslegung von Grundrechten über die Verfassungsmäßigkeit von Regelungen der Gewährung staatlicher Leistungen zu entscheiden hat. Die Folgen der Formel können – wie die Rechtsstreitigkeiten vor dem Bundesverfassungsgericht zeigen – durchaus zur Beeinträchtigung der Grundrechte anderer führen, wie es auch liberale Staatsrechtslehrer in der Bundesrepublik von kodifizierten sozialen Grundrechten immer wieder befürchteten.

Die Vagheit der Formel vom sozialen Rechtsstaat war schon, ehe eine breitere Öffentlichkeit nach Wandel verlangte und die Auftragsidee wieder fordernd an das Grundgesetz herantrug, zum Gegenteil einer Systemveränderung eingesetzt worden. Am Anfang stand nicht der linke Angriff auf den Primat der Rechtsstaatlichkeit, sondern die konservative und restriktive Auslegung des Verhältnisses der beiden Prinzipien Rechts- und Sozialstaat. Nicht selten wurde das Wort des Staatsrechtlers Heinrich Triepel von 1931 zitiert, dass der Rechtsstaat keine adjektivischen Verkleinerungen und Einengungen dulde und durch solche Formeln „ein Ewigkeitswert in den Staub des Irdisch-Kleinlichen gezogen" werde. So unverhüllt äußerte sich deutsche Staatsmetaphysik nach 1949 meist nicht mehr. Aber die Neigung, den Sozialstaat in seiner adjektivischen Verkleinerung nur als Beigabe zum Rechtsstaat anzusehen, war weit verbreitet. Sozialstaatlichkeit wurde der Verwaltung zugeordnet, nicht dem Verfassungssystem. Der Staat als „entscheidende Instanz" über „allen partikularen Interessen" hat von Lorenz von Stein bis zu Forsthoff (1968: 171) in der deutschen Denktradition auch Daseinsvorsorge zu treiben. Sie bleibt aber gleichsam paternalistisch und beruht nicht auf einklagbaren Rechten.

Die Rechtsstaatsdogmatik blieb zum Teil machtfremd. „Das Politische wurde von der Rechtsstaatlichkeit nicht miterfasst, sondern nur begrenzt", und der Gesellschaft blieb ein „Angstkomplex vor der Politik" (Luhmann). Eine stärker auf Partizipation angelegte Verfassungskonzeption wäre vermutlich auch den sozialen Grundrechten gegenüber aufgeschlossener gewesen. War für Konservative die Sozialstaatskonzeption immerhin ein Einfallstor für die Staatsmacht, ihren Vorrang im Kampf der Gruppen zu behaupten, so war für Liberale der Sozialstaat als Wohlfahrtsstaat eher verdächtig, und er musste noch zusätzlich adjektivisch verkleinert werden, um erträglich zu sein. Werner Maihofer formulierte einmal in ungewollter Doppeldeutigkeit: „... geht der auf die Würde des Menschen verpflichtete freiheitliche Sozialstaat auch nach unserem Grundgesetz davon aus, dass seine Bürger ein Recht darauf und das Vermögen dazu haben, in freier sittlicher Selbstbestimmung zu entscheiden, welches ihre individuellen Bedürfnisse sind, die sie befriedigen, welches ihre persönlichen Fähigkeiten sind, die sie entfalten wollen“ (Weyer 1972: 26). Das „Vermögen“ der Bürger dazu ist jedoch nach einer realistischeren Sozialstaatskonzeption gerade zum Teil abhängig vom Vermögen im hier nicht gemeinten pekuniären Sinne.

Die Vorbelastungen des deutschen Verfassungsverständnisses durch alte Traditionen der politischen Kultur wie durch gewisse (zum Teil nicht gewollte) Weichenstellungen bei Schaffung des Grundgesetzes dürfen jedoch nicht den Blick dafür verstellen, dass die Betonung der *Rechtsstaatlichkeit* 1948/49 nicht nur den konservativen und defensiven Charakter hatte, den sie in der Ausspielung gegen sozialstaatliche Prinzipien später anzunehmen drohte. Echtes Misstrauen gegen Machtballungen hat zu einer in der deutschen Geschichte beispiellosen Sicherung der Durchsetzung von Grundrechten geführt.

Diesem Zwecke dienen:

- *Die Sicherung des Primats der Verfassung.* In manchem Punkt sind die Väter des Grundgesetzes hier freilich in bester Absicht über das Ziel hinausgeschossen. Nicht nur durch Ewigkeitsklauseln zugunsten der Grundrechte und des Föderalismus (Art. 79 Abs. 3), sondern auch durch zusätzliche Versuche, den „Wesensgehalt“ der Grundrechte gegen die schon hoch angesetzte Amendmentbarriere abzusichern. Substantielle Verfassungsänderungen sollten damit nicht generell unterbunden werden, aber „die immerwährende Bevormundung aller nachfolgenden Generationen“ (Löw 1977: 29) ist bei konservativer Auslegung dieser Grundgesetzartikel nicht auszuschließen.
- *Die „Sicherung des Rechtswegstaates“.* Die Schaffung eines lückenlosen Systems des Individualrechtsschutzes ist beispiellos in der deutschen Geschichte. Erstmals findet der Staat keine Möglichkeit, richterlicher Nachprüfung für irgendwelche Staatsakte zu entgehen (BVerfGE 10, 267). Verschwunden sind die gerichtsfreien Hoheitsakte. Es gilt nicht mehr das Enumerationsprinzip, das einst die verwaltungsgerichtliche Klage nur zuließ, wenn dies ausdrücklich im Gesetz vorgesehen war.
- *Der Ausbau der Institutionen zur Sicherung von Grundrechten.* Das Bundesverfassungsgericht, der Wehrbeauftragte als Ansatz zu einem Ombudsmannsystem (das durch die Verfassungsgerichtsbarkeit aber nicht den gleichen Stellenwert erlangen kann wie im andersartigen skandinavischen Rechtssystem) und das Petitionswesen sind starke institutionelle Sicherungen über die

traditionelle deutsche Rechtsstaatlichkeit hinaus. Zu Beginn der Bundesrepublik waren einige Grundrechte eher „wolkige Verheißungen" wie die Freizügigkeit (Art 11.1 GG), da Wohnungsnot und Flüchtlingselend diese anfangs eher illusorisch erscheinen ließen. Das Asylrecht nach Artikel 16 a war großzügiger als in anderen Demokratien, aber spätestens seit Beginn der 90er Jahre drohte das Grundrecht auf Asyl an Überforderung zu sterben und wurde zunehmend ausgehöhlt. Das Verfassungsgericht urteilte, dass Grundrecht auf Asyl stehe zur Disposition des verfassungsändernden Gesetzgebers (BVerfGE 94, 49, 115; Bommarius 2009: 260, 251).

- *Die Drittwirkung von Grundrechten* wird zwar überwiegend abgelehnt. Aber eine grundrechtsorientierte Auslegung privatrechtlicher Klauseln wird vielfach gefordert, auch wenn die Realisierung solcher Ansprüche häufig an der Vielfalt der Anspruchsgegner in einem pluralistischen System zu scheitern droht. Arbeitsrechtlich relevante Grundrechte gelten im bestehenden Arbeitsverhältnis auch zugunsten des Arbeitnehmers gegen den Arbeitgeber wie der Gleichheitssatz des Art. 3 Abs. 1, die Gleichberechtigung von Mann und Frau (Art. 3 Abs. 2) und besondere Diskriminierungsverbote (Art. 3 Abs. 3GG – Badura 1975: 39).
- *Der Ausbau des Lobbyismus zugunsten der Grundrechte* auf nationaler wie auf internationaler Ebene von „Amnesty International" bis zu mancher Bürgerinitiative, die im Bereich von „Lebensqualität" um neue soziale Grundrechte kämpft. Sie gehören zu einer Konzeption der „neuen Politik", einer Politik, die gegen „tertiäre" (psychische) und nicht mehr gegen „primäre" (materiell-ökonomisch bedingte) Armut kämpft, wie die klassischen sozialen Grundrechte, um die seit 1848 in verschiedenen verfassunggebenden Versammlungen in Europa gerungen wurde. Diese Bewegung zugunsten der Grundrechte hat in der Phase der Radikalisierung von Randgruppen freilich gelegentlich Auswüchse entwickelt, die auf „falsche Freunde" der Grundrechte schließen ließen, etwa wenn „amnesty international" durch ein „Komitee gegen Folter an politischen Gefangenen in der BRD" – eine Organisation der Sympathisanten der Baader-Meinhof-Gruppe – und durch Hausbesetzung, verbunden mit ultimativen Forderungen, unter Druck gesetzt werden sollte (Claudius/Stepan 1976: 228). Solche Auswüchse waren jedoch nur ein Anzeichen dafür, dass selbst der Konsens im Bereich der klassischen Grundrechte in der Bundesrepublik nicht immer so ungeteilt war, wie er 1949 zu sein schien.

1.3 Verfassungswandel

Jedes politische System muss einen Mittelweg suchen zwischen der Beständigkeit der Verfassung, die allein Erwartungssicherheit und Vertrautheit der Bürger mit den Regeln des Verfassungssystems gewährleisten kann, und einem Wandel, der der sozialen Entwicklung in der Gesellschaft Rechnung trägt. Für das westdeutsche Staatsgebilde war dieser Weg nicht einfach. Das Grundgesetz war in relativer Eile geschaffen worden. Es war als Provisorium gedacht, das den 1875 geprägten Gemeinspruch für die aus drei Verfassungsgesetzen zusammengestückelte Verfassung der 3. Republik in Frankreich nirgends so wahr werden ließ wie in der Bonner Republik: „Rien ne dure que le provisoire." Eile und Ungeregeltheit vieler Materien zwangen zur Abänderung. Grundsätzlicher Wandel war angesichts der hohen Amendmentbarriere Zweidrittelerfordernis im Art. 79 GG politisch schwer zu realisieren. Angesichts der Parteienkonzentration und der Einschränkung der möglichen Koalitionen (vgl. Kap. 4) konnte nur eine große Koalition grundlegenden Verfassungswandel bewirken, wie jene, die sich zur Verabschiedung der Notstandsgesetze durchrang.

Linke Kritiker geißelten die laxe Behandlung der Verfassung in der Art von „allgemeinen Geschäftsbedingungen eines Monopolunternehmens: Laufend wurde das Grundgesetz bestehenden oder vermeintlichen Erfordernissen der politischen Marktlage angepasst" (Seifert 1974: 11). Die 189 Änderungen des Grundgesetz in den ersten zwölf Wahlperioden (1949-Juni 1998) mit 147 von den Änderungen betroffenen Artikeln sprechen freilich nicht für sich (Busch 1999: 555). Wichtiger als die Zahl der Änderungen ist die Richtung, in die geändert wurde. Ein großer Teil dieser Amendments betraf redaktionelle Fragen, zum Teil von marginaler Bedeutung, wie etwa die Kompetenzregelung bei der Fürsorge für Kriegsgräber (Art. 74 Abs. 10a). Im internationalen Vergleich (Lutz 1994) stand die Bundesrepublik nach Neuseeland, Österreich, Portugal und Schweden an fünfter Stelle von 20 OECD-Ländern in der Leichtigkeit und Häufigkeit der Verfassungsänderungen. Drei Änderungen pro Jahr ergaben sich im Durchschnitt (Busch 1999: 564).

Die in der Linken gelegentlich vertretene Depravationstheorie, die im Verfassungswandel nichts als eine Aufgabe der Prinzipien von 1949 sieht, lässt sich nicht halten. Die Einführung einer 2. Instanz für politische Straftaten (Art. 96 Abs. 5), die Verankerung der Verfassungsbeschwerde im Grundgesetz (Art. 93 Abs. 1 Ziff. 4a und 4b) als Antwort auf Bedenken gegen die Notstandsgesetzgebung, die Senkung des Wahlalters auf 18 Jahre (Art. 38 Abs. 2), die Einrichtung des Wehrbeauftragten (Art. 45b) oder das Notparlament im Rahmen der Notstandsverfassung (Art. 53a) sind Änderungen, die auch dem Schutz von Grundrechten dienen und nicht nur repressive Komponenten haben, wie man sie der

Notstandsverfassung auf der Linken und dem Abbau föderalistischer Rechte auf der Rechten des Meinungsspektrums in der Bundesrepublik gelegentlich nachsagte. Wie bei der Abschätzung des Kräfteverhältnisses im Parlamentarischen Rat wird vor allem der SPD vorgeworfen, zu stark nachgegeben zu haben und ihre Zustimmung zu unvermeidlichen Änderungen (bei den Notstandsgesetzen etwa) nicht von Zugeständnissen und Gegenleistungen der anderen Seite abhängig gemacht zu haben (Seifert 1974: 28).

Ende der sechziger Jahre gab es eine Debatte um die *Totalrevision* des Grundgesetzes. Die Anerkennung des Status quo in Deutschland, die Scheu, angesichts der Notstandsgesetzdebatte das halbe Grundgesetz mit redaktionellen Änderungen wie einen Flickenteppich übersäen zu müssen, die Hoffnung auf die Realisierung dessen, was im Bereich der sozialen Grundrechte 1949 versäumt worden war, und die Aussicht, mit der großen Koalition jede beliebige Verfassungsänderung, auf die sich die beiden großen Parteien einigen können, durchzusetzen, bildeten die politische Grundlage dieser Erörterungen. Seit 1969 ist diese Hoffnung angesichts der Polarisierung im Parteiensystem zur Illusion geworden.

Im Oktober 1970 wurde eine Enquetekommission für die Verfassungsreform eingesetzt. Als ein Versuch, das Parlament in langfristige planende und strukturpolitische Steuerungsprozesse stärker mit einzubeziehen, war das Experiment beachtlich. Vom Auftrag her waren der Tätigkeit der Kommission jedoch enge Grenzen gesetzt, da die Grundprinzipien des Grundgesetzes gewahrt werden sollten. Im Grunde beschränkte sich die Initiative auf die Institutionen, insbesondere auf die Parlamentsreform und die Modernisierung des Föderalismus.

1.4 Vom Grundgesetz zur gesamtdeutschen Verfassung?

Das Grundgesetz war von dem Widerspruch gekennzeichnet, einerseits als Provisorium dienen zu müssen, andererseits die Keime der endgültigen Ordnung Deutschlands zu enthalten. Die Pfeiler der Legitimation in demokratischen Staaten sind von unterschiedlicher Tragfähigkeit: Rechtsstaat und Nationalprinzip wurden im 19. Jahrhundert entwickelt, das demokratische Prinzip und der Wohlfahrtsstaat traten im 20. Jahrhundert hinzu. Nationalstaatlichkeit wurde schon im 19. Jahrhundert angesichts der Heterogenität der deutschen Lande nicht der demokratischen Bestätigung ausgesetzt. Der Rechtsstaat, als das ältere Prinzip, blieb in der deutschen Tradition über das demokratische Prinzip gestellt. Die Erfahrungen mit dem Missbrauch von Wählermehrheiten 1933 bestärkten nach 1945 diese Tendenz.

Das Grundgesetz machte den Beitritt der ostdeutschen Länder nicht vom Mehrheitswillen der Wähler abhängig. Die Vereinigung nach Artikel 23 war nicht nur die politisch rascher zu bewerkstelligende Lösung. Sie lag auch nahe, weil die Grundgesetzgeber nicht auf die Idee verfallen konnten, dass das westdeutsche Volk eines Tages mehrheitlich kein Interesse an der Wiedervereinigung haben könnte. Dem System wurde der Fall erspart, dass die DDR sich durch das Bundesverfassungsgericht in die Bundesrepublik einklagen musste. Beide deutschen Staaten neigten zur „objektivistischen" Definition der Nation: Die DDR hatte auf die integrative Kraft der *Klassennation* gehofft. Die Bundesrepublik hoffte auf ein Nationalgefühl, das alle Deutschen umspannte und auf die konservierende Kraft der *„Kulturnation"*. Die Begründung der Nation durch subjektive Zustimmung der Betroffenen, die in Westeuropa überwog und die Ernest Renan als „tägliches Plebiszit" definiert hatte, war in Deutschland auf beiden Seiten des Eisernen Vorhangs nicht hinreichend verankert.

Die paradoxe Entwicklung der Herbstrevolution, von politischen Kräften begonnen, die zunächst nur eine Demokratisierung der DDR anstrebten, führte dazu, dass die Linken mit ihrer Betonung des demokratischen Zustimmungsprinzips in Schwierigkeiten kamen. Als der Ruf „wir sind das Volk" mehr und mehr in den Ruf „wir sind ein Volk" umfunktioniert wurde, begann auch die westdeutsche Linke die DDR-Regierung zu ermuntern, möglichst viel vom Sozialismus zu retten. Dabei wurde in Kauf genommen, dass die Sicherung von DDR-Errungenschaften durch einen völkerrechtlichen Vertrag notfalls der demokratischen Zustimmung des Volkes in Westdeutschland völlig entzogen wurde. Die ideologischen Vorgaben der Linken konnten so – ähnlich wie die ideologischen Vorgaben der Rechten, welche das Nationalstaatsprinzip im Grundgesetz zu einem der höchsten Staatszwecke festgeschrieben hatten – zu einer Umgehung des Volkswillens werden. Der Appell vieler Intellektueller, von Sternberger bis Habermas, die Deutschen sollten sich künftig auf den *Verfassungspatriotismus* beschränken. konnte kein Ausweg aus der Verpflichtung zum Nationalgefühl werden, wo die Verfassung der Einheit der Nation als Prinzip so hohe Priorität verlieh. Habermas – der immer mehr in die seit Jaspers` Tod vakante Position eines „praeceptor Germaniae" hineinwuchs, missbilligte den DM-Nationalismus der Ostdeutschen. Er hatte aber übersehen, dass auch die Westdeutschen zu 70-80% an der kühlen Idee des Verfassungspatriotismus vorübergehend kein Genüge fanden. Habermas als umsichtiger Verteidiger der Lebenswelt hätte ahnen müssen, dass lebensweltliche Gefühle eher von der konkret erfahrbaren Nationsidee als von dem abstrakten System der Verfassung ausgehen können. Erst nach der Vereinigung darf man hoffen, dass die Deutschen mehr Verfassungspatriotismus als Nationalismus entwickeln. Aber dafür müsste die Verfassung stark geändert werden, um den demokratischdiskursiven Vorstellungen von Habermas zu entsprechen. Das Grundgesetz in seiner vorliegenden Form setzt bis heute das

Rechtsstaatsprinzip über das demokratische Partizipationspostulat. Soll der Verfassungspatriotismus auch diese Restriktionen hinnehmen?

Rechtsstaatsprinzip – die Basis des Verfassungspatriotismus – und demokratisches Prinzip standen im deutschen Einigungsprozess in einem Spannungsverhältnis. Ein stark fragmentiertes System mit möglichst breiter Streuung der Machtzentren wie das deutsche kennt viele Brechungen des demokratischen Prinzips, wie den Föderalismus, die Dominanz des Repräsentationsprinzips und die Verfassungsgerichtsbarkeit.

Daher ließ sich mit der Staatsräson – und der Verstärkung der nationalen Legitimation der Präambel – durchaus der Weg der Vereinigung über Artikel 23 durch schlichten Beitritt der DDR rechtfertigen. Das Wiedervereinigungsgebot legte nahe, die Chance zur Wiedervereinigung zu nutzen. Dass sie ewig bestehen würde, wie einige Linke in aller Naivität zu glauben schienen, konnte ein realistischer Blick in die internationale Politik nicht bestätigen:

- Die sowjetische Entwicklung, von der alles abhing, war mehr als unsicher. Der Putsch im August 1991 sollte das beweisen.
- Der ökonomische Niedergang der DDR ließ keine Wahl, als rasch zu handeln, ohne zuzulassen, dass „auf westdeutsche Kosten noch ein bisschen Sozialismus gespielt" wurde, wie Graf Lambsdorff sich in gewohnter Bissigkeit ausdrückte.
- Die Kosten der Vereinigung schienen im Augenblick eines auslaufenden europäischen Booms tragbarer als in einigen Jahren.
- Der Zeitplan der europäischen Einigung ließ es geraten erscheinen, die deutsche Vereinigung vorzuziehen, um sich dann uneingeschränkt der nächsten Runde der europäischen Einheit widmen zu können. Nicht alle „Terminschwierigkeiten" der Einigung waren also in Bonn „selbstgeschaffene Terminzwänge".

Nicht nur die „erhabenen Teile" des Grundgesetzes waren in diesem Einigungsprozess erstaunlich erfolgreich, sondern auch die effizienten Passagen des Grundgesetzes. Die Erbauer der Ordnung des Grundgesetzes hatten zwei Optionen für die Realisierung der Wiedervereinigung eröffnet, welche die Präambel beschwor. In Artikel 146 war eine Möglichkeit vorgesehen, durch eine Ausübung der verfassunggebenden Gewalt des Volkes eine neue Verfassung zu schaffen. In Artikel 23 hingegen war die Möglichkeit eröffnet worden, in anderen Teilen Deutschlands als den aufgezählten westlichen Bundesländern das Grundgesetz durch „deren Beitritt in Kraft zu setzen".

Schon früh schlug sich die Mehrheit der relevanten Experten und politischen Kräfte auf die Seite des Beitritts der DDR nach Artikel 23. Ein Motiv dafür war außenpolitischer Natur: Die DDR wurde von vornherein in das westliche Sicherheitssystem eingebunden. Ein weiteres Motiv lag in einem Grundzug des Systems der Bundesrepublik: in dem tiefen Misstrauen gegen plebiszitäre Mehrheitsentscheidungen. Dieses Misstrauen hat eine lange Tradition: Schon die erste deutsche Einigung vollzog sich nicht mit Plebisziten, wie sie Cavour in Italien zuließ, obwohl auch er die Einigung durch „Blut und Eisen" vollzog. Deutschland und vor allem seine teilstaatlichen Eliten waren zu sehr an Selbständigkeit gewöhnt, als dass die Einigungspolitiker den Test von Volksentscheidungen riskieren wollten. Auch Länder, in denen die Nation als „tägliches Plebiszit" angesehen wurde, haben in Teilfragen den Test gescheut; etwa 1919 im Elsass, da nach Expertenmeinung die Eliten zwar ganz überwältigend für Frankreich schienen, aber über die Stimmung im Volk keine Sicherheit herrschte (vgl. Craig 1984). Die Möglichkeit der Einigung über den Beitritt diente auch 1990 erneut zur Bewahrung der Vetopositionen der etablierten politischen Eliten. Der ausgehandelte Verfassungskonsens schien risikoloser als der plebiszitäre durch die verfassunggebende Gewalt des Volkes. Man konnte sich dabei explizit auf das Bundesverfassungsgericht stützen, das in seinem Urteil zum Grundlagenvertrag vom 31. Juli 1973 Artikel 23 als Weg zur Wiedervereinigung genannt hatte und den Artikel keineswegs – wie einige Kritiker wähnten – für überholt hielt.

Die Versöhnung des nationalen und rechtsstaatlichen Prinzips mit den Postulaten des Demokratieprinzips legte eine Abfolge des Einsatzes von Artikel 23 GG für den Beitritt und von Artikel 146 zur Schaffung einer neuen gesamtdeutschen Verfassung nahe. Eine Minderheit liberaler Staatsrechtler hielt den Einsatz beider Artikel des Grundgesetzes für vereinbar (VVDStRL 49 1990: 34). Konservative Staatsrechtslehrer bevorzugten den Artikel 23 für den Beitritt der DDR, auch um sicherzustellen, dass das Grundgesetz nicht durch völkerrechtliche Verhandlungsmacht der DDR in Frage gestellt würde. Einige zeigten auch keinerlei Interesse an der Schaffung eines gesamtdeutschen Verfassungskonsenses. Josef Isensee (VVDStRL 49 1990: 66) erklärte es sogar als Missbrauch, ein Verfassungsreferendum zu verlangen, wenn man keine Alternative für eine deutsche Verfassung anzubieten habe. Eine Radikalalternative verlangten aber nicht einmal die Linken, welche am Verfassungsentwurf des Runden Tisches mitgewirkt hatten.

Eine Arbeitsgruppe „Neue Verfassung" wurde vom Runden Tisch in seiner ersten Sitzung eingesetzt. In den Sitzungen dieser Arbeitsgruppe und ihrer vier Untergruppen wurden zahlreiche Experten zu Rate gezogen, darunter auch einige aus der Bundesrepublik, wie der frühere Verfassungsrichter Dieter Simon und die Hochschullehrer Axel Azzola, Alexander von Brünneck, Ulrich Preuß und Bernhard Schlink. Hätte sich der ursprüngliche Termin für die Volkskammerwahlen in der DDR am 6. Mai 1990 halten lassen, so hätte der Runde Tisch sein Werk mit einem Verfassungsentwurf gekrönt. So kam es nur zu einem nicht durchredigierten Entwurf, der der Volkskammer am 4. April 1990 vorgelegt wurde, als die Unionsmehrheit bei den Volkskammerwahlen die Vorstellungen des Runden Tisches nicht länger mehrheitsfähig erscheinen ließ (Thaysen 1990: 143 ff.).

Der Entwurf konnte nur im ersten Teil der Grundrechte und der Staatszielbestimmungen als Radikalalternative verstanden werden. Die „Verantwortung vor Gott“ in der Präambel des Grundgesetzes wurde durch die „humanistischen Traditionen unseres Volkes“, die „Verantwortung aller Deutschen für ihre Geschichte und deren Folgen“ und die Gründung auf die „revolutionäre Neuerung“ ersetzt. Im Grundrechtsteil wurde teils auf die autoritäre Vergangenheit der DDR reagiert, wenn Selbstverständlichkeiten wie „Freizügigkeit“ (Art. 6) oder das Verbot des Entzugs der Staatsbürgerschaft (Art. 7) kodifiziert wurden, oder man setzte auf demokratische Weise die alte DDR-Konzeption sozialer Grundrechte fort, wie das Recht auf Wohnung (Art. 25), das Recht auf Arbeit und Arbeitsförderung (Art. 27) oder sogar das Recht auf „gleichen unentgeltlichen Zugang zu den öffentlichen Bildungs- und Ausbildungseinrichtungen“. Gelegentlich wurden Abstriche von den lapidaren Prinzipien gemacht, wenn die Arbeitsförderung wie eine zweitbeste Lösung dem Recht auf Arbeit an die Seite gestellt oder das Recht auf Bildung unter den Vorbehalt gestellt wurde, dass durch ein Gesetz in dieses Recht eingegriffen werden könne. Ein Aussperrungsverbot und eine stärkere Betonung der Gemeinwirtschaft schienen auch für die westdeutsche Linke attraktiv. Unter den westdeutschen Konservativen wurde hingegen das böse Wort von der „Wunschliste zum Nikolaustag“ in Umlauf gesetzt.

Im organisatorischen Teil der Verfassung hingegen konnte man keine Radikalalternative zum Grundgesetz entdecken. Die tragenden Säulen des Systems wurden weitgehend kopiert: das parlamentarische System, der Föderalismus, die Verfassungsgerichtsbarkeit. Selbst umstrittene Errungenschaften des Grundgesetzes wie das konstruktive Misstrauensvotum (Art. 75) wurden übernommen. Auch für die Präsidentenwahl fiel dem Runden Tisch nur eine „Bundesversammlung“ ein. Lediglich mehr Publizität der Staatsorgane wurde dem Muster der Bundesrepublik hinzugefügt (z.B. öffentliche Ausschüsse der Volkskammer, Art. 59). Das bewährte Gute der bundesrepublikanischen Institutionen wurde mit den sozialen Errungenschaften eines nun demokratisierten Sozialismus verbunden. Ob beides immer kompatibel war, blieb fraglich. Die Verfassungsgerichtsbarkeit wäre durch einen so umfangreichen Katalog sozialer Ansprüche an den Staat vermutlich überfordert worden.

Der Verfassungsentwurf des Runden Tisches wurde durch konservative Mehrheiten in der DDR überholt. Seine Grundprinzipien entfalteten jedoch zweifellos Vorbildwirkung für die Linke – und genau dies führte zur Verfestigung von Vetopositionen gegen weitreichende Änderungen des Grundgesetzes. Die Erinnerung an die verfassunggebende Gewalt des Volkes war verpönt. Die demokratischen Legitimationsmängel des Grundgesetzes, das aufgrund alliierten Wunsches dem Volk nicht vorgelegt worden war, wurden als durch die Zeit geheilt angesehen. Nur eine Minderheit der Staatsrechtler kämpfte noch für eine verfassunggebende Versammlung und lehnte die bloße Grundgesetzänderung nach Art. 79 ab. Die verfassunggebende Gewalt des Volkes sollte nicht nur durch die bereits konstituierten Gewalten in einer Selbstermächtigung usurpiert werden (Storost 1990: 326). Dieses nun gleichwohl immer wahrscheinlicher werdende Verfahren kann als Verstoß gegen den Grundsatz der Volkssouveränität von Art. 20, Abs. 2 GO angesehen werden. Noch schwerer wogen politische Erwägungen: Wenig sprach dagegen, angesichts gesicherter Mehrheiten auf dem Boden des Grundgesetzes den Verfassungskonsens in der Bundesrepublik auch förmlich zu vollziehen und das Resultat der Arbeit eines Verfassungsrats der Abstimmung des Volkes zu unterbreiten.

Der Bundesrat hat schneller als der Bundestag seinen Verfassungsauftrag nach dem Einigungsvertrag in Angriff genommen. Die 16 Länder einigten sich schon im Februar 1991 auf eine Kommission zur Grundgesetzreform unter Vorsitz des Bundesratspräsidenten mit den Regierungschefs und einem weiteren Regierungsmitglied, welche Beschlüsse jeweils mit Zweidrittelmehrheit fassen sollte, wobei die Ausdifferenzierung nach Ländergrenzen durch das Prinzip „ein Land – eine Stimme“ ersetzt wurde.

Umsichtig verfuhr die Bundesregierung auch hinsichtlich der notwendigen Verfassungsänderungen. Eine Einladung zur Totalrevision wurde nicht ausgesprochen. Artikel 4 des Einigungsvertrages vom 31.8.1990 erwähnte einige „beitrittsbedingte Änderungen des Grundgesetzes“. die vorab erfolgen mussten:

- Die Präambel musste geändert werden. Die verfassunggebende Gewalt des Deutschen Volkes wurde erneut bekräftigt.
- Der Beitrittsartikel 23 wurde aufgehoben, um keinen Verdacht aufkommen zu lassen, dass Deutschland nicht „saturiert“ sei, wie Bismarck es 1871 ausgedrückt hatte.
- In Artikel 52, Abs. 2 wurde in der Stimmenverteilung des Bundesrates die Vetoposition der großen Länder durch „Spreizung der Stimmen“ zementiert (vgl. Kap. 9).

Die Verfassungspolitik im Einigungsprozess war von penibler Respektierung der Grundprinzipien der Bundesrepublik geprägt. Die Marktwirtschaft – an sich kein Verfassungsprinzip – wurde schon im Staatsvertrag staatsrechtlich aufgewertet (vgl. Einleitung). Alle wichtigen Grundsätze des Verfassungssystems der Bundesrepublik, die „Grundsätze einer freiheitlichen, demokratischen, föderativen, rechtsstaatlichen und sozialen Ordnung“, wurden in einem „Gemeinsamen Protokoll der Hohen Vertragschließenden Seiten" dem Staatsvertrag hinzugefügt (Die Verträge 1990: 19). Als sozialistischer Rest wurde aus außenpolitischen Gründen in einem gemeinsamen Brief von Außenminister Genscher und des amtierenden Außenministers der DDR, de Maizière, zugleich Ministerpräsident, an die Außenminister der Siegermächte die Respektierung der Enteignungen auf besatzungsrechtlicher Grundlage von 1945-1949 übernommen. Die Formel „die Enteignungen sind nicht mehr rückgängig zu machen" (Die Verträge 1990: 37) vermittelt keine Begeisterung darüber, dass man sich in diesem einen Punkt den Forderungen des Verfassungsentwurfes des Runden Tisches (Art. 133, Abs. 1) annähern musste. Als das Bundesverfassungsgericht im Frühjahr 1991 Klagen gegen die Regelung abwies und bestätigte, dass Enteignungen in der damaligen sowjetischen Besatzungszone zwischen 1945 und 1949 nicht rückgängig gemacht werden müssten, gab es zwei Hoffnungen unter den Betroffenen:

- De lege ferenda wurde darüber nachgedacht, den ehemaligen Eigentümern ein Vorkaufsrecht und einen Vorzugspreis einzuräumen, falls ihr Eigentum zum Verkauf kam.
- Bei Nichtrückgabe des Eigentums winkte eine Entschädigung, welche die Bundesrepublik schwer zu belasten drohte. In den Verträgen mit der DDR vor der Einigung war keine Übereinkunft bezüglich der Entschädigungssumme erzielt worden. Näheres sollte ein Gesetz regeln.

Ein neuer Artikel 143 beschränkte Abweichungen von Bestimmungen des Grundgesetzes im „Beitrittsgebiet" nur bis zum 31. Dezember 1992. Der Artikel 146 – die überspielte Alternative einer paritätischen Einigung – wurde umformuliert. Das Grundgesetz sollte seine Gültigkeit an dem Tage verlieren, „an dem eine Verfassung in Kraft tritt, die von dem deutschen Volke in freier Entscheidung beschlossen worden ist".

Wie die verfassunggebende Gewalt des deutschen Volkes zum Ausdruck kommen sollte, wurde verschwiegen. Ein Minimalschutz von Interessen der ehemaligen DDR wurde im Artikel 5 angefügt, der binnen zwei Jahren den gesetzgebenden Körperschaften einige Verfassungsänderungen empfahl. Zu ihnen gehörten:

- Änderungen im Verhältnis von *Bund und Ländern* nach dem gemeinsamen Beschluss der Ministerpräsidenten vom 5. Juli 1990.
- *Eine Neugliederung* für den Raum Berlin/Brandenburg durch Vereinbarung der beteiligten Länder. Eine umfassende Neugliederung der Länder schien damit wohl zu den Akten gelegt zu sein (vgl. Kap. 9).

- Überlegungen zur Aufnahme von *Staatszielbestimmungen* in das Grundgesetz. Es war dabei vor allem an den Umweltschutz gedacht, der in der Bundesrepublik von einigen Parteien seit langem für die Aufnahme als Staatszielbestimmung ins Grundgesetz vorgesehen war.
- Dem Wunsch nach plebiszitärer Ausübung der verfassunggebenden Gewalt des Volkes wurde durch die Erwägung einer *Volksabstimmung* Rechnung getragen, falls Artikel 146 zur Anwendung kommen sollte.

Gleichwohl war mit Beginn der 11. Legislaturperiode die Anwendung von Artikel 146 weiterhin umstritten. Auch linke Publizisten wie Jürgen Seifert (1990) empfahlen inzwischen, die Änderungen des Grundgesetzes auf ein Minimum zu beschränken. Gewerkschafter wie der DGB-Vorsitzende Meyer (1990) erneuerten alte gewerkschaftliche Forderungen: ein Aussperrungsverbot und soziale Grundrechte. Konservative Publizisten machten solche Forderungen gerne lächerlich durch Zitate aus den Katalogen des Wünschenswerten in DDR-Länder-Verfassungen. Art. 23.3 der Verfassung von Sachsen-Anhalt von 1946 hatte sogar ein Recht der Jugend „auf Freude und Frohsinn" kodifiziert – ein harmloser Spross am Baum der Verfassungsprinzipien, den man einst auch in den USA als „pursuit of happiness" am liebsten in den Verfassungsrang erhoben hätte.

Ein breiter Fächer von sozialen Grundrechten hatte angesichts der Mehrheitsverhältnisse des 11. Deutschen Bundestags keine Chance. Eine Denkschrift zum Einigungsvertrag beraubte mit ihren Überlegungen zu Verfassungsänderungen nach der normalen Amendmentprozedur des Artikels 79 den umformulierten Artikel 146 seiner verfassunggebenden Kraft.

Die Schaffung eines geänderten Grundgesetzes wurde eine Änderung über die konstituierten Gewalten. Innenminister Schäuble hat nach den ersten gesamtdeutschen Wahlen erklärt, dass er eine Volksabstimmung „nicht für notwendig" halte, „aber, wenn man es in einer vernünftigen und gemäßen Form macht, auch nicht für ein unvertretbares Risiko" (FAZ 13.12.1990: 4). Plebiszitäre Demokratie wurde in der Bundesrepublik noch immer unter Risikogesichtspunkten gesehen. Das Rechtsstaatsprinzip und der repräsentative Parlamentarismus werden auch im vereinten Deutschland ihr Übergewicht über das demokratische Prinzip in der Form der direkten Beteiligung des Volkes behalten.

Mit solchen Zeichensetzungen waren auch die Hoffnungen der Linken, die plebiszitäre Komponente im neuen Deutschland ausbauen zu können – der Entwurf des Runden Tisches hatte Gesetzgebung durch Volksentscheid vorgesehen (Art. 90) –, bereits zum Scheitern verurteilt. Hartnäckig hält sich die Behauptung, das System von Weimar sei auch an der plebiszitären Komponente zugrunde gegangen, obwohl keine der vier Initiativen die nötige Mehrheit fand. Ebenso hartnäckig wird die relativ moderate und seltene Ausübung der plebiszitären

Komponente wie in Italien in Deutschland nicht zur Kenntnis genommen. Wenn es bei der Verfassunggebung kein Risiko ist, warum sollte es angesichts einer gefestigten Parteiendemokratie bei der gelegentlichen fakultativen Volksabstimmung ein Risiko darstellen?

Durch den Golfkrieg im Januar 1991 wurde die Frage der Grundgesetzänderung aktuell, die den Einsatz deutscher Truppen im Dienst der UNO ermöglichen sollte. Da die Regierungsparteien die SPD bei Verfassungsänderungen brauchten, wurde von einem Koppelungsgeschäft gesprochen: der Volksentscheid bei der Verabschiedung des Grundgesetzes als „risikolose" Konzession für die Zustimmung der SPD in der Frage des Einsatzes deutscher Truppen in der Weltfriedensordnung. Das Asylrecht wurde zu einem weiteren immer dringenderen Punkt, in dem weniger Absprachen mit der früheren DDR als mangelnde Einigung der EG-Staaten die Aktivitäten in Richtung Verfassungsänderung behinderten. Das neue Deutschland mochte naturgemäß nicht mit einer Beschränkung des Asylrechts im Alleingang isoliert werden.

Mit erstaunlich geringer Publizität wurde 1991 der *Verfassungsrat* konstituiert, der im Oktober 1991 seine Arbeit aufnahm. Die 64 Mitglieder wurden zur Hälfte vom Bundestag und zur anderen Hälfte vom Bundesrat gestellt. Das Kontingent des Bundestages enthielt 15 Sitze für die Unionsparteien, 11 für die SPD, vier für die FDP, je einen für PDS und Bündnis 90. Auf der Bundesratsseite erhielt jedes Land zwei Mandate. Für den Vorsitz wurde nach dem Vorbild des Vermittlungsausschusses eine Tandemlösung angenommen. Für die Union wurde Rupert Scholz, für die SPD der Bundesratsvorsitzende Henning Voscherau (Hamburg) benannt. Für die Lager wurde etwa ein Gleichstand der Stimmen errechnet. Die linke Konzeption weitreichender Grundgesetzänderungen verlor damit die Chance der Durchsetzung. Über solche konfliktträchtigen Punkte kam 1991 der Blick auf die Routine-Amendments im Organisationsbereich der Verfassung zu kurz. Der Präsident des Bundesverfassungsgerichts, Roman Herzog (FAZ 3.12.1990: 4), hat an die Notwendigkeit erinnert, eine erleichterte Möglichkeit zur Auflösung des Bundestages vorzusehen. Aber Empfehlungen zur erneuten Rationalisierung des parlamentarischen Kräftespiels, wie sie die Enquetekommission zur Verfassungsreform 1976 vorgelegt hatte (Beratungen 1976), mußten in die Debatte um eine Erneuerung des Grundgesetzes erst wieder eingebracht werden. Als die Verfassungskommission im Winter 1993 ihre Arbeit beendete, war abzusehen. dass die effizienten Teile des Grundgesetzes ähnlich stark in der Selbstbehauptung waren, wie es die „ehrwürdigen Teile" der Verfassung gewesen sind, die ihre Funktion mit der deutschen Wiedervereinigung weitgehend erfüllt hatten.

Die Gemeinsame Verfassungskommission von Bundestag und Bundesrat, ein Gremium, das im Grundgesetz keine Verankerung hatte, wurde als semiföderales Organ geschaffen, das versuchte, Parlamentarismus und Föderalismus harmonisch zu vereinen. Politikverflechtung wurde damit auf die konstitutionelle Ebene gehoben. Nicht nur die beiden parlamentarischen Gremien beschickten die Verfassungskommission paritätisch. Selbst für den Vorsitz wurde eine doppelköpfige „Konsulatsverfassung“ geschaffen. Die Länder erhielten ein Übergewicht in diesem Gremium, da sie durch die Zustimmung zur Ratifikation von Maastricht das größere Erpressungspotential besaßen. Die neue Balance hatte Vorläufer allenfalls im Vermittlungsausschuss und in der Konzeption für ein Notparlament, das bisher nicht gebraucht wurde. Die Länder waren auch die Seite, die ein größeres Interesse daran hatten als die Bundestagsabgeordneten, dass der Ausschuss ein Ausschuss blieb, der sich auf die Materialsuche beschränkte (Batt 1996: 143ff.). Der deutsche Einfluss der Länder wuchs auch durch die Problemperzeption der Verfassunggeber: die Europäische Einigung wurde wichtiger als die Wiedervereinigung. Eine Dynamik der Länderneugliederung war ohnehin durch den Einigungsvertrag Artikel 5 entschärft worden, der die Neugliederung auf den Raum Berlin/Brandenburg einengte.

Als eine Seite des „doppelten Coups“ der Länder nach der Vereinigung ist die *Spreizung der Stimmen im Bundesrat* gewertet worden. Die großen Länder verteidigten erfolgreich ihre Sperrminorität gegen Verfassungsänderungen. Das Presseecho fiel entsprechend harsch aus („Schöner Herrenclub“, „Versammlung von Egozentrikern“).

Noch erfolgreicher waren die Länder bei der *Verfassungsrevision,* die durch Maastricht und die deutsche Einigung notwendig geworden waren. Nicht wenige Autoren hatten zwischen den Totalrevisionisten, die das Grundgesetz mit einer verfassunggebenden Versammlung ändern wollten, und den Mini-Revisionisten, die nur die nötigsten Angleichungen befürworteten, eine mittlere Position eingenommen: rasche Einigung durch Beitritt, später sorgfältige Planung eines in sich stimmigen Grundgesetzes.

Es war kein Zufall, dass die Bundesstaatsreform nach 1990 an zwei Fronten kämpfen musste. Die Vereinigungsfolgen schlossen die Notwendigkeit der Forcierung des Ausbaus der *Europäischen Union* ein, um die Wiedervereinigung für die europäischen Nachbarn akzeptabel zu machen. Verfassungspolitisch erlangte die Europäische Einigung 1990 Vorrang vor der deutschen Vereinigung.

Die Zustimmung zu Maastricht wurde zum Kompensationsgeschäft: die Länder stärkten ihren Status durch die Ausweitung der deutschen Egalisierungsidee auf die europäische Ebene. Artikel 23 GG wurde von einer Aufzählung der Länder, für die das Grundgesetz zunächst gelten sollte, zu einem Europabekenntnis. Die Übertragung von Hoheitsrechten an die EU wurde an die Zustimmung des Bundesrats gebunden. Den Ländern wurden in Artikel 24,1a eigene Übertragungsmöglichkeiten von Hoheitsrechten auf grenznachbarschaftliche

Einrichtungen – mit Zustimmung der Bundesregierung – gegeben. Durch den Bundesrat dürfen die Länder in Angelegenheiten der Europäischen Union mitwirken (Art. 50), und für Europaangelegenheiten kann der Bundesrat eine Europakammer bilden (Art. 52,3a); die Bestandssicherungsklausel des Grundgesetzes für die bundesstaatliche Ebene wurde für die EU festgeschrieben. Das Einfallstor des Zentralismus in Gestalt des alten Artikels 24 des Grundgesetzes wurde geschlossen und wichtige Vetopositionen für den Ausbau Europas wurden von den Ländern errungen (Schmidt 1994: 65). Die Länder haben die Politikverflechtung gleichsam umgedreht und zur Einstiegschance für die europäische Ebene gemacht.

Noch sind sich die Analytiker nicht einig, ob damit nicht ein Pyrrhussieg errungen wurde. Der administrative Aufwand zur Realisierung der neuen europäischen Mitwirkungsrechte scheint die Kapazität der Länder zu überfordern. Die erstaunliche Einheitsfront der Länder – unabhängig von der Parteienzusammensetzung der Länderregierungen – dürfte bei den Kämpfen im Detail zerfallen, und die *doppelte Politikverflechtung* auf deutscher und auf europäischer Ebene könnte zu einem neuen Immobilismus führen. Es wurde befürchtet, dass die Vetopositionen den deutschen Ländern wenig nützen werden, da das deutsche System anspruchsvoller Normen und eines teuren Systems der sozialen Sicherung bei der unregulierten Konkurrenz der nationalen Akteure nicht profitieren könne, wenn der freie Binnenmarkt wirklich weiter ausgebaut wird (Scharpf 1994: 108, 155).

Der Binnenmarkt droht die zentralisierende Wirkung der EU zu verschärfen. Mit zunehmender Abwanderung von Kompetenzen von Bonn und Berlin nach Brüssel sind die Gewinne an Mitwirkungsrechten weniger wert, welche die Länder für die Abtretung von Gesetzgebungsrechten erhielten.

In einigen Ländern, wie in Belgien, Italien, Israel oder Neuseeland, kam es in den neunziger Jahren zu einer tiefgreifenden Debatte um das *constitutional engineering*. Das Wahlsystem und das Zusammenspiel von Exekutive, Legislative und Staatsoberhaupt standen im Vordergrund. Deutschland ist von dieser Debatte auch nach der Einigung nicht erfasst worden Das Grundgesetz wurde ein Flickenteppich von Änderungen, ohne dass jedoch seine Grundstruktur angetastet wurde. Wolfgang Schäuble (1991: 11 156) machte klar, dass die Vereinigung nicht die günstige Gelegenheit sei, um sonst nicht durchsetzbare Änderungen der Institutionen durch die Hintertür durchzusetzen. Die politische Elite blieb in unruhiger Zeit bei dem Bonmot (R. Leicht in: Die Zeit 1990, Nr. 9: 3), dass die Schaffung eines neuen Grundgesetzes der erneuten Erfindung des Rades gleiche. Dennoch kann nicht von einem totalen Immobilismus gesprochen werden. Auf der Mesoebene des Parteien- und Verbändesystems hat sich sogar mehr gewandelt als in anderen Ländern.

Die Änderungen des Grundgesetzes konnten schließlich Anfang November 1994 verkündet werden. Drei vom Bundestag verabschiedete Grundgesetzänderungen waren aufgrund der Beschlussempfehlung des Vermittlungsausschusses abgespalten worden. Die Macht des Bundesrates (vgl. Kap. 9.4) zeigte sich erneut. Eine am 30. Juni 1994 vom Bundestag für erledigt erklärte Initiative des Bundesrats wurde weitgehend wiederhergestellt. Nur wenige Neuerungen gingen in die Neufassung des Grundgesetzes ein: Art. 3 Gleichberechtigung und Behinderte, Art. 28, der die finanzielle Eigenverantwortung der Selbstverwaltung betraf, Art. 72, 74, 75, 76 und 77 über Gesetzgebungskompetenzen, Art. 80 über Rechtsverordnungen, Art. 87 über die Sozialversicherungsträger wurden geändert. Art. 20a, der den Umweltschutz unter die Staatsziele aufnahm, wurde in der Öffentlichkeit als einzige Innovation überhaupt wahrgenommen. Die Länderneugliederung der Länder Berlin und Brandenburg (118a) und die Fortgeltung von Bundesrecht (125a) gemahnten noch am ehesten an den Anlass dieser Grundgesetzänderung, nämlich die Vereinigung zweier deutscher Staaten. Der kreißende Berg hatte ein Mäuslein geboren. Der wichtigste Spezialist für die Föderalismusreform, Fritz W. Scharpf (2009: 159), war bereits vor Abschluss der zweiten Föderalismusreform skeptisch über die Reform: „Dann werden die politischen Handlungsmöglichkeiten des Bundes und der Länder so beschränkt bleiben, wie sie nach der Föderalismusreform I eben beschränkt blieben. Daran wird auch dieses Buch nichts ändern können".

Mit der Gefahr des Terrorismus wuchs die Bereitschaft des Gesetzgebers, zur Vermeidung der Gefahren die Freiheitsrechte der Bürger immer weiter zu beschneiden (Bommarius 2009: 262f.). Verfassungsänderungen sind einerseits in föderalistischen Systemen wie der Bundesrepublik schwer. Andererseits rangiert Deutschland in der Häufigkeit der Grundgesetzänderungen hinter stark zentralisierten Staaten wie Neuseeland, Österreich, Portugal und Schweden (Schmidt 2007: 350). Einerseits erwiesen sich die letzten Grundgesetzänderungen als bescheidenes Stückwerk, andererseits machte sich die Tendenz breit, die Verfassung zu sakralisieren und so der öffentlichen Debatte zu entziehen. Die Handlungsmöglichkeiten des Gesetzgebers, Konflikte eigenständig zu lösen, werden damit eingeschränkt. Der Verfassungsrechtler Horst Dreier (2009: 13) spitzte den Gedanken zu: „Wer das Grundgesetz zur Bibel erklärt, schadet der Demokratie". Das Grundvertrauen in das Grundgesetz bei der Bevölkerung hat einen Wächter im Bundesverfassungsgericht. Vor allem seit der Lissabon-Entscheidung wird jedoch die Gefahr gesehen, dass man in Deutschland dem Verfassungsgericht überlässt, was eigentlich Sache des politischen Diskurses und des parteipolitischen Wettbewerbs sein müsste (Pehle/Sturm 2009: 74). Im Ganzen hat sich in der Bundesrepublik noch nicht bei der Mehrheit des Volkes, wohl aber bei den

Eliten im Umgang mit dem Grundgesetz die Konzeption eines rationalen und diskursiven Verfassungspatriotismus erfreulich durchgesetzt.

Literatur

W. Abendroth u.a.: Der Kampf um das Grundgesetz. Über die politische Bedeutung der Verfassungsinterpretation. Frankfurt, Syndikat 1977

U. und F. von Alemann (Hrsg.): Staatsrecht für Politik. Baden-Baden, Nomos 2006

P. Badura: Das Prinzip der sozialen Grundrechte und seine Verwirklichung im Recht der Bundesrepublik Deutschland. Der Staat 1975: 17-48

H.-L. Batt: Die Grundgesetzreform nach der deutschen Einheit. Opladen, Leske & Budrich 1996

H.-L. Batt: Verfassungsrecht und Verfassungswirklichkeit im vereinigten Deutschland. Die Dichotomie des Grundgesetzes zwischen limitierend-formalem und dirigierend-materialem Verfassungsverständnis. Opladen, Leske & Budrich 2003

U. Battis u.a. (Hrsg.): Das Grundgesetz im internationalen Wirkungszusammenhang der Verfassungen. 40 Jahre Grundgesetz. Berlin, Duncker & Humblot 1990

W. Benz: Der Verfassungskonvent von Herrenchiemsee. APuZ B 32/33,1998: 13-19

Beratungen und Empfehlungen zur Verfassungsreform. Zur Sache 3/1976, 2/1977

Bericht der Gemeinsamen Verfassungskommission. Drs.12/6000, 5.11.1993

Th. Blanke/R. Erd (Hrsg.): DDR – ein Staat vergeht. Frankfurt, S. Fischer 1990

Ch. Bommarius: Das Grundgesetz. Eine Biographie. Berlin, Rowohlt 2009

K. Borgmann u.a. (Hrsg.): Verfassungsreform und Grundgesetz. Stuttgart, Boorberg 1992

M. Bremers: Die gemeinsame Verfassungskommission. Warum gilt das Grundgesetz? Wiesbaden, Westdeutscher Verlag 2001

B.-O. Bryde: Verfassungsentwicklung. Baden-Baden, Nomos 1982

A. Busch: Das oft geänderte Grundgesetz. In: W. Merkel/A. Busch (Hrsg.): Demokratie in Ost und West. Frankfurt, Suhrkamp 1999: 549-574

Th. Claudius/F. Stepan: Amnesty International. Portrait einer Organisation. München, Oldenbourg 1976

J. E. Craig: Scholarship and Nationbuilding. The Universities of Strasbourg and the Alsatian Society 1870-1939. Chicago University Press 1984

H. Dreier: 60 Jahre und kein bisschen heilig. Wer das Grundgesetz zur Bibel erklärt, schadet der Demokratie. Die Zeit, Nr. 20, 7. Mai 2009: 13

M. F. Feldkamp: Der Parlamentarische Rat 1948/49. Die Entstehung des Grundgesetzes. Göttingen, Vandenhoeck & Ruprecht 2008, 2. Aufl.

P. Fischer: Reform statt Revolution. Die Gemeinsame Verfassungskommission von Bundestag und Bundesrat. München, Forschungsgruppe Deutschland 1995

E. Forsthoff (Hrsg.): Rechtsstaatlichkeit und Sozialstaatlichkeit. Darmstadt, Wiss. Buchgesellschaft 1968

K. Goetz/P.J. Cullen (Hrsg.): Constitutional Policy in Unified Germany. London 1994 (special issue von „German Politics")

Ch Gramm/St. U. Pieper: Grundgesetz. Bürgerkommentar. Baden-Baden, Nomos 2008
K. Grimmer: Verfassungspolitik und Grundgesetz. Eine Einführung. Leverkusen, Barbara Budrich, 2008
B. Guggenberger/T. Stein (Hrsg.): Die Verfassungsdiskussion im Jahr der deutschen Einheit. München, Hanser 1991
B. Guggenberger u.a. (Hrsg.): Eine Verfassung für Deutschland. Manifest, Text, Plädoyers. München, Hanser 1991
J. Habermas: Der DM-Nationalismus. Weshalb es richtig ist, die deutsche Einheit nach Artikel 146 zu vollziehen, also einen Volksentscheid über eine neue Verfassung anzustreben. Die Zeit 1990, Nr. 14: 62-63
H.-H. Hartwich: Sozialstaatspostulat und gesellschaftlicher Status quo. Opladen, Westdeutscher Verlag 1977[2]
W. Hennis: Verfassung und Verfassungswirklichkeit. Ein deutsches Problem. Tübingen, Mohr 1968
H. Herles/E. Rose (Hrsg.): Vom Runden Tisch zum Parlament. Bonn, Bouvier 1990
D. Hönig (Hrsg.): Grundgesetz für die Bundesrepublik Deutschland. Baden-Baden, Nomos 2007, 8. Aufl.
J. Ipsen: Der Staat der Mitte. Verfassungsgeschichte der Bundesrepublik Deutschland. München, Beck 2009
J. Isensee/P. Kirchhof (Hrsg.): Handbuch des Staatsrechts der Bundesrepublik Deutschland. Heidelberg, C.F. Müller 1987-2000, 10 Bde.
O. Jung: Grundgesetz und Volksentscheid. Gründe und Reichweite der Entscheidungen des Parlamentarischen Rats gegen Formen direkter Demokratie. Opladen, Westdeutscher Verlag 1994
M. Kenntner: Grundgesetzwandel. DÖV 1997: 450-457
Ch. Klessmann: Die doppelte Staatsgründung. Deutsche Geschichte 1945-1955. Bonn, Schriftenreihe der Bundeszentrale für politische Bildung 1982
E.H M. L.ange: Die Würde des Menschen ist unantastbar. Der Parlamentarische Rat und das Grundgesetz. Heidelberg, Hüthig 1993
H. Laufer: Verfassungsreform in der Bundesrepublik. München, Bayerische Landeszentrale für politische Bildungsarbeit 1979
G. Lehmbruch: Die improvisierte Vereinigung: Die dritte deutsche Republik. Leviathan 1990: 462-486
U. Liebert/W. Merkel (Hrsg.): Die Politik zur deutschen Einheit. Opladen, Leske 1991
A. v. Lucke: Die gefährdete Republik. Von Bonn nach Berlin. 1949 – 1989 – 2009. Berlin Wagenbach 2009
D.S. Lutz: Toward a Theory of Constitutional Amendment. APSR 1988: 355-370
P.H. Merkl: Die Entstehung der Bundesrepublik Deutschland. Stuttgart, Kohlhammer 1968[2]
A.J. u. R.L. Merritt (Hrsg.): Public Opinion in Occupied Germany. The Omgus Surveys 1945-1949. Urbana, University of Illinois Press 1970
H. H. Meyer: Soziale Demokratie als verfassungspolitischer Auftrag. GMH 1990: 609-613
Ch. Möllers: Der vermisste Leviathan. Staatstheorie in der Bundesrepublik. Frankfurt, Suhrkamp 2008

Ch. Möllers: Das Grundgesetz. Geschichte und Inhalt. München, Beck 2009
K. Niclauss: Der Weg zum Grundgesetz. Paderborn, Schöningh 1998
H. Pehle/R. Sturm: Ist Deutschland noch in guter Verfassung? Das Grundgesetz im Wandel: Normalzustände, Grenzfälle und Pathologien. In: P. C. Mayer-Tasch/H. Oberreutter (Hrsg.): Deutschlands Rolle in der Welt des 21. Jahrhunderts. Zeitschrift für Politik, Sonderband 3, 2009: 53-74
F. R. Pfetsch: Verfassungspolitik der Nachkriegszeit. Darmstadt, Wiss. Buchgesellschaft 1985
F. R. Pfetsch: Ursprünge der Zweiten Republik. Prozesse der Verfassungsgesetzgebung. Opladen, Westdeutscher Verlag 1990[2]
P. F. Quint: The Imperfect Union. Constitutional Structures of German Unification. Princeton University Press 1997
F.W. Scharpf: Optionen des Föderalismus in Deutschland und Europa. Frankfurt, Campus 1994
F. W. Scharpf: Föderalismusreform. Frankfurt, Campus 2009
St. Schaub: Der verfassungsändernde Gesetzgeber 1949-1980. Berlin, Duncker & Humblot 1984
W. Schäuble: Der Vertrag. Stuttgart, DVA 1991
P. Schindler: Datenhandbuch zur Geschichte des Deutschen Bundestages 1983 bis 1991. Baden-Baden, Nomos 1994
R.-O. Schulze: Verfassungsreform als Prozess. ZParl 1997: 502-520
E. Schmidt: Die verhinderte Neuordnung 1945-1952. Frankfurt, EVA 1974[5]
U. Schmidt/T. Fichter: Der erzwungene Kapitalismus. Klassenkämpfe in den Westzonen 1945-1948. Berlin, Wagenbach 1971
V. Schockenhoff: Wirtschaftsverfassung und Grundgesetz. Die Auseinandersetzungen in den Verfassungsberatungen 1945-1949. Frankfurt, Campus 1986
J. Seifert: Grundgesetz und Restauration. Darmstadt, Luchterhand 1977[3]
J. Seifert: Klassenkampf von rechts oder Modernisierung des Grundgesetzes? GMH 1990: 614-632
W. Soergel: Konsensus und Interessen. Eine Studie zur Entstehung des Grundgesetzes für die BRD. Opladen, Leske 1986[2]
M. Steinbeis u.a.: Die Deutschen und das Grundgesetz. München, Pantheon 2009
A. Stone Sweet: Governing with Judges: Constitutional Politics in Europe. Oxford, Oxford University Press 2000
U. Storost: Das Ende der Übergangszeit. Erinnerung an die verfassunggebende Gewalt. Der Staat 1990: 321-331
U. Thaysen: Der Runde Tisch oder: Wo blieb das Volk? Opladen, Westdeutscher Verlag 1990
Verfassungsschutzbericht 2001. Bonn, Bundesministerium des Innern 2002
Die Verträge zur Einheit Deutschlands. München, DTV 1990
H. Vorländer: Verfassung und Konsens. Berlin, Duncker & Humblot 1981
H. Vorländer: Die Verfassung. Idee und Geschichte. München, Beck 1999
H. Vorländer (Hrsg.) Integration durch Verfassung. Wiesbaden, Westdeutscher Verlag 2002
W. Weyer (Hrsg.): Rechtsstaat. Sozialstaat. Stuttgart, Kohlhammer 1972

H. Wilke: Stand und Kritik der neueren Grundrechtstheorie. Berlin, Duncker & Humblot 1975

H. Wilms: Ausländische Einwirkungen auf die Entstehung des Grundgesetzes. Stuttgart, Kohlhammer 1999

H. Wollmann: Entwicklung des Verfassungs- und Rechtsstaates in Ostdeutschland als Institutionen- und Personaltransfer. In: H. Wollmann u.a.: Transformation der politisch-administrativen Strukturen in Ostdeutschland. Opladen, Leske & Budrich 1997: 25-48

2 Die politische Kultur

In den sechziger Jahren setzte sich der Begriff der „politischen Kultur“ in der Politikwissenschaft durch, nachdem die bahnbrechende Studie von Almond und Verba: Civic Culture (1963) einen ersten Versuch gemacht hatte, in einer international vergleichenden Studie den vagen Begriff empirisch zu testen. Der Terminus stand ursprünglich quer zur deutschen Tradition, in der der Kulturbegriff vielfach idealistisch überhöht gegen das „Machbare“ der Zivilisation ausgespielt worden war. Diese Tradition könnte erklären helfen, warum der Begriff „politische Kultur“ in Deutschland vielfach bis heute normativ gedeutet wird. Die politische Kultur der Deutschen wurde immer wieder an normativen Idealen gemessen (Reichel 1981) und überwiegend ideengeschichtlich beschrieben (vgl. Sontheimer 1990).

Die Forderung nach einem empirischen und wertneutralen Begriff der politischen Kultur spürte die Wahrnehmungen, Gefühle und Bewertungen gegenüber dem politischen System auf. Dabei mussten die Einstellungen aufgeschlüsselt werden und konnten gegenüber dem System allgemein untersucht werden: gegenüber den *Inputstrukturen* (Entscheidungsstrukturen) oder gegenüber dem Resultat der Politik auf verschiedenen Politikfeldern, den *Outputstrukturen* (Zufriedenheit mit den Leistungen des Systems). Im Sinne des *Policy Cycle* könnte man auch vereinfachend drei Ausrichtungen festhalten: Einstellungen zur politischen Ordnung im Allgemeinen (*polity*), zum Entscheidungssystem *(politics)* und zum Resultat in Form von materieller Politik *(policies)*. Gerade Empiriker blieben gegenüber einem so gewaltigen Forschungsprogramm skeptisch. Nur weil der Begriff sich durchgesetzt hatte, wollten sie ihn beibehalten, befürchteten aber weiterhin die Beliebigkeit der Messungen und die theoretische Unmöglichkeit, die verschiedenen Indikatoren zu einem theoretischen Begriff sinnvoll zu verbinden (Kaase 1983). Die Gefahr, dass die alten Studien über den Nationalcharakter nur in neuen wissenschaftlicheren Formen wieder aufleben würden, schien gegeben. Die wachsende internationale Kommunikation ließ es problematisch scheinen, ganze Gesellschaften als mit einer abgrenzbaren politischen Kultur ausgestattet wahrzunehmen.

Dennoch hat sich der Begriff durchgesetzt. Er wurde in den achtziger Jahren vielfach mit neueren Ansätzen zum Studium des *Wertewandels* verknüpft. Politische Kultur galt im Gegensatz zu statischen Bildern von Nationalcharakter immer als „gelernt“. Mit der Entdeckung des Wertewandels wurde einerseits die Fragmentierung der angeblich einheitlichen Kultur stärker gewürdigt, andererseits der rasche Wandel von politischen Kulturen erkannt, soweit sich Verallgemeinerungen über ihn in ganzen Nationalstaaten treffen ließen. Der Begriff „politische Kultur" wurde zum neutralen Terrain der Begegnung für alle, welche die subjektive Seite politischer Systeme nicht vernachlässigten. Immer schon hatte es Äquivalente gegeben, ob Robert von Mohl von *„politischer Gesittigung"* sprach oder Dolf Sternberger von *„lebender Verfassung"*. In Deutschland wurde der Begriff nach dem Krieg zum Instrument der Messung, inwieweit die Bürger der Bundesrepublik sich mit den selbstgewählten Normen konform verhielten. Die Anwendung der Demokratietheorie ging von dem traumatischen Erlebnis einer tiefen Diskrepanz zwischen der demokratischen und sozialen Weimarer Verfassung und den autoritären Verhaltensmustern paramilitärisch organisierter Bürgerkriegsparteien aus.

2.1 Die historischen Belastungen der politischen Kultur in Deutschland

Die Besatzungsmächte hegten einiges Misstrauen gegen die Institutionen, die der Parlamentarische Rat 1948/49 schuf. Die Bedenken der ausländischen Sozialwissenschaftler hingegen bezogen sich von Anfang an weniger auf den konstitutionellen Rahmen, den Westdeutschland sich geschaffen hatte, als auf die politische Haltung der Bevölkerung, die diesen Rahmen ausfüllen sollte. Die Einstellungs- und Verhaltensweisen der Bürger gegenüber dem politischen System, die die politische Kultur eines Landes ausmachen, waren für ausländische Forscher um so wichtiger, als Deutschland sich in seiner Entwicklung im Lichte vergleichender Betrachtung als ein erstaunlicher Fall der Abweichung von der „normalen" Entwicklung darstellte. Die Modernisierungsforscher, die eine stabile Demokratie von Indikatoren wie dem wirtschaftlichen Entwicklungsstand, dem Bildungsgrad des Durchschnitts und der Ausdifferenziertheit des Kommunikationssystems abzuleiten versuchten, mussten an der deutschen Entwicklung scheitern. An den genannten Indikatoren gemessen, hätte Deutschland eine gute Voraussetzung für normale stabile demokratische Entwicklung bieten müssen (Verba 1965: 131).

Die Verwunderung über die deutsche Sonderentwicklung schlug vielfach in sehr weitreichende Verallgemeinerungen über den Zusammenhang zwischen autoritären Familienstrukturen und einer überwiegend apathischen politischen Kultur um, die Partizipation überwiegend passiv und formal auffasste, Politik mit Vorbehalten beurteilte und stark legalistisch dachte.

Politische Kulturen sind nicht Ausfluss eines statischen Nationalcharakters, sondern werden gelernt und sind Wandlungen unterworfen, wie auch die Umfragen in der Bundesrepublik zeigen. Die traumatischen Erfahrungen der Zeit der

Übermobilisierung durch die Nazis und die neuen Übermobilisierungsversuche in Ostdeutschland hatten in Westdeutschland starke Rückwirkungen. In Befragungen von 1949 zeigte sich eine gewisse Gleichsetzung von Politik und Parteipolitik mit dem, was man bisher erlebt hatte. Die Aversion gegen stärkere politische Teilnahme, gegen Übernahme politischer Ämter und bei zwei Dritteln auch gegen die Politik der Parteien (Merritt 1970: 314ff.), die 1949 noch überwog, wurde im Laufe der Entwicklung der Bundesrepublik abgebaut. Die Einstellungen zu den Parteien und zum Föderalismus sowie das Image der Politiker haben sich schon in den fünfziger Jahren wesentlich gebessert. Politik wurde – vor allem bei jüngeren Menschen – als immer wichtiger erkannt (Allerbeck 1976: 35).

Das System hat sich nach Umfragen rascher gefestigt, als viele ausländische Betrachter befürchtet haben. Amerikanische Wissenschaftler haben dies mit dem hohen Bildungsstand und der auch in der überwiegenden Passivität der Bürger immer relativ guten Informiertheit der Westdeutschen erklärt, die zur Grundlage eines raschen Anwachsens der Unterstützungsbereitschaft für das System wurden. Manche der Äußerungen über eine bloß passive Hinnahme des Systems durch die Bürger wurden schon in den fünfziger Jahren durch Umfrageergebnisse teilweise überholt.

Die starke Output-Orientierung führte in der Bundesrepublik in unterschiedlichen Umfragen immer wieder zu einer Identifizierung von Staat und Regierung und einem erstaunlichen Glauben an die Effektivität von Regierung und Verwaltung. Die *„Staatsverdrossenheit"*, von der seit der ökonomischen Krise von 1973 oft gesprochen wurde, bezog sich vielfach auf die Kritik an bestimmten Maßnahmen der Regierung und auf bestimmte Politiker und Parteien. Die Umfrageergebnisse lassen kaum auf grundlegende Ablehnung des Systems schließen, wie auch im internationalen Vergleich festgestellt wurde (Barnes/Kaase 1979: 523). Selbst die Parteien werden akzeptiert, aber vor allem Jungwähler identifizieren sich weniger mit ihnen als früher. Es zeigten sich erstaunliche Widersprüche: Politik wird vielfach noch als schmutziges Geschäft angesehen und dennoch wird relativ positiv über die geurteilt, die dieses Geschäft vom Durchschnittsbürger fernhalten.

Gleichwohl blieben angesichts der Legitimation des Systems durch wirtschaftliche Erfolge und Aufbauleistungen besorgte Fragen im Hinblick auf die Belastbarkeit dieses „Schönwettersystems". In der Krise zeigte sich jedoch in den sechziger und siebziger Jahren, dass manche Ängste in vielen Bereichen (Arbeitsmarktpolitik, Umweltpolitik, Geldwertstabilität), die den Bundesbürger heute bewegen, vereinbar waren mit einem erstaunlichen Vertrauen in die Handlungskompetenz der Regierung und die Möglichkeit, diese Probleme durch Politik zu lösen. Gerade auch in der Arbeiterschaft hat die schwerste Krise der BRD seit 1949 im Jahre 1973/74 nicht zu einer Erschütterung des Glaubens an die Regenerations- und Selbstheilungskräfte der Wirtschaft geführt.

Die eigenen Einflussmöglichkeiten auf Politik und Verwaltung wurden in der Bundesrepublik gering eingeschätzt. Fast zwei Drittel glaubten nach einer Infas-Umfrage von 1971 nicht, dass sie auf den Staat irgendwelchen Einfluss ausüben könnten. Das Gefühl der Ohnmacht gegenüber der öffentlichen Verwaltung war ähnlich groß. Nur 39% von 1978 Befragten glaubten, dass Verwaltungsentscheidungen vom Bürger nachvollziehbar und kontrollierbar sind. Während nach den alten Civic-Culture-Umfragen das Vertrauen in die Verwaltung und die staatlichen Agenturen mit dem Bildungsgrad – im Vergleich zu den angelsächsischen Ländern – auffällig stieg (Almond/Verba 1963: 111f.), galt dies zumindest nicht mehr für die Akademiker, die sich in der Ausbildung befanden (Sinus 1978: 13).

Die nüchterne Einschätzung der eigenen Einflussmöglichkeiten wirkte in Krisenzeiten rasch eintretenden Enttäuschungen aufgrund überhöhter Partizipationserwartungen entgegen. Der Glaube an die Wirkung der eigenen Anteilnahme kann erfahrungsgemäß im Lichte konkreter Enttäuschungen schneller entlegitimierend wirken, als wenn man sich auf den allgemeinen Glauben an die Kompetenz irgendwelcher politischen Eliten verlässt. Die Berelson-These von der *stabilisierenden Apathie* trifft angesichts der hohen Wahlbeteiligung sicher nicht generell für die Bundesrepublik zu, sondern allenfalls in dem Sinne, dass eine überwiegend passiv gestimmte politische Kultur die „Rebellion steigender Erwartungen“, die häufig zu plötzlichen Entfremdungserscheinungen führen kann, stärker im Zaum hält.

Die Frage, die sich vor allem ausländischen Betrachtern aufdrängte, war, ob die politische Kultur in der Bundesrepublik sich grundsätzlich durch kollektives Lernen gewandelt habe. Dass dieses möglich ist, wurde etwa am Beispiel Schwedens demonstriert, das auch nicht immer das Image eines friedliebenden und sozial fortschrittlichen Landes gehabt hat.

Da sich wirtschaftliche Entwicklungsdaten nicht als Variablen erwiesen hatten, von denen man den Demokratiegrad eines Landes ableiten konnte, suchte man nach subjektiven Faktoren, die den Überzeugungssystemen, die politische Kulturen abstützen, näherstehen, wie Bereitschaft zum politischen Wettbewerb und Meinungsfreiheit. Diese beiden Eigenschaften waren nach älteren Untersuchungen in der Bundesrepublik relativ unterentwickelt (Verba 1965). Der Wandel der Meinungen der Bundesbürger in diesen beiden Bereichen beeindruckte auch viele Ausländer. Hatten 1950 noch 25% einen Einparteienstaat für wünschenswert gehalten und nur 53% ein Mehrparteiensystem bevorzugt, so waren es 1968 nur noch 7%, die gegen, und 81%, die für den Parteienpluralismus optierten (Conradt 1974: 227). Die verschiedenen Gruppen der deutschen Gesellschaft waren relativ gleichmäßig von diesem Wandel erfasst: Vertriebene und Einheimische, Männer und Frauen, die unterschiedlichen Bekenntnisse und die Regionen zeigten in der Antwort auf diese Grundfragen einer Demokratie keinen wichtigen Unterschied mehr. Allenfalls das Alter erwies sich als entscheidend: Die Jugend hatte stärker diesen Wandel mitgetragen.

Trotz der Verhärtungen im Zeichen der Polarisierung und der Neigung der Oppositionsanhänger, das System deutlich negativer einzuschätzen, führte die Konfliktverschärfung seit 1969 nicht dazu, dass die Meinungsfreiheit bei den Anhängern der Opposition in der Bundesrepublik wesentlich eingeschränkter wahrgenommen wurde als bei den Anhängern der Regierungskoalition Im internationalen Vergleich überraschten die Westdeutschen durch ihren Optimismus im Hinblick auf die demokratische Entwicklung im In- und Ausland. In einer Phase der Erosion der sozialliberalen Koalition stand die Bundesrepublik (mit Ausnahme von Luxemburg) in Europa noch immer an der Spitze einer Skala der Zufriedenheit der Bevölkerung mit dem Funktionieren der Demokratie (Eurobarometer Nr. 16, 1981: 11). 1983 antworteten nur die Dänen noch ein bisschen euphorischer auf ihren „Machtwechsel" als die Deutschen (Eurobarometer Nr. 19, 1983: 2), wenn nach dem Vertrauen in das System gefragt wurde. Die Bundesrepublik lag zugleich in der Bereitschaft der Verteidigung des Systems gegen umstürzlerische Kräfte an der Spitze der EG-Länder (Eurobarometer Nr. 16, 1981: 14). Für den Kriegsfall hingegen überwog die Zahl derer, die nicht kämpfen wollten (41%) die der Kampfwilligen (IfD-Umfrage 1295; 1981).

Die „stille Revolution" der Herausbildung eines neuen politischen Stils, der den Eliten nicht mehr gehorsam folgt, sondern sie herausfordert und an postmateriellen Werten wie Lebensqualität mehr interessiert ist als an den Verteilungsritualen der traditionellen Politik, schien anfangs in Deutschland in geringerem Maße stattgefunden zu haben als in den meisten anderen europäischen Ländern mit Ausnahme von Irland und Dänemark (Zahlen bei: Inglehart 1977: 38). Sie hat dennoch tiefgreifendere Folgen im Parteiensystem hinterlassen als in anderen europäischen Ländern. Aber das Bekenntnis zum Postmaterialismus ist nur eine Erklärung für diesen Wandel im Parteiensystem (vgl. Kap. 4.5). Neuere Umfragen zeigten, dass der Mobilisierungseffekt an der Wende der siebziger Jahre kein dauerhafter war. Selbst große Teile der Jugend, der mehr Offenheit für die „neue Politik" nachgesagt wurde, reagierten nach der Politisierungswelle wieder mit Rückzug. Soziale Probleme und die Bereitschaft zur politischen Anteilnahme stehen noch immer ganz unten auf der Liste der persönlichen Lebenswünsche.

Politik wird vielfach in Deutschland noch „als Flankenschutz für den persönlichen Lebensvollzug angesehen" (Jaide). Mitte der siebziger Jahre zeigte sich in Längsschnittvergleichen, dass die Einstellungen und Meinungen Veränderungen in Richtung Konservatismus erfuhren und dass Reformpolitik und die außenpolitische Neuorientierung, die 1969 eingeleitet wurde, auf größere Skepsis stießen. Andererseits ist die Bereitschaft zum Einsatz unkonventioneller Mittel gestiegen. Im internationalen Vergleich haben Deutsche und Österreicher jedoch rechtliche Einschränkungen unkonventionellen politischen Verhaltens eher befürwortet als Holländer und Amerikaner und waren „offenbar willens, Teile ihrer Bürgerrechte für ein ruhiges Leben hinzugeben“ (Barnes/Kaase 1979: 88). Bei Messungen von Konfliktbereitschaft erwiesen sich Jugendliche als kaum weniger konfliktscheu als der Durchschnitt der Bevölkerung (Greiffenhagen 1979: 123). Bei der Bereitschaft, Gewalt für politische Ziele einzusetzen, sind die Deutschen im internationalen Vergleich eher am unteren Ende der Skala. Selbst die Anhänger der Alternativbewegungen rangierten in der Bereitschaft, an gewaltsamen Aktionen teilzunehmen, mit 5% der Befragten nicht nennenswert vor dem Bevölkerungsdurchschnitt (3%) (Sinus 1983: 55). Der „Linkstrend“ der Jugend erwies sich nicht als dauerhaft. Die Übermobilisierung durch Peergroups hat Übersättigungsprozesse in Gang gesetzt, die eher eine Rückkehr zu den Spielregeln der repräsentativen Demokratie vermuten ließen. Aber die Jugend ist zweifellos sensibler in bezug auf Verselbständigungstendenzen in der politischen Elite geworden, wie Bürgerinitiativen, Parteienverdrossenheit, kritisches Engagement in den Parteijugendorganisationen und das Wachstum der Grünen zeigten (vgl. Kap. 4.4).

2.2 Die Legitimierung des politischen Systems

In den siebziger Jahren wurden Legitimitätskrisen von links und Unregierbarkeitskrisen von rechts im politischen System der Bundesrepublik entdeckt. Die empirische Forschung hat jedoch alle Generalisierungen als unhaltbar verworfen. Man kann nicht nur die „diffuse Unterstützung“ eines politischen Systems als Anhaltspunkt für Legitimität nehmen, wie das in der Nachfolge der Theorien von David Easton vielfach geschah. Ein normativer Begriff von Legitimität, der bei den Bürgern abfragt, ob sie das politische System für „fair und gerecht“ halten, ergab keine Bestätigung von Systemkrisen. Zwischen haben 83% und 88% Anfang der achtziger Jahre das System für fair und gerecht gehalten. Wurde die gleiche Frage im Hinblick auf die jeweilige Regierung gestellt, so lag die Zustimmung etwa 20% tiefer (Gabriel 1986: 304f.). Die Bürger haben die Ebene der politischen Ordnung und der speziellen Institutionen auch sonst immer unterschieden. Je näher die Fragen an bestimmte Politikfelder kamen, umso spezifischer wurde die Unterstützung. Unzufriedenheit mit der Leistung der Regierung auf bestimmten Politikfeldern zieht jedoch keineswegs einen Entzug des generellen Vertrauens durch die Bürger nach sich. Unzufriedenheit breitet sich leichter bei Anhängern der Regierung aus, während die Anhänger der Opposition geringere Erwartungen hegen (Westle 1989: 301). Misstrauen gegen die Regierung deutet noch nicht auf eine Legitimitätskrise hin. Die skeptische Maxime gegenüber einer verantwortlichen Regierung fordert geradezu ein gewisses Misstrauen im Sinne des Wortes von John Locke heraus: „Ihr vertraut die Regierung jenen an, denen ihr misstraut". Erst ein sinkendes Vertrauen in die unparteiischen Institutionen ist ein Alarmzeichen, diese aber – wie vor allem das Bundesverfassungsgericht – erfreuen sich noch immer der höchsten Vertrauenswerte in der Meinung der Bürger (Tab. 2.1).

Vergleicht man die „Vertrauensfragen" an die Bürger über die Zeit, so fiel eine Zunahme des Vertrauens in Institutionen der Politik und Verwaltung (mit Ausnahme der städtischen Behörden) und der Bildung auf. Einen Niedergang des Vertrauens erlebten die Medien – am drastischsten die Zeitungen –, die Justiz, die Interessengruppen und die Unternehmer. Der Niedergang betraf die Kirchen nur leicht, die Gewerkschaften hingegen am härtesten.

Ist eine allzu starke Zustimmung zu den Institutionen wünschenswert? Allzu große Zufriedenheit mit dem System muss nicht als Zeichen demokratischer Reife gewertet werden. Die hohe Zufriedenheit mit der Demokratie in Deutschland in vergleichenden Befragungen des Eurobarometers der Europäischen Gemeinschaft ist gelegentlich auch als Fortwirken obrigkeitsstaatlicher Wertvorstellungen und Verhaltensnormen gedeutet worden. In einem neuen System wie dem der Bundesrepublik war es von entscheidender Bedeutung, dass die Opposition 1966 in die Regierung aufgenommen wurde. Die alternierende Regierungsweise stärkt in der Regel die Akzeptanz des Systems. Wichtig ist auch, dass keine der Parteien grundsätzlich als „nicht koalitionsfähig" angesehen wird. Diese Gefahr konnte selbst durch den Eintritt der Grünen in den Bundestag auf die Dauer vermieden werden. Die Linke galt allenfalls auf Landesebene als koalitionsfähig. Unzufriedenheit mit dem System, die in vielen Umfragen bei zahlreichen Gruppen auftauchte, ist voreilig als *Legitimitätsdefizit* gewertet worden. Es zeigte sich jedoch in Zeiten der Gefährdung des Systems – wie in der Epoche des Terrorismus der Roten Armee Fraktion – dass die Zustimmung zum System spontan stieg. Gerade in Schönwetterzeiten wurde in Deutschland Unzufriedenheit viel unverblümter ausgedrückt.

Tabelle 2.1: Struktur des Institutionenvertrauens in den neuen und alten Bundesländern 1991 und 1995

	1991		1995	
	NBL	ABL	NBL	ABL
Bundesrat	1.16	1.72	0.89	1.24
Bundesverfassungsgericht				
Fernsehen	1.14	2.48	1.10	2.02
Bundeswehr	1.10	0.69	-0.19	0.43
Gewerkschaften	0.96	1.23	0.59	1.09
Landesregierung	0.82	0.77	0.55	0.64
Bundestag	0.71	1.42	0.92	1.12
Kirchen	0.54	1.54	-0.06	1.11
Presse	0.51	0.70	-0.65	0.61
Bundesregierung	0.46	0.51	-0.63	0.24
Gerichte	0.39	1.03	0.07	0.83
Polizei	0.13	2.15	0.57	1.66
Parteien	-0.22	1.96	0.80	1.85
	n.e.	n.e.	-0.53	0.07
Rangkorrelations-koeffizienten:	alte-neue Länder 1991: -.28; alte-neue Länder 1995: .79 neue Länder 1991-1995: .13; alte Länder 1991-1995: .98			

Quelle: IPOS-Studien 1991; 1995. Frage: Wir haben hier einige Einrichtungen aus dem Bereich des öffentlichen Lebens aufgeschrieben und möchten gerne wissen, ob Sie diesen Einrichtungen vertrauen oder nicht vertrauen. Wie ist das mit ... (siehe Tabelle). Angaben: Mittelwerte einer Skala von +5 (vertraue voll) bis -5 (vertraue überhaupt nicht).

Sinnvolle Urteile zu den Umfragedaten ergeben sich auf zwei Vergleichsebenen: im Vergleich über die Zeit und im transnationalen Vergleich zwischen den Ländern. Die Studie über „Beliefs in government" (Klingemann/Fuchs 1995: 304f.) zeigte das Vertrauen der Deutschen in ihre Institutionen kaum als abweichenden Fall. Die deutschen Werte lagen über dem europäischen Durchschnitt beim Vertrauen ins Parlament, unter dem europäischen Durchschnitt bei der Verwaltung, der Kirche, dem Militär und beim Erziehungssystem.

Tabelle 2.2: Institutionenvertrauen 1998-2001
(1. Zeile: Mittelwert; 2. Zeile: Prozentsätze[1])

	1998			2000			2001		
	G	W	O	G	W	O	G	W	O
Rechtsstaatliche Institutionen									
Bundesverfassungsgericht	1,9	2,0	1,8	2,1	2,1	1,9	2,1	2,1	1,9
	70	73	62	75	76	69	76	79	62
Polizei	1,9	2,0	1,7	2,0	2,0	1,8	2,0	2,1	1,8
	77	80	65	81	83	71	80	84	68
Gerichte	1,6	1,7	1,4	1,6	1,7	1,3	1,6	1,7	1,3
	58	62	43	53	57	38	54	57	40
Parteienstaatliche Institutionen									
Bundestag	1,3	1,3	1,2	1,5	1,5	1,4	1,6	1,6	1,4
	36	38	27	49	50	45	54	56	44
Bundesregierung	1,2	1,2	1,1	1,5	1,5	1,5	1,5	1,6	1,4
	31	33	27	47	46	48	52	55	44
Intermediäre Institutionen									
Gewerkschaften	1,3	1,3	1,4	1,3	1,3	1,3	1,3	1,3	1,3
	43	41	50	38	38	38	39	40	38
Fernsehen	1,3	1,3	1,3	1,5	1,5	1,6	1,3	1,3	1,2
	39	39	40	49	47	57	39	40	35
Presse	1,3	1,4	1,2	1,4	1,4	1,4	1,3	1,3	1,1
	40	43	28	47	47	44	37	40	26
Arbeitgeberverbände	1,2	1,2	1,0	1,3	1,3	1,3	1,4	1,4	1,2
	29	31	20	36	37	32	38	40	29
Kirchen	1,2	1,2	0,9	1,1	1,2	1,1	1,2	1,3	1,0
	33	36	22	35	36	32	35	37	26

[1] Mittelwerte: 0 = gar kein ertrauen bis 3 = sehr großes V.; Prozent: sehr/ziemlich großes Vertrauen. Geordnet nach den gesamtdeutschen Mittelwerten 2001 G = Gesamt, W = West, O = Ost.
Quelle: Infratest dimap DeutschlandTREND 2/1998, 1/2000, 1/2001

Neuere IFD-Umfragen bei Allensbach haben bei den Meinungen über staatliche Institutionen nicht viel Interessantes zu Tage gefördert (2005). Die beste Meinung hatten die Bürger über den Bundestag, die schlechteste Einschätzung hingegen von der Bundesregierung.

Die kritische Haltung der Deutschen zu vielen Institutionen hat sich nach der Vereinigung von 1991 bis 1995 erneut verstärkt. Das Vertrauen in Gerichte und Polizei stieg, das Vertrauen zum Fernsehen nahm ab (Tabelle 2.1). Die Werte in Ost- und Westdeutschland haben sich angenähert. Exekutive und Gerichte wurden positiver beurteilt. Die Medien hatten ihren einstigen Vertrauensvorschuss als verbindendes Glied zwischen West- und Ostdeutschland eingebüßt. Die Einrichtungen der Interessenvermittlung erlebten Vertrauensverluste, vor allem, wenn sie nahe an der Tagespolitik und dem Parteienwettbewerb angesiedelt schienen. Inzwischen werden die Landesteile kaum noch unterschieden. Eine neuere Umfrage (Tabelle 2.2) sah weiterhin das Bundesverfassungsgericht an der Spitze, gefolgt von den Gerichten und dem Bundestag. Gewerkschaften, Wirtschaftsverbände und Parteien erhielten abnehmende Vertrauenswerte.

In den achtziger Jahren kam mit der Debatte über den *Wertewandel* ein neuer Begriff auf, der seinerseits ein komplexes Konstrukt darstellt: der *Postmaterialismus*. Das Wachstum des Postmaterialismus schien die alte Politik und die konventionellen Institutionen, in denen sie stattfand, in eine Krise zu treiben. Auch diese Annahme ließ sich nicht halten. Konventionelles und unkonventionelles Verhalten entwickelten sich nebeneinander. Teilnahme an Bürgerinitiativen schloss Parteimitgliedschaft nicht aus. Die Präferenzen der Individuen waren nicht so strikt abzusondern, wie Inglehart (1977) angenommen hatte. Anhänger der neuen Werte und der sozialen Bewegungen, die sie zu fördern suchten, zeigten einen höheren Grad der Unzufriedenheit mit den Institutionen. Aber auch sie orientierten sich umso stärker an den idealen Sollwerten der politischen Ordnung. Nicht das System geriet in die Krise, sondern – wie in Amerika schon lange – das System musste seinem idealen Verfassungsmodell wieder angenähert werden. Während konservative Befürchtungen geäußert wurden, dass „Wahrheit" von den neuen sozialen Bewegungen an die Stelle des „Mehrheitsprinzips" gesetzt werden solle, zeigte sich, dass das Mehrheitsprinzip mit über 70% noch immer starke Zustimmung hatte, auch bei den Grünen (Westle 1989: 329, 339). Es wurde eine Wiederbelebung eines alten deutschen Mythos befürchtet, die Teilung von Legitimität und Legalität. Kritiker sahen eine beunruhigende Geringachtung staatlicher Institutionen in der jüngeren Generation entstehen. Momentaufnahmen von Interviewstudien in konfliktreichen Zeiten haben jedoch in der Regel den Einfluss der Effekte des Lebenszyklus verkleinert: Bei älteren Menschen zeigte sich auch in Deutschland eine geringere Kluft zwischen Erwartungen und Akzeptanz der politischen Ordnung. Mit dem Hineinwachsen jüngerer Altersgruppen in eine diffuse Unterstützung des politischen Systems schließt sich die Schere. Angesichts zunehmender Überalterung moderner Gesellschaften kann man von einem linearen Wachstum von Protesthaltungen kaum ausgehen. Zudem zeigten selbst die jüngeren Altersgruppen in jeder Generation neue Einstellungsmuster. Neue Werte setzen sich nicht linear in der Entwicklung durch. Wertemuster kommen und gehen zyklisch mit den Generationen. Die Zyklenthese ist vor allem auch gegen die Annahme einer stetigen Ausweitung postmaterieller Haltungen vorgebracht worden (Bürklin 1988).

Alle diese Einschränkungen an globalen Thesen des Wertewandels und einer Änderung der politischen Kultur mit jeder neuen Generation lassen andererseits nicht den Schluss zu, dass ein Wandel nicht stattfand und dass dieser Wandel nur positiv zu bewerten ist. Bei einem knappen Drittel der Bevölkerung wurde eine gewisse *Politiker- und Parteienverdrossenheit* festgestellt. Etwa die Hälfte der Bürger waren mit den Leistungen des Systems im Bereich der Politikfelder nicht zufrieden (Westle 1989: 293). Ein bleibender Wandel hat im Bereich der Partizipation stattgefunden: Nichtkonventionelle Formen der Teilnahme und neue Muster einer stark an Problemen orientierten neuen Politik – neben und außerhalb der Institutionen – breiteten sich aus. Mit der Krise der Grünen und dem Abflauen des Ost-West-Konflikts schienen tragende Säulen der neuen sozialen Bewegungen orientierungslos. Beim Golf-Konflikt im Januar 1991 zeigte jedoch die totgesagte Friedensbewegung eine erstaunliche Breite der Koalition von Kräften der alten und neuen Politik. Den Wandel der Werte und der politischen Verhaltensmuster für beendet zu erklären, erwies sich als verfrüht. Beim Kosovo-Konflikt 1999 war hingegen auffallend, dass selbst die Grünen die deutsche Beteiligung an der bewaffneten Intervention überwiegend mittrugen und dass Proteste dagegen eher geringe Massenresonanz zeigten.

2.3 Zwei politische Sozialisationsformen – eine politische Kultur?

Moderne Demokratien werden nicht nur durch einen diffusen Konsens und über Verfahrensgerechtigkeit legitimiert. Wichtige Stützpfeiler von Gefühlen der Legitimität der Bürger sind die Prinzipien des Rechtsstaats, des Nationalgefühls, der demokratischen Teilnahme und der wohlfahrtsstaatlichen Absicherung der Existenz (vgl. Einleitung). Im geteilten Deutschland konnte das Nationalgefühl naturgemäß nicht die gleiche Rolle wie in anderen Systemen spielen. Die Identifizierung der Bürger vollzog sich stärker über den Rechtsstaat bis hin zu einem gewissen Legalismus, der in den Einstellungen der Bundesbürger im Ausland immer kritisiert worden ist – und über den Stolz auf wirtschaftliche und soziale Leistungen des Systems.

Im europäischen Vergleich lag die Bevölkerung der Bundesrepublik immer am Ende der Skala des Nationalstolzes. Selbst das durch Sprachenkonflikte zerrissene Belgien hatte vielfach mehr Menschen, die angaben, sehr stolz oder wenigstens ziemlich stolz auf ihr Land zu sein, als die Bundesrepublik. Der Eurobarometer (45, 1996: 88f; 42, 1995: 67, 69) hat die Zugehörigkeitsgefühle der Bürger getestet und nach der primären Identifikation mit der EU, dem Nationalstaat oder einer Region, in der die Bürger leben, gefragt. Deutschland lag Mitte der 90er Jahre im Nationalstolz mit 45% wiederum hinter Belgien (69%) und den Niederlanden (66%) am Schluss einer EU-Skala. Bei der Identifikation mit der EU lag Deutschland (14%) jedoch keineswegs an der Spitze bei Italien (30%) oder Luxemburg (25%). An der Spitze in Europa nach Spanien (38%) und Belgien (32%) lag Deutschland (27%) mit einer hohen primären Identifikation mit der Region (hier dem Bundesland). Die Zustimmung zu der Frage, ob zu viele Ausländer im Land lebten, war in Deutschland mit 40% geringer als in den traditionellen Nationen wie Frankreich (55%) oder Großbritannien (47%). Auch Dänemark (41%) und die Niederlande (47%), den Deutschen gelegentlich in ihrer Einstellung zu Ausländern als vorbildlich vorgehalten, zeigten höhere xenophobische Werte als die Befragten in Deutschland (vgl. von Beyme 1998: 87). Neuere Umfragen des Eurobarometers (2003: 27) zeigten, dass Deutschland im Mittelfeld der Befragten in Europa lag. Weniger als die Hälfte (D: 46%, EU 15: 45%) fühlten sich mit Europa in gleicher Weise verbunden wie mit ihrem Land und ihrer Region. In der Rangfolge der Bürger, die sich in erster Linie mit der Region identifizierten lag Deutschland noch 2005 (Eurobarometer) mit 27% nach Spanien (38%) und Belgien (32%) in der Spitzengruppe in Europa.

2009 legte die „Identity Foundation" eine Studie vor, welche der Bundesrepublik bescheinigte, erstmals seit 1949 auf dem Weg zur Normalität zu sein. 80% gaben ein klares Votum für die Demokratie ab, 70% fühlten sich der Nation im Herzen verbunden. Knapp 73% der Befragten waren der Ansicht, die Deutschen sollten mehr nationales Selbstbewusstsein zeigten, vermisste aber konstruktive Identitätsbilder in Schule, Politik und Medien (Pschologie heute, September 2009: 12). Schreckensmeldungen wurden von anderen Umfragen verbreitet, nach denen 10% der „Ossis" und 20% der Wessis die Mauer zurückwünschten, versteht sich ohne Stacheldraht und Schießbefehl, weshalb dieser geschönten Darstellung wenig Aufmerksamkeit gebührte.

Das Fehlen einer starken emotionalen Identifikation mit dem westdeutschen Rumpfstaat ist im Rückblick weniger verwunderlich. Mehr Gleichsetzung und Übereinstimmung mit einem Teilstaat unter Mitwirkung und Auflagen der Besatzungsmächte wäre eigentlich fast noch erstaunlicher gewesen. Bis 1989 schwankte die offizielle Politik darin, ob sie ihren Bürgern mehr Loyalität in bezug auf die Bundesrepublik oder in bezug auf Deutschland nahe bringen sollte. Dass in einem zerstörten Lande die Identifikation eher über Outputorientierung, Aufbauleistungen und wirtschaftliche und soziale Vergünstigungen lief, welche die staatliche Politik bereitstellte, war ebenfalls relativ einleuchtend. Dass man sich angesichts der Vagheit von Wiedervereinigungshoffnungen mehr auf geistige und geistliche Werte konzentrierte als auf den politischen Bereich, war in der zur Passivität verurteilten Lage der Deutschen gleichfalls verständlich.

Die Hinwendung zum politischen System vollzieht sich vielfach über den Output an Symbolen. In einem Provisorium und in einem Rumpfstaat verbot sich jedoch der Einsatz starker Mittel zur Identifikation der Bürger mit ihrem Teilstaat. So gab es keine Hauptstadt, in der die Symbole der nationalen Einheit zur täglichen Wirkung gelangen konnten. Die Zeit des Kalten Krieges führte dazu, dass die Identifikation weitgehend in der Abgrenzung vom östlichen Deutschland bestand. Größere Freiheitsspielräume und ein höherer Lebensstandard wurden durch staatliche Werbung bewusst dazu eingesetzt, dass das *Staatsbewusstsein* (bezogen auf die BRD) und das *Nationalbewusstsein* (überwiegend ausgerichtet auf die Kulturnation Deutschland) nicht noch stärker auseinander klafften.

Die pragmatische Orientierung der Bundesbürger, die von amerikanischen Forschern als an Zynismus grenzend empfunden wurde (Verba 1965: 169), hat vor allem im Ausland immer wieder Erstaunen und Misstrauen erregt. Dabei wäre zu fragen, ob die deutschen Zyniker nicht weitgehend bloß einen in der ganzen westlichen Weit vorherrschenden Zynismus in bezug auf die nationale Identität Deutschlands nachvollzogen. Die Inkonsequenz der Haltung der westlichen Nationen, die Teilung von Nationen für ein Unrecht zu halten, sie gleichzeitig aber aus Gründen der Sicherheit und Bequemlichkeit (in der Auseinandersetzung mit dem Ostblock) in Deutschland relativ positiv zu bewerten, konnte bei den Betroffenen eigentlich nur Zynismus und Apathie in dieser Frage hervorrufen. Ein Aufbäumen dagegen hätte nur zu neuen Radikalismen führen können, denen keine deutsche Stelle offiziell Vorschub leisten konnte.

Einerseits war man beruhigt, wenig Nationalismus in der westdeutschen Bevölkerung zu finden. Nationalismus galt auch in internationalen Studien als veraltete Form der Identifizierung mit einem politischen System. Nationalgefühl wurde häufig mit Ethnozentrismus und Neigung zu Rechtsextremismus identifiziert, bis in vergleichenden Studien festgestellt wurde, dass mit einem ausgeprägten Nationalgefühl das Vertrauen in die Institutionen des Systems stieg (Harding u.a. 1986: 95). Der Zusammenhang zwischen Vertrauen in die Institutionen und Nationalgefühl kann jedoch kein sehr starker gewesen sein. In Deutschland wurde trotz schwach entwickelter nationaler Identifizierung bei über 52% der Bevölkerung kein Misstrauen in die Institutionen festgestellt. Deutschland lag etwa im europäischen Durchschnitt (Döring 1990: 87). Nur bei der zur Protesthaltung neigenden Jugend wurde mit abnehmendem Nationalbewusstsein auch eine mangelnde Achtung vor den Institutionen der Republik festgestellt. Nationalgefühl wurde häufig als Ersatz für aktive soziale Beziehungen von Menschen interpretiert (zur Kritik: Noelle-Neumann/Köcher 1987: 29), bis das Nationalgefühl als starker Zusammenhang zwischen öffentlichen und privaten Tugenden entdeckt wurde.

Die soziale Indifferenz nationaler Orientierungen schien zudem die Nation zu einer potentiellen Bezugsebene für übergreifende politische Identitätsbildung zu machen (Best 1990: 17). Dennoch waren empirische Forscher andererseits immer wieder beunruhigt und glaubten, dass in der Bundesrepublik erst, wenn sie einen anderen Demokratien vergleichbaren Stand der nationalen Identität gefunden habe, die Synthese von positivem Legitimationsverständnis mit dem

System und den partizipatorischen Komponenten der politischen Kultur gelingen könne (Pappi 1982: B 79). Ein „verdruckster“, nicht offen bekannter Nationalstolz wurde als Gefahr gewertet. Das Pendeln der Deutschen zwischen übersteigertem Selbstgefühl und Selbstanklage wurde als Gefahr gesehen (Honolka 1987: 126ff.). Verfassungspatriotismus ist vielfach mit Postnationalismus gleichgesetzt worden, aber bei einem „reflektierten Nationalbewusstsein“ ist der Stolz auf Freiheitsrechte und demokratische Partizipation immer mit enthalten (vgl. v. Beyme, 1998: 65f; Stachura 2005: 254). Der Postnationalismus wurde in der Psychologie auch gelegentlich als neue Form der Verdrängung wahrgenommen, wie schon Mitscherlichs Erklärung der Deutschen durch die „Unfähigkeit zu Trauern“ als eskapistisch und sogar als „arrogant“ gedeutet wurde. „The German Angst“ ist unter anderem auch auf die Verdruckstheit der Erinnerungskultur zurückgeführt worden, soweit sie nicht einfach als traumatisches Erleben der Kriegs- und Nachkriegszeit erklärt wurde (Bode 2006: 218ff, 62). Die behauptete Bindungslosigkeit an nationale kulturelle Traditionen und die Flucht in den Kosmopolitismus schien vielfach als neue Form der Verdrängung, und war vielfach nicht von einer Kenntnis anderer kultureller Traditionen in Europa und in der Welt getragen.

Die Zahl der Bundesbürger, die eine Wiedervereinigung wünschten für den Fall, dass sie möglich werde, stabilisierte sich in den siebziger Jahren bei etwa zwei Dritteln der Bürger. Ebenso viele glaubten aber, dass diese Chance in absehbarer Zeit nicht bestehe. Die ständige Optimistin der deutschen Umfrageforschung im Punkt des deutschen Zusammengehörigkeitsgefühls, Elisabeth Noelle-Neumann, hat im Januar 1989 – kurz ehe die Wiedervereinigung ein Thema wurde – nur 51% Deutsche ausmachen können, welche die deutsche Frage noch für offen hielten (FAZ 23.10.1989: 13).

Als die Wiedervereinigung durch die friedliche Revolution in der DDR wieder auf die Tagesordnung der Weltpolitik geriet, wurde das deutsche Nationalgefühl vielfach an den Bildern in der DDR abgelesen. Nur der vermutete DM-Nationalismus konnte die Rufe „wir sind ein Volk“ nicht erklären. Dennoch blieb die Mehrheit in Westdeutschland erstaunlich distanziert. Kein neuer Nationalismus ersetzte den „Verfassungspatriotismus“, den die deutschen Intellektuellen dem westdeutschen Volk empfohlen hatten. Die Linke vergaß weitgehend ihren bundesdeutschen Verfassungspatriotismus und empfahl eine neue Verfassung nach Art. 146 GG (vgl. Einleitung). „Das Volk“ in seiner Mehrheit von fast 60% aber wünschte die Vereinigung nach Artikel 23 ohne neue Verfassung (ZDF-Politbarometer, März 1990: 130).

Die Chancen zur Wiedervereinigung haben den Prozentsatz ihrer Anhänger nicht drastisch vermehrt. Er stieg Ende 1989 auf ca. 70% und schwankte in den zahllosen Umfragen 1990 zwischen 76% und 82% in der Bundesrepublik und

91% - 94% in der DDR. In der DDR war auch ein großer Teil der PDS-Anhänger in dieser Zahl enthalten. Die PDS hatte sich lediglich einen langsameren Weg zur Vereinigung gewünscht, ähnlich wie die meisten westdeutschen Linken (FAZ 28.8.1990: 6 18.10.1990: 3; ZDF-Politbarometer März und Mai 1990).

Ab März 1990 ging es nicht mehr um das „Ob" der Vereinigung, sondern nur noch um das „Wann und Wie". In den Umfragen hatten zwei Drittel der DDR-Bevölkerung für die Vereinigung in weniger als zwei Jahren votiert. Die Wirtschafts- und Währungsunion hielten die meisten (80%) für den wichtigsten Schritt zur Vereinigung, daher hatte die Koalition vom März 1990 wenig Spielraum, die riskante Forcierung der Währungsunion zu verzögern.

Der Patriotismus der Deutschen wurde durch die Vereinigung nicht nennenswert über die niedrigen Ausgangswerte gehoben, welche die Deutschen im internationalen Vergleich nach dem Eurobarometer für sich verbuchen konnten. Auf die Frage, ob man stolz sei, ein Deutscher zu sein, zeigte die große Mehrheit der Deutschen weiterhin große Zurückhaltung. Die starke wirtschaftliche und wohlfahrtsstaatliche Orientierung der Westdeutschen gegenüber ihrem politischen System blieb erhalten, da die Opferbereitschaft für die erreichte Wiedervereinigung gering war. Zur Entschuldigung der Wähler muss freilich auch gesagt werden, dass sie auf Opfer von ihrer Regierung nicht vorbereitet worden waren (vgl. Einleitung). In der Times Mirror Studie (1991) zeigte Deutschland mit 74% (Ostdeutschland: 69%) eine durchschnittliche patriotische Einstellung, wie andere Länder auch. Auf die Frage, ob man für sein Land kämpfen solle, lagen die Deutschen mit 31% (Ostdeutsche: 16%) jedoch unter dem internationalen Durchschnitt in Ost- und Westeuropa.

Die Wiedervereinigung gab Deutschland die Chance, endlich zu werden, was die große Mehrheit sein wollte: ein Volk wie andere auch. Die selbstquälerische Beschäftigung mit den Folgen der deutschen Teilung – die vor allem einen großen Teil der schönen Literatur in West und Ost provinzialisiert hatte – war beendet. Die *Kulturnation*, lange mehr beschworen als praktiziert, konnte sich auf ihre kosmopolitischen Traditionen von Goethe und Heine bis Thomas Mann zurückbesinnen. Dabei schien die immer stärkere Annäherung der deutschen politischen Kultur an die der europäischen Nachbarländer von Vorteil.

Die Nationalismusforschung hat auch in Deutschland differenziertere Maßeinheiten als die Selbsterklärung der Befragten zu Patrioten gefunden. Das Projekt „Politische Kulturen im vereinigten Deutschland" an der Universität Mannheim hat drei Typen des Nationalgefühls unterschieden (Westle 1999: 222ff.):

Das traditionale Kollektivbewusstsein umfasst keineswegs nur staatliche Aspekte, sondern vorpolitisch-ethnische und transpolitische kulturelle Elemente. Es weist die größte Systemzufriedenheit und die geringste Kritik am System auf. Sein Optimismus ist relativ unreflektiert.

Reflektiertes Nationalbewusstsein spricht anderen Nationen die gleiche Wertigkeit und gleiche Rechte zu. Es ist im Gegensatz zum Nationalbewusstsein der Traditionalisten aber verfassungspatriotisch modernisiert und auf Demokratie, Partizipation und Bürgerrechte bezogen.

Postnationales Bewusstsein ist an übernationalen kosmopolitischen Idealen orientiert. Es bezieht sich auf das demokratische System in ambivalenter Weise: Einerseits ist es an mehr Partizipation interessiert, andererseits werden die politischen Eliten und Institutionen des Systems grundsätzlich viel kritischer eingeschätzt als bei den reflektierten Positionen der Mitte.

Dem Osten ist vor 1989 häufig ein archaischeres Nationalbewusstsein nachgesagt worden. Die Orientierung an der westdeutschen Referenzkultur (Lepsius) war vermischt mit *traditionalen Orientierungen* der Epoche vor der deutschen Teilung. Auch in den neunziger Jahren waren mehr Ostdeutsche (46,8%) als Westdeutsche (38,0%) diesem herkömmlichen Modell kollektiver Identifizierung zuzuordnen. *Postnational* erschienen im Westen 34,7% und im Osten 26,2%. Nur im *eher verfassungspatriotischen* Bereich der Mitte des reflektierten Nationalgefühls sind die Differenzen relativ gering (27,3% West, 27,0% Ost). Postnationalismus korrelierte vor allem mit der Jugend (unter 30 Jahre) und mit höherer Schulbildung (Westle 1999: 228), aber nur im Westen auch mit einem höheren Anteil an politischem Interesse, linker Gesinnung und postmaterialistischer Orientierung. Die differenzierte Analyse der nationalen Identifikation ist den üblichen Instrumenten der Meinungsforschungsinstitute weit überlegen. Noch wird kein teleologischer Entwicklungsdrang in Richtung Postnationalismus unterstellt wie einst in der Erforschung des Postmaterialismus.

Nationalstolz ist vor allem in Westdeutschland mit der Akzeptanz der Demokratie verbunden. Nationalstolz korreliert keineswegs mehr mit Ausländerfeindlichkeit. Einst bestehende Differenzen zwischen den Antworten ost- und westdeutscher Bürger haben Mitte der 90er Jahre abgenommen. Der Zuzug von EU-Bürgern schafft keinerlei Akzeptanzprobleme. Die Ostdeutschen waren nur anfangs etwas toleranter gegenüber Asylbewerbern und Zuwanderern auch aus Osteuropa, später schlug die Stimmung mit wachsenden Anteilen rechtsextremistischer Parteien um. In weiten Teilen der deutschen Bevölkerung besteht – aufgrund der historischen Vergangenheit – eine hohe Sensibilität gegenüber Anzeichen von exzessivem Nationalismus. Der „neue Patriotismus“, der sich bei der Fußballweltmeisterschaft mit Fahnenklamauk zeigte. Nur drei Prozent der vom Allensbach-Institut Befragten, fanden es gefährlich ein solches Nationalgefühl zu demonstrieren (Köcher 2006: 5).

Noch beunruhigen einige Differenzen der politischen Kultur die Betrachter im In- und Ausland. Am krassesten wurden solche Differenzen bei Umfragen in Berlin demonstriert (Klingemann 1990). Differenzen von Berliner Ausmaßen sind vermutlich – trotz der räumlichen Nähe von Ost- und Westberlinern – nicht auf die Unterschiede der Einstellungen von Ost- und Westdeutschen übertragbar. In Ost-Berlin drängte sich die Verwaltungselite. Durch hohe PDS-Anteile drückte sie auch nach der Wende ihre Nostalgie nach dem alten Regime und seinen Werten aus. In West-Berlin häuften sich Überalterung, Statusfurcht und räumlicher Immobilismus. Die Mauer fiel, die Mauer in den Köpfen aber muss langsam noch abgebaut werden. Xenophobie – selbst gegenüber dem eigenen Volk, das in Massen nach Berlin einströmte – trat gehäuft in Berlin Ost und West auf.

Die politische Akkulturation der vereinten Deutschen war gleichwohl schwieriger, als solche großflächigen Zahlen ermittelten. Psychologische Analysen, die beim Individuum ansetzten, haben die Altlasten des Systems in der psychosozialen Situation scharf pointiert. Ängste vor Arbeitslosigkeit, Konkurrenzkampf, Werteverfall, Kriminalität, Ausländern und den Folgen der Stasi-Herrschaft kumulierten zu einem „Gefühlsstau" (Maaz 1990: 5). Das düstere Szenario wurde nur gemildert durch den Hinweis, dass die Ost- und Westdeutschen mit verteilten Rollen an dem gleichen Drama mitwirkten.

Noch sind die Prognosen über das Hineinwachsen der Ostdeutschen in eine gemeinsame politische Kultur mit vielen Unsicherheiten belastet. Noch ist die Parteienidentifikation gering entwickelt (Kap. 3.2) und die soziale Basis der Parteien in Ostdeutschland unsicher. Empirische Studien zu den Werthaltungen der Deutschen in Ost und West haben beträchtliche Differenzen im Wahljahr 1990 ermittelt (Feist 1991: 23ff.). Im Ganzen äußerten sich die Westdeutschen prononcierter, außer in den Problembereichen Ordnung, Sicherheit, Wachstum und Freizeit. Bei den Westdeutschen wurde ein großer Modernitätsvorsprung festgestellt, vor allem im Hinblick auf die klare Artikulierung postmaterieller Gesellschaftsbilder. In Ostdeutschland waren die Erwartungen von traditionelleren Denkmustern geprägt, vor allem in der Betonung materieller Werte, autoritärer und apolitischer Einstellungen. Fragen zum Demokratieverständnis im Einzelnen wiesen ebenfalls große Differenzen aus. Plebiszit und Selbstvertretung wurden im Westen häufiger unterstützt, Führung durch Eliten und Delegierung von Interessen sind stärker in Ostdeutschland internalisiert worden (Feist 1991: 31). Als beträchtlich erwiesen sich auch die Differenzen im Vertrauen in Institutionen, das im Osten größeren Schwankungen unterlag und insgesamt geringer war – mit Ausnahme des Fernsehens (bis 1992), das für Jahrzehnte die Informationsquelle über politische Realität gewesen war und bei über 70% der Ostdeutschen auch als weiterhin westlich dominiertes Fernsehen großes Vertrauen genoss.

Alarmierend war die Abnahme *des politischen Interesses* bei der Jugend in beiden Teilen Deutschlands. Der Jugendsurvey des Deutschen Jugendinstituts (Hoffmann-Lange u.a. 1994: 144) fand nur bei 20,6% in Westdeutschland und

22,3% in Ostdeutschland ein starkes politisches Interesse. Es korrelierte vor allem mit dem Bildungsgrad und liegt bei männlichen Jugendlichen deutlich höher als bei weiblichen. Nach anderen Befragungsstudien standen 1994 21% der Jugendlichen mit sehr starkem politischem Interesse 42% mit wenig politischem Interesse gegenüber. Am größten war das politische Interesse bei den Älteren über 60 Jahre, was von sonstigen Ergebnissen abweicht. Aber im Ganzen zeigte sich auch hier, dass die mittleren Jahrgänge nicht nur beruflich auf dem Höhepunkt sind, sondern auch politisch am einsatzbereitesten erscheinen (Kurz-Scherf/Winkler 1994: 311).

Das Vertrauen in die Institutionen war bei den Jugendlichen deutlich niedriger als beim Durchschnitt der Bevölkerung. Neuere Untersuchungen haben neue Akteure der Politik aufgenommen, wie die Bürgerinitiativen oder Greenpeace. Greenpeace schob sich als Spitzenreiter (West 68,4%, Ost 60,4%) noch vor das Bundesverfassungsgericht (West 62,9%, Ost 54,0%). Es folgen die Bürgerinitiativen, gefolgt von Gerichten und Polizei. Im Mittelfeld liegen die Gewerkschaften, der Bundestag und die Medien. Schlusslichter bilden die Bundesregierung, Großunternehmen, Kirchen und Parteien (West 23,4%, Ost 18,9%). Im Osten ist das Institutionenvertrauen durchgängig etwas geringer als im Westen (Hoffmann-Lange 1994: 155). Die Ergebnisse bestätigten die Befunde früherer Shell-Jugendstudien. Eine globale Niedergangstheorie ist aus ihnen nicht abzuleiten. Das Vertrauen in die Institutionen hat zwar abgenommen, zugleich wuchs jedoch die subjektive politische Kompetenz der Jugend. Die Mehrheit der Jugend glaubt heute stärker als früher, selbst etwas von Politik zu verstehen.

Als Bindeglied zwischen den Studien, die Meinungen und Einstellungen erforschten, und den herkömmlichen Sozialstrukturanalysen, die objektive soziale Indikatoren bevorzugten, hat sich in den achtziger Jahren die Erforschung von Formen der Mentalität und *sozialen Milieus* entwickelt. Während die westdeutschen Klassenmilieus sich in der horizontalen und vertikalen Mitte der Schaubilder konzentrierten, waren die Klassenmilieus der DDR-Gesellschaft anfangs deutlich polarisiert. Die oberste Gruppe der führenden Milieus war mit 23% ausgedehnter als in Westdeutschland, wo diese Gruppe von 1982 bis 1991 von 22% auf 19% schrumpfte. Gruppen mit Arbeiterhabitus machten in Ostdeutschland 40%, in Westdeutschland nur noch 22% aus. Ostdeutschland hat an dieser Modernisierungslücke zu tragen, zumal die übergroße Funktionärsschicht eine Fehlentwicklung in eine bürokratisch-unproduktive Tertiarisierung darstellte (Vester u.a. 1995: 15ff.). Sie wurde durch den Zusammenbruch des Sozialismus funktionslos. Kein Wunder, dass ein großes latentes Potential an unzufriedenen Verlierern der zweiten Modernisierung in allen Umfragen zu Tage tritt.

Seit den frühen 90er Jahren hat das Sinus-Institut die Ausdifferenzierung der Mileus mit sozio-kulturellen Ungleichzeitigkeiten von gleichzeitig auftretenden

Mileus erklärt und mit den Parteiorientierungen in Verbindung gesetzt (Flaig u. a. 1993). Die Differenzen der Milieustudien erklären sich aus der Vielzahl der Indikatoren, die jeweils in unterschiedlicher Gewichtung eingesetzt werden wie demographische Entwicklung, soziale Lage, Habitus, Freizeitverhalten, Mediennutzung, Lebensstil, Werte, Sprachcodes und Sinnperspektiven (Hradil 2006; Rössel 2007). Das Sinus-Institut hat seit 2001 10 Mileus unterschieden. Es wurden eine vertikale Achse mit der sozialen Lage und eine horizontale Achse mit Grundorientierungen, Wertvorstellungen und Lebensbildern kombiniert. Die bürgerliche Mitte machte 2008 nur noch 16% aus. Politisch wurden diese Analysen durch die Messung von Misstrauen gegenüber Politik und Wissenschaft und die Ablehnung von Mobilisierungsappellen und „Hauruck-Reden“ (Walter 2008: 27).

Mit Abnahme der Erklärungskraft von sozialen Klassen wurden nach dem postmodernen *„cultural turn“* in den Sozialwissenschaften die *politischen Milieus* wichtiger für die Erklärung politischen Verhaltens als Klassen und soziale Schichten, auch wenn die „unverbindliche Vielfaltsforschung“ mit kultursoziologischer Orientierung wegen ihrer unklaren Kausalitäts- und Korrelationsbeziehungen immer wieder in die Kritik geriet (Geißler 1996; Otte 2008: 17, 20, 347). Wesentliche objektive Strukturzusammenhänge wie Bildungs- und Einkommensungleichheit oder Chancen sozialer Mobilität erwiesen sich als relativ stabil über die Zeit. Entlang der Konfliktlinien zwischen Werten wie „Libertarismus – Autoritarismus“, soziale Gerechtigkeit – Marktfreiheit und Religiosität – Säkularität sind in einem Modell einer Dreidrittelgesellschaft neun politische Milieus in Deutschland ausgemacht worden (FES 2006: 20), die über die subjektive Seite sozialer Differenzen und ihren Einfluss auf die Politik einigen Aufschluss geben:

- 11% Leistungsindividualisten mit hohem gesellschaftlichen Status, die mehrheitlich für die bürgerlichen Parteien, vor allem die FDP, optieren.
- 15% Etablierte Leistungsträger mit gehobenem sozialen Status, die parteipolitisch weitgehend in einem homogenen Umfeld leben und meist für die bürgerlichen Parteien stimmen.
- 9% kritische Bildungseliten mit höchstem gesellschaftlichen Status überwiegend im Dienstleistungsbereich mit eigenverantwortlicher Tätigkeit beschäftigt, die stark zum linken Lager neigten (18% davon für die PDS/ Linke).
- 10% engagiertes Bürgertum „aus gutem Hause“ mit besonderer Neigung zu „Rot-Grün“ und hoher Wahlbeteiligung.
- 13% Zufriedene Aufsteiger aus den Mittelschichten mit durchschnittlichen Politikinteresse und meist Unionswähler.
- 16% Bedrohte Arbeitnehmermitte, politikfern und parteienfeindlich, mehrheitlich zähneknirschend SPD-Wähler.

- 11% Selbstgenügsame Traditionalisten aus niedrigen sozialen Schichten mit hohen Anteilen von Nichtwählern und ausgeprägter Unsicherheit hinsichtlich der Parteipräferenzen (meist zu Lasten der SPD).
- 7% Autoritätsorientierte Geringqualifizierte aus einfachen Verhältnissen, mehrheitlich für die Unionsparteien und einer großen Distanz zu den Grünen.
- 8% Abgehängtes Prekariat aus den unteren Schichten mit geringem Politikinteresse, aber hohem gewerkschaftlichen Organisationsgrad. Bei ihnen finden sich hohe Anteile an Nichtwählern und die höchsten Anteile von linken (26% PDS/Linke) oder rechten Randparteien (6%).

Es ergab sich das Bild einer Drei-Drittel-Gesellschaft. Im oberen Drittel mit gesicherten Lebensperspektiven zeigte sich politisch eine Spaltung zwischen linksliberalen (kritische Bildungseliten, engagiertes Bürgertum) und liberalkonservativen (Leistungsindividualisten, etabliert Leistungsträger). Das mittlere Drittel war stark von Verunsicherung bedroht, welche die traditionellen politischen Bindungen aufweichten. Je niedriger der Status der Milieugruppe, umso höher sind die Anteile derer, die dem Staat eine umfassende soziale Sicherung abverlangen, je höher der Status, umso höher war der Anteil der die soziale Sicherung der Eigenverantwortung der Bürger überlassen wollte. Eine starke Führung wünschen sich die gering Qualifizierten und die oberen Milieus. Nur die kritischen Bildungseliten und das engagierte Bürgertums optieren zu ca. 80% für demokratische Beteiligung statt starker Führung. Bei ihnen ist auch die Organisationsbereitschaft in Parteien und sozialen Gruppen am stärksten. Deutschland ist auch im Milieubereich keine Einheit. Die Reformbereitschaft war bei den „etablierten Leistungsträgern" am stärksten. Im Übrigen ergab sich eine Hierarchie in den neun Gruppen fast in der Reihenfolge, wie sie oben klassifiziert wurden.

Die Anwendung der Milieu-Modelle zeigte, dass auch die *Migrantenmilieu* nur Variationen der allgemeinen Milieus darstellen. Nur 7% der Befragten wurde als „religiös verwurzelt" bezeichnet. Ethnische Traditionen spielten auch im traditionellen Arbeitermilieu (16%) und im statusorientierten Milieu (12%) unter Migranten eine Rolle. Prekäre Migranten-Milieus waren die Entwurzelten (9%) und das hedonistisch-subkulturelle Milieu (15%). Erstaunlich schien der Befund, dass Faktoren wie ethnische Zugehörigkeit, Religion und Zuwanderungsgeschichte zwar die Alltagskultur beeinflusse, aber nicht milieuprägend und auf die Dauer identitätsstiftend wirkt. Die Studie kam zu dem Schluss, dass der Einfluss religiöser Traditionen meist überschätzt werde (Sinus Sociovision 2008: 2).

Es zeigten sich in der Infratest-Umfrage starke *Nord-Süd-Differenzen*: Die selbstgenügsamen Individualisten und etablierten Leistungsträger dominieren in Süddeutschland, während die kritischen Bildungseliten, das engagierte Bürgertum, die zufriedenen Aufsteiger, aber auch die autoritätsorientierten Geringqualifizierten sich eher in Norddeutschland finden. Wie zu erwarten waren die *Ost-West-Differenzen* noch gravierender: Ostdeutsche machten 62% der Gruppe „abgehängtes Prekariat" in ganz Deutschland aus, und waren stark bei der „bedrohten Arbeitnehmermitte" (23%), aber auch bei den „Leistungsindividualisten" (27%) vertreten (FES 2006: 21; Neugebauer 2007: 97).

Immer wieder werden alarmierende Zahlen über DDR-Nostalgie in Ostdeutschland publiziert. Eine DDR, wie sie wirklich war, wünschten bei einer Umfrage in Jena 1992 0%. 17% hätten eine DDR in reformierter Gestalt vorgezogen (Kreikenboom/Stapelfeld 1994: 165). Nach einer Forsa-Umfrage für RTL und den „Stern" wünschten 2009 16% der Wessis und 10% der Ossis die Mauer zurück. Brauchbar sind diese Zahlen nicht, weil nicht exakt befragt wurde, was hinter der Mauer erlaubt war – sicher nicht Stacheldraht und Schießbefehl. Dass die Westdeutschen negativer zum Osten standen hat Tradition. Früher waren Schlesien oder Pommern von negativen Äußerungen betroffen und nun sind die Vorbehalte der Westdeutschen ins Zentrum des ehemaligen Reichs vorgerückt.

In den meisten Umfragen geben zwei Drittel der Ostdeutschen zu Protokoll, dass es in ihrer Umgebung aufwärts gehe. In der Jugend waren 1994 laut Umfrage sogar 76% zufrieden. Am unzufriedensten waren die mittleren Altersgruppen (35-45 Jahre) (Kurz-Scherf/Winkler 1994: 27). In späteren Studien wurde für den Zeitraum von 1997 - 2002 ein deutlicher Rückgang der positiven Bewertung des früheren SED-Regimes auf ca. ein Fünftel der Befragten festgestellt. 2003 wuchs jedoch die Zustimmung zu der Aussage, dass die DDR mehr gute als schlechte Seiten hatte, erneut. Die schlechte Nachricht lautete: die Unterstützung für die Demokratie als Ordnungsmodell entwickelte sich in Ost und West auseinander (Gabriel 2005: 393). Die gute Nachricht war, dass die Nostalgiker inzwischen kaum noch „undemokratisch" dachten (Nelles 2005: 376f.). In einigen Studien wurde gegen den Trend negativer Momentaufnahmen in Umfragen ein großes Maß an Integration von Ost und West festgestellt. Allzu pessimistische Schlüsse über den Prozess der inneren Vereinigung Deutschlands sind nicht selten das Produkt von allzu pauschalen Fragen. Detailfragen zeigten, dass die Ostdeutschen eine sehr differenzierte – und keineswegs realitätsferne – Wahrnehmung der Folgen der Vereinigung haben. Positiv wurden die Wirtschaftspolitik und die Bereiche der persönlichen Freiheit und der Möglichkeiten als Bürger eingeschätzt. Kritisch hingegen wurden einige Bereiche der Sozialpolitik, der Bildungspolitik und der Rechtssicherheit im Vergleich zu den einstigen „Errungenschaften" der DDR wahrgenommen (Köcher 1994: 5). Die Deutschen in beiden Teilen Deutschlands sind durch ein im internationalen Vergleich noch immer relativ hohes politisches Interesse und eine breite Akzeptanz demokratischer Prinzipien geeint. Im Gegensatz zu den regionalen Absonderungsbestrebungen in Ländern eines asymmetrischen Föderalismus von Belgien bis Spanien gibt es keine separatistische Bewegung. Nur 5% der Ostdeutschen hätten 2005 zwei Staaten bevorzugt (Forschungsgruppe Wahlen 2005; Linden 2006: 294, 275). Verwunderlich erscheinen andererseits die negativen Zahlen über Stimmungseinbrüche nicht. Sie spiegeln etwa das Potential der PDS-Linke in Ostdeutschland wider und richteten sich vor allem gegen die Agenda-Politik und das Gesetz zur Zusammenlegung von Arbeitslosen- und Sozialhilfe (Hartz IV). Inzwischen können diese Einstellungsdifferenzen nicht mehr bagatellisiert werden, wie einst geschehen (Veen 1997), in dem man sie mit den Differenzen von Norddeutschen und Bayern gleichsetzt. Das völlige Verschwinden der „Mauer in den Köpfen“ wird von Umfrageforschern nicht mehr prognostiziert (Gabriel 2005: 419).

Die westdeutschen Institutionen wurden in Ostdeutschland übernommen. Westdeutsche Haltung zu ihnen aber konnte bei zahlreichen Enttäuschungen nicht so schnell entwickelt werden. Obwohl die beiden Teilelektorate nicht so große Unterschiede aufweisen, wie man 1990 befürchtet hatte (vgl. Kap. 3), blieben die langfristigen Einstellungen, die als politische Kultur zusammengefasst werden, noch lange relativ unterschiedlich. Obwohl ein Teil der Annäherung der Meinungen in Ost und West auch darauf zurückzuführen sind, dass das Vertrauen in die Partizipationsmöglichkeiten und die Institutionen der Demokratie in Westdeutschland abgenommen hat (Walz in: Gabriel 1997: 161; Zahlen in: Greiffenhagen 1997: 458), mehrten sich Ende der 90er Jahre die Stimmen (Veen 1997: 27f.), die mehr innere Einheit in Deutschland für unnötig hielten, solange die Grundprinzipien der Demokratie und der Marktwirtschaft in Ost und West akzeptiert werden. Verbleibende Differenzen werden als willkommene „gesteigerte Vielfalt“ nicht mehr negativ bewertet. Gegenstimmen warnen andererseits davor, in Deutschland schon eine „integrierte politische Gemeinschaft“ zu vermuten. Das Demokratieverständnis der meisten Ostdeutschen bleibt abweichend und ist stärker auf direkte Bürgerbeteiligung und soziale Grundrechte ausgerichtet (Fuchs u.a. 1997: 11). Manches spricht dafür, dass Ostdeutschland in seiner schwächeren Identifikation mit traditionellen Institutionen von den Parteien bis zu den Kirchen zum Vorreiter einer generellen Entwicklung geworden ist. Viele Umfrageergebnisse der frühen 90er Jahre sind bereits überholt. Nicht wenig hat sich zum Schlechteren gewandelt. Eine relative Mehrheit von 49% fand, dass die DDR mehr gute als schlechte Seiten hatte. Auch im Nachhinein bewerten ´ber 90% der Ostdeutschen die rasche Wiedervereinigung positiv. Aber 2008 identifizierten sich nur 42% mit der „Bundesrepublik“, 75% fühlten sich in erster Linie mit der Region Ostdeutschland verbunden. Die Ostdeutschen beteiligen sich nur wenig am politischen Leben. Die Parteimitgliedschaften sind von 5,1% (1992) auf 2,6% gesunken. Die ostdeutsche Sonderidentität wird weniger auf mentale

Prägungen als auch soziale Strukturen zurückgeführt. Die Abwanderung der bürgerlichen Mittelschichten und der Mangel an gewachsenen Eliten hat ein „kleinbürgerliches Milieu“ hinterlassen. Die demokratische Zivilgesellschaftselite konnte das alte Regime stürzen aber kein tragfähiges Konzept für ein neues Gemeinwesen schaffen (Stawenow 2009: 781, 783).

Deutschland wurde nicht nur in territorialer Hinsicht ein Land der Parallelgesellschaften, sondern auch in der ethnischen Dimension. Die Sinus-Lebensweltanalyse (16102007, Stand vom Juni 2008) klassifizierte unter den Menschen mit Migrationshintergrund acht Milieus wie das religiös-verwurzelte Milieu, traditionelles Gastarbeitermilieu, statusorientiertes Milieu, entwurzeltes Milieu, intellektuell-kosmopolitisches Milieu, multikulturelles Performermilieu, adaptives Integrationsmilieu und das hedonitisch-subkulturelle Mileu. Die Sozialhierarchie unter dem Migranten ist flacher aber horizontale wesentlich ausdifferenzierter als bei der Mehrheitsgesellschaft (Walter 2008: 38). Ein liberaler Konsens bildet sich langsam heraus, wie ihn Ralf Dahrendorf in einem Interview in der „tageszeitung“ (4.4.2008) formulierte: „Man akzeptiert Parallelgesellschaften, aber der öffentliche Raum wird bestimmt durch Regeln, an die sich alle zu halten haben“.

Literatur

K. R. Allerbeck: Demokratisierung und sozialer Wandel in der Bundesrepublik Deutschland. Sekundäranalyse von Umfragedaten 1953-1974. Opladen, Westdeutscher Verlag 1976

G. Almond/S. Verba: The Civic Culture. Princeton University Press 1963

K. Arzheimer: Politikverdrossenheit. Wiesbaden, Westdeutscher Verlag 2002

S. H. Barnes/M. Kaase u.a.: Political Action. Mass Participation in Five Western Democracies. Beverly Hills, Sage 1979

U. Becker u.a.: Zwischen Angst und Aufbruch. Das Lebensgefühl der Deutschen in Ost und West nach der Wiedervereinigung. Düsseldorf, Econ 1992

D. Berg-Schlosser/J. Schissler (Hrsg.): Politische Kultur in Deutschland. Opladen, Westdeutscher Verlag 1987 (PVS-Sonderheft 18)

H. Best: Nationale Verbundenheit und Entfremdung im zweistaatlichen Deutschland. KZFSS 1990: 1-19

K. v. Beyme: Kulturpolitik und nationale Identität. Opladen, Westdeutscher Verlag 1998

S. Bode: Die deutsche Krankheit – German Angst. Stuttgart, Klett-Cotta, 2006

E. Brähler/H.-J. Wirth (Hrsg.): Entsolidarisierung. Die Westdeutschen am Vorabend der Wende und danach. Opladen, Westdeutscher Verlag 1995

P. Braitling/W. Reese-Schäfer (Hrsg.): Universalismus, Nationalismus und die neue Einheit Deutschlands. Frankfurt, Fischer TB 1991

W. Bürklin: Wertewandel oder zyklische Werteaktualisierung? In: H.O. Luthe/H. Meulemann (Hrsg.): Wertewandel – Fakten oder Fiktion? Frankfurt, Campus 1988: 193-216
W. Bürklin u.a.: Dimensionen des Wertewandels. PVS 1994: 579-606
D. P. Conradt: West Germany: A Remade Political Culture? Some Evidence from Survey Archives. Comparative Political Studies, Juli 1974: 222-238
H. Döring: Aspekte des Vertrauens in Institutionen. ZfSoz 1990: 73-89
W. Engler: Die Ostdeutschen als Avantgarde. Berlin, Aufbau Verlag 2002
Eurobarometer 1981und später. Brüssel, Commission of the European Communities
Eurobarometer 58 – Länderbericht Deutschland. Deutschland in Europa 2002; Brüssel 2003.
U. Feist: Zur politischen Akkulturation der vereinten Deutschen. APuZ B 11/12 1990: 21-32
U. Feist/H. J. Hoffmann: Wahlen in der DDR 1990: Referendum für die Einheit und Exempel für modernes Wahlverhalten. Journal für Sozialforschung 1991: 253-277
B. Flaig u. a.: Alltagsästhetik und politische Kultur. Bonn, Dietz 1993
(FES) Friedrich-Ebert-Stiftung: Gesellschaft im Reformprozess (R. Müller-Hilmer, in Verbindung mit Infratest). Juli 2006
M. Fromm u. a. (Hrsg.): Erfindung der Vergangenheit. München Kopaed, 2003
D. Fuchs/H.-D. Klingemann/C. Schöbel: Perspektiven der politischen Kultur im vereinten Deutschland. APuZ B 32 1991: 35-46
D. Fuchs u.a.: Die Akzeptanz der Demokratie des vereinten Deutschland. APuZ B 51/1997: 3-12
D. Fuchs u.a. (Hrsg.): Bürger und Demokratie in Ost und West. Studien zur Politischen Kultur im politischen Prozess, Opladen, Westdeutscher Verlag 2002
O. W. Gabriel: Politische Kultur. Postmaterialismus und Materialismus in der Bundesrepublik Deutschland. Opladen, Westdeutscher Verlag 1986
O. W. Gabriel: Politische Orientierungen und Verhaltensweisen. In: M. Kaase u.a. (Hrsg.): Politisches System. Berichte zum sozialen und politischen Wandel in Ostdeutschland. Opladen, Leske & Budrich 1996: 231-320
O. W. Gabriel (Hrsg.): Politische Orientierungen und Verhaltensweisen im vereinigten Deutschland. Opladen, Leske & Budrich 1997
O. W. Gabriel u. a.: Wächst zusammen, was zusammengehört? Baden-Baden, Nomos 2005
O. W. Gabriel: Wächst zusammen, was zusammen gehört? In: Gabriel u .a. 2005: 385-423
R. Geißler: Kein Abschied von Klasse und Schicht. Ideologische Gefahren der deutschen Sozialstrukturanalyse. KZfSS 48, 1996: 319-338
Th. Gensicke: Sind die Deutschen reformscheu? APuZ B 18 1998: 19-30
W. Glatzer/H.-H. Noll (Hrsg.): Lebensverhältnisse in Deutschland. Ungleichheit und Angleichung. Frankfurt, Campus 1992
M. Greiffenhagen: Politische Legitimität in Deutschland. Gütersloh, Verlag Bertelsmann Stiftung 1997
M. u. S. Greiffenhagen: Ein schwieriges Vaterland. Zur Politischen Kultur Deutschlands. München, List 1979, Neuauflage 1993

M. u. S. Greiffenhagen (Hrsg.): Handwörterbuch zur politischen Kultur der Bundesrepublik Deutschland. Wiesbaden, Westdeutscher Verlag 2002, 2. Aufl.
S. Harding u.a.: Contrasting Values in Western Europe. London 1986
U. Hoffmann-Lange u.a.: Jugend und Politik in Deutschland. In: Niedermayer/von Beyme 1996: 140-161
U. Hoffmann-Lange (Hrsg.): Jugend und Demokratie. Opladen, Leske & Budrich 1995
H. Honolka: Schwarzrotgrün. Die Bundesrepublik auf der Suche nach ihrer Identität. München, C. H. Beck 1987
St. Hradil: Die Sozialstruktur Deutschlands im internationalen Vergleich. Wiesbaden, VS 2006
R. Inglehart: The Silent Revolution. Changing Values and Political Styles Among Western Publics. Princeton University Press 1977
J. Jacobs: Tücken der Demokratie. Antisystemeinstellungen und ihre Determinanten in sieben post-kommunistischen Transformationsländern. Wiesbaden, VS 2004
W. Jaide: Achtzehnjährige – zwischen Reaktion und Rebellion, Opladen, Leske 1978
M. Kaase: Sinn oder Unsinn des Konzepts „Politische Kultur" für die vergleichende Politikforschung oder auch: Der Versuch, einen Pudding an die Wand zu nageln. In: M. Kaase/H.-D. Klingemann (Hrsg.): Wahlen und politisches System. Opladen, Westdeutscher Verlag 1983: 144-171
O. G. Klein: Ihr könnt uns einfach nicht verstehen! Warum Ost- und Westdeutsche aneinander vorbeireden. Frankfurt, Eichborn 2001
H.-D. Klingemann u.a.: Was wird mit Berlin? Eine Befragung zur politischen und sozialen Entwicklung Berlins. Berlin, Wissenschaftszentrum 1990
H.-D. Klingemann u.a. (Hrsg.): Zwischen Wende und Wiedervereinigung. Analysen zur politischen Kultur in West- und Ost-Berlin. Opladen, Westdeutscher Verlag 1995
H.-D. Klingemann/D. Fuchs (Hrsg.): Citizens and the State. Beliefs in Government, Bd. 1, Oxford University Press 1995
R. Köcher: Blühende Landschaften, welkende Launen? Stimmungsumschwung in den neuen Bundesländern. FAZ 13.4.1994: 5
R. Köcher: Ein neuer Patriotismus? FAZ, 16. 8. 2006: 5
J. Kocka: Vereinigungskrise. Göttingen, Vandenhoeck & Ruprecht 1995
H. Kreikenboom/M. Stapelfeld: Vorgeprägte Orientierungen und aktuelle Erfahrungen der ehemaligen DDR-Bürger mit dem Interessenvermittlungssystem der Bundesrepublik. In: Niedermayer/v. Beyme 1996: 162-183
F. Krotz: Lebenswelten in der Bundesrepublik Deutschland. Opladen, Leske 1990
I. Kurz-Scherf/G. Winkler: Sozialreport 1994. Daten und Fakten zur sozialen Lage in den neuen Bundesländern. Berlin, GSFP 1994
M. Linden: Politische Integration im vereinten Deutschland. Baden-Baden, Nomos 2006
H.-J. Maaz: Der Gefühlsstau. Ein Psychogramm der DDR. Berlin, Argon 1990
H.-J. Maaz: Psychosoziale Aspekte im deutschen Einigungsprozeß. APuZ B 19 1991: 3-10
Materialien zum Bericht zur Lage der Nation 1974. Bonn, Bundesministerium für innerdeutsche Beziehungen 1974
A. J. u. R. L. Merritt (Hrsg.): Public Opinion in Occupied Germany. The Omgus Surveys 1945 -1949. Urbana, University of Illinois Press 1970

M. Miegel: Die deformierte Gesellschaft: Wie die Deutschen ihre Wirklichkeit verdrängen. München, Propyläen 2002

K. Neller: „Auferstanden aus Ruinen“? Das Phänomen „DDR-Nostalgie“. In: Gabriel u. a. 2005: 339-381

G. Neugebauer: Politische Milieus in Deutschland. Bonn, Dietz 2007

O. Niedermayer/K. von Beyme (Hrsg.): Politische Kultur in Ost- und Westdeutschland. Berlin, Akademie Verlag 1996, 2. Aufl.

O. Niedermayer: Bürger und Politik. Politische Orientierung und Verhaltensweisen. Wiesbaden, VS 2005

N. Niemann: Meinungsforschung in der DDR. Köln, Bund Verlag 1993

E. Noelle-Neumann/R. Köcher: Die verletzte Nation. Stuttgart, DVA 1987

G. Otte: Sozialstrukturanalysen mit Lebensstilen. Wiesbaden, VS 2004, 2008

F. U. Pappi: Die politischen Institutionen der Bundesrepublik Deutschland: Zum Legitimationsverständnis der Bevölkerung. Aus: Schulische Bildung 3 1982: B72-B79

G. Pickel/D. Walz: Politikverdrossenheit in Ost- und Westdeutschland. PVS 1997: 27-49

H.-W. Platzer/W. Ruhland: Welches Deutschland in welchem Europa? Demoskopische Analysen. Bonn, Dietz 1994

H. Rattinger u .a.: Außenpolitik und öffentliche Meinung in der Bundesrepublik. Ein Datenhandbuch zu Umfragen seit 1954. Frankfurt, Lang 1995

P. Reichel: Politische Kultur in der Bundesrepublik. Opladen, Leske 1981

D. Rink (Hrsg.): Lebensstile und Nachhaltigkeit. Opladen, Leske & Budrich 2002

C. Ritter: Politische Identitäten in den neuen Bundesländern. In: H. Wiesenthal (Hrsg.): Einheit als Privileg. Vergleichende Perspektiven auf die Transformation Ostdeutschlands. Frankfurt, Campus 1996: 141-187

K. Rohe: Politische Kultur und ihre Analyse. Historische Zeitschrift 1990: 321-346

J. Rössel: Sozialstruktur Deutschlands: Strukturierte soziale Ungleichheit, Lebensstile und Milieus. Wiesbaden, VS 2006

W. Schluchter (Hrsg.): Der Vereinigungsschock. Weilerswist, Vellbrück 2001

M. Schmitt/L. Montada (hrsg.): Gerechtigkeitserleben im wiedervereinigten Deutschland. Opladen, Leske & Budrich 1999

G. F. Schuppert: Politische Kultur. Baden-Baden, Nomos, 2008

Sinus: Folgen des Bürokratismus. Einstellungen der Wahlbevölkerung zur öffentlichen Verwaltung in der Bundesrepublik Deutschland. München – Heidelberg, Sozialwissenschaftliches Institut Nowak und Sörgel, Aug. 1978 (hektogr.)

Sinus: Die verunsicherte Generation. Jugend und Wertewandel. Opladen, Leske 1983

Sinus-sociovision: Zentrale Ergebnisse der Sinus-Studie über Migrantenmilieus in Deutschland. 9. 12. 2008

Sinus-sociovision.de/Download/Zentrale-Ergebnisse-16102007.pdf. Stand Juni 2008

K. Sontheimer: Deutschlands politische Kultur. München, Piper 1990

M. Stachura: Die Deutung des Politischen. Ein handlungstheoretisches Konzept der politischen Kultur und seine Anwendung. Frankfurt, Campus 2005

Ch. Stawenow: Warum ist Deutschland noch nicht zusammengewachsen? Zur Entstehung einer politischen Teilkultur in den neuen Bundesländern. Deutschland Archiv, 5/2009: 781-787

S. Ullrich: Der Weimar Komplex. Göttingen, Wallstein 2009

H.-J. Veen: Innere Einheit – aber wo liegt sie? APuZ B 4o/41 1997: 19-28

S. Verba: Germany: The Remaking of Political Culture. In: L.W. Pye/S. Verba (Hrsg.): Political Culture and Political Development. Princeton University Press 1965: 130-170

M. Vester u.a. (Hrsg.): Soziale Milieus in Ostdeutschland. Gesellschaftliche Strukturen zwischen Zerfall und Neubildung. Köln, Bund 1995

F. Walter: Baustelle Deutschland. Frankfurt, Suhrkamp 2008

W. Weidenfeld/K.-R. Korte: Die Deutschen. Profil einer Nation. Stuttgart, Klett-Cotta 1991

B. Westle: Politische Legitimität. Theorien, Konzepte, empirische Befunde. Baden-Baden, Nomos 1989

B. Westle: Traditionalismus, Verfassungspatriotismus und Postnationalismus im vereinigten Deutschland. In: Niedermayer/v. Beyme 1996: 43-76

B. Westle: Kollektive Identität im vereinten Deutschland. Nation und Demokratie in der Wahrnehmung der Deutschen. Opladen, Leske & Budrich 1999

B. Westle/O. W. Gabriel (Hrsg): Politische Kultur. Eine Einführung. Baden-Baden, Nomos, 2009

3 Wahlen

Für die meisten Bürger sind die Wahlen das Ereignis, bei dem sich das verbale Verhalten der Einstellungen und Meinungen, welches die Erforscher der politischen Kultur messen (vgl. Kap. 2), in tatsächliches politisches Verhalten umsetzt. Die Teilnahme an der Politik ist bei vielen Bürgern auf die Stimmabgabe bei Wahlen beschränkt. Die Bundesrepublik fiel einst durch hohe Wahlbeteiligung im internationalen Vergleich auf. Als Beweis für die demokratische Gesinnung der Deutschen mochten viele ausländische Betrachter dies gleichwohl nicht anerkennen. Das Vorurteil war weit verbreitet: „Die Deutschen sind ordnungsgemäß zur Wahl angetreten."

Die Politische-Kultur-Forschung ist nie davon ausgegangen, dass eine hohe Wahlbeteiligung bereits als ein Zeichen für eine funktionierende Demokratie angesehen werden kann. Sie kann Legitimationseinverständnis, aber auch Legitimationsdefizite anzeigen. Die These von der „stabilisierenden Apathie" seit Berelson ist auch in Deutschland im Zeichen wachsender Mobilisierung aufgegriffen worden. Wo die einen Interpreten nur eine wachsende Amerikanisierung deutscher Wahlkämpfe mit immer größeren Materialschlachten und immer umfassenderer Geschäftigkeit sahen, begannen Konservative, aus Sozialismusfurcht Züge der Weimarer Republik zu entdecken, die nach den Äußerungen vieler Amerikaner unter anderem an einer hektischen Übermobilisierung zugrunde gegangen ist. Diese Kritiker übersahen freilich, dass es außer der hohen Wahlbeteiligung wenig Parallelen zum Bild des politischen Lebens der Weimarer Zeit gab. Es fehlte die Übermobilisierung in Subkulturen von den „schrecklich ernsten Turnvereinen" (H. Eckstein) bis hin zu den latenten Bürgerkriegsarmeen von der SA bis zum Reichsbanner, die in der angelsächsischen Forschung (Lipset, Eckstein) für die Krise durch Überpartizipation häufig angeführt wurde. Aber auch die Handhabung des zweigleisigen Wahlsystems wird relativ *rational* vorgenommen. Das Stimmensplitting stieg von 1976 bis 1980 um 4,2% auf 10,2%. Einige Wahlforscher kamen schon vor Jahren zu dem Ergebnis, „dass die Wähler bessere Voraussetzungen zur Funktionsfähigkeit des politischen Systems in der Bundesrepublik als die Parteien selber liefern, die so leicht geneigt sind, dem Wähler seine Nichtzuständigkeit in politischen Fragen zu bestätigen" (Kaase 1967: 147).

Wahlbeteiligung erschien vielen Kritikern nur als ritualisiertes konventionelles politisches Verhalten, das für sich allein noch nicht auf eine stabile demokratische politische Kultur schließen ließ. Erst in den achtziger Jahren wandelte sich das Bild der Deutschen. Die Bundesrepublik wurde von einem als relativ „langweilig“ eingeschätzten politischen System in wenigen Jahren zum „Mekka der Grünen und Alternativen“ in ganz Europa und begann, auch das Interesse der internationalen Forschung wieder stärker anzuziehen. Das verfestigte Bild über die legalistische deutsche politische Kultur begann zu bröckeln. In transnationalen Studien über politisches Handeln hatten die deutschen neben den amerikanischen Bürgern die höchsten Partizipationsraten, die über bloße Information und Diskussion über Politik hinausgingen (Barnes/Kaase 1979: 84). In einer Typologie des politischen Handelns, welche Inaktive, Konformisten, Reformisten, Aktivisten und Protestierer unterschied, hatte Deutschland weniger Inaktive als das Mutterland des parlamentarischen Systems, Großbritannien. Bei den Protestierern lag Deutschland nach den Niederlanden vor beiden großen angelsächsischen Demokratien.

Politisches Verhalten, das über Wahlen hinausging, wurde nicht mehr als „extremistisch“ diskriminiert. Der Terminus *„unkonventionelles Verhalten“* bemühte sich um eine wertneutrale Betrachtung. Das politische Verhalten der Deutschen belegte, dass konventionelles und unkonventionelles Verhalten einander nicht ausschlossen und dass die Deutschen auf beiden Skalen den Ruf der nichtpartizipativen politischen Kultur nicht verdienten. Da die Intensität politischer Teilnahme in vielen internationalen Studien vor allem vom Bildungsgrad der Bevölkerung abhing, war in Deutschland ein hoher Grad an politischer Teilnahme ohnehin naheliegend. Hinter dem als „Protestierer“ bezeichneten Handlungstyp wurde ein hoher Anteil Jugendlicher vermutet. Aber auch bei den Jugendlichen zeigte sich eine starke Neigung, konventionelles und unkonventionelles Verhalten nebeneinander zu billigen und zu praktizieren. Eine Studie des Sinus-Instituts im Auftrag des Bundesministeriums für Jugend, Familie und Gesundheit (Die verunsicherte Generation 1983: 55) unter jungen Menschen zwischen 15 und 30 Jahren fand heraus, dass die Teilnahme an Wahlen von 81% der Jugendlichen und noch von 77% derer, die sich der Alternativbewegung zurechneten, für wirkungsvoll erachtet wurde. Genehmigte Demonstrationen billigten 45% (von den Alternativen 58%), Hausbesetzung 15% (Alternative: 26%), spontane Demonstration 14% (Alternative: 24%) und gewaltsame Aktionen nur 3% (Alternative: 5%). Eine generelle Ablehnung der institutionellen Politik konnte nicht einmal bei den alternativen Jugendlichen festgestellt werden.

3.1 Das Wahlsystem

Das Wahlrecht ist als „Stiefmutter der Demokratie“ bezeichnet worden (Kaack 1967: 7). Trockene Details und juristische Klauseln machen es zum Tummelplatz von Statistikern und Juristen. Die ältere deutsche Politikwissenschaft, wie die F. A. Hermens in Köln und Dolf Sternbergers in Heidelberg, hat dem Wahlrecht einst übertriebene Bedeutung beigemessen. Die empirische Forschung hat sich an den Altvätern gerächt und abstrahierte in ihren Studien auf Interviewbasis weitgehend vom Wahlrecht.

Das Bundeswahlgesetz bekennt sich zu den Grundsätzen „einer mit der Personenwahl verbundenen Verhältniswahl" (§ 1,1). In der Systematik gehört das deutsche Wahlsystem zu den Verhältniswahlrechten. Vielfach wird der Ausdruck „Mischwahlsystem" benutzt, aber es ist zu bezweifeln, dass die wesentlichen Elemente von Mehrheits- und Verhältniswahlrecht im deutschen System verbunden worden sind. Die Bezeichnung „teilpersonalisierte Verhältniswahl" (Meyer 1973: 26) erscheint am treffendsten. Der Kompromiss, der im Parlamentarischen Rat gefunden wurde, schloss gerade die bewusste Ablehnung des relativen Mehrheitswahlrechts ein, wie es die Unionsparteien vorschlugen. Außerdem ergaben sich bei dem System verhältnismäßig geringe Differenzen zwischen Stimmen und Mandatsanteilen für die Parteien, so dass auch von daher die Ablehnung des Terminus „Mischwahlsystem" berechtigt erscheint.

1949 hatte jeder Wähler nur eine Stimme. Erst seit der Änderung des Wahlgesetzes von 1953 verfügt er über zwei Stimmen: über die Erststimme zur Wahl des Wahlkreiskandidaten nach dem Prinzip der relativen Mehrheit und über eine Zweitstimme für die Wahl einer Parteiliste auf Landesebene. Die Mandatszahl der Parteien wurde bis 1956 nach dem Stimmenanteil der Parteien auf Länderebene, seit der Wahlgesetzänderung von 1956 aber auf Bundesebene errechnet. Das entscheidende Element des Wahlsystems bleibt somit der Proporz (Nohlen 1990: 192).

Wie beim Grundgesetz spielten die Militärgouverneure der Besatzungsmächte und die Ministerpräsidenten der Länder bei der Schaffung des Wahlrechts in einigen Punkten eine wichtige Rolle. Ihr Zusammenwirken beim Wahlrechtsproblem war jedoch weniger von Gleichklang beherrscht als in einigen Fragen, die den Bundesstaat betrafen. Die Militärgouverneure wollten den Parlamentarischen Rat darauf beschränken, die Zahl der Abgeordneten und ihre Verteilung auf die Länder festzulegen. Die Ministerpräsidenten akzeptierten jedoch den Vorschlag der Alliierten nicht, gleichlautende Ländergesetze zu schaffen, und setzten bei den Militärgouverneuren die Schaffung eines Wahlgesetzes durch den Parlamentarischen Rat durch. Die inhaltlichen Eingriffe in die Gestaltung des Wahlrechts hielten sich jedoch in Grenzen und waren der Schaffung eines möglichst weitreichenden Föderalismus zugeordnet (vgl. Kap 9.1). Der Parlamentarische Rat musste zum Beispiel die in Aussicht genommene *Bundesliste* aufgeben, gegen die die Militärgouverneure im Interesse einer starken Stellung der Länder Einspruch erhoben.

Die wichtigste Änderung des Wahlgesetzentwurfs, die auf die Ministerpräsidenten zurückging, war die Einführung der *Fünfprozentklausel*. Indirekt hatte die Intervention der Besatzungsmächte gegen eine Bundesliste die Chancen kleinerer Parteien erleichtert, weil die *Landeslisten* sie von der Verpflichtung entbanden, im ganzen Bundesgebiet 5% der Stimmen zu erlangen. Dieser Vorteil wurde mit dem Nachteil erkauft, dass die Stimmen nur in den Ländern zählten, in denen die Partei mehr als 5 Prozent der Stimmen erlangte. Eine Sperrklausel auf Bundesebene hätte damals vier Parteien (Zentrum 10, WAV 12, DRP 5, SSW 1) insgesamt 28 Mandate gekostet. Benachteiligt war durch die getroffene Regelung vor allem die KPD, die zwar im Bundesgebiet 5,7% der Stimmen, aber nur 3,7% der Mandate erhielt, da sie in einigen Ländern die Fünfprozenthürde nicht nehmen konnte oder sie zwar übersprang, aber keinen Sitz erhielt, weil nach dem d'Hondtschen System bei der geringen Anzahl von Bundestagsmandaten rechnerisch kein Mandat an diese Partei fiel. Ohne die Bindung an Landeslisten hätte die KPD fünf und das Zentrum zwei weitere Mandate errungen (Meyer 1973: 44). Der Abstand zwischen den beiden größten Parteien hätte sich um einen Sitz zugunsten der SPD verringert, an der Koalitionsmehrheit der Unionsparteien mit FDP und DP hätte ein solches Ergebnis jedoch nichts geändert.

Die Regelung von 1949 hat daher die grundlegenden Machtverhältnisse wenig beeinflusst. Einschneidend für die kleinen Parteien wurden erst die Verschärfungen der Sperrklausel in den Änderungen des Bundeswahlgesetzes von 1953 und 1956. Seit 1953 musste eine kleinere Partei im ganzen Bundesgebiet die Fünfprozenthürde überspringen (oder mindestens ein Wahlkreismandat gewinnen), um an der Mandatsverteilung teilzuhaben. Bis dahin genügten fünf Prozent in einem Bundesland. 1956 wurde eine zusätzliche Beschneidung der Chancen für kleinere Parteien erreicht, indem nur noch Parteien berücksichtigt wurden, die im Bundesgebiet über der Fünfprozentbarriere lagen oder drei Wahlkreismandate direkt errangen. Die Hilfestellung dieser Regelung bei der Parteienkonzentration wurde mit entlegitimierenden Effekten durch die hohe Zahl verfallender Stimmen erkauft. Bis 1969 verfielen regelmäßig über eine Million der Zweitstimmen (1953: 6,5% 1957 sogar 6,9%, 1961: 5,7%, 1963: 3,6%, 1969: 5,4%). Erst 1972 und 1976 hatten die Wähler die Gefahr des Verlustes ihrer Zweitstimme hinreichend antizipiert, und ihr Anteil sank auf etwa 0,9% (Nohlen 1978: 300).

Nicht so sehr das zweistimmige Wahlsystem allein, vielmehr seine Verbindung mit der Sperrklausel hat durch Überhangmandate vorübergehend bewirkt, dass die Schere zwischen dem Prozentsatz der erhaltenen Stimmen und dem der errungenen Mandate bei manchen Parteien auseinander klaffte. Durch die Parteienkonzentration wurde jedoch der Verzerrungseffekt der Überhangmandate seit 1965 abgebaut. 1965-1976 hat es kein Überhangmandat mehr gegeben. 1949 waren es zwei, 1953 und 1957 je drei, 1961 sogar fünf (Überhangmandate treten auf, wenn die Zahl der in Wahlkreisen gewählten Bewerber einer Partei die Zahl der auf ihre Landesliste entfallenden Sitze übersteigt, weil in diesem Fall die überzähligen Mandate der Partei erhalten bleiben.).

Bei der Wahl von 1994 gerieten die Überhangmandate wieder ins Zielfeuer der Kritik. Die CDU errang 12 Überhangmandate, überwiegend in Ostdeutschland, die SPD 4, davon drei in Brandenburg. Wenn eine Regierungskoalition ihre Mehrheit den Überhangmandaten verdankt, taucht bei der Opposition der Vorwurf der Verfassungswidrigkeit auf. In mehreren Urteilen hat das Bundesverfassungsgericht (BVerfGE 95: 335ff.) die von Klägern unterstellte Verfassungswidrigkeit verneint. Der Vorschlag der Gegenpartei, die bei der Erringung von Direktmandaten weniger glücklich war, Ausgleichsmandate zukommen zu lassen, würde jedoch mit dem Bestreben, den Deutschen Bundestag zu verkleinern, in Konflikt geraten. Für eine Änderung des Wahlrechts stehen angesichts der prekären Machtbalance im neuen Vier-fünf-Parteiensystem die Chancen ebenfalls nicht günstig. Die Rechtsstellungskommission des Bundestags hat im Juni 1995 Wahlrechtsänderungen anlässlich der Parlamentsreform abgelehnt. Eine Lex PDS wurde gleichwohl weiter diskutiert. Stabilitätsstrategen möchten die Regelung streichen, dass Parteien, die unter 5% der Stimmen erhalten, in den Bundestag einziehen, wenn sie drei Direktmandate erhalten oder die Zahl der erforderlichen Direktmandate erhöhen.

Aus der Geschichte des Wahlrechts sind viele Beispiele bekannt, dass Institutionen, die sich anfangs als Benachteiligung der Linken auswirkten, in einen Vorteil umschlugen, wenn die Linke mehrheitsfähig wurde (z.B. 1981 in Frankreich). Die Kritik der SPD an den Überhangmandaten für die CDU verstummte nach der Wahl 1998. Plötzlich profitierte die SPD mit 13 Überhangmandaten von ihnen. Außer einem in Hamburg waren alle in den neuen Bundesländern angefallen. Überhangmandate erwiesen sich gelegentlich als ärgerlich für die zweitstärkste Partei. Wahlentscheidend waren sie jedoch bisher nicht (Roth 1998: 221). 2002 fielen wieder 5 Überhangmandate an, 4 für die SPD, 1 für die CDU. Das Ärgernis, gemessen an der Transparenz für den Wähler, blieb. Die Stimmenmehrheit könnte verfälscht werden, oder durch den Tod eines Inhabers eines solchen Mandates können Mehrheiten verloren gehen. Wie soll man so etwas dem Volk erklären? (Meyer 2001: 99).

Die Überhangmandate zeigten einmal mehr, dass Wahlrechtspolitik Machtpolitik darstellt. Sie waren schon lange ein Zankapfel zwischen den Parteien. Es handelt sich um Mandate, die einer Partei im System der personalisierten Verhältniswahl in den Einwahlkreisen nach Erststimmen gewonnen hat, erhalten bleiben, auch wenn sie die Zahl der Mandate übersteigen, die der Partei in Verrechnung nach dem Proporz der Zweitstimmen zustehen. Sie bleiben nach dem

Bundeswahlgesetz den begünstigten Parteien ohne Mandatsausgleich erhalten. Nur auf Länderebene ist ein Mandatsausgleich vorgesehen (Nohlen 2009: 521f.). Das Bundesverfassungsgericht hat 1997 die Klage der Opposition abgewiesen, als 1994 12 von 16 Überhangmandaten an die Union fielen und damit entscheidend für die Regierungsbildung wurden. Es entstand die Gefahr eines *negatives Stimmgewichts:* wenn Überhangmandate anfallen, können weitere Zweitstimmen der Partei schaden. Erhält sie mehr Zweitstimmen, gewinnt sie ein zusätzliches Listenmandat, das einer anderen Landesliste der gleichen Partei verloren geht und damit ein Überhangmandat weniger. 2005 wurden die negativen Folgen sichtbar, als in Dresden ein Wahlkreis nachwählen musste. Es trat der paradoxe Fall ein, dass ein Stimmenrückgang im Vergleich zu 2002 der Union ein Überhangmandat sicherte. Das Verfassungsgericht urteilte daher im Juli 2008 gegen diesen Negativeffekt – nicht aber generell gegen die Überhangmandate – mit der Begründung, dass der Wähler sicher sein müsse, dass seine Stimme der Partei nutze und nicht schade. Die Frist zur Wahlrechtsänderung lief bis 2011. Obwohl die SPD 1998 und 2002 von den Übergangmandaten für ihre Koalition profitiert hatten, wurde nun von den linken Parteien eine Wahlrechtsänderung noch vor den Bundestagswahlen 2009 verlangt, weil man befürchtete, dass die Überhangmandate im September 2009 eine schwarz-gelbe Koalition sichern könnten. Eine solche kurzfristige Wahlrechtsänderung war nicht möglich. Einmal gilt eine Wahlrechtsänderung kurz vor den Wahlen als undemokratisch und manipulativ, obwohl sie in Frankreich und Italien vorgekommen ist. Zum anderen waren die Folgen der Überhangsmandate für 2009 nicht verlässlich kalkulierbar. Generell gegen Überhangmandate sind vor allem die kleinen Parteien. Falls die SPD im Abwärtstrend zu einer „kleinen Partei" zwischen 10 und 20% wird, könnte sich auch in dieser Partei die Hoffnung auf generelle Abschaffung der Überhangsmandate durchsetzen. Im Vorfeld des Wahlkampfes von 2009 waren die Überhangmandate vor allem von der SPD schon im Voraus für eine mögliche Niederlage verantwortlich gemacht worden.

Die Debatte um die Überhangmandate war nie so heftig wie 2009. Auch gemäßigte Kritiker waren in Sorge, dass erwartete Überhangmandate den Ausschlag für Merkels Wahlsieg geben könnten. Die Überhangmandate fielen noch reichlicher an als erwartet. Aber zum Glück hatten sie keinen Einfluss auf das Wahlergebnis, das sonst vermutlich nicht nur von der „Linken" gerichtlich angefochten worden wäre. Bekannte Wahlrechtsforscher (Nohlen 2009: 8; 2009: 195) wiesen aber darauf hin, dass die Überhangmandate in ihrer demokratischen Qualität nicht zu beanstanden waren und höherwertig seien als die Listenmandaten starren Listen, weil die Wähler nicht nur unter Parteien, sondern auch unter Personen auswählen konnten. Dieser Tribut an das Mehrheitsprinzip – in Zeiten, da der Gesamtstimmenanteil der beiden großen Parteien sinkt, ohne dass dritte Parteien eine nennenswerte Zahl von Direktmandaten erzielen (mit Ausnahme der Linken im Osten) – durchbrach den reinen Proporz, passte aber in die Debatte, dass das permanente Lager-Patt durch mehr majoritäre Elemente aufgebrochen werden sollte. Es erscheint jedoch als unwahrscheinlich, dass der 17. Deutsche Bundestag eine durchgreifende Reform des Wahlrechts vornehmen wird.

Den deutschen Parteien, die an der Schaffung des Wahlrechts 1948/49 beteiligt waren, wurde „erfrischende Nüchternheit in politischen Verfahrensfragen" bescheinigt (Merkl). Die CDU trat gegen die Mehrheit der anderen Parteien überwiegend für ein relatives Mehrheitswahlrecht ein, hat ihren Standpunkt jedoch angesichts der Kompromissnotwendigkeit nicht doktrinär behauptet. Von den kleineren Parteien hat sich nur die DP in dieser Frage an die Seite der CDU gestellt, weil sie sich aufgrund ihrer starken Position in Bremen und Niedersachsen unter diesem System Chancen ausrechnete, in den Bundestag zu kommen. Innerhalb der CDU gab es jedoch auch Opposition gegen das relative Mehrheitswahlrecht. Das Argument, dass Minderheiten in diesem Wahlsystem nicht repräsentiert wurden, musste für eine sozial so heterogene Partei wie die CDU schwer wiegen. Vor allem musste auf die Eingaben der Vertriebenenverbände reagiert werden. Die Unionsparteien schlugen daher vor, das Flüchtlingsproblem durch Flüchtlingswahlkreise zu lösen (Hauptausschuss, Sten. Prot.: 776). Der Kompromiss, der schließlich gefunden wurde, ist am wenigsten von allen institutionellen Regelungen des Grundgesetzes vom Trauma geprägt, das die Weimarer Republik hinterlassen hatte. Die Grundentscheidung fiel zugunsten eines Verhältniswahlrechts mit möglichst geringer Beeinträchtigung der Erfolgswertgleichheit der Stimmen.

Die relativ pragmatische Haltung zum Wahlrecht, die trotz einiger heftiger Grundsatzdebatten im Ganzen überwiegend an praktischen Fragen orientiert war, setzte sich in der *Wahlgesetzgebung* der Bundesrepublik fort. Der mit großer Regelmäßigkeit erneuerte Vorschlag einer Wahlrechtsänderung wurde vielfach unter Manipulationsverdacht gestellt. Der FDP fiel in der Geschichte versuchter Wahlrechtsänderungen eine Schlüsselrolle zu. Der Vorschlag der Unionsparteien, ein mehrheitsbildendes Wahlsystem (nach dem sogenannten Grabensystem) einzuführen, scheiterte vor allem am Widerstand der FDP. Sie kündigte 1956 im Bund und im Land Nordrhein-Westfalen die Koalition auf. 1969 wurde die FDP durch den wachsenden Unmut in der Wählerschaft über die große Koalition in ihrer Existenz gerettet. Bis 1994 hat sie geradezu eine Gravitationskraft zu ihren Gunsten entwickelt, da der Regierungswechsel von ihr abhing. Diese Rolle ist für die Partei durchaus prekär, weil sich ein Frontenwechsel nach den Erfahrungen von 1969 und 1982 als keine einfache Entscheidung erweist. Spaltungen in der Führung und Auswechslung eines Teils der Wähler sind die Folge. Die Umschichtung der Wählerschaft war 1969 nahe daran, die FDP in die Gefahrenzone der Fünfprozentklausel zu bringen.

Die starke Parteienkonzentration ist nur zum geringen Teil den formalen Vorschriften des Wahlgesetzes zuzuschreiben. Diese Reduktion des Spektrums auf ein Zweieinviertelparteiensystem hat nun die Koalitionsmöglichkeiten so weit eingeschränkt, dass das im Ausland vielfach bewunderte Wahlsystem im Inland zu ständigen Überarbeitungsversuchen herausforderte. Eine erste Wahlrechtskommission gab in ihrem Bericht von 1955 keine ausdrückliche Empfehlung (Grundlagen eines deutschen Wahlrechts: 1955). Eine zweite Kommission des „Beirats für Fragen der Wahlrechtsreform" trat in ihrem „Bericht zur Neugestaltung des Bundestagswahlrechts" (1968: 8) trotz der relativ guten Entwicklung des deutschen Systems doktrinärer für das Mehrheitswahlrecht in Einerwahlkreisen ein, als seine Verfechter im Parlamentarischen Rat es getan hatten. Eine Minderheit des Ausschusses, der mehrheitlich aus Staatsrechtlern und Sozialwissenschaftlern bestand (Dürig, Ellwein, Scheuch), schlug zusätzlich Vorwahlen *(primaries)* für die Aufstellung der Kandidaten vor. Die Kritik entzündete sich am Manipulationsverdacht, zumal die große Koalition solche Pläne vorbereitete und diese sich zwangsläufig gegen die damalige Mini-Opposition der FDP im Bundestag richten mussten. Die Berechnungen, wie sich FDP-Wählerstimmen bei Einführung eines mehrheitsbildenden Wahlrechtes verteilen würden, nahmen sich aus wie das Würfeln um die Kleider eines noch nicht Gestorbenen (zu den prognostischen Problemen dieser Rechnungen: Naschold: 1971).

Die SPD – schon auf dem Sprung zum Machtwechsel und die Zeichen des Koalitionsklimawandels gerade noch rechtzeitig begreifend – kam mit einem Kompromissvorschlag zur Dreierwahl heraus. Der Verhältniswahlcharakter des vorgeschlagenen Systems wurde bestritten. Eine zweite Variante, die Verhältniswahl in Viererkreisen, schien zu wenig Änderung zu erbringen – außer der faktischen Erhöhung der Sperrklausel auf etwa 18%. Hochburgenausbildung, Verödung der Provinz, Einladung zum „*Gerrymandering*" und zur Wahlkreisgeometrie, für die Mehrheitswahlsysteme immer anfälliger sind als Proporzsysteme, waren die beachtenswerten Gegenargumente in dieser Debatte, die durch den Machtwechsel 1969 vorläufig beendet wurde. Zur Disziplinierung der FDP wurde der Gedanke sporadisch wieder ins Spiel gebracht.

1985 beschloss der Bundestag die Ablösung des d'Hondtschen Verfahrens durch die Zuteilung der Sitze nach dem System Hare/Niemeyer. Diese Reform verbesserte die Ausgangslage der kleinen Parteien wie der FDP und der Grünen. Eine Umrechnung des Bundestagswahlergebnisses von 1983 ergab, dass beide Parteien je einen Sitz mehr erhalten hätten, wenn man nicht noch nach dem d'Hondtschen Verfahren gezählt hätte (Nohlen 1990). Auch eine weitere Reduzierung von *Überhangmandaten* hatte man sich durch das neue Verfahren erhofft, nicht ganz zu Recht. Zwar sank die Zahl von 2 Überhangmandaten 1983 (für die SPD) auf eines 1987 (für die CDU); 1990 entfielen jedoch 6 in Ostdeutschland auf die CDU, 3 in Sachsen-Anhalt, 2 in Mecklenburg-Vorpommern und eines in Thüringen.

Durch den Einzug der Grünen in den Bundestag 1983 wurde der alte Vorwurf etwas entkräftet, die *Fünfprozentklausel* schirme das Parteiensystem gegen neue Bewegungen ab. Die Fünfprozentklausel hat gerade bei den Grünen segensreich gewirkt. Ein Jahrzehnt lang hatte sich die heimatlose Linke, die in der SPD nicht mehr integrierbar war, in Studentenparteien und K-Gruppen isoliert. Ohne die Fünfprozentklausel wäre jener heilsame Zwang nicht ausgeübt worden, dass die Sektenpolitiker sich auf das Minimalprogramm der Grünen einigen mussten. Angesichts der Flügelkämpfe bei den Grünen ist die Wirkung der Sperrklausel noch immer positiv. Ohne sie wären die Grünen vermutlich längst in mindestens zwei Parteien zerfallen.

Das strategische Wählen hat in den Augen einiger Analytiker zu schwerwiegenden Verzerrungen des Wählerwillens geführt. Es ist sogar die Rückkehr zum ursprünglichen Wahlsystem Adenauers gefordert worden (Jesse 1987), vor allem von den Autoren, welche das Stimmensplitting nicht als Zunahme von Rationalität und Durchblick des Wählers werteten, sondern Unkenntnis als Motiv für die Stimmenspaltung unterstellten. Die Unkenntnis-These wurde meist auf ein „Fremdgehen" der Stimmen außerhalb des Lagers gestützt. Als „rational" gilt das koalitionstaktisch „richtige" Wahlverhalten innerhalb eines Lagers. Aber auch 1998 und 2002 haben 4% bzw. 3% der SPD-Anhänger Unionskandidaten und 4% bzw. 3% der Unionswähler mit der Erststimme den SPD-Kandidaten im Wahlkreis unterstützt. Falls dies jeweils bewusste Anhänger einer großen Koalition gewesen sein sollten, wäre jedoch ihr Verhalten keineswegs „irrational" zu nennen. Die Wahl einer kleineren Partei mit der Erststimme gilt als wahltaktisch irrational. Aber kann die Ablehnung des Kandidaten der üblichen Koalitionspartei oder die Belohnung des Direktkandidaten einer kleinen Partei für einen guten Wahlkampf in aussichtsloser Lage als „Trostpreis" einfach irrational genannt werden? Die Rational-Choice-Schule weist darauf hin, dass Wählen streng genommen nie rational ist und zieht es vor, das „rationale Taktieren" mit zwei Stimmen eher auf die Aufrichtigkeit (*sincere voting*) zu testen (Schoen 1998, Thurner 1998, 1999).

Das ernstgemeinte taktische Verhalten könnte freilich nur durch Interviews über die Präferenzordnung der Wähler getestet werden, was bisher in Deutschland nicht versucht wurde. Bei der Suche nach dem „aufrichtigen Verhalten" muss angesichts der normativ positiv besetzten Vokabel vermieden werden, dass die Rationalität substantialistisch gedeutet wird – und nicht rein prozedural wie bei der Public-Choice-Schule.

Auch die Wähler der neuen Bundesländer haben das Stimmensplitting rasch gelernt. Bei der PDS wurde in alter Disziplin anfangs 89% (1990) mit beiden Stimmen gleich gewählt. 1994 sank die Disziplin auf 74% und lag 2002 bei 76%. Bei Bündnis 90/Die Grünen lag das homogene Wählen bei zwei Dritteln und sank auf 56% (1998). Die Grünen Splitter bevorzugten SPD-Kandidaten, ähnlich wie die PDS-Wähler zu 23% ihre Erststimme einem Wahlkreiskandidaten der SPD überließen (2002). Eine taktisch irrationale oder „unaufrichtige" Vergabe von Erst- und Zweitstimmen konnte bei der ostdeutschen Bevölkerung nur bei sehr kleinen Minderheiten vermutet werden. In Ost-Berlin verdankte die PDS 1994 einem Teil der Wähler, die ihre Zweitstimme der SPD gaben, ihren Einzug in den Bundestag. Abwehrmanöver rationaler CDU-Wähler, die in Ost-Berlin zu 12% ihre Erststimme dem SPD-Kandidaten gaben, konnten dieses Ergebnis nicht verhindern (Bundestagswahl 1994: 17). Bis die Forschung sich mit exakten Methoden dem Stimmensplitting zugewandt hat, bleibt festzuhalten, dass das ganze Problem noch eher ein zweitrangiges darstellt. Die Kongruenz von Erst- und Zweitstimme war bei den beiden großen Volksparteien noch überwältigend hoch (2002: 93% bei der Union, 89% bei der SPD; 1998: 94% bei der Union, 90% bei der SPD).

Vom Wahlmodus mit zwei Stimmen gehen keine schwerwiegenden Störungen des Systems aus. Ein Hauptproblem der Regelung stellte die Begünstigung der FDP dar. Das System ist aus dem Entgegenkommen gegenüber der FDP geboren worden (Nohlen 1990: 209). Nichts spricht dafür, dass die Union künftig auf dieses Entgegenkommen verzichtet, seit die FDP um 1994 in eine vorübergehende Existenzkrise geriet. Das System ist durch die vierte und fünfte Partei im Deutschen Bundestag asymmetrischer geworden, obwohl die Zwei-zu-Zwei-Konstellation der Lager auf den ersten Blick ein symmetrisches Kräfteverhältnis vermuten lässt. Das deutsche Wahlsystem wurde auch im Ausland gerade mit seiner Zwei-Stimmen-Komponente vielfach als vorbildlich diskutiert.

Wahlrechtspolitik ist Machtpolitik. Das wurde selten so deutlich wie bei der Wiedervereinigung Deutschlands. Eine der vier wichtigen vertraglichen Voraussetzungen für die Vereinigung war der *Wahlvertrag* vom 3.8.1990, der am 3.9. 1990 in Kraft trat. Der Vertrag sollte für die Wahl am 2. Dezember 1990 ein gesamtdeutsches Wahlrecht schaffen. Es zeigte sich jedoch, dass die Bundesregierung in ihren Bemühungen um die Vereinheitlichung nach dem Empfinden relevanter politischer Kräfte in der DDR zu weit gegangen war. Beim Staatsvertrag zur Schaffung einer Währungs- und Wirtschaftsunion hat die DDR-Führung Risiken der schnellen Angleichung in Kauf genommen, um die Bundesrepublik rasch finanziell zur gesamten Hand haften zu lassen (vgl. Einleitung). Die westdeutsche Führung hat das Ausmaß des Risikos nicht übersehen, wie sie spätestens im Februar 1991 einräumte, als Steuererhöhungen für die deutsche Einheit nicht mehr zu umgehen waren. Beim Wahlvertrag aber war das Risiko für die kleineren und autochthonen Parteien auf dem Gebiet der DDR allen Beteiligten klar. Die Bundesregierung sah in ihrem ersten Entwurf eine Fünfprozentklausel für ganz Deutschland vor. Zur Milderung der Chancenungleichheit für kleinere DDR-Parteien sollten gesamtdeutsche Listenverbindungen von Parteien zugelassen werden, die nicht in den zwei Landesteilen konkurrierten. Diese Geste wurde rasch als „Lex DSU“ gewertet, die in einem Huckepackverfahren – wie es seit der Symbiose von CDU und DP in der späten Adenauerzeit nicht mehr praktiziert worden war – von der CSU in den Bundestag getragen werden sollte. Die DSU hatte bei den Volkskammerwahlen im März 1990 6,2% der Stimmen erhalten. Auf ganz Deutschland umgerechnet, konnte sie sich nicht mehr als 1,3% bei den gesamtdeutschen Wahlen ausrechnen. Die PDS hatte keinen Partner für eine gemeinsame Liste. Die SPD hat bei der Zustimmung zu dieser Regelung in Kauf genommen, die neue „sozialistische Einheitspartei“ zu werden (Kriele in: FAZ 19.7.1990: 8), um sich einer lästigen Konkurrenz um linkes Wählerpotential zu entledigen. Von der Begünstigung der DSU konnte sie sich eine Aufsplitterung des konservativen Lagers erhoffen. Nur beim Versuch der Bundesregierung, auch noch den Wahltermin vom 2. Dezember auf den 14. Oktober 1990 vorzuziehen, blieb die SPD hart. Lafontaine sprach von einem „Betrugsmanöver“. Entscheidend sei der Beitritt der DDR, ob früher oder später gewählt werden würde, habe keinen Einfluss auf Arbeitsplätze und Wohnungsnot. Der Streit um den Wahltermin wurde zum unerfreulichen Auftakt des ersten gesamtdeutschen Wahlkampfes. Angesichts der Schwäche der SPD gerade in ihren alten Hochburgen Sachsen und Thüringen hätten sich die Chancen der SPD in einer vorgezogenen gesamtdeutschen Wahl weiter verschlechtert. Die SPD profitierte bei ihrem Nein zum frühen Wahltermin auch von Bedenken in Moskau. Gorbatschow befürchtete, dass der von beiden deutschen Regierungschefs beschleunigte Zeitplan die Zwei-plus-Vier-Gespräche in unangemessener Weise präjudizieren könne.

Gegen das Wahlgesetz klagten die Partei der Grünen, die Linke Liste/PDS und die Republikaner beim Bundesverfassungsgericht. Sie sahen in der Möglichkeit der Listenverbindungen eine Begünstigung der großen Parteien, die sich aus dem Kreis der kleinen Parteien einen Partner, der ihre eigene Position verstärkte, heraussuchen konnten. Der zweite Senat des Verfassungsgerichts erklärte in seinem Urteil (BVerfGE 82, 327ff.) vom 29.9.1990 die Anwendung einer Fünfprozentklausel auf ganz Deutschland für eine Benachteiligung der kleinen Parteien in der DDR und sah auch die Möglichkeit der Listenverbindung als verfassungswidrig an. Listenverbindungen wurden zugelassen, aber sie mussten im gesamten Wahlgebiet kandidieren. Damit wurde der DSU der Einzug in den Bundestag versperrt. Sie sank im östlichen Wahlgebiet auf 1,4% der Erststimmen und 1% der Zweitstimmen ab. Die Regionalisierung der Sperrklausel ermöglichte es der PDS, mit 14 Sitzen in den Deutschen Bundestag einzuziehen – bei einem Gesamtergebnis von nur 1,9%. Die PDS bekam aufgrund der Möglichkeit von Listenverbindungen für die bescheidenen 0,3% ihres westlichen Partners 2 Mandate. Die Grünen hingegen wurden zum Opfer ihrer Politik der „Nichtkolonisation". Sie hatten sich nicht rechtzeitig bis zum vorgeschriebenen Termin mit den Grünen der Ex-DDR vereint und scheiterten mit 4,8% knapp an der Fünfprozentklausel. Als vereinte Partei hätten sie im westlichen Wahlgebiet mit dem Ergebnis ihrer Zweitstimmen 26 Sitze erreicht, was die Mehrheitsverhältnisse im ersten gesamtdeutschen Bundestag nennenswert verändert hätte (vgl. Bundestagswahl 1990: 12). Rein rechnerisch wäre nach dem Wahlergebnis die sogenannte „Ampelkoalition" von SPD, FDP und Grünen möglich gewesen. Politisch freilich ist wenig Schaden entstanden, da die FDP zu einer solchen Koalition auf Bundesebene – anders als in Brandenburg – nicht bereit gewesen wäre. Der realistische Flügel der Grünen Westdeutschlands hat jedoch durch diese unpolitische Fehlkalkulation der Grünen Ende 1990 gewaltigen Auftrieb erhalten (vgl. Kap. 4.5).

Dank der Wachsamkeit des Hüters der Verfassung hat das gesamtdeutsche Wahlrecht sowohl den Repräsentanten der friedlichen Revolution in der DDR (Bündnis 90/Grüne) als auch den Vertretern des alten Regimes der DDR (PDS) für vier Jahre ihre Existenz gesichert. An der allgemeinen Machtverteilung in Deutschland hat es jedoch wenig geändert.

Das Urteil ist als Verstoß gegen den Trend zur richterlichen Zurückhaltung beurteilt worden (FAZ 1.10.1990: 2) – zu Unrecht. Im Ganzen hat es einen fairen Kompromiss möglich gemacht. Es schloss sich nicht der vom Neuen Forum in der mündlichen Verhandlung geäußerten Meinung an, dass das zu wählende gesamtdeutsche Parlament nach Artikel 146 zur verfassunggebenden Versammlung werden könne und daher jede Sperrklausel abzulehnen sei. Aktiv verhielt sich der zweite Senat in der Mahnung an die Bundesregierung zur Eile mit dem Hinweis, dass das Gericht sonst von der Möglichkeit Gebrauch machen könnte, selbst eine Regelung zu treffen.

Das gesamtdeutsche Wahlsystem sah 656 Sitze und 328 Wahlkreise vor. An der Sitzverteilung nahmen nur Parteien teil, die mindestens 5% der abgegebenen gültigen Stimmen oder drei Direktmandate im westlichen oder östlichen Wahlgebiet erhalten hatten. Die Zahl der Sitze wurde nach dem Hare-Niemeyer-System berechnet. Sie berechnete sich aus der Gesamtzahl x Zweitstimmen der Partei, dividiert durch die Gesamtzahl der Zweitstimmen.

Wiederum kam es während der Vereinigung nicht zu den notwendigen Reformen. Diese mussten später nachgeholt werden. Eine Reformkommission „Zur

Größe des Deutschen Bundestages" hat vorgeschlagen, die Zahl der Wahlkreise auf 299 zu verringern, um die Zahl der Mandatsträger auf unter 600 zu senken.

Für die Wahlen zum 15. Bundestag 2002 wurde im 13. Gesetz zur Änderung des Bundeswahlgesetzes die Zahl der Abgeordneten von 656 auf 598 und die Zahl der Wahlkreise von 328 auf 299 herabgesetzt.

3.2 Wahlverhalten und Hochburgenbildung

Obwohl die politische Kultur der Deutschen lange nicht als sehr partizipationsfreudig galt, stach die Bundesrepublik durch überdurchschnittliche *Wahlbeteiligungsziffern* hervor. Nur Länder mit Wahlpflicht wie Belgien und Italien erreichten höhere Wahlbeteiligungsraten. Lediglich 1949, 1990 und 1994 – und vor allem 2009 – lag die Wahlbeteiligung unter 80%. Die höchste Wahlbeteiligung wurde bei den vorgezogenen Bundestagswahlen 1972 mit 91,2% erreicht. Auch nach Abflauen der großen Zeit der Mobilisierung 1976 lag die Wahlbeteiligung noch bei 90,7%. 1972 wurde die hohe Wahlbeteiligung auf die Senkung des Wahlalters auf 18 Jahre zurückgeführt. Bei Routinewahlen aber zeigte sich, dass die Jungbürger unter 30 Jahren eher die niedrigste Beteiligungsrate von allen Altersgruppen aufwiesen.

Dass die „elektorale Wiedervereinigung" 1990 die geringste Wahlbeteiligung der Nachkriegsgeschichte mit 77,8% hervorbrachte, musste jeden Kritiker beruhigen, der noch Sorge vor nationalem Überschwang hatte. Übersättigung von Urnengängen, vor allem in den östlichen Ländern, widrige Witterungsverhältnisse und ein spannungsloser Wahlkampf, der keine Unsicherheit des Wahlausgangs aufkommen ließ, erklärten die niedrige Beteiligung. Gewichtiger als diese Gründe – denen die Linke noch ein „Null-Bock-auf-Deutschland"-Gefühl bei der Jugend hinzufügte – sind die Wirkungen der niedrigen Beteiligung. Vergleicht man die wichtigsten OECD-Staaten im Hinblick auf den Niedergang der Wahlbeteiligung, so lag Deutschland mit einem Minus von 11,3% an der Spitze vor Spanien und Finnland (Falter/Schumann 1994: 164). Diese Entwicklung ist jedoch zum Teil die Folge des überdurchschnittlich hohen Ausgangsniveaus deutscher Wahlbeteiligung. Optimisten interpretieren den Trend daher eher als „Normalisierung" des deutschen Partizipationsverhaltens. Eine Weile war umstritten, ob es sich bei der sinkenden Wahlbeteiligung 1990 um einen säkularen Trend handelte. 1994 und 1998 ist die Wahlbeteiligung wieder über 80% gestiegen, 2002 kam sie dicht an die 80% heran (79,1%). Die Wahlbeteiligung in Ostdeutschland stieg 1998 mit fast 7% stärker als in Westdeutschland (2,2%). Die in der ersten gesamtdeutschen Bundestagswahl noch bestehenden eklatanten Unterschiede zwischen Ost und West sind in der dritten gesamtdeutschen Wahl eingeebnet worden. Noch 2005 sahen die Wahlforscher (Gabriel u.a. 2009: 223) in Wahlbeteiligung und Parteiwahl eine allmähliche Konvergenz.

Eine geringe Wahlbeteiligung, vor allem in Ostdeutschland nach den Märzwahlen von 1990, könnte auch als Ausdruck des Wunsches gedeutet werden, sich von der manipulierten Pseudopartizipation des realen Sozialismus zu erholen und sich den dringenden privaten Existenzproblemen zuzuwenden. In den meisten ex-sozialistischen Ländern war die Wahlbeteiligung noch niedriger – Ungarn nicht ausgenommen, das Land, das vergleichsweise das nach westlichen Standards „reifste“ Wahlverhalten zeigte, weil die Parteien sich alten und neuen Konflikten in der Gesellschaft am eindeutigsten zuordnen ließen. Die geringe Wahlbeteiligung der jungen und gut ausgebildeten Gruppen in Westdeutschland, auch derer, die grünes Wählerpotential darstellten, ließ eher auf einen säkularen Trend abnehmender Wahlbeteiligung in Deutschland schließen. Ein Teil der jüngeren Alterskohorten misst anderen Formen der Partizipation höhere Bedeutung bei (Gibowski/Kaase 1991: 20). Die Daten zur Erforschung der politischen Kultur zeigen jedoch (vgl. Kap. 2), dass es noch zu früh ist, auf eine generelle Partizipationsbereitschaft zu schließen, da konventionelle und unkonventionelle Beteiligungsformen auch von jungen Menschen meist nicht in einem Verdrängungswettbewerb, sondern komplementär gesehen werden.

2009 erreichte die Wahlbeteiligung mit 70,8% ein Rekordtief. *Regionale Differenzen* der Wahlbeteiligung sind in Deutschland nicht sehr ausgeprägt, außer im Ost-West-Verhältnis. Aufgeschlüsselt nach Nord – Mitte – Süd waren die Differenzen im Vergleich zu 2005 ähnlich. In Ostdeutschland beteiligten sich 2009 nur 64,8% an der Wahl – im Vergleich zu 72,3% im Westen. Die Differenzen zwischen den Ländern schwankten 2009 zwischen 60,5% in Sachsen-Anhalt und 73,8 in Schleswig-Holstein (vermutlich wegen der gleichzeitigen Landtagswahl) und 73,7 und in Hessen. Hessen und Rheinland-Pfalz hatten schon in den neunziger Jahren hohe Beteiligungsraten. Bayern und gelegentlich Baden-Württemberg beteiligten sich eher durchschnittlich. Unter den Parteien hatte die SPD mit einem Minus von 11,2% die größten Differenzen zu den Wahlen von 2005.

Geschlechtsspezifische Partizipationsraten haben sich verringert. Bis 1957 wählten Frauen zu über 3% weniger als Männer. 1987 hatten die Frauen in der Altersgruppe 30-40 Jahre die Männer sogar überholt. 1987 wählten 2,1% weniger Frauen als Männer. 2009 ergaben sich in der Entscheidung für eine Partei keine Differenzen zwischen Männern und Frauen bei der SPD (23%), aber ein beträchtlicher Unterschied bei der CDU: Frauen 36%, Männer nur 31%. Männer dominierten bei der FDP (17:13), Frauen bei den Grünen (13:9). Bei den Wählern dominierten die Frauen in der Union mit 53% und bei den Grünen sogar mit 57%. Bei der FDP (44%) waren Frauen sogar geringer vertreten als bei der Linken (46%) (Forschungsgruppe 2009: 52, 111).

Die Suche nach der *konfessionellen Determinante* des Wahlverhaltens hat ein Paradoxon zutage gefördert: Gerade weil das System der Bundesrepublik sich säkularisierte, hat sich die früher von der Kirche abgeleitete Bindung an christdemokratische Parteien in eine originäre Parteibindung transformiert. Daher ist der Anteil der Wähler, die sich als entschlossene Anhänger der CDU bezeichnen, heute höher als bei der einst stark ideologischen SPD. Die Unionsparteien hatten traditionell ihre besten Ergebnisse in katholischen Landesteilen. Sachsen und der Süden der ehemaligen DDR haben diese Faustregel falsifiziert, weil im Osten die Religionszugehörigkeit kaum eine wichtige Determinante der Wahlentscheidung ist. Der Konfessionalismus des Wahlverhaltens ist das Produkt der Entkonfessionalisierung der Unionsparteien und trägt zu der strukturellen Stärke der Union bei, weil sie gleichsam ein schrumpfendes, aber nicht unstabiles Segment neben dem allgemeinen Appell an die konfessionell nicht gebundenen Schichten der Bevölkerung mobilisieren kann.

Der Union gelang es auch 2002, den größten Anteil katholischer Wähler zu gewinnen (52%, SPD 30%). In dieser Frage gab es geringe Unterschiede zwischen Westdeutschland (47% der katholischen Wähler stimmten für die Union) und den neuen Bundesländern (47% der Katholiken wählten CDU-CSU) (Forschungsgruppe 2002: 112). Bei den Protestanten lag die SPD (44%) vor der Union (36%). Wichtiger als die Konfession ist jedoch die intensive Kirchenbindung (meist gemessen an der Häufigkeit des Kirchgangs). Noch immer gilt: Je stärker die Kirchenbindung, umso erfolgreicher war die Union. 2009 erreichten CDU und CSU 44% bei den Katholiken und 33% bei den Protestanten, aber immerhin 22% bei den Konfessionslosen – ebenso viele wie die Linke und die SPD (21%). Die Kirchgangshäufigkeit ist noch immer von starker Voraussagekraft. Bei den Katholiken, die jede Woche in die Kirche gehen erzielte die Union 67%, aber selbst bei der SPD 12% ihrer erreichten Stimmen (Forschungsgruppe 2009: 61f.)

Die *Wahlentscheidung nach Berufsgruppen* erwies sich als abweichend vom traditionellen Image der Parteien. 31% der Arbeiter wählten die Union, und nur 25% die SPD. Bei den Selbständigen führten CDU/CSU (36%) und FDP (24%). Die Gewerkschaftszugehörigkeit erbrachte noch immer Pluspunkte für die SPD (34%: 25%), aber die SPD verlor in diesem Bereich überdurchschnittlich (14 Prozentpunkte). Alle Parteien sind inzwischen Parteien von Angestellten und Beamten. Selbst die Linke hatte 40% Angestellte und 4% Beamte. Die SPD dagegen 8% und die Union 7% Beamte. Paradoxer Weise bestanden die Grünen Wähler, die sich einst unorthodox gebärdeten, zu 46% aus Angestellten und zu 10% aus Beamten, was höhere Proportionen bedeutete als bei allen konkurrierenden Parteien (Forschungsgruppe 2009: 59, 110ff.).

Mit sinkender Partizipation ab 1990 wurde zunehmend über die *Nichtwähler* nachgedacht. Sozialstrukturelle Determinanten erklärten das Nichtwählen nur zum Teil – ähnlich wie das Wechselwählen. Eine Studie des Paritätischen Wohlfahrtsverbandes Berlin fand vor allem die Nichtwähler in Kreisen von Arbeitslosen und niedrigen Löhnen. Das Alter hatte mehr Erklärungswert. Demokratietheoretisch-normativ war der Nichtwähler lange als „abweichendes Verhalten" diskriminiert. Entfremdung vom politischen System wurde vielfach unterstellt. Man entdeckte, dass auch Zustimmung und Gleichgültigkeit Motive für die Wahlenthaltung sein können, wie die Typen der saturierten Mittelschicht und der Jung-Konservativen zeigten, welche die Norm der Wahlpflicht nicht mehr akzeptieren. Die Wahlforschung hat die Stimmenthaltung von Wahl zu Wahl auch situativ erklärt. 1987 und 1990 schien die SPD keine Chance zu haben, und SPD-Anhänger hatten wenig Anreiz zur Wahl zu gehen. 1994 und 1998 wuchsen die Chancen der Opposition und es schien sinnvoll, die Entscheidung zu beeinflussen. Gleichwohl sind in den „mageren Jahren" der SPD ihre Anhänger überwiegend zur Wahl gegangen. Rational lässt sich die Wahlbeteiligung ohnehin kaum erklären. Für einen radikalen Rational-Choice-Ansatz ist hohe Wahlbeteiligung ohnehin nicht rational zu deuten.

Als Erklärungsansätze langfristiger Art wurden der Wertewandel, eine Re- oder Dealignment-Hypothese, eine Vermutung wachsender politischer Entfremdung und der Prozess der Individualisierung unter den Bürgern angeboten. Diesen Prozessen zugeordnet wurden Typen von Nichtwählern gebildet. Der junge Individualist, hedonistisch und ohne Bindungen an Großorganisationen stand unter den Typen der Nichtwähler Anfang der 90er Jahre mit 22,1% an erster Stelle, gefolgt vom „desinteressierten Passiven" (20,8%), von der saturierten Mittelschicht (15,8%) und den isolierten Randständigen (14,8%) (Kleinhenz 1995: 213). Langfristige Entfremdung und kurzfristige Politikverdrossenheit erwiesen sich nicht als ausschlaggebend. Wohlwollende und weniger wohlwollende Gleichgültigkeit gegenüber der Politik verstärkten auf die Dauer die Gefahr einer wachsenden Nichtwählerschaft. Vielfach ist dem Bürger weniger Politikverdrossenheit, als Parteienverdrossenheit unterstellt worden. 2009 zeigten sich dank eines konfliktarmen Wahlkampfes und eines schonenden Umgang der Großkoalitionäre miteinander, auffällige Zuwächse des Ansehens der Parteien (Forschungsgruppe 2009: 33). Ohne diese Grundstimmung wären wohl eine Jamaica-Koalition wie im Saarland 2009 und die Vermeidung einer rechnerisch möglichen rot-rot-grünen Koalition in Thüringen nicht denkbar gewesen.

Die Rolle der Neubürger, der naturalisierten Ausländer und volksstämmigen Deutschen wurde bisher zu wenig untersucht. Noch entziehen sie sich den meisten Befragungssamples. Auffällig schienen eine Neigung zur SPD bei Türkisch-Stämmigen und eine Unionsneigung bei Emigranten aus der früheren Sowjetunion.

Die Erforschung des Wählerverhaltens ist der methodisch am weitesten entwickelte Zweig der deutschen Politikwissenschaft. An keinem anderen Forschungsbereich des Faches scheiden sich jedoch die Geister so stark. In der Zeit der Protestbewegung neigten die Behavioralisten dazu, sich in der Festung „empirische Wahlforschung“ gegen die Ideologisierung der Sozialwissenschaften einzuigeln. Die Linken auf der Suche nach immer partizipatorischeren Demokratiemodellen verachteten diesen Wissenszweig. Erst neuerdings beginnen sie, die Wichtigkeit wieder anzuerkennen und sich kritisch damit auseinanderzusetzen..

Für die Darstellung eines Regierungssystems ist die Anregung, die *primäre Umwelt des Wählers* stärker einzubeziehen (Meyer in: Kaase 1977: 170), weniger fruchtbar als für die vergleichende Wahlforschung. Die mikrosoziologische Erforschung der primären Umwelt, die nicht nur mit statistischen Größen, sondern mit der tatsächlichen Motivation des einzelnen Wählers befasst ist, kommt am stärksten zu vergleichenden Aussagen, aber vielleicht am wenigsten zu solchen über die Eigenarten einer nationalen politischen Kultur.

Die sekundäre Umwelt des Wählers, vor allem der Einfluss organisierter Großgruppen, wurde wesentlich häufiger erforscht. Die Bindung an Kirchen oder Gewerkschaften als Faktor der Wahlentscheidung zugunsten der Unionsparteien oder der SPD wird noch immer stark betont. Eine generelle Gefahr des soziologischen Ansatzes ist seine statische Betrachtungsweise. Selbst im Umkreis starken kirchlichen Einflusses und im Milieu dominanter gewerkschaftlicher Bindungen ist eine verlässliche Orientierung auf die Unionsparteien einerseits und die SPD andererseits nur bei zwei Dritteln der Wähler festzustellen. Der soziologische Ansatz versagt am stärksten bei den Mittelschichten, die unterschiedlichen sozialen Bindungen und Kontakten ausgesetzt sind. Dieser Ansatz kann die Stabilität des Wählerverhaltens in Deutschland besser erklären als kurzfristige Wandlungen. Beim Wandel konnte er etwa im Kaiserreich die Zunahme der SPD mit der Zunahme der Arbeiter und der Gewerkschaftsmitglieder erklären, für die Bundesrepublik hingegen nicht. Die SPD hatte von 1953 bis 1972 ungefähr 3,5% Stimmenzuwachs pro Wahl. Der Anteil der Arbeiter an der Bevölkerung nahm hingegen ab und der gewerkschaftliche Organisationsgrad nur geringfügig zu. Der Anteil der Katholiken blieb konstant, allenfalls über die abnehmende Kirchgangshäufigkeit ließen sich Erklärungen des Wandels von Wählerverhalten finden. SPD-nahe Prognosen haben meist diesem Ansatz stark gehuldigt und wie INFAS die sozial bestimmten Vorbedingungen des Wählerverhaltens betont, während die CDU-nahe Kölner Schule schon früher auch sozialpsychologische Erklärungen, den Kanzlereffekt und den Einfluss der politischen Angebotsseite mit in die Analyse einbezog.

Tabelle 3.1: Wahlberechtigte und Wahlbeteiligung bei Bundestagswahlen[1]

Wahl	Wahlberechtigte 1000	Wahlbeteiligung %
1949[2]	31 208	78,5
1953[2]	33 121	86,0
1957	35 401	87,8
1961	37 441	87,7
1965	38 510	86,8
1969	38 677	86,7
1972	41 446	91,1
1976	42 058	90,7
1980	43 232	88,6
1983	44 089	89,1
1987	45 328	84,3
1990	60 373	77,8
1994	60 396	79,1
1998	60 719	82,3
2002	60 762	82,2
2005	61 870	77,7
2009	62 132	70,8

[1] bis 1987: im Bundesgebiet ohne Berlin (West)
[2] Ohne Saarland

Die Suche nach der *konfessionellen Determinante* des Wahlverhaltens hat ein Paradoxon zutage gefördert: Gerade weil das System der Bundesrepublik sich säkularisierte, hat sich die früher von der Kirche abgeleitete Bindung an christdemokratische Parteien in eine originäre Parteibindung transformiert. Daher ist der Anteil der Wähler, die sich als entschlossene Anhänger der CDU bezeichnen, heute höher als bei der einst stark ideologischen SPD. Die Unionsparteien hatten traditionell ihre besten Ergebnisse in katholischen Landesteilen. Sachsen und der Süden der ehemaligen DDR haben diese Faustregel falsifiziert, weil im Osten die Religionszugehörigkeit kaum eine wichtige Determinante der Wahlentscheidung ist. Der Konfessionalismus des Wahlverhaltens ist das Produkt der Entkonfessionalisierung der Unionsparteien (Schmitt 1989: 305) und trägt zu der strukturellen Stärke der Union bei, weil sie gleichsam ein schrumpfendes, aber nicht unstabiles Segment neben dem allgemeinen Appell an die konfessionell nicht gebundenen Schichten der Bevölkerung mobilisieren kann.

In den ersten Wahlstudien mussten West- und Ostdeutschland noch getrennt behandelt werden. Je länger der soziale Prozess der Vereinigung dauerte und je kostenreicher er zu werden drohte, um so mehr entwickelte er Einfluss auf die Stabilität der Wählerbindungen im Westen wie im Osten des Landes. Daher sind im Augenblick die spärlichen Daten über die faktische Stärke der Parteien im

Hinblick auf Mitglieder und Ressourcen aussagekräftiger als die Ergebnisse der Wahlen von 1990 bis 2009. Ohne entwickelte Parteiidentifikation haben die ostdeutschen Wähler seit 1990 relativ rational im Sinne ihrer Interessenpräferenz abgestimmt. Diese aber kann sich in relativ kurzer Zeit ändern, wie sich 1998 und 2002 zeigte.

Der Anteil der PDS war in den Wahlkreisen hoch, die einen starken Dienstleistungssektor, eine hohe Anzahl von Einpersonenhaushalten und einen hohen Ausländeranteil aufwiesen. Gering waren die Erfolge der PDS in Wahlkreisen mit starker Landwirtschaft oder Industrie (Falter/Klein 1994). Die PDS wurde nicht zu einer Partei der Arbeiter, wie einige reformkommunistische Parteien Osteuropas, die in die Rolle der Sozialdemokratie hineinwuchsen (2002: 15%). Die wirklich Unterprivilegierten wählten 1994 und 1998 überwiegend nicht PDS. Für die Unzufriedenen stand die Alternative der Nichtwahl zur Verfügung, wenn sie auch die PDS ablehnten (Feist 1994: 37).

2009 zeigte sich (Tabelle 3.3), dass bei den Zweitstimmen in der Union (53%) mehr als in der SPD (50%) berufstätig waren. Beide wurden aber von den drei kleineren Parteien überholt. In der Berufsgruppe Arbeiter hatte die SPD mit 28% keinen großen Vorsprung vor der Union (24%) mehr und wurde von der Linken (35%) überholt. Die Grünen waren paradoxer Weise mehr zu „Beamtenpartei" geworden als die anderen Gruppen, denen sie dies einst vorgeworfen hatten. Bei der Gewerkschaftsmitgliedschaft waren SPD und Linke mit 23% gleichauf (Forschungsgruppe 2009: 111).

Tabelle 3.2: Soziale Zusammensetzung der Wählergruppen
Wahltagsbefragung am 27.9.2009 (Zweitstimme)

Prozentwerte	Gesamt	CDU/CSU	SPD	FDP	Linke	Grüne	Sonstige
Erwerbsstatus							
Berufstätig	55	53	50	62	56	62	60
Rentner	22	27	28	18	20	11	9
Arbeitslos	3	1	3	2	8	3	7
Berufsgruppe							
Arbeiter	26	24	28	23	35	17	34
Beamte	7	7	8	5	4	10	4
Selbständige	10	11	6	16	7	12	8
Landwirte	2	3	1	2	1	0	1
Gewerkschaftsmitglieder	15	11	23	10	23	14	13

Quelle: Forschungsgruppe 2009: 111

Viel diskutiert wurde immer der Ost-West-Konflikt, aber der *Nord-Südkonflikt* ist ebenfalls auffällig. Bei den norddeutschen Großstädten über 450000 Einwohner führte die SPD bei Wahlparteibeteiligung und Parteianteilen vor der CDU nur noch in Hamburg,, Bremen, Hannover, Duisburg, Essen und Dortmund und nicht einmal mehr in Berlin-West, sondern nur noch in Berlin Ost, obwohl die Linke bei 33.8% rangierte. Obwohl ein Nord-Süd-Konflikt sich bis in die Unionsparteien hinein nachweisen ließ und das innerparteiliche Schimpfwort über die „Nordlichter“ populär wurde, zeigt ein Blick auf die Karte, dass das Nord-Süd-Schema eine grobe Vereinfachung der Realität darstellt. 1998 kam es vorübergehend zu einem erdrutschartigen Sieg der SPD. Nordostdeutschland fiel an die Sozialdemokraten, mit Ausnahme der südlichen und östlichen Teile Sachsens, des katholischen Eichsfelds in Thüringen und zweier Wahlkreise in Vorpommern mit den Inseln Rügen und Usedom. In Frankfurt und Stuttgart wurde je ein Wahlkreis von der SPD zurückerobert, in Mannheim – einer alten SPD-Hochburg – fielen beide Wahlkreise wieder an diese Partei. Es kam zu einigen Geländegewinnen im Rheinland, in Südhessen und in Baden-Württemberg (Freiburg und Heidelberg). Der alte „rote Halbbogen“ von Aurich bis Saarbrücken hatte sich lückenlos wieder hergestellt und blieb 2002 erhalten. Die Karte der 299 Wahlkreise nach Parteizugehörigkeit der Direktkandidaten sah trotz geänderter Wahlkreiseinteilung nicht wesentlich anders aus als 1998. Die auffälligste Änderung stellte die Brücke von Wahlkreisen in Westsachsen, im Vogtland und in Nordbayern dar, welche die Unon der SPD abnehmen könnte. Auch im Rhein-Ruhrgebiet fransten die SPD-Hochburgen weiter aus.

Der Vergleich der Hochburgen weist auf sozialstrukturelle Muster hin: die Hochburgen der Union im Westen weisen einen überdurchschnittlich hohen Anteil an Katholiken und eine unterdurchschnittliche Bevölkerungsdichte aus. Die Hochburg der SPD Ostfriesland stellt eine Ausnahme dar. Die Grünen haben ihre Hochburgen vor allem in Universitätsstädten. Nur bei der FDP lässt sich – im Gegensatz zur Adenauerzeit – kein eindeutiges Muster für ihre Schwerpunktregionen erkennen. Hochburgen der PDS fanden sich vor allem in den ehemaligen Bezirkshauptstädten der DDR.

Immer wenn Wahlen knapp ausgingen oder gar ein Machtwechsel in Aussicht steht, rückte die Figur des *Wechselwählers* ins Zentrum. Vielfach ist vom Rückgang der Parteiidentifikation direkt auf einen sozialen Wandel als Ursache und wachsende Volatilität der Wählerstimmen als Folge geschlossen worden. Auch aus der Personalisierung der Politik ist eine geringere Stabilität des Wählerverhaltens abgeleitet worden. Wurde früher der Wechselwähler häufig als der „uninformierte Flugsand“ gewertet, zeigte sich in den neunziger Jahren, dass der potentielle Wechselwähler durch gute Bildung, hohes politisches Interesse und Freiheit von Bindungen durchaus das Verhalten des Wechsels begründen kann. Er erscheint somit als der kognitiv stark geleitete Wähler, der geringe affektive Parteiensympathien und eine geringere Zufriedenheit mit dem Funktionieren der Demokratie mitbringt (Zelle 1995: 237ff.).

Schaubild: Die Wahlkreise nach der Parteizugehörigkeit der gewählten Direktkandidaten

Erststimmenmehrheit
in den Wahlkreisen
Endgültiges Ergebnis für die Bundesrepublik Deutschland

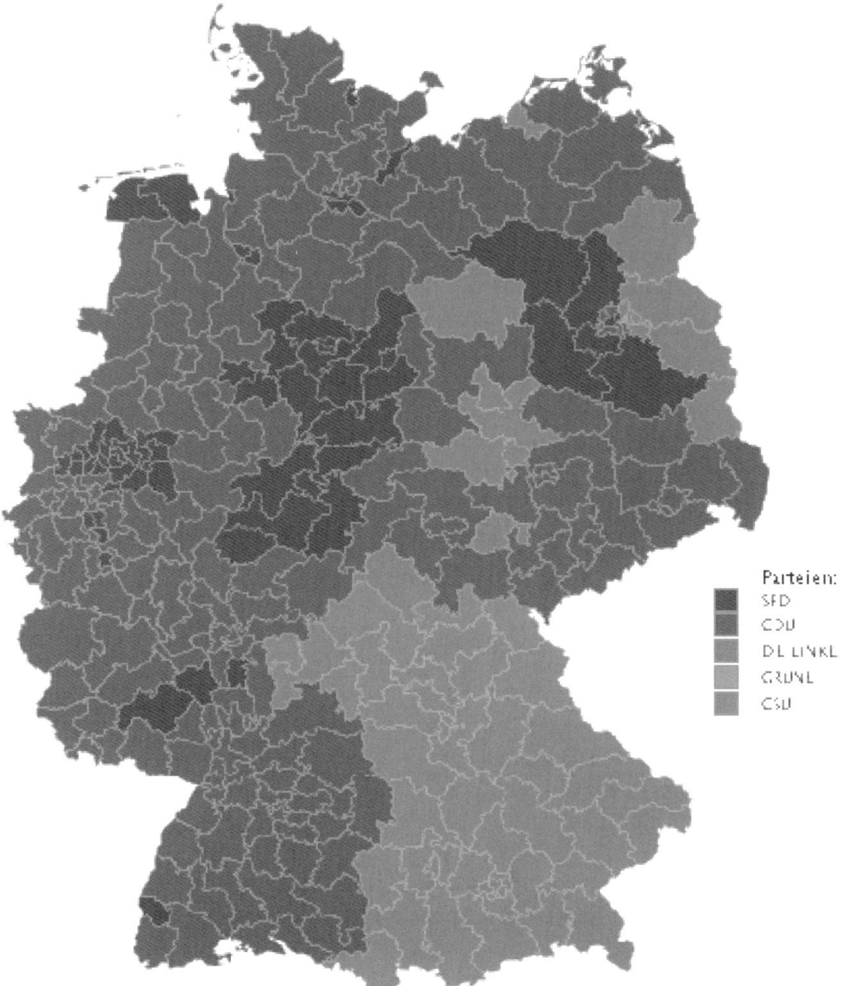

Quelle: Bundeswahlleiter, endgültiges amtliches Endergebnis 2009

3.3 Parteiidentifikation und „neue Politik"

Wie man aufgrund des stark konzentrierten Parteiensystems annehmen konnte, ist in Deutschland – wie in den meisten europäischen Ländern – eine große Zahl von etwa 80% bereit, sich in eine *Rechts-Links-Skala* einzuordnen. Die Verteilung ist wie in Luxemburg und Dänemark relativ gleichmäßig in Pyramidenform angelegt. Der Trend zur Mitte wird auch darin deutlich. Segmentierte Systeme wie die Niederlande oder Belgien haben demgegenüber eine Verteilung mit größeren Ausschlägen an den Extremen und mit mehreren Gipfeln im Gegensatz zum deutschen Gipfel in der Mitte (Falter/Schumann 1992).

Das in den USA entwickelte Messinstrument der *Parteiidentifikation* wurde anfangs in Deutschland als nicht brauchbar erklärt. Man zog es vor, von *affektiver Parteiorientierung* zu sprechen, um die gefühlsmäßige Hinwendung der Bürger zu den Parteien zu erfassen. Der Versuch mit den in Amerika entwickelten Messinstrumenten führte auch bei Befragung der gleichen Gruppen in kurzer Zeit zu außerordentlich unterschiedlichen Ergebnissen, so dass ihr Nutzen von deutschen Forschern bestritten wurde. Die Parteibindungen gelten in Deutschland als nicht so stark verankert wie in den USA und sind wegen der Kontinuitätsbrüche in den besiegten Ländern – ebenso wie in Italien – an Zahl geringer als in Großbritannien oder in den USA. Die Alternative kleinerer Parteien und die Aufwirbelung des Parteiensystems durch neue Parteien (radikale Gruppen, Bürgerinitiativen, ökologische Gruppen, Wählergemeinschaften auf lokaler Ebene) bieten eine größere Reihe von Optionen an. Die Wechselwählerströme fließen ohnehin nur partiell und bei sehr starker Polarisierung direkt zwischen den beiden großen Parteien hin und her.

Dennoch wurde auch für Deutschland die Notwendigkeit erkannt, *die Wahlabsichten* nicht allzu kurzfristig zu sehen und mit dauerhaften affektiven und kognitiven Faktoren in Verbindung zu bringen. Die affektiven Seiten der Wahlentscheidung lassen sich an der *langfristigen Parteiorientierung* und an der *Kandidatenorientierung*, fassen, die kognitiven vergleichsweise am besten an der *Issue-Kompetenz*, die den Parteien jeweils für bestimmte Politik-Bereiche zugeschrieben wird. Die Beziehungen zwischen den drei Variablen wurden in folgender Weise erklärt:

1. Wähler entwickeln eine affektive Parteibindung, weil sie der Ansicht sind, dass die entsprechende Partei einen fähigen *Kandidaten* präsentiert und hohe *Kompetenz* für die Lösung der anstehenden politischen Probleme besitzt.
2. Wähler halten einen Kandidaten für geeignet, weil sie sich mit einer *Partei* identifizieren, und schreiben ihr somit auch *Issue-Kompetenz* zu.

Man ging davon aus, dass Kandidatenorientierung und Issue-Kompetenz zwei weitere Möglichkeiten darstellen, die Parteinähe zu messen, obwohl sich die Beziehungen beider Faktoren zur konkreten Wahlabsicht als relativ schwach erwiesen haben. Das gilt für die individuelle Ebene. Andererseits nahm man an, dass auf der Aggregatebene diese beiden Variablen einiges zur Erklärung der Parteistimmenanteile beitragen. Es zeigte sich beim Vergleich der Daten für die verschiedenen Bundestagswahlen, dass sich sowohl die affektive Parteiorientierung als auch der Beitrag, den sie zur konkreten Wahlabsicht leistet, stark wandelte. Zunehmend wird geleugnet, dass sich säkulare Trends der Änderung von affektiven Parteiorientierungen in Deutschland ausmachen lassen, die direkt von sozialstrukturellen Gegebenheiten wie „Religion“ oder „Schichten“ abzuleiten sind. Der Wandel scheint hingegen weit mehr mit der *Intensität des politischen Konflikts* einherzugehen. Selbst dort, wo für einzelne Gruppen die Werte der affektiven Parteiorientierung relativ konstant sind, wie für den alten Mittelstand, der katholisch ist und den Unionsparteien zuneigt, und für die protestantische Arbeiterschaft, die immer noch mehrheitlich der SPD zugeneigt ist, haben sich diese Werte nicht immer in Wahlabsichten umgesetzt.

Die Erforschung der *Issue-Kompetenz* der Parteien wird kompliziert durch die quer durch die Parteien laufenden Konfliktlinien zwischen Anhängern der alten und neuen Politik. *Alte Politik* wird als Aufrechterhaltung der überkommenen Sozialordnung und der inneren Ruhe und Sicherheit aufgefasst. Ihre Anhänger sind jedoch nicht mit konservativen Verfechtern von *law and order* identisch. Die überwiegende Beschäftigung mit materiellen Werten (etwa Lohnpolitik bei Gewerkschaften) deutet ebenfalls auf ein Verhaftetsein in der alten Politik hin. *Neue Politik* hingegen erscheint stärker auf postmaterielle Werte, auf Selbstverwirklichung, Partizipation und Zugehörigkeit *(belonging)* gerichtet. Die Konfliktlinie läuft nicht exakt an den Schnittstellen der großen Parteien entlang, wie sich an den Fragen Atomenergie, Schwangerschaftsunterbrechung, Gleichberechtigung von Mann und Frau und der Umweltpolitik zeigt. Höhere Bildungsschichten und jüngere Menschen werden vor allem von der neuen Politik angesprochen. Streitfragen, die nicht ohne weiteres dem einen oder anderen Typ zuzuordnen waren, wie zum Beispiel die Ostpolitik, wurden sehr unterschiedlich in ihrer Wirkung gedeutet. Während SPD-nahe Forscher mehr die positiven Rückwirkungen der Ostpolitik auf das Wählerverhalten hervorhoben, neigten CDU-nahestehende Interpreten eher dazu, der Ostpolitik Wirkung nur als kompensatorische Ablenkung von inneren Schwächen zuzubilligen. Die Entwicklung der „neuen Politik“ wurde vielfach auch für die Schwächung der sozialstrukturellen Bindung von Wählern und Parteien verantwortlich gemacht. Mit wachsender Bedeutung neuer Politikinhalte scheinen sich die langfristigen Parteiidentifikationen der Bürger zu verwischen. Dieser Prozess wirkte jedoch nicht nur in einer

Richtung. Die Programmpunkte der „neuen Politik" kamen seit Ende der sechziger Jahre vor allem auf die Tagesordnung der SPD. Die Parteiführung in der Ära Brandt war außerordentlich rasch im Aufgreifen der Impulse und in der Neutralisierung der „Kulturrevolution". Mit der Ölkrise von 1973 kam es zu einer „Ökonomisierung" der Reformpolitik. In der Ära Schmidt fand eine partielle Abkehr von der neuen Politik statt. Schmidt gab Fragen der alten Politik wie Sicherung des Wachstums, Inflationsbekämpfung, Arbeitsfrieden, innere und äußere Sicherheit (Terrorismus-Bekämpfung, Nachrüstung der NATO) wieder Priorität. Sozialstrukturen waren jedoch auch bei der Durchsetzung von Programmpunkten der neuen Politik nicht bedeutungslos. Sie kamen – vor allem bei der SPD – über die Rekrutierung junger Akademiker in die Parteien und wurden in einem innerparteilichen Lernprozess adaptiert. Je mehr solche Programmpunkte auch von Pragmatikern und strategisch denkenden Parteieliten – vor allem in der CDU – adaptiert wurden, umso mehr vermischte sich in den achtziger Jahren das Sozialprofil der Anhänger neuer Politik wieder (Schmitt 1987: 212f.). Der ideologische Konflikt zwischen Anhängern der neuen und alten Politik hat daher nicht – wie in einigen voreiligen Szenarios – zur raschen Auflösung von Parteiidentifikation geführt. Trotz der Adaption von Teilen der neuen Politik in den etablierten Parteien kam es auch nicht zur völligen Deckungsgleichheit der Programme, wie zahlreiche Wehklagen über die „gesichtslosen Volksparteien" oder gar die These von „Weg in den Einparteienstaat" unterstellten. Die Parteien haben jeweils Teile der neuen Politik in ihre Zielvorstellungen eingebaut, die sie nach wie vor unterscheidbar machen. Im transnationalen Vergleich hat sich gezeigt, dass Parteiprogramme nicht bedeutungslose Rituale sind, sondern der Mehrheit der Wähler klare Orientierungen bieten und den Parteiführungen durchaus als Richtschnur des politischen Handelns bei der Durchsetzung eigener Programme dienen. Paradoxerweise hat gerade das Aufkommen der „neuen Politik" einen Teil traditionaler Parteiidentifikation gerettet, weil es die Schere zwischen dem Programmangebot der Parteien und den sich rasch wandelnden Auffassungen der Hauptprobleme der Gesellschaft bei den Wählern wieder schloss.

Die Beurteilung der *Performanz* der Parteien wurde in Amerika nach *retrospektiven Einschätzungen* der Wähler im Rückblick oder nach den *prospektiven Erwartungen* für die Zukunft in den USA (Fiorina u.a.) zu messen versucht. Für 1994 wurde in Deutschland die retrospektive Beurteilung der Wirtschaftslage als wichtigster Einflussfaktor beim Wahlverhalten gewürdigt. Nur in Ostdeutschland waren die prospektiven Erwartungen entscheidend (Thurner/Pappi in: Kaase/Klingemann 1998: 141).

Die Befunde der Wahlforschung zum Wahlverhalten und zu den Parteibindungen in den neuen und den alten Bundesländern deckten deutliche Unterschiede zwischen Ost und West auf. Auch wenn die Zahl der Nicht- und Wechselwähler in der alten Bundesrepublik seit den 1970er Jahren zugenommen hat, ist dennoch bei einem großen Teil der Bevölkerung in der alten Bundesrepublik nach wie vor eine langfristig stabile, oftmals emotional aufgeladene Bindung an eine Partei nachweisbar, auch wenn diese im Sinken begriffen ist. In den späten 1970er und frühen 1980er Jahren identifizierten sich noch etwa 80% der erwachsenen Westdeutschen mit einer politischen Partei, kurz nach der Wiedervereinigung betrug dieser Wert in den alten Bundesländern noch immer etwa 70%, wohingegen er in den neuen Bundesländern zunächst nur rund 60% betrug und dann sogar auf weniger als 50% absank. Seitdem sinkt der Anteil derjenigen, die sich mit einer Partei identifizieren, in den alten Bundesländern kontinuierlich um etwa 0,5% pro Jahr; in den neuen Bundesländern dagegen ließ sich kein Trend ausmachen, sondern die Werte schwankten unsystematisch um insgesamt deutlich niedrigere Mittelwerte. Im Mittel der Jahre 1991 bis 2000 betrug der Anteil der langfristigen Anhänger einer Partei in den alten Bundesländern 64,8%, in den neuen Ländern nur 54% (Arzheimer/Falter 2002: 33).

Aus diesen Beobachtungen lassen sich zwei Schlüsse ziehen. Erstens hat sich Parteiidentifikation im Osten Deutschlands nie ähnlich entwickelt wie in den alten Ländern, was aufgrund der unterschiedlichen Sozialisationsbedingungen, die für die Entwicklung von Parteibindungen konstitutiv ist, auch kaum überraschen kann. Zweitens erlangen durch die geringeren Parteibindungen in den neuen Bundesländern situative Einflussfaktoren, zum Wahlzeitpunkte relevante und aktuelle politische Themen und das Image der zur Wahl stehenden Personen einen höheren Einfluss auf die Wahlentscheidungen als im Westen. Im Ergebnis lässt sich diese Entwicklung an der höheren Zahl der Nichtwähler und der Wechselwähler in den neuen Bundesländern ablesen, die als Ergebnis einer geringer ausgeprägten Parteibindung in Verbindung mit einer höheren Bedeutung kurzfristiger, situativ wirksamer Faktoren des Wahlverhaltens interpretiert werden können. Betrachtet man die allmähliche Auflösung von Parteibindungen als einen Prozess der gesellschaftlichen Modernisierung, dann zeigte das Ergebnis der Bundestagswahl 2002, „dass die Wähler in den neuen Bundesländern die moderneren, die flexibleren Demokraten sind: Weniger festgelegt in der Vorstellung, überhaupt zur Wahl gehen zu müssen, aber auch weniger festgelegt, welche Partei sie wählen“ (Roth/Jung 2002: 17). Während sich also eine dem Westen vergleichbar starke Parteibindung in den neuen Bundesländern nie entwickelt hat, nimmt sie in den alten Bundesländern kontinuierlich ab und es ist somit davon auszugehen, dass es längerfristig durch die Veränderungen im Westen zu einer Annäherung des Grades der Parteiidentifikation in Ost und West auf dem Niveau der schwächeren Parteibindung im Osten kommt. Tradierte Zuordnungen werden brüchiger und Vorhersagen über das Wahlverhalten schwieriger, politische Parteien müssen heterogenere Gruppen ansprechen und Wahlkämpfe werden aus der Sicht der Parteien schwieriger, aus der Sicht des Beobachters aber spannender.

Im Zusammenhang mit den Debatten um den Stellenwert von Nichtwählern und dem Wandel der Perzeption von Issue-Kompetenz an der Scheidelinie alte/neue Politik wurde auch das Wahlverhalten der *Jungwähler* (18-24 Jahre) zunehmend diskutiert. 1972 waren die Erstwähler von einem einmaligen Akt der Herabsetzung des Wahlalters begünstigt. Die SPD scheint damals von dieser Altersgruppe stark profitiert zu haben (sie gewann rund 55%, 1976 nur noch knapp 50%). Andererseits ist die ausschlaggebende Bedeutung der Jungwähler für den Wahlausgang 1972 durch Rechnung mit bereinigten Daten bestritten worden (Küchler in: Kaase 1977: 155); für 1976 war ihr Einfluss noch größer, wenn man die Zahl 58:40 zugunsten der Koalition für eine gesicherte Annahme hält. Sicher scheint zu sein, dass die *Wahlenthaltung* bei den Jungwählern besonders hoch war, bis die Grünen ihnen eine Alternative zu bieten schienen.

Langfristig gesehen waren die Kohorteneffekte gering. Die SPD nach 1972 konnte sich keineswegs mehr als die Partei der Jugend präsentieren (Fehring in: Klingemann/Kaase 1994: 258). Die Grünen haben noch stärker als die SPD in der Zeit ihrer Reformeuphorie gehofft, eine Partei der Jugend zu werden. Dieser Mobilisierungsfaktor wirkte jedoch nicht kontinuierlich für die Grünen. Jede neue soziale Bewegung trat mit der Devise an: „Wer die Jugend hat – hat die Zukunft", die Grünen nicht ausgenommen. Bei der Einigungswahl 1990 haben die Grünen im Westen die Fünfprozenthürde unter anderem auch wegen einer überdurchschnittlichen Nichtwählerbewegung in der Jugend nicht überschreiten können. Die Grünen verloren darüber hinaus unter den Jugendlichen, die zur Wahl gingen, vor allem an die SPD und stärker unter den Männern als unter den Frauen. Die Einbußen waren besonders stark unter den 25-40jährigen, also in jener Altersgruppe, die einst zu den Mobilisierten der Ersten Stunde der Grünen Anfang der achtziger Jahre gehört hatte. Dieser Effekt trat nicht zuletzt ein, weil mit Lafontaine als Kandidat der SPD eine Alternative zu der zerstrittenen Partei der Grünen bereitstand.

Im Superwahljahr 1994 wurde vom „Ergrauen der Grünen" gesprochen. Trotz aller Veränderungen der sozialen Basis und der Altersstruktur blieb die Partei noch immer die Partei der jüngeren, besser gebildeten, postmaterialistischen Wähler (Bürklin/Dalton 1994: 297). Auch 1998 waren die Grünen mit 10% bei den Jugendlichen bis 24 stärker vertreten als im Durchschnitt. Die SPD lag mit 36% der Stimmen bei 18-24jährigen nicht nur deutlich unter ihrem Gesamtergebnis sondern auch nur unwesentlich vor den Unionsparteien (32%) (Bundestagswahl 1998: 19).

Mit zunehmender Überalterung der Gesellschaft wendet sich die Wahlforschung immer mehr der Gruppe der *älteren Wähler* zu. Die Wahltagsbefragung der Forschungsgruppe Wahlen (Forschungsgruppe Wahlen 1998: 22, 24) wies für die Bundestagswahl 1998 noch ein relativ ausgeglichenes Stimmverhalten der Rentner aus (42% SPD, 41% Union), aber von den 23% Rentnern unter den Urnenwählern haben mehr ihre Zweitstimme der Union gegeben (27%) als der SPD (24%). Langfristig unterscheiden sich die Alten signifikant vom Durchschnittswähler. Sie ordnen sich häufiger rechts ein als andere Alterskohorten, haben mehr Vertrauen in staatliche Institutionen und neigen am wenigsten postmateriellen Haltungen zu (Falter/Gehring in: Kaase/Klingemann 1998: 477). Daraus wird nicht auf einen generellen Rechtstrend bei der Stimmabgabe und einen neuen „Cleavage" geschlossen, weil die Unterstützungsgruppen aller Parteien altern, ganz auffälliger Weise auch die der Grünen.

3.4 Die Wiedervereinigung auf Wählerebene

Kaum schien das Konzept der Parteiidentifikation in seiner oft bezweifelten Brauchbarkeit rehabilitiert, kam es 1990 durch die Vereinigung zu einer neuen Anomalie der Entwicklung. In Ostdeutschland konnte es bei der Vereinigungswahl keine stabile Parteiloyalität geben. Zwar hatten die mitgliederstärksten Parteien CDU und FDP Vorgängerorganisationen unter den Blockparteien. Obwohl sie einen Teil der Mitglieder der alten Blockparteien in der gesamtdeutschen Parteiorganisation erbten, bezog sich die Identifikation aber nicht auf die alte Blockpartei, sondern auf die Referenzgruppe im Westen, die nach anfänglichem Widerstreben die DDR-CDU und die LDPD als Gesprächspartner und organisatorischen Kern akzeptierte. Während man in der Bundesrepublik von der Existenz hoher Anteile überzeugter Anhänger mit voller Identifikation ausgehen konnte (Unionsparteien 62%, SPD 58%), lag die Parteibindung in Ostdeutschland sehr niedrig (Allianz 15%. SPD 11%). Bei der PDS (35%) und den Grünen (30%) lagen die Werte höher. Aber die intensivste Parteiidentifikation kam auch bei diesen Parteien kaum über das Niveau der Westpartei hinaus, bei der der Prozentsatz überzeugter Anhänger am niedrigsten ist, den Republikanern (27%), und die daher als die typische „Protestpartei des Augenblicks" bezeichnet worden ist (Feist/Hoffmann 1990: 274). Der DDR-Wähler des Jahres 1990 erschien daher in vielen Analysen als der klassische „postmoderne" Wähler, ohne Parteiidentifikation, geleitet vom kühlen Abwägen seines wirtschaftlichen Vorteils. Einige Wahlforscher fanden bei den drei Wahlen in Ostdeutschland im Jahre 1990 eine erstaunliche Konstanz des Wahlverhaltens innerhalb der sozialen Gruppen. Andererseits fielen die ostdeutschen Wähler auf, weil sie weniger traditionsorientiert und stärker einstellungsgelenkt stimmten (Falter 1992: 186f.). Das Paradigma des *issue-votings* der Ostdeutschen ist jedoch nicht unwidersprochen geblieben. Nicht die Suche nach Parteiidentifikationen schien in der Krise, sondern eher der *cleavage-Ansatz,* der von historisch begründeten Trennungslinien sozialer Konfliktgruppen ausging: „So dicht war die Mauer nicht!“ war die erstaunliche Entdeckung (Schmitt 1992: 231). Im Vergleich zu anderen ex-sozialistischen Ländern hatten die Ostdeutschen schon vor der Wende durch das Fernsehen ein klares Bild über die Politik in Westdeutschland. Das ideologische Profil der Parteien war ihnen geläufig, Identifikationen hatten sich herausgebildet, und ein Urteil über die Spitzenpolitiker hatte man sich nicht erst 1990 gebildet. Dies erleichterte die Übernahme des virtuell bereits vorhandenen westdeutschen Parteiensystems.

Es gab auch eine Interpretation (Bluck/Kreikenboom 1991), die für die Entstehung von Quasi-Parteibindungen in der DDR weniger auf die heimliche Sozialisation durch verbotenes Westfernsehen zurückgriff als auf eine Revitalisierung von Fossilien eines Parteiensystems, das anfangs auch im Osten, von den Besatzungsmächten getragen, existierte und später durch die SED-Einparteienherrschaft verdrängt wurde. Wo Parteiidentifikation nicht mehr als aussagekräftiges Messinstrument angesehen wird, ist die ideologische Wahrnehmung der Parteien häufig an ihre Stelle getreten, und sie erwies sich in Ost und West als nicht sehr unterschiedlich (Schmitt 1994: 200). Ideologische Wahrnehmung konnte den Vorwurf des im Osten bloß „ausgeliehenen Parteiensystems“ entkräften. Rational-Choice-Ansätze haben seit Fiorina in Amerika das retrospektive Wählen betont. Wähler übertragen frühere Erfahrungen auf die Zukunft. Eine solche Haltung stand den ostdeutschen Erstwählern 1990 nicht zur Verfügung. Aber die ideologische Einschätzung des westlichen Parteienangebots hinsichtlich der eigenen Zukunftserwartungen konnte auch ohne eigene Wahlerfahrungen in der Wahlentscheidung ausgedrückt werden. 1994 schlug sich die Enttäuschung, dass die Einigung schlechter lief, als man erwartet hatte, folgerichtig in einem Anwachsen der PDS-Stimmen in Ostdeutschland von 9,9% auf 19,8% nieder, was eine Verdoppelung der Wähler bedeutete, die eine „etwas andere Republik“ bevorzugten.

Die manchmal übereinige Ingroup der Wahlforscher entzweite sich nach 1990 vor allem über der Frage der Parteiidentifikation in Ostdeutschland. Unbestritten ist, dass diese abnahm: von 47,8% (1991) auf 37,7% (1993). Sie lag nach diesen Befunden jedoch noch immer über der Westdeutschlands, die noch stärker abnahm: von 57% (1990) auf 34,5% (1993) (Rattinger 1994: 83f.). In der Bamberger Wiederholungsbefragung schien lediglich die von der Mannheimer „Forschungsgruppe Wahlen“ betonte Differenz zwischen Ost- und Westdeutschland sehr gering. Die Unterschiede lagen weniger in der Stärke der Parteiidentifikation als in der geringeren Stabilität und schwächeren Polarisierungstendenz der Parteiidentifikation in den neuen Bundesländern. Rattinger betonte, dass das

Konzept jedoch auch im Osten anwendbar sei. Das änderte nichts an der Tatsache, dass ein Teil der Wahlforscher zunehmend Rational-Choice-Modelle an die Stelle der Messung von Parteiidentifikationen setzt (Pappi 1994, vgl. Schultze 1994: 478).

Das *Issue-voting* bei den Volkskammerwahlen im März 1990 schien auch den anderen für Westdeutschland üblichen Interpretationsansätzen zu widersprechen. Die soziologisch orientierte Suche nach sozialstrukturellen Konstanten stieß auf das Paradoxon, dass der stärker urbanisierte Süden der DDR mit einem hohen Anteil qualifizierter Facharbeiterschaft besonders geringe Neigungen zur SPD entwickelte. Die Linkswähler fanden sich hingegen eher im agrarischen Norden. Dieser Widerspruch konnte aufgelöst werden, als man die internen Konfliktlinien in der DDR ins Visier nahm: Thüringen und Sachsen fühlten sich vom Ost-Berliner Zentralismus vernachlässigt. Ein interner Zentrum-Peripherie-Konflikt führte zur CDU-Protestwahl im Süden der DDR (Schultze 1990: 143).

Die erste gesamtdeutsche Wahl war keine Normalwahl. Sie hat aber die Besonderheiten der DDR-Konflikte weiter abgeschwächt und Annäherungen an westdeutsches Verhalten gebracht, die den Schluss zulassen, dass die elektorale Wiedervereinigung in relativ kurzer Frist möglich ist.

Die Bundestagswahl 1990 fiel durch einen überragenden Themenkreis „Einheit" und durch das einmalige soziale Experiment der Wiedervereinigung durch Wahlen aus dem Rahmen. Während Politikwissenschaftler, die Einzelphänomene erforschen, über einmalige Vorgänge – wie Historiker – glücklich sind, zeigen Wahlforscher sich eher an der Richtigkeit ihrer Prognosen als an der Beschreibung und theoretischen Verarbeitung von Fakten, wie sie vorliegen, interessiert. Das liegt an einer anderen Auffassung von politischer Theorie. Das Denken in Modellen hat seit Anthony Downs (An Economic Theory of Democracy. New York, Harper & Row 1957: 21) eher die Testung der Richtigkeit von Prognosen im Auge als die Exaktheit der Beschreibung von augenblicklichen Realitäten durch eine Theorie. Die Wahlforschung entwickelte folgerichtig die Theorie der *„Normalwahl"* und untersuchte mit Vorliebe die Abweichungen von dem Wahlverhalten, das als normal angesehen wurde, im Licht der sozialen Strukturdaten, Entwicklungen von Parteiidentifikationen, Wählerwanderungen etc. Die Wahl von 1990 war damit für den orthodoxen Behavioralisten eigentlich eine uninteressante Wahl, die nur deskriptiv angegangen wurde und an der das Wirken einzigartiger Faktoren nach Art historischer Analysen herausgestellt werden konnte.

1990 kam es in Deutschland zu einem einzigartigen Experiment. Zwei Wahlgebiete wurden mit einem nahezu identischen Parteiangebot und Wahlgesetz zur Einheit gezwungen. Der Vergleich der DDR-Ergebnisse mit den März-Wahlen zur Volkskammer und mit den westdeutschen Ergebnissen zeigte, dass das Verhalten der DDR-Bevölkerung stark am Kräfteverhältnis der Bundesrepublik orientiert war. Das Parteiangebot der Bundesrepublik wurde jedoch in die Konfliktlinien der DDR vom Wähler übersetzt. Eine Erklärung mit dem Lipset-Rokkanschen Konfliktlinienmodell (Emmert 1991: 87ff.) ging von drei Konfliktlinien in der DDR aus: von Klassenkonflikten, von Konfessionskonflikten und von einem Zentrum-Peripherie-Konflikt.

- Die durch den Sozialismus benachteiligten Gruppen wählten im März 1990 überwiegend die Allianz. Die PDS erhielt Unterstützung von den Privilegierten des Systems. Die SPD schnitt in dieser Polarisierung schlecht ab. Die Wahl einer alternativen Partei folgte eher den Bedingungen, die in der Bundesrepublik zur Stimmabgabe für die Grünen führen.
- Religiös gebundene Wählerschichten stimmten gegen das System der DDR.
- Die Gebiete des Südens, die sich von Berlin bevormundet fühlten, drückten in ihrer Stimme für die Allianz auch einen Protest gegen die Metropole aus.

So einleuchtend die Annahme eines Zentrum-Peripherie-Konflikts in der DDR auf den ersten Blick schien, so kann der Anti-Berlin-Affekt im Süden Ostdeutschlands nicht geleugnet werden. Aber anhand objektiver Daten über die Regionen der DDR (vgl. Kap. 9.5) sind die eigentlich unterprivilegierten Gebiete der Ex-DDR mehr im Norden als im Süden zu finden. Im Norden wurde gleichwohl – wie in anderen ex-sozialistischen Ländern bis hin nach Bulgarien – von den weniger modernisierten Bevölkerungsteilen für die Kräfte des alten Regimes gestimmt.

Singuläre Ereignisse verschoben die Gewichte selbst innerhalb der recht bescheidenen Kräfteverschiebungen einer solchen für die Regierungsparteien triumphalen Wahl. Die Grünen brachten sich selbst in das Aus, obwohl sie neben der PDS am stärksten für die erfolgreiche Klage in Karlsruhe gewirkt hatten, die ihr politisches Überleben in einer Listenverbindung möglich gemacht hätte.

Bei den Volkskammerwahlen waren außer bei der PDS keine Politiker im Rennen, die schon einen persönlichen Bonus für sich verbuchen konnten. Die Parteikompetenzvermutung bei den Bürgern war hier wichtiger als der persönliche *Politiker-Bonus.* In Fragen der als typisch sozialdemokratisch angesehenen Politikfelder wie soziale Sicherheit und Arbeitsmarktpolitik erhielt die SPD einen gewissen Vorsprung vor der Allianz. Aber durch die zögerlich erscheinende Haltung der SPD zur Frage der deutschen Einheit wurde sie im Kompetenzvorsprung von der Allianz im Laufe des Wahlkampfes in allen Fragen der wirtschaftlichen Aussichten weit überrundet. Selbst die PDS gewann mit der Mobilisierung der wirtschaftlichen Angst zunehmend Punkte auf Kosten der SPD (Feist/Hoffmann 1990: 269). Erst bei den Bundestagswahlen im Dezember 1990 trat der Politiker- und Kanzlerbonus zur Kompetenzvermutung gegenüber den Parteien hinzu.

Die Kandidatenorientierung im parlamentarischen Parteienstaat erscheint weniger ausgeprägt als im präsidentiellen System Amerikas. Helmut Kohl als „ungeliebter Kandidat“ mit beträchtlichen Wahlerfolgen brachte die Forschung über den Einfluss der Person des Kanzlers noch zusätzlich in Schwierigkeiten. Schon der Urnengang von 1987 war eine untypische Wahl gewesen. Es kam zum Gleichstand zwischen Kohl (46) und Rau (46). 1983 hatte Kohl (44) einen größeren Vorsprung vor Vogel (35) gehabt. 1980 im Kampf zwischen Schmidt (61) und Strauß (29) setzte sich Schmidts gewaltiger Vorsprung nur in einen sehr knappen Wahlsieg um (Forschungsgruppe Wahlen 1990: 720). Der Slogan „auf den Kanzler kommt es an“ erwies sich in der Bundesrepublik nur als bedingt richtig. Parteibindungen erwiesen sich als stärker als der Einfluss des Kandidaten, den die beiden großen Parteien jeweils in das Rennen des Wahlkampfs schickten. Bei der Einigungswahl 1990 war der Vorsprung des Kandidaten nicht von vorneherein klar auszumachen. Kanzler Kohl kam gegenüber dem SPD-Herausforderer Lafontaine erst spät in Führung, und zwar nicht vor Juni 1990. Dessen skeptische Fragen nach den Kosten der Einheit und seine zögerliche Haltung sollten sich ab Anfang 1991 als durchaus berechtigt erweisen. Aber mit den ersten Vorentscheidungen für die Währungsunion ließ sich die Mehrheit der Wähler für eine Polarisierungsstrategie nicht mehr gewinnen und schien mehr Vertrauen in einen wirtschaftlich wenig erleuchteten Optimismus zu haben, wie ihn der Bundeskanzler ausstrahlte. Der ungewöhnliche Erfolg von Kohls Einigungspolitik schien negative Stimmungsmache laufend zu widerlegen. Die deutsche Einheit wurde zum beherrschenden Thema eines müden Wahlkampfes 1990. Kanzlerkompetenz und Issue-Präferenz ließen sich bei den Wählern kaum noch exakt trennen. Dieses Sonderthema ließ die Faustregeln außer Kraft treten, dass die Popularität der Regierung in erster Linie auf der Wirtschaftslage beruht (Norpoth in: Kaase/Klingemann 1990: 327) und dass die Wähler auf Geldwertstabilität weniger stark reagieren als auf die Entwicklung der Arbeitslosigkeit. Dass die Arbeitslosigkeit sich nicht nur im Osten vergrößern könnte, wurde der deutschen Einigung von den Oppositionsparteien vielfach nachgesagt. Die Wähler glaubten mehrheitlich jedoch eher optimistischen Prognosen. Zweifellos wäre diese Entwicklung jedoch so nicht eingetreten, wenn die Wirtschaftslage nicht 1990 im internationalen Vergleich noch ungewöhnlich günstig für die Bundesrepublik ausgesehen hätte. Die traumatische Sorge der Deutschen um die Geldwertstabilität scheint ebenfalls wenige beunruhigt zu haben, obwohl viele Wirtschaftsexperten an der überstürzten Währungsunion vor allem vor den Gefahren für die Geldwertstabilität warnten. Diese Sorge erwies sich zum Erstaunen der Bundesbank (Monatsberichte, Febr. 1991: 8ff.) als übertrieben. 1994 überrundete

Kohl im Juni erneut seinen Herausforderer Scharping. Der wirtschaftliche Aufschwung, das unklare Führungsprofil der SPD mit der Troika, vielleicht auch die von der PDS tolerierte Minderheitsregierung in Sachsen-Anhalt verschlechterten das Image der SPD. Analysen (Schulz in: Dörner/Erhardt 1998: 218) ergaben, dass es Scharping nicht gelang, gegen den Kanzlerbonus von Kohl wichtige Themen inhaltlich zu besetzen und die SPD für Wechselwähler zu einer sichtbaren Alternative werden zu lassen.

Geschlechtsspezifische Differenzen tauchten bei den Parteien am Rande des Spektrums auf: Frauen wählten im Westen häufiger als Männer die Grünen. Republikaner und PDS wurden wesentlich häufiger von Männern als von Frauen gewählt. Jugendliche sind in allen drei Parteien häufiger vertreten als in den etablierten Gruppen.

Die Zuordnung zu *Schichten,* nach der die Wahlentscheidung entsprechend dem Beruf des Haushaltsvorstandes in die Gruppen ungelernte und gelernte Arbeiter, Angestellte und Beamte (untere und mittlere/leitende) und Selbständige eingeteilt wird, hat bis 1987 keine dramatischen Veränderungen gebracht. Die SPD verlor in allen Gruppen der Angestellten und Beamten, 1987 auch drastisch bei den Selbständigen. Bei den gelernten Arbeitern konnte die SPD ihren Anteil von 52% halten, bei den Ungelernten 1987 auf 55% verbessern. Die Arbeiteranteile der Unionsparteien unterlagen einigen Schwankungen in den achtziger Jahren. Die These von den zunehmend konservativ wählenden Facharbeitern, die vor allem in Großbritannien entwickelt wurde, hat sich für Deutschland nicht erhärten lassen und ist auch in anderen Ländern stark abhängig von den jeweiligen Politikinhalten (Döring in: Kaase/Klingemann 1990: 74ff.).

Werden Wahlentscheidung und *Konfession* nach Berufsgruppen in Beziehung gesetzt, so zeigten sich Verluste der SPD in der Arbeiterschaft, die vor allem bei der katholischen Arbeiterschaft beträchtlich waren. 1987 hatten noch einmal überdurchschnittlich viele katholische Arbeiter (44%) für die SPD gestimmt. Der Anteil sank 1990 um 10% auf 34%. Aber auch bei den nichtkatholischen Arbeitern ging der Anteil Ende der achtziger Jahre von 60% auf 55% zurück. Hingegen war der Trend bei den Beamten und Angestellten und den Selbständigen bei einem geringen Ausgangsniveau eher gegenteilig. Bei Beamten und Angestellten war ein weiterer Aufstieg der FDP augenfällig. Wo die Mitgliedschaft in einer der Gewerkschaften mit den konfessionellen Daten in Beziehung gesetzt wurde (Gibowski/Kaase 1991: 17), zeigten sich weitere Verluste der SPD bei Katholiken wie Nichtkatholiken.

Es zeigte sich für Ostdeutschland, dass die Arbeiterschaft zu großen Teilen dem Vorurteil der britischen These gefolgt ist. Aber nicht, weil der Arbeiter *„affluent"* ist, sondern aus gegenteiligen Motiven: weil der als staatstragende Klasse missbrauchte Arbeiter besondere Enttäuschungen mit dem System der

DDR zu verarbeiten hatte. Bei den Republikanern in der Ex-DDR waren auch auffällig viele Arbeiter vertreten.

Eine *Sozialstrukturanalyse* im östlichen Teil Deutschlands schien lange problematisch. Noch wirkten die strukturellen Kategorien des aus ideologischen Gründen erfundenen Modells „zwei Klassen und eine Schicht" nach. Auch wenn diese Klassen aus ideologischen Gründen „erfunden" worden waren, so hatten sie doch in 40 Jahren prägende Kraft entwickelt. Die Arbeiter als Gruppe verhielten sich lediglich anders, als sie nach der westlichen Wahlsoziologie sollten. In einer postrevolutionären Situation wurden sie bei den Volkskammerwahlen, bei denen sie bereits in großem Maße für die CDU gestimmt hatten, eines „Fehlens gewachsener Bindungen" verdächtigt (Roth 1990: 377). Daher konnte ein einziges Problem – die Angleichung der Lebensverhältnisse durch Wiedervereinigung – so überragende Bedeutung in gerade dieser „Klasse" gewinnen. Diese Ergebnisse wurden durch spätere empirische Studien bestätigt. Das klassenbasierte Wahlverhalten in den neuen Ländern war in seiner sozio-ökonomischen Fundierung rudimentär. Das Interesse an rascher Wiedervereinigung war vor allem in der Arbeiterklasse – im Gegensatz zur administrativen Dienstklasse (Görl 2007: 197ff.). Als Bestrafungsaktion der Arbeiter gegenüber der SED sind die CDU-Stimmen gedeutet worden. In Berlin haben bei den Volkskammerwahlen überdurchschnittlich mehr Arbeiter SPD gewählt und unterdurchschnittlich viele PDS. Die Ausstrahlungskraft der SPD West-Berlins, die dort überwiegend regiert hatte, ist die wahrscheinlichste der Erklärungen.

Bei den Volkskammerwahlen vom März 1990 benutzte die „Forschungsgruppe Wahlen" ein Berufsmodell, das zwar die Intelligenz in alter Form enthielt, nicht aber die zweite tragende Klasse, die LPG-Bauern. Paradoxerweise wurde in Mecklenburg – das Engels als das reaktionärste Land bezeichnet hatte – mit 22,8% (1998 sogar 23,6%) die höchste Stimmenzahl für die PDS – nach Ostberlin (30,2%) – abgegeben. Hier dürften, wie in Brandenburg, wo die PDS auf 18,4% (1998: 20,3%) der Stimmen kam, die LPG-Bauern eine wichtige Rolle gespielt haben. Erst spät wurde das Engels-Wort wahr: „Das Recht auf Revolution ist ja überhaupt das einzig wirklich „historische" Recht, das einzige, worauf alle modernen Staaten ohne Ausnahme beruhen, Mecklenburg eingeschlossen" (MEW Bd. 7: 524). Ein Teil der LPG-Bauern wurde durch die Unsicherheit der Zukunft der „Errungenschaft" der Landreform in die Arme der PDS getrieben. Eine Infas-Analyse zu der Volkskammerwahl vom März 1990 hat in den Regionen, die sehr viel Landwirtschaft hatten, im Durchschnitt 18,6% PDS-Wähler festgestellt. Nur die Regionen, in denen Bürokratie und Dienstleistungen dominierten, lagen mit 22,7% PDS-Stimmen noch höher (Feist/Hoffmann 1990: 261). Eine Alternative für die LPG-Bauern schien lediglich die alte Blockpartei Demokratische Bauernpartei Deutschlands DBP darzustellen. Sie erreichte ebenfalls mit 4,9% der Stimmen in Mecklenburg das bei weitem höchste Ergebnis in der ganzen DDR.

Diese erste Analyse wurde bestätigt durch die späteren Wahlen im Jahre 1990. Als die Zukunft der LPGs sich von einem rechtlichen in ein Problem des wirtschaftlichen Überlebens verwandelte, weil die Respektierung der Bodenreform von 1946 durch die Einigungsdokumente festgeschrieben wurde, waren die Einbrüche der PDS in den nordöstlichen Gebieten der DDR stark. In Mecklenburg-Vorpommern sank die PDS bei den Landtagswahlen vom Oktober 1990 von 22,8% auf 15,7%, in Brandenburg von 18,5% auf 13,4%. In den anderen drei ostdeutschen Ländern, die stärker industrialisiert waren, verlor die PDS hingegen nur zwei bis drei Prozent.

Letzte Klarheit über das Wahlverhalten der LPG-Bauern ist aufgrund der bisherigen Daten schwer zu erhalten. Die Forschungsgruppe Wahlen hat in ihrer Analyse die in der Landwirtschaft Tätigen nicht ausgewiesen. In der Infas-Analyse wurde einerseits vom guten Abschneiden in ländlichen Regionen auf einen hohen Stimmenanteil von PDS und SPD auf den Dörfern geschlossen. Andererseits lag die PDS bei den landwirtschaftlichen Berufen in der Wahltagbefragung von Infas mit 9% der Erwerbsgruppe, welche die Stimme für die PDS abgegeben hatte, genau so niedrig wie bei den Arbeitern und nur noch unter den Gewerbetreibenden niedriger (4% PDS-Anteil).

Die Gruppe, die im alten Regime „Intelligenz“ genannt wurde und manchmal mit dem Ausdruck „politische Klasse“ ins Westdeutsche übersetzt worden ist (Roth 1990: 379), hatte die meisten Privilegien zu verlieren. In ihr ist der PDS-Anteil naturgemäß am höchsten gewesen. Daher ist es nicht verwunderlich, dass Ost-Berlin zur Hochburg der PDS wurde. 1994 wie 1998 gewann die PDS vier Direktmandate im Osten Berlins und kam 1998 sogar über die Fünfprozenthürde.

Die Wahl von 1990 war noch in vielerlei Hinsicht untypisch. Kaum hatte die etablierte Wahlforschung (Kaase/Klingemann 1990: 732) ihre zögernde Haltung in der Frage der Bewertung der Dauerhaftigkeit der Grünen aufgegeben und von einem „etablierten Vierparteiensystem“ gesprochen, da geriet dieses in Westdeutschland in Gefahr. Die ungewöhnliche Taktik des Bruchs der Berliner Koalition durch die AL, um im Wahlkampf den Rücken gegen die SPD frei zu haben, hat zu diesem Ergebnis beigetragen, kann es aber nicht allein erklären. Auch die Mannheimer Wahlforscher rechneten nicht damit, dass dieses schlechte Wahlergebnis von 1990 als das „Ende der Grünen“ zu interpretieren sei (Gibowski/Kaase 1991: 20). Die Berliner Wahl hat eine besondere Rolle gespielt, weil hier die Bundestagswahl mit der ersten vereinigten Landtagswahl zusammenfiel. Daher lag die Wahlbeteiligung mit 81,1% auch deutlich über dem Bundesdurchschnitt. Die CDU konnte die SPD-AL-Regierung stürzen, aber alle drei etablierten Parteien lagen unter dem Bundesdurchschnitt – die CDU mit 40,3%, die SPD mit 30,5% und die FDP mit 7,1%. Die SPD hatte drastische Verluste in West-Berlin, die CDU hingegen mäßige Gewinne. Die PDS wurde mit 9,2% (Ost-Berlin 30%) drittstärkste Partei. Die Grünen/AL sanken von 11,8 auf 6,9% – eine vernichtende Niederlage als Quittung für ihre wenig solidarische Koalitionspolitik vor den Wahlen, in der planmäßig der Konflikt mit der SPD gesucht worden war. Für die Reorientierung der Grünen dürfte jedoch gerade diese Lehre von heilsamer Wirkung in der Zukunft gewesen sein.

In den achtziger Jahren wurde die amerikanische Diskussion um eine *Abkoppelung* der Wähler von den Parteien nach Deutschland getragen. Während dort jedoch keine ganz neue politische Kraft in die Arena trat, tauchte in Deutschland die Frage auf, ob der Zulauf von Wählern zu den Grünen einem *Realignment* gleichkomme. Die ökologische Konfliktlinie schien eine Weile zu einer neuen Konfliktdimension zu führen. *Dealignment* und *Realignment* konnten somit gerade in Deutschland Hand in Hand wirken (Dalton/Rohrschneider in: Kaase/Klingemann 1990: 322). Ökologie und Ökonomie schienen auch bei den Themen, die die Wähler interessierten, nahezu gleichrangig zu sein (Küchler ebd.: 443). 1990 wurden beide Themen verdrängt oder nur durch die Brille der Einigung wahrgenommen. In Ostdeutschland wird es zweifellos zum Realignment kommen. Das politische Vakuum, das der zerbröckelnde reale Sozialismus hinterließ, hat sich bisher nicht durch neue Organisationsstrukturen füllen lassen. Die Parteimitgliedschaft, auch die Organisationsbereitschaft in Interessengruppen ist noch weit geringer als der äußere Anschein stabiler Einordnung in das westdeutsche Parteiensystem vermuten lässt.

3.5 Die Wahlen seit 2000

2002

Das Parteiensystem der Bundesrepublik schien 2002 das gleiche geblieben zu sein: ein Vierparteiensystem mit allgemeiner Koalitionsfähigkeit – in zwei Lager gespalten, plus eine Regionalpartei des Ostens. Die Hauptveränderung lag im vorübergehenden Niedergang der PDS, die 2002 nur noch mit zwei Direktmandaten in Ost-Berlin vertreten war. Was bereits für 1994 vorausgesagt wurde, schien sich acht Jahre später anzubahnen: Die Bürger der neuen Bundesländer waren in größeren Proportionen in der Bundesrepublik ‚angekommen'. Außer bei der Vertretung östlicher Interessen hatte die PDS in keinem Politikfeld mehr die Kompetenzvermutung für ihre Partei, und selbst in diesem Bereich begann die SPD der PDS das Wasser abzugraben. Es war jedoch zu früh, in die Todeserklärungen für die Linke einzustimmen, auch wenn Bundeskanzler Schröder anlässlich der Absegnung des Koalitionspapiers herablassend gutwilligen PDS-Kadern eine neue tolerante politische Heimat anbot. Das Gegenteil eines Niederganges trat ein: Die Fusion der PDS zur „Linken" führte zu einem wachsenden Einfluss der Partei in ganz Deutschland.

Die Bilanzen der Wählerwanderungsanalysen ergaben, dass die SPD starke Verluste hinzunehmen hatte. Wo blieben die „minus 2,4%"?: Die Union gewann 1,1 Millionen, die FDP 350.000 von der SPD zurück. 490.000 Stimmen gingen durch taktisches Stimmensplitting an die Grünen. Die Verluste der PDS von 310.000 Stimmen konnten diese Einbrüche nicht kompensieren (Graf/Neu 2002: 2). Die Zugewinne der Union waren gleichfalls trotz der 3,4% plus nicht so imposant, wie sie sich im ersten Anlauf ausnahmen. Allein in Bayern legte die CSU um 10,9% zu. Ein stattlicher Teil der Unionsgewinne waren bayerische Stimmen für Stoiber. Sie konnten das schwache Abschneiden der Union im Norden und Osten jedoch nicht wettmachen.

2002 zeigten sich im Vergleich zur Wahl von 1998 gewichtige Differenzen:

- Nach den Werten der Forschungsgruppe Wahlen (2002: 28) bestand 2002 einige Unzufriedenheit mit der Performanz der rot-grünen Koalition, aber es gab keine klare Wechselstimmung im Lande. 1998 waren fast zwei Drittel der befragten Wähler der Meinung, dass es Zeit für einen Regierungswechsel sei. Analysen der Wahlen von 1998 fielen sehr gewunden aus: es war kein Kanzler- sondern eher ein Politikwechsel. Der Schröder-Sog und der Kohl-Überdruß waren nach dieser Auffassung nicht das dominante Motiv der Wechselwähler (Wessels in: van Deth u.a. 2000: 59f.). Das war 2002 anders. Selbst im Osten, wo die Lage seit 1990 bekanntlich weit besser ist als die Stimmung, fehlte es an hinreichender Protesthaltung. Das hat die PDS stark in der Entfaltung gehindert. Dieses Faktum hat die Wahlanalytiker 2002 überrascht, weil besonders im Osten eine Abkehr von der Koalition prognostiziert wurde. Die längerfristig orientierte Wahlforschung hat jedoch dieses bereits für möglich gehalten. Es gab Anzeichen für eine homogener werdende politische Kultur in Deutschland. Die Einstellungsverteilung in Ostdeutschland war dabei weniger an den Bundesdurchschnitt angenähert als die Beziehungsmuster der Bürger. Die soziale Angleichung macht Fortschritte. Differenzen in den politischen Perzeptionen aber machen auch künftig ostdeutsches Wahlverhalten nicht klar prognostizierbar (Juhász in van Deth et al. 2000, Falter u.a. 2000).
- Die Stimmung von 1998 war eine Frucht der Dauerherrschaft Kohls. Kohl ist durch die deutsche Einheit begünstigt worden. In Krisenzeiten – das zeigte sich auch 2002 – wechselt man ungern die Pferde vor dem Wagen. 1990 hatten sich Kohl und die CDU weit klarer für die Einheit ausgespro-

chen als die SPD. Lafontaine als SPD-Kanzlerkandidaten in einer solchen Situation antreten zu lassen, erwies sich als schwerer Fehler. Er war die Folge eines weiteren Fehlers in der SPD: die Neigung, jeden Kanzlerkandidaten, der es beim ersten Mal nicht geschafft hat, auszuwechseln. Rau als Kandidat 1987 hätte vermutlich im Osten 1990 weit besser abgeschnitten als ein Kandidat, der ganz offensichtlich kein Interesse an der Wiedervereinigung zeigte. Die SPD hat viele Kandidaten nacheinander verschlissen, Lafontaine, Engholm, Scharping. Kohls Beharrlichkeit, auf den Sieg nach dem dritten Mal zu hoffen, war dieser Partei nicht gegeben.

- Kohls Dauerherrschaft wäre vermutlich spätestens 1994 zu Ende gewesen, wenn die Wiedervereinigung nicht in die Quere gekommen wäre. 1998 aber gab es ein klares, weit verbreitetes Gefühl: 16 Jahre sind genug – zumal die Performanz auf den Politikfeldern, für welche die Union einigen Kredit besaß, wie Wirtschafts- und Arbeitsmarktpolitik, keineswegs nur positiv erschien. Die Personenfrage begann die Sach- und Koalitionserwägungen der Wähler zu überlagern. Dies war im Jahr 2002 nicht der Fall.
- Neben diesen Vorteilen für Schröder im Vergleich zu 1998 gab es den Faktor „Stimmungslage“ hinsichtlich der Wirtschaftssituation. Als die wichtigsten Probleme des Landes wurden mit 82% die Arbeitslosigkeit und mit je 15% Wirtschaft und Terror angesehen (Forschungsgruppe Wahlen 2002: 40). Dass die Wirtschaftslage nicht höher rangierte, war verwunderlich, zumal die Arbeitslosigkeit mit dieser zusammenhing. Zudem wurde sie von der Mehrheit (50%) für schlecht eingeschätzt, nur 4% fanden die Lage „gut“. 1998 plädierten 23% für „gut“ und nur 20% für „schlecht“ in der Beurteilung der Wirtschaft. Immerhin war die Wirtschaftslage 1998 weniger hochrangig in der Wählermeinung angesiedelt worden (7. Platz) und nahm nun im Jahr 2002 einen zweiten Platz ein, den sie sich allerdings mit dem ganz neuen Problem des Terrors teilen musste.
- Wahlforscher, die quantitative Daten über die Zeit vergleichen, lieben keine plötzlich auftauchenden intervenierenden Variablen. Sie stören das Wechselspiel von Issue-Kompetenz und Kandidatenkompetenz – und machen das Bild hinsichtlich der sozialen Strukturmerkmale des Wählerverhaltens, die plötzlich an Wirkungskraft zu verlieren scheinen, nicht klarer. Die deutsche Einheit war ein solches Ereignis, mit dem die Wahlforscher bei der Analyse der Ergebnisse von 1990 wenig anfangen konnten. Kaum schienen die Folgen dieses Jahrhundertereignisses soweit kontrolliert, dass die Politik „back to normalcy“ kommen konnte, kam ein anderes Ereignis, der 11. September 2001, in die Quere. Die Folgen waren schwer abzuschätzen. Es schien nur klar, dass die Deutschen hinsichtlich eines Irak-Angriffs in „Ohne-mich-Stimmung“ verharrten, welche die Haltung des traditionellen „Scheckbuch-

Alliierten" Deutschland schon länger ausgezeichnet hatte. Kanzler Schröder wäre vermutlich in dieser Frage opportunistisch gewesen, hätte er nicht Rücksicht auf den kleineren grünen Koalitionspartner nehmen müssen. Joschka Fischer hat mit großen Kämpfen die Partei auf den Kurs internationaler Verantwortlichkeit bei Konflikten geführt und den Einsatz deutscher Kontingente im Kosovo und Afghanistan durchgesetzt. Aber ein neues – nicht humanitär zu rechtfertigendes – Abenteuer in Irak hätte er den grünen Wählern schwerlich vermitteln können, zumal die Resultate des Eingreifens der Alliierten in Afghanistan nicht sehr beeindruckend waren. Das fundamentalistische Regime brach rasch zusammen, aber Al Quaida erwies sich als nicht fassbar. Als zweite intervenierende Variable erwies sich Schröders ‚*windfall profit*' bei der Hochwasser-Katastrophe. Nach schlechten Prognosewerten für die rot-grüne Koalition half das Krisenmanagement der Fluteindämmung die Stimmung in letzter Minute umschlagen zu lassen. Krisen – so klein sie seien – führen häufig dazu, dass die Wähler einer Veränderung abhold sind. Diese Erfahrung bestätigte sich 2002.

- Studien über die Wahlen von 1998 sahen einen zunehmenden Umschlag der Politikverdrossenheit in „abweichendes Wahlverhalten" mit einer Stimmabgabe für nicht-etablierte Parteien (Maier 1999, Maier in: van Deth u.a. 2000: 247). Dieser Trend hat sich 2002 erstaunlich wenig gezeigt. Die Schill-Partei hatte keine Chance. NPD-Ausrutscher wie bei den Wahlen in Sachsen-Anhalt unterblieben. Die Neigung zur Stärkung der Mitte setzte sich fort. Der Realo-Flügel der Grünen wurde gestärkt – mit Ausnahme des Direktmandats für Ströbele in Berlin, das aus singulärer SPD-Verdrossenheit in Berlin resultierte. Die Wahlforschung muss vorsichtiger werden, alle vier Jahre einen epochalen Trend zu konstatieren.

Erwies sich die Wahl von 2002 somit als ein abweichender Fall, der für die Wahlsoziologie eigentlich uninteressant ist, so blieb der Wahlpolitologie doch noch einiger Spielraum zur wissenschaftlichen Interpretation hinsichtlich der Wettbewerbsstrategien. Das Wahlergebnis lud zu Dolchstoßlegenden ein: Ein sicherer Wahlsieg der Union wurde knapp entwunden. Einziger Trost, dass der Wahlsieger nicht gerichtlich festgestellt werden musste, wie seinerzeit bei Bush in den USA. Der Stimmenvorsprung der größten Partei von nur 6000 Stimmen war ähnlich knapp wie damals in Amerika, aber er war nicht vom Ruch einer Unregelmäßigkeit in Florida umgeben. Eine „Im-Felde-unbesiegt-Stimmung" konnte bei dem möglichen Koalitionspartner der Opposition nicht glaubhaft aufkommen. Die beiden Parteien mussten sich ihre Fehler vorrechnen lassen.

Einzelne taktische Fehler der Liberalen schlugen offenbar stärker zu Buche als die generelle Stimmungslage gegenüber der FDP vermuten ließ. Im Vergleich zu 1998 haben die Liberalen ihren Image-Wert auf einer Skala, die von plus 5 bis minus 5 reichte, von minus 0.8 (1998) auf plus 0.5 (2002) verbessern können. Während die taktischen Grünwähler, von denen 2002 29% ihre Identifikation mit der SPD behielten und gleichwohl grün wählten, die Koalition retteten, haben die taktischen FDP-Wähler nicht ausgereicht, um die alternative Oppositions-Koalition an die Macht zu bringen. Die Verkettung einmaliger Glücksfälle vom Hochwasser und der Irak-Kriegs-Furcht bis zu den Fehlkalkulationen der Parteien im Wettbewerb hat Schröder an der Macht gehalten – ein Ergebnis, das sich historisch-deskriptiv deuten lässt, aber bedauerlich wenig für eine wissenschaftliche Faktorenanalyse hergibt.

Die Warnung der Forschungsgruppe Wahlen war umso mehr zu beherzigen, als sie selbst sich für die Analyse der Wahl von 1998 in erstaunliche Prognosen verstiegen hatte. Es wurde dort behauptet (Emmert u. a. in: Klingemann/Kaase 2001: 53), dass „die Wirtschaftsentwicklung keinen so starken Einfluss mehr haben [wird] wie bei den zurückliegenden Bundestagswahlen". Das mochte richtig hinsichtlich der Aussage erscheinen, dass positive Wirtschaftsdaten keine Garantie für den Verbleib an der Macht bedeuteten. Der amerikanische Slogan *„you can't beat the boom"* wurde aber für ein System geprägt, das einem Kandidaten nicht länger als acht Jahre gewährt. Kohl hatte 16 Jahre, und der akkumulierte Überdruss hätte sich in jeder Wirtschaftslage geäußert. Aber die erstaunliche Prognose scheint 2002 noch richtiger geworden zu sein, weil der noch ungewöhnlichere Umkehrschluss eingetreten ist: Der Kanzler gewann die Wahlen, obwohl die Wirtschaftslage von 50% der Befragten als schlecht eingestuft wurde (Forschungsgruppe Wahlen 2002: 40). Noch erstaunlicher ist dieser Wahlsieg, als die Arbeitsmarktpolitik mit 82% auf dem ersten Platz weit vor der Wirtschaft (15%) rangierte, was zum Teil freilich nur Kunstprodukt einer begrifflichen Trennung ist. Dieser Einsicht wurde insofern Rechnung getragen, als der neue Superminister Wolfgang Clement die beiden Politikfelder stärker zusammenfassen soll.

Bei einem so knappen Wahlsieg ist die Enttäuschung der Wähler vorprogrammiert. Die Finanzlücken waren größer als erwartet. Der Finanzminister schob in Talkshows den schwarzen Peter den Fehlprognosen der Wirtschaftsinstitute zu, auf die man sich nicht verlassen könne. Die Wirtschaftsexperten haben der Regierung in einer Art zerknirschter Wiedergutmachung für die Irreführung durch zu günstige Prognosen keine unrealistischen Vorschläge unterbreitet. Man ahnte, dass die Konfliktfähigkeit dieser Regierung gering ist, und schlug nur lineare Subventionskürzungen mit dem Rasenmäher vor, um negative Verteilungskämpfe zu vermeiden. Nicht einmal diese Möglichkeit wurde ergriffen. Die ersten Umfragen der Forschungsgruppe Wahlen zeigten, dass die Einschätzung der Policy-Kompetenz sich schon bei Bekanntwerden des Koalitionspapiers wieder verschoben hatte (Politbarometer 10/2002). Die Koalitionsparteien konnten aber den Unmut noch kanalisieren, solange über die Implementation der Globalziele noch nichts verlautete.

Trotz der fortschreitenden Personalisierung der Wahlkämpfe haben die Parteiloyalitäten und die Politikinhalte noch eine wichtige Rolle gespielt. 64% der Befragten argumentierten, dass die Partei an der Macht immer noch wichtiger sei als die Frage, wer sie führe. Dennoch blieb der personelle Faktor entscheidend. Schröder hat – im Vergleich zu 1998 als er gegen Kohl antrat – seinen Vorsprung vor dem Unionskandidaten von 52% auf 58% ausbauen können. Selbst in den Reihen der Union haben 11% Schröder über ihren eigenen Kandidaten gestellt (Forschungsgruppe Wahlen 2002: 35). Die Wahlforschung hat mit solchen Ergebnissen zusätzliche Schwierigkeiten. Wenn die Befragten die Arbeitsmarktpolitik und die Wirtschaftspolitik als die wichtigsten Themen angesehen und Stoiber in beiden Bereichen höhere Kompetenz zugeschrieben hätten, hätte Schröder den Kampf nicht gewinnen können. Schwer messbare Faktoren wie Glaubwürdigkeit, Sympathiewerte oder gar die Illustriertenfrage, wer ist ein Siegertyp, bei denen Schröder führte, hätten danach den Ausschlag geben müssen.

Die Personalisierung des Wahlkampfes hatte sich 2002 bei den Grünen bewährt. Die umstrittene Kampagne „Zweitstimme – Joschka-Stimme“ hat offenbar die Koalition gerettet. Daneben hat die Negativ-Entscheidung der PDS, mit einem Viererteam anzutreten und das Fehlen Gysis als attraktiven Spitzenkandidaten die Partei ins Abseits gebracht – und damit rein rechnerisch indirekt der Regierungskoalition geholfen.

Der Bundestagswahlkampf von 2002 war für die Rolle des Mediencharismas ein gutes Demonstrationsobjekt. Wer oder was die kümmerlichen 6000 Stimmen gewonnen hat, welche die SPD der Union voraus hatte, wird wissenschaftlich schwer festzumachen sein. Aber auch wenn man die Ergebnisse der Fernsehdiskussion nicht überschätzt, kann die kleine Marge durchaus dem dominanteren Eindruck zugeschrieben werden, den Schröder in der zweiten Fernsehdebatte gemacht hat. In der ersten schien der Kampf noch unentschieden, und die jeweiligen Anhänger hielten ihren Kandidaten für den Gewinner. Das hat sich nach dem zweiten Schlagabtausch geändert. Die Stoiber-Anhänger waren kleinlauter. Aber es kam ja nicht nur auf zwei punktuelle Ereignisse an. Schröder hatte mehr Mediencharisma und gewann. In Langzeitvergleichen wird sich gleichwohl das Mediencharisma nicht als dominantes Erklärungsmuster etablieren lassen: Kohl hatte all die 16 Jahre kein Mediencharisma und gewann gleichwohl bis auf 1998. Ganz sicher hatte Helmut Schmidt mehr Geschick im Umgang mit den Medien als sein Herausforderer. Erst nach Helmut Schmidt konnte man argumentieren, dass die SPD-Herausforderer auch keinen Stil pflegten, der jedermann gefiel, von Rau bis Lafontaine oder Scharping.

2005

In der Hoffnung ein Plebiszit über ihre Reformpolitik zu erreichen, hat die SPD-Regierung die Bundestagsauflösung 2005 angestrebt. Die SPD verlor die Wahl mit einem Minus von 4.3%. Damit fielen die Verluste glimpflicher aus als befürchtet. Die Forschungsgruppe Wahlen (2005: 12) führte das magere Ergebnis auf einen fortschreitenden Verlust an Vertrauen in die Kompetenzen der SPD zurück. Der Union wurden auf den meisten Politikfeldern größere Kompetenzen von den Wählern zugeschrieben (ebd.: 52-59), aber keiner Partei wurde die Lösung der ökonomischen Probleme mehr zugetraut. Angela Merkel ermittelte nicht den Eindruck einer charismatischen Führungsnatur und die halbherzige Hochlobung des Hoffnungsträgers Paul Kirchhof mit einem neuen vereinfachten Steuersystem wurde im Wahlkampf eher ein Schuss nach hinten. Das Nachlassen der Bindekraft der großen Volksparteien schlug sich darin nieder, dass sie unter 70% der Stimmen erhielten, während sie nach der Einigung noch 76,0% und 77,9% erhalten hatten. Hoch war die Differenz zwischen Erst- und Zweitstimmen (Jesse/Sturm 2006: 25f.), ein weiterer Beleg für den rationalen Umgang der Wähler mit dem deutschen Zweitstimmensystem. FDP-Zweitstimmenwähler haben vielfach für den Unionskandidaten gestimmt, und ähnlich verhielten sich grüne Wähler zugunsten der SPD. Beiden Kalkülen lag die Gewissheit zugrunde, dass ihre kleinere Partei in den Bundestag einziehen werde, was 2002 nicht ganz so sicher schien. Außerdem wurde die FDP gestärkt, weil viele Wähler eine große Koalition verhindern wollten (Forschungsgruppe Wahlen 2005: 12). Sinnvoller wäre es in diesem Falle jedoch gewesen, direkt für die Unionsparteien zu stimmen.

Die PDS hatte 2002 noch ein schwaches Ergebnis eingefahren. 2005 hat Bundeskanzler Schröder ihnen durch die schlecht verkaufte Hartz-IV-Reform und durch den Ärger über die plötzliche Bundestagsauflösung den Weg in den Bundestag erleichtert. Die CDU hat ihre schwachen Wahlergebnisse gern auf einzelne Faktoren zurück geführt, wie „Kohl-Überdruss", „Irak-Krieg" oder „Kirchhof-Effekt". Diese Erklärung verkannte, dass die beiden Lager annähernd gleich stark waren und die drei linken Parteien ein leichtes Übergewicht besaßen (Eisel 2005: 47). Zum Glück für die Unionsparteien waren die drei sich nur in einigen negativen Punkten einig, die nicht für ein Regierungsbündnis ausreichte. Die Stärke der Gruppe PDS/Linke führte zu einer großen Koalition der beiden großen Verlierer. Obwohl die Union einen Verlust von 3.3% der Stimmen erlitt, stellte sie die Kanzlerin – nach einem unwürdiger Intermezzo von Schröders Versuch die CDU (ohne die CSU) nur zur zweitstärksten Partei zu deklarieren. Der Versuch war umso peinlicher als eine Nachwahl in Dresden den Vorsprung der Union von drei auf vier Mandate erhöhte. Er war auch für die SPD negativ, weil er die Zögernden in der CDU-CSU aus Trotz um die nicht ganz unumstrittene Kanzlerin scharte.

Wie 2005 entschied der Osten die Wahl, obwohl er nur 18,5% der Wähler stellte. Etwa 60% der Ostdeutschen stimmten für die drei Linksparteien. Gewaltige Verschiebungen in der Stärke der Parteien entwickelten sich, nachdem die Ostdeutschen 1990 zur Förderung einer raschen Vereinigung vielfach für die CDU gestimmt hatten (vgl. Tabelle 3.4).

Tabelle 3.3: Differenzen der Wahlergebnisse der beiden großen Parteien in Ost und West

Partei	Deutschland	Ost	West
1990			
SPD	33,5	24,3	35,7
CSU/CSU	43,8	41,8	44,3
1994			
SPD	36,4	31,5	37,5
CDU/CSU	41,5	38,5	42,1
1998			
SPD	40,9	35,1	42,3
CDU/CSU	35,1	27,3	37,0
2002			
SPD	38,5	39,7	38,3
CDU/CSU	38,5	28,3	40,8
2005			
SPD	34,2	30,4	35,1
CDU/CSU	35,2	25,3	37,4
2009			
SPD	23,0	17,9	24,1
CDU/CSU	33,8	29,8	34,7

Der Osten wies eine linke Asymmetrie im Vergleich zum Westen auf und zeigte aufgrund geringerer Parteibindungen eine höhere Wählerfluktuation auf. Der Osten entschied 2002 und 2005 die Wahl. Wäre nur im Westen gewählt worden, so hätte es jeweils für eine schwarz-gelbe Koalition gereicht (Jesse 2008: 260). 2009 trat dieser Effekt nicht mehr ein. Dennoch wurde lapidar konstatiert: „Gleichheit zählt mehr als Freiheit“. Diese Entwicklung wurde auf eine massive „*Entbürgerlichung*“ Ostdeutschlands nach der Abwanderung von ca. 5 Millionen Bürgern seit 1949 zurückgeführt (Jesse/Sturm 2006: 33). Die SPD lag 1998-2005 vorn, verlor aber 9.2% im Jahre 2005 und 12, 5% 2009. Angela Merkel litt unter dem Dilemma, im Osten vielfach als Westdeutsche zu gelten und in Westdeutschland als „Ossi“ wahrgenommen zu werden. Die erweiterte PDS lag prozentual mit 25,3% fast gleich mit der CDU. Es waren nur 1289 Stimmen, die ihr fehlen, um gleich zu ziehen. Im Westen kam die Linkspartei mit 8.7% vor die Grünen (8.1%) und leicht hinter die FDP (9.8%). In einigen westlichen Ländern überschritt die Partei die Fünfprozenthürde bei Landtagswahlen und kam im Saarland dank eines „Lafontaine-Effekts" sogar auf 18.5%. Aus der östlichen Milieupartei wurde eine gesamtdeutsche Protestpartei. Die Erfolge sind auf die offensive Strategie gegen die SPD unter Schröder zurückgeführt worden. 2002 waren die Attacken vor allem gegen die Union und die Liberalen gerichtet gewesen (Jesse/Sturm 2006: 34). Der Rechtsextremismus war im Osten mit 3.6% der Stimmen erfolgreicher als im Westen (1.1%) für die NPD. Im Osten zeigte sich schon 2005, dass ein großer Teil der Bevölkerung die „*Koalition der Globalisierer*" ablehnte. Nur 40% der Wähler stimmten für CDU, Grüne und FDP. Die Fixierung auf die Ost-West-Differenz führte häufig zu einer Vernachlässigung der Nord-Süd-Dimension. In ganz Deutschland hat die Union im protestantischen Norden schlechter abgeschnitten als im Süden. Im Zeitraum nach der Wiedervereinigung hat sich das deutsche Parteiensystem von Wahl zu Wahl verändert. Der *Fragmentierungsgrad* wuchs von 3,13% (1990) auf 3,78%, was im internationalen Vergleich noch nicht auffällig erscheint. Die *Asymmetrie* ist im gleichen Zeitraum von 16.3% auf 2.7% gesunken. Nur die *Volatilität* hat mit 8.1% den höchsten Stand seit 1994 erreicht, war aber im internationalen Vergleich ebenfalls nicht bedrohlich für das System. Die hohe Volatilität ist vor allem am Zeitpunkt der Wahlentscheidung festgemacht worden. Der Anteil der *Last-Minute-Entscheider* hatte sich fast verdoppelt, von 7% auf 12% aller Wahlberechtigten. Am höchsten ist der Anteil bei den kleinen Parteien wie der Linken (20%), der FDP (18%) und bei den Grünen (16%) gewesen (Forschungsgruppe 2005: 39). Für diesen Wandel ist auch die Tatsache verantwortlich gemacht, dass in Umfragen Regierung und Opposition in der Leistungsbeurteilung schlechter abschnitten als noch 2002. In der Kanzlerfrage lag 2005 Schröder (53%) vor Merkel (39%). Angela Merkel hatte keine höheren Zustimmungswerte als gewünschte Kanzlerin im Osten (33%) als im Westen (39%). Dieser Vorteil wurde jedoch aufgewogen, dass die Mehrheit in den wichtigsten Politikfeldern wie Arbeit und Wirtschaft größeres Vertrauen zu den Unionsparteien hatte (ebd.: 45)

2009

Der Wahlkampf 2009 wurde durch die Herrschaft der großen Koalition geprägt. Einerseits begann er verdeckt besonders früh, weil beide großen Parteien sich diskret über einzelne Politikfelder zu profilieren trachteten, die in ihrer Verantwortung lagen. Nach einer Wahltagsbefragung hatte die Union in der Wirtschaftspolitik in den Augen der Wähler eine höhere Kompetenz als die SPD (34:15). Selbst in der Arbeitsmarktpolitik lag die Union vorn (29:21).und auch in der Bildungspolitik hatte sie die SPD überrundet (23:21). Nur in der Sozialpolitik lag die SPD noch vorn (30:25) (Forschungsgruppe 2009: 44f.). Der SPD nutzte es in dieser Wahl nichts, dass 52% der Deutschen für alle Branchen einheitlich und 30% für einzelne Branchen sich Mindestlöhne wünschten. Trotz einiger Konfliktpunkte musste der Ton der Auseinandersetzung zwischen den beiden großen Parteien gemäßigt bleiben, weil in der Finanzkrise von 2008/2009 gewichtige Entscheidungen laufend von beiden Koalitionspartnern getroffen werden mussten. Beide große Parteien hatten im Vergleich zu 2005 an Vertrauen zugunsten der kleineren Parteien eingebüßt.

Wieder tauchte in den Umfragen die Pattsituation des linken und rechten Lagers auf. Aber da die Landesvorsitzende der SPD in Hessen Ypsilanti sich mit einer Spekulation auf die Stimmen der Linken verkalkuliert hatte und Ministerpräsident Koch nicht hatte stürzen können, war die Idee einer linken Koalition „rot-rot-grün" mittelfristig desavouiert. Die Presse sah in der Sommerpause ein Debakel der SPD voraus, weil die Partei nach den Umfragen auf einem historischen Tief angelangt war, obwohl die Bilanz der Ära Schröder bei den Experten eher positiv beurteilt wurde und die SPD sich in der Großen Koalition besser geschlagen hatte, als vorausgesagt worden war (Geis 2009: 1). Die Stimmung unter den Wählern war angesichts der ökonomischen Krise bemerkenswert nüchtern. Anders als 2005 als drei Viertel der Bevölkerung aufgrund der Ankündigung von Steuererhöhungen und Einschnitten im sozialen Netz persönliche Nachteile befürchteten, gingen die Wähler in die Wahl von 2009 ohne Hoffnungen, aber auch ohne große Befürchtungen (Köcher 2009: 5). In einigen Bereichen waren die Wähler rationaler als die Eliten, die glaubten den Wählern nach dem Munde zu reden – etwa wenn Steuererhöhungen und Rentenkürzungen grundsätzlich ausgeschlossen wurden. Das Volk glaubte überwiegend an keine Pauschalversprechungen mehr. Die SPD machte wenig Proselyten mit der Ankündigung vom August 2009, vier Millionen Arbeitsplätze schaffen zu wollen. Steinmeiers fehlendes Charisma rieb sich an einer Kanzlerin, deren Strategie die konsequente Vermeidung von Glanz und spektakulären Alleingängen geprägt schien und die kaum provozierbar war. Auch ein langweiliger Wahlkampf konnte ihrer Beliebtheit bei der Mehrheit des Volkes nichts anhaben, auch wenn Guttenberg vorübergehend an die erste Stelle der Popularitätsskala rückte. Dies schuf erstmal eine Einigkeit der beiden Unionsparteien, die keine Präzedenzfälle kannte, sodass die gelegentlichen Alleingänge des bayerischen Ministerpräsidenten Seehofer ins Leere liefen. Das Ergebnis der CSU in Bayern mit 42% war bemerkenswert niedrig und löste in der Schwesterpartei versteckte Häme aus. Angela Merkels profilloser Wahlkampf galt 2009 als richtig, weil er der programmatischen Diffusität und Inkonsistenz der Wähler entsprach.

Die Wahl zum 17. Bundestag brachte Ergebnisse, die im System der Bundesrepublik neu waren. Ein Fünfparteiensystem hatte sich stabilisiert. Die Linke zog bei Landtagswahlen sogar im Westen ein. Die Volksparteien waren in Erosion begriffen. Die Union war von 35,2% auf 33,8% gefallen. Die CSU in Bayern hatte einen starken Dämpfer bekommen. Nach Schätzungen von Infratest hat die CDU zwar 620 000 Stimmen von der SPD erhalten, aber fast das Doppelte (1,2 Millionen) an die FDP verloren. Nichtwähler aus dem CDU-Wählerpotential machten fast eine Million aus, bei der SPD hingegen über 1,6 Millionen. 780 000 verlor die SPD an die Linke, 710 000 an die Grünen und sogar 430 000 an die FDP. Die SPD hat vor allem so hoch verloren, weil viele ihrer Wähler zu Haus blieben.

Die Koalitionsmöglichkeiten waren von vornherein eingeengt, seit die Grünen im Mai 2009 eine „Jamaica-Koalition" mit FDP und Union auf ihrem Parteitag ausgeschlossen hatten, die sie auf Landesebene an der Saar gleichsam als Rache an Lafontaine 2009 eingingen. Dies war unbeabsichtigt eine gewisse Weichenstellung in Richtung „weitere große Koalition". Die FDP, die ebenfalls nichts mehr fürchtete als eine weitere große Koalition, hat auf ihrem Parteitag in Hannover im Mai 2009 ihren Fehler von 2005 nicht wiederholt und hat sich nicht auf eine Koalition festgelegt, obwohl Westerwelle aus seiner Präferenz für eine Koalition mit den Unionsparteien keinen Hehl machte. Die FDP hat sich als letzte Hüterin der Marktwirtschaft aufgespielt und so ziemlich jede Maßnahme der Regierung zur Bekämpfung der Wirtschaftskrise abgelehnt, obwohl die FDP auf Länderebene als Juniorpartner ähnlichen Rettungsmaßnahmen zugestimmt hat. Selbst vielen FDP-Politikern ging die Haltung des Parteichefs Westerwelle zu weit und man sorgte sich um die Glaubwürdigkeit der Partei für den Fall, dass eine schwarz-gelbe Koalition bei den Septemberwahlen 2009 möglich werde. Obwohl die Union nicht besonders gut abgeschnitten hatte, war sie so stark wie nie mehr seit Kohls Stärkung durch den Erfolg in der Wiedervereinigung. Günstig schien eine verkleinerte CSU und ein angeschlagener bayrischer Ministerpräsident Seehofer, der weniger Schwierigkeiten in den Koalitionsverhandlungen bereitete. Der Aufstieg des CSU-Politikers zu Guttenberg erleichterte zudem Kompromisse der Union mit den Liberalen. Die Linke war so geschwächt wie seit langem nicht – trotz der Zuwächse von Linken und Grünen. Gleichwohl haben Experten der Staatstätigkeit (Schmidt 2009) vermutet, dass auch die Schwarz-Gelbe Koalition aus der „Pfadabhängigkeit" des mittleren Weges nicht ausbrechen kann – es sei denn, ein neuer Boom ermöglichte eine marktorientierte Politik, wie sie dem liberalen Koalitionspartner unter Westerwelle vorschwebte.

Die Parteien können die lang- und mittelfristigen Prozesse kaum noch beeinflussen. Sie neigen daher zu immer kurzfristigeren Perspektiven. Wie die Regierungs- und Parlamentsarbeit sind die Vierjahreszyklen in Deutschland tief internalisiert. Die Regierung Merkel/Westerwelle erwägt jedoch, zu einem Fünfjahreszyklus über zu gehen, was angesichts des permanenten Wahlkampfes auf Länderebene sicher sinnvoll wäre. Kein diskretionäres Parlamentsauflösungsrecht des Regierungschefs mit Billigung des Staatsoberhaupts stört diese Zyklen wie in anderen parlamentarischen Demokratien.

Die Positionierung im Wettbewerb geschieht kurzfristig durch zwei Initiativen:

- Die Selektion des Kanzlerkandidaten.
- Die Entwicklung eines Programmprofils für die Wahlen. Noch stärker modernisierte Parteiensysteme haben sich schon immer auf Wahlplattformen beschränkt. Auch die deutsche Entwicklung zielte in diese Richtung.

Die Lage blieb jedoch komplizierter als in angelsächsischen Demokratien mit einem relativen Mehrheitswahlrecht, weil es in Deutschland nie nur um den Wettbewerb zweier Parteien geht. Es stehen sich Zweierkoalitionen gegenüber, und diese mussten zudem die Störvariable einer fünften Partei, der PDS, einkalkulieren. Der mündige Wahlbürger, den die Rational-Choice-Schule unterstellt, beginnt sich zunehmend zu entwickeln. Immer mehr Wähler handhaben das Wahlsystem mit Bravour und demonstrieren ihre Koalitionspräferenzen.

Die Wahlforschung blieb uneinig über die entscheidenden Faktoren, die den Wahlausgang bestimmen. Von den Vermutungen über die Politik-Kompetenz der Kandidaten und Parteien ist es nur noch ein Schritt zur allgemeinen Image-Analyse und der qualitativen Beschreibung von Politikinszenierungen. Eine frühere – vielfach neo-marxistisch oder modernisierungs-systemtheoretisch orientierte – Argumentation lief darauf hinaus, dass die Wahlkämpfe mit der sozialen Angleichung der Wählerschaft und der programmatischen Profile der Parteien immer funktionsloser würden. Eine ‚politische Klasse' schien sich zum Schein in Mützen und Hüte aufgeteilt zu haben. Aber das Gegenteil erwies sich als richtig: Wahlkämpfe wurden wichtiger, gerade weil die langfristigen sozialen Determinanten im Zeitalter der Individualisierung abnehmende Prägekraft entwickelten.

Eine Forschung, die sich nicht auf rein singuläre historische Konstellationserklärungen zurückziehen will, greift angesichts der schwächer werdenden Trends der Determination durch sozio-strukturelle Faktoren zum kulturalistischen Rettungsanker. Dieser lässt sich durch ein paar makrostrukturelle Entwicklungsströme als notwendig ausgeben. Prozesse wie die Individualisierung, die Enttraditionalisierung und die Entwicklung einer Multioptionsgesellschaft verändern die Wahlkämpfe. Das Marktmodell, das Wahlkämpfe als Konflikt um volatile Wähler auffasst, scheint an Relevanz zu gewinnen (Dörner/Vogt 2002:

33). Wahlkämpfe unterliegen teils unkontrollierten und teils durch die Parteien begrenzt kontrollierbaren Faktoren. Die abnehmende Steuerungsfähigkeit der Parteien wird mit immer neuen Gegenmaßnahmen beantwortet. *,Spin doctors'* und professionalisierte Wahlkampfmanager und Image-Pfleger, die nicht einmal mehr aus dem Dunstkreis einer Partei stammen müssen, gewinnen an Bedeutung. Auf der Wählerebene wird die Entideologisierung, die Abnahme der Parteiidentifikation, die Zunahme der Wahlenthaltung und die wachsende Fluktuation der Wählerstimmen (Volatilität) beantwortet durch Flexibilisierung der Policy-Angebote (der Coup der Regierung, in letzter Minute die Hartz-Kommission als *deus ex machina* auftreten zu lassen, wäre früher schwer möglich gewesen); die Kommerzialisierung der Wahlwerbung und die Professionalisierung der Zielgruppensuche sowie die Medienorientierung der Wahlkämpfer haben das Geschehen auf der Wählerebene verändert (vgl. v. Beyme 2002: 13).

An diesem Wandel hat der Wahlkampf von 2002 eigentlich wenig geändert. Schon 1998 hat die SPD das *Outsourcing* der Wahlkampfführung in der „Kampa" betrieben und gute Erfolge erzielt (Noelle-Neumann 1999). Die rationale Aussage auf Plakaten tritt in den Hintergrund. *,Politainment'* in ihrer Verbindung von Politik und Unterhaltungskultur wurde zur Normalität. Aber der Fall der FDP zeigte, dass nicht jedes Mehr in diese Richtung auch automatisch einen Stimmenzuwachs bedeutet. ,Politainment' ist in den Fernseh-Duellen der Kanzlerkandidaten gewittert worden. Die Einschaltquote übertraf die populärsten Sendungen. Die inszenierte Politik in Deutschland begann im *,negative campaigning'*, eine Polarisierung, die nicht vor persönlichen Herabsetzungen des Gegners zurückschreckt (Jakubowski 1998: 404) und durch Polarisierung die eigene Position als die der Stärke erweist. In Deutschland zeigte diese Methode jedoch ihre Grenzen. Nicht, dass die Wähler hier einem harten Wettkampf gar nichts abgewinnen könnten. Schröder war nach einhelliger Pressemeinung im ersten Schlagabtausch zu zahm. Eine Studie über den Wahlkampf von 1987 zwischen Kohl und Rau demonstrierte, dass der Django-Stil des Kanzlers von vielen Zuschauern als Zeichen der Stärke bewertet wurde und die milde Dialogorientierung des herausfordernden Laienpredigers Rau vielfach als Schwäche ausgelegt wurde (Merten 1991). Aus solchen Erfahrungen kann jedoch der Imageberater nicht zu einem Django-Stil raten. Schon die Aggressivität Stoibers in der zweiten Diskussion wurde von vielen Stimmen nicht goutiert und die schwer provozierbare „ruhige Hand" Schröders – in der Politikrealisierung nicht immer geschätzt – wurde als Diskussionsstil positiv wahrgenommen. Offenbar kommt es darauf an, aus welcher Position ein Diskussionsstil gewählt wird. Ein Amtsinhaber kann sich immer mehr leisten als ein Herausforderer, weil der Wähler-Zuschauer zu wissen glaubt, woran er bei ihm sei. Deutsche Amtshörigkeit hat die Inszenierung von Auftritten noch immer geschätzt. Schon 1998, als

Schröder noch Herausforderer war, wurde in der Presse sein würdevoller Einzug wie „ein Schreiten zum Hochamt" kommentiert (Die Zeit, 23.4.1998). Die kulturalistische Inszenierungsliteratur neigt freilich dazu, aus der Inszenierungsdominanz einer Partei zu weitreichende Schlüsse zu ziehen. Sie mag in Wahlkämpfen dominant bleiben. Im *„business as usual"* bleibt die Themenfindung überwiegend Sache der Akteure, die unter der Rubrik „Gesetzgeber" figurieren – von den Interessengruppen bis zu Parlamentariern und Ministerien (so v. Beyme 1994, abweichend: Soeffner/Tänzler in: Dörner/Vogt 2002: 92). Die neue Wahlkampfliteratur ist so erfinderisch in der Erfindung von Slogans wie die Mediendominanz, die sie beschreibt. Aus der amerikanischen Szene wird zunehmend der „adhoc-kratische" Charakter übernommen (Müller in: Dörner/Vogt 2002: 207). Dass die Inszenierungsdominanz sich schwer auf Dauer stellen lässt, ergibt sich eigentlich schon aus der Betonung der Inszenierungsliteratur von persönlichen Faktoren. Diese spielen im täglichen Routinebetrieb des trockenen Regierungsgeschäfts weit weniger eine Rolle, und werden auch von den Medien nur wahrgenommen, wenn es um Spektakuläres geht – vom „Pornohearing" im Bundestag bis zu einer Haushaltsdebatte, in welcher der Oppositionsführer der Regierung jeweils totales Versagen bescheinigt.

Die Bedeutung der Medien ist auch durch die „Enttabuisierung des Privaten" in der Politik gewachsen (Hickethier 1999). Diese kann zum Bumerang werden, wie beim turtelnden Minister Scharping. Aber im Wahlkampf 2002 war es wichtiger als je zuvor, wer das glaubhaftere Familienbild abgab. Leicht war die Entscheidung nicht: Stoiber bot ein intaktes konventionelles Familienbild. Aber im Kampf um kleine Margen kann der Zugewinn bei Frauen vor allem im Osten durch die ‚moderne' Kanzlergattin als ‚allein erziehende Mutter' durchaus eine Rolle gespielt haben.

Eine postmoderne Literatur über postmoderne Sachverhalte neigt dazu, selbst postmodern-zirkulär zu argumentieren. Eine Wahlforschung, die hingegen an Details der Faktorenanalyse interessiert ist, kann zwar auch konstatieren, dass der Personenfaktor seit 1998 eine besondere Rolle gespielt hat. Aber die Warnung des Teams der Forschungsgruppe Wahlen (Emmert u.a. in: Klingemann/Kaase 2001: 51) ist zu beherzigen: „Der Nachweis ist nicht leicht zu erbringen, weil die Einflussfaktorenbündel, Parteibindung/Parteiorientierung, Lösungskompetenzzuschreibung an Parteien/Regierungen und die Kandidatenorientierungen sich gegenseitig stark beeinflussen und auch ihre Komposition bei jeder Wahl neu ist". Max Kaase hat schon früh die selbstkritische Frage aufgeworfen, ob die Wahlforscher sich nicht fragen müssten, ob man so weiter wie bisher verfahren könne. Postmoderne Wurstigkeit hat solche Skrupel gewissenhafter Positivisten längst überholt. Der altmoderne Eifer einer Suche nach unabhängigen und determinierenden Variablen ist erlahmt. Metaphorische Analysen – sprachlich meist brillant vorgetragen

– zur politischen Klasse und ihrer Inszenierungsmechanismen haben sich neben die empirische Wahlforschung geschoben, und oft mehr öffentliche Aufmerksamkeit erzielt, als die faktenreichen Detailanalysen. Die Forschungsmethoden passen sich dem Wandel des Forschungsgegenstandes an. Ob dies wissenschaftlich ein bleibender Fortschritt ist, kann vermutlich erst entschieden werden, wenn in Deutschland mehr ‚*normal vote*' und nicht mehr so knappe Wahlergebnisse produziert werden. Die nicht post-moderne empirische Wahlforschung ist dem Phänomen auf der Spur (Schmitt-Beck in: van Deth u.a. 2000: 253, 274). Es wurden die indirekten, durch politische Vorstellungen vermittelten Wirkungen der Massenmedien herausgearbeitet, die beträchtlicher sein können als die Suche nach den direkten Einflüssen, die in der Inszenierungsliteratur vorherrschen. Bei diesen spielen die Print-Medien in Europa – im Vergleich zu den USA – noch immer eine gewichtige Rolle. Noch immer toben Glaubenskriege zwischen den Wahlforschern, ob das Richtungsmodell Grundlage der Wahlentscheidung ist, nach dem die Wähler begrenzte kognitive Kapazitäten mitbringen, oder ob noch das „Näherungsmodell" gilt, nachdem die ideologischen Präferenzen der Wähler auf einem Kontinuum angesiedelt sind, das die Wähler rational überschauen und in ihre Wahlentscheidung einbauen (Welzel/Cusack in: van Deth u.a. 2000: 297f., 327). Die Weisheit der Wahlforscher schlägt vor, beide Modelle zu kombinieren. Klare Befunde für Parteistrategen zu liefern, ist mit diesem Vorschlag nicht leichter geworden. Umstritten ist auch die Rolle der des *Online Campaigning.* Eine Studie zum Wahlkampf 2009 zeigte, dass das Internet im Wahlkampf 2009 keine herausragende Rolle gespielt hat. Mit der deutschen staatlichen Parteienfinanzierung kann vor allem das *Online fundraising* nicht die Rolle wie sie in Amerika hat, spielen (Knuth 2010: 203)..

Vergleichende Studien (Brettschneider 2002: 207) haben gezeigt, dass die Behauptung einer völligen Personalisierung der Wahlen sich empirisch nicht erhärten lässt. Je nach institutionellem Umfeld und den Themen, die den Wahlkampf beherrschen, fällt der Test unterschiedlich aus. Es ließ sich eine themenbezogene Kandidatenorientierung feststellen und die Leadership-Qualitäten hatten entscheidende Bedeutung. Neu aber war auch dieser Befund nicht. Nur für den Bereich des Echos der Wahlkämpfe in den Medien ließ sich eine überwiegende Kandidatenfixiertheit des Geschehens feststellen.

Immer wenn Wahlen knapp ausgehen oder gar ein Machtwechsel in Aussicht steht, rückt die Figur des *Wechselwählers* ins Zentrum. Vielfach ist vom Rückgang der Parteiidentifikation direkt auf einen sozialen Wandel als Ursache und wachsende Volatilität der Wählerstimmen als Folge geschlossen worden. Auch aus der Personalisierung der Politik ist eine geringere Stabilität des Wählerverhaltens abgeleitet worden. Wurde früher der Wechselwähler häufig als der „uninformierte Flugsand" gewertet, zeigte sich seit den neunziger Jahren, dass der potentielle Wechselwähler durch gute Bildung, hohes politisches Interesse und Freiheit von Bindungen durchaus das Verhalten des Wechsels begründen kann. Er erscheint somit als der kognitiv stark geleitete Wähler, der geringe affektive Parteiensympathien und eine geringere Zufriedenheit mit dem Funktionieren der Demokratie mitbringt. Das Potential der Volksparteien hat sich nicht so drastisch verändert, wie das Wahlergebnis von 2009 vermuten lässt. Drei Gruppen werden in der Wahlforschung unterschieden: Die *Stammanhänger*, die *Randanhänger,* und das sogenannte „*strategische Potential*". Das strategische Potential ist vor allem bei den Unionsparteien nicht kleiner geworden. Bei der Union liegt es mit 47% kaum unter dem Niveau von vor dreißig Jahren. Aber die Stammanhänger sanken nach Befragungen von 83% auf 50%. Die Ansprechbarkeit der Gruppe ist vorhanden, aber nur die Hälfte fühlt sich in dieser Kategorie noch eng mit der Partei verbunden. Bei der SPD ist der Niedergang der Stammanhänger auf 50% geschrumpft. Bei der SPD wird vermutet, dass die Rückholung von Wählern, die an die Linke verloren wurden, schwieriger ist als die Wiedergewinnung der „Ausleihstimmen", welche die Union 2009 erlitt. Umfragen über die Rangfolge der Sympathie für andere Parteien weist häufig nicht die SPD als Zweitpräferenz aus. Das kann sich freilich rasch ändern, wenn die Mitglieder der Linken sich nicht mehr von der SPD ausgegrenzt fühlen und als Koalitionspartner akzeptiert werden.

Aus diesen Zahlen über Wählerwanderungen 2009 (Petersen, FAZ 30. 9. 2009: 10) ist geschlossen worden, dass sich die Schwächung der Volksparteien aufhalten lässt und dass die Untergangsszenarios für die Volksparteien verfrüht kommen. Bei sinkender Wahlbeteiligung – die freilich immer noch über dem Niveau von Ländern mit einem Mehrheitswahlsystem wie Großbritannien oder den USA liegt – ist die neue Rationalität von Wählern, die das Stimmensplitting zunehmend rational einsetzen, aber eine dauernde Gefahr für die Stabilität des Parteiensystems. Der Niedergang der Volksparteien wird selbst im CDU-Lager beschworen. Aber unaufhaltsam ist er nicht und auch im Fünfparteiensystem sind die zwei Lager auf der Rechts-Linkskala erhalten geblieben. Die gegenwärtige Konstellation wird die Bündnismöglichkeit rot-rot-grün verstärken. In einer Demokratie sollten im Idealfall alle Parteien als koalitionsfähig gelten, sowie der Pulverdampf der Wahlkämpfe verflogen ist

Literatur

U. von Alemann/St. Marschall (Hrsg.): Parteien in der Mediendemokratie, Wiesbaden, Westdeutscher Verlag 2002

K. Arzheimer/J. W. Falter: Ist der Osten wirklich rot? Das Wahlverhalten bei der Bundestagswahl 2002 in Ost-West-Perspektive. In: APuZ B 49/50 2002: 27-35

S. H. Barnes/M. Kaase: Political Action. Participation in Five Western Democracies. London, Sage 1979

J. Behnke: Das Wahlsystem der Bundesrepublik Deutschland. Baden-Baden, Nomos 2006

M. Berger u.a.: Bundestagswahl 1976. Politik und Sozialstruktur. ZParl 1977: 197-231

M. Berger u.a.: Regierungswechsel und politische Einstellungen. Eine Analyse der Bundestagswahl 1993. PVS 1983: 556-582

K. Bergmann: Wahlen und Wähler in der Bundesrepublik. Eine Einführung. Wiesbaden, Westdeutscher Verlag 2003

K. von Beyme: Zusammenlegung von Wahlterminen: Entlastung der Wähler, Entlastung der Politiker? ZParl 1992: 339-353

K. von Beyme: Die Massenmedien und die politische Agenda des parlamentarischen Systems, in: F. Neidhardt (Hrsg.): Öffentlichkeit, öffentliche Meinung, soziale Bewegungen (Kölner Zeitschrift für Soziologie und Sozialpsychologie, Sonderheft 34), Opladen 1994: 320-336

K. von Beyme: Parteien im Wandel. Von den Volksparteien zu den professionalisierten Wählerparteien, Wiesbaden, Westdeutscher Verlag ²2002

C. Bluck/H. Kreikenboom: Die Wähler der DDR: nur issue-orientiert oder auch parteigebunden? ZParl 1991: 495-502

F. Brettschneider: Spitzenkandidaten und Wahlerfolg. Wiesbaden, Westdeutscher Verlag 2002.

F. Brettschneider u.a. (Hrsg.): Das Ende der politisierten Sozialstruktur? Opladen, Leske & Budrich 2002

F. Brettschneider (Hrsg.): Die Bundestagswahl 2005. Wiesbaden, VS 2007

W. Bürklin: Wählerverhalten und Wertewandel. Opladen, Leske & Budrich 1988

W. Bürklin/R. J. Dalton: Das Ergrauen der Grünen. In: Klingemann/Kaase 1994: 264-302

W. Bürklin/D. Roth (Hrsg.): Das Superwahljahr. Deutschland vor unkalkulierbaren Regierungsmehrheiten? Köln, Bund 1994

W. Bürklin/M. Klein: Wahlen und Wählerverhalten. Opladen, Westdeutscher Verlag 1998.²

Bundestagswahl 1994. Eine Analyse der Wahl zum 13. Deutschen Bundestag am 16. Oktober 1994. Berichte der Forschungsgruppe Wahlen e.V., Mannheim, Nr. 76. 21. Oktober 1994. Gekürzt wiederabgedruckt als: Forschungsgruppe Wahlen e.V.: Gesamtdeutsche Bestätigung für die Bonner Regierungskoalition. Eine Analyse der Bundestagswahl 1990. In: Klingemann/Kaase 1994: 615-665

G. Capoccia: The German Electoral System at Fifty. West European Politics, Jg. 25, Nr. 3 2002: 171-202.

C. Clemens (Hrsg.): The German Election of 2005. London, Routledge, Taylor & Francis 2006

R. J. Dalton/W. Bürklin: The Two German Electorates: The Social Bases of the Vote in 1990 and 1994. German Politics and Society 1995: 79-99

R. J. Dalton (Hrsg.): The New Germany votes. Oxford, Berg 1993

R. J. Dalton (Hrsg.): Germans Devided: The 1994 Bundestag Elections and the Evolution of the German Party System. Oxford, Berg 1996.

J. van Deth u.a. (Hrsg.): Die Republik auf dem Weg zur Normalität? Wahlverhalten und politische Einstellungen nach acht Jahren Einheit. Opladen, Leske & Budrich 2000

Ch. Dörner/K. Erhardt (Hrsg.): Politische Meinungsbildung und Wahlverhalten. Analysen zum Superwahljahr 1994. Opladen, Westdeutscher Verlag 1998

A. Dörner/L. Vogt: Wahl-Kämpfe. Betrachtungen über ein demokratisches Ritual. Frankfurt, Suhrkamp 2002

St. Eisel: Reale Regierungsopposition gegen gefühlte Oppositionsregierung. Die politische Meinung 12/2005: 47-52

J. W. Falter u.a. (Hrsg.): Wahlen und politische Einstellungen in der Bundesrepublik Deutschland. Frankfurt, Campus 1989

J. W. Falter: Wahlen 1990. In: E. Jesse/A. Mitter (Hrsg.): Die Gestaltung der deutschen Einheit. Bonn, Bouvier 1992: 163-188

J. W. Falter/S. Schumann: Konsequenzen einer bundesweiten Kandidatur der CSU bei Wahlen. APuZ B 11/12 1991: 33-45

J. W. Falter/S. Schumann: Die Nichtwähler – das unbekannte Wesen. In: Klingemann/Kaase 1994: 161-213

J. W. Falter/S. Schumann: Politische Konflikte. Wählerverhalten und die Struktur des Parteienwettbewerbs. In: O.W. Gabriel (Hrsg.): Die EU-Staaten im Vergleich. Opladen, Westdeutscher Verlag 1994^2: 192-219

J. W. Falter/M. Klein: Die Wähler der PDS bei der Bundestagswahl 1994. APuZ B51/52 1994: 22-34

J. W. Falter u. a. (Hrsg.): Wirklich ein Volk? Die politischen Orientierungen von Ost- und Westdeutschen im Vergleich, Opladen. 2000

J. W. Falter (Hrsg.): Empirische Wahlforschung. Ein einführendes Handbuch. Wiesbaden, Westdeutscher Verlag 2004

J. Falter/H. Schoen (Hrsg.): Handbuch Wahlforschung. Wiesbaden, VS 2005

R. A. Faucheux (Hrsg.):Winning Elections. Political Campaign Management, Strategy and Tactics. New York, Evans 2003

U. Feist/K. Liepelt: Auseinander oder miteinander? Zum unterschiedlichen Politikverständnis der Deutschen in Ost und West. In: Klingemann/Kaase 1994: 575-614

U. Feist: Nichtwähler 1994. Eine Analyse der Bundestagswahl 1994. In: APuZ B 51/52 1994: 35-46

U. Feist/H.-J. Hoffmann: Wahlen in der DDR 1990: Referendum für die Einheit und Exempel für ein modernes Wahlverhalten. Journal für Sozialforschung 1990: 253-277

C. A. Fischer (Hrsg.): Wahlhandbuch für die Bundesrepublik Deutschland. Paderborn, Schöningh 1990, 2 Bde.

L. Fleming: Das NPD-Verbotsverfahren. Vom „Aufstand der Anständigen“ zum „Aufstand der Unfähigen“. Baden-Baden, Nomos 2005

Forschungsgruppe Wahlen e.V.: Wahl in den neuen Bundesländern. Eine Analyse der Landtagswahlen vom 14.10.1990. Mannheim 1990

Forschungsgruppe Wahlen: Bundestagswahl 1998. Eine Analyse der Wahl vom 17. September 1998. Mannheim 1998

Forschungsgruppe Wahlen e. V.: Bundestagswahl. Eine Analyse der Wahl vom 22. September 2002. Mannheim, FG Wahlen 2002

Forschungsgruppe Wahlen e. V.: Bundestagswahl. Eine Analyse der Wahl vom 18. September 2005, Mannheim 2005

Forschungsgruppe Wahlen e.V.: Bundestagswahl. Eine Analyse der Wahl vom 27. September 2009. Mannheim, Berichte der Forschungsgruppe Wahlen, Nr. 138, 2009

M. Freitag/U. Wagschal (Hrsg.): Direkte Demokratie. Bestandsaufnahme und Wirkungen im internationalen Vergleich. Berlin, LIT Verlag 2008

O. W. Gabriel/K. G. Troitzsch (Hrsg.): Wahlen in Zeiten des Umbruchs. Frankfurt, Campus 1993

O. W. Gabriel/B. Wessels/J. W. Falter (Hrsg.): Wahlen und Wähler. Analysen aus Anlass der Bundestagswahl 2005, Wiesbaden, VS 2009

M. Geis: Gerechtigkeit für die SPD! Den Genossen droht bei der Wahl ein Debakel. Das haben sie nicht verdient. Die Zeit, 2009, Nr. 39: 1

W. Gibowski: Demokratischer (Neu-)Beginn in der DDR. Dokumentation und Analyse der Wahl vom 18. März 1990. ZParl 1990: 5-22

W. Gibowski/D. Roth: Die wählerischen Wähler. Bei der ersten gesamtdeutschen Wahl: Kleine Veränderungen, große Wirkung. Die Zeit 1990, Nr. 50: 9

W. Gibowski/M. Kaase: Auf dem Weg zum politischen Alltag. Eine Analyse aus Anlaß der ersten gesamtdeutschen Bundestagswahl. APuZ B 11/12 1991: 3-20

T. Görl: Klassengebundene Cleavage-Strukturen in Ost- und Westdeutschland. Baden-Baden, Nomos 2007

J. Graf/V. Neu: Politik-Kompass. Analyse der Bundestagswahl vom 22. September 2002. St. Augustin, Konrad-Adenauer-Stiftung 2002

C. Haas: Die nackte Kanzlerin. Angela Merkels raffinierte Strategie der Selbstdarstellung. Die Zeit, Nr. 32, 2009: 29

Ch. Henning u. a. (Hrsg.): Neue Ansätze in der Wahlforschung. Baden-Baden, Nomos 2009

V. Hetterich: Von Adenauer zu Schröder – der Kampf um Stimmen. Eine Längsanalyse der Wahlkampagnen der CDU und SPD bei den Bundestagswahlen 1949 bis 1998. Opladen, Leske & Budrich 2000

K. Hickethier: Fernsehen und kultureller Wandel, in: J. Wilke (Hrsg.): Massenmedien und Zeitgeschichte, Konstanz, UVK Medien 1999: 143-159

A. Jakubowski: Kommunikationsstrategien in Wahlwerbespots, in: Media Perspektiven 8 1998: 402-410

O. Jarren u.a. (Hrsg.): Medien und politischer Prozeß. Opladen, Westdeutscher Verlag 1996

O. Jarren u.a. (Hrsg.): Politische Kommunikation in der demokratischen Gesellschaft. Opladen, Westdeutscher Verlag 1998

E. Jesse: Wahlrecht zwischen Kontinuität und Reform. Düsseldorf, Droste 1985

E. Jesse: Die Bundestagswahlen von 1972 bis 1987 im Spiegel der repräsentativen Wahlstatistik. ZParl 1987: 232-242

E. Jesse: Wahlen. Bundesrepublik Deutschland im Vergleich. Berlin 1988

E. Jesse: Die Bundestagswahl 2005 im Spiegel der repräsentativen Wahlstatistik. In: Ders.: Demokratie in Deutschland. Köln, Böhlau 2008: 252-262

E. Jesse/R. Sturm (Hrsg.): Bilanz der Bundestagswahl 2005. Wiesbaden, VS 2006

H. Jung: Wirtschaftliche Einstellungen und Wahlverhalten in der Bundesrepublik Deutschland. Paderborn, Schöningh 1982

M. Jung: Parteiensystem und Wahlen in der DDR. APuZ B27 1990: 3-15

M. Jung/D. Roth: Kohls knappster Sieg. Eine Analyse der Bundestagswahl 1994. APuZ B51/52 1994: 3-15

H. Kaack: Zwischen Verhältniswahl und Mehrheitswahl. Opladen, Westdeutscher Verlag 1967

M. Kaase: Wechsel von Parteipräferenzen. Meisenheim, Hain 1967

M. Kaase (Hrsg.): Wahlsoziologie heute. Analysen aus Anlaß der Bundestagswahl 1976. PVS 1977: 142-704

M. Kaase/H.-D. Klingemann (Hrsg.): Wahlen und politisches System. Analysen aus Anlaß der Bundestagswahl 1980. Opladen, Westdeutscher Verlag 1983

M. Kaase/H.-D. Klingemann (Hrsg.): Wahlen und Wähler. Analysen aus Anlaß der Bundestagswahl 1987. Opladen, Westdeutscher Verlag 1990

M. Kaase/H.-D. Klingemann: Wahlen und Wähler. Analysen aus Anlaß der Bundestagswahl 1994. Opladen, Westdeutscher Verlag 1998

Th. Kleinhenz: Die Nichtwähler. Opladen, Westdeutscher Verlag 1995

H.-D. Klingemann/M. Kaase (Hrsg.): Wahlen und politischer Prozeß. Analysen aus Anlaß der Bundestagswahl 1983. Opladen, Westdeutscher Verlag 1986

H.-D. Klingemann/M. Kaase (Hrsg.): Wahlen und Wähler. Analysen aus Anlaß der Bundestagswahl 1990. Opladen, Westdeutscher Verlag l994

H.-D. Klingemann/M. Kaase (Hrsg.): Wahlen und Wähler. Analysen aus Anlass der Bundestagswahl 1998. Wiesbaden, Westdeutscher Verlag 2001

H.-D. Klingemann (Hrsg.): The Comparative Study of Electoral Systems. Oxford, Oxford University Press 2009

Th. Knieper/M. G. Müller (Hrsg.): Visuelle Wahlkampfkommunikation. Köln, von Halem 2004

N. Knuth: Online-Campaigning dargestellt an den Wahlen zum deutschen Bundestag 1998-2009. Diss. Heidelberg 2010

U. Koch: Das Gewicht der Stimme. Die Verteidigung des Nichtwählers. Nördlingen, Greno 1994

R. Köcher: Auf einer Woge der Euphorie. Veränderungen der Stimmungslage und des Meinungsklimas im Wahljahr 1994. In: APuZ B 51/52 1994: 16-21

R. Köcher: Nüchterne Wechselstimmung. FAZ 17. 6. 2009: 5

K.-R. Korte: Wahlen in der Bundesrepublik Deutschland. Bonn, Bundeszentrale für politische Bildung 1998

Th. Krebs: Parteiorganisation und Wahlkampfführung. Eine mikropolitische Analyse der SPD-Bundestagswahlkämpfe 1965 und 1986/87. Wiesbaden, DUV 1996

M. Machnig (Hrsg.): Politiker – Medien – Wähler. Wahlkampf im Medienzeitalter. Opladen, Leske & Budrich 2002
J. Maier: Politikverdrossenheit in Deutschland. Opladen, Leske & Budrich 2000
K. Merten: Django und Jesus. Verbal-nonverbales Verhalten der Kanzlerkandidaten Kohl und Raum im Bundestagswahlkampf 1987, in: M. Opp de Hipt/E. Latniak (Hrsg.): Sprache statt Politik, Opladen 1991: 188-210.
M. Meyer: Wahlsystem und Verfassungsordnung. Frankfurt, Metzner 1973
U. Molitor: Wählen Frauen anders? Zur Soziologie eines frauenspezifischen Verhaltens in der Bundesrepublik Deutschland. Baden-Baden, Nomos 1992
K. Mühleck: Gerechtigkeit und Wahlverhalten. Baden-Baden, Nomos 2009
M. G. Müller: Parteienwerbung im Bundestagswahlkampf 1998. Eine qualitative Produktionsanalyse politischer Werbung, in: Media Perspektiven 5 1999: 251-261
P. Neumann: Sachunmittelbare Demokratie im Bundes- und Landesverfassungsrecht unter besonderer Berücksichtigung der neuen Länder. Baden-Baden, Nomos, 2009
O. Niedermayer/H. Schmitt (Hrsg.): Wahlen und europäische Einigung. Opladen, Westdeutscher Verlag 1993
E. Noelle-Neumann u.a.: Kampa. Meinungsklima und Medienwirkung im Bundestagswahlkampf 1998. Freiburg, Alber Verlag 1999
D. Nohlen: Wahlsysteme der Welt. Daten und Analysen. Ein Handbuch. München, Piper 1978
D. Nohlen: Wahlrecht und Parteiensystem. Opladen, Barbara Budrich, 2009, 6. Aufl.
D. Nohlen: Erfolgsgleichheit als fixe Idee oder: Zurück zu Weimar? ZParl H. 1/2009: 179-195
D. Nohlen: Überhangmandate – ein Wandeleffekt des Systems. FAZ 26. 9. 2009: 8
K. Nolte: Der Kampf um Aufmerksamkeit. Wie Medien, Wirtschaft und Politik um eine knappe Ressource ringen. Frankfurt, Campus 2005
P. Norris (Hrsg.): Politics and the Press, Boulder/Col. 1997
D. Oberndörfer u.a. (Hrsg.): Die Bundesrepublik im Umbruch. Analysen zur ersten gesamtdeutschen Bundestagswahl. Freiburg, Arnold-Bergstraesser Institut 1992
H. Oberreuter (Hrsg.): Das Wahljahr 1994. Eine Bilanz. München, Olzog 1995
H. Oberreuter (Hrsg.): Unentschieden. Die erzwungene Koalition. München, Olzog 2009
S. Padgett u.a. (Hrsg.): Bundestagswahl `98: End of an Era. German Politics 8/2, London, Frank Cass 1999
F. U. Pappi: Wahlverhalten und politische Kultur. Meisenheim, Hain 1970
F. U. Pappi: Wahrgenommenes Parteiensystem und Wahlentscheidung in Ost- und Westdeutschland. APuZ B 44 1991: 15-26
F. U. Pappi: Parteienwettbewerb im vereinten Deutschland. In: Bürklin/Roth 1994: 219-248
F. U. Pappi u. a.: Koalitionssignale und die Kombination von Erst- und Zweitstimmen bei den Bundestagswahlen 1953 bis 2005. ZParl 37. Jg. 2006: 493-513.
F. U. Pappi/S. Shikano: Wahl- und Wählerforschung. Baden-Baden, Nomos 2007
G. Pickel/D. Walz: Politikverdrossenheit in Ost- und Westdeutschland, in: Politische Vierteljahresschrift 38 1997: 27-49
G. Pickelmann u.a.: Deutschland nach Wahlen. Opladen, Leske & Budrich 2000
F. Plasser: Globalisierung der Wahlkämpfe. Wien, WUV 2003

S.-O. Proksch/J. B. Slapin: Institutions and Coalition Formation: The German Election of 2005. In: West European Politics, 29, 2006: 540-559.
H. Rattinger: Wirtschaftliche Konjunktur und politische Wahlen in der Bundesrepublik Deutschland. Berlin, Duncker & Humblot 1980
H. Rattinger: Demography and Federal Elections in Germany 1953-1990 and beyond. Electoral Studies 1992: 223-247
H. Rattinger: Parteiidentifikationen in Ost- und Westdeutschland nach der Vereinigung. In: O. Niedermayer/K. von Beyme (Hrsg.): Politische Kultur in Ost- und Westdeutschland. Berlin, Akademie-Verlag 1996, 2. Aufl.: 77-104
H. Rattinger/J. Krämer: Wahlnorm und Wahlbeteiligung in der Bundesrepublik Deutschland: eine Kausalanalyse. PVS 1995: 267-285
H. Rattinger u.a. (Hrsg.): Wahlen und politische Einstellungen im vereinigten Deutschland. Frankfurt, Lang 1996' 2. Aufl.
H. Rattinger/O. W. Gabriel/J. W. Falter (Hrsg.): Der gesamtdeutsche Wähler. Stabilität und Wandel des Wählerverhaltens im wiedervereinigten Deutschland. Baden-Baden, Nomos 2007
A. Ritter/M. Niehuss: Wahlen in der Bundesrepublik Deutschland. Bundestags- und Landtagswahlen 1946-1987. München, C. H. Beck 1987
G. A. Ritter: (Hrsg.): Wahlen und Wahlkämpfe in Deutschland. Von den Anfängen im 19. Jahrhundert bis zur Bundesrepublik. Düsseldorf, Droste 1997
K. Rohe: Wahlen und Wahltraditionen in Deutschland. Frankfurt, Suhrkamp 1992
D. Roth: Die Wahlen zur Volkskammer in der DDR. ZParl 1990: 369-393
D. Roth: Empirische Wahlforschung. Opladen, Leske & Budrich 1998
D. Roth/M. Jung: Ablösung der Regierung vertagt: Eine Analyse der Bundestagswahl 2002. In: APuZ B 49-50 2002: 3-17
D. Roth: Abwahl ohne Machtwechsel? Die Bundestagswahl im Lichte langfristiger Entwicklungen. In: E. Jesse/R. Sturm (Hrsg.): Bilanz der Bundestagswahl 2005. Wiesbaden, VS 2006: 43-70
R. A. Roth: Zur Problematik der politischen Kultur der Jungwähler in der Bundesrepublik Deutschland. Passau, Passavia 1984
W. Rudzio: Parteienverdrossenheit im internationalen Vergleich, in: Politische Bildung 27 1994: 60-68
J. Rux: Direkte Demokratie in Deutschland. Baden-Baden, Nomos 2008
Th. Saalfeld: Parteien und Wahlen. Eine Einführung. Baden-Baden, Nomos 2006
M. G. Schmidt: Immer noch auf dem mittleren Weg? Von der Linksverschiebung in der Staatstätigkeit der zweiten Großen Koalition. Heidelberg, Mimeo 2009
H. Schmitt: Neue Politik in alten Parteien. Opladen, Westdeutscher Verlag 1987
K. Schmitt: Konfession und Wahlverhalten in der Bundesrepublik Deutschland. Berlin, Duncker & Humblot 1989
K. Schmitt (Hrsg.): Wahlen, Parteieliten, politische Einstellungen. Frankfurt, Lang 1990
R. Schmitt-Beck: Politische Kommunikation und Wählerverhalten. Wiesbaden, Westdeutscher Verlag 2000
K. Schmitt: Im Osten nichts Neues? Das Kernland der deutschen Arbeiterbewegung und die Zukunft der politischen Linken. In: Bürklin/Roth 1994: 185-218

H. Schoen: Stimmensplitting bei Bundestagswahlen: eine Form taktischer Wahlentscheidung? ZParl 1998: 223-244

R. O. Schultze: Die Bundestagswahl 1976. Prämissen und Perspektiven. ZParl 1975: 530-565

R. O. Schultze: Wählerverhalten und Parteiensystem. Der Bürger im Staat 1990: 135-144

R. O. Schultze: Aus Anlaß des Superwahljahres: Nachdenken über Konzepte und Ergebnisse der Wahlsoziologie. ZParl 1994: 472-495

R. O. Schultze: Widersprüchliches, Ungleichzeitiges und kein Ende in Sicht Die Bundestagswahl vom 16. Oktober 1994. In: ZParl 1995: 325-352

R .O. Schultze: Wählerverhalten bei Bundestagswahlen: Bekannte Muster mit neuen Akzenten. In: Politische Bildung, Jg.33, Nr. 3 2000: 34-56

S. Schumann: Prägen Persönlichkeitseigenschaften Einstellungen zu Parteien? KZfSS, 54. Jg. 2002: 64-84

Sozialreport 1994. Daten und Fakten zur sozialen Lage der DDR. Berlin 1994

K. Starzacher: Protestwähler und Wahlverweigerer. Krise der Demokratie? Köln, Bund 1992.

Statistisches Bundesamt (Hrsg.): Wahl zum 16. Deutschen Bundestag am 18. September 2005. Heft 4: Wahlbeteiligung und Stimmabgabe der Männer und Frauen nach Altersgruppen. Wiesbaden 2006

M. Steinbrecher/S. Huber/H. Rattinger: Turnout in Germany. Citizen Participation in State, Federal, and European Elections since 1979. Baden-Baden, Nomos 2007

M. Steinbrecher: Politische Partizipation in Deutschland. Baden-Baden, Nomos 2009

R. Stöss: Parteikritik und Parteiverdrossenheit. APuZ B 21 1990: 15-24

Wahlkommission der DDR: Wahlen zur Volkskammer der DDR. Berlin 1990

R. Stöss: Stabilität im Umbruch. Wahlbeständigkeit und Parteienwettbewerb im „Superwahljahr“ 1994. Opladen, Westdeutscher Verlag 1997

J. Tenscher/H. Batt (Hrsg.) 100 Tage Schonfrist. Bundespolitik und Landwahl im Schatten der Großen Koalition. Wiesbaden, VS 2008

P. W. Thurner: Taktisch oder aufrichtig? Zur Untersuchung des Stimmensplittings bei Bundestagswahlen. ZParl 1999: 163-165

P. W. Thurner: Wählen als rationale Entscheidung. München, Oldenbourg 1998

K. Völkl u. a. (Hrsg.): Wähler und Landtagswahlen in der Bundesrepublik Deutschland. Baden-Baden, Nomos 2008

H.-G. Wehling (Red.): Wahlverhalten. Stuttgart, Kohlhammer 1991

I. H. Wernicke: Die Bedingungen politischer Partizipation. Eine international vergleichende Kontext- und Aggregatdatenanalyse für Großbritannien, Norwegen, Deutschland (BRD) und Frankreich. Meisenheim, Hain 1976

B. Wessels: Erosion des Wachstumsparadigmas. Neue Konfliktstrukturen im politischen System der Bundesrepublik? Opladen, Leske & Budrich 1991

J. Wilke/C. Reimann: Kanzlerkandidaten in der Wahlkampfberichterstattung 1949-1998. Köln, Böhlau 2000

C. Zelle: Der Wechselwähler. Opladen, Westdeutscher Verlag 1995

4 Das Parteiensystem

4.1 Konzentrationstendenzen

Die Vielfalt im Parteiensystem ist abhängig von der Überlagerung unterschiedlicher Konfliktlinien, die im Laufe der Geschichte eines Volkes auftauchen. Sie hinterlassen selbst nach Abflauen der akuten Konflikte häufig langfristige Nachwirkungen in der politischen Partizipationsstruktur. Solche Konfliktlinien waren für Deutschland:

- Protestantismus versus Katholizismus,
- Nationalismus versus legitimistische Gruppen, die an den Einzelstaaten festhielten (später regionale Parteien),
- Organisation der Arbeiterklasse versus dominante bürgerliche Gruppen,
- Organisation von Gruppen, die in ihrem Status bedroht wurden, wie die Bauern versus Entwicklung zur Industriegesellschaft,
- Vertriebene versus Einheimische.

Das deutsche Mehrparteiensystem hat sich bereits zu einer Zeit des Vormärz herausgebildet, als in den meisten deutschen Staaten noch nicht gewählt wurde. Auch Polarisierungstendenzen, die sich im Anschluss an die konstitutionellen Brüche dreimal vollzogen, haben die Vielfalt nicht beseitigt:

- Reichsanhänger versus „Reichsfeinde“ nach 1871,
- Republikaner versus Gegner der Weimarer Republik nach 1919,
- Parteien, die das Provisorium der Bundesrepublik akzeptieren versus Gegner dieses Teilstaates.

Paradoxerweise hat die Bundesrepublik als der am wenigsten vollständige Staat auf deutschsprachigem Boden und der am wenigsten durch Partizipation zustande gekommene deutsche Staat gleichwohl am Anfang die höchste Unterstützung gehabt. 1871 war bei einer Wahlbeteiligung von nur 52% ein großer Teil der SPD (3,1%), des Zentrums (18,7%) und der regionalen und Minderheitengruppe (6,6%) dem Staat gegenüber zumindest skeptisch, wenn nicht feindlich eingestellt. 1920 standen bei einer Wahlbeteiligung von 79,2% die KPD (2,1%), die USPD (17,9%) und die DNVP (15,1%) dem System mit Vorbehalten gegenüber. Nach Gründung der Bundesrepublik schrumpfte bei einer Wahlbeteiligung von

78,5% – die einzige bis 1990, die je unter 80% lag – die grundsätzliche Opposition auf die KPD (5,7%) und die Deutsche Reichspartei (1,8%) zusammen.

Die grundsätzliche Opposition hatte freilich latent auch 1949 größere Potentiale, die sich nicht zu artikulieren wagten oder es auch nicht konnten. Die Parteien wurden von den Alliierten lizenziert, die vor allem auf dem rechten Teil des Spektrums eine Auslese trafen: Die *Linke* war durch die Anfänge des Kalten Krieges und die Politik vollendeter Tatsachen diskreditiert, die die Sowjetunion in der sowjetisch besetzten Zone in einigen Bereichen verfolgte. Der Konzentrationsprozess auch innerhalb der Parteien, die auf dem Boden des Systems standen, machte rasche Fortschritte. Die Wahl von 1953 wurde gelegentlich als das „deutsche Wahlwunder“ apostrophiert. Die drei heute noch das System tragenden Parteien erhielten bereits damals 83,5% der Stimmen. Die Gründe für diesen Konzentrationsprozess lagen in erster Linie in der sozialen Nivellierung alter Disparitäten.

- *Die religiöse* Konfliktlinie wurde durch die Gründung einer überkonfessionellen christlichen Partei früher überwunden als in anderen gemischtkonfessionellen Ländern (z.B. den Niederlanden).
- *Die regionalen* Differenzen waren durch die Amputation des deutschen Staatsgebietes und die beispiellose Durcheinanderwürfelung der Bevölkerung durch Hitler und seine Besieger stark homogenisiert worden. 1957 konnten regionale Parteien zum letzten Mal Stimmen bei der Bundestagswahl verbuchen (Bayernpartei, Deutsche Partei), aber nur die DP schaffte dank des Huckepacksystems von Wahlhilfen durch die CDU noch einmal den Sprung ins Parlament.
- *Agrarische* Gruppen wurden überwiegend bei den Unionsparteien integriert. Nur in einigen Gebieten (Franken, Nordhessen, Nordwürttemberg) hatte auch die FDP anfangs gewisse ländliche Hochburgen. Durch die Abtrennung der Ostgebiete und die Teilung Deutschlands spielten der Großgrundbesitz und die traditionellen Versuche, die Landbevölkerung in einer konservativen Partei zu organisieren, nach dem Krieg keine Rolle mehr.
- Die Eingliederung der *Vertriebenen* gelang dank des wirtschaftlichen Aufschwungs und der Mobilisierung der Arbeitskräfte und durch sozialpolitische Maßnahmen wie die Lastenausgleichsgesetze schneller als erwartet. Der BHE als Partei der Vertriebenen kam 1957 schon nicht mehr über die Fünfprozenthürde (4,6%).
- *Die extremistischen Parteien* hatten nach den Startverlusten durch die alliierte Lizenzierungspolitik zunehmend weniger Chancen. Die Linke wurde durch Kontrolle und Verbote im Vorfeld der Parteien schon vor dem förmlichen KPD-Verbot von 1956 stark behindert. Die Entwicklung der DDR

war darüber hinaus für die Mehrzahl der westdeutschen Bürger wenig attraktiv. Rechtsextreme Gruppen, die bis zum SRP-Verbot von 1952 niemals eine einheitliche Partei vom Typ der späteren NPD zustande gebracht hatten – gediehen im Klima einer relativ reibungslosen Westintegration ebenfalls nicht. Das *Wahlrecht* hat als institutioneller Faktor diesen sozialen Wandlungen gegenüber nur subsidiäre Bedeutung entfaltet. Selbst die Entwicklung des Vielparteiensystems im Kaiserreich wird heute kaum noch aus dem Wahlrecht erklärt (absolute Mehrheitswahl mit Stichentscheid zwischen den beiden stärksten Kandidaten des ersten Wahlgangs). In der Weimarer Republik ließ sich das Parteiensystem ebenfalls nicht nur auf das Verhältniswahlrecht zurückführen. Auch die Nationalsozialisten wären vermutlich von der relativen Mehrheitswahl nur anfangs behindert, später aber sogar gefördert worden (Fenske 1974: 215).

- *Die Fünfprozentklausel,* durch Wahlgesetze von 1953 und 1956 verschärft, hat die Entstehung neuer Parteien behindert und das Absterben bestehender beschleunigt, aber nicht bewirkt. Die Fünfprozentklausel ist vom Bundesverfassungsgericht als mit den Grundsätzen eines demokratischen Wahlrechts zu vereinbarende Hürde akzeptiert worden, freilich nicht in der Anwendung auf die Parteienfinanzierung, wo sie auf 0,5% gesenkt wurde.

Der beispiellose Konzentrationsprozess im deutschen Parteiensystem begann 1953 und war 1961 im Wesentlichen abgeschlossen. Er setzte sich jedoch in den Ländern fort und erfasste in den siebziger Jahren sogar das kommunale Parteiensystem. Allerdings ist der Prozess kein unlinearer. Regionale Gruppen und freie Wählervereinigungen haben als Konkurrenz der lokalen Parteien an Bedeutung eingebüßt. Aber die Ökologen und Bürgerinitiativen haben in einigen Regionen eine neue Herausforderung für das lokale Parteiensystem bereitgestellt.

Alle Parteien hatten in den siebziger Jahren einen Mitgliederzuwachs zu verzeichnen. Am stärksten gilt das für die CSU, die einst die traditionellste Partei gewesen ist. Sie wandelte sich seit 1969 am tiefgreifendsten. Die konservativständischen und antilaizistisch-katholischen Gruppen wurden durch den Zustrom neuer Mitglieder weniger dominant in der Partei. Zwar sind 87% der CSU-Mitglieder Katholiken, so dass der konfessionelle Gesichtspunkt bei der CSU noch immer beitrittsmotivierender wirkt als bei der CDU. Aber die soziale Zusammensetzung der Partei ist nicht mehr so einseitig auf den katholischen Besitzmittelstand zugeschnitten (Mintzel 1977: 129f.). Der Zustrom an Arbeitern und Angestellten und vor allem auch an Jugendlichen und Intellektuellen hat die Struktur der CSU der der anderen Parteien stärker angeglichen.

Tabelle 4.1: Wahlergebnisse 1949-2009

Jahr der Wahl	1949	1953	1957	1961	1965	1969	1972	1976	1980	1983	1987	1990	1994	1998	2002	2005	2009
Wahlbeteiligung	78,5	86,0	87,7	87,7	86,8	86,7	91,1	90,7	88,7	89,1	84,4	77,8	79,0	82,3	79,1	77,7	70,8
CDU/CSU	31,0	45,2	50,2	45,4	47,6	46,1	44,9	48,6	44,5	48,8	44,3	43,8	41,4	35,1	38,5	35,2	33,8
SPD	29,2	28,8	31,8	36,2	39,3	42,7	45,8	42,6	42,9	38,2	37,0	33,5	36,4	40,9	38,5	34,2	23,0
FDP	11,9	9,5	7,7	12,8	9,5	5,8	8,4	7,9	10,6	7,0	9,1	11,0	6,9	6,2	7,4	9,8	14,6
DP	4,0	3,3	3,4	-	-	-	-	-	-	-	-	-	-	-	-	-	-
Gesamtdt. Block/BHE	-	5,9	4,6	-	-	-	-	-	-	-	-	-	-	-	-	-	-
Geamtdt. Partei (GdP)	-	-	-	2,8	-	0,1	-	-	-	-	-	-	-	-	-	-	-
Zentrum	3,1	0,8	0,3	-	-	-	-	-	-	-	-	-	-	-	-	-	-
Bayernpartei	4,2	1,7	0,5	-	-	0,2	-	-	-	-	-	0,1	-	0,1	-	-	-
KPD	5,7	2,2	-	-	-	-	-	-	-	-	-	-	-	-	-	-	-
Deutsche Reichspartei	1,8	1,1	1,0	0,8	-	-	-	-	-	-	-	-	-	-	-	-	-
WAV	2,9	-	-	-	-	-	-	-	-	-	-	-	-	-	-	-	-
DFU	-	-	-	1,9	1,3	-	-	-	-	-	-	-	-	-	-	-	-
NPD	-	-	-	-	2,0	4,3	0,6	0,3	0,2	0,2	0,6	0,3	-	0,3	0,4	1,6	1,5
DKP	-	-	-	-	-	-	0,3	0,3	0,2	0,2	-	-	-	-	-	-	-
Die Grünen	-	-	-	-	-	-	-	-	1,5	5,6	8,3	3,9	-	-	-	-	-
B 90/Grüne	-	-	-	-	-	-	-	-	-	-	-	1,2	7,3	6,7	8,6	8,1	10,7
DSU	-	-	-	-	-	-	-	-	-	-	-	0,2	-	-	-	-	-
Republikaner	-	-	-	-	-	-	-	-	-	-	-	2,1	1,9	1,8	0,6	0,6	0,4
PDS/Linke	-	-	-	-	-	-	-	-	-	-	-	2,4	4,4	5,1	4,0	8,7	11,9
Wahlbeteiligung	78,5	86,0	87,7	87,7	86,8	86,7	91,1	90,7	88,7	89,1	84,4	77,8	79,0	82,3	79,1	77,7	70,8
CDU/CSU	31,0	45,2	50,2	45,4	47,6	46,1	44,9	48,6	44,5	48,8	44,3	43,8	41,4	35,1	38,5	35,2	33,8
SPD	29,2	28,8	31,8	36,2	39,3	42,7	45,8	42,6	42,9	38,2	37,0	33,5	36,4	40,9	38,5	34,2	23,0
FDP	11,9	9,5	7,7	12,8	9,5	5,8	8,4	7,9	10,6	7,0	9,1	11,0	6,9	6,2	7,4	9,8	14,6
DP	4,0	3,3	3,4	-	-	-	-	-	-	-	-	-	-	-	-	-	-
Gesamtdt. Block/BHE	-	5,9	4,6	-	-	-	-	-	-	-	-	-	-	-	-	-	-
Geamtdt. Partei (GdP)	-	-	-	2,8	-	0,1	-	-	-	-	-	-	-	-	-	-	-
Zentrum	3,1	0,8	0,3	-	-	-	-	-	-	-	-	-	-	-	-	-	-
Bayernpartei	4,2	1,7	0,5	-	-	0,2	-	-	-	-	-	0,1	-	0,1	-	-	-
KPD	5,7	2,2	-	-	-	-	-	-	-	-	-	-	-	-	-	-	-
Deutsche Reichspartei	1,8	1,1	1,0	0,8	-	-	-	-	-	-	-	-	-	-	-	-	-
WAV	2,9	-	-	-	-	-	-	-	-	-	-	-	-	-	-	-	-
DFU	-	-	-	1,9	1,3	-	-	-	-	-	-	-	-	-	-	-	-
NPD	-	-	-	-	2,0	4,3	0,6	0,3	0,2	0,2	0,6	0,3	-	0,3	0,4	1,6	1,5
DKP	-	-	-	-	-	-	0,3	0,3	0,2	0,2	-	-	-	-	-	-	-
Die Grünen	-	-	-	-	-	-	-	-	1,5	5,6	8,3	3,9	-	-	-	-	-
B 90/Grüne	-	-	-	-	-	-	-	-	-	-	-	1,2	7,3	6,7	8,6	8,1	10,7
DSU	-	-	-	-	-	-	-	-	-	-	-	0,2	-	-	-	-	-
Republikaner	-	-	-	-	-	-	-	-	-	-	-	2,1	1,9	1,8	0,6	0,6	0,4
PDS/Linke	-	-	-	-	-	-	-	-	-	-	-	2,4	4,4	5,1	4,0	8,7	11,9
DVU	-	-	-	-	-	-	-	-	-	-	-	-	-	1,2	-	-	-

Die Angleichung der beiden größten Parteien fand auch in den Mitgliederzahlen statt (vgl. Tab. 4.1), vor allem in Zeiten des Niedergangs. Die Union ist mit fast 800 000 Mitgliedern 2000 stärkste Mitgliederbewegung geworden. Der Mitgliederschwund war vor allem in der CSU weniger dramatisch als in der SPD. Die CSU bot häufiger detaillierte Daten an als die Schwesterpartei. Nach ihnen zeigte sich, dass die Zählung aller Mitglieder der parteinahen Zubringerorganisation als Parteimitglieder nicht zulässig ist. Von über 46 000 Mitgliedern der Jungen Union waren 1990 nur etwa ein Viertel (über 11 000) auch Mitglied der CSU. 2007 hatte die CDU noch 536 668 und die CSU 166364 Mitglieder.

Tabelle 4.2: Mitglieder der Parteien (in Tausend)

Jahr	SPD		CDU		CSU		GRÜNE		Die Linke		FDP	
	Mitglieder	Veränderung in %	Mitglieder	Veränderung in %	Mitglieder	Veränderung in %	Mitglieder	Veränderung in %	Mitglieder	Veränderung in %	Mitglieder	Veränderung in %
1991	919 871		751 163		184 513		38 054		172 579		140 031	
1992	885 958	-3,69	713 846	-4,97	181 758	-1,49	35 845	-5,80	146 742	-14,97	103 505	-26,08
1993	861 480	-2,76	685 343	-3,99	177 289	-2,46	39 335	9,74	131 406	-10,45	94 197	-8,99
1994	849 374	-1,41	671 497	-2,02	176 250	-0,59	43 418	10,38	123 751	-5,83	87 992	-6,59
1995	817 650	-3,73	657 643	-2,06	179 647	1,93	46 054	6,07	114 940	-7,12	80 431	-8,59
1996	793 797	-2,92	645 852	-1,79	178 573	-0,60	48 034	4,30	105 029	-8,62	75 038	-6,71
1997	777 899	-2,00	631 700	-2,19	178 457	-0,06	48 983	1,98	98 624	-6,10	69 621	-7,22
1998	775 036	-0,37	626 342	-0,85	178 755	0,17	51 812	5,78	94 627	-4,05	67 897	-2,48
1999	755 066	-2,58	638 056	1,87	183 569	2,69	49 988	-4,49	88 594	-6,38	64 407	-5,14
2000	734 693	-2,70	616 722	-3,34	181 021	-1,39	46 631	-5,77	83 475	-5,78	62 721	-2,62
2001	717 513	-2,34	604 135	-2,04	177 852	-1,75	44 053	-5,53	77 845	-6,74	64 063	2,14
2002	693 894	-3,29	594 391	-1,61	177 705	-0,08	43 795	-0,59	70 805	-9,04	66 560	3,90
2003	650 798	-6,21	587 244	-1,20	176 989	-0,40	44 052	-0,59	65 753	-7,14	65 192	-2,06
2004	605 807	-6,91	579 484	-1,32	172 892	-2,31	44 322	-0,61	61 385	-6,64	64 146	-1,60
2005	590 485	-2,53	571 807	-1,32	170 117	-1,61	45 105	-1,77	61 270	-0,19	65 002	1,37
2006	561 239	-4,95	553 896	-3,31	166 928	-1,87	44 677	0,95	60 338	-1,52	64 880	-0,22
2007	539 861		536 668		166 364		44 320		71 711		64 078	

Quelle: BT-Drs. 15/255: 8 und BT-Drs. 16/12500: 9

Der Niedergang der Parteiidentifikation der Bürger ist in den achtziger Jahren vielfach an der Abnahme der Mitgliederzahlen der meisten Parteien festgemacht worden. Bei der SPD setzte der Prozess des Mitgliederschwundes schon 1978 ein, als die Mitgliedschaft wieder unter die Millionengrenze sank. 2007 war die Partei auf etwas über eine halbe Million (539 861) geschrumpft. Bei den Unionsparteien hielt das Wachstum bis 1983 an. Nach der Wende sanken auch bei ihnen die Zahlen der eingeschriebenen Mitglieder. Um 1987 war bei den vier etablierten Parteien wieder ein Aufschwung zu verzeichnen. Der Prozess des Mitgliederschwundes ist vor allem mit zwei Faktoren erklärt worden: Die Krise der Parteien hat zu neuen Partizipationsformen geführt. Lose Formen des institutionellen Engagements wurden von vielen Bürgern bevorzugt. Selbst die Grünen sind über 51 812 Mitglieder (1998) nicht hinausgekommen, und stagnierten im 3. Jahrtausend bei 44 000. (Tabelle 4.3). Zum anderen wurde die Zunahme der öffentlichen Parteienfinanzierung dafür verantwortlich gemacht, dass die Parteien ein abnehmendes Interesse an der Mobilisierung von Mitgliedern entwickelten. Auch diese Erklärung eignete sich nicht zu einer pauschalen Verallgemeinerung, denn die öffentliche Parteienfinanzierung hielt zur Ermittlung des Chancenausgleichs wenigstens ein taktisches Interesse an wachsenden Mitgliederzahlen bei den Parteizentren wach. Die Genauigkeit der Berichterstattung ist in den achtziger Jahren gewachsen. Nach § 23 Abs. 1 Parteiengesetz ist die Zahl der beitragspflichtigen Mitglieder zum Ende des Kalenderjahres zu verzeichnen. § 22 a. Abs. 2 legt fest, dass der als Chancenausgleich an eine Partei zu zahlende Betrag sich aus der Differenz ergibt zwischen dem Ergebnis bei der letzten vor dem Stichtag liegenden Bundestagswahl für alle Parteien, die mindestens 5% der gültigen Zweitstimmen erreicht haben, und 40% des Gesamtbetrages, der einer Partei an Mitgliedsbeiträgen und Spenden zugeflossen ist. Damit war der Chancenausgleich an gewisse Erfolge der Mobilisierungsarbeit der Partei gebunden.

Ein säkularer Trend der Mitgliederentwicklung ist ebenso oft behauptet wie später widerrufen worden. Bis 1979 stellte die Forschung bei den Mitgliedern der Parteien insgesamt einen Zuwachs fest. Um 1977 verlangsamte er sich plötzlich. 1980 und 1983 kam es zu einem Sprung nach oben. Eine neue Partei – die Grünen – und Gewinne bei den Unionsparteien erklärten die Pendelausschläge. Bis Ende der achtziger Jahre erhielten die Szenarios wieder stärkere Berechtigung, welche von einem säkularen Niedergang der Parteiorganisation sprachen. 1989 kam es zu einem leichten Abwärtstrend. Seine Dauerhaftigkeit wurde 1990 durch die Vereinigung Deutschlands undurchsichtig. Die echten Gewinne lassen sich erst ermitteln, wenn die wirklich neuen Mitglieder im Osten nachweisbar werden. Die FDP hatte in Ostdeutschland Anfang der neunziger Jahre einen überdurchschnittlichen Organisationsgrad. Bei der CDU war der Anteil der Mitglieder zu den Wählern etwa „normal", das Verhältnis der CDU-Mitglieder zur hohen Anzahl ihrer Wähler 1990 aber immer noch eher unterdurchschnittlich. Bei der SPD lag die anfängliche Mobilisierung von 30 000 Mitgliedern in Ostdeutschland noch in jeder Hinsicht unter dem Durchschnitt. Die Zahl sank bis 1998 auf 27 000. Im Durchschnitt längerer Zeiträume hatte die CDU mit dem Durchbruch zur Mitgliederpartei langfristig besser abgeschnitten als die klassische Mitgliederpartei SPD. Bei der FDP war die Mitgliederbewegung immer stark abhängig von den Wendungen ihrer Koalitionspolitik und zeigte kaum langfristige Trends ihrer Stärke in der Wählerschaft an. FDP und PDS lagen Anfang 2005 bei 65000. Die FDP schnellte angesichts ihres Wahlerfolgs 2009 vorübergehend auf 72000 Mitglieder in die Höhe. Die WASG, die mit der PDS fusionierte, hatte Anfang 2005 nur 11600. (Niedermayer 2005). 2007 wuchs die Linke wieder auf 71 711 Mitglieder (Tabelle 4.3)

In der Partizipationsforschung wurde eingeräumt, dass die „Sättigungsgrenze“ der Parteien nach den überdurchschnittlichen Mobilisierungserfolgen im Gefolge der Studentenrevolte bis in die siebziger Jahre erreicht worden sei. Aber eine tiefgreifende Unzufriedenheit, die sich in einer massenhaften Abkehr der Mitglieder der Parteien niederschlug, ließ sich nicht erkennen. Der Organisationsgrad der etablierten Parteien ist zwischen 1986 und 1987 unter die Vierprozentmarke gerutscht. Ab 1990 ist er durch die Vereinigung noch weiter gesunken. Er lag damit aber immer noch über dem Niveau der sechziger Jahre. Erst 1974 hatte er die Vierprozentgrenze erreicht. Politikmüdigkeit wurde aus dem Mitgliederschwund gelegentlich geschlossen. Alarmierend ist vor allem der „Organisationsverdruss“ der jüngeren Generation. Die Schere zwischen dem Anteil der Jugendlichen in der Bevölkerung und dem Prozentsatz der Jugendlichen in den Parteien klaffte immer weiter auseinander. Befragungen unter Jugendlichen, welche nach geeigneten Partizipationsformen spürten, haben von Mitte der siebziger bis Mitte der achtziger Jahre eindeutig eine abnehmende Bereitschaft zur Mitarbeit in den Parteien festgestellt. Sie sank von 22% auf 18%. Zugleich wuchs jedoch die Bereitschaft zu unkonventionelleren Partizipationsformen wie den Bürgerinitiativen (von 28% auf 32%) oder Demonstrationen (von 11% auf 19%) (Jaide/Veen 1989: 140). Solche Befunde ließen noch den Schluss zu, dass die politische Partizipationsbereitschaft sich nur verlagert habe. Es blieb die Hoffnung erhalten, dass die Summe der Partizipationsbereitschaft in etwa konstant sei und unkonventionelles und konventionelles Verhalten einander nicht ausschlossen. Wo darüber hinaus nicht nur Meinungen, sondern Aktivierungspotentiale gesucht wurden, hat zwischen 1980 und 1985 die parteiorientierte Partizipation am stärksten abgenommen (von 40% auf 27%). Die Neigung zum zivilen Ungehorsam hingegen nahm leicht zu, aber auch bei denen, die bisher in diesem Bereich noch nicht aktiv gewesen waren (Uehlinger 1988: 145). Studien des Aktivierungspotentials müssen den Fall der Eskalation ins Auge fassen; er tritt ein, wenn die konventionellen Methoden zur Durchsetzung des Standpunktes ergebnislos bleiben. Es zeigte sich in den achtziger Jahren für den Eskalationsfall eher eine abnehmende Bereitschaft des Engagements. Gesichert ist einstweilen nur die Einsicht der politischen Aktionsstudie von Barnes/Kaase (1979), dass die Bürger zunehmend mehrere Aktions- und Teilnahmeformen ins Auge fassen und dass konventionelles und unkonventionelles Verhalten zugleich die konventionelle Arbeit in den Parteien verstärkt. Offen musste vorerst bleiben, ob konventionelles Engagement in ad-hoc-Gruppen immer ähnlicher wird. Viele Partizipationsstudien zeigen, dass die problemspezifische Teilnahme im Zeitalter postmoderner Fragmentierung von Werten und Lebensstilen zugenommen hat.

Wo voreilig ein säkularer Trend unterstellt wurde, ließen sich konjunkturelle Pendelausschläge feststellen. Die kurz- und mittelfristigen Schwankungen der Bereitschaft der Bürger, sich in den Parteien zu engagieren, ließen sich nicht monokausal erklären, vor allem wenn man längere Zeiträume und Vergleiche der Entwicklung von Parteien in anderen Ländern zur Korrektur des Bildes heranzieht.

In der vergleichenden Parteienforschung sind die treibenden Kräfte der Mitgliederbewegungen stark umstritten. Verallgemeinerungen über den Zusammenhang von wirtschaftlichen Schwankungen und Mitgliederbewegungen haben sich nicht erhärten lassen. Wenn Parteidefinitionen von Burke bis Weber die Elemente Ideologie und Patronage herausstellen, so sind beide Faktoren am häufigsten zur Erklärung der Mitgliederfluktuation herangezogen worden. Der Zustrom zu SPD und FDP nach 1969 und 1982 zur Union ließ sich durchaus mit Patronagehoffnungen erklären. Aber gerade in Deutschland zeigte sich die Wirksamkeit des Faktors Ideologie, als die Union nach 1972 ihre Oppositionsrolle akzeptiert hatte und mobilisierend tätig wurde. Die Organisationsbereitschaft der Anhänger ließ mit zunehmender Amtsdauer einer Partei an der Regierung nach, jedenfalls in Deutschland. In Italien ist das für die DC nicht so einfach nachzuweisen. Nach hektischer Mobilisierung konnte es auch zu Rückschlägen kommen, so etwa 1976, als der Machtwechsel durch die Union nicht erreicht wurde.

Im internationalen Vergleich scheint die Welt der Mitgliederrekrutierung in Deutschland in Ordnung. Die Parteimitglieder als Prozentsatz der Wähler, der Organisationsgrad der Parteien also, stieg von 2,7% (Ende der sechziger Jahre) auf 4,2% (Ende der achtziger Jahre). Deutschland gehörte zu den seltenen Ländern, in denen der Organisationsgrad zugenommen hatte. Aber dieser Zuwachs war weitgehend das rechnerische Produkt des Ausbaus der Unionsparteien zu Massenparteien. Belgien, der zweite Fall in Europa, ist ebenfalls kaum vergleichbar. Hier ist ein leichter Zuwachs vermutlich auf die föderale Mobilisierung der beiden großen Ethnien des Landes zurückzuführen (Katz/Mair 1994: 5). Mitgliederzahlen, die in der Zeit der Vorherrschaft eines Mobilisierungs- und Transmissionsparadigmas der Linken eifrig studiert wurden, sind als Forschungsgegenstand teils – mangels Daten – schwer zugänglich, teils uninteressant geworden. Ein moderner Ressourcenansatz versucht eher die übrigen Ressourcen der Massenorganisationen zu erfassen, wie die Finanzierung, die Qualität der Führung und die Stellung von Parteien zu den Massenmedien.

Der Eintritt in die Parteien scheint prima vista bei den Wählern nahezuliegen, die ein Mehr an politischer Partizipation und an politischem Einfluss wünschen. Befragungen von Parteimitgliedern haben jedoch ergeben, dass drei Viertel aller Parteimitglieder ihren Einfluss als gering oder sehr gering ansehen. Dennoch waren sie zufrieden mit ihrer Situation. Neuere Mitglieder sind von dem

Erlebnis ihres geringen Einflusses in den beiden großen Parteien noch stärker gekennzeichnet als ältere Mitglieder. Aber die alten Mitglieder haben mit diesen Gefühlen zu leben gelernt. 70% der CDU-Mitglieder und fast 66% der SPD-Mitglieder haben dieses Gefühl lange ertragen, ohne der Partei den Rücken zu kehren. Weit mehr als bei den neuen Mitgliedern äußerten sie sich zufrieden mit ihrer Lage und begnügten sich mit dem Gefühl, wenigstens eine politische Heimat gefunden zu haben (Greven 1987: 56f.). Die Wahrnehmung der Vertretung eigener Interessen durch die eigene Partei verstärkte die Motivation. Ein Motiv des Engagements war die Bekämpfung der Macht der als politischer Gegner eingeschätzten Partei. Parteien sind nicht nur Organisationen zur Förderung der eigenen Karriere. Die Beeinflussung der eigenen beruflichen Situation spielte bei etwa 90% angeblich keine Rolle für den Eintritt in eine Partei. Parteimitgliedschaft wird heute in geringerem Maße durch Sozialisation übertragen und vom Elternhaus „ererbt". Dennoch findet langfristig eine Sozialisation durch Parteien statt, weil sich bei langjähriger Parteimitgliedschaft die Tendenz entwickelt, im gleichgerichteten Meinungsfeld zu leben, um die eigene Sicht der Dinge nicht in Frage stellen zu lassen. Die Mitgliedschaft in einer Partei führt allenfalls bei einer aktiven Minderheit von Amtsträgern zur Steigerung des Gefühls, Einfluss zu besitzen. Großen Einfluss schrieben sich bei Befragungen nur die alten Parteimitglieder zu. Aber sie machten nur drei bis fünf Prozent aus. Bei der CDU lag der Anteil höher als bei der SPD (Greven 1987: 69). Die Zahl der aktiven Parteimitglieder ist umstritten. Sie schwankte zwischen 10% und 20%. Die Zahl der Aktiven ist nicht an jedem Ort gleich groß. Die Größe des Ortes, die Machtstrukturen in der Gemeinde und die Patronagemacht der Parteien sind für die Partizipationsbereitschaft der aktiven Parteimitglieder wichtig. Immer wieder zeigte sich, dass etwa die Hälfte derer, die im Wahlkampf sehr aktiv hervortraten, später auch Karrierevorteile aus diesem Engagement gezogen haben (von Beyme u.a.: 1974). Das Rollenverständnis der aktiven Mitglieder, die zu Delegierten aufstiegen, war bei den großen Parteien recht unterschiedlich. Während in der SPD und FDP die Mitglieder an die Parteiführung zu „vermitteln" sind, zeigten die Anhänger der Unionsparteien eher ein repräsentativ-parlamentarisches Verständnis ihrer Delegierten. Bei ihnen steht die Kontrolle der Parteiführung im Vordergrund. Ein großer Teil der Parteimitglieder hat Frustrationserlebnissen vorgebaut: Über die Hälfte der Befragten hatte schon zum Zeitpunkt des Beitritts nicht die Absicht, sich selbst innerparteilich stark zu engagieren (Niedermayer 1989: 47, 224). Etwa ein Fünftel bis ein Viertel der eingeschriebenen Mitglieder von Parteien sind „Parteigänger". Sie sind in Karrieristen, Moralisten, Vereinsmenschen, „ewige Basisvertreter" und „Realisten" eingeteilt worden (Dittberner 1997: 44ff.). Die deutschen Volksparteien sind noch immer Massenmitgliederparteien. Trotz einiger Trends zur internen Demokratisierung sind sie bisher nicht den amerikanischen Weg der Einebnung von Differenzen zwischen Mitgliedern und Sympathisanten gegangen. Um Anreize für die Mitgliedschaft nicht weiter zu verringern, haben sie vor allem Personal- und Kandidatenentscheidungen ganz ihren Mitgliedern vorbehalten (Scarrow 1996: 210).

Trotz und wegen des Zuwachses an Mitgliedern ist ein starker Wandel der sozialen Basis der Parteien eingetreten. So haben sie nicht mehr die gleiche relativ homogene Rekrutierungsbasis verlässlicher Mitglieder. Die Zeiten sind vorbei, da versäulte Subkulturen sich um die jeweilige Partei gruppierten, in der sich manches Individuum von der Wiege bis zur Bahre – vom sozialistischen Kinderhort oder vom katholischen Kindergarten bis zum der Sozialdemokratie nahestehenden Feuerbestattungsinstitut oder zur letzten Ölung – betreuen ließ, ohne aus dem Umkreis der weltanschaulichen Bindung herauszutreten. Von solchen Möglichkeiten der Rekrutierung im Vorfeld hat die FDP immer am wenigsten profitiert, und ihre Repräsentanten sind organisatorisch meist weniger „verfilzt" als Abgeordnete der SPD und der Unionsparteien. Die FDP hat eine Weile versucht, Organisationen im Vorfeld zu schaffen. Die Parteireform-Kommission der FDP hat jedoch erkannt, dass der Vorsprung der beiden großen Lager kaum aufzuholen ist, und stattdessen mehr auf eine Strategie bürgernaher Politik gesetzt.

Aber auch bei den beiden großen Parteien sind traditionelle Organisationsbindungen schwächer geworden. Die Fluktuation ist damit gewachsen. Die Motive für Parteieintritte und -austritte sind funktionaler und individueller geworden. In den „*Omnibusparteien*" fährt mancher nur ein paar Jahre als Mitglied mit. Vor 1933 hatten bei der SPD zwei Drittel aller Mitglieder Väter, die schon Parteimitglieder waren. Am Anfang der zweiten Mobilisierungswelle 1969/70 sank dieser Anteil auf 19%. Persönliche Entscheidung und Einfluss von Peer-Gruppen, nicht Determinierung durch die Familie, scheinen für die Mehrzahl der Beitrittswünsche in neuerer Zeit ausschlaggebend zu sein.

Es ist umstritten, ob die Steigerung der Mitgliederzahl für die Parteien ein Ziel an sich sein kann. Die Wahlforschung zeigte, dass der Zuwachs an Mitgliedern nur unter bestimmten sozialstrukturellen Voraussetzungen auch einen Zuwachs an Stimmen bedeutete. Am ehesten gilt dies bei den regionalen Mitgliederbewegungen. Während in den traditionellen Hochburgen der SPD im Norden der Bundesrepublik die Zunahme in der Zeit des organisatorischen Booms nicht so groß war, wuchsen die Zahlen in Süddeutschland und hatten hier auch größeren Einfluss auf den Zuwachs an Wählerstimmen.

Die *Anlässe* des Parteieintritts glichen sich in den politischen Lagern noch stärker an als die weltanschaulichen Grundlagen der Entscheidung für politische Aktivität. Private Kontakte sind in beiden Parteien entscheidend. Die Werbetätigkeit schien in den siebziger Jahren bei der CDU eine größere Rolle zu spielen als bei der SPD. Die Parteimitgliedschaft wird nach außen in allen Parteien nur von einer Minderheit bekennerisch dokumentiert. CDU-Mitglieder scheinen eher mit Vereinskollegen, SPD-Mitglieder eher mit Arbeitskollegen über ihren politischen Einsatz zu sprechen.

In der *beruflichen und sozialen Rekrutierung* zeigt sich ebenfalls ein starker Wandel. Zwar nimmt der Anteil der Arbeiterwähler für die CDU eher ab, und jener, der für die SPD stimmt, wächst weiter. Da aber die Zahl der Arbeiter als Prozentsatz der Erwerbstätigen auf 36% sank und die Zunahme von Angestellten und Beamten in den Parteien, vor allem auch in der SPD, noch über ihrem rasch ansteigenden prozentualen Anteil an den Erwerbstätigen lag, nahm der Arbeiteranteil bei Wählerstimmen wie bei Parteimitgliedern in der SPD laufend ab (1930: 59,5%, 1952: 45%, 2009: 25%). Wenn man die Neuaufnahmen einzelner Jahre zum Vergleich hinzuzieht und neuere Befragungen von SPD-Mitgliedern konsultiert, so scheint der Arbeiteranteil noch stärker geschrumpft. Mitgliederstatistiken aller Parteien haben gegenüber Befragungen den Nachteil, veraltete Daten widerzuspiegeln, weil in der Regel der Beruf des Mitglieds beim Parteieintritt in der Statistik gespeichert wird. Spätere vertikale Mobilität wird hingegen nicht in ausreichender Weise erfasst. Günstiger wird der Arbeiteranteil der SPD, wenn man die nicht Erwerbstätigen – die etwa ein Drittel ausmachen – nach ihren Lebensverhältnissen befragt. Rund 35% der Mitglieder stammen dann aus Arbeiterfamilien. Dies ist gegenüber 56% der Mitglieder, die – am Beruf des Vaters gemessen – im Arbeitermilieu großgeworden sind, noch immer eine relativ niedrige Zahl. Der Trend von der Arbeiterpartei zur Arbeitnehmerpartei scheint unumkehrbar zu sein. Angestellte und Beamte sind in der SPD im Vergleich zum Durchschnitt der Bevölkerung überrepräsentiert. Diese Tendenz verstärkt sich bei der Analyse von lokalen und regionalen Führungspositionen, in denen ein Viertel bis zur Hälfte – je nach Ebene – von Beamten und ein stattlicher Teil von Angestellten eingenommen wird.

Klassenkampf-Nostalgiker, die die Entwicklung der SPD zur wenig klassenkämpferischen Arbeitnehmerpartei bedauerten, werden auch die subjektiven Befunde von Befragungen diesen objektiven Daten gegenüberstellen müssen. In der Selbsteinordnung haben befragte SPD-Mitglieder sich beinahe genauso häufig in die Mittelschicht eingeordnet wie CDU-Mitglieder, und über die Hälfte (wiederum geringfügig weniger als bei den Unionsparteien) hat ihren Werdegang subjektiv als Aufstieg erlebt. Für die Zukunft waren SPD-Mitglieder gelegentlich noch optimistischer als der Durchschnittswähler. Am Einkommen und Hauseigentum gemessen, lagen SPD-Mitglieder ebenfalls nicht mehr unter, sondern leicht über dem Durchschnitt der Gesamtbevölkerung und vor allem der SPD-Wähler und etwa gleich mit den CDU-Mitgliedern (Gabriel/Niedermayer 1997: 294). Die beiden großen Volksparteien ähnelten sich in den 90er Jahren darin, dass 10-12% der Mitglieder Beamte und über ein Viertel Angestellte waren

(1998: CDU 39,5%, SPD 39,5%). Unterschiede bestanden noch hinsichtlich der Rekrutierung der traditionellen sozialen Unterstützungsgruppen. Die CDU hat mehr Selbständige organisiert (1995: 22%, CSU: 28%), die SPD mehr Arbeiter (SPD 21,2%, CDU: 8,9%, CSU: 14%) (vgl. Tab. 4.2). In der Wählerschaft hingegen sank der Anteil von Höhergebildeten und Selbständigen bei der SPD Anfang der achtziger Jahre beträchtlich. Die Abschleifung der Sozialprofile ist von Linken beklagt, von den Anhängern der nivellierten Mittelstandsgesellschaft begrüßt worden. Aber auch die Sozialprofile spiegelten die alten sozialen Schwerpunkte der Partei durchaus noch wider (Veen/Gluchowski 1994). Der Mitgliederrückgang der deutschen Parteien kann nicht mehr geleugnet werden. Noch schwerwiegender ist die Überalterung der Parteien. Bei CDU und SPD ging der Anteil der unter 25jährigen in 20 Jahren (1974 -1994) von 10 auf etwa 3% zurück. Bei der SPD waren 1998 schon über 12% Rentner. Positiv war lediglich das Wachstum des Anteils der Frauen an den Parteimitgliedern zu bewerten (1995: SPD 28%, CDU 25%) (Gabriel/Niedermayer 1997: 295, 297).2009 waren unter den Wählern der SPD 25% Arbeiter, aber 31% bei den Unionsparteien. Bei der Vergabe der Zweitstimme waren bei beiden großen Parteien 34% 60 Jahre und älter (Forschungsgruppe 2009: 110ff.).

Mit dem Konzentrationsprozess verbunden war die Tendenz zur entideologisierten *Volkspartei.* Mitte der sechziger Jahre mehrten sich die Stimmen der Kritik an den modernen *„Omnibus"-Parteien,* in die man nach Belieben ein- und aussteigt und die man unemotional wie einen großen Dienstleistungsbetrieb betrachtet. Es waren keineswegs nur Kritiker der Linken, die ein Unbehagen an der theorielosen Volkspartei entwickelten. Es wurde die Gefahr gesehen, dass die Parteien immer verbandsdurchlässiger werden und nicht mehr strukturieren; dass sie die Interessen nur noch kanalisieren, aber nicht mehr in eine politische Form gießen und keine inhaltlichen politischen Ziele mehr verfolgen außer dem Machterwerb. In der Literatur wurde es zu einem „deutschen Problem" aufgebauscht, das in anderen Ländern kaum ein Äquivalent besitze. Der Begriff bleibt auf beiden Seiten stark ideologisch befrachtet (vgl. Mintzel 1983). Inzwischen ergaben Umfragen, dass die Schwächung der Volkssparteien schon von 28% der Befragten für gut und nur von 35% für schlecht befunden wird. 1993 haben diese Tendenz noch 51% der Befragten unheilvoll gefunden (Köcher 2009: 5).

Die CDU war die erste deutsche Volkspartei, vielleicht sogar die erste Volkspartei in Europa von dieser Bedeutung. Dass die SPD einen ähnlichen Weg seit dem Godesberger Programm beschritt, trug nach Meinung ihrer Strategen wie Gegner zu ihrer Bündnisfähigkeit bei. Die Gegner eines Versuches, wieder eine marxistische Klassenpartei aus der SPD zu machen, gingen davon aus, dass die SPD nur als Volkspartei mehrheits- und koalitionsfähig sei.

Ende der achtziger Jahre hatten sich die Argumente von linken und rechten Flügeln in der Partei verkehrt. Lafontaine als Kanzlerkandidat der SPD trat eher für eine geringere Betonung der Symbiose mit der organisierten Arbeiterbewegung ein und setzte auf die Schubkraft der neuen sozialen Bewegungen. Bei der Bundestagswahl 1990 tat er dies trotz des bescheidenen Gesamtergebnisses durchaus mit einem gewissen Erfolg (vgl. Kap. 3.3). Die neue Troika, die an der Spitze der SPD Mitte der neunziger Jahre entstand, hatte unterschiedliche Konzeptionen der Partei. Scharping war mit der traditionellen, auf die gewerkschaftliche Industriearbeiterschaft zielenden Linie verbunden. Das Szenario einer Öffnung der Partei hin zu den sozialen Bewegungen, das einst Brandt und Eppler vertreten hatten, wurde mit Lafontaine assoziiert. Der damalige niedersächsische Ministerpräsident Gerhard Schröder schließlich schien in der Tradition eines arbeitsteilig-kooperativen Reformbündnisses zu stehen (Leif/Raschke 1994).

Schröder hat in seiner zweiten Amtszeit nach den Wahlen von 2002 mit der „Agenda 2010“ die Gewerkschaften und den linken Flügel seiner Partei gegen sich aufgebracht, während das Verhältnis zur Unionsopposition eher etwas entspannter wurde. Lafontaine hat nun – außerhalb der Partei – die Gewerkschaften in ihren Kampagnen 2003 unterstützt. Die alte Mobilisierungskraft der SPD schien dahin. Der „Hauch von Melancholie“, der schon länger für die Sozialdemokraten festgestellt wurde (Walter 2002: 266) hat sich verstärkt durch die lustlose Unterstützung des Unvermeidlichen, der Agenda, die gerade Arbeitnehmern schwere Opfer auferlegte. 2009 hat diese Entwicklung in ein Desaster für die SPD geführt (vgl. Kap. 3).

4.2 „Etatisierung“ und die staatliche Parteienfinanzierung

Die klassische Trennung zwischen *Staat und Gesellschaft,* die im 19. Jahrhundert als Vorstellung dominierte, wurde mit der Parlamentarisierung und Demokratisierung des politischen Systems mehr und mehr aufgegeben. Leibholz empfahl, mit dieser obsoleten Unterscheidung auch die übliche Unterscheidung zwischen *Volk und Partei* aufzugeben. Der *Parteienstaat* war für ihn die „rationalisierte Erscheinungsform der direkten Demokratie im modernen Flächenstaat“, in dem das Parlament zur Stätte werde, „an der sich gebundene Parteibeauftragte treffen, um anderweitig (in Ausschüssen und Parteikonferenzen) bereits getroffene Entscheidungen registrieren zu lassen“.

Die Lehre vom grundsätzlichen Unterschied von Parteienstaat und repräsentativen Parlamentarismus war überspitzt und einseitig. Ihre Wirksamkeit erlangte sie durch eine doppelte Ausdeutungsfähigkeit:

- Durch die *konservative* Indienstnahme der Parteien durch den Staat. Die „formierte Gesellschaft“ schien im Parteienbereich ideologisch mit der Parteienstaatsthese abgestützt zu werden, und die Entgesellschaftlichung der Parteien wurde mit ihr gerechtfertigt. Die Gegenkritik beklagte die „Etatisierung der Parteien“, die sie „auf Gedeih und Verderb an den Staatsapparat“ schweiße (Narr 1977: 12).
- Aber auch die *radikal-demokratische* Ausdeutung konnte an die These vom Parteienstaat anknüpfen. Die Mandats- und Abberufungsdiskussion konnte die Bresche erweitern, welche diese These geschlagen hatte. Eine weitere Aushöhlung der Idee des freien Mandats und Unabhängigkeit des Abgeordneten von der Basisorganisation wurde möglich. Die radikal-demokratische Kritik am freien Mandat hatte das Verdienst, die Gewissensklausel des Artikels 38 GG in Frage zu stellen und ihres staats-metaphysischen Inhalts zu entkleiden, indem die starke Interessengebundenheit derer, die sich gern auf ihr Gewissen beriefen, herausgestellt wurde. Die metaphysische Überhöhung des Gewissens in der Repräsentationsidee hat ihre Herkunft aus der lutherischen Überzeugung nicht verleugnen können. Nur in einem anderen Land mit lutherischem Bekenntnis wird in der Verfassung (Dänemark Art. 56) die eigene Überzeugung als Motivationsgrund des Repräsentanten so stark herausgestellt wie in der Bundesrepublik. Die angelsächsischen Länder, von einem kalvinistischen Protestantismus geprägt, haben in ihrer Konzeption der Repräsentation seit Madison, Bentham und Mill immer sehr viel stärker auf die Interessenrepräsentation abgestellt. Diese machte hellsichtiger für das Problem, dass der auftragsungebundene Abgeordnete unter Umständen „Aufträge“ mächtiger Interessenten für die nicht erlaubten „Aufträge“ aus dem Wahlkreis eintauscht.
- Die radikal-demokratische Kritik war jedoch vielfach bereit, den Teufel mit dem Beelzebub auszutreiben. Das *imperative Mandat* sollte der Demokratisierung dienen. Es könnte jedoch angesichts mangelnder Durchdemokratisierung der Parteien gerade die Parteioligarchien stärken und den Konformismus der Meinungen forcieren. Die Idee einer direkten plebiszitären Parteidemokratie, die solchen Konzeptionen zugrunde lag, schützt erfahrungsgemäß nicht vor undemokratischen Praktiken. Auch die Gefahr, dass rein negativ operierende, gutorganisierte Vetogruppen die innerparteiliche Entscheidung beherrschen, ist beim imperativen Mandat ständig gegeben. Das hat sich angesichts der Polarisierung zwischen Marxisten und Nichtmarxisten auf lokaler Ebene vor allem in der SPD häufig gezeigt. Eine weniger weitgehende Variante der radikal-demokratischen Mandatskonzeption, die gegen die Sanktion der Abberufung von Abgeordneten einige Vorbehalte hatte, wie sie Bermbach (in: Guggenberger u.a. 1976: 47ff.) vertrat, erwog

> gleichwohl Instruktionen, die von den zuständigen Führungsgremien jeweils optimal realisiert werden müssten. Auch abgestufte Sanktionen gegenüber Mandatsträgern, Missbilligung, finanzielle Auflagen, zeitweiliges Untersagen der Wahrnehmung von Parteiämtern und nur als ultima ratio die Abberufung aus dem Amt – wurden vorgeschlagen. Mit guten Gründen hat die Enquetekommission (Beratungen 1976: 79) solchen Versuchungen, Artikel 38 zu ändern, widerstanden.

Nicht ganz ausgestorben ist die starke Antipathie gegenüber dem *Parteiwechsler* in der politischen Kultur der Bundesrepublik. In der ersten Wahlperiode hatte es 91 Fälle, in der zweiten Wahlperiode noch 77 Fälle gegeben. Erst seit der vierten Wahlperiode von 1961 an war mit dem Abschluss des Prozesses der Parteienkonzentration der Parteiwechsel spektakulärer und einflussreicher geworden und zugleich in der öffentlichen Meinung noch stärker geächtet.

Die Zahl der Fraktions- und Parteiwechsler hat seit 1961 abgenommen. Zugleich hat ihre Chance, von einer anderen Partei wieder aufgestellt zu werden, zugenommen (bis 1972: knapp ein Drittel). Dennoch haben nur wenige Wechsler Karriere gemacht, wenn man einmal von der Aufsaugung des Führungspotentials kleiner Parteien wie der DP und des BHE durch die CDU absieht. Spektakuläre Übertritte wie der des früheren FDP-Vorsitzenden Mende zur CDU und des SPD-Abgeordneten Günther Müller zur CSU haben sich nicht ausgezahlt. In Deutschland gilt auch für den Parteiwechsel: Man liebt den Verrat, aber nicht den Verräter. Gustav Heinemann, der spätere deutsche Bundespräsident, ist der einzige prominente Fall, in dem ein Parteiwechsler in der Bundesrepublik noch einen bedeutenden politischen Aufstieg erlebte. Auch dieser Fall wäre vermutlich nicht ohne den Umweg über eine eigene Splitterpartei (GDP) denkbar gewesen, die es Heinemann erlaubte, mit einer Hausmacht von vorübergehend 2 bis 3 Prozent der Wählerstimmen der SPD beizutreten. Durch die lange Karenzzeit seit dem Austritt aus der CDU war das Odium des Parteiwechslers zudem weitgehend vergessen. Als der frühere Ministerpräsident von Nordrhein-Westfalen und Bundesminister für Wirtschaft und Arbeit, Wolfgang Clement, aus der SPD ausgetreten war, hat allein seine Wahlempfehlung für die FDP bei den Wahlen 2009 einen Sturm der Entrüstung ausgelöst, obwohl er kein Parteiwechsler im organisatorischen Sinne geworden war.

Mit dem Abbröckeln der sozialliberalen Mehrheit seit 1976 kam eine neue Dimension in die Debatte. Es ging nicht mehr nur um die Treue zur Partei, sondern um die *Treue zur Koalition.* Bei knappen Mehrheiten war der Parteiwechsel entscheidend für das Leben von Regierungen geworden. Gerüchte um Stimmenkauf und Abwerbung einzelner Liberaler stigmatisierten den Parteiwechsler zusätzlich. Selbst die Minderheit der FDP um Erich Mende, die den Wechsel der

Partei in die sozialliberale Koalition durch Beitritt in die CDU quittierte, wurde vielfach mit dem Ruch des „Verrats“ umgeben. Als vier SPD-Abgeordnete im Februar 1978 gegen die Anti-Terrorgesetze stimmten, die vor allem für die FDP unverzichtbar erschienen, setzte eine förmliche Kampagne gegen diese Abweichler ein. Problematisch war, dass die Parteivorstände nicht nur die Grundsätze der Partei gegenüber der Minderheit zu erzwingen suchten. Genügend Parteimitglieder dachten ähnlich wie die vier, und die Frage, ob man mit den Gesetzen gegen den Terror nicht überreagiere, wurde allgemein diskutiert und war zulässig gewesen. Nun wurde gleichsam auch noch die Grundlage der Koalition für sakrosankt erklärt, und dies war eine starke Überdehnung des Parteienstaatsprinzips. Selbst Leibholz hat aber diese Verschärfung publizistisch und in Zeitungsinterviews gebilligt.

In den achtziger Jahren schien der Parteiwechsel vor allem dann nicht das Ende der Karriere zu sein, wenn eine Partei durch Umorientierung eine innere Zerreißprobe durchmachte, die einige Exponenten zum Anlass des Parteiwechsels nahmen, wie der frühere Geschäftsführer der FDP Verheugen oder Ingrid Matthäus-Meier, die die Koalitionswechsel ihrer Partei zur CDU nicht mittragen wollten und in die SPD eintraten, oder bei dem Übertritt Otto Schilys zur SPD angesichts der Verschärfung der internen Konflikte zwischen „Realos“ und „Fundis“ bei den Grünen. Als Resultat dieser Entwicklung wurde absehbar, dass die Hoffnung, durch den Mandatsgedanken die Parteien wieder in die Gesellschaft (gleichsam als Opposition gegenüber „dem Staat“) zu ziehen, und den Prozess der Etatisierung aufzuhalten, trügerisch ist. Einschränkungen der Freiheit des Abgeordneten waren die Folge, sie stärkten jedoch nicht die Basis, sondern die Führungsgremien.

Ein Mandatsverlust bei Partei- oder Fraktionswechsel wurde nicht ernsthaft erwogen. Das Reichswahlgesetz vom 3. Juli 1934 in der Nazizeit sah einen solchen Mandatsverlust vor, für die Gegenwart durchaus noch ein mahnendes Zeichen. Man befürchtet mit Recht, dass eigenständige Persönlichkeiten immer weniger bereit wären zu kandidieren und dass Kreaturen der Parteivorstände die politische Szene beherrschen könnten. Auch zwei weitere Vorschläge, die keine so starken Nachteile zu haben scheinen wie die Sanktion des Mandatsverlustes, haben zurzeit keine Chance: Eine *Nachwahl* bei Parteiwechsel würde zur Ungleichbehandlung von Wahlkreiskandidaten und Listenabgeordneten führen. Der Vorschlag, *Ausgleichsmandate* für die Fraktion einzuführen, die durch einen Fraktionswechsler geschwächt worden ist, scheint sich technisch leichter realisieren zu lassen, aber er bedeutet eine Veränderung des Stimmenverhältnisses im Parlament zu Lasten dritter Parteien. Bei Fällen der Parteispaltung, wie er zweimal in der FDP vorgekommen ist, ist in unglücklichen Fällen kaum auszumachen, wer die Austretenden und wer die Ausgleichsberechtigten sind. Gerade im

Hinblick auf die FDP-Abgeordneten wurde jedoch diese ganze Debatte überwiegend geführt.

Die Parteienfinanzierung in der Bundesrepublik wurde vielfach als ein weiterer Beleg für die zunehmende Etatisierung der Gesellschaft und das Aufsaugen der gesellschaftlichen Kräfte der Parteien durch staatliche Imperative gewertet. Funktionen der Parteien waren nicht auf allen Gebieten von zunehmender Wichtigkeit: In der Repräsentation von sozialen Interessen und in der Kontrollfunktion nahm die Bedeutung der Parteien im Vergleich zum ideologischen Zeitalter eher ab. In der Zielfindungsfunktion schrumpfte die Bedeutung der großen ideologischen Weltbilder von Parteiprogrammen. Zugleich wurden klassenspezifische Verengungen abgebaut, die Programme der Parteien wurden handlungsrelevanter und waren konkreter auf die zunehmende Fülle neuer Politikfelder gerichtet. In der Elitenbildungs- und Rekrutierungsfunktion hat das Wachstum der Parteienstaatlichkeit moderner Demokratien auch in Deutschland eher einen Funktionszuwachs der Parteien gebracht. Ein gewisser Etatisierungsprozess war damit vorgezeichnet. Mit den wachsenden Funktionen der Parteien wurde ihr zunehmender Finanzbedarf begründet. Die Mobilisierungsfunktion der Parteien, die nicht mehr überwiegend über ideologische Identifikation vollzogen werden konnte, wurde kostenintensiver. Der Wettbewerb der Parteien um alle Schichten der Wähler, vor allem aber um die neuen Mittelklassen, wurde härter und trieb den Mitteleinsatz bei der Stimmenwerbung der Parteien in die Höhe.

Der wachsende Finanzbedarf und die Flucht der Parteien in die staatliche Finanzierung waren daher weniger die Ursache als die Folge eines generellen Etatisierungsprozesses, der Parteien nicht mehr als rein gesellschaftliche Organisationen bestehen ließ und sie immer stärker in die staatliche Sphäre einband. Früh wurde kritisiert, dass die Tätigkeit der Parteien schon um 1970 einen Finanzbedarf von 400 Millionen DM anfallen ließ, was etwa 0,06% des Bruttosozialprodukts der Bundesrepublik, 0,25% des Steueraufkommens, 4% aller Subventionen der öffentlichen Hand, 10% der Einnahmen der beiden großen Kirchen und 100% der jährlichen Einnahmen der DGB-Gewerkschaften entsprach.

Diese Zahlen sprachen keineswegs für sich. Warum sollten nicht die Parteien in ihrer verfassungsmäßig herausgehobenen Stellung den gleichen Einkommensbedarf entwickeln wie die Gewerkschaften? Maßstäbe für die Beurteilung konnten sich nur aus dem Vergleich des Wachstums der Lebenshaltungskosten, der Preisentwicklung und der Bruttoeinkommen ergeben. Die Sachverständigenkommission des Bundespräsidenten hat sich um eine Versachlichung der Diskussion bemüht und einen Quotienten aus Personalkosten, Lebenshaltungskosten, Parteimitgliedern und Zahl der Wahlberechtigten entwickelt. An ihm gemessen schienen die Parteien seit Mitte der siebziger Jahre eher zu schwach alimentiert zu sein (Bericht 1983: 100). Zwar hatten sich die Einnahmen der Parteien in 20

Jahren 1969-1988 um das Viereinhalbfache vermehrt, stärker als die Einkommen, die Preise oder das Bruttoinlandsprodukt (Landfried 1994: 92), aber die Zahlen mussten von den Sachverständigen mit den Kosten für Organisation und den Kosten der Wählerwerbung verglichen werden. Dabei stellte sich heraus, dass diese stärker zugenommen hatten als die Einnahmen der Parteien.

Nach der Verabschiedung der Novelle zur Parteienfinanzierung konnte man für Anfang der achtziger Jahre von einer Unterfinanzierung der Parteien auch bei Akzeptierung des Berechnungsschlüssels der Sachverständigenkommission des Bundespräsidenten nicht mehr sprechen. Die Einnahmen aus der Wahlkampffinanzierung für das Wahljahr von 1983 führten zu einer *Überfinanzierung,* da die Novelle die Erstattungskosten von 3,50 DM auf 4,50 DM erhöht hatte. Zusätzlich erhielten die Parteien 1983 5,00 DM pro Wahlberechtigten für die Europawahl. Diese singuläre Konstellation heizte die Kritik an der Überfinanzierung der Parteien erneut an. Die Polemik hat vornehmlich mit Zahlen in Wahljahren gearbeitet, obwohl nur ein Mittel in einer Legislaturperiode zu fairen Schlüssen über die Parteieneinkommen führen konnte. 1984-1987 haben sich die Durchschnittswerte wieder angeglichen. Dennoch schien alarmierend, dass die Fremdfinanzierung der Parteien durch die Wahlkampfkostenerstattung bei allen Parteizentralen gelegentlich (vgl. Tabelle 4.4) mehr als 50% aller Gesamteinnahmen betrug. Die Kritik richtete sich nun weniger gegen die allgemeine Kostenentwicklung auf dem Sektor der Parteien als auf die Etatisierungsfolgen von einem wachsenden Anteil von öffentlichen Subventionen. Obwohl das Bundesverfassungsgericht mehrfach zum Hüter der Wettbewerbschancen der kleinen und neuen Parteien wurde, verschärfte sich die Kritik, dass auch das Verfassungsgericht in seiner Eindämmungspolitik der Privilegierung der etablierten Parteien nicht entschieden genug auftrete. Es wurde vermutet, dass es seine Funktion vor allem in der Verhinderung staatlicher Eingriffe in die Rechte der Bürger sehe und dabei die Kontrolle angemessener staatlicher Leistungen zu kurz kommen lasse (v. Arnim 1991: 271). Es kann jedoch bezweifelt werden, dass die Kontrolle der Angemessenheit von Staatstätigkeit wirklich eine Funktion der Verfassungsgerichtsbarkeit sein kann (vgl. Kap. 10).

Das Parteiengesetz, das die Demokratisierung der Parteien vorantreiben helfen sollte, verdankte seine Entstehung unter anderem dem allzu ungenierten Zugriff der Parteien auf Staatsgelder. 1966 erklärte das Bundesverfassungsgericht die seit Ende der fünfziger Jahre praktizierte Finanzierung der Parteien aus öffentlichen Mitteln für verfassungswidrig und stellte damit rd. 50% der Einnahmen der Parteien in Frage. Gleichwohl wurde eine Brücke für den Rückweg in dem Urteil offengelassen: Zwar wurde die unkontrollierte und unspezifizierte Subventionierung der Parteien nunmehr für unzulässig erklärt, aber die Ersetzung von Wahlkampfkosten wurde als Möglichkeit angedeutet. Zum Problem wurde dabei die Sperrklausel des Wahlgesetzes. Nach Ansicht des Gerichts musste sie erheblich unter der Fünfprozentklausel liegen. Erst senkte man sie daher auf 2,5% und nach erneutem Einspruch des Gerichts auf 0,5% der Stimmen, um die Parteienlandschaft nicht noch weiter zu immobilisieren.

Der Finanzhunger der Parteien ist kein rein deutsches Phänomen. „Deutsch“ war nur die Neigung zur staatlichen Subventionierung und der Selbstbedienung aus der Staatskasse. In westlichen Demokratien gibt es unterschiedliche Formen der Parteienfinanzierung. Zwei Hauptentwicklungstrends lassen sich verfolgen:

- Privatrechtliche Ausgestaltung der Parteienfinanzierung bei großzügiger steuerlicher Begünstigung von Spenden, verbunden mit rechtlicher Regelung von Höchstgrenzen und Offenlegung gegen Missbrauch.
- Öffentlich-rechtliche Regelung bei Ausbau staatlicher Zuwendungen an die Parteien.

Der Bundesrepublik war es vorbehalten, beide Wege zu beschreiten.

Eine zusätzliche Einnahmequelle war die Besteuerung der Amtsträger, die eine indirekte öffentliche Finanzierung genannt werden kann. Die Abgeordneten verlieren ihre Abgaben bei der Festsetzung der Höhe der Diäten nicht aus den Augen. Die Sachverständigenkommission, die der Bundespräsident bestellt hatte, hielt in ihrem Bericht (1983: 122) diese Abgaben für verfassungswidrig, weil sie dem Prinzip der freien Repräsentation zuwiderliefen. Die Kommission zog aus dieser Einsicht jedoch nicht die Konsequenz, diese Beiträge, die nach Umfrage unter den Abgeordneten des Deutschen Bundestages pro Abgeordneten bis zum Maximum von 2500 bis 2600 DM bei den beiden großen Parteien ausmachten (Landfried 1994: 98) und die unbestritten bei der Höhe der selbstbewilligten Diäten berücksichtigt wurden, zur öffentlichen Parteienfinanzierung zu zählen. Mit der Bewertung als „potentielle Eigenmittel“ wurde mehr verschleiert als erhellt. Es erscheint hingegen sinnvoll, diese Abgaben als indirekte Parteienfinanzierung zu werten.

Die indirekte Form staatlicher Parteienfinanzierung durch Abgaben an die Fraktionen wurde am exzessivsten von den Grünen praktiziert. Die Kehrseite des hehren Ideals, dass ein Volksvertreter nicht mehr als ein Arbeiter verdienen sollte, wurde den Wählern verschwiegen: Es kamen beträchtliche Mittel in die Hände der zentralen Parteigremien, die zur Verfestigung der Macht der Parteieliten dienen konnten. Darüber hinaus wurde fühlbarer sozialer Druck ausgeübt, um „freiwillige Spenden“ von den Abgeordneten einzufordern. Die Folge war – wie Petra Kelly (in: Fücks 1991: 29) verbittert schrieb – die „aufdringliche Verletzung ihrer Privatsphäre“ durch den Zwang der Rechtfertigung ihres Privatlebens.

Die Erhebung des Sockelbetrages der etablierten Parteien schien im Vergleich zu dieser Geldeintreibungspraxis neutral und human.

Rechnet man die Parteisteuern, welche die Abgeordneten an ihre Parteien abführen, und die indirekten Subventionen des Staates bei Mitgliedsbeiträgen und Spenden und den früher existierenden Chancenausgleich hinzu, so kann man eine staatliche Finanzierungsquote von „weit über 60%" ausrechnen. Dabei sind die Fraktionen und Parteistiftungen, die ebenfalls überwiegend vom Staat finanziert werden, noch nicht berücksichtigt (v. Arnim 1991: 79). Fairer erscheint die Beschränkung auf die Wahlkampfkostenerstattung und die Fraktionszuschüsse, und dabei zeigt sich im Gegensatz zu den Thesen Arnims, dass die Bundesrepublik nicht an der Spitze der öffentlichen Parteienfinanzierung liegt. In Italien, in Spanien und in anderen Ländern (v. Beyme 1984: 254) haben sich vielfach höhere Werte ausmachen lassen.

Die Bundesrepublik gilt im Ausland vielfach als die Erfinderin der *öffentlichen Parteienfinanzierung aus dem Staatshaushalt,* obwohl diese zuerst in Puertorico (1957) praktiziert wurde. Aber erst das deutsche Beispiel machte Schule, anfangs in Skandinavien und später in vielen europäischen Ländern. Frei verfügbare Zuschüsse aus der Staatskasse gab es in der Bundesrepublik jedoch nur zwischen 1959 und 1966. Das Bundesverfassungsgericht (BVerfGE 52, 63, 85) hielt öffentliche Unterstützungen an die Parteien, die über 50% ihres Einkommens ausmachten, für verfassungswidrig. Die deutschen Parteien gelten von ihren Mitteln her als die reichsten der Welt. Dennoch machte die Wahlkampfunterstützung nur in wenigen Jahren – Ausnahme 1983 bei drei Parteien, 1984 bei den Grünen und 1990 bei der FDP – mehr als 50% der Einnahmen aus. Im Durchschnitt pendelte sich der Anteil bei etwa einem Drittel der Parteieinnahmen ein.

Die Abzugsfähigkeit von Parteispenden von der Steuer wurde durch den Ausbau der staatlichen Finanzierung nicht überflüssig. 1980 wurde der Betrag verdreifacht (von 600 auf 1800 DM). Ende 1981 wurde der größte Finanzskandal in der deutschen Nachkriegsgeschichte entdeckt. Der Flickkonzern geriet in Verdacht, beim Verkauf von Mercedes-Anteilen Steuernachlässe als Gegengabe für großzügige Parteispenden erhalten zu haben. Ehe noch die gerichtlichen Ermittlungen abgeschlossen waren, versuchte der Bundespräsident durch ein unabhängiges Expertengremium eine Neuordnung der Parteienfinanzierung voranzutreiben, um weiteren Schaden von der Parteiendemokratie abzuwenden. Die Vorschläge des Gremiums (Bericht 1983) sahen eine Steuerabzugsfähigkeit von Spenden bis zu 5% des Einkommens des Spenders vor. Die neue CDU-FDP-Koalition legte im Juni 1983 in großer Eile einen Gesetzesentwurf vor. Sowohl gegen die Empfehlungen der Sachverständigen als auch gegen den CDU-Gesetzesentwurf wurden schwerwiegende verfassungsrechtliche Bedenken erhoben, die in dem Vorwurf gipfelten, dass die vorgesehene Regelung drohe, „zu einer

Amnestie durch die Hintertür zu führen" (v. Arnim 1983: 26). Dennoch wurde im Dezember 1983 das neue Parteiengesetz mit großer Mehrheit verabschiedet. Nach diesem Gesetz konnte jeder Bürger bis zu 5% seines Einkommens und jede juristische Person bis zu 2 Promille des Umsatzes und der Löhne steuerbegünstigt an Parteien spenden. Die Grünen klagten vor dem Bundesverfassungsgericht, das im Juli 1986 entschied, dass die steuerliche Abzugsfähigkeit von Spenden nach bestimmten Prozent- und Promillesätzen verfassungswidrig ist. Es setzte stattdessen eine Spendenhöchstgrenze bei 100 000 DM fest. Die Bevorzugung von Großspendern blieb damit erhalten. Die Rechenschaftsberichte zeigten aber, dass ohnehin nur selten eine Firma mehr als 100 000 DM gespendet hat.

Die Neuregelung von 1988 wurde mit großer Eile und mit wenig Publizität selbst gegenüber den Fraktionen von den Schatzmeistern der Parteien erarbeitet. Die Öffentlichkeit wurde mit dem Hinweis beruhigt, dass die steuerliche Absetzbarkeit von Spenden bis 60.000 DM unter der Höchstgrenze lag, die das Verfassungsgericht für zulässig erachtete, und dass die Privilegierung der Großspender im Vergleich zur Fassung des Parteiengesetzes von 1984 abgebaut worden sei. Dabei wurde verschwiegen, dass die Publizitätspflicht für Großspenden vermindert wurde. Nur noch Spenden ab 40.000 DM waren mit dem Namen des Spenders zu veröffentlichen. Die Neigung der Großspender zur Anonymität ist damit kodifiziert worden.

Die Grünen als Wächter der Wettbewerbschancen in der Parteienfinanzierungspolitik haben diesen Konsens der etablierten Parteien erneut vor das Bundesverfassungsgericht gebracht. Das Urteil des 2. Senats erging am 2. April 1992 (BVerfGE 85, 264ff.). Es wurde zu einer rechtspolitischen Sensation, da das Gericht relativ rasch früher verkündete Maximen als falsch erkannt hatte: In dem Urteil wurde die Unterscheidung von Organisationskosten und Wahlkampfkosten aufgegeben. Die *relative Obergrenze* der Staatssubventionierung – die Summe der Eigenmittel, welche die Parteien aufbringen – wurde bekräftigt. Der *Chancenausgleich,* der 1988 in das Parteiengesetz Eingang fand, wurde als ungerecht empfunden, und der *Sockelbetrag* wurde für verfassungswidrig erklärt. Die *Publizitätsgrenze* für Spenden wurde auf 20.000 DM herabgesetzt und schloss Sachleistungen ein. Bis Ende 1993 wurde eine gesetzliche Neuregelung verlangt, damit die Wettbewerbsverzerrungen im Wahlkampf von 1994 neutralisiert werden könnten. Mit einer *Anhebung der Subvention* auf 6,50 DM pro Wähler wurden die Parteien aber so gestellt, dass eine kontinuierliche Weiterarbeit möglich wurde.

Selten ist ein Urteil durch empirische Berechnungen so gut untermauert worden. Selten ist ein Urteil in den Medien und in der Wissenschaft so einhellig gelobt worden. Die *„Staatsfreiheit"* der Parteien sollte gestärkt werden, aber es blieben so viele Probleme offen, so dass die Balance zwischen Staatsferne und

Staatsnähe kaum verrückt worden sein dürfte. Kritisiert wurde vor allem, dass die Spendenhöhe nicht grundsätzlich begrenzt wurde. Da juristische Personen nach dem Urteil nicht mehr steuerabzugsfähig spenden dürfen, wurde jedoch geargwöhnt, dass künftig die Unternehmer als Personen statt der Unternehmen spenden würden (Landfried 1992: 10).

Der nun fällige Prozess der Gesetzgebung wurde durch eine vom Bundespräsidenten berufene Expertenkommission vorbereitet. Ihre Empfehlung (1993: 48ff.) erarbeitete wichtige Grundsätze, die in dem Urteil des Verfassungsgerichts nicht gelöst werden konnten. Die *Indexierung* der staatlichen Subventionen von Parteien wurde – systemgerecht – verworfen. Die *absolute Obergrenze* von ca. 230 Millionen DM sollte der Gesetzgeber nur nach Rat eines unabhängigen Sachverständigenrates überschreiten dürfen. Das Kommissionsmitglied v. Arnim gab seine abweichende Meinung über weitere Reduzierungsmöglichkeiten zu Protokoll. Der Zwang zu *Mandatsbeiträgen* wurde erneut angeprangert, und *Direktspenden* an Abgeordnete sollten in einem Gesetz für unzulässig erklärt werden. Auch die Finanzierung der parteinahen *Stiftungen* wurde der gesetzlichen Neuregelung empfohlen.

Die Grünen haben unbestrittene Verdienste im Kampf um eine faire Regelung für die Parteienfinanzierung. Gelegentlich wurde jedoch in Ausübung der watch-dog-Funktion der Grünen das Dilemma des Tugendwächters sichtbar. Im Juli 1986 wies das Bundesverfassungsgericht eine Klage der Grünen gegen die Globalzuschüsse an die parteinahen Stiftungen ab, weil die Klägerin in ihren Rechten nicht verletzt werde, da sie über keine Stiftung verfüge. Ein Bundesvorstandssprecher wertete das Urteil als „Einladung zur Prostitution" (Murphy in: Wewer 1990: 328). Im März 1988 wurde die Stiftung der Grünen „Stiftungsverband Regenbogen" gegründet. Der Drang, an der „Staatsknete" zu partizipieren, überwog die Bedenken der Hüter der reinen fundamentalistischen Flamme. 1992 erhielt die Stiftung „Regenbogen" 25,8 Millionen von einer Gesamtsumme von 669 Millionen DM, die an parteinahe Stiftungen ging.

Am stärksten privatwirtschaftlich orientiert ist die Parteienfinanzierung über Fördergesellschaften, wie sie in der Bundesrepublik, in Norwegen und heute vor allem in Japan noch sehr erfolgreich arbeiten. Im Urteil des Landgerichts Düsseldorf gegen den Bundesschatzmeister der CDU, Kiep, vom Mai 1990, in dem dieser wegen fortgesetzter Beihilfe zur Steuerhinterziehung verurteilt wurde, berief sich das Gericht auf ein Urteil des Bundesverfassungsgerichts von 1958, das eine großzügige Steuerbegünstigung der Partei für verfassungswidrig erklärt hatte. Dieses Verbot sei mit Hilfe der „Staatsbürgerlichen Vereinigung 1954 e.V. Köln/Koblenz" gezielt umgangen worden. Hatten in den sechziger Jahren die staatsbürgerlichen Vereinigungen um Spenden geworben, so ging in den siebziger Jahren die Initiative von den Parteien aus. Großunternehmen wurden regelrecht „veranlagt“ und sind auf Bitten des Schatzmeisters um Spenden angegangen worden. Kiep hatte in den siebziger Jahren bereits auf eine rechtliche Klärung der Spendenpolitik gedrängt und empfand daher das Urteil einer hohen Geldstrafe als zu hart. Die rechtliche Klärung wurde damit vermutlich endlich möglich. Spender wie Begünstigte haben inzwischen daran ein Interesse, wenn der Spendenstrom nicht gänzlich versiegen soll. Um 1988 kam es zu einem Einbruch der Spendenaktivitäten bei fast allen Parteien, außer den Grünen. Der Trend hielt jedoch nicht an. Anfang der neunziger Jahre wuchsen die Spenden an die Parteien wieder.

Während die Kommerzialisierung der Parteienfinanzierung auf Initiative von Großspendern zunehmend weniger die ganzen Parteien als einzelne Gruppen und Exponenten als Adressaten wählte, wurden die Parteimaschinen zu einer Art „Etatisierung“ selbst der privaten Spendenfreudigkeit gedrängt. Als quasi hoheitliche Organisationen legten sie Firmen direkt nahe, auf welchem Umweg sie kostengünstig spenden konnten.

In der Debatte um die Parteienfinanzierung spielen hauptsächlich *die Einnahmen* eine Rolle (Tab. 4.3). Wo Parteien als gesellschaftliche Organisationen verstanden werden, ist die Ausgabenstruktur vielfach wie ein Betriebsgeheimnis behandelt worden, in dessen Erhellung der Staat sich nicht einmischen durfte. Dennoch ist auch die Untersuchung der Ausgabenstruktur im Haushalt der Parteien von entscheidender Bedeutung für die Beurteilung der Frage, ob die Parteien – an ihren Aufgaben gemessen – überfinanziert sind und sie wird neuerdings in die Rechenschaftsberichte aufgenommen.

Die Konzeption der Parteien als gesellschaftliche Organisationen geht davon aus, dass mitgliederstarke Volksparteien überwiegend aus *Mitgliedsbeiträgen* finanziert werden sollten. Unter den Quellen der Eigenfinanzierung spielen die Spenden eine herausragende Rolle. Echte Eigenfinanzierung stellen sie jedoch nur dar, wenn sie von den Parteimitgliedern stammen. Spenden von Nichtparteimitgliedern unterliegen dem Verdacht des Versuchs einer Fremdbestimmung der Parteien. Wo ihr Anteil wächst, ist von einer Tendenz zur *Kapitalisierung* der Parteifinanzen gesprochen worden (Landfried 1994: 119ff.). Bis 1982 entsprach die SPD – ihrem Selbstimage gemäß – am stärksten einer mitgliederfinanzierten Partei. 1982-1983 wurde sie jedoch von der CDU/CSU im Aufkommen an Mitgliedsbeiträgen vorübergehend überrundet. Der Wandel der Unionsparteien zu Mitgliedsparteien – der vor allem durch Helmut Kohl als Oppositionsführer seit 1976 planmäßig vorangetrieben wurde – begann sich auch in den Parteifinanzen auszuwirken.

Seit 1984 konnte die SPD nur noch einen leichten Vorsprung vor den Unionsparteien im Aufkommen an Mitgliedsbeiträgen aufweisen. Die Bedeutung der Spenden hat bei allen Parteien in den achtziger Jahren zugenommen, die Grünen nicht ausgenommen. Nicht nur in den Spenden, sondern auch bei dem Kernstück der Aufbringung von Eigenmitteln durch Mitgliedsbeiträge ist ein gewisser Anteil Parteienfinanzierung verborgen, da der Staat durch die Steuerbegünstigung von Mitgliedsbeiträgen beträchtlich beteiligt ist. 1984-1987 lag er bei Zweidritteln der Wahlkampfkostenerstattung durch die Staatskasse (Landfried 1994: 113).

Tabelle 4.3: Überblick über die wichtigsten Einnahmen der Parteien und ihren Anteil an den Gesamteinnahmen seit 1991

Mitgliedsbeiträge

Jahr	SPD		CDU		CSU		GRÜNE		PDS		FDP	
	T€	*%*	*T€*	*%*	*T€*	*%*	*T€*	*%*	*T€*	*%*	*T€*	*%*
1991	77 525	42,30	47 636	43,78	7 920	29,94	6 143	36,99	7 439	23,99	6 452	24,16
1992	78 022	58,11	48 178	44,13	7 946	31,37	6 641	33,03	7 170	62,29	6 766	27,96
1993	78 509	54,69	48 966	42,40	9 109	31,78	6 922	35,89	7 551	54,02	6 692	26,42
1994	78 040	43,19	47 866	33,44	9 355	26,97	7 862	29,11	7 458	42,52	6 461	17,98
1995	79 965	54,84	50 550	45,29	9 473	35,04	9 363	37,81	8 285	39,70	5 772	24,58
1996	78 251	54,07	51 342	45,29	10 016	31,46	10 378	40,49	8 660	46,71	5 619	27,08
1997	80 717	56,19	51 433	46,09	9 960	34,77	11 037	42,10	8 617	45,76	5 431	25,56
1998	80 699	51,84	51 488	37,28	9 845	29,37	11 057	37,96	8 841	44,77	5 334	21,14
1999	80 512	51,45	53 848	40,67	10 103	30,99	10 685	40,68	8 952	42,98	5 509	23,36
2000	77 587	51,97	55 470	42,38	10 488	37,42	9 466	40,33	9 016	44,83	5 644	24,61
2001	78 231	48,90	57,031	43,53	12 633	36,52	9 129	38,29	8 926	43,56	5 679	22,09
2002	78 275	49,30	57,952	40,94	13 358	28,99	9 311	35,36	10411	47,51	6 264	19,86
2003	53 890	29,97	42,748	30,60	10 240	21,60	5 333	20,37	9 875	44,57	6 120	22,04
2004	50 573	29,73	43,497	28,69	10 107	25,39	5 399	21,26	9 303	44,19	6 013	20,50
2005	49 216	29,11	43,200	27,13	9 914	23,88	5 476	20,58	9 257	41,17	6 157	18,97
2006	48 417	29,00	42,956	29,33	9 815	25,62	5 533	21,32	9 068	40,07	6 781	22,80

Spenden

Jahr	SPD		CDU		CSU		GRÜNE		PDS		FDP	
	T€	*%*	*T€*	*%*	*T€*	*%*	*T€*	*%*	*T€*	*%*	*T€*	*%*
1991	11 871	6,48	19 731	18,13	7 523	28,44	3 931	23,67	1 001	3,23	6 717	25,15
1992	10 897	8,12	19 162	17,55	8 317	32,84	3 467	17,24	1 916	16,64	6 314	26,09
1993	13 554	9,44	22 517	19,50	10 521	36,71	4 104	21,28	2 138	15,30	7 575	29,91
1994	17 760	9,83	29 085	20,32	9 181	26,47	4 610	17,07	3 277	18,68	8 477	23,59
1995	12 720	8,72	18 365	16,45	7 343	27,17	4 473	18,06	2 572	12,33	5 591	23,80
1996	14 278	9,87	18 402	16,23	11 566	36,33	5 051	19,71	2 834	15,29	7 161	34,51
1997	11 837	8,24	17 295	15,50	7 066	24,67	4 648	17,73	3 001	15,94	7 288	34,31
1998	18 836	12,10	33 813	24,48	12 536	37,40	5 847	20,07	3 785	19,17	11 178	44,30
1999	17 236	11,02	33 368	25,20	7 806	23,94	5 140	19,57	3 839	18,43	9 843	41,74
2000	12 631	8,46	28 512	21,79	6 935	24,75	4 311	18,37	3 485	17,33	8 464	36,90
2001	16 528	10,33	25 459	19,43	10 877	31,47	5 121	21,48	3 699	18,05	10 799	42,01
2002	17 334	10,92	30 468	21,46	18 872	40,95	5 282	20,06	3750	17,11	13 745	43,58
2003	10 445	5,81	17 397	12,45	9 717	20,49	3 435	13,12	1 753	7,91	7 351	26,47
2004	13 144	7,73	27 684	18,26	6 278	15,77	3 637	14,32	2 001	9,51	8 725	29,75
2005	14 165	8,38	35 585	22,35	9 353	22,53	4 430	16,65	2 231	9,92	11 752	36,24
2006	12 292	7,36	22 866	15,61	6 072	15,85	3 447	13,28	1 638	7,24	8 055	27,09

Staatliche Mittel

Jahr	SPD		CDU		CSU		GRÜNE		PDS		FDP	
	T€	%	T€	%	T€	%	T€	%	T€	%	T€	%
1991	32 974	17,99	27 018	24,83	8 351	31,57	4 204	25,32	1 759	5,67	8 132	30,45
1992	29 226	21,77	28 779	26,36	6 583	25,99	7 334	36,47	240	2,08	7 081	29,26
1993	30 256	21,08	31 197	27,02	6 583	22,97	5 328	27,63	2 554	18,27	6 976	27,54
1994	68 125	37,70	59 247	41,40	13 885	40,03	10 586	39,19	5 666	32,30	12 336	34,32
1995	46 209	31,69	37 662	33,74	8 460	31,30	9 139	36,90	7 561	36,23	6 861	29,21
1996	46 245	31,96	37 086	32,71	8 574	26,93	8 468	33,04	6 058	32,68	6 321	30,46
1997	46 024	32,04	37 437	33,55	9 932	34,67	8 834	33,69	6 284	33,37	6 713	31,60
1998	49 514	31,81	37 777	27,35	8 950	26,70	9 308	31,95	6 398	32,40	6 740	26,71
1999	48 035	30,70	39 162	29,58	9 641	29,57	8 672	33,01	7 437	35,71	6 830	28,97
2000	47 772	32,00	40 501	30,95	8 717	31,10	8 289	35,32	7 050	35,05	7 424	32,37
2001	47 494	29,69	41 466	31,65	9 190	26,57	7 810	32,75	7 250	35,38	7 162	27,86
2002	48 871	30,78	43 602	30,71	11 916	25,86	8 705	33,06	7 171	32,72	8 299	26,31
2003	59 334	32,99	43 897	31,42	15 269	32,20	10 757	41,09	8 740	39,44	10 241	36,88
2004	46 355	27,25	43 708	28,83	11 774	29,57	9 720	38,28	7 885	37,46	9 009	30,71
2005	43 774	25,89	45 235	28,41	10 550	25,42	9 553	35,90	8 517	37,88	9 585	29,53
2006	42 904	25,70	44 591	30,45	10 781	27,14	9 910	38,18	8 549	37,77	9 872	33,20

Gesamteinnahmen (unter Abzug des innerparteilichen Geldtransfers)

Jahr	SPD		CDU		CSU		GRÜNE		PDS		FDP	
	T€	%	T€	%	T€	%	T€	%	T€	%	T€	%
1991	183 275	100,00	108 804	100,00	26 454	100,00	16 606	100,00	31 015	100,00	26 703	100,00
1992	134 275	100,00	109 181	100,00	25 329	100,00	20 107	100,00	11 511	100,00	24 203	100,00
1993	143 555	100,00	115 477	100,00	28 660	100,00	19 286	100,00	13 977	100,00	25 328	100,00
1994	180 680	100,00	143 125	100,00	34 685	100,00	27 010	100,00	17 541	100,00	35 939	100,00
1995	145 819	100,00	111 624	100,00	27 031	100,00	24 765	100,00	20 868	100,00	23 487	100,00
1996	144 717	100,00	113 364	100,00	31 834	100,00	25 629	100,00	18 539	100,00	20 749	100,00
1997	143 661	100,00	111 581	100,00	28 645	100,00	26 219	100,00	18 831	100,00	21 244	100,00
1998	155 663	100,00	138 102	100,00	33 522	100,00	29 131	100,00	19 749	100,00	25 235	100,00
1999	156 476	100,00	132 412	100,00	32 606	100,00	26 267	100,00	20 827	100,00	23 580	100,00
2000	149 301	100,00	130 877	100,00	28 025	100,00	23 469	100,00	20 113	100,00	22 937	100,00
2001	159 971	100,00	131 023	100,00	34 590	100,00	23 842	100,00	20 491	100,00	25 709	100,00
2002	158 773	100,00	141 961	100,00	46 081	100,00	26 334	100,00	21 914	100,00	31 541	100,00
2003	179 845	100,00	139 723	100,00	47 417	100,00	26 179	100,00	22 159	100,00	27 772	100,00
2004	170 126	100,00	151 592	100,00	39 814	100,00	25 392	100,00	21 050	100,00	29 331	100,00
2005	169 084	100,00	159 208	100,00	41 509	100,00	26 608	100,00	22 487	100,00	32 456	100,00
2006	166 950	100,00	146 464	100,00	38 311	100,00	25 958	100,00	22 632	100,00	29 738	100,00

Quellen: BT-Drs. 15/255 und BT-Drs. 16/1250

Die *Spenden* als zweite Quelle der Eigenfinanzierung sind noch stärker ins Zwielicht des Vorwurfs der versteckten Staatsfinanzierung einerseits bei Förderung der Kapitalisierung der Parteienfinanzen andererseits geraten.

Entscheidend für die Beurteilung der Rolle der Spenden sind zwei Faktoren:

- das Verhältnis von Beiträgen zu den Spenden
- und der Anteil der Großspenden innerhalb des Spendenaufkommens für die Parteien.
- Gemessen an dem ersten Kriterium weisen die drei ältesten etablierten Parteien der Bundesrepublik große Unterschiede auf. Die SPD war lange die

Partei, in der die Beiträge eine weit größere Bedeutung als die Spenden besaßen. In Nichtwahljahren lag sie meist noch immer an der Spitze. Bei der FDP lagen die Spenden in ihrem Gewicht noch immer über den Beiträgen. Bei der CSU machten die Spenden in einigen Jahren (z.B. 1996, 2002) mehr als die Mitgliedsbeiträge aus, bei der CDU nur ca. ein Drittel der Mitgliedsbeiträge (1996, 1997). Nur bei den Liberalen ist die Kapitalisierungstendenz auffallend. Weit schwieriger erscheint es, den Anteil der Großspenden an den Einnahmen der Parteien aus Spenden aus zumachen. Bei der Wahlkampffinanzierung der Bundestagsabgeordneten überwogen nach einer Umfrage von 1988 (Landfried 1994: 131) die Spenden bis zu 100 DM. Unter dem Vorbehalt von Dunkelziffern wurde nach den Rechenschaftsberichten der Parteien nur bei der CSU ein großer Anteil an Großspenden von ca. einem Drittel ermittelt. Sie machten aber nur 5% des Spendenaufkommens aus.

Die Kapitalisierung machte nur langsam Fortschritte, und durch die Finanzskandale am Ende der achtziger Jahre ging die Spendenwilligkeit der Unternehmen vorübergehend stark zurück. Nur in kriminalistischer Kleinarbeit konnten gelegentlich die illegalen Großspenden ermittelt werden wie bei dem Flick-Prozess. Der Anteil der illegalen Großspenden war gelegentlich höher als der der legalen Zuwendungen Dritter. Die Förderungsgesellschaften, die in der Literatur vielfach schon als bedeutungslos eingestuft worden waren, spielten in den Transaktionen wieder eine gewichtige Rolle.

Dunkelziffern im Spendenaufkommen liegen auch in den direkten Zuwendungen an einzelne Abgeordnete oder Parteiflügel, ohne den Umweg über die zentrale Partei. Die Zuwendungsgeber sind zunehmend wählerischer in ihren Zielkandidaten geworden, und darin liegt vielleicht die größte Gefahr einer Kapitalisierung der Parteifinanzen. Im Gegensatz zu den USA, welche die Abgeordnetenbestechung unter Strafe stellen, sind die „Verhaltensmaßregeln der Mitglieder des Deutschen Bundestages“ sehr viel weniger restriktiv gehalten. Die Novellierung des Abgeordnetengesetzes war 1986 durch den Fall Barzel ausgelöst worden, der für seine Mitarbeit an einer Rechtsanwaltspraxis durch einen verschleierten Beratervertrag mit der Firma Flick hochdotiert war. Ein Verbot direkter Spenden an Abgeordnete ist gleichwohl in Deutschland noch nicht mehrheitsfähig geworden. Die vom Bundespräsidenten berufene Expertenkommission hat diese Forderung erneut auf den Tisch des Gesetzgebers gebracht (Empfehlung 1993: 50).

Eine weitere Gefahr der Entstehung von Abhängigkeiten der Parteien ist durch die wachsende Bedeutung der *Kreditaufnahme* gegeben. Die Nettokreditaufnahme wurde in den neueren Rechenschaftsberichten seit 1989 nicht mehr ausgewiesen. Bei der CDU stellte sie im Wahljahr 1987 36% der Gesamteinnahmen dar. Bei SPD und FDP gingen die Bankkredite zurück, und bei den Grünen spielten sie keine Rolle. Vorschläge zur Schaffung einer Obergrenze für die Kreditaufnahme der Parteien, wie sie die Sachverständigenkommission stellte, griff der Gesetzgeber auf (Empfehlungen 1993: 50). Trotz der staatlichen Wahlkampfbeihilfe kam es zeitweise zur Verschuldung der Parteien. 1996 und 1997 lagen jedoch die Ausgaben unter den Einnahmen. In Jahren mit Bundestagswahl ist diese Balance hingegen bei den Parteien meist nicht gegeben.

Die Ausgabenseite der Parteifinanzen ist bisher weit seltener untersucht worden. Sie ist jedoch auch für die Tendenzen der Einnahmen von Bedeutung, falls sich eine *Kommerzialisierung* als dauerhafter Trend nachweisen lässt. Die wichtigsten Ausgabenposten sind politische Arbeit (vor allem innerparteiliche Gremienarbeit), Personal und Verwaltung. Bei den beiden größten Parteien in Deutschland haben sich die Ausgaben stark angenähert. Ein knappes Viertel der Ausgaben entfällt auf die politische Arbeit. Bei FDP und Grünen liegt dieser Anteil noch höher. Ausgaben für Wahlkampftätigkeiten können von den Parteien nicht mehr als ein vor der Konkurrenz gehütetes Betriebsgeheimnis behandelt werden. 1996 und 1997, Jahre mit nur regionalen Wahlen, betrugen die Ausgaben für Wahlkämpfe bei der SPD 11 und 19%, bei der CDU 14 und 7%.

Die Schatzmeister der Parteien haben gleichsam ein Kartell gebildet. Es stellte die Kriterien auf, nach denen direkte und sonstige wahlkampfbezogene Kosten definiert worden sind. Sie sollten maximal auf 50% der laufenden Kosten begrenzt werden. Hinzu treten die Eigenmittel der Kandidaten, die nach verschiedenen Umfragen Anfang der siebziger Jahre ca. 10 000 DM und Ende der achtziger Jahre ca. 18 000 DM ausmachten. Drucksachen und Kandidatenfaltblätter standen bei den Wahlkampfausgaben mit 28% an der Spitze der Ausgaben der Parteien. Es folgten Anzeigen (23%) und Plakate (19%). Die Kommerzialisierung der Wahlkämpfe ist im Gegensatz zu Amerika nicht so weit fortgeschritten. Angesichts der öffentlich-rechtlichen Dominanz der Medien müssen Fernsehzeiten nicht gekauft werden. Im Gegensatz zu Amerika werden Werbefirmen nicht pauschal beauftragt. Die Parteien versuchen, Wahlkampfexpertisen in der eigenen Organisation zu entwickeln. Am stärksten gilt das für die Unionsparteien (Radunski 1980). Der Kauf von Leistungen gegen Geld der Parteien, welcher die Kommerzialisierung vorantreibt, ist allenfalls bei den Parteizentralen üblich, kaum bei den Untereinheiten der Parteien. Im Gegensatz zu Amerika ist der Wahlkampf noch weitgehend von der Partei koordiniert und lässt keine großen Abweichungen bei einzelnen Kandidaten und Abgeordneten zu. Zur Verhinderung einer Verselbständigung der Parteien ist von Eschenburg ein Bürgerbonus vorgeschlagen worden, der von der Sachverständigenkommission (Bericht 1983: 213) wieder aufgegriffen worden ist. Die Parteien – mit Ausnahme der

Grünen – haben jedoch eine dritte Finanzstimme (die über die Verteilung der staatlichen Mittel den Wähler entscheiden lässt) als „Bonus für Spaßvögel und Querulanten" bisher abgelehnt (Landfried 1994: 311). Auch die Einführung der amerikanischen *Matching funds* – staatliche Gelder an die Beiträge und Kleinspenden zu koppeln -, die von einem USA-Spezialisten vorgeschlagen worden ist (Lösche 1984: 125), war ein Weg, die Staatssubventionierung wieder stärker an die Leistungen der Parteimitglieder zu koppeln. Das Bundesverfassungsgericht hat ihn beschnitten.

Der Ausbau der öffentlichen Parteienfinanzierung hat sich gerade für unkonventionelle neue Kräfte und noch nicht gefestigte Organisationen als tödliche Gefahr erwiesen. Als die Grünen im Dezember 1990 bei den Bundestagswahlen scheiterten, mussten sie über Nacht auch den wirtschaftlichen Ruin erkennen. Der Schatzmeister der Grünen rechnete für die 11. Wahlperiode mit 12,7 Millionen DM weniger an staatlichen Zuschüssen. Die Zwangsausgaben von Bundestagsabgeordneten aus deren Diäten entfielen zusätzlich. Die Wahlkampfkostenerstattung und der Sockelbetrag fielen aufgrund des schlechten Abschneidens niedriger aus als erwartet. Auch die unkonventionelle Antipartei hatte sich in wenigen Jahren an die öffentliche Subventionierung gewöhnt, so scharf sie auch deren Missbräuche und Übertreibungen angeprangert hatte. Im Februar trat die sechste Novelle zum Parteiengesetz in Kraft, welche die Auflagen des Bundesverfassungsgerichts von 1992 zur Wahlkampfkostenerstattung (BVerfGE 85, 264ff.) gesetzgeberisch umsetzte. Wahlkampfkostenerstattung und Chancenausgleich wurden durch eine Teilfinanzierung der Parteien ersetzt. Die Zweckbindung der staatlichen Mittel an Wahlkampfkostenerstattung, die immer etwas Künstliches hatte und zum Missbrauch einlud, wurde durch eine Teilfinanzierung aller Funktionen von Parteien ersetzt. Um die Eigenkräfte anzuregen, wurden diese Mittel jedoch an den Erfolg eigener Anstrengungen in Form von gesammelten Mitteln und Stimmen bei den Wahlen gebunden. Für jede Stimme wurde 1,- DM vergütet. Um die kleinen Parteien nicht zu benachteiligen, sollen für die ersten fünf Millionen DM 1,30 zugeschossen werden. Für jede DM, die Parteien aus Mitgliedsbeiträgen oder Spenden aufbringen, soll ihnen DM 0,50 aus dem Bundeshaushalt vergütet werden. Eine Kommission unabhängiger Sachverständiger sollte über die Auswirkungen der Neuregelung bis 1999 berichten.

Die Begünstigung der ersten fünf Millionen Stimmen, die eine Partei erhält, wurde als „verkappter Sockelbetrag" angesehen. Die Obergrenze von 230 Millionen DM wurde, ohne dass das Verfassungsgericht dies verlangt hatte, festgeschrieben. Schon für 1994 wurde eine Obergrenze bis 250 Millionen DM für angemessen errechnet (Kaltefleiter/Naßmacher 1994: 256). Es war damit vorgesorgt, dass die Parteienfinanzierungsdebatte nicht zur Ruhe kommt. Wählerparteien vom Typ der Grünen scheinen durch die Subventionsregelung schwächer dotiert als Kaderparteien vom Typ PDS. Die Neuregelung ist sogar als „vorverlegte Verschanzung gegenüber allen, auch demokratischen Herausfordererparteien“ eingeschätzt worden (Rudzio 1994: 399). Die Neuregelung enthielt Anreize zur Organisation von Scheinspenden. Die Entwicklung von den Volks- und Mitgliederparteien zur postmodernen Rahmenpartei professioneller Parteieliten wird durch die Neuregelung vermutlich begünstigt. Bei ihr kommt es weniger auf die Mobilisierungskraft von Massenparteien an als auf findige Parteieliten, die in geschickt arrangierten Netzwerken ihre Erfolge im „*fundraising*“ von der Staatskasse belohnen lassen.

Nach der CDU-Spendenaffäre wurde im April 2002 eine 8. Änderung des Parteiengesetzes vom Bundestag beschlossen. Eine Kommission des Bundespräsidenten hatte zuvor wertvolle Zeit vertan, so dass der „Reformdruck verflogen“ schien. Die Schatzmeister galten erneut als die Bösewichter, die durch die Untersuchungskommissionen das Verfahren verzögerten. So kam es nach Ansicht von Hans Herbert von Arnim (2002: 1066) gegenüber dem Skandalrhythmus zu einer „antizyklischen Gesetzgebungsstrategie.“

Neue Vorschriften über Rechenschaftslegung traten Anfang 2003 in Kraft. Die „Drei-Länder-Grenze“ sollte erst ab 2005 gelten: nach dieser Bestimmung muss eine Partei, die bei einer Bundestags- oder Europa-Wahl nicht wenigstens 0,5% der Zweitstimmen und bei den letzten Landtagswahlen nicht in mindestens drei Ländern 1 Prozent der Stimmen erreicht, auf den Zuschuss von 38 Cent pro Zuwendungseuro verzichten. Bisher reichten 1% der Stimmen bei der letzten Landtagswahl in einem Bundesland. Die Splitterparteien wurden damit erneut benachteiligt. Die Kriterien für zugelassene Spenden wurden verschärft: Bar-Spenden dürfen 1000 Euro nicht überschreiten, Spenden von Unternehmen der öffentlichen Hand sind untersagt, sowie Spenden von bezahlten Spendeneinwerbern, wenn deren Entgeld 25% des Wertes der Spende übersteigt. Diese Vorschrift richtete sich gegen eine Praxis wie die Abonnement-Werbung des Bayernkuriers der CSU.

Wichtige Desiderate sind vom Gesetzgeber wieder nicht erledigt worden, wie die Spezifizierung von Sanktionen und Kontrollen, das Verbot der „Parteisteuern“ für Mandatsträger. Die Schlupflöcher für Manipulationen bei Steuervergünstigungen sind nicht alle gestopft. Der im Strafgesetzbuch eingefügte Tatbestand der Abgeordnetenkorruption (§ 108e StGB) ist weiterhin „symbolische Gesetzgebung“ geblieben.

Die staatliche Finanzierung von Parteien wird vielfach stellvertretend für alle Etatisierungstendenzen verketzert. Zu Unrecht, denn sie ist nur ein Indiz, nicht die Ursache dafür, dass Parteien immer stärker in die staatliche Sphäre hineinwachsen. Dieser Prozess ist unumkehrbar und keineswegs nur negativ zu beurteilen. Die traditionelle Scheidung zwischen Staat und Gesellschaft lässt sich nicht mehr aufrechterhalten, auch wenn linke Oppositionen an diese Topoi des 19. Jahrhunderts wieder anzuknüpfen versucht haben. Die Gruppen stehen dem Staat nicht mehr bloß als fordernde Interessenverbände gegenüber, sondern treffen mit dem Abbau der „Verbandsprüderie" der traditionellen Staatsmetaphysik selbst zunehmend politische Verteilungsentscheidungen zusammen mit staatlichen Institutionen.

Die Polemik gegen die Staatsfinanzierung geht von einem veralteten Ideal der sich selbst finanzierenden Mitgliederpartei aus. Dies ist auch durch den *Wandel der Motivation für die Parteimitgliedschaft* zum Teil überholt. Selbst die SPD ist heute nicht mehr die verschworene Gemeinschaft der einander duzenden Kämpfer für die Unterprivilegierten. Ausschließliche Selbstfinanzierung stärkt die Tendenzen von Patronagepolitik, wie die USA als abschreckendes Beispiel zeigen. Die Aufgaben der Parteien sind vielfältiger geworden, die Mitgliederzahlen aber sind nicht mehr nennenswert zu steigern.

Umfragen zeigen, dass die Beitrittswilligkeit begrenzt ist, auch wenn der alte Anti-Parteien-Affekt, der 1949 alle neuen Parteien suspekt machte, weitgehend abgebaut werden konnte. Mit der Entwicklung zu Volksparteien kann keine Partei mehr hoffen, den Bürger in allen Fragen an sich zu binden und womöglich auch alle auftauchenden Sinnfragen des Lebens noch zu beantworten, wie es die alten Subkulturparteien der Katholiken und der weltanschaulich gebundenen Sozialisten versuchten. Umfragen zeigen, dass der Bürger den Parteien rational-distanzierter gegenübersteht und je nach Problem seine Präferenz für bestimmte Parteien aufteilt. Daher sind auch Fragen nach der Parteienidentifikation in der Bundesrepublik häufig in die Irre gegangen (vgl. Kap.3, Wahlen).

Die staatliche Parteiensubventionierung muss die Mitte zu halten suchen zwischen dem Zwang zur Aufspürung privater Gelder und zunehmender Trägheit der Parteibürokratien, die es nicht mehr nötig haben, die Mitglieder und deren Opfersinn zu mobilisieren.

4.3 Demokratisierung und Fraktionierung

Das Grundgesetz gewährt den Parteien im Artikel 21 nicht nur Privilegien über die Mitwirkung an der politischen Willensbildung, sondern stellt an sie auch Anforderungen hinsichtlich der inneren Ordnung, die „demokratischen Grundsätzen" entsprechen muß. Bis zum Parteiengesetz wurde das Demokratiedefizit meist rein negativ in bezug auf verfassungsfeindliche Organisationen bestimmt. Die positiven Erfordernisse der innerorganisatorischen Demokratie bei den übrigen Parteien wurden kaum reflektiert.

Das Parteiengesetz brachte hier inhaltliche Verbesserungen. Die territoriale Gliederung muss so eingerichtet sein, dass die Mitwirkung der Mitglieder ermöglicht wird. Die Zahl der Delegationsstufen, die Fristen für die Wahlen der innerparteilichen Leistungsgremien, das Verbot von Aufnahmestopps für neue Mitglieder, die Regelung der Schiedsgerichtsbarkeit und der Ausschlussgründe schützen die rechtliche Stellung der Mitglieder.

Gerade starke Mitgliederparteien haben besondere Schwierigkeiten, die innere Organisationsstruktur demokratisch und transparent zu halten. Die SPD kann Kreismitgliederversammlungen angesichts ihrer Größe schon nicht mehr zulassen. Daher wird der „Volkswille“ Parteibasis in der Regel in dieser Partei durch eine *Delegationsstufe* mehr als bei den anderen Parteien „gebrochen“. Ein gewisser Organisationstraditionalismus wird durch das Festhalten an herkömmlichen *Gebietseinheiten* gestärkt, die sich vielfach nicht mit den Ländergrenzen decken.

Die Existenz von Untereinheiten bei den Landesverbänden (vier bei der CDU in Baden-Württemberg und bei der SPD in Niedersachsen sind die krassesten Fälle) kompliziert die Willensbildung und macht die Konflikte zwischen Landesregierungen und ihrer Partei in einigen Bundesländern undurchsichtig. Etablierte Hausmachtinteressen widersetzen sich in beiden großen Parteien einer Flurbereinigung der Organisationslandschaft.

Noch anstößiger im Sinne des Demokratiegebots sind die *Ex-officio-Stimmrechte der Vorstände* bei Parteitagen. Das Parteiengesetz (§ 9 Abs. 2) hat versucht, Missbräuchen der Vormachtstellung von Vorständen einen Riegel vorzuschieben. Aber es gestattet den Ex-officio-Mitgliedern noch immer, mit Stimmrecht bis zu einem Fünftel der satzungsmäßigen Gesamtzahl der Versammlungsmitglieder an den Vertreterversammlungen teilzunehmen. Bei drei Delegationsstufen wäre der Extremfall denkbar, dass bei Bundesparteitagen nur etwas über die Hälfte der Parteitagsdelegierten ihr Mandat durch eine nicht durch Amtsmitgliedschaften unterbrochene Delegationskette legitimiert erhalten hat (Zeuner 1970: 56). Zum Glück wird der Rahmen, den das Parteiengesetz steckt, nicht ausgeschöpft. In der Regel überschreitet der Anteil der Delegierten kraft Amtes 5-15% (SPD) und 10-20% (CDU) der Gesamtzahl nicht. In der FDP gab es Parteitagsdelegierte kraft Amtes nur im Bundeshauptausschuss, der eine Art „kleiner Parteitag“ darstellte (Kaack 1978: 71).

Demokratisierungstendenzen gingen im Gefolge der Protestbewegung Ende der sechziger Jahre Hand in Hand mit *Fraktionierungstendenzen,* die einen Teil der Demokratisierung durch innerorganisatorische Polarisierung wieder zunichte machten. Gutgemeinte Ratschläge zum Ausbau des innerorganisatorischen Wettbewerbs, wie sie Naschold (1969) von den amerikanischen Druckergewerkschaften auf die deutschen Parteien übertrug, blieben unrealisierbar. Einige der Voraussetzungen dieser Konflikte bei grundsätzlicher Einheit (z.B. relative soziale und weltanschauliche Homogenität) waren angesichts der innerparteilichen Diskussion und der starken inneren Konflikte in den deutschen Parteien nicht gegeben.

Einen begrenzten innerorganisatorischen Wettbewerb hatte es in den Parteien immer gegeben. Die *Arbeitsgemeinschaften* führten zu einem Wettbewerb funktionaler Gliederung. Vor allem bei der CDU hat dies den Wettbewerb bis hin zu Kampfabstimmungen bei der Kandidatenaufstellung belebt. Im Gegensatz zur SPD war die CDU auch in bezug auf die Finanzierung der Ausschüsse offenbar toleranter, etwa wenn die Sozialausschüsse von der Jakob-Kaiser-Stiftung mitfinanziert wurden. Bei der CSU hat die Betonung des ständischen Organisationsprinzips als Anachronismus eigentlich eher dazu beigetragen, dass die Arbeitsgemeinschaften lange ein organisatorisches Scheinleben führten (Mintzel 1977: 179).

Die Jugendorganisationen waren unter den Arbeitsgemeinschaften immer eine Sonderform, die am stärksten zur Belebung von Wettbewerb und Konflikt beitrug. Bei der CDU war die Junge Union sehr viel problemloser Karrierevehikel als die Jungsozialisten bei der SPD. Die „Ochsentour" bei der SPD war fast unvermeidbar. Die Elitenforschung zeigt (Kap. 6), dass die herkömmlichen Rekrutierungsmuster in dieser Partei seltener durchbrochen wurden als in den beiden anderen Parteien.

Ende 1961 kam es zum ersten Unvereinbarkeitsbeschluss des SPD-Vorstandes gegen den SDS, der im Vergleich zur weiteren Entwicklung hin zur außerparlamentarischen Opposition im Rückblick relativ gemäßigt erschien, gemäßigter jedenfalls als die Ansichten des Stamokap – und des antirevisionistischen Flügels der Jungsozialisten, die ihre Meinungen äußerten, ohne dass die Parteispitze es bisher zum Bruch mit dieser Arbeitsgemeinschaft kommen ließ. Spätestens seit dem Münchner Kongress der Jungsozialisten im Dezember 1969 wurde eine Linie der stärkeren Autonomie gegenüber der Partei verfolgt, die aus der außerparlamentarischen Opposition (APO) eine innerparteiliche Opposition (IPO) zu machen drohte. Eine schlichte Identität zwischen Jungdemokraten und Jungsozialisten mit der APO der sechziger Jahre war jedoch nicht gegeben. Nur kleine Teile der APO gingen in die Jugendorganisationen der Parteien ein, der größere Teil setzte die Traditionen in den K-Gruppen als Reaktion auf die antiautoritäre Welle oder in neuen antiautoritären Gruppen spontaneistischer und undogmatischer Provenienz fort.

Die FDP war organisatorisch lange am tolerantesten gegenüber ihrer Jugendorganisation. Die Jungdemokraten waren am unabhängigsten von ihrer Partei, bis der Koalitionswechsel von 1982 auch die Liberalen zur Trennung von ihrem Jugendverband zwang, als dieser die Wende nicht mitmachen wollte und in zunehmenden Konflikt mit der Partei geriet.

Die Satzungsänderung vom Februar 1978 hat durch eine Änderung des Paragraphen 5 Abs. 2 die Mussbestimmung: „Die Mitglieder des Bundesvorstandes müssen FDP-Mitglied sein" in eine Sollbestimmung abgemildert. Anlass war ein Ausschlussverfahren in Hessen. Zweck der Änderung war, Parteiausschlüsse nicht automatisch auch für Führungsfunktionen bei den Jungdemokraten wirksam werden zu lassen. Die Jugendorganisationen der Parteien haben immer versucht, die Frage der Mitgliedschaft in ihrer Partei nicht allzu sehr zu schematisieren. Auch die Jungsozialisten haben in der Zeit, als neue Volksfrontvorstellungen in ihren Reihen auflebten, gelegentlich mit Nicht-SPD-Mitgliedern eng zusammengearbeitet. Diese durften jedoch keine organisatorischen Führungsfunktionen übernehmen.

Die Grüne Partei schien lange die einzige, die keiner Jugendorganisation bedurfte. Sie empfand sich als „die Jugend". Bei der Idolisierung der jugendlichen Protestkultur wurde übersehen, dass eine Generation – die 68er – lange ihre Macht zementierte. Joschka Fischer hat wohl als erster klar gesehen, dass auch die Grünen einen Jugendverband gründen sollten, um ihre Erfolge intergenerationell auf Dauer zu stellen und eine Partei wie andere zu werden. Aber selbst dieser Vorschlag ist noch als Versuch gewertet worden, die Dominanz der 68er in der Satzung der Grünen festzuschreiben (Fücks 1991: 79), obwohl er eher das Gegenteil darstellte: Abschied von den Illusionen der 68er, die ihr eigenes Altern nicht akzeptieren konnten. Bisherige Erfahrungen mit Nachwuchsverbänden der Grünalternativen Jugend, etwa in Schleswig-Holstein seit 1988, haben gezeigt, dass das Verhältnis von Partei und Jugendorganisationen noch konfliktreicher werden dürfte als bei den alten Parteien. Die Nachwuchsorganisationen verstehen sich nicht als Werbevereine für die Grünen.

Ein Paradoxon hat sich entwickelt. Die Partei, die einst für ideologische Geschlossenheit und straffe Organisation stand, die SPD, hat sich Anfang der neunziger Jahre als die „postmodernere" Partei von den beiden großen Volksparteien gezeigt. Die soziale Heterogenität hat die SPD noch rascher verändert als die CDU. Arbeitsgemeinschaften und innerparteiliche Interessengruppen sind selbst in sich zunehmend vom Faktionalismus gespalten, wie die Jungsozialisten. Gruppen in der Defensive rufen nach der „Quotenpartei". Noch schreckt das amerikanische Beispiel, das durch exzessive Konzessionen an das Prinzip der „politischen Korrektheit" seine Parteien noch stärker zersplittert hat, als sie im Vergleich zu Europa ohnehin schon waren (Lösche/Walter 1992: 382). Aber auch im Bereich der Parteien scheint sich zunehmend zu zeigen, dass die „erste neue Nation" mit ihren fluktuierenden Strukturen nicht Nachhut, sondern Vorhut einer Entwicklung war, die allen sich modernisierenden Parteiensystemen drohte. Die „lose verkoppelte Anarchie", die Lösche in der SPD entstehen sah, wurde bereits selbst in der PDS gesichtet (Brie u.a. 1995: 56), die von ihren Gegnern noch immer für eine verschwörerisch geführte Kaderpartei gehalten wird.

Mit der Agenda 2010 hat Gerhard Schröder noch einmal versucht, der Partei eine programmatische Marschrichtung zu geben. Die Partei war aber kaum darauf vorbereitet, und der dezisionistische Führungsstil Schröders entfremdete auch die alte Klientel der Partei. Die Agenda ist mit der späten Ära Schmidt verglichen worden: struktureller Problemdruck führte zu dem Entschluss, gegen die Interessen der eigenen Klientel zu handeln. Während Schmidts Reformen jedoch in der Kontinuität des Wohlfahrtsparadigmas standen, hat Schröders Politikwende eine substanzielle Ausrichtung der Sozialstaatlichkeit vorbereitet (Nachtwey/Spier 2007: 49). Eine Folge war der Aufstieg der Linkspartei in Westdeutschland.

4.4 Entlegitimierung durch Extremismus und neue soziale Bewegungen?

Der Konzentrationsprozess im Parteiensystem zwischen 1949 und 1961 erschien Ende der siebziger Jahre nicht mehr umkehrbar. Seit Mitte der sechziger Jahre ist wieder Bewegung in das westdeutsche Parteiensystem gekommen. Sie hat sich jedoch nicht in traditioneller Weise durch Bildung neuer Protestparteien manifestiert. Überhaupt haben die kleinen Parteien einige der Generalisierungen, die in der angelsächsischen Forschung üblich waren, in Frage gestellt. Die meisten kleinen Parteien nach 1949 waren kleine Bewegungen, die aufbrachen, weil das etablierte Parteiensystem nicht in der Lage war, bestimmte Interessen zu aggregieren. Allenfalls für den BHE galt das, und dies auch nur, weil die Vertriebenenbewegung anfangs organisatorisch von den Besatzungsmächten behindert wurde. Andere kleine Parteien aus der Zeit vor 1961 waren eher Relikte älterer Strukturen und Konflikte, sei es auf regionaler Ebene wie die DP und die Bayern-Partei, sei es in funktionaler Hinsicht wie die Wirtschaftliche Aufbauvereinigung.

Das alte Vorurteil, dass kleine Parteien keinen Einfluss auf die zentralen Fragen des Systems hätten, vor allem auf die Regierungsbildung, ließ sich im deutschen Kontext auch nicht halten. BHE und DP hatten bis 1957 wichtige Funktionen zur Absicherung der Vorherrschaft der CDU. Ohne die FDP kann heute keine der beiden großen Parteien ihre Rechnung für die Regierungsführung machen. Somit wird auch der Umkehrschluss problematisch, der kleinen Parteien die Funktion zuschreibt, gleichsam als Pressure-groups ihren Einfluss auf die großen Parteien geltend zu machen.

Klassifikationen von kleinen Parteien müssen einen Mittelweg finden zwischen der Behandlung irrelevanter Gruppen und solchen Parteien, die nach der traditionellen Definition von Sartoris Parteienlehre ein Potential für die Regierungsbildung oder ein Erpressungspotential im politischen System mobilisieren können. Die Grenze relevanter Parteien ist numerisch bei etwa 2% angesiedelt worden. Die Relevanz von Parteien schwankte jedoch mit der politischen Kultur. Auch kleine Parteien können bei der Definition der politischen Spielregeln eine wichtige Funktion besitzen. Wo eine Partei von der Bedeutung der FDP unter die kleinen Parteien eingereiht wurde (Müller-Rommel/Pridham 1991: 16), wurde die Grenze überschritten, an der nur partiell relevante Gruppen als kleine Parteien gewertet werden.

Deutschland ist ein Beispiel für ein Land, in dem die kleinen Parteien eine vergleichsweise geringe Rolle spielen. Die Fünfprozenthürde hat eine überragende Bedeutung für die Definition von Relevanz und Größe. Die Grünen als wichtigste kleine Partei, der es in relativ geringer Zeit gelang, ein recht stabiles Wählerpotential zu mobilisieren und Relevanz auch in Koalitionsverhandlungen zu erlangen, erlaubten von einer kleinen Partei nurmehr in numerischer Hinsicht zu sprechen. Die Konzeption der „wehrhaften Demokratie", die nirgends so stark entwickelt worden ist wie in der Bundesrepublik, hat dazu geführt, dass kleine Parteien in der Regel als extremistische Parteien von Koalitionserwägungen strikter ausgeschlossen wurden als in anderen westlichen Demokratien. Das galt in einem bis 1990 geteilten Land vor allem für die Linke, aber angesichts der deutschen Vergangenheit rein rechtlich auch für die Gruppen rechts von den etablierten Parteien, die sich überwiegend als Parteien der Mitte definierten. In Deutschland lassen sich drei Wellen des *Rechtsextremismus* feststellen, die – wie in anderen westeuropäischen Ländern – jeweils unterschiedliche Formen von Parteien hervorbrachten. Die erste Welle organisierte vor allem die depravierten Nutznießer des untergegangenen faschistischen Regimes, die zweite Welle organisierte Protestparteien, die keinen integralen Faschismus oder Nationalismus mehr vertraten, aber noch stark von Führungskräften geprägt waren, die im vordemokratischen Regime eine untergeordnete Rolle gespielt hatten. In der dritten Welle dominierten Einzelprobleme wie Arbeits- und Wohnungsnot, die von populistischen Demagogen einseitig auf Asylbewerber und Ausländer zurückgeführt wurden. Der Rechtsextremismus begann, sich vom alten Faschismus loszusagen. Schönhuber als Führer der Republikaner brachte es fertig, zunächst die Existenz von Nazis in seiner Bewegung zu leugnen, und als er in seiner Parteiführung an den Rand gedrängt wurde, seine Entmachtung auf eine Verschwörung alter „Faschisten" zurückzuführen.

Der Rechtsextremismus spielte in der ersten Krise 1966/67 eine starke Rolle, obwohl seine Stimmenzahl auch auf dem Höhepunkt geringer war als die

Durchschnittszahlen, die die neofaschistische MSI in Italien bei Wahlen erhält. Dass die Krise von 1973/74 kein analoges Wachstum der NPD-Stimmen mit sich brachte, nachdem diese 1969 ihr Ziel, die Fünfprozenthürde zu überspringen, knapp verfehlt hatte, hat manche der Krisenerklärungen fragwürdig gemacht. Erklärungen, die schlichte Analogien zum „Faschismus" und zur Radikalisierung der unteren Mittelschichten der Weimarer Republik ziehen wollten, sind im Lichte der quantitativen Daten nicht erhärtet worden. Nur die Landwirte und die Einzelhändler zeigten überdurchschnittlich hohe Sympathien für die NPD, nicht der ganze untere Mittelstand der Bundesrepublik (Herz 1975: 151, 160).

Die Peer-group-Sozialisation und die jeweils lokale Art von Extremismus machten daher immer wieder viele Verallgemeinerungen der Forschungen über frühe Sozialisation, Familienverhältnisse und soziale Herkunft von Extremisten seit den Studien von Adorno und seinen Mitarbeitern bei der Untersuchung des Extremismus und Terrorismus der siebziger Jahre in der Bundesrepublik wenig brauchbar.

Angesichts der ersten Anzeichen einer Radikalisierung der bisher kaum gewachsenen faschistischen Gruppen, die begannen, sich unter dem Eindruck des linken Terrorismus der siebziger Jahre zu gewaltsamen Methoden zu bekennen, wurde vielfach von links nach scharfem Durchgreifen gegen die Rechtsradikalen gerufen. Das Problem blieb, dass das Grundgesetz nicht die marxistische Werthaltung teilt, wonach Rechtsextremismus verfolgt und Linksextremismus gefördert werden muss. Politisch wurde die schärfere Wachsamkeit nach rechts von vielen Bürgern akzeptiert, vor allem seit dem Zusammenbruch des „realen Sozialismus".

Die formalen Prinzipien des Rechtsstaates in einer „streitbaren Demokratie", die sich vielfach als Schutz für politisch abweichendes Verhalten erweisen, bleiben jedoch gegen Gesinnungsmomente weitgehend immun. Angesichts der häufig bewusst sehr formalen Handhabung der Prinzipien des Rechtsstaates war nicht auszuschließen, dass der Ruf nach Verbotsanträgen gegen die Rechten, wo immer sie auch nur eine Versammlung ankündigten, durch das Denken in Rechts-Links-Symmetrien zum Bumerang für die Linke wurde.

Nach dem Zweiten Weltkrieg sind in westlichen Demokratien weniger neofaschistische Parteien als vielmehr *kleinbürgerliche Protestbewegungen* wie der Poujadismus in Frankreich und die Bewegung von Glistrup in Dänemark zur Bedrohung für das etablierte Parteiensystem geworden. Ansätze dazu zeigten sich in der Bundesrepublik erst seit der „Tendenzwende". Die „Deutsche Fortschrittsbewegung" (DFB) und einzelne Drohungen des Bundes der Steuerzahler, eine Partei der Steuerrebellen in die politische Arena zu führen, wurden in ihren Erfolgsaussichten skeptisch beurteilt, obwohl nach Umfragen ein stattlicher Teil der Befragten seine Bereitschaft erklärte, für eine Partei nach dem dänischen

Vorbild Glistrups zu stimmen, wenn sie existierte. Die Statt-Partei, mit Zentrum in Hamburg, hat die Hamburger Regierungsbildung beeinflussen können, aber es gelang ihr nicht, eine dauerhafte Kraft im Parteiensystem zu werden.

Die Bürgerinitiativen haben seit Mitte der siebziger Jahre die Vorstellung falsifiziert, dass sie überwiegend Abwehrinitiativen darstellen, auf längere Dauer nicht organisierbar sind, den Dunstkreis regionaler Probleme nicht verlassen und überwiegend ein mittelständisches Vorurteil verraten. Die Abkehr von makropolitischen zu mikropolitischen Zielsetzungen, die sich in anderen westeuropäischen Demokratien überwiegend in der Regionalismus- und Devolutionsbewegung zeigte, hatte deutsche Parallelen in einer Re-Kommunalisierung der Politik. Durch den Föderalismus der Bundesrepublik konnten diese Tendenzen jedoch schneller auf landespolitischer Ebene eingebunden werden als in anderen Ländern.

Die vielfach alarmierende Behauptung, dass die Bürgerinitiativen mehr Mitglieder als die Parteien hätten, hielt einer Nachprüfung nicht stand. Spitzenschätzungen kamen für die rund 50 000 Bürgerinitiativen nicht über 1,5 Millionen Mitglieder. Die Parteien organisierten hingegen ca. 2 Millionen (Tab. 4.5). Die Bereitschaft von über der Hälfte der Bürger, eventuell an einer Bürgerinitiative teilzunehmen, kann nicht darüber hinwegtäuschen, dass nur ein kleiner Teil von ihnen tatsächlich an einer Initiative mitwirkt.

Angesichts der immer stärker sich ausbreitenden Tätigkeit der staatlichen Verwaltung sind Bürgerinitiativen in der Bundesrepublik aufgrund der starken Abschottung des Parteienkartells im Elfenbeinturm der Fünfprozentklausel zum unerlässlichen Ventil für Aktivitäten abwehrender und prophylaktischer Art geworden. Mangels plebiszitärer Möglichkeiten im stark repräsentativ-parlamentarischen System der Bundesrepublik sind sie zudem eine Form des Rechtsschutzes „nicht-justizieller Art“ (Schmitt-Gläser, VVDStRL 1973: 260). Ferner sind sie ein Frühwarnsystem für das Aufkommen von Gruppen, die auf Veränderung der offiziellen Entscheidungsstrukturen drängen und sich dadurch von den ganz im bestehenden System integrierten Interessengruppen unterscheiden. Die staatlichen Akteure beantworteten diese Initiativen mit Erweiterung der Konsultationsrechte, vor allem im kommunalen Bereich und bei Planungen. Eine Radikalisierung der Bewegung zur Gewalt hin und zur „Phonokratie“ der Lautsprecher ist nicht als dauerhafter Trend zu beobachten. Die „grüne Front“ von Parka und Lodenmantel, von radikalen Studenten und konservativen Bürgern und Bauern, zerbrach überall da, wo radikale Gruppen versuchten, ihr Süppchen auf dem Feuer der Bürgerinitiativen zu kochen. Auch der Wille, sich als dauerhafte politische Konkurrenz der Parteien zu etablieren, ist bisher nicht überall zu erkennen. Die Dachverbände der Bürgerinitiativen sind mit politischen Optionserklärungen so vorsichtig wie die großen Interessenverbände geworden, um ihre Einheit nicht zu gefährden. Die etablierten Parteien entwickelten zunehmend Strategien, die Partizipationswilligkeit der Bürger zu nutzen. Gelegentlich hat sich eine förmliche Arbeitsteilung in der Behandlung der Bürgerinitiativen bei den Parteien herausgebildet, etwa in Baden-Württemberg in Wyhl, wo Ministerpräsident Filbinger sie hart kritisierte und auf die parlamentarischen Kanäle verwies, der Fraktionsvorsitzende seiner Partei, Späth, jedoch vor Ort zu ihrer Besänftigung tätig wurde. Die Parteien haben nach anfänglicher Feindseligkeit aufgehört, Bürgerinitiativen nur negativ zu beurteilen. Nicht selten zeigten empirische Untersuchungen, dass die dauerhafte Wirkung nicht die Abkehr von Parteien ist, sondern langfristig auch Zubringerwirkungen für diese durch Politisierung bisher unpolitischer Bürger von den Bürgerinitiativen ausgehen.

Die Bundesrepublik wurde mit den Wahlen von 1983 vom Hort des Immobilismus im Parteiensystem zu einem Eldorado des Erfolgs alternativer Politik, das im Ausland vielfach Beachtung und Überschätzung erfuhr. Die Abnahme der Parteienidentifikation, die laut Umfrage in anderen Demokratien drastischer ist, konnte den Durchbruch der *Grünen* trotz der Behinderung durch die Fünfprozentklausel kaum erklären. Auch der Wandel in der sozialen Bevölkerungsstruktur erklärt das Phänomen nur partiell. Der Trend zur postindustriellen Gesellschaft mit Abnahme der Arbeiterklasse und den Großorganisationen der alten Erwerbsgruppen ist in anderen Ländern auffälliger, ohne die gleichen politischen Folgen. Der Wertewandel in der Gesellschaft (vgl. Kap. 2) hat auch nach neueren Umfragen Ingleharts wachsende Teile der westdeutschen Bevölkerung erfasst, aber immer noch lagen andere Länder wie die Niederlande und Belgien auf der Postmaterialismus-Skala an der Spitze. Die Analyse der Wahlergebnisse in einzelnen Regionen zeigt, dass selbst das Ausmaß der Bedrohung durch Atomkraftwerke und umstrittene Großbauvorhaben die Stimmenstärke der Grünen nicht erklärt. Nur in Wahlkreisen, in denen eine zusätzliche Mobilisierung durch handfeste Fehler in der Repressionspolitik von staatlicher Seite gelegentlich provoziert wurde, wuchs auch der Stimmenanteil der Grünen überdurchschnittlich. Singuläre institutionelle Faktoren erklärten einen Teil des überdurchschnittlichen Erfolgs der Grünen: die mangelnde Attraktivität des Sozialismus im anderen Teil Deutschlands und der Kommunistischen Partei, welche für diesen realen Sozialismus eintrat, die Heimatlosigkeit der libertären Linken, die aufgrund des politischen Klimas und der Fünfprozentklausel die Etablierung als Partei links von der SPD nicht erreichen konnte. Aber auch die Fragmentierung des politischen Machtsystems und der Föderalismus begünstigten regionale Erfolge der Grünen und gaben der relativ unorganisierten Bewegung einen Ansatzpunkt, in der Politik Fuß zu fassen. Im Vergleich zu Frankreich, wo die ökologische Bewegung früher lautstark in die politische Arena trat als in der Bundesrepublik, sind auch die Wirkung des Rechtssystems, die lückenlose Rechtswegstaatlichkeit (vgl. Kap. 1.2) und die ausgebaute Verwaltungsgerichtlichkeit als Hebel von Anfangserfolgen hervorgehoben worden.

Es ist noch zu früh, um die Dauerhaftigkeit der Bewegung zu beurteilen. Es ist jedoch wahrscheinlich, dass die Konfliktlinie zwischen neuen und alten Werten von Dauer sein wird. Die Grünen haben viele der „reinen Postmaterialisten" mobilisieren können, aber sie erlangten kein Monopol auf die Vertretung der verschiedenen sozialen Bewegungen. Die Verschiebung der Aufmerksamkeit von den Umweltproblemen auf die Friedensbewegung könnte für die Grünen durchaus zur Fußangel werden, da die SPD, von 1982-1998 in der Opposition, ihr Image, die beste Lösungskompetenz in der Friedensfrage zu haben, erfolgreich verstärken konnte. Die heterogene soziale Basis, die selbst 2% Öko-Rechte umfassen könnte, die eine Sinus-Umfrage von 1981 ermittelt haben will (Sinus 1981: 9), wurde durch permanente Fraktionskämpfe nicht gerade zementiert. Selbst die überwiegend linken Wähler sind in Fundamental-Ökologisten und Reform-Ökologisten, die gegenüber einem Bündnis mit einer erneuerten SPD aufgeschlossener sind, gespalten. Die Eigenarten der Partei „neuen Typs" ohne straffe Disziplin und mit offener Mitgliedschaft (die Frage der Doppelmitgliedschaften schuf den ersten Konfliktstoff zwischen „bürgerlichen" und linken Grünen), ohne Berufspolitiker, bei Rotation der Abgeordneten und imperativem Mandat führten zu immer neuen Konflikten. Einige der gutgemeinten Innovationen drohten das zu erzeugen, was sie verhindern wollten: den Berufspolitiker, da die Nachrücker weniger Kündigungsschutz genießen und die berufliche Unsicherheit die Mandatsträger umso abhängiger von ihrer Partei machte.

Trotz der spektakulären Querelen – deren Höhepunkt die Aufkündigung der Unterstützung der SPD-geführten Regierung Mompers in Berlin im Herbst 1990 vor der ersten gesamtdeutschen Bundestagswahl darstellte – haben die Grünen sich im ganzen als Protestpartei „neuen Typus" erstaunlich schnell in der Parteienlandschaft zurechtgefunden. Parallelen zur SPD im Bismarck-Reich sind gezogen worden: Die Grünen lehnten vielfach den Haushalt ab. Während die SPD jedoch diese Strategie jahrzehntelang verfolgte, haben die Grünen ab Mitte der achtziger Jahre ihre Koalitionsfähigkeit unter Beweis zu stellen versucht, wenn auch die Beispiele in Hessen und in Berlin bis 1990 nicht von Dauer und Erfolg gekrönt waren.

4.5 Vom alten Blocksystem zum neuen Systemblock: Parteien im Prozess der Integration von Ost und West

Parteiensysteme reagieren am sensibelsten von allen politisch relevanten Institutionen auf neue soziale Konflikte. Das Parteiensystem der Bundesrepublik hatte in seiner Anfangsphase noch Regionalparteien, die dem Zentrum-Peripherie-Konflikten Ausdruck verliehen. Auch in der Ex-DDR gab es einen Zentrum-Peripherie-Konflikt. Sachsen und Thüringen hatten sich von Berlin bevormundet gefühlt. Der regionale Protest des Südens vereinte sich im Wahlverhalten von März/Dezember 1990 mit dem Konflikt der Schichten. Die Arbeiterklasse wählte noch immer gegen das System, vor allem am Ende des „Arbeiter- und Bauernstaates".

Dennoch blieben die verschiedenen Konfliktlinien von erstaunlich geringem Einfluss auf die Parteien in Ostdeutschland, und die Vereinigung hatte relativ wenige Auswirkungen auf die Parteienlandschaft in der alten Bundesrepublik. Die alten Blockparteien wechselten – kollaborationsgewohnt – die Führungskräfte aus, weil Leninpreisträger nicht mehr in die christdemokratische oder liberale Szene passten. Einen Teil der Mitgliedschaft konnten sie behalten. Bruchlos wurden die Blockparteien dem neuen „Systemblock", der auf dem Boden des Grundgesetzes stand, noch ehe es in der DDR zu gelten begann, eingefügt. In der Präambel der Koalitionsvereinbarung von CDU, DSU, DA, Liberalen und SPD vom 12. April 1990 versprach der neue Systemblock „parteitaktische Interessen zurückzustellen und eine große Koalition für die Zeit des Zusammenwachsens beider deutscher Staaten zu bilden". Die Ausarbeitung einer DDR-Verfassung wurde schon in Frage gestellt, und es wurden nur noch Verhandlungsziele der neuen Regierung für die „Veränderung des Grundgesetzes" aufgestellt. Keine Überlebenschancen hatten die gesellschaftlichen Organisationen, welche an den Parteiprivilegien im alten Blocksystem teilhatten, wie Gewerkschaften, Jugend-, Frauen- und Bauernorganisationen, die zum Teil bei den Märzwahlen noch repräsentiert gewesen waren. Das Parteienprivileg des Grundgesetzes hat sich in der DDR voll durchgesetzt. Kleine Parteien wie die DSU, die versuchten, mit einem Huckepackverhältnis zur CSU politisch zu überleben, scheiterten. Die DSU war auch in den Landtagen Ostdeutschlands nicht mehr vertreten. Auf ihrem Parteitag im Mai 1991 mussten sie sich von den bayerischen Freunden der CSU harte Kritik anhören über die Fühler, welche die DSU in die rechtsradikale Szene in der Bundesrepublik ausgestreckt hatte. Die anderen Gruppen, die in der Koalitionsregierung de Maizière saßen, sind längst im neuen Systemblock aufgegangen. Es entwickelte sich in Ostdeutschland ein Dreiparteiensystem, das durchaus vom westdeutschen Modell abwich.

In Westdeutschland waren die Rückwirkungen auf das Parteiensystem indirekter Art. Keine Parteigruppierung der DDR konnte hier Proselyten machen, vor allem nicht die PDS. Die Kräfteverhältnisse im Konflikt um die richtige Einigungsstrategie verschoben sich. Aber der Wahlsieg der Union war ja für die Größe des Anlasses eher dürftig ausgefallen. Nur die FDP war vorübergehend

Einheitsgewinnler. Die wichtigsten Veränderungen lagen in der weiteren Marginalisierung des Extremismus, vor allem des Linksextremismus.

Der relativ größte Verlierer der deutschen Einigung unter den Parteien war die CSU. Es ist unwahrscheinlich, dass die CSU je wieder drittstärkste Partei werden kann. In einer Zeit der Reflexion über den Statusverlust wurde ein rostiges Schwert in der Diskussion wieder von der Wand geholt, das Franz Josef Strauß gelegentlich benutzt hatte, ohne sich je auf einen ernsthaften Zweikampf mit der CDU einzulassen: die bundesweite Kandidatur der CSU. In der Zeit der Opposition der Unionsparteien hatten auch CDU-Politiker an Überlegungen teilgenommen, ob zwei christliche Parteien nicht besser der Mehrheitssicherung für die Christdemokraten dienen könnten als das gegenwärtige Arrangement. Hochrechnungen und Befragungen von Unionswählern haben gezeigt, dass die Hoffnung trügerisch ist, den Block christdemokratischer Wähler durch eine Doppelkandidatur christlicher Parteien auszuweiten (Falter 1991). Die Verluste der CSU in Bayern wären vermutlich größer als die Gewinne der CSU in Norddeutschland. Nur in Baden-Württemberg wird einer CSU eine gewisse Chance eingeräumt. Eine bundesweite Kandidatur der CSU wäre daher ein auf Zeit gestreckter Selbstmord dieser Partei. Die CSU-Führung scheint das begriffen zu haben und dachte 1991 nicht mehr ernsthaft über eine Attacke auf die Kräfteverhältnisse im bürgerlichen Lager nach.

Dauerhafte Veränderungen der Parteienlandschaft in ganz Deutschland könnten in der internen Struktur der Parteien vermutet werden. Die Mitgliederzahlen haben sich durch die deutsche Einheit in den Parteien verschoben. Eine klassische Mitgliederpartei wie die SPD mobilisierte nur 30 000 Mitglieder (1998: 27 000). Die klassische Honoratiorenpartei der FDP mit Mitgliederzahlen um die 75 000 hat ihre Mitgliederzahl fast verdreifacht, von 65 000 auf 178 000 Mitglieder. 1992 waren es noch 71 000 (Tabelle 4.5). Die CDU lag in ihrem Zuwachs mit 186 000 neuen Mitgliedern zwischen diesen beiden Extremen. Bis 1998 konnte sie davon 71 000 halten. Nur Karrierehoffnungen konnten diese Zahlen nicht erklären, da die CDU weit mehr Machtpositionen in den neuen Ländern zu bieten hatte als die FDP. Gängige Erklärungen von Mitgliederentwicklungen erwiesen sich in diesem Integrationsprozess als unbrauchbar.

Die SPD war in der ersten Phase der Vereinigung stark durch die Ablehnung der Form von Sozialismus bei der Mehrheit der Bevölkerung in den ostdeutschen Ländern behindert. Der gewichtigste Grund für den Vorsprung der beiden bürgerlichen Parteien im Hinblick auf die Mitgliederentwicklung dürfte jedoch in einer gewissen Kontinuität der Mitgliedschaft der alten Blockparteien liegen. Es liegen keine Zahlen vor, wie viele der „neuen" Mitglieder von CDU und FDP auch Mitglieder der alten Blockparteien CDU und LDPD waren. Da beide Parteien in den achtziger Jahren noch 120 000 und ca. 80000 Mitglieder hatten, scheint ein Grundbestand an Mitgliedern auch nach der Wende für kurze Zeit bei der Partei geblieben zu sein. In den ostdeutschen Landesverbänden der SPD wurde das Wachstum der Mitgliedschaft zum Teil durch Aufnahmesperren für ehemalige SED-Mitglieder behindert. In einigen Landesverbänden wurde diese Selbstbeschränkung schon früh aufgehoben. Der Anteil der Mitglieder im Osten an neuen Parteimitgliedern lag 1994 nur bei der FDP über dem Wähleranteil (29,5%). Der geringe Prozentsatz der Ostmitglieder (SPD 3,3%, Grüne 7,5%, CDU 11,6%) hatte langfristige Folgen, da er auch zur sinkenden Repräsentanz der Ostdeutschen in den Führungsgremien führte (vgl. Kap. 6). 1998 hat selbst der erdrutschartige Wahlsieg der SPD wenig neue Mitglieder gebracht (ca. 4000). Ein Teil des bescheidenen Zuwachses ging der Linken aus Protest gegen den NATO-Einsatz im Kosovo im Frühjahr 1999 wieder verloren.

Die Mitgliederschwäche der Parteien in Ostdeutschland verstärkt den Trend zur Partei der Berufspolitiker. Das Verhältnis der hauptamtlichen Parteisekretäre zu den Mitgliedern war in Sachsen bei der SPD 1:200, und bei der CDU 1:512. Im Westen betrug die Relation bei den beiden großen Volksparteien etwa 1:800. Die ostdeutschen Parteien müssten beträchtlich aus dem Westen subventioniert werden. Bei den ostdeutschen Parteipolitikern ist die Responsivität größer als im Westen. Netzwerke im Wahlkreis ersetzen die verbandliche Infrastruktur im Westen (Birsl/Lösche 1998: 13).

Nicht wenige in- und ausländische Kommentatoren hatten befürchtet, dass im vereinten Deutschland der Links- und Rechtsextremismus wachsen würde. Beides hat sich nicht ereignet.

Der Rechtsextremismus ist nach den Aufschwungjahren seit 1982 in eine schwere Krise geraten. Die Partei mit der längsten Kontinuität war die NPD, die ihren ersten Aufstieg in der Wirtschaftskrise 1966/67 erlebte. Die Nationaldemokraten sind auf eine Mitgliedschaft von 6500 gesunken. Das gesamte Umfeld in rechtsextremistischen Organisationen wurde auf 49700 Personen geschätzt (Verfassungsschutzbericht 2001: 62, 33). Ein Teil der 141 Gruppen war stark verfeindet. Gefährlich schien daher die Wahlabsprache von 1987 zwischen der NPD und der Gruppe „Deutsche Volksunion – Liste D“ (DVU – Liste D) unter der Ägide von Gerhard Frey, Eigentümer der drei wichtigsten rechtsextremistischen Wochenblätter, wie zum Beispiel der „Deutschen Nationalzeitung“. Die Koalition war jedoch eine negative Revierabgrenzung: Die NPD verzichtete auf die Teilnahme an der Europawahl im Juni 1989, die DVU nahm an der Bundestagswahl 1990 nicht teil. Die Sammlung der Kräfte gelang gleichwohl nicht. Bei der Europawahl überrundeten die Republikaner die DVU mit ihren 7,1% der Stimmen. Bei der Bundestagswahl 1990 sanken die Stimmen der Republikaner auf 2,1%, damit lag die Partei aber immer noch weit vor der NPD (0,3%) (Tab. 4.1). Die NPD war auf Bundesebene 1989 nur noch mit 48 Mandaten in den kommunalen Parlamenten vertreten. Die erfolglose Sammlungsbewegung gegen die Republikaner hat die Gruppen in eine schwere Krise gestürzt. Die rasche Vereinigung Deutschlands hat die Krise verschärft. 1998 sanken die Republikaner auf 1,8% hielten sich aber noch vor der DVU (1,2%). Die NPD war bedeutungslos geworden (0,3%) (vgl. Tab. 4.1). 2002 sanken die Republikaner auf 0,6%.

Obwohl die Medien – insbesondere im Ausland – die neofaschistische Gefahr in Deutschland bei jedem kleinen Stimmengewinn einer rechtsextremistischen Gruppe unnachsichtig geißelten – während zweistellige Zahlen für Neofaschisten in Italien oder Le Pen in Frankreich sehr viel gelassener aufgenommen wurden -, kam es bisher nicht zu einer dauerhaften Neuverteilung der Kräftegleichgewichte aufgrund eines Rechtsrucks. Eine Umverteilung der Kräfteverhältnisse ist allenfalls durch den Aufstieg der Grünen seit 1983 erfolgt. Neue Gefahren gingen weniger von rechtsextremistischen Parteien aus als von der Welle des extremistischen Terrorismus.

In der dritten Welle des Rechtsextremismus in der Geschichte der Bundesrepublik Deutschland schien die Herausforderung der Republikaner besonders gefährlich. Erstmals wurden Rechtsradikalismus und Rechtsextremismus propagandistisch auseinanderdividiert. Obwohl der Begriff Radikalismus in Deutschland im Gegensatz zu den romanischen Ländern traditionell keine allzu positive Bedeutung hatte, wurden die *Republikaner* vielfach nur als „radikal“ und nicht als „extremistisch“ eingestuft. 1989 wurde nur in Nordrhein-Westfalen der Landesverband der Republikaner nachrichtendienstlich beobachtet (Verfassungsschutzbericht 1989: 108). Das änderte sich 1992.

Spektakuläre Einzelerfolge der Republikaner machten den Umgang mit der neuen Form des Rechtsextremismus für die etablierten Parteien schwierig. Erstmals kam es zu einer Unterstützung einer solchen Partei durch Bürger, die bisher nicht als Teil der rechtsextremistischen Szene aufgefallen waren. Der „nette Nachbar von nebenan“ schien von einer generalisierenden Antifaschismus-Kampagne nicht recht betroffen zu sein. In Bayern kamen die Republikaner bei der Landtagswahl 1986 auf 3%, in Berlin (West) 1989 auf 7,5%. Bei der Europawahl wurde die Fünfprozenthürde in fünf Bundesländern übersprungen, in Bayern erreichten sie 14,6% der Stimmen. Wo besondere Probleme in einzelnen Großstädten auftauchten, von der Jugendarbeitslosigkeit bis zur Wohnungsnot, konnten die Republikaner spontane Erfolge verbuchen. Solche Erfolge wurden entweder als Strohfeuer des Protests verharmlost oder – anhand von Umfragedaten – zu einer rechtsextremistischen Weltanschauungspartei verfestigt (Stöss 1989: 221). Bei Untersuchung der Parteibindungen zeigte sich jedoch bereits, dass die Republikaner mit 27% überzeugten Anhängern unter ihren Wählern die schwächste Position von allen deutschen Parteien aufwiesen. Die aufflackernden Erfolge waren nicht ohne Folgen für die Strategie der Unionsparteien. Dass Bundeskanzler Kohl in der Frage der erneuten Bekräftigung der Anerkennung der Oder-Neisse-Grenze gegenüber Polen im deutschen Einigungsprozess so zögerlich verfuhr, ist auch mit Rücksicht auf das nationalistische Potential erklärt worden. 62% der Republikaner lehnten laut Umfrage die Anerkennung der Oder-Neisse-Grenze ab (vgl. Der Spiegel 1989, Nr. 15: 156). Die Schwankungen in den Wählerstimmen einer Partei, die nur ca. 14 000 Mitglieder hatte (1989), schienen der Deutung recht zu geben, die eher politische als soziale Gründe für das Protestwahlverhalten unterstellten. Im Oktober 1990 sank der republikanische Stimmenanteil auch in Bayern auf 4,9%. Die deutsche Einigung schien den Republikanern vorübergehend die Schau gestohlen zu haben. Paradoxerweise haben Umfragen unter Bürgern, ob sie die rasche Realisierung der deutschen Einheit wünschten, geringe Zustimmungsanteile unter Republikanersympathisanten zutage gefördert. Dieser Umstand sprach eher dafür, dass die sozialen Gründe die politischen Wahlabsichten ausstachen. Viele Republikaner hatten die sozialen und wirtschaftlichen Kosten der überstürzten Einheit stark in den Vordergrund populistischer Befürchtungen gerückt. Die bisher im Sinne alter Faschismusthesen nicht für möglich gehaltene Form eines rechtsradikalen „rationalen Protestes“ schien damit in den Bereich der Interpretationsmöglichkeiten gerückt (Pappi 1990: 38).

Neu an den Republikanern war, dass der Rechtsradikalismus in der Innen- und Rechtspolitik klar autoritäre Züge aufwies (Leggewie 1989), aber in der Wirtschaftspolitik sich der Marktwirtschaft angenähert hatte und keinen autoritären Korporatismus mehr vertrat. Auch die traditionell negative Einstellung zu den USA hatte sich in dieser dritten Welle gemildert. In der Einordnung der Parteien auf einer Rechts-Links-Skala wurden die Republikaner eindeutig rechts eingeordnet. Sie nahmen 1989 etwa die Stelle ein, welche 1980 der CSU zugemessen worden war. Die Position der CSU hatte sich durch die Republikaner leicht zur Mitte hin verschoben (Pappi 1990: 41). Bei den Wählern haben die Republikaner jedoch keineswegs nur traditionelle, für „rechte Politik“ anfällige Statusgruppen mobilisieren können. Es beunruhigte vor allem, dass selbst katholische Arbeiter in Bayern und Oberschwaben nicht mehr resistent gegen die rechtsradikale Versuchung schienen. Die starke Betonung einzelner Politikfelder wie Asyl- und Ausländerpolitik erschwerte die klare Einordnung der Republikaner in die Standortbestimmung der Parteien. Sie minderte jedoch auch die Gefahr, weil die Republikaner weit weniger als die Grünen damit Erfolg hatten, ein konsistentes politisches Programm anzubieten.

Bei den Europawahlen 1994 und 1999 war Deutschland – außer Großbritannien – das einzige der großen Länder, das keine Rechtsextremisten ins Straßburger Parlament entsandte. Bei den Bundestagswahlen kamen die Republikaner nicht über 2%. In den meisten Statistiken rangierte die Gefahr Nr. 1 plötzlich nur noch unter „sonstige". Es herrscht keine Einigkeit unter den Wissenschaftlern, ob die rechtsextremistische Gefahr wirklich schwächer geworden ist. Sie scheint sich vor allem auf Straftaten von Kleingruppen und transnational arbeitenden Netzwerken verlagert zu haben. Die Verfassungsschutzberichte lieferten Mitte der neunziger Jahre die alarmierende Botschaft, dass die Gewalttaten der rechtsextremistischen Szene (von 624 im Jahr 1996 auf 790 im Jahr 1997; 2001 waren es 709) wuchsen.

Der Aufstieg der *Republikaner* wurde vielfach mit der Hypothese erklärt, dass rechtsextremistische Wähler „Modernisierungsverlierer" darstellten. Objektive soziale Probleme werden durch subjektive Deprivationsgefühle verschärft (Falter 1994: 157). Bei der Wahl von 1994 waren die objektiven sozialen Probleme der Modernisierungsverlierer schwerlich alle verschwunden. Aber einige Probleme schienen durch den Asylkompromiss der Parteien 1993 gelöst. Die Arbeitslosigkeit hingegen war ziemlich konstant geblieben. Der Aufschwung, der sich Mitte 1994 abzeichnete, führte zu einem erneuten Vertrauensvorschuss für die Regierungskoalition. Dieser positive Trend sollte nicht anhalten. Niemand hat es für möglich gehalten, dass die NPD mit zweistelligen Zahlen in Landtage von Sachsen-Anhalt und Sachsen einziehen könnte. Aber ein Teil der gewählten NPD-Leute trat das Amt nicht an. Die Performanz in den Landtagen war schlecht, mangels Qualifikation des politischen Personals. Daher haben die NPD-Strohfeuer nicht zu de Prognose geführt, dass diese Partei eine Chance hätte in den Bundestag zu gelangen.

Trotzdem führte diese Entwicklung zum Versuch, das Problem NPD mit einem Verbotsantrag zu lösen. Der Versuch erwies sich als dilettantisch, weil nicht die Verflechtung der NPD mit der rechtsextremistischen Szene sondern mit dem Verfassungsschutz zum Thema für das Bundesverfassungsgericht wurde, da V-Leute nicht nur die Partei beobachtet hatten – was akzeptiert wird – sondern sich in Führungspositionen einschleusten. Ein Verbot hätte sich auf Texte stützen müssen, die z. T. von den Beobachtern mit verfasst wurden. Die Ablehnung des Verbotsantrags war daher ein Sieg des deutschen Rechtsstaats. Der Aufschwung der NPD bei den Wahlen im Saarland und Sachsen wurde jedoch nicht als Reaktion auf das Scheitern des Parteiverbots gesehen, sondern als Antwort auf die Protestwelle gegen Hartz IV, die ihren Höhepunkt erlebte. Der Verbotsantrag wurde von Fachleuten für „unverhältnismäßig" und „inopportun" eingestuft. Im Falle des Erfolgs hätte das Verbot zu einer weiteren Radikalisierung der NPD geführt und weder das rechtsextremistische Gedankengut noch die fremdenfeindliche Gewalt rechter Gruppen aus der Welt geschafft. Der „Aufstand der Anständigen" wurde zum „Aufstand der Unfähigen" (Flemming 2005: 238f, 342f.). Die Verbotsdrohung scheint letztlich wirksamer als die Durchführung eines Parteiverbots.

Auch der *Linksextremismus* geriet Ende der achtziger Jahre in die Krise, noch ehe er durch den Zusammenbruch des realen Sozialismus in Mitleidenschaft gezogen wurde. Die *„Deutsche Kommunistische Partei"* (DKP) verkleinerte sich seit der zweiten Hälfte der achtziger Jahre von ca. 40000 Mitgliedern auf 4500 (2001). 1988 hatte sie noch 500 hauptamtliche Funktionäre. In den manipulierten Zahlen des Rechenschaftsberichtes wurden 7 Millionen DM für Personalausgaben nachgewiesen. Der tatsächliche Aufwand wurde auf ein Vielfaches geschätzt (Verfassungsschutzbericht 1989: 28). Nach dem Zusammenbruch der DDR musste im März 1990 die zentrale Jugendbildungsstätte der DKP schließen. Verlage und Publikationen erfasste ein Massensterben. Selbst „Bündnisorganisationen" der DKP wie die „Deutsche Friedensunion" (DFU), die sich vielfach erfolgreich in der Öffentlichkeit gegen den Vorwurf der DDR-Finanzierung als „Lüge des Verfassungsschutzes" wehrte, mussten erkennen, dass die Finanzquellen plötzlich versiegten. Der frühere DKP-orientierte Jugendverband MSB Spartakus ging auf Distanz zur Partei. Annäherungsversuche an die PDS wurden abgewiesen. Der DKP gelang es nicht, für die Bundestagswahlen 1990 in die linke Liste aufgenommen zu werden. 1991 versuchte die DKP daher, in der ehemaligen DDR Fuß zu fassen, um die Versprengten zu sammeln, denen die PDS schon zu „westlich angepasst" erschien. Spätestens durch den Aufstieg der PDS und die Ausbreitung der Linken nach Westen war dieser Versuch zum Scheitern verurteilt. 2009 waren rechts- wie linksextremistische Gruppierungen auf kleine Prozentsätze von insgesamt 5,9% unter „Sonstige" zusammengeschrumpft. Als neue Gruppierung tauchte mit 2% die Piratenpartei auf.

Aus dem Zusammenbruch der DDR und ihrer Staaatspartei SED ging auf ihrem außerordentlichen Kongress im Dezember 1990 die *„Partei des Demokratischen Sozialismus"* (PDS) hervor. Am 6. Dezember 1989 trat Honeckers Nachfolger, Egon Krenz, nach nur 44 Tagen im Amt des Staatsratsvorsitzenden zurück. Der neugewählte Vorsitzende der Partei, Gregor Gysi, versprach für die Zukunft: „Es geht nicht um neue Tapeten, wir wollen eine neue Partei." Ganz glaubhaft war diese Erklärung nicht. Nur zögernd verabschiedete sich die Partei vom alten Namen: mit 2753:647 Stimmen am 27. Dezember für den Kompromiss SED-PDS, am 4. Februar 1990 schließlich wurde der Name PDS voll adoptiert. Das Prinzip des demokratischen Zentralismus wurde ebenfalls widerstrebend aufgegeben. Kontinuität zur SED wurde kleingeschrieben. Nur bei ihrem Vermögen hielt die neue Partei zäh am Nachfolgeanspruch fest. Gysi und Berghofer haben sich bei den Debatten des „Runden Tisches" (vgl. Kap. 1.4) für die Auflösung des Staatssicherheitsdienstes eingesetzt. Die Regierung Modrow hat diese Deklaration jedoch so zögerlich in die Tat umgesetzt, dass Misstrauen aufkam (Thaysen 1990: 119). Erst in einer Interregnumszeit der „Doppelherrschaft" – entgegen ihrem ursprünglichen Leninschen Sinn – erodierte die Macht der alten SED. Viele Rückzugsgefechte der Partei, Versorgungstaktiken für alte Genossen und die Schaffung von Tatsachen wie Grundstücksübertragungen an die eigene Klientel hielten das Misstrauen gegen den innerlichen Wandel dieser Partei wach.

Die PDS hielt in ihrem Programm an der Notwendigkeit einer sozialistischen Alternative fest, trotz des Scheiterns des realen Sozialismus. Gregor Gysi (1990: 9) hoffte noch, dass der Sozialismus durch Reformen in der Sowjetunion, oder wenigstens in der RSFSR, bald zur „realen Alternative" zum Kapitalismus werde. Der demokratische Sozialismus als Programmpunkt wurde jahrzehntelang von der SPD beansprucht. Die PDS bemühte sich zu zeigen, dass die SPD ihren „Frieden mit dem Kapital" gemacht habe. Die Teilnahme der Ost-SPD an der Regierung de Maizière ist ihr nicht verziehen worden. Aber Hans Modrow (1991: 106) konnte der SPD nicht nachweisen, dass eine alternative Koalition möglich gewesen wäre, als er diesen Schritt als selbstmörderisch im Sinne des Eigeninteresses der Sozialdemokraten hinstellte. Die PDS blieb auch in diesem Punkt SED-Nachfolgepartei. Obwohl sie anerkannte, dass der SPD im alten Regime unrecht getan worden war und obwohl sie einen Teil des konfiszierten SPD-Vermögens zurückgeben wollte, war sie gezwungen, sich gegenüber den Sozialdemokraten am schärfsten abzugrenzen.

Die PDS wurde in ihrer Entfaltung durch eigene Schuld behindert, weil sie nicht die Kraft aufbrachte, jede Kontinuität zur SED abzubrechen. Noch anrüchiger als mögliche politische Kontinuität schien die Übernahme des gesamten Vermögens der SED. Schon im Koalitionsvertrag der DDR-Parteien vom April 1990 (Anlagen, Innenpolitik, Art. 5) wurde postuliert, „unrechtmäßig erlangtes Vermögen ist zu enteignen und dem Staatshaushalt zuzuführen". Das am 1. Juni 1990 in Kraft getretene Parteiengesetz der DDR, das weitergalt, und der Einigungsvertrag (Protokollzusatz 17) versuchten bereits sicherzustellen, dass das gewaltige Vermögen der SED nicht die PDS im Wahlkampf bevorteilte und zu Wettbewerbsverzerrungen führte. Das Vermögen der Parteien und Massenorganisationen wurde unter treuhänderische Verwaltung gestellt. Eine unabhängige Kommission und die Treuhandanstalt sollten einvernehmlich bei der Prüfung des Vermögens zusammenwirken. Obwohl die PDS lange bestritt, dass das Vermögen der SED unrechtmäßig erworben sei, hat sie durch Konzessionsangebote selbst Zweifel an dieser Darstellung geweckt, etwa als sie der SPD einen Teil des Vermögens schon unter Modrow als Wiedergutmachung für die Zwangsvereinigung des SPD-Vermögens mit dem der KPD-SED anbot. Fünf Jahre schwelte der Streit um das SED-Vermögen. Im Juni 1995 kam es endlich zu einem Vergleich. Die PDS durfte vier Immobilien im Werte von ca. 50 Millionen DM und 50 Kunstwerke, die sich in ihren Räumen befanden, behalten. Die Unabhängige Kommission zur Überprüfung des Vermögens der Parteien und Massenorganisationen der DDR hatte damit ihre Aufgabe im wesentlichen erfüllt. Aber die Einigung der FDP über das Vermögen der LDPD stand noch aus, und die einst mit der SED verbundenen Firmen waren nicht in dem Kompromiss enthalten, da sie sich gerichtlich gegen die Feststellung einer solchen Verbindung wehrten. Immerhin war die Politik der Nadelstiche durch hohe Steuernachforderungen an die PDS beendet. Die PDS zog 225 Widerspruchsverfahren zurück. Forderungen der „Bundesanstalt für vereinigungsbedingte Sonderaufgaben" (BVS) als Nachfolgeorganisation der Treuhandanstalt gegen die Zeitung „Neues Deutschland" wurden fallengelassen.

Die SED war in ihrer Mitgliedschaft von 2,3 Millionen (Mitte 1989) auf unter 650 000 (März 1990) gesunken. Ende 1992 hatte sich die Mitgliedschaft auf 154 400 verringert, 2001 waren es noch 84 000. Die alte Klientel der SED wurde durch die intellektuelle Öffnung unter Gysi starker Verunsicherung ausgesetzt, vor allem durch den Zugang westdeutscher Linker. Quantitativ ist die PDS in Westdeutschland noch keine relevante Größe. Sie hatte nach eigenen Angaben ca. 2 500 (1998) Mitglieder. Dennoch war schon im Bundestagswahlkampf 1990 die Tendenz offenkundig, dass ein Teil der Grünen Linken mit der PDS liebäugelte und zu ihrer Wahlunterstützung aufrief. Viele der linken Grünen, wie Jutta Ditfurth oder Christian Schmidt, fühlten sich jedoch rasch von der PDS abgestoßen, die sie als „SED-Nostalgie-Club" einstuften (Der Spiegel 1991, Nr. 17: 91). Eine engere Zusammenarbeit mit der PDS kam für die Mehrheit der Grünen ohnehin nicht in Frage, weil das Bündnis 90 – die Opfer des alten SED-Regimes – als die Schwesterpartei angesehen wurde, auch wenn die Listenverbindung nicht rechtzeitig zur Bundestagswahl zustande kam – sehr zum Nachteil der Grünen.

Die PDS trat bei den Bundestagswahlen 1990 mit einem gesamtdeutschen Wahlbündnis PDS/Linke Liste an, das sich weitgehend als eine Art „Selbstkontrahierung" erwies. Die einzige potentielle Gruppe von einiger Relevanz war die DKP. Ihre Mitgliedschaft war geschrumpft und wurde auf 10 000 Mitglieder geschätzt. Sie bemühte sich um Aufnahme in das Bündnis. Aber angesichts des Dogmatismus der DKP hielten die PDS-Strategen eine solche Annäherung für nicht opportun. Die DKP hielt am Prinzip des „demokratischen Zentralismus" fest, das die PDS aufgegeben hatte.

Die PDS hatte ihre Stärke in der Angestelltenschaft, die von dem alten Regime profitiert hat. Diese Klientel ist mit der neuen unorthodoxen Linken der Altbundesrepublik in Ideologie und Lebensstil kaum zu harmonisieren. Ideologische Zudringlichkeit vom Westen, traditionelle Klüngelwirtschaft im Osten erschwerten die Zusammenarbeit. Diese heterogene soziale Basis gab der PDS wenige Wachstumschancen. Sie konnte als Regionalpartei in einigen ostdeutschen Landtagen überleben. Sie erhielt 1994 und 1998 in Ostdeutschland etwa ein Fünftel der Stimmen und wurde erstmals in Sachsen-Anhalt „bedingt koalitionsfähig“ durch ihre Tolerierungspolitik gegenüber der SPD-Regierung in Magdeburg. 1998 kam es sogar zu einer förmlichen Koalition zwischen SPD und PDS in Mecklenburg-Vorpommern. Eine Diskussion um die Bündnisfähigkeit der PDS belastete die Regierung Schröder Anfang 1999. Auf Bundesebene wird ein solches Bündnis von der SPD noch immer ausgeschlossen.

Der Ruf nach dem Verbot der PDS ist 1991 erstmals in Bayern angestimmt worden. Ministerpräsident Streibl vertrat die These: „Die PDS verhält sich zur SED so, als ob 1946 die NSDAP sich in DAP umgetauft und unter Führung von Hermann Göring und dem Gauleiter von Sachsen einfach weitergemacht hätte“ (Bild am Sonntag 5.5.1991). Die Schwäche der Partei in Gesamtdeutschland machte es unwahrscheinlich, dass das Bundesverfassungsgericht in Parteienverbotsangelegenheiten erneut in Verlegenheit gebracht wird. Das Verbot der KPD war nicht ermutigend. Als es 1956 erfolgte, hatte Adenauer wegen der Aufnahme diplomatischer Beziehungen mit der Sowjetunion kein Interesse mehr an dem Verbot. Die DKP mit unwesentlich neuer Führung – nach Angaben des DKP-Vorsitzenden Mies waren die auf dem 9. Parteitag gewählten Vorstandsmitglieder noch zu 57% aktiv in der alten KPD – und angepasstem Programm wurde nicht ohne duldende Mithilfe einiger staatstragender Parteien möglich gemacht (Mensing 1989). Es wäre kein Ruhmesblatt für das vereinte Deutschland gewesen, erneut mit ähnlichen Manövern den Makel der Illiberalität auf sich zu ziehen, während alle anderen ex-sozialistischen Länder die KP-Nachfolgeparteien duldeten.

Die *Grünen* waren die Partei, die der deutschen Einigung am feindlichsten gegenüberstand. Lange ignorierte sie die Realitäten der Stimmung im Lande. Ihre gutgemeinte Abstinenz, sich im Osten zu etablieren, führte zu einer verspäteten Bündnispolitik mit dem Bündnis90/Grüne in Ostdeutschland. Diese Versäumnisse und die Polemik vorbei an den Realitäten des unaufhaltsamen Einigungsprozesses haben die Grünen in der Einigungswahl unter die Fünfprozentmarke sinken lassen. Sie kostete die Partei die Repräsentation im 12. Deutschen Bundestag.

Das Bündnis 90/Grüne musste im Parlament allein die grüne Position vertreten. Sie verdankte ihre Existenz den Hütern der Verfassung in Karlsruhe, die über einen fairen Vereinigungsprozess wachten (vgl. Kap. 10.4). Die Gruppe hatte nicht mit den gleichen Startschwierigkeiten zu kämpfen wie die Grünen im Jahre 1983, als sie erstmals in den Bundestag einzogen. Als Repräsentanten der friedlichen Revolution in der DDR wurden sie mit einem gewissen Wohlwollen bedacht, was zunächst die Gegnerschaft der etablierten Parteien in der Sache zu verdecken schien. Das Bündnis 90 war gehandikapt durch neuerliche Distanz zu den Grünen. Die Gruppe fühlte sich nicht als Rechtsnachfolger der Grünen im

Bundestag. Die Grünen hatten nach Meinung des Bündnisses 90 in den acht Jahren parlamentarischer Tätigkeit zu wenig erreicht. Auf dem Parteitag der Grünen in Neumünster im April 1991 wurde deutlich, wie tief die emotionale Kluft zwischen ost- und westdeutschen Grünen war. Ostdeutsche Grüne äußerten sich abschätzig über den „pubertären Verein". Westdeutsche Grüne hatten Mühe, die Quote an Ostdeutschen durchzusetzen, da viele Delegierte die präsentierten Kandidaten „spießig und autoritätsgläubig" fanden.

Die Niederlage der westdeutschen Grünen bei den ersten gesamtdeutschen Wahlen förderte auch auf Bundesebene einen Prozess der Mäßigung der Ziele, der auf Länderebene seit langem eingesetzt hatte. Das bloß taktische Bekenntnis zum Parlamentarismus und zum Mehrheitsprinzip war in vielen Landesverbänden längst aufgegeben worden. Für künftige Koalitionen – wie in Hessen im Frühjahr 1991- wurde „eine ganz normale Koalition" in Aussicht gestellt.

Die Umorientierung auf Bundesebene vollzog sich nicht ohne tumultartige Szenen. Auf dem Parteitag der Grünen in Neumünster im April 1991 kam es zu wichtigen Reformen. Antikapitalistische Deklarationen verschwanden aus den Resolutionen der Partei. Die Struktur der Grünen wurde reformiert. Der Vorstand wurde verkleinert. Der Bundeshauptausschuss wurde durch einen Länderrat ersetzt. Durch den institutionalisierten Einfluss der Landeschefs der Grünen wurde der gemäßigte Flügel weiter gestärkt. Nur die alte Trennung von Amt und Mandat, welche die Pragmatiker aufgeben wollten, blieb als Konzession an die Fundamentalisten noch übrig. Jutta Ditfurth als Exponentin der Fundamentalisten kündigte unter dem Beifall der Mehrheit ihre Abwendung von den Grünen an.

Die Rotation als Prinzip wurde propagandistisch gegen Machtkonzentrationen eingesetzt. Da die Funktionäre, die Bundesgeschäftsführer und Fraktionsmitarbeiter jedoch nicht mitrotierten, wurde ihre Macht auf Dauer gestellt und in einer „Misstrauenskultur" (Antje Vollmer) funktionalisiert, um missliebige Abgeordnete „wegzurotieren". Prominentenjagd diente der Festigung der Macht in den Machtnischen der Grünen. Heinrich Böll oder Joseph Beuys wurden gerne als Galionsfiguren benutzt. Sowie sie selbst sich in die Politik einmischten, wurden sie durch Beschimpfungen und Nichtwahl gedemütigt (Petra Kelly in: Fücks 1991: 29).

Der Mythos der basisdemokratischen „Partei neuen Typs" zerbröckelte. Ganz aufgegeben wurde er nicht. Auch die Grünen haben realisiert, dass an die Stelle von Basisdemokratie eine „rigide Steuerung durch Strömungseliten" getreten ist (van Hüllen 1990: 475). Die Institutionalisierung und Transparenz überschaubarer Willensbildung wurde angestrebt. Um die Kontinuität zur alten Rhetorik zu wahren, wurde vorgeschlagen, zentrale Fragen durch Urabstimmungen in der Partei der Grünen zu demokratisieren. Nicht gesehen wurde, dass auch ein solches Instrument die alten Fraktionskämpfe um die Formulierung der Frage, die dem Parteivolk vorgelegt wird, reproduzieren dürfte und der plebiszitär gestutzte Elitenpluralismus nicht notwendigerweise eine nicht-manipulierte Basispartizipation fördert.

Anfang der neunziger Jahre war auch für Analytiker, die den Grünen wohlwollend gesonnen waren, klar, dass die Tendenz der Grünen, auf die Selbstmobilisierung des Milieus zu hoffen, ein Fehler war. Er führte zu schwachen Institutionen und einer Konzentration auf die Konflikte der Binnengruppe. Angesichts der ideologischen Flügelkämpfe schienen die Grünen vom Schicksal der USPD zu Beginn der Weimarer Republik bedroht, in einem Moment, als die Spontaneität der Bewegung nachließ (Raschke 1991: 247). Noch war es freilich zu früh, die Grünen nur als „Taschenbuchausgabe der USPD" (Joschka Fischer) zu deklarieren. Die Bundestagswahlen von 1990 zeigten jedoch, dass nicht nur die SPD, sondern auch die Grünen in Westdeutschland von einem Prozess der Überalterung erfasst worden waren (vgl. Kap. 3). Die Generationenthese schien an Plausibilität gegenüber der Annahme eines einförmigen Trends zum Wachstum postmaterieller Gesinnung, verbunden mit dem Engagement für „neue Politik", zu gewinnen (Bürklin 1984). Der Verdrängungswettbewerb im Kampf um die Stimmen der neuen Mittelklassen, vor allem der qualifizierten Angestellten und der Jugendlichen in der Ausbildung, wurde in Zeiten eines andauernden wirtschaftlichen Aufschwungs Ende der achtziger Jahre schärfer.

Die Grünen gaben zunehmend das Scheitern ihres basisdemokratischen Konzepts zu erkennen. Die Delegierten auf den Parteitagen, die ihre Ansichten artikulierten, waren nicht zahlreicher als bei den etablierten Parteien. Der Unterschied zu diesen war lediglich, dass die personelle Fluktuation die Ausbildung von kontinuierlichem Sachverstand verhinderte. Auch wo die Rotation, wie in den meisten Landesverbänden und seit 1991 auch auf Bundesebene, auf acht Jahre verlängert wurde, hat sie die Herausbildung von Führungskräften in der Partei verhindert. Otto Schily hat 1989 den Austritt vollzogen. Petra Kelly bekam im April 1991 demütigend wenige Stimmen bei den Wahlen für Parteiämter. Die Partei, die für eine neue Menschlichkeit in der Politik angetreten war, sprang mit verdienstvollen Bannerträgern der Bewegung immer wieder geradezu unmenschlich um. Die basisdemokratische Konzeption der Grünen hat nicht einmal zu besserer Kontrolle der Parteiführung geführt. Kontrolle wirkte als Pauschalkritik im Vorhinein destruktiv und vernachlässigte eine an Sachproblemen orientierte inhaltliche Kontrolle, die sich am Erfolg von Parteibeschlüssen orientierte. Eine professionelle Politik wurde auf diese Weise bisher unmöglich. Die Überschreitung der Grenzen einer sektoralen Rahmenpartei wurde nicht erreicht, um der Partei organisatorische Dauer zu verleihen.

Immer wieder ist den Grünen bescheinigt worden (Raschke 2001: 440), dass sie es versäumt hätten, strategiefähig zu werden, um regierungsfähig zu sein. Später hat Raschke (2007: 524f.) die Strategiedefizite eher auf den großen Koalitionspartner unter Schröder geschoben. Trotz anfänglicher Strategie-Unsicherheiten haben sich die Grünen in der Krise der zweiten Regierung Schröder 2002-2005 als stabilisierendes Element erwiesen. Niemand hätte erwartet, dass die Parteibasis die Opfer der Agenda 2010 mit so gewaltiger Mehrheit wie im Juni 2003 billigen würde.

Aus der Distanz Amerikas schienen diese Startschwierigkeiten weniger gravierend. Was in Europa mit seinem Festhalten am Bild straff organisierter Volksparteien archaisch erschien, wurde in den USA gelegentlich als Avantgarde einer Amerikanisierung der europäischen Politik wahrgenommen. Es wurde darauf hingewiesen, dass auch die SPD 40 Jahre und die CDU fast 30 Jahre für die Herausbildung einer festen Parteiorganisation gebraucht hätten (Kitschelt 1989: 287, 310). Einst schien Ostrogorskis Abneigung gegen die Parteimaschinen sozialrevolutionär-utopisch, wenn er zu dem Schluss kam: „nieder mit den Parteien – es lebe die Liga" als lose Konföderation von Gruppen. Ostrogorskis Vision schien mit den deutschen Grünen in Erfüllung gegangen zu sein. Aber auch für solche Schlüsse war es noch zu früh. Wahrscheinlicher ist ein Kompromiss zwischen den Prinzipien eines kontinentaleuropäischen Organisationsfetischismus und dem losen System von Bewegungsgruppen, welches vielfach die amerikanische Politik, vor allem unterhalb der nationalen Ebene, dominiert.

Alle großen Parteien haben einen prekären Balanceakt zwischen Parteiorganisation und Kooperation mit einer Bewegung vollbringen müssen. Wenn die Grünen sich als links von der SPD definieren wollen, sind sie weiterhin auf die alternative Bewegung angewiesen, um sich vor der Vereinnahmung durch die SPD zu schützen. Zu stark kann sich die Partei jedoch nicht auf „die Bewegung" stützen, wenn sie koalitionsfähig werden und bleiben will. Die Balance zwischen Distanz und Nähe muss so austariert werden, dass die Grünen von der weiter existierenden Bewegung und ihrem Milieu noch als ihre Partei akzeptiert werden.

Die Erfolgsaussichten, welche den Grünen gegeben wurden, hingen stark von dem Ansatz ab, mit dem die Forscher das Wahlverhalten erklärten (vgl. Kap. 3.3). Sozialstrukturelle Ansätze der Wahlforschung konnten sich trotz gemeinsamer Methoden nicht leicht darauf einigen, ob mit den Grünen eine dauerhafte Konfliktlinie (*cleavage*) im deutschen Parteiensystem ihren Niederschlag fand oder ob die Grünen zur Episode, die auf eine Generation beschränkt war, werden würden. Forscher, die eher mit sozialpsychologischen Erklärungen auf der Grundlage von Umfragen über Meinungen und Einstellungen an die Grünen herangingen, sahen ein größeres Potential für die Gruppe in der Gesellschaft als die Theoretiker der gesellschaftlichen Konfliktlinien. Jeder neue Rückgang grüner Wählerstimmen – insbesondere der Einbruch im Dezember 1990 – führte zu neuen Ad-hoc-Hypothesen. Die kurzfristige Geltung der meisten Voraussagen stand in seltsamem Kontrakt zum theoretischen und konzeptuellen Aufwand der Forschung. Die Prognosen der professionellen Wahlforscher waren selten besser als die der konventionell arbeitenden Parteienforscher.

Die Publizistik über die *„Parteien in der Krise"* ist ein Wachstumssektor. Die Abkoppelung der politischen Klasse wird zunehmend kritisiert. Die Finanzskandale erschütterten das Vertrauen. Von allen Funktionen der Parteien war die Rekrutierungspolitik am erfolgreichsten. Die Durchdringung aller Bereiche bis zu den öffentlich-rechtlichen Medien aber ist bei den Wählern nicht sehr beliebt. Die „ratlosen Riesen" (Wildenmann 1989) hatten gleichwohl keine ernste Konkurrenz. Die „Zwerge" waren nicht weniger ratlos. Die Grünen befanden sich in einer tiefen Krise, die Republikaner hatten einige Schwierigkeiten, sich als kontinuierlich arbeitende Partei zu profilieren. In beiden Parteien ist die Anhängerschaft am misstrauischsten gegenüber den Parteien: 77% der Wähler der Republikaner, 65% derjenigen mit Präferenz für die Grünen hatten kein Vertrauen in die Parteien. Aber auch bei der 1990 regierenden Union bekannten nur 46% Vertrauen in die Parteien (Emnid-Information Nr. 9/10 1990: A39). Wichtiger als solche Momentaufnahmen der Stimmungsdemokratie sind langfristige Studien über die Beurteilung durch die Bürger. In einer Studie über den Zeitraum von 1969 bis 1994 (Klingemann 1999: 406, 448) hatte sich das Image der CDU-CSU von 34% auf 40% überwiegend negative Urteile, das Image der SPD von 20% auf 31% und das der FDP von 32% (1972) auf 53% als „überwiegend negativ" verschlechtert. Nur die Grünen erlebten eine Verbesserung des Image von 56% negativen Urteilen (1983) auf nur 31% negative Urteile (1994). Diese Urteile sind ernst zu nehmen. Die Bürger zeigten eine breite Informationsbasis und die differenzierenden Urteile hielten sich mit den Schwarz-Weiß-Malereien die Waage. Das positive Image der Parteien nimmt seit Mitte der achtziger Jahre ab und erreichte mit der Bundestagswahl 1994 einen Tiefpunkt. *„Parteiverdrossenheit"* war keine Erfindung professioneller medialer Schwarzseher mehr.

Die These von der Krise der Parteien stützte sich immer wieder auf solche Umfragen. Kein Zweifel, die Parteien hatten mit 37% die niedrigste Rate des Vertrauens der Bürger in Institutionen, nur die Zeitungen schnitten mit 36% noch schlechter ab. Politik wurde von 55% noch immer als „schmutziges Geschäft" angesehen (Wildenmann 1989: 48). Die Bürger schätzten demzufolge diejenigen, die es ausüben, nicht sehr hoch ein. Gleichwohl ist das Verständnis dafür gestiegen, dass Parteien unverzichtbar sind.

Enthält man sich kurzfristiger „steriler Aufgeregtheit" (Simmel) in der Debatte um die Parteiverdrossenheit, so entpuppt sich der Niedergang der Parteien weitgehend als Wandel der Parteien. Über die gewünschte Richtung des Wandels herrscht freilich keine Einigkeit. Auch im Ausland wird die Kartellpartei zunehmend als Form der Zukunft angepriesen (Katz/Mair 1995). Andere Parteienforscher sprechen von „lose verkoppelter Anarchie“ (P. Lösche 1993), oder von „Parteien der Berufspolitiker“ (v. Beyme 2002), charakterisiert durch medienorientierte Unternehmer mit staatlicher Risikoabsicherung. Abgehobene Repräsentanten, die auf Parteiaktivisten nicht mehr angewiesen sind, müssen jedoch ihre Mitgliederferne durch „Responsivität“ gegenüber Wählerwünschen kompensieren. In Deutschland haben selbst einige linke Theoretiker der Parteien eine Wende vollzogen. Statt soziologischer Mobilisierung wurde nun die kühle Parteiräson der Bescheidung bei einer organisatorischen Minimalpartei empfohlen. Eine „professionelle Rahmenpartei“ (Raschke 1993: 868) erscheint als das Gegenteil von dem, was die Grünen einst anstrebten. Da sie jedoch keine Massen- und Mitgliederpartei wurden, haben sie mehr Veranlassung, über das neue Konzept nachzudenken, als eine Massenpartei wie die SPD, die ihre ca. 500 000 Mitglieder nicht schlicht nach Hause schicken kann. Wurden Wahlkämpfe nach dem Eingeständnis eines amerikanischen Spezialisten auch veranstaltet, „to keep the membership happy“, so werden die Parteiorganisationen in Deutschland wohl auch künftig gebraucht, auch wenn es sich um schwindende heterogene Gruppen und nicht mehr ideologisch verschworene Kampfgemeinschaften handelt. Die neue Regelung der Parteienfinanzierung scheint jedenfalls einen Dammbau in diese Richtung hin versucht zu haben.

Die Entwicklung geht jedoch nicht in eine eindeutige Richtung. Immer wenn die Parteieliten als „politische Klasse“ (vgl. von Beyme 1995) den Kontakt mit der Parteibasis zu stark verloren haben, kommt es zur Gegenbewegung. Die Parteien entdecken die Basisdemokratie und beteiligen die Mitglieder stärker an der Kandidatenaufstellung und der Führungsauslese. Da das politische System der Bundesrepublik jedoch antiplebiszitär konzipiert wurde, stößt der Ausbau plebiszitären Komponente auch bei der innerparteilichen Demokratie regelmäßig auf enge Grenzen.

4.6 Der Niedergang der Volksparteien und die Gefahren des Populismus

Das Parteiensystem der Bundesrepublik schien im ersten Jahrzehnt des 3. Jahrtausends das gleiche geblieben zu sein: ein *landesweites Vierparteiensystem* mit allgemeiner Koalitionsfähigkeit – in zwei Lager gespalten, *plus eine Regionalpartei des Ostens.* Durch die landesweite Etablierung der Linken ist die strukturelle Asymmetrie der zwei Lager zerfallen. Diese Asymmetrie wirkte in der Regel zugunsten der Union. Nur 1998 konnte die SPD die Unionsparteien überflügeln als sie sich als Modernisierungspartei profilierte und eine Allianz bürgerlicher Wählerschichten der neuen Mitte mit der traditionellen Klientel vorübergehend gelang. Ein *fluides Fünfparteiensystem* entstand. Nur wenige Forscher sprachen von einer neuen Asymmetrie zugunsten der SPD. Meist wurde eine offene Wettbewerbssituation unterstellt, weil die Zahl der Parteiwechsler und Spätentscheider bei Wahlen gewachsen ist. Der Linken wurden erstmals dauerhafte Chancen eingeräumt (Niedermayer 2008: 18). Die Grünen hatten 2002 mit 8,6% die FDP (7,4%) überflügelt. 2005 waren die Grünen mit 8.1% nur noch dritte Kraft nach der FDP (9,8%) und der Linken (8.7%). Seit die Grünen 2009 bei der Europawahl und bei Gemeinderatswahlen sich als dritte Kraft etablierten, wurde den Grünen in den Prognosen wieder eine stabile Zukunft vorausgesagt. Bei den Bundestagswahlen 2009 wurde der Abstand zwischen den Grünen (10,7%) und der FDP (14,6%) vorübergehend größer und die Grünen rangierten nach der Linken (11,9%) auf dem vierten Platz, was die Freude über Stimmenzuwächse stark dämpfte.

Der Aufstieg der Linken kam für viele Betrachter unerwartet. Die PDS war 2002 nur noch mit zwei Direktmandaten in Ost-Berlin vertreten. Was bereits für 1994 vorausgesagt wurde, schien sich acht Jahre später anzubahnen: die Bürger der neuen Bundesländer waren in größeren Proportionen in der Bundesrepublik „angekommen“. Außer bei der Vertretung östlicher Interessen hatte die PDS in keinem Politikfeld mehr die Kompetenzvermutung für ihre Partei, und selbst in diesem Bereich begann die SPD der PDS das Wasser abzugraben. Es war jedoch zu früh, in die Todeserklärungen für die PDS einzustimmen, auch wenn Kanzler Schröder anlässlich der Absegnung des Koalitionspapiers herablassend gutwilligen PDS-Kadern eine neue tolerante politische Heimat bot. Die völlige Erosion der PDS musste angesichts der Probleme im Osten länger auf sich warten lassen als in der Ära Adenauer die Aufsaugung von Regionalparteien wie der Deutschen Partei in Niedersachsen oder der Bayern-Partei an Zeit kostete. Inzwischen trat das Gegenteil der Prognosen ein: „Die Linke“ konstituierte sich, und hat im Stimmungstief einer Ökonomisierung des Rentensystems die westlichen Länder erobert. Im Saarland könnte sie mit Lafontaine – dem früheren SPD-Ministerpräsidenten in diesem Land – stärker werden als die SPD. Für die WASG mit nur 11600 Mitgliedern schien die Fusion mit der PDS in jedem Fall profitabel, da die materielle Ausstattung der PDS 2005 besser schien als die der Grünen und der FDP zusammen (Nachtway/Spier 2007: 60).

Als die Parteien sich von klassengebundenen Massenparteien zunehmend in lose Bewegungen und professionalisierte Wählerparteien entwickelten (v. Beyme 2000, 2002) gewannen populistische Elemente die Chance vom Randphänomen in das Zentrum des Parteiensystems zu gelangen – wie Berlusconi in Italien und viele Parteien in post-kommunistischen Ländern zeigten. In diesem Prozess verlor der Populismus einiges von seinem früheren Image des status-versessenen

Kleinbürgertums und fand zunehmend Anhänger auch in der Arbeiterklasse. In vier Dimensionen hat sich die Forschung dem Populismus zugewandt:

- Die ideologische und programmatische Dimension,
- die personelle Dimension der Führerschaft,
- die technische Dimension eines simplifizierenden metaphorischen Stils der politischen Propaganda,
- die wachsende Bedeutung von positiven oder negativen Kampagnen in den Massenmedien, die sich zunehmen auf *„events“* und Skandale konzentrieren.

Der Populismus erwies sich nicht als Einbahnstrasse. Er wurde anfangs erleichtert durch den Wandel der Ideologien und der Organisationsmuster der Parteien im Niedergang der traditionellen Parteiensysteme. Sie waren gekennzeichnet durch einen Niedergang der Parteimitgliedschaften, der Parteienidentifikation und der Wahlbeteiligung. Parteieliten professionalisierten sich. Anti-Establishment-Gefühle und Anti-Parteien-Stimmungen breiteten sich aus. Es gibt keinen Grund diese Entwicklungen nur negativ zu bewerten: der moderne Wähler erwies sich als besser informiert als der alte in Zeiten der Klassenparteien, er war weniger kollektivistisch gesonnen und unabhängiger in seinem Urteil von den großen Maschinen. Unerwünschte Nebenfolge: erhöhte Wählerstimmen-Fluktuation (Volatilität) bei Wahlen (vgl. v. Beyme 2002).

Die neue Form der Krise seit den Banken-Crashs 2008/09 hat die populistischen Agitatoren vorübergehend sprachlos gemacht. Die Arbeitslosigkeit stieg trotz der Krise nur langsam, der Staat hat international erstaunlich schnell und effektiv mit Krisenhilfen reagiert. *„Crisis mongering“* der Populisten wurde ein bisschen hilflos, weil man plötzlich die verachteten politischen Eliten und den angeblich unfähigen Staat brauchte.

Selbst linke Populisten, die links-libertären Ideen nahe standen, haben mit rechtsgerichteten Populisten die Abneigung gegen etablierte Autoritäten geteilt und traten für dezentralisierte politische Entscheidungen ein. In anderen Punkten waren sie jedoch fundamental gegen die rechtslastigen Populisten. Einige ökologische Populisten haben sogar mehr Einwanderung befürwortet und proklamierten eine multikulturelle Gesellschaft, die von rechten Populisten erbittert abgelehnt wurde (Betz 1994: 179, 181).

Eine Grenze zum Rechtsextremismus erscheint der Glaube an die Notwendigkeit, „das System“ abzuschaffen, oder wenigstens radikal zu ändern. Rechtsextremisten nehmen es meist nicht so genau mit den Verfassungsregeln, die von den meisten populistischen Bewegungen, wenn auch grollend, akzeptiert werden. Der geforderte Wandel bei populistischen Bewegungen ist meist begrenzt: Minimalforderungen sind die Volkswahl des Staatsoberhaupts und die Einführung von Referenden, sowie Änderungen des repräsentativen Wahlrechts. Wo Populisten bereits einen volksgewählten Präsidenten haben, wie in Österreich, haben sie sich mit Haider (1994: 235) über die kostenreiche Duplizierung der Macht im Wettbewerb mit dem Bundeskanzler beschwert.

Nur noch eine Minderheit der Populisten kann noch mit dem Rechtsextremismus identifiziert werden. Schon Martin Lipset hat in seinem Klassiker „Political Man“ (1960) den „Extremismus des Zentrums“ entdeckt. Sein Begriff von Extremismus war jedoch vorwiegend auf Länder der Dritten Welt gemünzt. Mit wachsender Europäisierung und Globalisierung hat sich dieser Populismus des Zentrums vielfach ausgebreitet. Verlierer von wirtschaftlichen Krisen denunzieren daher gern auswärtige Mächte wie die Europäische Bürokratie in Brüssel oder den CIA in den Vereinigten Staaten als die letztlich Schuldigen. Bei einer Umfrage 2003 haben sich die Bürger, die zum rechtspopulistischen Potential gerechnet wurde zu über 60% zur Mitte gerechnet, nur unwesentlich weniger als alle Befragten. Die meisten potentiellen Rechtspopulisten wählten die Unionsparteien, ca. 12% jeweils SPD und FDP. Selbst bei den Grünen fanden sich knapp 5% Rechtspopulisten (Schönfelder in: Backes/Steglich 2007: 116f.).

Inzwischen wurde der Populismus in der Wissenschaft sogar gelegentlich positiv gewertet im Hinblick auf zwei Vorzüge:

- Er erwies sich gelegentlich als nützlich im Bereich des Agenda-Setting und in der Herausstellung neuer Themen, die bald von den etablierten Parteien übernommen wurden.
- Die negativen Befürchtungen hinsichtlich der ruinösen Wirkung der Populisten auf das System der repräsentativen Demokratie erwiesen sich als übertrieben.
- Populistische Verhaltensweisen haben inzwischen auch die etablierten Parteien erfasst, wie an Blair oder Schröder demonstriert wurde. Charismatische Mediendemokratie förderte den populistischen Stil auch in der konventionellen Politik (Korte 2003). Populisten bedienen sich der Medienangebote zum „*infotainment*“ – einer Mischung aus Information und Unterhaltung. Der Effekt dieser Medieneinsätze sollte freilich nicht überschätzt werden. Die manipulierte öffentliche Meinung erweist sich als besonders instabil. An einem Tag rufen die Massen „Hosiannah“ – an einem anderen zwar nicht „kreuzigt ihn“, aber „weg mit ihm“. Auffallend sind die Ermüdungserscheinungen in der öffentlichen Aufmerksamkeit. Selbst Politiker, die sich nichts zu schulden kommen ließen wie Stoiber in Bayern oder Teufel in Baden-Württemberg konnten von mediokreren Parteigenossen gestürzt werden – nicht zu reden von den Fällen, in denen eine kleine Verfehlung hinzutrat,

wie im Fall Lothar Späth. Die Wankelmütigkeit der öffentlichen Meinung haben mehr Populisten erfahren als normale Akteure, wie sich selbst an einstigen Führungsfiguren wie Haiders FPÖ oder den Spaltungen der deutschen Republikaner unter Schönhuber zeigen lässt.

Die ältere behavioralistische Literatur, etwa bei Hans-Dieter Klingemann, nannte den Populismus gelegentlich die „ganz normale Pathologie“. Inzwischen könnte man das Diktum in einen „ganz normalen populistischen Zeitgeist“ ummünzen (Mudde 2004: 562).

Populisten – soweit sie sich überhaupt für Theorien interessieren – versuchen von der normativen Wende in der politischen Theorie der Postmoderne zu profitieren:

- negative Konnotationen enthält der Begriff „*Post-Demokratie*“ (Crouch),
- positive Konnotationen werden durch Termini wie „*deliberative Demokratie*“ (Habermas) oder „*dialogische Demokratie*“ (Giddens) transportiert.

In der Postdemokratie erhalten die Eliten zunehmend weniger „*deference*“ und Respekt. Die Geheimnisse der „politischen Klasse“ werden nicht mehr von der Zurückhaltung der Medien respektiert, obwohl virtuell alle formalen Komponenten der repräsentativen Demokratie überlebt haben (Crouch 2005: 12, 22). Deliberative Demokratie ist eine normative Hoffnung, aber Post-Demokratie ist dieser Hoffnung nicht näher gekommen. Eine Grundsatzkritik des Systems gibt es in den Globalisierungstheorien kaum noch. Frühere Linke wie Hardt und Negri (2002) mit ihrem Begriff „Empire“ geben nicht einmal mehr Hoffnung auf Systemänderungen. Foucaults Haltung gewinnt an Boden: jede Machtstruktur enthält ihre Gegenmacht. Der Populismus wird von geschickten Führern bereits als ein solches Element der „Gegenmacht“ angeboten. Anthony Giddens (1994: 112) hatte mit seiner „dialogischen Demokratie“ eine positive Fortentwicklung der repräsentativen Demokratie intendiert. Nicht neue Rechte und Repräsentationsmöglichkeiten wie im alten System waren gefragt, sondern Förderung des kulturellen Kosmopolitismus, der entscheidend werden kann für die „Rekonstruktion von sozialer Solidarität“. De facto hat sich eher das Gegenteil dieses normativen Konzepts ereignet: Identitätspolitik ging vielfach in Richtung Segregation. Schon Colin Crouch (2005: 119) sah schwarz für die Möglichkeit, den Populismus in die Richtung universalistischer theoretischer Konzepte zu entwickeln, Identitätspolitik ist das Schlagwort der Postdemokratie – aber: „Nor will populism be contested by trying to move beyond identity politics to a Third Way political appeal which tries to evade every idea of identity“. Politische Parteien, welche die Massen zu repräsentierten vorgeben, tun dies in der Regel durch Definitionen über die „Identität des Volkes" (Pizzorno 1993). Je mehr diese Identitäten künstlich „rekonstruiert" werden, umso häufiger werden alternative Identitäten vernachlässigt. Etablierte Parteien werden großen Industrieunternehmen immer ähnlicher. Sie vermeiden große Risiken, Korporationen bei der Investition, Parteien in der Investierung in die Identität neuer Gruppen (Crouch 2005: 120). Parteien bevorzugen die Kooperation mit selektiven Gruppen, vermeiden aber hoch spezialisierte populistische Gruppierungen. Daher wurde die Veränderungskraft neuer sozialer Bewegungen in den 80er Jahren so stark überschätzt. Neue soziale Bewegungen waren am erfolgreichsten, wenn sie die populistische Agitation begrenzten und die kompromissbereite Kooperation entwickelten, wie die Ökologen und Feministinnen gezeigt haben.

Populistische Bewegungen versuchen *„elite-directing forms of politics"* gegen die traditionelle *„elite-directed form of politics"* (Inglehart 1990: 338). In kleinen Schritten haben die Populisten von der „partizipatorischen Revolution" der 1970er und 1980er Jahre profitiert: keine totalisierenden Ideologien mehr, mittlere Reichweite in den Zielen, spezielle Fragen und eine Stärkung einzelner Kandidaten. Der Wandel der politischen Theorie konnte benutzt werden: Populisten beanspruchten, die *„Zivilgesellschaft"* gegen die „politische Klasse" zu repräsentieren. Aber das Konzept der Zivilgesellschaft müsste darunter leiden, wenn es mit einer Partei identifiziert werden könnte. Einige Kritiker der Entwicklung (Latour 1995: 68, 188) haben schon unterstellt, dass moderne Verfassungssysteme Opfer ihres Erfolgs geworden sind daran zu Grunde zu gehen drohen. Die mobilisatorische Revolution – welche die Populisten kräftig ausnutzten – haben so viele hybride Repräsentationsformen geschaffen, dass die Verfassungsordnung sie kaum noch zusammen halten kann. Im Licht einer postmodernen Normalisierung scheint mir dies als eine Übertreibung. Eine postmoderne Verfassungsordnung ist nicht in Sicht und schon gar nicht die Utopie einer „Wiedervereinigung von Natur und Gesellschaft", wie einige ökologische Populisten gehofft hatten. Selbst ein normativer Denker wie Habermas, ein unermüdlicher Kämpfer für die „deliberative Demokratie" sah gerade im Populismus die erste Gefahr für die Zivilgesellschaft, wenn traditionale Identitäten populistisch verfochten werden. Diese Gefahr ist heute größer als die Gefahren der klassischen Moderne mit ihren eschatologisch-revolutionären Transformationsideologien.

Literatur

U. von Alemann: Parteien. Reinbek, Rowohlt 1995
U. von Alemann: Das Parteiensystem der Bundesrepublik Deutschland. Opladen, Leske & Budrich 2003, 3. Aufl.
U. von Alemann/St. Marschall (Hrsg.): Parteien in der Mediendemokratie. Wiesbaden, Westdeutscher Verlag 2002
U. von Alemann u.a. (Hrsg.): Gemeinwohl und politische Parteien. Baden-Baden, Nomos 2008
H. H. von Arnim: Zur Neuordnung der Parteifinanzierung. DÖV 1983: 486-493
H. H. von Arnim: Die Partei, der Abgeordnete und das Geld. Mainz, von Hase & Koehler 1991
H. H. von Arnim: Der Staat als Beute. München, Knaur 1993
H. H. von Arnim: Die neue Parteienfinanzierung. Deutsches Verwaltungsblatt, Jg. 117, H.16 2002: 1065-1144
U. Backes/E. Jesse: Politischer Extremismus in der Bundesrepublik Deutschland. Köln, Verlag Wissenschaft und Politik 1989
U. Backes/P. Moreau: Die extreme Rechte in Deutschland. München, Akademischer Verlag 1993
U. Backes: Politische Extreme. Eine Wort- und Begriffsgeschichte von der Antike bis in die Gegenwart. Göttingen, Vandenhoeck & Ruprecht, 2006
U. Backes/H. Steglich (Hrsg.): Die NPD. Erfolgsbedingungen einer rechtsextremistischen Partei. Baden-Baden, Nomos 2007
St. Bartolini/P. Mair: Identity, Competition and Electoral Availibility. The Stabilisation of European Electorates 1885-1985. Cambridge University Press 1990
H. Becker u.a.: Die SPD von innen. Auswertung und Interpretation empirischer Untersuchungen in der SPD Nordrhein-Westfalen. Bonn, Neue Gesellschaft 1983
Bericht zur Neuordnung der Parteienfinanzierung. Vorschläge der vom Bundespräsidenten berufenen Sachverständigenkommission. Köln, Bundesanzeiger 1983
K. von Beyme u.a.: Wahlkampf und Parteiorganisation. Eine Regionalstudie zum Bundestagswahlkampf 1969. Tübingen, Mohr 1974
K. von Beyme: (Hrsg.): Right-wing Extremism in Westeurope. London, Frank Cass 1988
K. von Beyme: Die politische Klasse im Parteienstaat. Frankfurt, Suhrkamp 1995, 2. Aufl.
K. von Beyme: Funktionenwandel der Parteien in der Entwicklung von der Massenmitgliederpartei zur Partei der Berufspolitiker. In: O.W. Gabriel u.a. (Hrsg.): Parteiendemokratie in Deutschland. Opladen, Westdeutscher Verlag 1997: 358-383
K. von Beyme: Parteien im Wandel. Von den Volksparteien zu den professionalisierten Wählerparteien. Wiesbaden, Westdeutscher Verlag 2000, 2002
W. Billing u.a. (Hrsg.): Rechtsextremismus in der Bundesrepublik Deutschland. Baden-Baden, Nomos 1993
U. Birsl/P. Lösche: Parteien in West- und Ostdeutschland. Der gar nicht so feine Unterschied. ZParl 1998: 7-24
F. Bösch: Macht und Machtverlust: Die Geschichte der CDU. Stuttgart, DVA 2002

F. Boyken: Die neue Parteienfinanzierung. Baden-Baden, Nomos 1998

M. Brie u.a. (Hrsg.): Die PDS. Empirische Befunde und kontroverse Analysen. Köln, Papyrossa 1995

U. Bürklin: Grüne Politik. Ideologische Zyklen. Wähler und Parteiensysteme. Opladen, Westdeutscher Verlag 1997: 358-383

J. M. Burns: Transforming Leadership. The New Pursuit of Happiness. New York, Grove Press 2003

C. Crouch: Post-Democracy. Cambridge, Polity Press, 2005

F. Decker: Der neue Rechtspopulismus. Opladen, Leske & Budrich 2003, 2. Aufl

F. Decker/V. Neu (Hrsg.): Handbuch der deutschen Parteien. Wiesbaden, VS 2007

Ch. Demuth: Der Bundestag als lernende Institution. Baden-Baden, Nomos 2009

J. Dittberner: FDP – Partei der zweiten Wahl. Opladen, Westdeutscher Verlag 1987

J. Dittberner: Neuer Staat mit alten Parteien? Opladen, Westdeutscher Verlag 1997

I. Dombrowski: Politisches Marketing in den Massenmedien. Wiesbaden, DUV 1997

K. H. F. Dyson: Party, State and Bureaucracy in Western Germany. London, Sage 1977

R. Ebbighausen u.a.: Die Kosten der Parteiendemokratie. Opladen, Leske & Budrich 1996

Ch. Egle u. a. (Hrsg.): Das Rot-Grüne Projekt. Eine Bilanz der Regierung Schröder 1998-2002. Wiesbaden, Westdeutscher Verlag, 2003

Ch. Egle/R. Zohlnhöfer (Hrsg.): Das Ende des rot-grünen Projekts. Eine Bilanz der Regierung Schröder 2002-2005. Wiesbaden, VS 2007

P. Eisenmann/G. Hirscher (Hrsg.): Die Entwicklung der Volksparteien im vereinten Deutschland. Bonn. Aktuell 1992

Empfehlung der Kommission unabhängiger Sachverständiger zur Parteienfinanzierung. BT-Drs. 12/4425 v. 19.2.1993

U. Eth: Parteineigung in Deutschland. Politische Einstellungen in den 90er Jahren im Ost-Westvergleich. Wiesbaden, Westdeutscher Verlag 2003

W. Falke: Die Mitglieder der CDU. Berlin, Duncker & Humblot 1982

J. W. Falter/S. Schumann: Konsequenzen einer bundesweiten Kandidatur der CSU bei Wahlen. APuZ B 11/12 1992: 33-45

J. W. Falter/S. Schumann: Die Republikaner. In: P. Eisenmann/G. Hirscher (Hrsg.): Die Entwicklung der Volksparteien im vereinten Deutschland. Bonn, Aktuell 1992: 191-228

J. W. Falter: Wer wählte rechts? Die Wähler und Anhänger rechtsextremistischer Parteien im vereinten Deutschland. München, Beck 1994

H. Fenske: Strukturprobleme der deutschen Parteiengeschichte. Frankfurt, Fischer-Athenäum 1974

L. Flemming: Das NPD-Verbotsverfahren. Vom „Aufstand der Anständigen“ zum „Aufstand der Unfähigen“. Baden-Baden, Nomos 2005

R. Fücks (Hrsg.): Sind die Grünen noch zu retten? Reinbek, Rowohlt 1991

O. Gabriel u.a. (Hrsg.): Parteiendemokratie in Deutschland. Opladen, Westdeutscher Verlag 1997

O. Gabriel u.a. (Hrsg.): Parteiendemokratie in Deutschland. Wiesbaden, Westdeutscher Verlag 2002, 2. Aufl.

O. Gabriel/O. Niedermayer: Entwicklung und Sozialstruktur der Parteimitgliedschaften. In: O. Gabriel u.a. (Hrsg.): Parteiendemokratie in Deutschland. Opladen, Westdeutscher Verlag 1997: 277-300

A. Gebauer: Der Richtungsstreit in der SPD. Seeheimer Kreis und Neue Linke im innerparteilichen Machtkampf der SPD. Wiesbaden VS 2005

M. Gehler u.a. (Hrsg.): Christdemokratie in Europa im 20. Jahrhundert. Köln, Böhlau 2001

W. Gellner: Ideenagenturen für Politik und Öffentlichkeit. Think Tanks in den USA und in Deutschland. Opladen, Westdeutscher Verlag 1995

M. Geyer u. a.: Operation Rot-Grün. Geschichte eines politischen Abenteuers. München, DVA 2005

P. Gluchowski/H.-J. Veen: Nivellierungstendenzen in den Wähler- und Mitgliedschaften von CDU/CSU und SPD 1959-1979. ZParl 1979: 312-331

K. Grabow: Abschied von der Massenpartei. Die Entwicklung der Organisationsmuster von SPD und CDU seit der deutschen Vereinigung. Deutscher Universitätsverlag 2000

M. Th. Greven: Parteimitglieder. Ein empirischer Essay. Opladen, Leske & Budrich 1987

F. Grotz: Bundestagwahl 2005: Kontext, Ergebnisse, absehbare Konsequenzen. Zeitschrift für Staats- und Europawissenschaften, 3/2005: 470-495

B. Guggenberger u.a. (Hrsg.): Parteienstaat und Abgeordnetenfreiheit. München, Vogel 1976

G. Gysi: Wir brauchen einen dritten Weg. Selbstverständnis und Programm der PDS. Hamburg, Konkret Literatur Verlag 1990

D. Hanley: Beyond the Nation State: Parties in the Era of European Integration. Houndsmill, Palgrave/Macmillan 2008

W. Heitmeyer u.a.: Die Bielefelder Rechtsextremismus-Studie. Weinheim, Juventa 1992

L. Helms (Hrsg.): Parteien und Fraktionen. Ein internationaler Vergleich. Opladen, Leske & Budrich 1999

L. Helms: Die Kartell-Parteienthese und ihre Kritiker. PVS, 2001, Nr. 4: 698-708

W. Hennis: Organisierter Sozialismus. Stuttgart, Klett 1977

G. Hertel: Die DVU-Gefahr von Rechtsaußen? München, Hanns-Seidel-Stiftung 1998

Th. A. Herz: Soziale Bedingungen für Rechtsextremismus in der BRD und in den Vereinigten Staaten. Meisenhain, Hain 1975

G. Hirscher (Hrsg.): Parteidemokratie zwischen Kontinuität und Wandel. Die deutschen Parteien nach den Wahlen 1994. München, Hanns-Seidel-Stiftung 1995.

R. Hofmann: Geschichte der deutschen Parteien. Von der Kaiserzeit bis zur Gegenwart. München, Piper 1993

R. Hrbek (Hrsg.): Political Parties and Federalism. Baden-Baden, Nomos 2004

R. van Hüllen: Ideologie und Machtkampf bei den Grünen. Bonn, Bouvier 1990

R. Inglehart: Culture Shift in Advance Industrial Society. Princeton, Princeton University Press, 1990.

W. Jaide/H.-J. Veen (Hrsg.): Bilanz der Jugendforschung. Ergebnisse empirischer Analysen in der Bundesrepublik Deutschland von 1975 bis 1987. Paderborn, Schöningh 1989

O. Jandura: Kleinparteien in der Mediendemokratie. Wiesbaden, VS 2007

H.-G. Jaschke: Die Republikaner. Profile einer Rechts-Außen-Partei. Bonn, Dietz 1990
H.-G. Jaschke: Politischer Extremismus. Wiesbaden, VS 2006
E. Jesse: SPD and PDS-Relationships. German Politics 1997: 89-102
E. Jesse/R. Sturm (Hrsg.): Bilanz der Bundestagswahl 2005. Wiesbaden, VS, 2005
U. Jun u. a. (Hrsg.): Kleine Parteien im Aufwind. Frankfurt, Campus, 2005
U. Jun/O. Niedermayer/O. Stöss (Hrsg.): Parteien und Parteien in den deutschen Ländern. Wiesbaden, VS 2008
H. Kaack: Geschichte und Struktur des deutschen Parteiensystems. Opladen, Westdeutscher Verlag 1971
H. Kaack/R. Roth (Hrsg.): Handbuch des deutschen Parteiensystems. Opladen, Leske 1980, 2 Bde.
W. Kaltefleiter: Parteien im Umbruch. Düsseldorf, Econ 1984
R. Katz/P. Mair (Hrsg.): How Parties Organize. London, Sage 1994
R. Katz/P. Mair: Changing Models of Party Organization and Party Democracy. The Emergence of the Cartel Party. Party Politics 1995: 5-28
H. Kitschelt: The Logics of Party-Formation. Ecological Politics in Belgium and West Germany. Ithaca, Cornell University Press 1989
K.-H. Klär u.a. (Hrsg.): Sozialstruktur und Einstellungen von Wählern rechtsextremer Parteien, Studien von Sinus und Infratest. Bonn, Vorwärts Verlag 1989, 3 Bde.
A. Klärner/M. Kohlstrick (Hrsg.): Moderner Rechtsextremismus in Deutschland. Hamburg, Hamburger Edition 2006
H. Kleinert: Abstieg der Parteiendemokratie. APuZ 35/36, 2007: 3-11
H.-D. Klingemann: Die programmatischen Profile der politischen Parteien in Deutschland. In: D. Herzog/B. Weßels (Hrsg.): Konfliktpotentiale und Konsensstrategien. Opladen, Westdeutscher Verlag 1989: 99 -115
H.-D. Klingemann: Parteien im Urteil der Bürger: Eine Längsschnittanalyse 1969-1994. In: M. Kaase/H.-D. Klingemann (Hrsg.): Wahlen und Wähler. Analysen aus Anlass der Bundestagswahl 1994. Opladen, Westdeutscher Verlag 1998: 390-462
R. Köcher: Die Chancen der SPD. FAZ, 28. 10.2009: 5
J. Köhler: Parteien im Wettbewerb. Zu den Wettbewerbschancen nicht-etablierter politischer Parteien im Rechtssystem der Bundesrepublik Deutschland. Baden-Baden, Nomos 2006
K. –R. Korte: Populismus als Regierungsstil in: Werz 2003: 209-222
S. Kropp/R. Sturm: Koalitionen und Koalitionsvereinbarungen. Opladen, Leske & Budrich 1998
I. Kurz-Scherf/G. Winkler: Sozialreport 1994. Daten und Fakten zur sozialen Lage in den neuen Bundesländern. Berlin, GSFP 1994
A. Ladner: Stabilität und Wandel von Parteien und Parteiensystemen. Wiesbaden, VS 2004
Ch. Landfried: Parteienfinanzierung. Das Urteil des Bundesverfassungsgerichts vom 9. April 1992. ZParl 1992: 439-447
Ch. Landfried: Parteienfinanzen und politische Macht. Baden-Baden, Nomos 1994, 2. Aufl.
D. Langewiesche: Liberalismus in Deutschland. Frankfurt, Suhrkamp 1988
C. Leggewie: Die Republikaner. Phantombild der neuen Rechten. Berlin, Rotbuch 1989[2]

C. Leggewie: Druck von rechts. Wohin treibt die Bundesrepublik? München, Beck 1993
G. Lehmbruch: Parteienwettbewerb im Bundesstaat. Wiesbaden, Westdeutscher Verlag 2000^3
T. Leif/J. Raschke: Rudolf Scharping, die SPD und die Macht. Reinbek, Rowohlt 1994
M. Linden: Was ist eine Partei? Kritische Anmerkungen zu den Beschlüssen des Bundeswahlausschusses. Deutschland Archiv5/2009: 773-780
F. Löbler u.a. (Hrsg.): Wiedervereinigung als Organisationsproblem: Gesamtdeutsche Zusammenschlüsse von Parteien und Verbänden. Bochum, Brockmeyer 1991
P. Lösche: Wovon leben die Parteien? Frankfurt, S. Fischer 1984
P. Lösche/F. Walter: Die SPD. Klassenpartei Volkspartei, Quotenpartei. Darmstadt, Wiss. Buchgesellschaft 1992
P. Lösche: 'Lose verkoppelte Anarchie'. Zur aktuellen Situation von Volksparteien am Beispiel der SPD. APuZ B 43 1993: 34-45
P. Lösche: Kleine Geschichte der deutschen Parteien. Stuttgart, Kohlhammer 1993
P. Mair: The Green Challenge and Political Competition: How Typical is the German Experience? German Politics, Jg.10, Nr.2 2001: 99-116
A. S. Markovits/Ph. S. Gorski: Grün schlägt Rot. Die deutsche Linke nach 1945. Hamburg, Rotbuch-Verlag 1997
W. Mensing: Wir wollen unsere Kommunisten wiederhaben. Demokratische Starthilfen für die Gründung der DKP. Zürich, lnterfrom 1989
W. Merkel: Ende der Sozialdemokratie? Machtressourcen und Regierungspolitik im westeuropäischen Vergleich. Frankfurt, Campus 1993
W. Merkel u. a. (Hrsg.): Die Reformfähigkeit der Sozialdemokratie. Wiesbaden, VS 2006
M. Micus: Die „Enkel" Willy Brandts. Aufstieg und Politikstil einer SPD-Generation. Frankfurt, Campus 2005
A. Mintzel: Geschichte der CSU. Opladen, Westdeutscher Verlag 1977
A. Mintzel: Die Volkspartei. Opladen. Westdeutscher Verlag 1983
H. Modrow: Aufbruch und Ende. Hamburg, Konkret Literatur Verlag 1991
D. Molthagen u. a. (Hrsg.): Lern- und Arbeitsbuch gegen Rechtsextremismus. Bonn, Dietz 2008
P. Moreau: PDS. Anatomie einer postkommunistischen Partei. Bonn, Bouvier 1992
P. Moreau (Hrsg.): Die PDS. Profil einer antidemokratischen Partei. München, Hans-Seidel-Stiftung 1998
M. Morlok u. a. (Hrsg.): Medienbeteiligungen politischer Parteien. Baden-Baden, Nomos 2004
M. Morlok u. a. (Hrsg.): Sponsoring – ein neuer Königsweg der Parteienfinanzierung. Baden-Baden, Nomos 2006
C. Mudde: The Populist Zeitgeist. Government and Opposition, 29, 2004: 541-563
F. Müller-Rommel: Innerparteiliche Gruppierungen in der SPD. Opladen, Westdeutscher Verlag 1982
F. Müller-Rommel: Grüne Parteien in Westeuropa. Opladen, Westdeutscher Verlag 1993
F. Müller-Rommel/G. Pridham (Hrsg.): Small Parties in Western Europe. London, Sage 1991
F. Müller-Rommel/Th. Poguntke (Hrsg.): Green Parties in National Government. London, Frank Cass 2002

O. Nachtwey/T. Spier: Günstige Gelegenheit? Die sozialen und politischen Entstehungshintergründe der Linkspartei. In: T. Spier u. a. (Hrsg.): Die Linkspartei. Zeitgemäße Idee oder Bündnis ohne Zukunft? Wiesbaden, VS 2007: 13-69
W. D. Narr (Hrsg.): Auf dem Weg zum Einparteienstaat? Opladen, Westdeutscher Verlag 1977
K.-H. Nassmacher: Parteien im Abstieg. Opladen. Westdeutscher Verlag 1989
K. –H. Nassmacher: Die Kosten der Parteitätigkeit in westlichen Demokratien. In: Österreichische Zeitschrift für Politikwissenschaft, 1/2002: 7-20
V. Neu: Das Janusgesicht der PDS. Wähler und Partei zwischen Demokratie und Extremismus. Baden-Baden, Nomos 2004
H. Nicolaus: Parteienfinanzierung zwischen Krisen und Krisenbehebung. Baden-Baden, Nomos 2004
O. Niedermayer: Innerparteiliche Partizipation. Opladen. Westdeutscher Verlag 1989
O. Niedermayer/R. Stöss (Hrsg.): Stand und Perspektiven der Parteienforschung in Deutschland. Opladen, Westdeutscher Verlag 1993
O. Niedermayer/R. Stöss (Hrsg.): Parteien und Wähler im Umbruch. Parteien und Wählerverhalten in der ehemaligen DDR und den neuen Bundesländern. Opladen, Westdeutscher Verlag 1994
O. Niedermayer: Parteimitgliedschaften im Jahre 2004. ZParl. 2/2005: 382-389
O. Niedermayer (Hrsg.): Die Parteien nach der Bundestagswahl 2005. Wiesbaden, VS 2008
H. Nicolaus: Parteienfinanzierung zwischen Krisen und Krisenbehebung. Baden-Baden, Nomos 2004
K. Niklauß: Das Parteiensystem der Bundesrepublik Deutschland. Paderborn, Schöningh 2002, 2. Aufl.
F. Nullmeier/Th. Saretzki (Hrsg.): Jenseits des Regierungsalltags. Strategiefähigkeit politischer Parteien. Frankfurt, Campus 2002
D. Oberndörfer/K. Schmitt (Hrsg.): Parteien und regionale politische Traditionen in der Bundesrepublik Deutschland. Berlin, Duncker & Humblot 1991
H. Oberreuter/A. Mintzel (Hrsg.): Parteien in der Bundesrepublik. München, Olzog 1990
G. Olzog/H.-J. Liese: Die politischen Parteien in Deutschland. München, Olzog 1995[23]
F. U. Pappi: Die Anhänger der neuen sozialen Bewegungen im Parteiensystem der Bundesrepublik. APuZ B 26 1989: 17-27
F. U. Pappi: Die Republikaner im Parteiensystem der Bundesrepublik, Protesterscheinung oder politische Alternative? APuZ B 21 1990: 37-44
R. Philippsberg: Die Strategie der NPD. Regionale Umsetzung in Ost- und Westdeutschland. Baden-Baden, Nomos 2009
T. Poguntke: Alternative Politics: The German Green Party. Edinburgh University Press 1992
T. Poguntke: The German Party-system: Eternal Crisis? German Politics, Jg. 10, Nr.2 2001: 37-50.
Th. Poguntke: Das Parteiensystem der Bundesrepublik Deutschland. Eine Einführung. Wiesbaden, Westdeutscher Verlag 2003
I. Poguntke/B. Boll: Germany. In: R. S. Katz/P. Mair (Hrsg.): Party Organizations. London, Sage 1992: 317-388

P. Radunski: Wahlkämpfe. Moderne Wahlkampfführung als politische Kommunikation. München, Olzog 1980
J. Raschke: Krise der Grünen. Marburg, SP-Verlag 1991
J. Raschke: Die Grünen. Wie sie wurden, was sie sind. Köln, Bund 1993
J. Raschke: Die Zukunft der Grünen: „So kann man nicht regieren". Frankfurt, Campus 2001
J. Raschke/R. Tils: Politische Strategie. Eine Grundlegung. Wiesbaden, VS 2007
G. Rieger: „Parteienverdrossenheit" und „Parteienkritik" in der Bundesrepublik Deutschland. ZParl 1994: 459-471
G. K. Roberts: Party Politics in the New Germany. London, Pinter 1997
A. Römmele: Direkte Kommunikation zwischen Parteien und Wählern. Professionalisierte Wahlkampftechnologien in den USA und in der BRD. Wiesbaden, VS 2005
M. Roik: Die DKP und die demokratischen Parteien 1968-1984. Paderborn, Schöningh 2006
M. Rossi/O. Rüss: Parteiengesetz. Handkommentar. Baden-Baden, Nomos 2007
W. Rudzio: Das neue Parteienfinanzierungsmodell und seine Auswirkungen. ZParl 1994: 390-401
I. Runge/U. Stelbrink: Gregor Gysi: „Ich bin Opposition". Berlin, Dietz 1990
Th. Saalfeld: Parteien und Wahlen. Eine Einführung. Baden-Baden, Nomos 2006
S.E. Scarrow: Parties and their Members. Organizing for Victory in Britain and Germany. Oxford University Press 1996
K. Schacht u.a. (Hrsg.): Hilflos gegen Rechtsextremismus? Köln, Bund 1995
F. Schalt u. a. (Hrsg.): Neuanfang statt Niedergang. Die Zukunft der Mitgliederparteien. Berlin, LIT 2009
E. K. u. U. Scheuch: Cliquen, Klüngel und Karrieren. Reinbek, Rowohlt 1992
A. Schindler: Die Partei als Unternehmer. Baden-Baden, Nomos 2006
M. Schlieben: Politische Führung in der Opposition. Die CDU nach dem Machtverlust. Wiesbaden, VS 2007
J. Schmid: Die CDU-Organisationsstrukturen, Politiken und Funktionsweisen einer Partei im Föderalismus. Opladen, Leske & Budrich 1990
J. Schmid u.a. (Hrsg.): Organisationsstrukturen und Probleme von Parteien und Verbänden. Marburg, Metropolis 1994
J. Schmid/U. Zolleis (Hrsg.): Zwischen Strategie und Anarchie. Der Erfolg von Parteiorganisationen. Wiesbaden, VS 2005
H. Schmitt: Neue Politik in alten Parteien. Opladen, Westdeutscher Verlag 1987
H. Schmitt: So dicht war die Mauer nicht! Über Parteibindungen und cleavages im Osten Deutschlands. In: P. Eisenmann/G. Hirscher (Hrsg.): Die Entwicklung der Volksparteien im vereinten Deutschland. Bonn, Bonn Aktuell 1992: 229-251
W. Schönbohm: Die CDU wird moderne Volkspartei. Selbstverständnis, Mitglieder, Organisation und Apparat 1950-1980. Stuttgart, Klett-Cotta 1985
S. Schumann: Persönlichkeitsbedingte Einstellungen zu Partien. München, Oldenbourg, 2001.
Sinus: Wir sollten wieder einen Führer haben. Reinbek, Rowohlt 1981
T. Spier u. a. (Hrsg.): Die Linkspartei. Zeitgemäße Idee oder Bündnis ohne Zukunft? Wiesbaden, VS 2007

T. Spier: Die Wählerschaft rechtspopulistischer Parteien in Westeuropa. Diss. Göttingen, 2008.

R. Stöss: Die extreme Rechte in der Bundesrepublik. Opladen, Westdeutscher Verlag 1989

R. Stöss: Parteikritik und Parteiverdrossenheit. APuZ B 21 1990: 15-24

R. Stöss (Hrsg.): Parteienhandbuch. Opladen, Westdeutscher Verlag 1983/84, 2 Bde.

U. Thaysen: Der Runde Tisch. Oder: Wo blieb das Volk? Opladen, Westdeutscher Verlag 1990

K.-R. Tietzek: Verfassungsfragen der Wahlkampfkostenerstattung, Baden-Baden, Nomos 1990

H. Tiemann u.a.: Gewerkschaften und Sozialdemokratie in den neuen Bundesländern. Deutschland Archiv 1993: 40-51

M. Trefs: Faktionen in westeuropäischen Parteien. Baden-Baden, Nomos 2007

D. Th. Tsatos (Hrsg.): Auf dem Weg zu einem gesamtdeutschen Parteienrecht. Baden-Baden, Nomos 1991

D. Th. Tsatos (Hrsg.): 30 Jahre Parteiengesetz in Deutschland. Baden-Baden, Nomos 2002

H.M. Uehlinger: Politische Partizipation in der Bundesrepublik. Opladen, Westdeutscher Verlag 1988

H.-J. Veen/J. Hoffmann: Die Grünen zu Beginn der neunziger Jahre. Profil und Defizite einer fast etablierten Partei. Bonn, Bouvier 1992

H.-J. Veen/P. Gluchowski: Die Anhängerschaften der Parteien vor und nach der Einheit – eine Langfristbetrachtung von 1953 bis 1993. ZParl 1994: 164-186

Verfassungsschutzberichte 1989 – 1998. Bonn, Bundesminister des Inneren

A. Volkens/H. D. Klingemann: Die Entwicklung der deutschen Parteien im Prozess der Vereinigung. In: E. Jesse/A. Mitter (Hrsg.): Die Gestaltung der deutschen Einheit. Bonn, Bouvier 1992: 189-214

K. Völkl u.a. (Hrsg.): Wähler und Landtagswahlen in der Bundesrepublik Deutschland. Baden-Baden, Nomos 2008

F. Walter: Die SPD: Vom Proletariat zur Neuen Mitte. Berlin, Alexander Fest 2002

F. Walter: Baustelle Deutschland. Politik ohne Lagerbindung. Frankfurt, Suhrkamp 2008

F. Walter: Irrwege des Parteienstaates. FAZ. 22. Mai 2009: B4

F. Walter: Im Herbst der Volksparteien. Eine kleine Geschichte von Aufstieg und Rückgang politischer Massenintegration. Bielefeld, Transkript Verlag 2009

Ch. Welzel: Von der SED zur PDS. Frankfurt, Lang 1992

N. Werz (Hrsg.) Populismus. Opladen, Leske & Budrich, 2003

G. Westerwelle: Das Parteienrecht und die politischen Jugendorganisationen. Baden-Baden, Nomos 1994

J. Wettig-Danielmeier u.a.: Handbuch zur Parteienfinanzierung. Marburg, Schüren 1997[2]

G. Wewer (Hrsg.): Parteienfinanzierung und politischer Wettbewerb. Opladen, Westdeutscher Verlag 1990

E. Wiesendahl: Parteien und die Politik der Zumutungen. APuZ B 40, 2004: 19-24.

E. Wiesendahl: Parteien in Perspektive. Theoretische Ansichten der Organisationswirklichkeit politischer Parteien. Wiesbaden, Westdeutscher Verlag 1998

E. Wiesendahl: Mitgliederparteien am Ende? Eine Kritik der Niedergangsdiskussion. Wiesbaden, VS 2006

E. Wiesendahl: Zwischen Wende und Ende – zur Zukunft der Mitgliederparteien. In: F. Schalt u. a. (Hrsg.): Neuanfang statt Niedergang – Die Zukunft der Mitgliederparteien. Berlin, LIT 2009: 233-258

R. Wildenmann: Volksparteien, Ratlose Riesen? Baden-Baden, Nomos 1989

M. Wilke u. a.: Die Deutsche Kommunistische Partei (DKP). Geschichte, Organisation, Politik. Köln, Verlag Wissenschaft und Politik 1990

D. Wittich: Sozialstruktur von PDS-Mitgliedern. In: Niedermayer/Stöss 1994: 227-235

H. Zehetmair: Das deutsche Parteiensystem. Wiesbaden, VS 2004

5 Interessengruppen

5.1 Interessengruppen und Organisationsbereitschaft der Bürger

Die Tocqueville-These, dass die Amerikaner ein Volk von *„Joiners“* seien, ist häufig auf die Deutschen ausgedehnt worden, mit dem Zusatz, sie seien ein Volk von Vereinsgründern Dabei wird gelegentlich eine unpolitische Art der Ausübung des Koalitionsrechts angeprangert. Nur partiell zu Recht, wie die historische Entwicklung zeigt. In Deutschland, wo das kapitalistische Wirtschaftssystem sich später als in einigen westeuropäischen Ländern durchsetzte, haben sich „die Vorteile, ein Nachzügler“ zu sein (A. Hirschman), durchaus auch auf die Gruppenstruktur ausgewirkt. Das ungewöhnliche Tempo, mit dem sich die wirtschaftliche Expansion nach der Reichseinigung von 1871 vollzog, erforderte eine Kompensation der Folgen dieses Prozesses für die Gesellschaft durch organisierte Einwirkung der relevanten Gruppen und Schichten. Die mangelnde demokratisch-revolutionäre Tradition des Landes war für die Anfänge des Verbandswesens paradoxerweise partiell von Vorteil. Es gibt nicht nur eine obrigkeitsstaatliche „Verbandsprüderie“, die sich bis heute in Forderungen nach der Gemeinwohlpflichtigkeit der Verbände um die „Handlungsfähigkeit des Staates“ sorgt, sondern auch demokratisch-egalitäre Vorbehalte gegen die Zwischengewalten der Gruppenmacht. Während in Frankreich die „Loi Le Chapelier“ von 1791 und in Großbritannien der „General Combination Act“ von 1799 sich vor allem gegen ständisch-berufliche Gruppen (in Frankreich auch gegen Parteien und politische Clubs) richteten, war die zum Teil noch ständisch strukturierte Gesellschaft der deutschen Staaten weniger argwöhnisch gegen die intermediären Gewalten.

Von 1871 an nahm der Einfluß der Verbände im Deutschen Reich zu. Das allgemeine Wahlrecht spielte eine verstärkende Rolle bei der Politisierung der Verbände und der konkreten Interessenausrichtung der Parteien, die vor 1871 weitgehend lose Weltanschauungsgruppen gewesen waren. Die Verwirtschaftlichung der Politik förderte das Verbandswesen nicht weniger als die staatlichen Initiativen im Bereich der Gesellschaft. Interessengruppen waren gerade in Deutschland keineswegs immer freie Vereinigungen der Gesellschaft zur Durchsetzung von Interessen gegenüber dem Staat, sondern vielfach sind sie durch die Staatsintervention hervorgerufen oder mit staatlicher Hilfe als Gesprächspartner im Bereich der Gesellschaft gegründet worden. Auch bei der Konzentration des

Verbändewesens spielte der Staat schon früh eine aktive Rolle: etwa durch Anerkennung der Tarifpartner (im Kriegshilfsdienstgesetz von 1916) oder durch Begünstigung der Spitzenverbände bei Eingaben an die Ministerien in der Geschäftsordnung der Ministerien (GGO Bes. Teil, § 23 Abs. 1 u. 3). Die frühe Initiative des Staates im Bereich der Sozialpolitik führte dazu, dass in Deutschland nicht nur wirtschaftliche Vereinigungen, sondern auch Interessengruppen im sozialpolitischen Bereich besonders früh aktiv wurden.

Nicht nur ein hoher Organisationsgrad in allen Verbandsbereichen, sondern ein überdurchschnittlich hoher Konzentrationsgrad wurde zum Kennzeichen der deutschen Verbandsentwicklung. Die organisatorische Schlagkraft deutscher Verbände war im Gewerkschaftsbereich wie bei Unternehmer- und Bauernverbänden im Ausland ein vielfach bewundertes Vorbild.

Dennoch war die Konzentration in den politischen Systemen der Vergangenheit nicht vollständig. Die weltanschauliche Fragmentierung, die das Verbandswesen in vielen westlichen Demokratien bis heute kennzeichnet (vor allem in den romanischen Ländern und in den Konkordanzdemokratien), hatte auch in Deutschland einige Spuren hinterlassen. Wie in Großbritannien bis 1965 – im Gegensatz zu Frankreich und den USA – entwickelte sich hier eine Arbeitsteilung zweier Spitzenverbände im Unternehmerbereich. Der eine Verband ist für die Arbeitsbeziehungen zuständig (wie die BDA), und ein anderer betreut die allgemeine Wirtschaftspolitik (BDI). Historische Umstände scheinen diese Aufgabenteilung mehr zu bedingen als Gemeinsamkeiten der rechtlichen Regelung von Arbeitsbeziehungen und der Staatsstruktur.

Die Ausdifferenzierung der Arbeitgeberorganisation war zunächst weitgehend eine negative Abwehrfunktion zur Verteidigung gegen gewerkschaftliche Kampfmaßnahmen. Ein Ausstand der Textilarbeiter in Crimmitschau/Sachsen 1903 wurde zum Anlaß der Gründung des „Vereins Deutscher Arbeitgeberverbände“ im Jahre 1904. Die Abwehrfront war jedoch zunächst nicht einheitlicher als auf der Ebene der Wirtschaftsverbände. In enger Anlehnung an den „Zentralverband Deutscher Industrieller“ entstand 1904 eine Konkurrenzorganisation in der „Hauptstelle Deutscher Arbeitgeberverbände“. 1909 schlossen beide Organisationen einen Kartellvertrag und 1913 kam es zur Verschmelzung in der „Vereinigung der Deutschen Arbeitgeberverbände“ (VDA).

Die wirtschaftspolitische Funktion der Unternehmerorganisationen blieb hingegen bis zum Untergang des Kaiserreichs geteilt. Der „Centralverband Deutscher Industrieller“ (CDI), 1876 gegründet, wurde mehr und mehr Sprachrohr der führenden Betriebe in einzelnen Branchen. 1895 bekam er durch Gründung des „Bundes der Industriellen“ Konkurrenz der kleineren, meist exportorientierten Industrie unter maßgebendem Einfluß von Stresemann. Im Ersten Weltkrieg wurden die institutionellen Anreize zur Vereinigung durch die Bildung des

„Kriegsausschusses der Deutschen Industrie" (August 1914) geschaffen, die zur gemeinsamen Interessenvertretung im „Deutschen Industrierat" (Oktober 1916) führte, dem auch der seit 1899 aus dem Centralverband ausgetretene Chemieverband beitrat. Aber erst zu Beginn der Weimarer Republik kam es zur Gründung des „Reichsverbandes der Deutschen Industrie" (RDI).

Auch auf der Gewerkschaftsseite war trotz der Dominanz der Sozialdemokratie im Organisationsbereich der Arbeiterinteressen keine „Einheitsgewerkschaft" durchzusetzen gewesen. Die Fragmentierung zwischen sozialistischen, liberalen und christlichen Gewerkschaften war jedoch nie so weitreichend, wie sie bis heute in den romanischen Ländern ist. In Deutschland wurde das anarcho-syndikalistische Modell der strikten Arbeitsteilung zwischen Arbeiterparteien und Gewerkschaften nicht akzeptiert. Die Mehrheit der Gewerkschafter war in einer auf die Sozialdemokratie ausgerichteten Gewerkschaft organisiert, in der mehr als in anderen Ländern mit einem dominanten Dachverband (Großbritannien, Skandinavien) das *Industrieprinzip* sich durchsetzte. In der Weimarer Republik konnte seit dem Nürnberger Gewerkschaftskongreß von 1919, der zum Zusammenschluß der freien Gewerkschaften führte, der „Allgemeine Deutsche Gewerkschaftsbund" (ADGB) seinen Vorsprung vor den beiden anderen weltanschaulichen Richtungsgewerkschaften ausbauen, obwohl auch der ADGB seinen Höchststand von 1919 nicht wieder erreichte.

Tabelle 5.1: Mitglieder der Gewerkschaften (in Tausend)

Jahr	Freie	Christliche	Hirsch-Duncker	Insgesamt
1891	278	-	66	344
1900	680	77	92	849
1911	2340	341	107	2789
1918	1665	405	114	2184
1919	5479	854	190	6527
1926	3977	532	163	4672
1931	4418	578	181	5177
	DGB	DAG	DBB	
1982	7861	501	812	
1990	7937	584	1053	
1997	8623	489	1116	
2000	8310	(1998) 450	815	
2004	7013			

Quelle: Statistische Jahrbücher, DGB, www,dgb.de

	IG Bau	IG BCE	GEW	IG Metall	NGG	Gew. der Polizei	TRANS-NET	ver.di	DGB-Gesamt
Arbeiter	243	601	0	1303	172	8	62	575	2963
Angest.	23	170	86	269	53	20	36	1073	1729
Beamte	1	0	114	0	0	150	34	121	420
Jugendl.	45	58	11	199	15	33	13	126	499
Männlich	361	623	80	1981	135	141	214	1239	4775
Weiblich	64	147	174	444	90	37	56	1226	2238
Insgesamt	425	771	255	2425	225	178	270	2465	7013
Anteil an DGB-Mitgl.	6,1 %	11 %	3,6 %	34,6 %	3,2 %	2,5 %	3,9 %	35,1 %	100 %

Quelle: Deutscher Gewerkschaftsbund, www.dgb.de.

Nach 1949 wurde aufgrund der Erfahrungen des Kampfes gegen den Nationalsozialismus von der Mehrheit der Gewerkschafter akzeptiert, dass eine Einheitsgewerkschaft gegründet werden sollte. Hans Böckler und eine Führungsgruppe der Gewerkschaften in den Westzonen wollten sogar ein integrierteres Modell einer Einheitsgewerkschaft, als es realisiert werden konnte: Die Fachgruppen sollten nur Unterabteilungen des gewerkschaftlichen Dachverbandes, nicht aber unabhängige Industriegewerkschaften sein. Diese Konzeption scheiterte am Einspruch der Besatzungsmächte und – im Gegensatz zu Unitarisierungsbestrebungen auf staatlicher Ebene – nicht am territorialen, sondern am *funktionalen Föderalismus* der größten Einzelverbände.

Hitlers brutale Nivellierung der organisatorischen Landschaft in Deutschland, die Ohnmacht des Widerstandes und die Lizenzierungspolitik der Alliierten nach dem Krieg haben über die Tarifpartner hinaus die Vereinheitlichung der Organisation im gesellschaftlichen Bereich stark gefördert. Unternehmer und Vertriebene, die anfangs von den Besatzungsmächten in ihren Zusammenschlußversuchen und vor allem in ihrem politischen Lobbyismus stark gebremst wurden, haben das Einflußdefizit, das bei Schaffung des Grundgesetzes 1948/49 zu bestehen schien (vgl. Kap. 1.1), rasch aufgeholt. Statusunterschiede schienen nach 1949 eine geringere Rolle zu spielen, so dass die Angestellten-Gewerkschaft (DAG) in der Bundesrepublik nicht die gleiche Stärke erlangte wie die Angestelltengewerkschaften innerhalb des TUC in Großbritannien oder die Angestelltengewerkschaften Skandinaviens, die eine Konkurrenz der mächtigen Einheitsverbände (LO) sind. Die Amputierung des Staatsgebiets und die Brechung der Grundlagen des politischen Einflusses des Großgrundbesitzes, vor allem in der SBZ und in den Ostgebieten, haben auch die Gegensätze in der Landwirtschaft verringert. Der „Reichslandbund" der Weimarer Zeit, weitgehend von den Großagrariern Ostelbiens beherrscht und politisch mit den konservativen

Kräften um die Deutsch-Nationale Volkspartei (DNVP) eng verbunden, hatte noch gewichtige Konkurrenzorganisationen wie die Bauernvereine in West- und Süddeutschland und die „Deutsche Bauernschaft" als Repräsentation der kleineren und mittleren landwirtschaftlichen Betriebe. Der Deutsche Bauernverband (DBV), der 1948 in München gegründet wurde, hat auch für die Landwirtschaft eine nie vorher dagewesene Einheitlichkeit des Handelns ermöglicht, wenn auch eine gewisse Dominanz der größeren Betriebe in Niedersachsen und Westfalen für den Bauernverband festzustellen ist.

Die innerorganisatorische Ausdifferenzierung der Verbände scheint für einen mittleren Flächenstaat vergleichsweise gering. Die Gewerkschaften mit 8 Einzelgewerkschaften werden im internationalen Rahmen nur von kleinen Ländern wie Luxemburg an Überschaubarkeit der Strukturen überboten. Der Deutsche Bauernverband hatte trotz der Betonung vorbundesrepublikanischer Territorialgrenzen sogar nur 18 Unterverbände (2001). Der Organisationsgrad in deutschen Verbänden ist im internationalen Vergleich hoch. Bei der BDA etwa 80%, beim BDI und beim Deutschen Bauernverband über 90%. Bei den Gewerkschaften erscheint er mit unter 30% im Mittelfeld des in Westeuropa üblichen. Die meisten Länder, die über der Bundesrepublik liegen, haben jedoch den Organisationsgrad mit organisatorischen Verflechtungen – mit der Arbeiterpartei in Großbritannien oder Schweden (bis 1991) oder mit negativen Sanktionen gegenüber Nichtmitgliedern (*union shop* in Großbritannien) oder Solidaritätsbeiträgen wie in Belgien – künstlich in die Höhe getrieben. Aufgrund des Organisationszwanges im Dritten Reich und in der DDR werden solche Mittel, die immer wieder einmal in die Diskussion gerieten, von den deutschen Gewerkschaften entschieden abgelehnt.

In ihrer *Organisationsmacht und Finanzkraft* sind die deutschen Spitzenverbände im Ausland vielfach bewundert und beargwöhnt worden. Letzteres vor allem dort, wo sie in internationalen Zusammenschlüssen einen beträchtlichen Teil der Finanzen aufbringen und einen gewissen Einfluß auf die Richtung des internationalen Verbandes ausüben. Das gilt vor allem bei regionalen internationalen Vereinigungen wie im Europäischen Gewerkschaftsbund.

Mit dem Aufkommen der *neuen sozialen Bewegungen* haben sich die *Organisationsmuster* der Deutschen vor allem in der Jugend gewandelt. In den Untersuchungen zu den Aktivitäten der deutschen Jugend zeigte sich in den achtziger Jahren eine Hinwendung zu unkonventionellem Verhalten und loseren Formen des organisatorischen Engagements in neuen sozialen Bewegungen. Zwischen der tatsächlichen Teilnahme an Gruppen und der Sympathiequote haben sich zum Teil beträchtliche Differenzen aufgetan. Die allgemeine Sympathiequote von kirchlichen Gruppen war gering, obwohl diese nach der Friedensbewegung und den Ökogruppen den dritten Platz in der Mobilisierungsrate zu belegen schien (Sinus 1983: 57). Die politischen Jugendverbände hatten abnehmende Bedeutung. Aus diesen Veränderungen sind gelegentlich voreilige Schlüsse gezogen worden. Es zeigte sich, dass die neuen sozialen Bewegungen als alternativer Strukturtyp von freiwilligen Vereinigungen trotz ihres hohen Ranges in der Wertschätzung bei jungen Menschen weit hinter der Organisationsdichte des traditionellen Verbandswesens zurückblieben (von Alemann 1987: 67).

Parallel zur Debatte in der Parteienforschung (vgl. Kap. 4.1) entspann sich eine Debatte über die Erosion des Engagements der Bürger in den Verbänden. Wenig Aufmerksamkeit zogen Statusgruppen und Verbände von Gruppen von Erwerbstätigen auf sich. Von den Landwirten bis zu den Ärzten ist der Organisationsgrad unvermindert hoch. Schwankungen der Mitgliedschaft von Verbänden sind Nebenprodukte der Entwicklung der Erwerbstätigen in einem Sektor.

Am geeignetsten schienen die Gewerkschaften um Niedergangsthesen zu erhärten. Der Niedergang des Vertrauens in die Gewerkschaften – die lange etwa mit den Unternehmen in der Akzeptanz Schritt gehalten hatten – war in den achtziger Jahren auffällig. Dieser zu Protokoll gegebene Vertrauensverlust der Bürger gegenüber den Gewerkschaften hatte vor allem bei den Unionsparteien und den Liberalen stark zugenommen: 66% und 64% der Nahesteher beider Parteien hatten 1990 kein Vertrauen (Emnid Informationen Nr. 9/10 1990: A 44). Dass aber auch 40% der SPD-Sympathisanten den Gewerkschaften skeptisch gegenüberstanden, war das eigentlich Alarmierende an diesen Umfragebefunden.

Trotz dieser Abnahme von Vertrauen in die Institution hat sich die emotionale Distanz vieler zu den Gewerkschaften nicht in eine adäquate organisatorische Distanz der Bürger verwandelt. Einige Analytiker haben in einer Entwicklung vom Korporatismus zur Deregulierung mit flexiblen Arbeitsverhältnissen und neuartigen Kommunikationsstrukturen auf einen generellen Niedergang der gewerkschaftlichen Organisationsbereitschaft geschlossen (Windolf 1989). Mitgliedsentwicklungen in einem Jahrzehnt wurden zu ähnlich dramatischen Niedergangshypothesen verwendet wie in der Parteienforschung. Bei längeren Zeitreihen ließ sich ein dramatischer Niedergang nicht nachweisen (Armingeon 1989). Die Mitgliederfluktuation, die strategischen Wandlungen von Tarifpolitik, das Auf und Ab der Konjunkturen haben eine ökonomisch effiziente Interessenvertretung und politisch-parlamentarische Repräsentation langfristig nicht beeinflußt (Armingeon 1988: 122).

Ein Grund zur Beunruhigung über die abnehmende Organisationsbereitschaft in den Gewerkschaften bleibt: schon in den achtziger Jahren waren 22% aller Mitglieder von DGB-Gewerkschaften Rentner, Hausfrauen, Schüler oder Studenten. Zwei Prozent der Organisierten waren arbeitslos. Kein Zweifel, die DGB-Gewerkschaften waren unter den Erwerbstätigen im engeren Sinne noch schwächer vertreten, als die üblichen Angaben über den Organisationsgrad vermuten ließen (Armingeon 1991: 32).

Als die neuen sozialen Bewegungen aufbrachen, hat ein demokratietheoretischer Überschwang gern wieder an ein idealtypisches Graswurzelmodell geglaubt, in dem gesellschaftliche Konfliktlagen zur „Selbstentzündung“ führen und spontanes Engagement der Bürger gesichert ist. Neuere Ansätze, die stärker auf eine politikwissenschaftliche Detailanalyse der organisatorischen Bedingungen von neuen sozialen Bewegungen setzten, haben gezeigt, dass latente Mobilisierungspotentiale nicht ausreichten, um eine Bewegung zu erzeugen. Protest-Eliten müssen die Konflikte in Programme umsetzen und Ressourcen für die Mobilisierung von Bewegungen bereitstellen. Die Bewegungsunternehmer (Schmitt 1990: 288) waren dabei keineswegs immer nur außerhalb des etablierten Systems der Interessengruppen zu finden. So profitierte die Friedensbewegung als die neue soziale Bewegung, welche die breiteste Mobilisierung erreichte, die weit über das alternative Milieu hinausging, etwa davon, dass die Führungskräfte in Organisationen der evangelischen Kirche saßen und auf Resonanz bei den Gewerkschaften und bei Teilen der SPD-nahen Organisationslandschaft stießen. Daher wurde auch die Organisation von neuen sozialen Bewegungen nicht zum Verdrängungswettbewerb im Hinblick auf die alten Interessengruppen.

5.2 Die Aktivität von Verbänden im politischen System

Bis 2002 hatten sich 1760 Interessenverbände beim Bundestag registrieren lassen und damit ihre Bezogenheit auf politische Entscheidungen bekundet. Die Registration bedeutet lediglich, dass Verbände dokumentieren, dass sie bei Anhörungen berücksichtigt werden wollen.

Das parlamentarische System der Bundesrepublik hat höchst widersprüchliche Rahmenbedingungen für die *Verbandsdurchlässigkeit* des Systems gesetzt. Einerseits wird nach dem Grundgesetz die Weisungsungebundenheit der Abgeordneten besonders betont (Art. 38 GG), was nicht nur gegen die Mehrheit der territorialen Wahlkörperschaft, sondern auch gegen Verbandsweisungen schützen müßte. Radikaldemokratische Versuche, den Mandatsgedanken zu fördern, sind leichter abzuwehren als die Versuche der Gruppen, Abgeordnete zu beeinflussen. Ruhende Verbandsmitgliedschaften, die der Offenlegungspflicht entgehen, Beraterverträge, indirekte Beeinflussungsversuche sind schwerer zu kontrollieren als Pressionen, die durch den Druck organisierter Massen ausgeübt werden können.

Andererseits erleichtern das Wahlrecht und die *Organisation des Deutschen Bundestages* eher den Einstieg für Verbandseinflüsse. Das zweistufige Kandidatenaufstellungsverfahren und die Listenplatzvergabe begünstigen die Platzierung von Verbandsvertretern, die Partialinteressen vertreten. Für die Rekrutierung von Sachverstand für die Parlamente ist diese Möglichkeit jedoch nach Abwägung aller Vor- und Nachteile nicht nur negativ zu bewerten. Die Verbandsgeschäftsführer, deren Anteil in den letzten Legislaturperioden leicht im Rückgang begriffen ist, scheinen mit etwa einem Viertel der Abgeordneten noch immer die zweitprivilegierte Gruppe (nach den Beamten) beim Zugang zum Parlament zu sein. Für den 3. Bundestag hat man noch über 30% Interessenvertreter gezählt, die als Angestellte von Verbänden in den Bundestag gingen.

Die *Verbandsaffinität* von Abgeordneten ist nicht immer an die berufliche Bindung an Interessengruppen gebunden. Die registrierten Verbandszugehörigkeiten bedürfen einer sorgfältigen Analyse. Bei ideellen Fördergruppen sind häufig nicht einmal Gruppenmitgliedschaften Grundlage des Einsatzes für ein Interesse (z.B. in weltanschaulichen Fragen der „neuen" von Statusgesichtspunkten kaum beeinflußten Politik wie der Umweltpolitik). Die Zahl der Abgeordneten mit hoher Verbandsaffinität erhöhte sich für den 7. Bundestag auf 42,8%. Nach dem Datenhandbuch des Deutschen Bundestages (Tabelle 5.2) scheint der Anteil der Interessenvertreter laufend abzunehmen von 58% im 10. Bundestag auf 39,4% im 12. Bundestag. (Schindler 1999, Bd.1: 720)

Eine neuere Analyse der Durchdringung des Parlaments durch Verbandsinteressen für den Zeitraum 1972-1987 (7.-10. Bundestag) fand bei 39% aller Abgeordneten der Unionsparteien starke Affinitäten zu mittelständischen und Industrieverbänden. 37% der SPD-Abgeordneten hingegen waren zugleich Funktionsträger in Arbeitnehmer- und Sozialverbänden (Müller-Rommel 1988: 308). In der politischen Elite scheint sich die Interessenrepräsentanz, die traditionell mit den beiden großen Parteien verbunden wird, weniger abgebaut zu haben als in der Wählerschaft (vgl. Kap 3.2). Entscheidender für den Einfluß als die generelle Repräsentanz von Interessen im Parlament ist ihre Platzierung in den Ausschüssen, die Materien ihres Interesses bearbeiten. Die Repräsentanz wird meist *„Verbandsdichte der Ausschüsse"* genannt. Sie schwankte in vier untersuchten deutschen Bundestagen zwischen 50% und 57%. Die größte Verbandsdichte zeigte sich in den Ausschüssen für Jugend, Familie und Gesundheit, Forschung und Technologie, Arbeit und Sozialordnung und Verkehr und Landwirtschaft. Organisierte Statusgruppen ohne Gegenverband haben ein hohes Maß an Kontrolle über die Ausschüsse erlangt. Gering ist die Verbandsdichte in Ausschüssen, die generellen politischen Fragen gewidmet sind und in denen sich eher die politische Führung auf der Suche nach allgemeinem Profil engagiert, wie im Rechtsausschuß, Finanzausschuß, Verteidigungsausschuß, Auswärtigen Ausschuß oder Innenausschuß (MüllerRommel 1988: 309).

Aus den Untersuchungen über Verbandsaffinität einzelner Abgeordneter kann man nicht schließen, dass die Abgeordneten überwiegend mit einem Verband in Kommunikation treten. 75% aller Bundestagsabgeordneten werden im Lauf ihrer Tätigkeit von mehr als 30 Gruppen, 45% sogar von mehr als 50 Interessengruppen angeschrieben. Bei den Verbänden, die unter den Kontakten der Abgeordneten am höchsten rangieren, wurde der DGB am häufigsten genannt (83%), gefolgt vom BDI (80%) und dem Zentralverband des Deutschen Handwerks (ZdH) 80%. Intensive Kontakte gab es auch zum ADAC (Rang 4), dem Reichsbund der Kriegsopfer (Rang 5), dem Beamtenbund (Rang 7), dem Bund der Steuerzahler (Rang 8). Bei der Ermittlung von Initiativen der Verbände verschob sich die Reihenfolge unwesentlich. Die Arbeitgeberverbände und der DGB lagen an der Spitze. Es zeigte sich eine leichte Bevorzugung der Kandidaten, die durch ein Direktmandat in den Bundestag einzogen. Die Gruppen suchen Kontakte vor allem zu CDU- und SPD-Kandidaten. Bei der FDP sind die Kontakte sektoral begrenzter. Die BDA liegt in der Kontaktsuche an der Spitze. Die Grünen hingegen werden unterdurchschnittlich häufig angesprochen (Puhe/Würzberg 1989: 54ff.).

Mit empirischen Daten lässt sich weder ein „Unternehmer-" noch ein „Gewerkschaftsstaat" belegen. Die Zahl der hauptamtlichen Funktionäre unter den Abgeordneten sank kontinuierlich. Gewerkschaftszugehörigkeit ist mehr und mehr zum bedeutungslosen Abzeichen des sich arbeitnehmerfreundlich gerierenden Abgeordneten geworden. Auch bei einer weiteren Zunahme der Gewerkschaftsbindungen könnten die Gewerkschaften vermutlich ihren Einfluss nicht verstärken, sondern hätten sich gleichsam totgesiegt. Für SPD-Kandidaten ist die Gewerkschaftszugehörigkeit noch so etwas wie eine „Mussverbindung" (W. Zapf), dennoch ist die Ämterkumulation der SPD-Führung selbst im Bereich der Arbeitnehmerorganisationen als gering ausgewiesen worden, zumal die SPD-Spitze im Vergleich zur FDP und den Unionsparteien generell eine geringere Ämterkumulation aufweist. Traditionelle Verbundenheit also, nicht Abhängigkeit von den Gewerkschaften, schlägt sich in der hohen Zahl gewerkschaftlich organisierter SPD-Bundestagskandidaten nieder.

Die Polemiken der siebziger Jahre um den dominanten Einfluss von Unternehmern der Gewerkschaften können kaum durch bloßen Vergleich der Verbandszugehörigkeiten auf eine sachliche Ebene zurückgeführt werden. Zusätzlich müssen die Entscheidungszentren untersucht werden, und dafür ist eine Analyse der Rolle von Interessengruppen in den wichtigsten Ausschüssen des Bundestages von Bedeutung. Die starke Bezogenheit der Parlamentsausschüsse auf die vorhandenen Ressorts und die starke Kooperation beider mit einem zugeordneten Spitzenverband erleichtern den Zugang zu den Machtzentren für Interessengruppen stärker als in anderen Ländern. Im Ganzen zeigen die Zahlen, dass nicht die Vertrauensmänner jener Organisationen, die *„Klassenpolitik"* treiben – wie Unternehmer und Gewerkschafter –, am stärksten danach trachten, die Parlamentsausschüsse zu durchsetzen, sondern dass die Gruppen, die *Statuspolitik* bevorzugen, wie Landwirte, Vertriebene und gewisse Sozialverbände, am stärksten die direkte Vertretung in den Entscheidungsgremien realisieren, weil sie keine organisierten Gegeninteressen haben. Dies geschieht wohl in der realistischen Einschätzung, dass sie geringere Möglichkeiten besitzen, ihre Gesichtspunkte in Parteien und in der Öffentlichkeit zur Geltung zu bringen als Wirtschaftsverbände und Gewerkschaften.

Eine Parallele zu dieser Dominanz der Statusorganisationen findet sich auch auf der Ebene der Regierung. Bei der Ressortvergabe haben die statuspolitisch orientierten Verbände noch stärker als die anderen danach getrachtet, ein *„Verbandsherzogtum"* im Kabinett zu errichten.

In der Zeit der Vorherrschaft der CDU war paradoxerweise der Einfluß der Verbände bei der Regierungsbildung durch eine Partei, die seit 1972 in vielen Variationen die „Gemeinwohlpflichtigkeit der Verbände" fordert, wesentlich größer als unter der sozialliberalen Koalition. Die pluralistische Struktur der Unionsparteien und ihr loser Charakter als „Kanzlerwahlverein" – ehe die moderne gutorganisierte Partei als Herausforderung auf die Verdrängung von der Macht entwickelt wurde (vgl. Kap. 4.1) – haben solche Einflüsse begünstigt. Das gilt selbst für einen starken Kanzler wie Adenauer. Einzelne Verbände versuchten, entweder *neue Ressorts* durchzusetzen (meist erfolglos; erfolgreich waren aber zum Beispiel die Familienverbände mit der Errichtung eines Familienministeriums) oder *ihre Vertrauensleute an die Spitze* bestehender Ministerien zu bringen. Am unverblümtesten gingen dabei die Vertriebenenverbände vor, die 1952 „ihrem" Minister das Mißtrauen aussprachen oder im Falle Oberländer den durch seine NS-Vergangenheit ins Zwielicht geratenen Vertrauensmann sogar gegen den Rat des Kanzlers im Amt zu halten versuchten. Aber auch der Deutsche Bauernverband war im Falle Schwarz nicht sehr zurückhaltend. Gelegentlich versuchten die Interessengruppen auch, ihnen *mißliebig gewordene Minister aus dem Amt zu drängen.* 1957 gelang es so, Fritz Schäffer als Finanzminister abzulösen. Weniger erfolgreich waren sie in ihrem Vorgehen gegen Erhard als Wirtschaftsminister und gegen Lübke als Landwirtschaftsminister.

Seit die SPD die Regierung führte, beklagte sich der ihr zugewandte Verband, der DGB, eher über eine allzu brüske Nichtberücksichtigung seiner Interessen bei Ressortwechseln, wie 1977 bei der Ernennung Ehrenbergs zum Arbeitsminister. Der DGB-Vorsitzende beeilte sich, die Verschnupfung seines Verbandes über mangelnde Konsultation bei Ressortvergaben öffentlich herunterzuspielen: „Wir haben kein Mitbestimmungsrecht bei der Geburt von Bundesministern." Der DGB hatte durchaus Grund zur Zurückhaltung, weil er in der Regel dem Kanzler keine Kandidaten aufzunötigen brauchte. Mehrere Ressorts wurden an in der SPD-Fraktion angesehene und politisch bewährte Spitzengewerkschafter vergeben, ohne dass Druck ausgeübt werden mußte (Leber, Arendt, Rohde, Gscheidle). Die Gewerkschaften haben seit der Kabinettsumbildung 1978 die Abnahme der Zahl ihrer Repräsentanten (Arendt ist 1977 ausgeschieden, Leber und Rohde folgten 1978) erstaunlich ruhig hingenommen.

Der Einfluß von Interessengruppen in einem Lande mit relativ seltenem Regierungswechsel kann sich nicht darauf konzentrieren, „Vertrauensleute" im Staatsapparat zu platzieren. Die Hauptbemühungen bleiben auf den *täglichen Entscheidungsprozeß* in Regierung und Verwaltung gerichtet. Die starke Stellung des Kanzlers im parlamentarischen System (vgl. Kap. 8.1) und die wachsende Bedeutung von Regierung und Verwaltung haben von Anfang an die *Exekutive* im Vergleich zur Legislative zum bevorzugten Adressaten von Einflußversuchen gemacht. Der BDI – als einer der mächtigsten Verbände des Landes – hat seine Eingaben zu etwa 90% an Ministerien und Regierungsämter gerichtet. Neben ihnen spielen Bundestagsausschüsse nur selten eine unabhängige Rolle. Meist sind sie an zweiter Stelle als Adressat genannt. Allenfalls der Finanzausschuß und die EG-Kommission behaupten als Adressaten von Eingaben eine wichtige Position.

Eine neuere Survey-Studie hat als die überwiegend genutzten Zugänge der Verbände die obersten Regierungsbehörden mit 92% und die Arbeitsebene der Verwaltung mit 84% genannt. Parlamentarier aller Ebenen wurden bei 80% und nachgeordnete Verwaltungsbehörden bei 36% kontaktiert (Verbände-Report 2003: 11). Im Zeitalter des Marketing beginnen Verbände zunehmend ihre Erfolgschancen auszurechnen, aber noch immer betreiben nur 28% der Verbände eine strategische Vorausschau und noch weniger (17%) berechnen ihre Erfolgschancen (ebd.: 14).

Die neuere Forschung, die auf Planungsprozesse und Entscheidungsoutput konzentriert ist, hat häufig nicht beim „Input" des Lobbyismus der Verbände angesetzt, sondern die Interessen- und Kommunikationsstruktur innerhalb der *Ministerialbürokratie* untersucht. Je größer und untergliederter die Ministerien in einem Land sind, in dem die Zahl der Kabinettsposten vergleichsweise klein ist (vgl. Kap. 7.1), um so mehr haben bestimmte Großverbände jeweils eine Abteilung des Ministeriums als Gesprächspartner und Adressaten ihrer Wünsche. Vor allem die Spitzenpositionsinhaber der Ministerialbürokratie sind nach der Aufgabe einer rein juristisch-regulativen Betrachtungsweise der modernen Politik den Interessengruppen und ihrer Kooperation gegenüber aufgeschlossener geworden, wie empirische Umfragen zeigen. In sich ständig weiter ausdifferenzierenden Kommunikationssystemen der Regierung spielen die Fachverbände als Kontaktstellen für die Referate außerhalb des Regierungsbereichs nach einer Untersuchung mit 41,7% der Aussagen die wichtigste Rolle. weit vor Bundesbehörden und Bundesanstalten (18,1%), wissenschaftlichen Institutionen (15%), obersten Landesbehörden (12%) und Parteien und Parlament (3,5%) (Murswieck 1975: 79; vgl. Kap. 8).

Die Aufrechnung der formellen Eingaben, der bevorzugten Gesprächspartner in Verbänden und Verwaltung, ja selbst die Auflistung der informellen Kommunikation, über die Zahlen kaum erhältlich sind, gäbe noch kein verlässliches Bild über den tatsächlich ausgeübten Einfluß. Wichtiger als formelle und informelle Einwirkungsversuche erweist sich der *Gleichklang von Ideologie, sozialem Hintergrund und Karrieremuster* bei den Akteuren in den Verbänden wie in der Bürokratie.

Empirische Untersuchungen über große *Entscheidungsprozesse* müssen das Bild ergänzen. Einzelstudien darüber (von Bethusy-Huc 1962) kamen gelegentlich zu einem vergleichsweise pluralistischen Bild der Einflussprozesse. Nur in wenigen Bereichen, wie bei den statusorientierten Verbänden – die kaum so stark institutionalisierte Gegenmacht aufweisen wie die Tarifpartner –, bei den Bauern (Ackermann 1970), den Vertriebenen (Wambach 1971) oder den Ärzten (Naschold 1967; Rauskolb 1976), dominieren einzelne Organisationen. Aber auch die Summe aller Einzelstudien – von denen es noch keineswegs genügend gibt – spiegelt nur einen Teil der Realität wider, seit die Interessengruppenforschung festgestellt hat, dass das Bild einer pluralistischen Prozesspolitik von Einzelprozessen her nicht auf den Gesamtprozess der politischen Entscheidungsfindung übertragbar ist. Einzelstudien müssen *„Nichtentscheidungen"* (Bachrach) meist ausblenden. Bestimmte *„konkret-allgemeine Interessen",* wie es in der Sprache der Frankfurter Schule heißt, erweisen sich als wenig organisationsfähig. Soweit sie es sind, erscheinen sie als *nicht hinreichend konfliktfähig,* weil die dahinterstehenden Gruppen amorph bleiben und weil vor allem marginalisierte Gruppen (wie Rentner, Schüler, Studenten, Randgruppen, Arbeitslose, Umweltschützer u.a.) der Gesellschaft keine lebenswichtigen Leistungen verweigern können. Dieser Mangel wurde durch die Übernahme gewerkschaftlicher Konfliktmuster und neuer Konfliktstrategien – deren Erfolg auf dem Höhepunkt der Protestwelle in der linken Literatur vielfach übertrieben worden ist – nur teilweise ausgeglichen.

Einzeluntersuchungen sind am stärksten in Gefahr, Staat und Interessengruppen im Sinne der Unterscheidung von Staat und Gesellschaft im 19. Jahrhundert schematisch voneinander getrennt zu sehen und haben gelegentlich die Neigung, auf den Staat zentriert zu denken, wobei der Staat als gleichsam neutral über den Gruppen stehend verstanden wird. Solche Beobachtungen rechtfertigen jedoch nicht den Vorwurf, die gesamte Verbandsforschung denke *„etato-*

zentrisch" (Zeuner 1976: 139). Einmal geht kaum ein Forscher schlicht von *einem Interessengleichgewicht* und einem altliberalen harmonistischen Pluralismusmodell her an seinen Gegenstand heran. Schon seit der Rezeption der Ansätze der amerikanischen Bentley-Truman-Schule wurde erkannt, dass Staat und Interessengruppen eng verfilzt sind. Andererseits sieht es nicht so aus, als ob die Flucht der Kritiker von Interessengruppenstudien in die allgemeinen „Reflexionen über die gesellschaftlichen Konstitutionsbedingungen des Staatsapparats im Kapitalismus" in der marxistischen Staatsableitungsliteratur empirisch weitergeführt habe. Eher wenden sich die diesem Ansatz verbundenen Forscher heute wieder den Detailfragen zu. Im Unterschied zur älteren Interessengruppenforschung setzen sie in Deutschland nicht so sehr beim *Input* als beim *Output* an Entscheidungen an, kommen dabei jedoch zur Untersuchung von Gruppeneinflüssen zurück. Solche Pauschalkritiken der Verbandsforschung übersehen auch, dass zwar von den meisten Forschern die autonomen Handlungsspielräume der Regierungsagenturen betont werden, dass diese aber nicht als neutrale *„black-box"* aufgefasst werden. Der *„within-put"* innerhalb der staatlichen Administration, seinerseits durch Interessen vorgeprägt, ist auf allen Entscheidungsstufen nicht weniger relevant als der Interesseninput der Lobbyisten.

In Deutschland sind die Extremfälle im Verhältnis von Verwaltung und Interessengruppen kaum aufgetaucht:

- *Pantouflage:* die Verwaltung wird zum Akteur in der Wirtschaft. Die Industrie erscheint als eine erweiterte Staatstätigkeit (van Waarden 1992: 42).
- Kolonialisierung von Ministerien durch Verbände *(Verbandsherzogtümer).* Am nächsten kam dieses Modell den Politikfeldern, in denen eine mächtige „Statusgruppe" „ihrem" Ministerium gegenüberstand, wie in der Vertriebenen- und der Agrarpolitik in der Frühzeit der Bundesrepublik.

Die Ministerialbürokratie wächst nicht in einer Luft keimfrei von organisierten Interessen, sondern es wurden mannigfaltige Verflechtungen nachgewiesen. Aus ihnen kann nur geschlossen werden, dass die Wirtschaftsinteressen die vergleichsweise größten Einflußchancen besitzen. Die Prozentzahlen geben freilich nicht an, wie stark ein Ministerialbeamter sich dem Verband seiner Karriere-Genesis verpflichtet fühlt. Mehr noch als bei den Politikern zwingt ein gewisser Corps-Geist zur Vermeidung von allzu einseitiger Interessenwahrnehmung im Amt. Sozialisation in der Verwaltung unterwirft alle Professionellen dem Code des Verwaltungshandelns.

Nur bei ca. 8% lagen haupt- oder nebenamtliche Verbandstätigkeiten vor. Der Rest der Befragten pflegte höchstens noch eine formale Mitgliedschaft (Benzner 1989: 163). Bei solchen Verflechtungsstudien besteht die Gefahr, dass die parteiliche Komponente vernachlässigt wird, obwohl sie für die Richtung des Verwaltungshandelns entscheidender ist. In vielen Fällen erscheint die Verflechtung mit den Verbänden als ein Artefakt des interessenspezifischen Affinitätsprofils von Parteimitgliedschaften politiknaher Eliten.

Das Netzwerk der einflussreichen Akteure konstituiert sich längst ehe eine formelle Gesetzesinitiative ergriffen wird. Die *Interessengruppen* sind in doppelter Weise an der Schaffung von Gesetzentwürfen beteiligt:

- *Durch informelle Kontakte* zwischen ihnen und der Verwaltung wird vorgeklärt, ob ein „Handlungsbedarf" besteht. Die große Zahl der eigentlichen Nichtentscheidungen sind keine „parlamentarischen Abtreibungen", sondern auf Grund von informellen Vorentscheidungen „nie gezeugte Vorlagen".
- *Formalisiert* ist die Prüfung der Referentenentwürfe. Die Geschäftsordnung der Bundesministerien gibt einzelnen Verbänden sektorale Anhörungsprivilegien, wie den kommunalen Spitzenverbänden (GGO II, § 25). Auch in dieser Phase kann ein Widerstand der Verbände weitere Nichtentscheidungen programmieren (Schröder 1976: 141).

Diese Einflüsse der Verbände werden heute nicht mehr als illegitim gewertet. Die formelle Beteiligung von *Verbänden* – vor allem anhand der Privilegien der Beamtenverbände – wurde gelegentlich als verfassungswidrig hingestellt (Ammermüller 1971: 86f.). Die herrschende Lehre in der Rechtswissenschaft hat sich angeschlossen (Schröder 1976: 73). Aber die Forderung, diese „Vernehmlassungen" nach Schweizer Vorbild transparenter werden zu lassen, ist immer noch nicht erfüllt.

Die Stellung der Verbände im Referentenstadium ist umso stärker, je monopolistischer die Vertretungsmacht ohne Gegenlobby ist. Verbandsherzogtümer entstehen am ehesten in kleinen Häusern und „Daseinsvorsorgeministerien". Je detaillierter die Regelungen eines Entwurfs sind, wie bei der „Mineralölsteuerbefreiung für Probeläufe von Ausfuhrmotoren" oder „Sonderregelungen für entbeinten Schinken" ist die Wahrscheinlichkeit, dass ein Verband den Referenten die Feder geführt hat (Schulze-Fielitz 1986: 282).

Die Verbände hatten einst eine privilegierte Stellung im Vergleich zu den politisch-parlamentarischen Steuerungsinstitutionen: der Referentenentwurf wurde ihnen eher bekannt als den Fraktionen. Das Verfahren wurde erst 1969 geändert, als man mehr Demokratie und Transparenz zu wagen versprach. Vor 1969 haben die Verbände oft gewichtige Vorentscheidungen getroffen. Wo Widerstände eines mächtigen Verbandes auftraten, hat das Ministerium nach einer Vorbesprechung – wie im Fall des Personalvertretungsgesetzes (1955) – unter dem Druck gestanden, eine einheitliche Betriebsverfassung für alle Bereiche zu schaffen und auf die Sonderbehandlung des öffentlichen Dienstes zu verzichten, weil sonst der DGB die Arbeitnehmer des öffentlichen Dienstes als Staatsbürger „minderen Ranges“ behandelt gesehen hätte (Stammer 1965: 58). Die Vereinheitlichung konnte aber im Vorstadium nicht durchgesetzt werden. Leichter war für eine Interessengruppe der umgekehrte Fall zu erreichen, die *Aufspaltung eines Regelungsfeldes:* dem Druck der Gewerkschaften für umfassende Mitbestimmung wurde schrittweise nachgegeben. Es kam zum Gänsemarsch der Regelungen: erst ein Betriebsverfassungsgesetz (1971), später ein Mitbestimmungsgesetz (1976). Für diese Aufsplitterung war maßgebend, dass die Gegeninteressen sich hinter den liberalen Koalitionspartner stellen konnten, um zu weitreichende „extensive Maßnahmen“ zu verhindern.

Einzelstudien kamen keineswegs zu einem harmonischen Pluralismusmodell in der Bundesrepublik. Es ist theoretisch anerkannt, dass der Pluralismus hier weitgehend ein auf bestimmte aushandlungsfähige Fragen eingeschränkter *Bereichspluralismus* ist. Grundfragen des Systems bleiben ausgeklammert. Die mitwirkungsfähigen Interessen sind auf einen gewissen *Binnenpluralismus* unter akzeptierten und undiskutierten Entscheidungsprioritäten beschränkt. Durch die *Bürgerinitiativen und Protestbewegungen* ist jedoch das Kartell der Mitwirkungsberechtigten in einzelnen Bereichen immerhin gelegentlich aufgelockert worden. Ferner zeigen Detailstudien, dass in einzelnen Bereichen, wo es für Kapitalinteressen nur um *Tangentialinteressen* geht und nicht um zentrale Anliegen, keineswegs die Wirtschaftsverbände dominieren, sondern bestimmte Statusgruppen, deren Interesse eher von neuen Staatsinterventionen bedroht ist (z.B. Ärzte, Bauern). So hat man etwa feststellen können, dass der Bauernverband in der Getreidepreisfrage im Besonderen und in der Agrarpolitik im allgemeinen eine „Mitbestimmung der Richtlinien der Politik“ durchgesetzt hat (Ackermann 1970: 77).

In den siebziger Jahren hat eine gewisse Kräfteverschiebung in einigen Bereichen zugunsten der Gewerkschaften stattgefunden. Aber dieser Prozeß ging so langsam vor sich, dass er in der öffentlichen Meinung der Bevölkerung kaum als Tendenz zum „Gewerkschaftsstaat“ hin wahrgenommen wurde. Das Allensbacher Institut hat bei der Frage nach den größten Sorgen der Bürger in bezug auf die Machtverteilung die Sorge vor zu großem Einfluß der Gewerkschaften erst an viertletzter Stelle (bei 31% der Befragten) eines achtzehn Items umfassenden Katalogs ausmachen können. Aber auch die Sorge vor einem zu großen Einfluß der Unternehmer rangierte mit 38% von Benennungen nur im hinteren Mittelfeld (JdöM 1974: 350).

Der Wandel der Erwerbsstruktur und die Entwicklung der Elitenrekrutierung (vgl. Kap. 6) schafften einen relativen Bedeutungszuwachs der Gruppen der

Angestellten und Beamten im System. Beide Gruppen sind von der Qualifikation und vom Organisationsgrad her dem Durchschnitt der Arbeitnehmer überlegen.

Neben den Determinanten der Organisationsbereitschaft, wie soziale Herkunft, Schulbildung, gewerkschaftliche oder antigewerkschaftliche Tradition der Eltern, ist ein weiterer Faktor raschem Wandel unterworfen, nämlich der Arbeitsbereich. Während der Schwerpunkt der DGB-Organisationsbereitschaft mehr in den Bereichen der Arbeitsvorbereitung, der Buchhaltung und materiellen Verwaltung (Versand und Lager) zu finden ist, liegt die DAG-Zielgruppe eher im Schwerpunktbereich des kaufmännischen Rechnungswesens, das durch eine gewisse Produktionsferne gekennzeichnet ist und dazu neigt, das spezifisch Kaufmännische zu betonen. Wenig Organisationsbereitschaft für DGB oder DAG zeigen alle Tätigkeitsbereiche, die der Unternehmensleitung nahestehen oder zuarbeiten.

Mit dieser Organisationsneigung korrelierte lange die Politisierbarkeit: DAG-Organisierte waren strikter gegen politische Funktionen der Gewerkschaften als DGB-Mitglieder. Gewerkschaftsstudien betonen, dass mit zunehmendem Politisierungsgrad und in Beziehung zur Betriebsgröße die Neigung der Angestellten wächst, sich gewerkschaftlich zu engagieren und zwar weniger in Organisationen, die stärker ständisch und apolitisch sind wie die DAG, sondern in den Gewerkschaften des DGB. Andere Betriebsumfragen zeigten, dass Angestellte und Beamte in bezug auf einige Fragen in ihren Ansichten nicht so stark von den Arbeitern abweichen, wie man vermuten würde (z.B. in den Fragen der Verteilung des Mehrprodukts, gerechter Entlohnung usw.). Im Kampf um die 35-Stunden-Woche 1984 zeigten Umfragen, dass nur Grüne Wähler und die knappe Hälfte der Gewerkschaftsmitglieder hinter der Gewerkschaftsforderung standen und selbst viele Metallarbeiter nur mit Skrupeln dem Aufruf der Funktionäre in den Urabstimmungen folgten (vgl. Die Zeit 1984, Nr. 20: 25).

Die *Konsumenteninteressen* sind ebenfalls in den letzten Jahren verstärkt organisiert worden. In kaum einem Bereich der Interessengruppen hat der Staat selbst so stark unterstützend eingegriffen (Wieken 1976: 22ff.), teils durch Sicherung der Organisationsfähigkeit der Verbraucherverbände, teils durch Einräumung von Gegenannoncen und Antireklame, teils durch finanzielle Unterstützung von Verbraucherforschung und Verbraucherorganisation. Die Hoffnung, die Verbraucher analog zu den Arbeitsbeziehungen „tariffähig" zu machen, indem den Betrieben auferlegt wird, vor Preiserhöhungen die Preise förmlich zu kündigen und unter Offenlegung ihrer Kalkulationsgrundlagen in Verhandlungen mit den Abnehmerverbänden einzutreten (Eisfeld 1972: 108ff.), würde stärkere Eingriffe in die Marktwirtschaft erfordern, als sie heute durchsetzbar sind.

Die Bauern werden häufig als Beispiel für radikalisierte Statuspolitik angeführt. Linken Kritikern, die von einer Proletarisierung der Landbevölkerung redeten und die bisherige Agrarpolitik aller Regierungen als „hilfloses Herumfummeln“ deklarierten (Poppinga 1975: 95, 97) – als ob die Reduzierung der Agrarbevölkerung nicht ein Problem aller politischen Systeme, der kapitalistischen wie der sozialistischen wäre –, war die Radikalität der Mittel noch keineswegs ausreichend. Im internationalen Vergleich war der Mitteleinsatz der deutschen Bauern bisher auch relativ gemäßigt; selten gab es Formen der Nötigung wie Verkehrslahmlegungen durch Sternfahrten mit Traktoren, wie sie in Frankreich und Belgien üblich waren.

Gelegentlich kam es auch in den achtziger Jahren noch zu Straßenblockaden der Bauern. Gleichwohl dürfen solche Ereignisse nicht überbewertet werden. Trotz der militanten Parolen hatte sich einiges in der Verbandspolitik und ihren Konfliktmustern geändert: Im Gegensatz zur Ära Rehwinkel war Heeremann im Grunde kein Scharfmacher, sondern stand selbst unter Druck und machte die Unionsparteien – denen er nahestand – für 20 Jahre verfehlte Strukturpolitik verantwortlich. „Gesundschrumpfung“ der Landwirtschaft wurde in der Führungsspitze als Notwendigkeit akzeptiert, trotz radikaler Transparente wie „Brandt und Schiller – Bauernkiller“. Hauptadressat des Druckes war nicht so sehr die Regierung als die EG, für deren Verhandlungen der Bonner Regierung der Rücken gestärkt werden sollte. Heeremann erklärte: „Die Demonstration ist nicht gegen die Regierung gerichtet, sie bedeutet Rückenwind für sie“ (Die Zeit 1971, Nr. 9: 25). Auch empirische Untersuchungen deuten darauf hin, dass der Mitteleinsatz von agrarischen Interessenverbänden häufig überschätzt wird, dass die Agrarpolitik aber zunehmend ihre einstige Sonderstellung verlor (von Bethusy-Huc/Besch 1971: 222). Der Aufwand im Mitteleinsatz – sowohl an direkter parlamentarischer Repräsentation wie an spektakulären Demonstrations- und Agitationsformen – hat sich im Ganzen für die Bauern nicht gelohnt. Der bei einer exakteren Kosten-Nutzen-Analyse klarer zutage tretende Misserfolg vieler Aktionen ist zum Teil direkt aus der Traditionalität der Zielvorstellungen von Agrarverbänden zu erklären. Da die Forderungen vor allem im Bereich der Preispolitik und der Subventionen steckenbleiben, kann auch ein modernisierter Mitteleinsatz das Defizit an realen Strukturänderungszielen bei den Agrarverbänden kaum ausgleichen. Daher gab es bisher auch kaum Spillover-Effekte von agrarischer Interessenvertretung auf andere Sphären im Gewerbe- und Konsumbereich.

Es ließ sich seit den siebziger Jahren eine immer stärkere Übernahme der *Konfliktmuster und Methoden* beobachten, die früher als *ein Reservat der Gewerkschaften* erschienen. Auch Statusgruppen drohten mit Kampfmaßnahmen aus dem Bereich des Streikrechts. Beamtengruppen, die kein Streikrecht besitzen, versuchen mit „Dienst nach Vorschrift“ erprobte Formen des Bummelstreiks am Rande der Legalität zu benutzen. Selbst Ärzte und Lehrer, die im Gegensatz zu den romanischen Ländern in der Bundesrepublik relativ zurückhaltend mit Kampfmaßnahmen waren, haben vielfach damit gedroht. Eine Warnung lautete, dass die Kassenärzte ihre Zulassungen geschlossen zurückgeben würden. In diesem Fall würde zwar die ärztliche Versorgung fortgesetzt, aber Rechnungen würden privat liquidiert (Rauskolb 1976: 244). Paradoxerweise war die Übernahme syndikaler Konfliktmuster begleitet vom Kampf gegen Syndikalisierungstendenzen bei Ärzten, wo gelegentlich von „Kaderbildung mit gewerkschaftlich organisierten Jungärzten" gesprochen wurde.

Die Syndikalisierungstendenzen innerhalb von Statusgruppen sind Anfang der siebziger Jahre vielfach überschätzt worden. Selbst bei den Lehrern gingen sie nicht so weit wie in anderen Ländern. Wenn man die Stellung der französischen FEN innerhalb der Sekundarschullehrer betrachtet, war die Machtposition der GEW relativ bescheiden.

Ein Arbeitskampfrecht im öffentlichen Dienst wurde in der Publizistik und von der Mehrheit der Politiker bisher abgelehnt, obwohl es sich in anderen westlichen Demokratien zunehmend ausbreitete (vgl. von Beyme 1977: 189ff.). Die Studienkommission für die Reform des öffentlichen Dienstrechts hat in ihrem Bericht 1973 (347ff.) Arbeitskampfmaßnahmen im öffentlichen Dienst abgelehnt, weil ein Leistungsausfall gerade die sozial Schwachen am härtesten treffe, da dem öffentlichen Dienst die Elastizität des Marktes fehle und die Aussperrung als Gegenmaßnahme, welche in der privaten Wirtschaft die nach der herrschenden Lehre in Deutschland stark betonte Kampfparität ermöglicht, dem sozialen Rechtsstaat nicht zur Verfügung stehe.

Eine traditionelle Schwäche des deutschen Verbandswesens liegt im Überwiegen der wirtschaftlich orientierten Verbände und im Fehlen politischer Vereinigungen im Sinne von *Meinungsgruppen.* Das entstandene Vakuum wird in Krisenzeiten, wie sie seit dem Aufbrechen der Protestbewegung sichtbar wurden, durch *Ad-hoc-Organisationen* oder durch *Bürgerinitiativen* auszugleichen versucht. Als überwiegend *„single-purpose-movements"* ist ihnen jedoch bisher allenfalls beim partiellen Ankoppeln an Parteien oder Gewerkschaften ein mehr als momentaner Erfolg beschieden gewesen.

Immer stärker wird die *Staatsbezogenheit* vieler Gruppen, die früher vor allem bei solchen Organisationen wie den Bauernverbänden auffiel, die keine ausgesprochene Gegenorganisation hatten und daher immer stärker als etwa die Tarifpartner auf die Methoden von *Pressure*-Politik und Lobbyismus konzentriert waren. Diese Tendenz dehnt sich zunehmend auch auf ideelle Fördergruppen aus.

Scheint sich einerseits in der Bundesrepublik eine Radikalisierung des Mitteleinsatzes zu zeigen, so ist andererseits seine bloße Form noch kein Zeichen für wachsende Radikalität. Die Konfliktmittel müssen in Beziehung gesetzt werden zu den Zielen, die sie zu erreichen vorgeben. Traditionale Verbände wie der Deutsche Bauernverband haben lange an dem unhaltbaren Widerspruch ihrer Ziele gekrankt (Verteidigung des Familienbetriebs bei gleichzeitiger Angleichung von Arbeitsbedingungen und Einkommen an die Industrie). Solche Inkonsistenzen lösen sich zunehmend auf und selbst vergleichsweise radikalere Mittel führen nicht selten zu geringerer Verschärfung des Konflikts, weil sie geeigneter als früher erscheinen. die angeblichen Ziele zu erreichen. Das gilt jedoch auch für den Traditionalismus der Unterprivilegierten. Die Gewerkschaften in der Bundesrepublik sind heute konfliktorischer eingestellt als in den fünfziger und dem Anfang der sechziger Jahre. Aber die Kluft zwischen der Klassenkampfphraseologie der älteren Programme und den kurzfristigen Zielen, die durch Konflikte realisiert werden sollen, ist geringer geworden, seit Strukturveränderungen in realisierbaren Größenordnungen und mit klarer angegebenen Fahrplänen vorgeschlagen werden (etwa betriebliche und gesamtwirtschaftliche Mitbestimmung, Ausdehnung des Staatssektors u.a. Maßnahmen statt globaler Sozialisierungsforderungen).

Anzeichen für einen latenten „Glistrupismus" – wie er in Dänemark als kleinbürgerliche Protestbewegung am stärksten hervortrat – gab es in der Bundesrepublik allenfalls auf regionaler und lokaler Ebene, bei einigen freien Wählervereinigungen und unorthodoxen Einzelkandidaturen. Steuerrebellen haben bisher nicht so harte Mittel eingesetzt wie in anderen Ländern, etwa den Aufruf zum Steuerstreik. Der zuständige Verband, der „Bund der Steuerzahler", erwies sich für harte Kampfmaßnahmen weder als homogen noch als einflussreich genug. Sah es einen Augenblick so aus, als ob einige Bürgerinitiativen – vor allem jene, die gegen die Atomkraftwerke demonstrierten – den Einsatz von Gewalt nicht scheuen würden, so hat der Versuch linker, vor allem maoistischer Gruppen, ihr Süppchen auf dem Feuer der Bürgerinitiativbewegung zu kochen, eher mäßigend auf den Mitteleinsatz gewirkt, weil die Bürgerinitiativen sich rasch von solchen Gruppen distanzierten.

Die Konfliktmuster entwickeln sich in der Bundesrepublik nicht unilinear in eine eindeutig auszumachende Richtung. Dies ist nicht nur in der zeitlichen Abfolge von Boom und Krise, von Reformenthusiasmus und politischer Stagnation auffällig. Auch in synchroner Betrachtungsweise entwickeln sich im Gesamtsystem organisierter Gruppen unterschiedliche Konfliktmuster, die man für die USA in den sechziger Jahren mit dem Begriffspaar „Statuspolitik" und „Klassenpolitik" zu umschreiben suchte. Beide sind jedoch mit wirtschaftlichen und politischen Krisenzyklen verbunden: *Klassenpolitik* überwiegt in Zeiten wirtschaftlicher Depression bei einem vorwiegend ökonomisch orientierten Verhalten der Verbände, während *Statuspolitik* ein Kennzeichen von Aufschwungsphasen zu sein scheint. Auf Grund des raschen Wachstums entsteht eine ungleiche Verteilung für einige Gruppen, die weniger am kollektiven Nutzenzuwachs profitieren. Obwohl in absoluten Zahlen ein Zuwachs vorliegt, ist er in relativen Zahlen (verglichen mit anderen Gruppen) geringer, so dass Statusfurcht und Radikalisierung die Folge sein können. Für die Bundesrepublik folgt daraus, dass einige Gruppen mit dem Wandel der langfristigen wirtschaftlichen Aussichten und ihrem kalkulierten relativen Nutzenzuwachs eine neue Position einnehmen.

5.3 Vom Korporatismus zum Lobbyismus

Je stärker die Konflikte in der Bundesrepublik aufbrachen, um so mehr wurden immer integrativere Modelle der institutionalisierten Konfliktregelung diskutiert. Der Ausbau der *Kammern,* die als selbständige Arbeitnehmerkammern bisher nur in Bremen und im Saarland eine Tradition haben, wurde in der Literatur kaum empfohlen. Die Fragmentierungstendenzen, die in der österreichischen Konkordanzdemokratie auch nach Auflösung der zentralen Proporzregierung auftraten, waren ein abschreckendes Beispiel. Es wurde befürchtet, dass ein Ausbau des „Kammerstaates" zu sektoral unverbundenen Nebenplanungen führt. Durch das Prinzip der Zwangsmitgliedschaft wird zudem bei den Kammern ein Teil der Aggregationsleistungen der freien Verbände gefährdet, was ebenfalls nicht im Interesse des Krisenmanagements der Regierung liegen kann.

Eines der umstrittensten Instrumente der Konfliktschlichtung in der Bundesrepublik war die *Konzertierte Aktion.* Zwischen der stark institutionalisierten Form von Sozial- und Wirtschaftsräten, wie sie in den romanischen Staaten und den Niederlanden existieren und der lockeren Beiratsform, die Großbritannien entwickelte, hat die Konzertierte Aktion am ehesten in den Harpsundkonferenzen zwischen der schwedischen Regierung und den wichtigsten Verbänden des Landes ihre Parallele, die wie die Konzertierte Aktion nicht über den unverbindlichen Charakter eines Meinungsaustausches hinauskamen.

Die Konzertierte Aktion ist Ausdruck eines ersten institutionalisierten Versuches der Konfliktschlichtung zwischen den Gruppen. Der Staat hat damit zum Wandel der Konfliktaustragsmuster in der Bundesrepublik indirekt beigetragen.

Bis 1966 überwog die liberale Vorstellung, dass die Wirtschaftsordnung nicht auf der Akzeptierung gemeinsamer Ziele durch die relevanten Gruppen beruhe, sondern allenfalls auf der Bejahung gemeinsamer Regeln des Konfliktaustrages. In neuerer Zeit setzt sich der Gedanke immer stärker durch, dass einige vorgegebene Grundziele von den Gruppen und Wirtschaftssubjekten gemeinsam verfolgt werden sollten.

Die Steuerungskapazität der Konzertierten Aktion wurde von detaillierteren Untersuchungen – im Gegensatz zu populären Annahmen – als verhältnismäßig gering erkannt. Ihre konfliktschlichtende und integrative Funktion ist übertrieben worden, zum Teil aufgrund der stark harmonisierenden und Konsens vortäuschenden Pressekommuniqués. An objektiven Indikatoren gemessen, haben sich die Verteilungskonflikte seit dem Bestehen der Konzertierten Aktion sogar verschärft (Hardes 1974: 119ff.): 1960-1966 gingen 356 000 *Arbeitstage* im Jahr verloren, 1967-1971 stieg die Zahl auf 671 000. Die *Disparität* zwischen den ursprünglichen Forderungen der IG Metall und den ersten Angeboten des Arbeitgeberverbandes Gesamtmetall sank in den beiden Zeiträumen nur geringfügig und pendelte ständig um 6%. Die *Dauer der Tarifverhandlungen* lag bis zum Jahr 1966 bei einem Monat und erhöhte sich danach auf etwa 2 Monate.

Eindeutige Schlüsse aus diesen Feststellungen sind schwer möglich. Da sich die Konflikte insgesamt verschärften, ist kaum auszumachen, ob sie sich ohne Konzertierte Aktion nicht noch wesentlich stärker zugespitzt hätten. Der pazifizierende Einfluß der Konzertierten Aktion ist nicht von anderen integrationistischen Bemühungen zu isolieren, von der verstärkten Zusammenarbeit zwischen der SPD und den Gewerkschaften seit 1969 bis zu den ideologischen Integrationsbemühungen. In Rezessionsperioden ist die konsensstiftende Kraft von Instrumenten wie der Konzertierten Aktion wahrscheinlich generell größer als in Zeiten des Aufschwungs, in denen der Verteilungskampf sich wieder verschärft. Der Elitenkonsens ist mehrfach durch Zunahme „spontaner Streiks" (1969, 1973) in Frage gestellt worden.

Die Änderung im Kräfteverhältnis der Interessengruppen hat in der Bundesrepublik zu einer Diskussion geführt, die in einer weiteren beispiellosen Verrechtlichung und Kanalisierung gesellschaftlicher Organisationen enden könnte. Analog zum Parteiengesetz wurde gelegentlich ein *Koalitionsgesetz* (Giessen 1976: 236; Gerhardt 1977: 306ff.) oder ein *Verbändegesetz* gefordert, um die Gemeinwohl- oder *Sozialpflichtigkeit* der Verbände zu sichern.

Die CDU machte sich solche Vorstellungen nur teilweise zu Eigen, die FDP legte 1976 sogar einen Gesetzentwurf vor. Die Idee einer Regulierung der Verbandszwecke und einer Eindämmung des politischen Mandats und weitreichender Demokratisierungspostulate hat sich durch die „Tendenzwende" weitgehend von selbst erledigt.

Diese Tendenzen einer Begrenzung des Pluralismus in der Bundesrepublik waren existent. Sie dürfen aber nicht überbewertet werden. Mäßigende Liberalität in dieser Frage hat in weiten Teilen der Gesellschaft noch die Oberhand. Die Enquetekommission für die Verfassungsreform konnte sich nicht zufälligerweise im Punkte eines Verbändegesetzes am wenigsten einigen und verzichtete auf jegliche Empfehlung (Beratungen 1976: 247). Differenzierte juristische Analysen hielten Pauschallösungen für alle politisch relevanten Verbände für unmöglich und unvernünftig (Teubner 1978: 329).

In Politik und Wissenschaft gibt es noch genügend warnende Stimmen vor einer Überreglementierung des Verbandseinflusses. Man ist sich weitgehend einig, dass auch die stärkste Institutionalisierung der Einflussmöglichkeiten – als positive Flankierung rein negativer Einschränkungen des Lobbyismus durch Gesetz –, etwa in einem *Wirtschafts- und Sozialrat,* die Einflüsse der Gruppen außerhalb des Gremiums nicht ausschalten können (Beratungen 1976: 242). Reglementierungen wie die berufliche Proporzregel bei der Zusammensetzung von Bundestagsausschüssen, die Festlegung einer obligatorischen Anhörung der Verbände durch Bundestagsausschüsse (Hearing), selbst die generelle Durchsetzung der Öffentlichkeit aller Ausschusssitzungen und kein noch so ausgeklügeltes System von Vorschriften können den Einfluss der Gruppen je völlig transparent machen und kanalisieren (Schröder 1976: 258ff.).

Die Verrechtlichung der Arbeitsbeziehungen ist in der Bundesrepublik schon weiter entwickelt als in den meisten Ländern der Welt. Ein Mehr an Reglementierung droht eher das Gegenteil des Beabsichtigten zu bewirken, nämlich dass die Großorganisationen, vor allem die Gewerkschaften, ihre integrierende und gegenüber gegensätzlichen Interessen vermittelnde Rolle nicht mehr spielen können. Vermehrung der spontanen Streiks, Störungen durch radikalere Gewerkschaftsgruppen, die sich nicht an zentrale Beschlüsse gebunden fühlen, ja selbst Gefahren für die Einheitsgewerkschaften wären bei einer solchen Entwicklung nicht auszuschließen.

Die Integration gesellschaftlicher Organisationen wird vermutlich auch in Zukunft weniger über gesetzliche Regelungen als über Koordination und Kooperation auf freiwilliger Basis laufen. Auch in der Bundesrepublik ist die Diskussion unter dem Stichwort „Neokorporatismus“ zunehmend geführt worden. Die Beteiligung an liberal-korporativistischen Institutionen ist gelegentlich geradezu als „organisationsinduzierte Zielverschiebung“ gedeutet worden, als Möglichkeit, ihre organisationsbezogenen Sekundärinteressen über diese Form der Partizipation zu realisieren (Streeck 1981: 453). In der Tat, wo korporative Strategien sich durchsetzen, überwiegen gut organisierte bürokratische Gewerkschaften. Im internationalen Vergleich erscheint der Zusammenhang von Organisationsgrad und Korporatismus nicht mehr so eindeutig. Die Frage bleibt, warum die Bundesrepublik trotz der Kooperation einen mäßig hohen Organisationsgrad unter 40% nicht überschreitet und weniger korporatistische Länder wie Großbritannien aus ganz anderen Gründen höhere Organisationsbereitschaft erreichen.

Das Konzept des Korporatismus wurde auch in Deutschland überdehnt. Überall wo sektorale statusorientierte Vertretungsmonopole ohne organisierten Gegenverband der Staatsmacht gegenübertreten und durch Penetration des staatlich-administrativen Systems und Klientelbildung in den Ressorts, durch Monopolisierung der Anhörungs- und Informationsrechte mächtig werden, wie bei

Bauern, Ärzteverbänden oder Juristenvereinigungen, Vertriebenen- oder Jugend- und Frauenverbänden, können durchaus enge Kooperationsformen entstehen. Aber zum Korporatismus gehört der Dreieckscharakter konfligierender sozialer Interessen bei staatlicher Vermittlung.

Das Dreiecksverhältnis von Staat und zwei konfliktorisch zueinander stehenden mächtigen Interessengruppen legt nahe, von Korporatismus nur dort zu sprechen, wo der Staat nicht lediglich mit einem Verband, der ein Repräsentationsmonopol besitzt, verhandelt. Wo ein Verband überwiegend Statusverband wie bei Ärzten, Advokaten, Bauern oder Konsumenten ist, der durchaus Gegner hat, aber keinen institutionalisierten Gegenverband mit einem grundsätzlich antagonistischen Interesse, auf der Basis eines Nullsummenspiels, ist es wenig sinnvoll, von Korporatismus zu sprechen. Solche Verbände können weit erfolgreicher sein in der Penetration der Parlamentsausschüsse und in der Schaffung von Klientelverhältnissen zu Ressorts als etwa die Tarifpartner. Aber ihr Einfluss läuft doch überwiegend nach einem älteren Pluralismusmodell ab, nur dass es keine Symmetrie einer Vielzahl von Gruppen, ihren *„cross-cutting-pressures"* und *„overlapping memberships"* gibt, wie dies die alte Bentley-Truman-Schule in Amerika unterstellte.

Korporatismus – autoritärer wie liberaler – bedeutet den Versuch, mit staatlicher Hilfe konfliktorisch einander gegenüberstehende Interessen zu *versöhnen.* Nur wo Interessengruppen untereinander in einen andauernden Konflikt geraten, so dass der Staat vermittelnd eingreift, liegt korporative Politik vor. Das gilt für die meisten Standesorganisationen nicht. Die Gründe, die für die korporative Agrarpolitik angeführt wurden, sind wenig überzeugend (Heinze 1981: 125). Nicht alles, was Verbände und „Quangos" (quasi nongovernmental organizations) im Auftrag des Staates tun, ist Korporatismus (vgl. Kap. 8.3). Das Modewort „Korporatismus" tauchte aber zunehmend in fast allen Politikfeldern auf. Die spill-over Effekte des Korporatismus in immer weitere Bereiche und Agenden sind jedoch bisher nicht systematisch untersucht worden. Schon jetzt steht fest, dass es Agenden gibt, die korporativen Konfliktschlichtungsmustern offener gegenüberstehen als andere. Zum Beispiel sieht es so aus, als ob nicht die Gesundheitspolitik und ärztliche Standespolitik als ganzes korporativ zu werden beginnen. Aber Teile lassen sich in Annäherungsformen organisieren, etwa in der Arzneimittelkontrolle. Der Konflikt zwischen der pharmazeutischen Industrie um die Kostendämpfung und die Arzneimittelkontrolle weisen in Ansätzen solche Elemente auf, insbesondere wenn es zu organisierter Gegeninteressenvertretung gegen Preis- und Zulassungspolitik in diesem Bereich kommt (Wiesenthal in: von Alemann 1981: 180ff.).

Die Konzertierte Aktion im *Gesundheitswesen* seit Ende 1977 in der Bundesrepublik hat einige korporative Züge der unteren Stufe, die Schmitter vorschlug, als „Konzertierung" abzugrenzen. Vom klassischen Korporatismusmodell weicht sie ab durch die Vielzahl der beteiligten Verbände, von den Ärzten und Apothekern über die Krankenhausträger, Kommunalverbände und Krankenkassen bis zu den Tarifpartnern. Das sieht mehr nach dem älteren Korporatismus der Sozial- und Wirtschaftsräte in sektoraler Begrenzung aus. Soweit sich ein Dualismus zwischen Produzenten- und Konsumenteninteressen abzeichnet, kann sich das Modell der Konzertierung immer stärker in ein genuin korporatives verwandeln.

Im Lichte der empirischen Gesetzgebungsforschung ist der Versuch, ganze Länder wie Deutschland einem Typ des Korporatismus oder des oligarchischen Pluralismus zuzuordnen, nicht sinnvoll. Der Glaubenskrieg zwischen Pluralisten und Korporatisten wurde vielfach mit unterkomplexen Typologien ausgetragen. Es ließen sich in Deutschland sechs Typen der Organisation von Arenen ausmachen. Ein *symmetrischer Pluralismus* mit einem klaren Nullsummenspiel zwischen Wirtschafts- und Arbeitnehmerinteressen ließ sich nur in knapp 10% der Fälle – hauptsächlich in der Wirtschafts- und in der Baupolitik – unter ausgewählten Schlüsselentscheidungen der ersten 12 Bundestage ausmachen (von Beyme 1997: 220ff.). Daneben gab es die Variante des *asymmetrischen Korporatismus* (16,4% aller Konfliktfelder). Am Schnittpunkt zwischen Korporatismus und Pluralismus ist ein Mischtyp angesiedelt, der fast ein Viertel der großen Gesetzesentscheidungen ausmachte. Der begrenzte Pluralismus, der in Deutschland gelegentlich vermutet wurde, ist durch ein Oligopol von Statusgruppen gekennzeichnet. Der erweiterte Pluralismus auch für Nicht-Insider-Interessen, der am stärksten dem traditionellen Modell des Pressure-Group-Pluralismus entspricht, war relativ selten (12,7%). Ein Pluralismus bei Dominanz der ideellen Fördererverbände (15,5%) vor allem im Bereich von Umwelt- und Rechtspolitik hat durch das Aufkommen der neuen sozialen Bewegungen zugenommen.

Korporatismus als Kartell der Eliten in einem Klassenkompromiss ist Ende des 20 Jahrhunderts obsolet geworden. Das Selbstbild des neuen Liberalismus und ihrer „Leistungseliten" folgte auf die Phase einer als „Einschnürung von Wirtschaft und Gesellschaft" empfundenen Konzeption (Streeck 2006: 173). Die alte Symmetrie sozialer Kräfte ging verloren, seit die Gewerkschaften an Macht verloren und die Unternehmer in einer neo-liberalen Welle an Bedeutung gewannen. Äußeres Anzeichen war die drastische Vermehrung der Einkommen von Top-Managern. Die Relation im Einkommen zwischen Managern und Arbeitern in börsennotierten Unternehmen stieg von 1: 20 auf 1: 100 (Hickel 2004). Die rücksichtslose Fusionspolitik ohne Rücksicht auf die soliden Fundamente der eigenen Firma trug zur Finanzkrise von 2009 bei. In den 90er Jahren wurden immer mehr Produktionsstätten ins Ausland verlagert und die Flächentarifverträge wurden zum Teil mit Billigung der Betriebsräte ausgehöhlt. Die Repräsentanz von Vertretern der Verbände im Bundestag nahm mit dem Zerfall des Korporatismus drastisch ab. Alte Pauschalbezeichnungen für das deutsche Modell wie „Deutschland AG" oder „Rheinischer Kapitalismus" wurden obsolet. Der Niedergang der Eliten hat den Lobbyismus verstärkt, der vor allem Kommunikation zwischen politischen und wirtschaftlichen Eliten bedeutet (Speth 2006: 235). Der Alleinverstretungsanspruch der Verbände wurde ausgehöhlt. Neben den Interessengruppen entstanden neue Vermittlungsagenturen. Die Verbandsfärbung des Bundestages hat abgenommen. Unter der rot-grünen Regierung wurden traditionelle Brückenköpfe von Interessengruppen in den Ministerien abgebaut.

5.4 Die organisatorische Vereinigung: Interessengruppen und gesellschaftliche Organisationen

Der Rückblick in die Geschichte des Verbandswesens (Kap. 5.1) hatte gezeigt, dass die Organisationsmuster einer Nation mehr Beharrungsvermögen aufweisen können, als das Auf und Ab der politischen und der verfassungspolitischen Geschichte vermuten lässt. Historische Pfadabhängigkeit wurde entdeckt, die eine rasche Änderung der Aktionsmuster politischer Akteure selten zulässt. Gilt das Beharrungsvermögen der Organisationskultur auch für die Vereinigung Deutschlands? Konnte die DDR einen Teil ihrer Organisationsmuster in den gemeinsamen Staat einbringen?

In der DDR hatten sich einige Parallelen in der Verbandsorganisation zur Bundesrepublik erhalten, etwa die kleine Zahl von Branchengewerkschaften im FDGB. Aber die oberflächlichen Ähnlichkeiten verdeckten die tiefgreifenden Unterschiede in einem System, das allen Verbänden die Funktion eines bloßen Transmissionsriemens der Willensbildung der Staatspartei beimaß. In der Nationalen Front der DDR waren der „Demokratische Block" (die fünf Blockparteien) zusammengeschlossen. Neben den vier Massenorganisationen (FDGB, FDJ, Demokratischer Frauenbund Deutschlands und Kulturbund) wirkten 26 weitere Vereinigungen, Gesellschaften und Verbände mit. Diese Gleichschaltung der Verbände hat nach der Erosion der DDR wenig Ansatzpunkte für eine eigene Organisationsstruktur in den ostdeutschen Ländern übriggelassen.

Von den wichtigsten Verbänden, die wirtschaftliche Interessen verfolgten, waren eigentlich nur die Gewerkschaften im Zweifel, wie sie sich gegenüber den Möglichkeiten, in ein organisatorisches Vakuum hineinzustoßen, verhalten sollten. Eine freie Bauernschaft gab es in der DDR nicht zu organisieren. Die Organisation der Landwirtschaftlichen Produktionsgenossenschaften konnte daher noch einige Wirksamkeit entfalten. Eine freie Unternehmerschaft musste erst aufgebaut werden. Die Wirtschaftsverbände der Bundesrepublik hatten keine

Bedenken, sich dieser Aufgabe anzunehmen. Die Gewerkschaften waren nicht Motor der Vereinigung. Aber sie konnten sich dem Vereinigungsdruck ebenso wenig entziehen wie die politischen Akteure.

In einigen Bereichen hatten westdeutsche Verbände starke Skrupel, den Ostdeutschen das westdeutsche Organisationsmodell überzustülpen. Aber selbst hier hat die Grundentscheidung für die westlich-demokratischen Rahmenbedingungen – etwa des westdeutschen Tarifsystems, der Personalvertretungsregelungen oder die Einführung des Berufsbeamtentums – die Angleichung der Organisationsstrukturen erzwungen. Gewerkschaften, Künstlerverbände und kirchliche Gruppen hatten zweifellos den größten Willen, die ostdeutsche Initiativbereitschaft nicht zu lähmen. Aber die Notwendigkeit, zur erfolgreichen Durchsetzung von Interessen an den Strukturen konzertierter Aktion im „halbsouveränen Staat" (Peter Katzenstein) teilzunehmen, vereinheitlichte die Organisationslandschaft in Ostdeutschland entscheidend.

Die deutschen Gewerkschaften haben in den zahlreichen „heißen Herbsten" in Westeuropa nie der Devise „*tutto e subito*" (alles und sofort) Vorschub geleistet. Aber als revindikative Organisationen konnten sie sich nach der Vereinigung kaum eines solchen Anspruchsbegehren verschließen. Die Gewerkschaften hatten anfangs nur reagiert: auf den sozialpolitisch motivierten Anschlußdruck von seiten der DDR-Mehrheit. Angesichts des Dilemmas, in der Programmformulierung vorsichtig sein zu müssen, weil die Linke schlechthin in die Defensive geriet und weil man von den Ereignissen und der Anspruchsinflation bei der Mehrheit der DDR-Bevölkerung überrollt wurde, konnte die Politik des DGB nur abwartend sein. Nach vollzogener Einheit gingen die Gewerkschaften in die Offensive.

Die deutsche Einigung fügte der *funktionalen Differenzierung* der Organisationsbereitschaft die *territoriale* hinzu. Bei der förmlichen Mitgliedschaft in Organisationen waren die Westdeutschen außer bei religiösen Organisationen und Landwirtschaftsverbänden 1990 aktiver als die Ostdeutschen (Weßels 1992: 518). Die damalige Momentaufnahme war jedoch einem raschen Wandel unterworfen. In Umweltorganisationen waren 3,6% der Westdeutschen engagiert und 0% in Ostdeutschland. Das hat sich inzwischen geändert. Aussagekräftiger war daher die Antwort auf die Frage, durch welche Verbände man sich vertreten fühlte, unabhängig von einer Mitgliedschaft. Die Gewerkschaften lagen erwartungsgemäß an der Spitze (68,4% in Ostdeutschland. 35,1% sahen sie sogar als „die wichtigste Organisation" an). Das entsprach annähernd dem tatsächlichen Organisationsgrad. Bei Umweltgruppen war die Identifikation (80,1%) groß, aber weniger als die Hälfte der westdeutschen Befragten (12,8%) sahen in ihnen die wichtigste Organisation. Die stärkste Form der Identifikation, die Anerkennung als wichtigste Organisation, führte bei Bürgerinitiativen und berufsständischen Gruppen zu einer starken Angleichung der Meinungen in Ost und West. Nur die katholische Kirche und die Frauengruppen schienen für die Westdeutschen ungleich wichtiger als für die Ostdeutschen.

Die Funktion der Interessenartikulation, welche die Verbände ausüben, mußte in Ost- und Westdeutschland verschieden ausfallen. Dabei waren – im Gegensatz zu anderen ex-sozialistischen Ländern – weniger die Wahrnehmungen, Orientierungen und Bindungen der Bürger verschieden als die soziale Basis des Verbandswesens. Das Modell der „erfundenen Klassen" in der DDR ging unter. Aber die soziale Differenzierung der ostdeutschen Gesellschaft zeigte große Abweichungen von der des Westens (Weßels 1992: 540).

Wie in anderen Bereichen des Transformationsprozesses hat man verschiedene Phasen in der strategischen Orientierung der Verbände – wie der Parteien – festgestellt. Irritation, Infiltration und Integration sind sie gelegentlich genannt worden (Tiemann u.a. 1993: 41). Solche Ablauftypologien wurden angereichert durch eine organisationssoziologische Klassifikation der Entstehung von Verbänden. In Ländern etatistischer Tradition wie Deutschland hat der Staat schon immer die Rahmenbedingungen für die Entwicklung von Verbänden stark vorgegeben (vgl. Kap. 5.1). Diese Erfahrung sollte sich im deutschen Einigungsprozess noch verstärken.

In Abwandlung der berühmten Maxime von Th. Lowi zum policy cycle ist zu Recht die These aufgestellt worden: *„polity* (das Verfassungssystem) *determines politics"* (Eichener u.a. 1992: 44f.). Das westdeutsche Modell des Interessenpluralismus setzte sich ganz überwiegend durch. Durch die wachsende Staatsintervention in der Transformation der Planwirtschaft zur Marktwirtschaft kam es sogar zur Verstärkung gewisser Eigenarten des westdeutschen Systems der Interessenartikulation, wie das Wiederaufleben einer korporatistischen Zusammenarbeit von para-staatlichen Institutionen – z.B. der Treuhand – und den gesellschaftlichen Organisationen.

In den neuen Bundesländern ließen sich Altorganisationen, Neugründungen nach der Wende und die Ausdehnung westdeutscher Verbände nach Osten unterscheiden (Eichener u.a. 1992: 36ff.). Die wichtigsten *Altorganisationen* wie der FDGB oder der Kulturbund gingen unter. Die FDJ wurde als Rumpforganisation aus den Stadt- und Jugendringen meist ausgeschlossen. Wo eine Organisation überlebte, wie die „Volkssolidarität", fusionierte sie bald mit dem westdeutschen Pendant, hier dem „Paritätischen Wohlfahrtsverband". Die „Kammern der Technik" nahmen einen Konkurrenzkampf mit dem VDI auf. Erfolge hatten sie dabei nur im Osten, weil der VDI eine restriktive Mitgliederpolitik aufrechterhielt. Wo diese Strategie aufgegeben wurde, wie bei einigen Wissenschaftlerverbänden, kam es rasch zur Auflösung des ostdeutschen Verbandes.

Neugründungen wurden vor allem in Bereichen vollzogen, die in der DDR keine Organisationsfreiheit hatten, wie bei Mittelstandsverbänden der Ärzte, Anwälte, Apotheker oder Unternehmer. Sie wurden in der Regel rasch einem gesamtdeutschen Verband angeschlossen. Der „Arbeitslosenverband", der „Behindertenverband" oder der „Unabhängige Frauenverband" konnten Sonderinteressen der ostdeutschen Klientel bis zu einem gewissen Grad verteidigen.

Die Mehrzahl der Organisationsfelder wurde nach dem *Modell der Landnahme* besetzt. Nur bei der noch von der DDR geschaffenen Treuhand oder der Gauck-Behörde wurde von der westdeutschen politischen Elite gern der Anschein einer Kontinuität der Organisationslandschaft erhalten.

Der Freie Deutsche Gewerkschaftsbund wurde am 30. September 1990 aufgelöst, die Einzelgewerkschaften lösten sich 1990/91 auf und empfahlen ihren Mitgliedern, in die DGB-Gewerkschaften einzutreten. Der Organisationsgrad der Gewerkschaften der alten DDR lag bei 97%, er sank bis 1991 auf 60% und rund 47% der einstigen Mitgliedschaft des FDGB (Tiemann u.a. 1993: 45). 1992 sank der Mitgliederstand um 20%. Dennoch blieb der Organisationsgrad mit ca. 60% der Beschäftigten weit über westlichem Niveau (Schmid 1994: 214).

Der Zuwachs an Mitgliederpotential war für die Gewerkschaften gleichwohl eine Belastung. Hohe Arbeitslosigkeit in den östlichen Bundesländern ließ die neue Mitgliedschaft noch nicht als gesicherten Besitz erscheinen. Ideologisch waren die inneren Gegensätze größer als in der westdeutschen Arbeiterschaft. Einerseits überlebten Führungskräfte des alten Regimes, die PDS-Positionen in die Gewerkschaften hineintrugen. Andererseits mußten die Gewerkschaften in Ostdeutschland den Ansichten eines höheren Anteils an CDU-Wählern als in Westdeutschland Rechnung tragen.

Im Westen stammten etwa 13% der Stimmen für die Unionsparteien aus Gewerkschaftskreisen (Armingeon 1991: 31). Da die CDU jedoch 1992 32% ihrer Mitglieder in Ostdeutschland als Arbeiter klassifizierte – von denen große Teile Gewerkschaftsmitglieder waren –, dürfte der Prozentsatz weit höher als im Westen liegen. CDU- und SPD-Strömungen zugleich zufriedenstellen zu müssen, glich der Quadratur des Kreises. Szenarios des schlimmsten Falles rückten das Ende der Erfolgsgeschichte kooperativer deutscher Arbeitsbeziehungen in den Bereich des Möglichen. Bei Neugründungen von Betrieben verschob sich das Kräftegewicht zugunsten der Arbeitgeber. Die Gewerkschaften haben in diesem Einigungsprozess weiter an Verhandlungsmacht im politischen Raum verloren und sind politisch in die Defensive geraten (Armingeon 1991: 40).

Keine andere Interessengruppe in Deutschland war so stark zwischen den Ansprüchen ihrer Gefolgschaft in West- und Ostdeutschland hin- und hergerissen. Die Gewerkschaften wurden zum Motor der Angleichung der Löhne in den östlichen Bundesländern, zugleich wurde ihnen eine nicht sehr maßvolle Tarifpolitik im Frühjahr 1991 vorgeworfen, welche die Investoren nicht gerade zum Aufbruch nach Ostdeutschland ermunterte. Die Abschlüsse 1991 waren, angesichts der steigenden Inflationsrate, dann aber doch eher maßvoll zu nennen. Politische Bemühungen richteten sich auf die Einrichtung von Beschäftigungsgesellschaften, die gesetzliche Durchsetzung der Ausbildungspflicht der Betriebe, die Sicherung, dass bei Aufträgen ein bestimmter Anteil in den östlichen Bundesländern erwirtschaftet wird (local content-Auflagen), den Kündigungsschutz und die Forderung, die sanierungsfähigen Unternehmen der DDR in eine Staatsholding aufzunehmen (F. Steinkühler in: Der Spiegel 1991, Nr. 18: 37). Als die Montagsdemonstrationen wiederauflebten, hat auch ein Teil von Gewerkschaftsführern diese Mobilisierungsmöglichkeit gefördert, obwohl sie ganz sicher nicht die Organisatoren gewesen sind, wie ihnen vielfach in Westdeutschland vorgeworfen wurde. Der DGB blieb seiner Tradition treu, nicht durch Mobilisierung der Straße, sondern durch harte Verhandlungen die Interessen seiner Mitglieder zu vertreten. Kurzfristig war die Lohnpolitik der Gewerkschaften in den neuen Bundesländern für das Investitionsklima ungünstig. Darüber sind sich alle Wirtschaftsexperten einig. Diese aber haben sich im Prozeß der deutschen Einigung schon einmal geirrt. Langfristig gesehen konnte die rasche Angleichungspolitik bei den Löhnen sozialen Sprengstoff neutralisieren, der ohne diese Politik entstanden wäre und der die wirtschaftliche Integration Ostdeutschlands ebenfalls nicht befördert hätte. Als 1993 die Arbeitgeberverbände laufende Tarifverträge kündigten, weil sie sich nicht in der Lage sahen, Lohnerhöhungen bis zu 26% zu realisieren, kam es erstmals in Ostdeutschland zu Massenstreiks.

Der Deutsche Bauernverband wurde gegen seine ursprüngliche Absicht im Osten zu einer Vertretung der Kollektivbauern. Die neu entstehenden Einzelbauern – im Amtsjargon „Wiedereinrichter" genannt – blieben Zaungäste, obwohl ihnen eigentlich die Ideologie des Bauernverbandes gewogen sein musste. Ein großer Teil schloss sich dem „Verband deutscher Landwirte" an. Der DBV konnte diese Integrationsleistung erbringen, da er in seinen Strukturen auch im Westen schon zwischen widerstreitenden Interessen (norddeutsche Großbauern – süddeutsche Kleinlandwirtschaft) zu vermitteln gelernt hatte (Lehmbruch 1994: 377).

Die Strategien der Verbände im Einigungsprozess hingen vom Ausmaß der Regulierung ihres Politikfeldes ab. Landwirtschaft und Wohnungswirtschaft werden stark vom Staat reguliert, daher war hier der Bedarf nach einem Repräsentationsmonopol wichtig. Andere Verbände, die eine stärkere autonome Regulierungskompetenz in ihrem Bereich haben, wie Ärzte oder die Verbände der Arbeitsbeziehungen, waren weniger stark darauf angewiesen, den ostdeutschen Mitgliedern entgegenzukommen, da sie einen privilegierten öffentlichen Status besaßen (Wielgohs/Wiesenthal 1995).

Da der Vereinigungsprozess für die meisten DDR-Bürger nicht von postmaterieller Motivation getragen wurde, hatten die Gruppen, die nichtmaterielle Interessen vertraten, naturgemäß die größten Schwierigkeiten mit dem „Zusammenwuchern“ der beiden deutschen Staaten gehabt. Zwei Gruppen hatten im Prozess der friedlichen Revolution in der DDR eine herausragende Rolle errungen: die Kirchen und die Künstler. Die Beschränkung auf die Einheit des Machbaren musste für ihre Mitglieder als Statusverlust wirken. Nach langen getrennten Sitzungen der Synoden der Evangelischen Kirchen in Deutschland (EKD) und dem „Bund der Evangelischen Kirchen in der DDR“, der 1969 die organisatorische Spaltung im Felde der Kirche akzeptierte, kam es im Februar 1991 zur Vereinigung der Kirchen. Der Vorsitzende des Kirchenbundes, Bischof Demke, erläuterte den Kompromiss mit der Aufforderung, dass die beiden Kirchenföderationen aufhören müssten, einander mit dem Postulat „werdet doch wie wir“ zu missionieren (FAZ 25.2.1991: 6). Einzelne Sprecher der EKD wie Schmude versprachen, was aus dem staatlichen Bereich kaum noch zu hören war: es werde zu keiner Restaurierung der alten EKD kommen. Angesichts der föderalen Tradition der evangelischen Kirchen war dies vermutlich nicht nur ein guter Vorsatz. Meinungsverschiedenheiten blieben ungelöst, vor allem in Fragen der Militärseelsorge.

Am stärksten war die Tendenz, etwas Eigenständigkeit Ostdeutschlands nach der Vereinigung zu wahren, bei den Intellektuellen und Kulturschaffenden. Das Pen-Zentrum im Osten blieb selbständig, vor allem, weil das westdeutsche Pen-Zentrum mit Sitz in Darmstadt nichts mit den alten Funktionären wie Klaus Höpcke und Hermann Kant zu tun haben wollte. Auch sonst lautete die Devise im Bereich der Verbände der Kulturschaffenden vielfach: „Anschluss nicht um jeden Preis.“ Den fünf Künstlerverbänden der DDR fehlten die einstigen Zuschüsse aus der Staatskasse. Der Schriftstellerverband und der Verband der Theaterschaffenden lösten sich per 31. Dezember 1991 auf. Die Verbände der Komponisten, der bildenden Künstler und der Film- und Fernsehschaffenden hingegen wollten auch ohne Subventionen eigenständig bleiben. Der Theaterverband hat seine 2000 Mitglieder befragt. Bei geringer Beteiligung sprachen sich über 92% für die unabhängige Existenz aus. Der Verband deutscher Schriftsteller in der IG Medien (VS) hat sich naturgemäß stärker mit der Vergangenheitsbewältigung auseinandergesetzt als andere Verbände. Paritätische Gesinnung schlug sich nicht nur in der Besetzung des Bundesvorstandes nieder, sondern auch in dem Kampf um die Erhaltung von möglichst vielen kulturellen Einrichtungen in der DDR.

Die gesellschaftlichen Organisationen haben vielfach eine behutsamere Vereinigungspolitik betrieben als der Staat. Regionale Besonderheiten Ostdeutschlands haben auf diesem Gebiet größere Chancen zu überleben als im

Zentrum der politischen Arena. Im Ganzen überwog jedoch auch bei allen Organisationen, die in Ostdeutschland nicht als „Kolonisatoren" auftreten wollten, das Ablaufmodell: Irritation, Infiltration, Integration.

Der geringere Organisationsgrad der Ostdeutschen hat schwerwiegende Nachteile für den Einigungsprozess. Die Interessendurchsetzung der Ostdeutschen wird dadurch behindert. Es fehlt an der identitäts- und gemeinschaftsbildenden Wirkung der Verbände (Priller 1994: 318). Vor allem aber fehlt die organisatorische Infrastruktur, von der ein Teil des politischen Lebens lebt, besonders in den Parteien und in den Netzwerken der Eliten.

Inzwischen vollzogen sich Veränderungen des Systems der Interessengruppen, die kaum noch mit der Vereinigung Deutschlands zusammenhängen. Deutschland ist nicht mehr ein korporatistisches System, in dem die Zentralverbände unter Anleitung des Staates konsensuelle Beschlüsse fassen. In der zweiten Regierung Schröder kam es sogar zu starken Konflikten zwischen der SPD-geführten Regierung und den Gewerkschaften. Der Trend zur Unitarisierung, der einst für Deutschland festgestellt wurde, ist einer schleichenden Erosion des Flächentarifes gewichen (Lehmbruch 2003: 282). Selbst die öffentlichen Arbeitgeber halten sich nicht mehr an die Ländersolidarität, um ein Auseinanderdriften der Besoldung von Landesbeamten zu verhindern.

Literatur

H. Abromeit/G. Wewer (Hrsg.): Die Kirchen und die Politik. Opladen, Westdeutscher Verlag 1989

H. Abromeit: Interessenvermittlung zwischen Konkurrenz und Konkordanz. Opladen, Leske & Budrich 1993

P. Ackermann: Der deutsche Bauernverband im politischen Kräftespiel der Bundesrepublik. Tübingen, Mohr 1970

H. Adam/R.G. Heinze (Hrsg.): Verbände und Staat. Vom Pluralismus zum Korporatismus. Opladen, Westdeutscher Verlag 1979

U. von Alemann (Hrsg.): Neokorporatismus. Frankfurt, Campus 1981

U. von Alemann/E. Forndran (Hrsg.): Interessenvermittlung und Politik. Opladen, Westdeutscher Verlag 1983

U. von Alemann: Der Wandel organisierter Interessen in der Bundesrepublik. Opladen, Westdeutscher Verlag 1984

U. von Alemann: Organisierte Interessen in der Bundesrepublik. Opladen, Leske & Budrich 1987

U. von Alemann/B. Wessels (Hrsg.): Verbände in vergleichender Perspektive. Berlin, Sigma 1997

K. Armingeon: Die Entwicklung der westdeutschen Gewerkschaften 1950-1985. Frankfurt, Campus 1988
K. Armingeon: Stabilität im Wandel. Eine kritische Anmerkung zu den Thesen von Paul Windolf. Journal für Sozialforschung 1989: 388-398
K. Armingeon: Ende einer Erfolgsstory? Gewerkschaften und Arbeitsbeziehungen im Einigungsprozeß. Gegenwartskunde 1991: 29-42
Auf dem Weg zur Einheit. Wirtschaft, Politik, Gewerkschaften im deutsch-deutschen Einigungsprozeß. Köln, Bund 1990
J. Bauer: Aktivitäten des BDI in den neuen Bundesländern. APuZ B 13 1991: 12-19
B. Benzner: Ministerialbürokratie und Interessengruppen. Baden-Baden, Nomos 1989
Beratungen und Empfehlungen zur Verfassungsreform. Teil 1: Parlament und Regierung. Zur Sache 3 1976
V. Berghahn: Unternehmer und Politik in der Bundesrepublik. Frankfurt, Suhrkamp 1985
J. Bergmann u.a.: Gewerkschaften in der Bundesrepublik. Frankfurt, EVA 1975
V. Gräfin von Bethusy-Huc: Demokratie und Interessenpolitik. Wiesbaden, Steiner 1962
V. Gräfin von Bethusy-Huc/M. Besch: Interessenverbände in der agrarpolitischen Willensbildung. ZParl 1971: 206-223
K. von Beyme: Gewerkschaften und Arbeitsbeziehungen in kapitalistischen Ländern. München, Piper 1977
K. von Beyme: Interessengruppen in der Demokratie. München, Piper 1980, 5. Aufl.
K. von Beyme: Interessengruppen im Gesetzgebungsprozess. In: ders.: Der Gesetzgeber. Opladen, Westdeutscher Verlag 1997: 271-291
K. von Beyme/L. Helms: Interessengruppen. In: L. Helms/U. Junn (Hrsg.): Politische Theorie und Regierungslehre. Frankfurt, Campus, 2004: 194-218
K.H. Biedenkopf/R. von Voss: Staatsführung, Verbandsmacht und innere Souveränität. Stuttgart, Bonn aktuell 1977
U. Billerbeck u.a.: Korporatismus und gewerkschaftliche Interessenvertretung. Frankfurt, Campus 1982
W. Borgmann: Reforrngrenze in der Bewährung. Theorie und Praxis des Betriebsverfassungsgesetzes von 1972. Opladen, Westdeutscher Verlag 1987
W. Bührer/E. Grande (Hrsg.): Unternehmerverbände und Staat in Deutschland. Baden-Baden, Nomos 2000
J. van Deth: Private Groups and Public Life: Social Participation, Voluntary Associations and Political Involvement in Representative Democracies. London, Roudledge 2000
W. Dichmann (Hrsg.): Gewerkschaften in Deutschland. Aus der Legitimationskrise zu neuer Macht? Köln, Deutscher Institutsverlag 1990
Die verunsicherte Generation. Sinus-Institut. Opladen, Leske & Budrich 1983
M. Döhler/Ph. Manow: Strukturbildung von Politikfeldern. Das Beispiel bundesdeutscher Gesundheitspolitik seit den fünfziger Jahren. Opladen, Leske & Budrich 1997
V. Eichener u.a. (Hrsg.): Organisierte Interessen in Ostdeutschland. Marburg, Metropolis 1992, 2 Halbbände
V. Eichener/H. Voelzkow (Hrsg.): Europäische Integration und verbandliche Interessenvermittlung. Marburg, Metropolis 1994
Th. Ellwein: Gewerkschaften und öffentlicher Dienst. Zur Entwicklung der Beamtenpolitik des DGB. Opladen, Westdeutscher Verlag 1980

R. Erd: Verrechtlichung industrieller Konflikte. Normative Rahmenbedingungen des dualen Systems der Interessenvertretung. Frankfurt, Campus 1978
Th. Eschenburg: Das Jahrhundert der Verbände. Berlin, Siedler 1989
H. Findeis u.a.: Die Entzauberung des Politischen. Was ist aus den politisch alternativen Gruppen der DDR geworden? Leipzig, EVA 1994
G. Fleischmann (Hrsg.): Der kritische Verbraucher. Information, Organisation, Durchsetzung seiner Interessen. Frankfurt, Campus 1981
H. Föhr: Willensbildung in den Gewerkschaften und Grundgesetz. Berlin, Schweitzer 1974
O. Gabriel/V. Kunz: Engagement in Freiwilligen Organisationen. Opladen, Leske & Budrich 2003
M. Gerhardt: Das Koalitionsgesetz. Berlin, Duncker & Humblot 1977
I. Gerlach: Interessen in der Demokratie. Baden-Baden, Nomos 2007
Gewerkschaftsstaat oder Unternehmerstaat. WSI-Mitteilungen. Köln, Bund, Teil 1 (Aug. 1976), Teil 2 (Dez. 1977)
K.-H. Giessen: Die Gewerkschaften im Prozeß der Volks- und Staatswillensbildung. Berlin, Duncker & Humblot 1976
R. Göhner: Demokratie in Verbänden. München, Olzog 1981
M. Groser: Gemeinwohl und Ärzteinteressen – die Politik des Hartmannbundes. Gütersloh, Bertelsmann Stiftung 1992
H.-D. Hardes: Einkommenspolitik in der BRD. Stabilität und Gruppeninteressen. Der Fall Konzertierte Aktion. Frankfurt, Herder & Herder 1974
G. Haufe/K. Bruckmeier (Hrsg.): Bürgerbewegungen in der DDR und in den ostdeutschen Ländern. Opladen, Westdeutscher Verlag 1993
M. von Hauff: Theorie und Praxis gewerkschaftlicher Interessenpolitik. Königstein, Hain 1979
R.G. Heinze: Verbändepolitik und „Neokorporatismus". Opladen, Westdeutscher Verlag 1981
R.G. Heinze: Verbandspolitik zwischen Partikularinteressen und Gemeinwohl – Der Deutsche Bauernverband. Gütersloh, Bertelsmann Stiftung 1992
H.-O. Hemmer/K.Th. Schmitz (Hrsg.): Geschichte der Gewerkschaften in der Bundesrepublik Deutschland. Köln, Bund 1990
R. Hickel: Sind die Manager ihr Geld wert? In: Blätter für deutsche und internationale Politik. Jg. 48, H. 10, 2004: 1197-1204
E. Holtmann/H. Voelzkow (Hrsg.): Zwischen Wettbewerbs- und Verhandlungsdemokratie. Analysen zum Regierungssystem der Bundesrepublik Deutschland. Wiesbaden, Westdeutscher Verlag 2000
E. Hoppmann (Hrsg.): Konzertierte Aktion. Frankfurt. Athenäum 1971
W. Jaide/H.-J. Veen: Bilanz der Jugendforschung. Paderborn, Schöningh 1989
F. Janning: Das politische Organisationsfeld. Politische Macht und soziale Homologie in komplexen Demokratien. Opladen, Westdeutscher Verlag 1998
O. Jarren u.a. (Hrsg.): Politische Kommunikation in der demokratischen Gesellschaft. Opladen, Westdeutscher Verlag 1998
Jugendwerk der Deutschen Shell. Jugend '92, Bd. 3. Die Neuen Länder. Opladen, Leske & Budrich 1992

R. Kleinfeld u.a. (Hrsg): Lobbying. Opladen, Leske & Budrich 2003
Th. König: Entscheidungen im Politiknetzwerk. Wiesbaden, DUV 1992
C. Leggewie (Hrsg): Von der Politik zur Gesellschaftsberatung. Neue Wege öffentlicher Konsultation. Frankfurt, Campus, 2007
G. Lehmbruch: Dilemma verbandlicher Einflußlogik im Prozeß der deutschen Vereinigung. In: W. Streeck (Hrsg.): Staat und Verbände. PVS-Sonderheft 25 1994: 370-392
G. Lehmbruch: Verbände im arbeitenden Staat. Beiträge zur Organisation von Interessen. Wiesbaden, Westdeutscher Verlag 2003
G. Lehmbruch: Das deutsche Verbändesystem zwischen Unitarismus und Föderalismus. In: R. Mayntz/W. Streeck (Hrsg.): Die Reformierbarkeit der Demokratie. Festschrift für Fritz W. Scharpf. Frankfurt, Campus 2003: 259-288
Th. Leif/R. Speth: Die stille Macht. Lobbyismus in Deutschland. Wiesbaden, Westdeutscher Verlag 2003
M. Leonhard: Umweltverbände. Opladen, Westdeutscher Verlag 1986
F. Löbler u.a. (Hrsg.): Wiedervereinigung als Organisationsproblem: Gesamtdeutsche Zusammenschlüsse von Parteien und Verbänden. Bochum, Brockmeyer 1991
S. Mann: Macht und Ohnmacht der Verbände. Das Beispiel des Bundesverbands der Deutschen Industrie. Baden-Baden, Nomos 1994
R. Mayntz: Organisierte Interessenvertretung und Föderalismus. Jahrbuch zur Staats- und Verwaltungswissenschaft 1989: 145-156
R. Mayntz (Hrsg.): Verbände zwischen Mitgliederinteressen und Gemeinwohl. Gütersloh, Verlag Bertelsmann Stiftung 1992
W. Müller-Jentsch: Soziologie der industriellen Beziehungen. Frankfurt, EVA 1997[2]
F. Müller-Rommel: Interessengruppenvertretung im Deutschen Bundestag. In: Uwe Thaysen (Hrsg.): US-Kongreß und Deutscher Bundestag. Opladen, Westdeutscher Verlag 1988: 300-324
F. Naschold: Krankenhausärzte und Krankenversicherungsreform. Zu einer Theorie der Statuspolitik. Freiburg, Rombach 1967
H. Nassmacher u.a. (Hrsg.): Politische Strukturen im Umbruch. Berlin, Akademie Verlag 1994
H. Neumann: Zur Machtstruktur in der Bundesrepublik Deutschland. Diss., Kiel 1978
O. Niedermayer (Hrsg): Intermediäre Strukturen in Ostdeutschland. Opladen, Leske & Budrich 1996
U. Otto u.a. (Hrsg.): Bürgerschaftliches Engagement. Opladen, Leske & Budrich 2000
B. Pfetsch: Politische Kommunikationskultur. Eine vergleichende Untersuchung von politischen Sprechern und Journalisten in der Bundesrepublik und den USA. Wiesbaden, Westdeutscher Verlag 2002
Th. Pirker u.a.: FDGB – Wende zum Ende. Köln, Bund 1990
O. Poppinga: Bauern und Politik. Frankfurt, EVA 1975
Th. Prenzel: Handbuch Lobbyarbeit konkret. Schwalbach, Wochenschau Verlag 2007
E. Priller: Demokratieentwicklung und gesellschaftliche Mitwirkung. In: I. Kurz-Scherf/G. Winkler: Sozialreport 1994. Berlin, GSFP 1994: 301-330
V. von Prittwitz (Hrsg.): Verhandeln und Argumentieren. Dialog, Interessen und Macht in der Umweltpolitik. Opladen, Leske & Budrich 1995

H. Puhe/H. G. Würzberg: Lust und Frust. Das Inforrnationsverhalten des deutschen Abgeordneten. Köln, Informedia 1989
Th. Ramge: Die großen Polit-Skandale. Eine andere Geschichte der Bundesrepublik. Frankfurt, Campus 2003
Ch. Rauskolb: Lobby in Weiß. Struktur und Politik der Ärzteverbände. Frankfurt, EVA 1976
Ch. Rehmann-Sutter u. a: Partizipative Risikopolitik. Opladen, Westdeutscher Verlag 1998
W. Reutter/P. Rütters (Hrsg.): Verbände und Verbandsysteme in Westeuropa. Opladen, Leske & Budrich 2001
J. Rieksmeier: Praxisbuch: Politische Interessenvermittlung. Wiesbaden, VS 2007
L. Rolke: Protestbewegungen in der Bundesrepublik. Opladen, Westdeutscher Verlag 1987
D. Rucht: Modernisierung und neue soziale Bewegungen. Frankfurt, Campus 1994
T. Schiller/A. Straßner: Verbände in der Bundesrepublik Deutschland. Wiesbaden, Westdeutscher Verlag 2003
P. Schindler: Datenhandbuch und Geschichte des Deutschen Bundestages 1949 – 1999. Baden-Baden, Nomos 1999, 3 Bde
J. Schmid u.a. (Hrsg.): Organisationsstrukturen und Probleme von Parteien und Verbänden. Marburg, Metropolis 1994
J. Schmid: Verbände. Interessenvermittlung und Interessenorganisation. München, Oldenbourg 1998
R. Schmitt: Die Friedensbewegung in der Bundesrepublik Deutschland. Opladen, Westdeutscher Verlag 1990
H. Schröder: Vorschläge zur Transparenz des Verbandseinflusses auf die Gesetzgebung. ZParl 1977: 491-506
H. J. Schröder: Gesetzgebung und Verbände. Ein Beitrag zur Institutionalisierung der Verbandsbeteiligung an der Gesetzgebung. Berlin, Duncker & Humblot 1976
W. Schröder/B. Wessels (Hrsg.): Gewerkschaften in Politik und Gesellschaft der Bundesrepublik. Wiesbaden, Westdeutscher Verlag 2002
W. Schroeder: Das Modell Deutschland auf dem Prüfstand. Zur Entwicklung der industriellen Beziehungen in Ostdeutschland (1990-2000). Wiesbaden, Westdeutscher Verlag 2000
K. Schubert: Interessenvermittlung und staatliche Regulation. Opladen, Westdeutscher Verlag 1989
C. Schulz: Der gezähmte Konflikt. Zur Interessenverarbeitung durch Verbände und Parteien am Beispiel der Wirtschaftsentwicklung und Wirtschaftspolitik in der Bundesrepublik. Opladen, Westdeutscher Verlag 1984
H. Schulze-Fielitz: Theorie und Praxis parlamentarischer Gesetzgebung. Berlin, Duncker & Humblot 1988
M. Sebaldt: Organisierter Pluralismus. Opladen, Westdeutscher Verlag 1997
M. Sebaldt/Alexander Straßner: Verbände in der Bundesrepublik Deutschland. Eine Einführung. Wiesbaden, VS 2004
W. Seibel: Erfolgreich gescheiterter Institutionentransfer. Weshalb der Dritte Sektor in Ostdeutschland institutionelle Elastizitäten schafft, obwohl es ihn kaum zu geben

scheint. In: H. Wollmann u.a. (Hrsg.): Transformation der politisch-administrativen Strukturen in Ostdeutschland. Opladen, Leske & Budrich 1997: 473-493

P. Seideneck: Die soziale Einheit gestalten. Über die Schwierigkeiten des Aufbaus gesamtdeutscher Gewerkschaften. APuZ B 13 1991: 3-11

R. Speth: Lobbyismus als Elitenintegration? Von Interessenvertretung zu Public Affairs-Strategien. In: H. Münkler u. a. (Hrsg.): Deutschlands Eliten im Wandel. Frankfurt, Campus 2006: 221-236

W. Streeck: Gewerkschaftliche Organisationsprobleme in der sozialstaatlichen Demokratie. Königstein, Athenäum 1981

W. Streeck (Hrsg.): Staat und Verbände. PVS-Sonderheft 24 1994

W. Streeck: Nach dem Korporatismus: Neue Eliten, neue Konflikte. In: H. Münkler u. a. (Hrsg.): Deutsche Eliten im Wandel. Frankfurt, Campus, 2006: 149-175

Studienkommission für die Reform des öffentlichen Dienstes. Bericht der Kommission. Baden-Baden, Nomos 1973

B. Süllow: Kooperative Repräsentation der Gewerkschaften. Frankfurt, Campus 1982

G. Teubner: Organisationsdemokratie und Verbandsverfassung. Tübingen, Mohr 1978

K. O. Thielking: Die Kirche als politischer Akteur. Baden-Baden, Nomos 2005

H. Tiemann u.a.: Gewerkschaften und Sozialdemokratie in den neuen Bundesländern. Deutschland Archiv 1993: 40-51

H.-M. Uehlinger: Politische Partizipation in der Bundesrepublik. Opladen, Westdeutscher Verlag 1988

H.-P. Ullmann: Interessenverbände in Deutschland. Frankfurt, Suhrkamp 1988

Verbände Report 2003: So arbeiten deutsche Interessenverbände. Berlin, Steltemeier & Rawe 2003

M. Vester u.a. (Hrsg.): Soziale Milieus in Ostdeutschland. Köln, Bund 1995

G. Vowe: Interessenkommunikation. Lobbyismus als „fünfte Gewalt“ in Interaktionsfeld von Politik und Medien. In: U. Sarcinelli/J. Tescher (Hrsg.): Machtdarstellung und Entscheidungsmacht. Baden-Baden, Nomos 2003: 105-112

M. M. Wambach: Verbändestaat und Parteienoligopol. Macht und Ohnmacht der Vertriebenenverbände. Stuttgart, Enke 1971

J. Weber: Die Interessengruppen im politischen System der Bundesrepublik Deutschland. Stuttgart, Kohlhammer 1980[2]

B. Wessels: Bürger und Organisationen in Ost- und Westdeutschland: vereint und doch verschieden? In: V. Eichener u.a. (Hrsg.): Organisierte Interessen in Ostdeutschland. Marburg, Metropolis 1992: 509-543

V. Wieken: Die Organisation der Verbraucherinteressen im internationalen Vergleich, Göttingen, Schwartz 1976

J. Wielgohs/H. Wiesenthal: Konkurrenz, Ignoranz, Kooperation: Interaktionsmuster west- und ostdeutscher Akteure beim Aufbau von Interessenverbänden. In: H. Wiesenthal (Hrsg.): Einheit als Interessenpolitik. Studien zur sektoralen Transformation Ostdeutschlands. Frankfurt, Campus 1995: 298-333

H. Wiesenthal (Hrsg.): Einheit als Interessenpolitik. Studien zur sektoralen Transformation Ostdeutschlands. Frankfurt, Campus 1995

M. Wilke/H.-P. Müller: Zwischen Solidarität und Eigennutz. Die Gewerkschaften des DGB im deutschen Vereinigungsprozeß. Meile, Knoth 1991

U. Willems/Th. von Winter (Hrsg.): Politische Repräsentation schwacher Interessen. Opladen, Leske & Budrich 2000

P. Windolf: Vom Korporatismus zur Deregulierung. Thesen zum Strukturwandel der Gewerkschaften. Journal für Sozialforschung 1989: 367-387

Th. von Winter: Sozialpolitische Interessen: Konstituierung, politische Repräsentation und Beteiligung an Entscheidungsprozessen. Baden-Baden, Nomos 1997

Th. von Winter: Vom Korporatismus zum Lobbyismus. Paradigmenwechsel in Theorie und Analyse der Interessenvertretung. ZParl Jg. 35, H. 4, 2004: 761-776

C. W. Witjes: Gewerkschaftliche Führungsgruppen. Berlin, Duncker & Humblot 1976

B. Zeuner: Verbandsforschung und Pluralismustheorie. Leviathan 1976: 137-177

A. Zimmer/B. Wessels (Hrsg.): Verbände und Demokratie in Deutschland. Opladen, Leske & Budrich 2001

6 Elitenrekrutierung und Machtstruktur

Nach dem Krieg war in Deutschland der Ausdruck „Führung“ verpönt, sodass man lieber von Eliten sprach. Vor allem die amerikanische Wissenschaft hatte jedoch keine Bedenken von „leadership“ zu sprechen, und über die internationale Terminologie kam er Ausdruck in die deutsche Debatte zurück. Elite und Führung sind nicht identisch. Die üblichen Auszählungen von Elitenpositionen sind nicht zugleich ein Ausweis für Führungseigenschaften der betroffenen Politiker (vgl. Priddat in: Münkler 2006: 47). Der Terminus „Führung“ wurde zudem inzwischen den Gegebenheiten einer gewandelten meritokratischen Gesellschaft angepasst (Paris 2003). Der Elitenbegriff wurde von seiner substantiellen Überhöhung befreit und rein funktionalistisch verwendet, so dass er auch Führungskräfte zivilgesellschaftlicher Organisationen umfassen kann. (Frantz 2005)

6.1 Sozialprofil der politischen Elite

Deutschland als Land einer verspäteten, dann aber umso hektischeren Industrialisierung und Modernisierung war nach 1871 dadurch gekennzeichnet, dass sich in geringerem Maße als in einigen westeuropäischen Ländern die Durchsetzung der Vorherrschaft des Bürgertums vollzog. „Aus der verspäteten deutschen Industrialisierung ist nicht das Junkertum, sondern das Kleinbürgertum angeschlagen hervorgegangen“ (Zapf 1966: 38). Das Bürgertum hat sich als selbständige Gruppe wenig profiliert. Besitzbürgertum und Bildungsbürgertum orientierten sich weitgehend am Lebensstil des preußischen Adels. Die Spitze der Regierungsposten hatten zu zwei Fünftel Positionsinhaber adliger Herkunft inne. Noch typischer für diese Oberschicht war der Geadelte. Zählt man sie hinzu, so waren fast zwei Drittel der maßgebenden Stellen des Kaiserreiches von Adligen besetzt (Knight 1955). Thomas Manns bissige Benennung des Prototyps dieser Oberschicht „General Dr. von Staat“ war nicht ganz unzutreffend.

Der verlorene Erste Weltkrieg ließ einen großen Teil der alten Oberschicht verarmen. Durch die neue politische Führung der Mitte- und Linksparteien einerseits und die alten Führungsschichten andererseits ging ein sozialer Riss hindurch, der nennenswert zur wachsenden Handlungsunfähigkeit des Weimarer Systems beitrug. Der Aufstieg der Außenseiter der NS-Elite – nur in weitgehend untergeordneten Positionen von Angehörigen der alten, zum Teil aristokratischen Oberschicht ergänzt – beerbte beide Elitengruppen der Weimarer Zeit, die im

Konflikt miteinander lagen. Nur im auswärtigen Dienst und in der Bürokratie konnten sich nennenswerte Teile der alten adligen Oberschicht halten. Im auswärtigen Dienst hat man noch für den Anfang der sechziger Jahre etwa 10% Adlige unter den niederen Rängen festgestellt. In den höheren Rängen waren sie nur noch eine kleine Minderheit (End 1969: 80)

Nach 1945 wurde im Bereich der Elitenrekrutierung zunächst wenig der Selbstregenerierung der deutschen Gesellschaft überlassen. Gerade im Elitenbereich fand ein geplanter Wandel durch Entnazifizierung und Säuberung der Hierarchien statt. Nur im östlichen Teil Deutschlands wurde die alte Elite durch Verfügung der Besatzungsmacht vollständig durch eine neue, zum Teil aus der Emigration wieder zurückgeholte Führungsgruppe ersetzt. In den westlichen Besatzungszonen gingen die Alliierten davon aus, dass dem demokratischen Delegationsmechanismus nur durch Auslese negativ Belasteter vorgegriffen werden dürfe. Obwohl die faschistische Epoche kürzere Zeit gedauert hatte als in Italien, spielten nur geringe Teile der Weimarer politischen Elite bei der Gründung der Bundesrepublik eine Rolle.

Eine ganz neue Gegenelite zu schaffen – wie in der DDR – gelang nicht, sondern es etablierte sich eine Elitenkoalition, von der die Mehrheit weder offen für noch offen gegen das NS-Regime optiert hatte (Edinger 1960: 76).

Das Bild vom Wiederaufstieg der Nazielite, das vor allem in der ausländischen Literatur verbreitet wurde, war für Westdeutschland sicher übertrieben. Spitzenpolitiker der NS-Zeit sind nicht wieder ins Amt gekommen. Am ehesten blieb die Kontinuität des Führungspersonals in den Verwaltungshierarchien unbemerkt. Der Fall des Staatssekretärs Globke hat in der Adenauerzeit immer wieder als Beleg dafür gegolten, dass nicht nur die formelle Zugehörigkeit zur Nazielite, sondern auch eine in der Nazizeit nicht unterbrochene Karriere mitbewertet werden muss.

Je länger die NS-Zeit zurücklag, umso geringer war in der politischen Elite aus Altersgründen der Anteil der Betroffenen. Durch den Machtwechsel von 1969 nahm die Zahl der durch den Nationalsozialismus Belasteten im öffentlichen Leben stark ab. Nur in Einzelfällen, wie bei Wirtschaftsminister Schiller, den Bundespräsidenten Scheel und Carstens, wurde die Debatte über die NS-Vergangenheit noch geführt. Auf Länderebene schien das Problem bis Ende der siebziger Jahre nicht endgültig gelöst zu sein. Mit Puvogel (CDU) in Niedersachsen und Filbinger (CDU) in Baden-Württemberg schieden noch 1978 zwei belastete Politiker unter dem Druck der öffentlichen Meinung aus dem Amt.

Tabelle 6.1: Karrieremerkmale der politischen Elite der Bundesrepublik Deutschland in der NS-Zeit (bis 1969)

	Politiker	Staatssekretäre
Mitglieder in NS-Organisationen	10%	10,5%
Karrierekontinuität	45%	10,5%
Karrierestopp	16%	18%
Privatwirtschaft	9%	19%
Widerstand	5%	19%
Unbetroffen aus Altersgründen	13%	21%
keine Angaben	2%	2%

Quelle: v. Beyme 1974: 68

Quantitativ bedeutsam ist das Problem überwiegend bis 1969 gewesen. Die Analyse der Karrieremuster der bundesrepublikanischen politischen Elite bis 1969 zeigte für die Zeit von 1933 bis 1945 (siehe Tab. 6.1), dass zwar nur ein kleiner Teil direkt aktiv belastet war (durch eine meist wenig profilierte Zugehörigkeit zu NS-Organisationen), dass aber auch der Anteil der am Widerstand Beteiligten verhältnismäßig gering blieb, vor allem bei den Spitzen der Verwaltung. Die Karrierekontinuität ist bei den Staatssekretären zur Hälfte kaum unterbrochen worden, ein Teil konnte in der Privatwirtschaft oder im Militärdienst unbelastet „überwintern".

Obwohl die politische Elite der Bundesrepublik durch den Nationalsozialismus überwiegend nicht belastet war, haben einzelne Politiker, die am Amt „klebten", dem Ansehen der Bundesrepublik schwer geschadet. Man hat oft darüber gerätselt, warum Adenauer, an dessen antinazistischer Gesinnung kein Zweifel aufkam, Männer wie Globke oder Oberländer gegen Angriffe hartnäckig verteidigte. Er selbst erklärte das mit der Betonung seiner Richtlinienkompetenz, die es ihm nicht geraten erscheinen ließ, dem Druck der Opposition nachzugeben. Enge Mitarbeiter erklärten das Verhalten auch mit mangelnder Bereitschaft, sich an neue Gesichter zu gewöhnen, und mit Rücksicht gegenüber den Betroffenen (vgl. von Beyme 1974: 72). Fest steht, dass diese mangelnde Empfindlichkeit gegenüber Belastungen aus der NS-Zeit durch taktische Gesichtspunkte von Adenauers Kabinettspolitik mitbedingt war, vor allem durch Rücksicht auf die Vertriebenenorganisationen in den Fällen Oberländer und Krüger.

Nicht die NS-Belastung, sondern das *konservativ-mittelständische Rekrutierungsmuster* ist das eigentlich Auffällige an der westdeutschen Nachkriegselite. Die Bundesrepublik ist freilich in diesem Punkt kein herausstechender Fall mit einer Mittelschichtrekrutierung von über 50% in der politischen Elite. Bei den italienischen Führungsspitzen etwa fällt auf, dass sogar die linken Parteien keine nennenswert anderen Rekrutierungsmuster ihrer Parteispitzen und Parlamentarier aufweisen als die bürgerlichen Parteien; eine Angleichung, die sich in der Bundesrepublik erst in den siebziger Jahren vollzog, seit die SPD mehr und mehr den Charakter einer Volkspartei entwickelte.

In einem föderalistischen Staat wie der Bundesrepublik war der *regionale Faktor* von Bedeutung, wie vor allem Untersuchungen aus den USA bestätigen. Entgegen traditionellen Vorurteilen hat der norddeutsche „Junkergürtel", der vor allem in der amerikanischen Literatur stark herausgestellt wurde, in der politischen Elite – mit Ausnahme des diplomatischen Dienstes und der Verwaltung – weder im Kaiserreich noch in der NS-Zeit so eindeutig dominiert, wie gern angenommen wird (Knight 1955: 28). Im Prozess der Kabinettsbildung haben die süddeutschen Länder häufig erfolgreich ihren Einfluss für eine gute Repräsentation ausgeübt. Die Zahlen zeigen keine Unterrepräsentierung von Bayern und Baden-Württemberg, trotz gelegentlicher Behauptungen in der politischen Arena, die eine politische Benachteiligung des Südens – vor allem gegenüber der Vorherrschaft der Norddeutschen in der Ära Brandt und Schmidt – unterstellten. Nordrhein-Westfalen, als größtes Bundesland, war in der politischen Elite leicht überrepräsentiert, und in den ersten Jahren der Bundesrepublik gab es zweifellos auch eine geringfügige Überrepräsentation der Politiker, die aus den verlorenen deutschen Ostgebieten kamen. 45% der Nachkriegseliten galten als „preußisch geprägt". 22% der politischen Elite 1949-1999 sind im heutigen Nordrhein-Westfalen geboren, was dem Bevölkerungsanteil entspricht (Derlien 2008: 295f.). Vergleiche mit den USA zeigten, dass der regionale Faktor in der Bundesrepublik schon unter CDU-Regierungen stark an Bedeutung verloren hatte (Edinger/Searing 1967: 437, Tab. 6.3).

Ostdeutschland – einschließlich der verlorenen Ostgebiete – war bis 1984 in der administrativen Elite als Herkunftsregion der Positionsinhaber häufiger vertreten (zu fast einem Drittel) als bei den Politikern (unter ein Viertel). Politiker mussten sich rasch an die Region anpassen, in der sie kandidierten. Es entsprach hingegen der Erfahrung anderer Länder, z.B. Italiens, dass die Aufstiegswilligen der unterprivilegierten Regionen Mobilität über administrative Karrieren versuchten.

In der Geschlechterverteilung waren Frauen mit 4.7% (1949-1999) hoffnungslos unterrepräsentiert. Bei den administrativen Eliten ist das Missverhältnis noch größer (Derlien 2008: 297). Der Kampf um die Repräsentanz der Frauen in der politischen Elite wurde in den achtziger Jahren begonnen. Auf diesem Gebiet hat sich zweifellos der größte Wandel vollzogen. Nur zugunsten der Frauen kam es zu einer gezielten Elitenrekrutierungspolitik. Die staatliche Gleichstellungspolitik versuchte, die Rekrutierung der Verwaltungseliten zu beeinflussen. In der Politik hingegen lag die Initiative bei den Parteien. Die deutschen Parteien haben in der Frauenfrage eine sehr unterschiedliche Politik verfolgt. CDU und FDP lehnten Quotierungsregelungen ab, versuchten aber seit 1987 die Gleichstellungspolitik als Selbstverpflichtung voranzutreiben. Die Grünen haben 1986 eine 50%-Frauenquote in allen Gremien der Partei beschlossen. Die SPD hat 1988 auf ihrem Parteitag in Münster eine 40%-Quote bis 1994 in zwei Etappen für parteiinterne Ämter und in drei Etappen bis 1998 für alle Kandidaturen der Partei bei Wahlen beschlossen (Frauen 1989: 80). Die Parteien hatten trotz einiger guter Absichten Schwierigkeiten, da der Anteil der Frauen an ihren Mitgliedern – mit Ausnahme der Grünen – dem Ziel höherer Repräsentierung der Frauen in Führungspositionen nicht günstig schien. In der SPD waren 1995 nur 28% der Mitglieder Frauen, in der CDU 25%, in der CSU 16% und in der FDP 30%.

Durch die Gleichstellungspolitik kam es in den 90er Jahren dazu, dass die Frauen zwar in Regierungsämtern unter-, in den Parteiämtern aber überrepräsentiert waren – gemessen am Anteil der Frauen in der Elite, nicht in der Bevölkerung (Rebenstorf 1997: 169). Optimistische Schätzungen der Gleichstellungspolitik gingen davon aus, dass 2010 jeder zweite Abgeordnete eine Frau sein werde (Hoecker 1998: 86).

Zur Rekrutierung der administrativen Eliten wurden seit 1979 in allen Bundesländern Gleichstellungsämter geschaffen; in sechs Ländern als Ministerien, in den anderen als eigenständige Landesbehörde (Bremen) oder als Stabsstelle bei der Regierungsspitze oder bei einem Ministerium. Die Koalitionspolitik auf Landesebene drängte zunehmend auf die Einrichtung von Frauenministerien. Die Gleichstellungsämter arbeiteten mit Informationen, Appellen und Überredungsdirigismus. Die Erfolge von 1986 bis 1989 sind bescheiden gewesen. Der Anteil der Frauen bei den Beamten des höheren Dienstes im unmittelbaren Bundesdienst ist nur um 1% auf 6% gestiegen (BT-Drs. 11/8129). Kalkuliert man das Verhältnis von Bewerbungen und Einstellungen, so hat sich das Verhältnis für Bewerberinnen noch verschlechtert. Richtlinien, die nur verlangten, unter „Beachtung des Leistungsprinzips Frauen angemessen zu berücksichtigen“, entfalteten eine geringe Schubkraft (Landfried 1994: 40).

Erfolgreicher war die Gleichstellungspolitik für die Frauen in der Politik. Im 12. Bundestag, der nach der ersten gesamtdeutschen Wahl zusammentrat, sind 20,6% der Mandate von Frauen besetzt, im 11. Bundestag waren es noch 15,4% gewesen. Damit liegt Deutschland über dem Durchschnitt von 14,5%, den die Interparlamentarische Union errechnet hat. Frauenquoten in den Parteien waren erfolgreich: Bei der SPD wurden 27,1% der Mandate an Frauen vergeben. Die Selbstverpflichtung der Unionsparteien hat nur zur Verdoppelung des Frauenanteils in der Fraktion auf 14,1% geführt. Befragungen von weiblichen und männlichen Spitzenpolitikern auf Landesebene zeigten, dass die amtierenden Eliten nur einer Quotenregelung die nötige Schubkraft für eine erfolgreiche Gleichstellungspolitik beimaßen (Landfried 1994: 45).

Bei der Regierungsbildung 1990 wurde die Zahl der Frauen im Kabinett auf vier von 19 erhöht. Überzeugend frauenfreundlich war diese Rekrutierungspolitik im ersten gesamtdeutschen Kabinett nicht. Das klassische Frauenressort, das Ursula Lehr verließ, wurde in drei Ressorts aufgeteilt: in ein Familien- und Seniorenministerium (Hannelore Rönsch), ein Frauen- und Jugendministerium (Angela Merkel) und ein Gesundheitsministerium (Gerda Hasselfeldt). Die Manövriermasse wurde zugunsten der Frauen geteilt statt vermehrt. Das einzige Ministerium in einer meist männlichen Domäne fiel an Irmgard Schwaetzer. Sie verdrängte aber aus dem Ministerium für Städtebau eine andere Frau, Gerda Hasselfeldt (CSU), die in diesem Ressort einiges Ansehen erworben hatte. 1994 wurde diese „Zellteilung" rückgängig gemacht. Alle Proporzrücksichten traten wieder in den Hintergrund, und die beiden wichtigen Ressorts, Gesundheits- und Bauministerium, fielen an die Männer zurück. 1998 waren die Erwartungen der Frauen an die rot-grüne Regierung hoch und wurden enttäuscht. Eine gesenkte Zahl von Ressorts ließ sich schwer mit den verschiedenen Proporzgesichtspunkten verbinden. Die Grünen Frauen wurden nach der Ressortverteilung für zwei Positionen an zwei Männer (Fischer, Trittin) auf weitere Posten vertröstet. Immerhin waren in der Regierung Schröder ein Drittel Frauen. Aber schon bei der Suche für einen Bundespräsidenten nach Herzog gingen die Frauen der SPD erneut leer aus. Nur die Union leistete sich eine Zählkandidatin, die auch der Quote für Ostdeutschland entgegenkam. Gesine Schwan ist als Kandidatin der SPD zweimal gescheitert, 2009 nur knapp. Hätte es einen zweiten Wahlgang gegeben, hätte Schwan die Wahl nur mit den Stimmen der Linken gewinnen können, um die sie trotz eher konservativer Neigungen schon geworben hatte.

Frauenpolitik als Elitenrekrutierungspolitik wird zunehmend nicht nur unter dem Gesichtspunkt einer grundrechtlichen Gleichstellungspolitik gesehen. Auch viele Männer erhofften sich eine neue Qualität der Politik und des Arbeitsstils. Erste empirische Umfragen zeigten, dass Frauen eher postmaterialistische und lebensweltlich orientierte Standpunkte in der Politik vertreten als Männer. Andererseits sind die Abweichungen vom Durchschnitt der Männer geringer als erwartet. Frauen erwiesen sich stärker in der Parteibindung als Männer (Rebenstorf 1990: 21) und brachten damit ein gewisses Anpassungspotential mit. Änderungen der Kommunikationsbeziehungen erwarteten von einem höheren Frauenanteil beide Geschlechter (Hoecker 1987: 222).

Im Kommunikationsverhalten wiesen weibliche Abgeordnete leicht abweichende Muster auf. Sie lasen weniger Lokalblätter oder ausländische Zeitungen und hatten weniger Kontakt zu Journalisten und zu Verbänden. Noch ist die Ressortspezialisierung weiblicher Abgeordneter nicht überwunden. Sie kümmerten sich stärker um typische Domänen der Frauen wie Familie, Arbeit und Soziales und nur selten um Wirtschaft und Finanzen (Puhe/Würzberg 1989: 94). Umso wichtiger sind einzelne Ausnahmen wie Ingrid Matthäus-Meier als Finanzexpertin der SPD.

In der DDR haben die Frauen in den Spitzen der Hierarchie kaum eine nennenswerte Rolle gespielt. Margot Honecker als Ausnahme war als Frau des Parteichefs so wenig typisch für den realen Sozialismus wie Frau Furzeva als Vertraute Chruščevs, der der seltene Aufstieg in das Politbüro gelang. Aber auf der mittleren und unteren Ebene spielten die Frauen in allen Bereichen von Staat, Wirtschaft und Gesellschaft eine bedeutendere Rolle als in der Bundesrepublik (Zahlen bei: Meyer 1991: 213, 218ff., 238).

Die Furcht vor Statuseinbußen der Frauen durch die Angleichung an westdeutsche Verhältnisse war groß. Auf dem Arbeitsmarkt wurde gerade den Frauen der Arbeitsplatz auch in den östlichen Bundesländern zunehmend abgejagt. In der Politik war bei den ersten gesamtdeutschen Wahlen nicht festzustellen, dass in den östlichen Ländern mehr Frauen von den Parteien aufgestellt und gewählt wurden als in Westdeutschland. Es ist jedoch nicht auszuschließen, dass langfristig gewisse Impulse für die Frauenrekrutierungspolitik von den Erfahrungen der DDR ausgehen. Die Erforschung der sozialen Repräsentativität der Eliten zeigte zwar, dass die Wähler den Aspekten proportionaler Präsenz nicht die Bedeutung beimessen, die manchmal in der Öffentlichkeit für Mängel an sozialer Repräsentanz des Bundestages unterstellt wird. Selbst bei Frauen zeigte sich das. Im Durchschnitt erwarteten nur ca. 10-13% die Vertretung des eigenen Geschlechts im Bundestag (Rebenstorf/Weßels 1989: 421). Dieser Prozentsatz kann jedoch durch politische Gleichstellungskampagnen angehoben werden. In Konfliktfällen spielen Fragen der sozialen Repräsentanz der Eliten im Zweifel eine Rolle. Die Parteien wären nicht gut beraten, die Abkopplungshypothese in dem Sinne zu verstehen, dass sie auf soziale Repräsentanz nicht mehr zu achten hätten. Im Falle der Gleichstellung der Frauen sprechen ja auch grundsätzliche menschenrechtliche Erwägungen dafür und nicht nur die Frage der politischen Zweckmäßigkeit publikumswirksamer Repräsentationsschlüssel.

Die Berufsstruktur und Gruppenzugehörigkeit der parlamentarischen Eliten ist in kaum einer Demokratie so gut dokumentiert wie in Deutschland. Auch in den achtziger Jahren hielten sich Beamte und Angestellte des öffentlichen Dienstes bei einem Drittel der Abgeordneten. Die Angestellten politischer und gesellschaftlicher Organisationen, deren Abnahme mehrfach prognostiziert worden war, schwankten zwischen 13% und 14%. Selbständige und Angestellte in der Wirtschaft nahmen weiter ab. Die politische Zugehörigkeit im engeren Sinn – Mitglieder und ehemalige Mitglieder der Regierung – machten bis zu 14% aus. In der neuesten – leicht irreführenden – Statistik zum 17. Bundestag (2009, Tabelle 6.2) wird in der Pauschalkategorie „Juristen“ verschlechtert, wie viele davon aus der Verwaltung hervor gingen. Die frühere Pauschalkategorie „Angestellte" wurde auf unterschiedliche Gruppen verteilt. Lehrer sind am stärksten bei SPD und Grünen vertreten, Gewerkschafter bei SPD und der Linken. Bei den Journalisten gibt es ein leichtes linkes Übergewicht, bei den Ärzten und Landwirten erwartungsgemäß eine Dominanz der Unionsparteien. Die Hälfte der Abgeordneten geht keinem Beruf nach und kann als *„Berufspolitiker"* klassifiziert werden.

Tabelle 6.2: Berufsstruktur der parlamentarischen Elite (17. Bundestag, 2009)

	CDU	CSU	SPD	FDP	Linke	Grüne
Juristen	62	18	25	21	9	12
Parteiarbeiter	6	1	14	0	10	3
Lehrer	7	1	16	1	2	5
Unternehmer	8	7	0	5	0	1
Gewerkschafter	1	0	11	0	9	0
Journalisten	5	0	4	0	2	4
Landwirte	11	1	0	1	0	1
Handwerker, Arbeiter	4	3	3	1	1	0
Ärzte	5	0	2	2	1	1
Studenten	1	0	0	1	2	3

Quelle: Bundeswahlleiter, FAZ 27. 10. 2009: 7

Der *Altersdurchschnitt* liegt zwischen 40 und 60 Jahren. Nur zwei Prozent der Abgeordneten sind unter 30. Die älteste Fraktion stellt die SPD mit 52 Jahren im Durchschnitt. Bei der SPD sind auch die wenigsten Parlamentsneulinge, die bei der FDP immerhin 40 von 93 Abgeordneten stellen. Der *Frauenanteil* liegt bei 33%, 1% besser als im 16. Bundestag 2005-2009. Er ist am höchsten bei den Grünen und der Linken, wo Frauen die Mehrheit in der Fraktion stellen. Tiefpunkt der Frauenrepräsentation war nicht die konservative Adenauer-Ära sondern die Zeit der sozialliberalen Ära. 1972-76 betrug der Frauenanteil nur 5,8. Mehr Demokratie wagen schien Männersache (Sattar 2009: 6). Knapp 60% der Abgeordneten gehören einer Kirche an. Nur einer bekennt sich als Muslim.

Gruppenzugehörigkeiten spielen eine wichtige Rolle für die Elitenrekrutierung, vor allem in den frühen Stadien der Karriere. Beim Karrierestart sind sie für die beiden größten Parteien im Bundestag von unterschiedlicher Bedeutung, wie Rekrutierungsstudien gezeigt haben. Bei der SPD waren regionale Gruppen und Kreisverbände ausschlaggebend, bei den Unionsparteien hingegen hatten funktionale Gruppen und Jugendorganisationen ein größeres Gewicht (Zeuner 1970: 86). Da die Verbindung zwischen der SPD und den Gewerkschaften lockerer ist als bei skandinavischen oder britischen Arbeiterparteien und Gewerkschaften, kann auch der Einfluss der Gewerkschaften bei der Aufstellung von

Parlamentskandidaten mit anderen Ländern nicht verglichen werden. In der Zeit der SPD-Opposition waren viele Parteiführer der SPD über führende Posten in den Jugendorganisationen aufgestiegen. Im Ganzen haben diese abnehmende Bedeutung (Herzog 1975: 221), wobei die Junge Union für die CDU noch immer eine wichtigere Rekrutierungsfunktion wahrnimmt als die Jungsozialisten für die SPD (vgl. Kap. 4.1). Durch die Reideologisierung der Politik und die Konfrontation der Generationen als Folge der Protestbewegung seit Ende der sechziger Jahre ist das Verhältnis zwischen Partei und Jugendorganisation bei allen Parteien gespannter geworden. Die verhältnismäßig geringe Zahl der dissentierenden Jugendlichen, die durch die Filter der Elitenrekrutierung der Parteien ins Parlament gelangen, wird erfahrungsgemäß durch ein Netz hierarchischer Beziehungen im Parlament und in den Fraktionen einem wachsenden Anpassungsdruck unterworfen, der zu einem zunehmenden Konservatismus auch der Jungabgeordneten führte (Badura/Reese 1976: 70ff.) .

Berufszugehörigkeit und Berufsausbildung haben ebenfalls einen gewissen Einfluss auf die politischen Karrieren. Beamte und Angestellte sind die größten Gruppen, die im Bundestag repräsentiert sind. Die Zahl der Beamten und Bediensteten der öffentlichen Hand im Deutschen Bundestag ist kontinuierlich gestiegen. Im 1. Bundestag machte diese Gruppe 16,8% aus, im 8. bereits 41,9% (Neumann 1978: 77).

In der Verwaltungselite war die Berufsvererbung auffällig. 43,8% der Beamtenelite in Bonn stammte aus Familien, in denen der Vater schon dem höheren Dienst angehörte. Nur 5% der Spitzenbeamten stammte von Arbeitern und kleinen Angestellten ab. Mit dem Regierungswechsel von 1969 verschoben sich die Rekrutierungsmuster der deutschen Elite leicht zu Ungunsten der Beamten. Diese Tendenz wurde durch den abermaligen Machtwechsel von 1982 wieder rückgängig gemacht. In der politischen Elite im engeren Sinn stammten auch 21,2% aus Familien des höheren Dienstes (Tab. 6.3, Derlien/Pippig 1990: 33).

Die *Vormacht der Beamten* in deutschen Parlamenten wurde kritisiert, solange es diese gab. Mitte der siebziger Jahre wurde versucht, die Beamtenflut in den Parlamenten einzudämmen. Amt und Mandat wurden für unvereinbar erklärt. Beamte werden nunmehr für die Dauer der Mandatsausübung ohne Bezüge beurlaubt. Trotz finanzieller Einbußen haben die Beamten noch immer einen Vorteil gegenüber anderen Berufsgruppen: Sie haben Aussichten, keinen Karrierestopp zu erfahren, und ihre Weiterbeschäftigung nach dem Mandat ist gesichert. Die Juristen unter den Beamten können sich zudem schon während der Tätigkeit als Abgeordnete als Anwälte niederlassen. Selbst andere Freiberufler – vor allem wenn sie kleinere Betriebe leiten – haben diese Abkömmlichkeit nicht (Kaack 1988: 129).

Die Stärke des öffentlichen Dienstes war durch Unvereinbarkeitsregelungen nicht zu brechen. Die Delegiertenkonferenzen der Parteien, welche die Kandidatenaufstellung vornehmen, zeigten vielfach die Neigung, bei Bewerbern aus dem Beamtenstand eine besondere Kompetenzvermutung für sie sprechen zu lassen. Die Begünstigung der Beamten ist auch Teil der legalistischen politischen Kultur Deutschlands (vgl. Kap.2.1). Die Struktur der Repräsentanten des öffentlichen Dienstes schichtete sich um. Juristen wurden durch Lehrer ersetzt. Diese Entwicklung wurde von den Grünen noch gefördert, bei denen die sozialen und Lehrberufe eine dominante Rolle spielten. Als das Bundesverfassungsgericht 1975 im Diätenurteil die Versteuerung der Diäten für notwendig erklärte und die Nichtfortzahlung der Beamtengehälter während der Mandatsausübung Gesetz wurde, ist die Entwicklung zum Berufspolitiker besonders gefördert worden.

In der Wahrnehmung der Bürger ist der *Berufspolitiker* noch kaum positiv besetzt, obwohl Befragungen der Bürger zeigten, dass diese toleranter geworden sind in bezug auf soziale Merkmale ihrer Abgeordneten. Sie finden ganz überwiegend, dass die Schichtzugehörigkeit oder die regionale und Generationenbindung keine große Rolle spielen muss (Herzog u.a. 1990: 56). Die Wähler haben ihre Einstellung zur politischen Elite so weit modernisiert, dass sie zu akzeptieren bereit sind, dass ein wachsender Anteil von der Politik lebt. Die Höhe der Diäten wird immer wieder als anstößig empfunden. Dabei wird selten einkalkuliert, dass die – eigentlich verfassungswidrigen – Abgaben der Abgeordneten an die Fraktionen darin enthalten sind (vgl. Kap. 4.3). Die Höhe des Aufwandes für eine gute Wahlkreisbetreuung und den Wahlkampf (vgl. Kap. 3.2) wird vom Bürger ebenfalls kaum honoriert. Nicht akzeptiert wird der Politiker, der keine Berufserfahrung hat. Genau dieser Typ des Berufspolitikers aber wächst, wenn Politiker jünger, Studien länger und Politik professioneller werden, dann kann der Honoratior mit langer Berufserfahrung nicht mehr der Normalfall des Politikers sein. 25% der deutschen Abgeordneten haben den Beruf neben einem überwiegenden politischen Engagement nebenherlaufen lassen. 30% der Abgeordnetenkarrieren wiesen weniger als 10 ernsthafte Berufsjahre auf (Kaack 1988: 131). Die Berufspolitiker mit parteibezogenen Berufstätigkeiten machten 1969-1983 25% aus. Zu ihnen ließen sich noch 12% Verbands- und Gewerkschaftsfunktionäre hinzuzählen, so dass etwa ein Drittel nicht nur für die Zeit der Mandatsausübung zur Berufspolitikerschaft gerechnet werden kann. Zu den politiknahen Berufen gehören auch die Angehörigen des öffentlichen Dienstes und ein großer Teil der Lehrberufe, die etwa ein Achtel der Abgeordnetenschaft umfassen.

Die Berufsstruktur der Parlamente darzustellen, stößt noch immer auf Schwierigkeiten. Die Handbücher des Bundestages gehören zu den „diskretesten Nachschlagewerken der Welt" (Th. Eschenburg). Die Berufsbezeichnungen sind vielfach uneinheitlich und irreführend. Regierungsmitglieder und Funktionäre von Gruppen müssen daher stärker gesondert werden. Die Unterrepräsentation der Arbeiter fällt nach Abzug ihrer Funktionäre noch stärker ins Auge. Selbst Gruppen, die von Statusfurcht bedroht sind und deren relatives Gewicht in den siebziger Jahren abnahm – wie die Gruppen der Einzelhändler und Landwirte – haben sich in der parlamentarischen Elite noch in überdurchschnittlichen Anteilen behaupten können.

Während die *Berufserfahrung* mit wachsender Professionalisierung der politischen Elite abnimmt, wächst die *Berufsqualifikation*. Nur 15% der Bonner Exekutivelite hatte lediglich einen Grundschulabschluss. 70% hingegen haben ein Universitätsstudium absolviert (Derlien/Pippig 1900: 34). Schon vor dem ersten Machtwechsel 1969 lag der Anteil der Akademiker bei 69% (von Beyme 1974: 56). Lediglich innerhalb der Akademikerschaft hat es einige Umschichtungen gegeben. Bis 1969 dominierte die Rechtswissenschaft bei Spitzenpolitikern mit 42%, bei Staatssekretären mit 65%. Spätere Analysen stellten bei der Verwaltungselite 65,1% und bei den Politikern 59,6% Juristen fest, kamen aber gleichwohl zu dem milden Schluss, dass die „Juristendominanz ... mit einem 65%-Anteil gar nicht so extrem ausgeprägt" sei, wie man annehmen könnte (Derlien/Pippig 1990: 34). Im Untersuchungszeitraum 1949-1999 waren nur noch 55% (40.1% der Minister) der Elite juristische Studienabsolventen (Derlien 2008: 302). Ein drastischer Wandel der Dominanz von Juristen wurde auch 2008 noch nicht erwartet. Schon Dahrendorf hatte einst die Dominanz der Juristen von wenigen etablierten Universitäten als das funktionale Äquivalent der Elitenschulen anderer Länder aufgefasst. Vor allem für die Verwaltungseliten gibt es kein Pendant zur französischen „école normale d'administration". Die Verwaltungshochschule in Speyer erlangte wichtige Fortbildungsfunktionen, aber eine ENA wurde sie nicht. Die Konzentration der Elite auf wenige Hochschulen wie Oxford und Cambridge entwickelte sich in Deutschland nicht. Hochburgen der politischen Elite, Orte, an denen die Politiker im Durchschnitt am häufigsten studiert haben, waren Frankfurt, München, Tübingen und Hamburg. Bei den Verwaltungseliten traten Orte wie Köln, Freiburg, Göttingen und Heidelberg hinzu (Derlien/Pippig 1990: 34). Köln erklärte sich vermutlich durch den wachsenden Anteil an Ökonomen (14% bei den Politikern 19,6% bei den Spitzenadministratoren). Die drei anderen Großstädte – mit Ausnahme des Sonderfalls Berlin – reproduzierten vermutlich in der Elite ihre schiere Absolventengröße. Die kleinen Traditionsuniversitäten Freiburg, Heidelberg, Tübingen und Göttingen gehörten – wie u.a. die beiden letzten – zu den Regionaluniversitäten, die einen unverhältnismäßig hohen Anteil der regionalen Eliten schon immer ausbildeten. Alle vier waren darüber hinaus unter den wenigen Universitäten Deutschlands, die schon seit dem 19. Jahrhundert eine große örtliche horizontale Mobilität anzogen. 22% der Spitzenbeamten haben auch im Ausland studiert, bei den Staatssekretären sogar 26% .

Unter SPD-geführten Regierungen in Bund und Ländern kam es zu einer größeren Diversifizierung der Karrieren. Mit der Politisierung der Verwaltung wurde von Konservativen eine Aufweichung der Karrieren befürchtet – zu Unrecht. Der Seiteneinsteiger ist noch immer eine Randerscheinung. Der klassische Beamte war reiner Laufbahnbeamter. Der Mischtyp, der vor allem unter SPD-Regierungen zunahm, der auch eine gewisse Zeit außerhalb der Verwaltung Karriere machte, hat zugenommen. Vor 1969 gehörten etwa ein Fünftel der administrativen Eliten dem Mischtyp an, in der Zeit der Dominanz der SPD stieg dieser Anteil auf etwa 30%, ein Trend, der unter den Regierungen Kohl erhalten blieb. Der Schluss ist daher zulässig, dass es sich um eine dauerhafte Auflockerung der Karrieretypen handelte und dass es nicht das Produkt von Parteiprofilen in ihrer Auffassung von politischer Steuerung der Verwaltung war.

Die Naturwissenschaften hatten nach 1969 eine leicht steigende Bedeutung. Aber als Ursprungsstudienfach haben sie noch immer nicht den Rang, der ihrer gestiegenen Bedeutung in der Gesellschaft entspricht, außer in Deutschland. Die Sozialwissenschaften sind immer noch auf einzelne Fälle beschränkt, die sich vor allem bei den Ministerpräsidenten und Landeskultusministern finden. Einige Untersuchungen warnten jedoch mit Recht davor, aus dem Studienberuf allzu weitreichende Schlüsse für das Verhalten zu ziehen. Entscheidender als das Studium ist häufig die Frage, wo ein Beruf ausgeübt wird. In zielbestimmenden Funktionen der Politik ist die Innovationsbereitschaft von Absolventen einzelner Studienfächer, denen im Allgemeinen eine bewahrende Tendenz nachgesagt wird, größer als in rein adaptiven Funktionen. Juristen in adaptiven wie in zielbestimmenden Sektoren haben sich zudem häufig als innovationsfreudiger erwiesen als Naturwissenschaftler, denen gelegentlich allzu voreilig Modernität und damit reformerische Aufgeschlossenheit unterstellt wird (Sahner 1975: 198).

Ist in der Protestpartei der Grünen eine Gegenelite entstanden, die dem Anspruch einer Partei neuen Typs gerecht wird? Erste Untersuchungen der parlamentarischen Eliten lassen das bezweifeln. In einigen Punkten wichen die Grünen von dem Muster der etablierten Parteien ab, sie waren jünger, überwiegend nach 1945 geboren und im Durchschnitt höher gebildet. Aber sie kamen zu noch höheren Anteilen als die anderen Parteien aus dem Dienstleistungsbereich. Sie waren mittelständisch, aber ohne die für die Postmaterialisten (vgl. Kap. 2) sonst übliche berufliche und soziale Sicherheit, da sich ein hoher Anteil an Arbeitslosen und Hochschulabsolventen ohne Anstellung fand. Das Prinzip der Rotation zur Verhinderung der Verfestigung von Eliten änderte an diesem Sozialprofil wenig. Wie ein Grüner selbst einmal beklagte: „Was nützen uns die Nachrücker, wenn wieder nur Lehrer darunter sind“ (Fogt 1983: 509). Unter den etablierten

Parteien kursierte das böse Wort: „Systemveränderer mit Pensionsanspruch" (G. Verheugen in: J. R. Mettke (Hrsg.): Die Grünen. Reinbek, Rowohlt 1982: 233). Trotz der Repräsentationsdefizite sollte man jedoch die Grünen nicht schärfer beurteilen als die anderen Parteien. Schließlich wäre es eine Illusion, eine für den Durchschnitt der Bevölkerung „repräsentativ" zusammengesetzte politische Elite an sich schon für einen Garanten demokratischer und pluralistischer Verhaltensweisen zu halten, so sehr man sich auch für einen Abbau der Verzerrungen in der Berufsstruktur bei der Elitenrekrutierung einsetzen sollte.

Im Gegensatz zu früheren deutschen Systemen spielen Militärs und Klerus als Gruppen keine Rolle mehr. Eine Klausel des Konkordats mit dem Vatikan von 1933 sah ein Verbot politischer Betätigung von Priestern vor: sie wurde niemals rechtlich verbindlich. Die katholische Kirche hat aber nach dem Krieg so gehandelt, als ob sie gültig wäre.

Neu war 1969-1982 eine Zunahme von Gewerkschaftskarrieren in politischen Spitzenposten; in Einzelfällen sogar unter den Staatssekretären, die im allgemeinen einem konservativen Rekrutierungsmuster folgten (mittelständische Herkunft, Jurastudium). Angesichts der Organisiertheit und des politischen Gewichts der Gewerkschaften in Deutschland ist jedoch der Positionsaustausch zwischen Gewerkschaften und der politischen Führungselite gering (Witjes 1976: 207).

Auch die in Deutschland (mit Ausnahme der Zeit der Paulskirche) traditionell stärkere Abschottung des politischen Sektors von der Kultur- und Bildungselite schien sich nur zwischen 1969 und 1972 vorübergehend zu mildern.

Die politische Elite der Bundesrepublik ist durch einen hohen Grad an *Professionalisierung* gekennzeichnet. Auf der parlamentarischen Ebene fällt das vor allem gegenüber Großbritannien auf. Die Höhe der Diäten liegt konsequenterweise in Deutschland über denen der westlichen Demokratien. Ein großer Teil der Elite beginnt die politische Karriere auf lokaler Ebene. Parlamentarische Erfahrungen sind Vorbedingung für die Erlangung hoher Exekutivposten. Die Zeiten der Weimarer Republik mit einem hohen Anteil an nichtparteigebundenen Fachministern ohne parlamentarische Erfahrung sind vorbei. Selbst die Karrieremuster der Staatssekretäre haben sich politisiert. Vor allem nach 1969 gab es mehrfach Staatssekretäre, die eine politische Laufbahn hinter sich hatten und auch einmal als Abgeordnete fungierten oder als Staatssekretäre, die ein parlamentarisches Mandat anstrebten. Für die Erreichung höherer Ämter sind im Durchschnitt zwei Legislaturperioden parlamentarischer Arbeit Voraussetzung. Selbst für die parlamentarischen Staatssekretäre, die kurz nach der Schaffung dieser Einrichtung gelegentlich rasch Karriere in höheren Ämtern machten, gilt das im Durchschnitt. Die Parteizugehörigkeit muß in der Regel durch lange parteipolitische Aktivität bewährt sein. Bei der SPD sind die längsten Parteikarrieren Voraussetzung. Bis 1969 waren Minister im Durchschnitt 24 Jahre Mitglied der Partei, CDU und FDP-Spitzenpolitiker in Exekutivämtern nur 17 Jahre. Seit dem Machtwechsel von 1969 senkten sich die Zahlen jedoch auch bei der SPD. Die Unionsparteien zeigen eine höhere vertikale Ämterkumulation als die SPD, was aus ihrem stärkeren Honoratiorencharakter erklärt worden ist (Herzog 1975: 220).

Die *Karrierisierung* der Elitenauslese führt zu immer stärkeren Filtermöglichkeiten, die in den Händen der Parteibürokratien liegen. In den Eliten jenseits der Politik, Kultur, Militär und Wissenschaft nahm das *parteipolitische Engagement* ab, vor allem in den Medien durch die Entstehung privater Funk- und Fernsehanstalten, aber auch in der Wirtschaft. Noch zugenommen hat die parteiliche Bildung hingegen in den Gewerkschaften und in der Verwaltung (Bürklin/Rebenstorf 1997: 117).

Die Tendenz zum *Berufspolitiker* verstärkt sich damit. Schon im 3. Deutschen Bundestag hat man 36% Berufspolitiker gezählt und 31,6% Parlamentarier, die nur noch partiell in ihrem ehemaligen Beruf tätig waren (Loewenberg 1969: 162). In der üblichen Rollentypologie von Berufspolitikern, Interessenvertretern, Spezialisten und Hinterbänklern haben nur die beiden ersten Gruppen Aussicht, in die höchsten Exekutivämter zu gelangen. Unter der Herrschaft der Sozialdemokraten nahm die Professionalisierung der Führungsgruppen eher zu als ab, da die Berufskarrieren vieler SPD-Politiker, die am Anfang vielfach aus den Medien und dem öffentlichen Dienst rekrutiert wurden, weit weniger Vereinbarkeit von partieller Weiterarbeit im Beruf und politischer Tätigkeit erlaubten als bei den Unionsparteien. Diese haben einen höheren Anteil von Politikern aus freien Berufen und aus den Interessenverbänden in ihren Reihen.

In Deutschland spielten aufgrund der Diskontinuität der vier Regime, die das Land im 20. Jahrhundert durchlief, die politischen Generationen eine größere Rolle als in anderen Ländern mit mehr konstitutioneller Kontinuität. Das *Eintrittsalter* in den Bundestag lag bei 46 Jahren, es hat sich seit Beginn der siebziger Jahre auf ca. 41 Jahre verringert. Die Spitzenposition in der Exekutive wurde in Deutschland mit 51,7 Jahren erreicht, was leicht über dem Durchschnitt parlamentarischer Demokratien lag. Die *Verweildauer* im höchsten Amt war nach Österreich und Luxemburg an der Spitze der Vergleichsfälle (5,6 Jahre). Auch in der Rotation der Spitzenpolitiker in den Ämtern lag Deutschland hoch. Ein Viertel hatten drei und mehr Positionen inne. Die politische Sozialisation durch Mandate und Parteiämter lag mit 95% an der Spitze und war nur noch von Italien übertroffen (Blondel/Thiébault 1991: 181ff., 122, 71ff., 25ff.). Die Weimarer Tradition einer bürokratischen Karriere zum höchsten Exekutivamt ist im westdeutschen Parteienstaat gründlich überwunden worden.

Die durchschnittliche Verweildauer im Parlament beträgt etwas über 9 Jahre mit der Tendenz, sich zu verlängern. Bei einer vorgezogenen Wahl wie 1983 wurden die altgedienten Parlamentarier durch kurze Anlaufzeiten für neue Kandidaten vorübergehend begünstigt. Als Faustregel kann noch immer gelten: die *Wiederwahlquote* hat noch kein amerikanisches Ausmaß erreicht. Sie liegt bei 80% für eine einmalige Wiederwahl. Zwei Drittel werden zweimal, die Hälfte dreimal und 30% mindestens viermal wieder gewählt (Kaack 1988: 137).

Diese objektiven Daten sind bedeutsamer als die Befunde von Interviewstudien unter der parlamentarischen Elite. Nach den Ergebnissen der Interviews gaben immerhin 70-80% der Parlamentarier zu, dass die Wiederwahl ihnen „sehr wichtig" oder „wichtig" sei. Für die Wiederwahl war die Wahlkreisarbeit von entscheidender Bedeutung. 79% aller Abgeordneten halten die Arbeit im Wahlkreis für „sehr wichtig". Am höchsten war dieser Anteil bei der SPD (85%) und den Unionsparteien (82%), geringer ist der Anteil bei einer Partei, die selten ein Direktmandat errang, wie der FDP (53%). Am unwichtigsten schien die Wahlkreisarbeit für die Grünen Abgeordneten (48%), trotz der aufwendig propagierten Ideologie der Basisarbeit (Puhe/Würzberg 1989: 21f.). Fairerweise muss freilich hinzugefügt werden, dass die Grünen eher eine funktionale Auffassung von Basisarbeit in Bürgerinitiativen und Gruppen haben und weniger auf die territoriale Gesamtheit der Wähler eines ganzen Wahlkreises ausgerichtet sind.

Die Karrierespitze wird von den meisten Politikern nach ca. 25 Berufsjahren mit etwas über 52 Jahren erreicht. Der *Eintritt in die Spitzenposition* hatte sich von 1949 bis 1983 um rund fünf Jahre verringert. Die administrativen Spitzen hatten eine besonders kurze Verweildauer im höchsten erreichten Amt von ca. 5 Jahren. Sie werden im Durchschnitt nach fünf Jahren ausgetauscht und gehen mit etwa 57-58 Jahren in den Ruhestand. Nur jeder fünfte Elitebeamte erreicht die gesetzliche Altersgrenze im Dienst. Bei 30% werden gesundheitliche Gründe für vorzeitiges Ausscheiden angegeben (Derlien/Pippig 1990: 35). Das „preußische Ministerfieber", das im 19. Jahrhundert schon von Treitschke belächelt worden war, hat stark abgenommen, weil die Muster der politischen Ablösung bei Kritik aus dem Parlament und der Hierarchie im parlamentarischen System der Bundesrepublik transparenter geworden sind. Aber die 30% an Rücktritten aus Gesundheitsgründen enthalten noch heute einen guten Anteil an „persönlichkeitsschonenden Interpretationsmustern" für den Rücktritt.

Ein Ausscheiden aus den politischen Spitzenpositionen ist nicht gleichbedeutend mit dem Ausscheiden aus öffentlichen Tätigkeiten. Viele arbeiten im Bereich öffentlicher Unternehmen und Banken. Für verdiente *elder statesmen* werden Posten vom diplomatischen Dienst bis zum Bundesrechnungshof gefunden. Mit der Politisierung der Vergütung hat die Zahl der ehemaligen Staatssekretäre – nicht nur bei der SPD – zugenommen, die in die Politik überwechseln.

Etwa 10% der ehemaligen Beamten wechselt in die Wirtschaft hinüber. Die deutsche Einigung hat ganz neue Möglichkeiten des Einsatzes von elder statesmen eröffnet, von der Spitze der Treuhand bis zur Leitung der „Reichsbahn“. Abgewählte Oberbürgermeister sind in großer Zahl in Beratungsverhältnisse in die östlichen Bundesländer eingetreten. Im Vergleich zu anderen Ländern – vor allem zu Amerika – ist die Rotation zwischen Elitensektoren in Deutschland noch immer sehr begrenzt.

In Kontrast zu den früheren konstitutionellen Regimen Deutschlands hat in der Bundesrepublik seit 1957 die *Rotation im Amt* eher ab- als zugenommen. Die gesicherte parlamentarische Grundlage und die Konzentration des Parteiensystems mit der Vereinfachung der Koalitionsbildung sind dafür verantwortlich zu machen, nicht eine bewußte Oligarchisierungstendenz, die dazu führt, dass immer die gleichen Spitzenpolitiker in neuen Kombinationen auftauchen.

Der *Positionsaustausch* der Elitensektoren untereinander ist relativ selten. Am häufigsten tritt er bei Politikern nach dem Abgang aus dem höchsten Amt ein. Nicht wenige Expolitiker sind an die Spitze von Verbänden oder als Berater in große Wirtschaftsunternehmen gegangen. Die Rekrutierung von Wirtschaftsmanagern für die Politik hingegen – wie sie in den USA häufiger vorkommt – ist die Ausnahme geblieben. Der Wechsel von Wirtschaftsminister Fridrichs vom Ministerium in ein Großunternehmen auf dem Höhepunkt der politischen Laufbahn ist eher Ausdruck eines umgekehrten Trends. Auch zwischen kultureller und wissenschaftlicher Elite und der politischen Führung ist der Austausch gering. Nach 1969 gab es einige „Senkrechtstarter“ aus dem Bereich der Wissenschaft. Sie spielten alle nach einigen Jahren keine dominierende Rolle mehr oder sind wieder aus der Politik ausgeschieden.

Die Tendenz zur Professionalisierung der politischen Elite ist je nach Untersuchungszeitraum unterschiedlich bewertet worden. In den Regierungen Brandt schienen die Juristen abzunehmen und die Studienfächer der Minister und ihre Karrieren sich auszudifferenzieren. Der Trend hat sich schon in den Regierungen von Helmut Schmidt nicht fortgesetzt (Armingeon 1986). Diese neueren Befunde sind freilich kein Argument gegen den Trend der Professionalisierung. Dieser ist nicht nur an den Studienfächern und Karrieremustern auszumachen. Der Generalist ohne Spezialkenntnisse, die für ein bestimmtes Ressort prädestinieren, kann es immer noch weit bringen, wie Helmut Kohl demonstrierte. Die meisten Führungskräfte in der Demokratie aber professionalisieren sich – unabhängig von früheren Studien und Karrieren – für bestimmte Politikfelder. Mündliche und schriftliche Beiträge zur Demonstration des eigenen Profils haben sich professionalisiert. Was immer professionelle Wissenschaftler gegen die Bücher von Biedenkopf oder Späth eingewandt haben, deren Professionalitätsgrad liegt weit über den Meinungsäußerungen von Ministern der späten Adenauer-Ära, als noch

Titel überwogen wie „Wir brauchen eine heile Welt“ (G. Schröder) oder „Gesichtspunkte eines Deutschen“ (R. Barzel). Auch Spitzenpolitiker, die auf ein Ressortwissen zurückgreifen können, das in einer Karriere der Interessenvertretung für bestimmte Gruppen erworben wurde, haben sich zunehmend um professionellere Darstellung ihrer Anliegen bemüht, wie Norbert Blüm zeigte.

Im Bereich des Politikverständnisses hat sich die politische Elite ebenfalls seit der Adenauerzeit stark modernisiert. Die unpolitische und konfliktfeindliche Einstellung der politischen Elite, die nach dem Krieg noch eine Bindung an ältere Wertvorstellungen der vordemokratischen Zeit erkennen ließ, hat sich gewandelt. Die Internalisierung der demokratischen Werthaltung bei den politisch Aktiven hat auch in Deutschland zugenommen (Hoffmann-Lange: 1976: 66). Die unpolitische Konzeption ihrer Aufgaben ist nicht einmal mehr in der bürokratischen Elite dominant (vgl. Kap. 8.4).

6.2 Die „politische Klasse“

Die Debatte um die sozialen Bedingungen eines politischen Systems und seiner Machtstrukturen seit Ende der sechziger Jahre hat zu vielen generellen Betrachtungen, aber zu einem abnehmenden Ertrag empirischer Untersuchungen geführt. Mit einer gewissen Phasenverschiebung wurde die amerikanische Debatte zwischen den Machtelitentheoretikern wie Mills, Domhoff und anderen und den Pluralisten wie Riesman, Kornhauser oder Arnold Rose noch einmal unter deutschen Vorzeichen geführt. Liberale Pluralisten wie Dahrendorf kamen dabei zur Leugnung einer Machtelite für die Bundesrepublik. Die drei Sektoren der Machtelite der USA waren ohnehin auf Deutschland kaum zu übertragen. Das Militär spielte in der Bundesrepublik nicht die Rolle, welche in den USA die Thesen der Machtelite, des Pentagonismus und Neoimperialismus oder des militärisch-industriellen Komplexes unterstellten. Kritiker der Liberalen wie Jaeggi machten hingegen geltend, dass die einheitlich handelnde Machtelite weniger in einem homogenen sozialen Hintergrund und in sozial-elitären Ausbildungsbedingungen zu suchen sei als vielmehr in der Gemeinsamkeit der Interessen und Ideologien. Die zunehmende soziale Heterogenität der Volksparteien, die Kommunikationsschwierigkeiten zwischen wirtschaftlicher und politischer Elite und die asymmetrische Teilnahme der organisierten Interessen am politischen Prozess lassen die Machtelitenhypothese für die Bundesrepublik übertrieben erscheinen.

Gleichwohl wäre ein harmonistisches Pluralismusbild bei der Elitenforschung genauso falsch, wie bei der Analyse von Interessengruppen, und die dort gemachten Einwände gelten noch stärker im Bereich der Machtstrukturen (vgl. Kap. 5). Die „stille Revolution“ (R. Inglehart), die einen Wandel des politischen

Verhaltens vor allem bei der Jugend bewirkt hat, zeigt, dass die traditionelle Folgsamkeit gegenüber den etablierten Eliten auch in der Bundesrepublik ins Wanken gekommen ist. Nach der Welle der Überpolitisierung mit zum Teil utopischen Vorstellungen von direkter Demokratie beginnt sich das Pendel auf eine mittlere Position einzuspielen, bei der die repräsentative Demokratie mit ihrer Delegationselitenbildung überwiegend nicht in Frage gestellt wird, die aber zu einem kritischen Verhältnis führt, das sich in Bürgerinitiativen und wachsender Bereitschaft zu unkonventionellem politischen Verhalten niederschlägt (vgl. Kap. 2).

Nach dem Abflauen der Debatten um eine „Machtelite" in Deutschland wurde das Bedürfnis nach Vereinheitlichung der Wahrnehmung von Positionen „derer da oben" mit der Übernahme des Begriffes „politische Klasse" aus den romanischen Ländern befriedigt. In Deutschland überwog ein Gebrauch des Klassenbegriffes für Grundgruppen im Wirtschaftssystem. Der lose Gebrauch von Klassen für Statusgruppen wie in Amerika war lange nicht üblich. Daher war die Resistenz gegen den neuen Begriff groß und wurde zuerst bei den Medieneliten aufgegeben. Eine Klasse im Sinne relativ homogener Herkunfts- und Karrieremuster stellte die deutsche Elite weniger dar als die Eliten von Ländern, die trotz einer älteren demokratischen Tradition eine stärkere Kontinuität der Sozialstruktur bewahrt hatten wie Großbritannien oder Frankreich. Seit jedoch selbst der Begriff der „Versorgungsklassen" (R. Lepsius) akzeptiert wurde, kann auch die Elite als Klasse bezeichnet werden. Professionalisierung und Berufspolitikertum förderten auch ein orthodoxes Marxsches Klassenkriterium, das er altväterlich als die „Diesselbigkeit der Revenüen" bezeichnet hatte.

Sinnvoll an der Zusammenschau einer politischen Klasse ist die Untersuchung der Eliten nicht so sehr von gesonderten Karrieren und Lebenswelten her, als im Sinne einer Analyse der Netzwerke von politischen Beziehungen. Die Mannheimer Elitenstudien hatten schon immer einen weiten Fokus gewählt. Die Eliten, die politiknah leben, ohne zu den politischen Eliten im engeren Sinne zu gehören und die mit Ausnahme des Militärs auch zu den bevorzugten Zubringermilieus für Berufspolitiker gehören, sind durch die deutsche „Parteibuchverwaltung" vielfach auch stark von parteipolitischen Gesichtspunkten beeinflusst wahrgenommen worden. In Wahlanalysen wurde gelegentlich vor allem den Medieneliten in der Zeit der SPD-Regierungen vorgeworfen, „links" zu stehen (vgl. Kap. 3). Übersehen wurde von konservativer Warte aus, dass Medieneliten an der „kritischen Story" interessiert sind, aber deshalb nicht notwendigerweise im gegnerischen politischen Lager stehen. Es ist kein Zufall, dass die politischen Eliten der Unionsparteien auf die Frage nach den Institutionen oder Gruppen, die ihrer Meinung nach einen zu starken Einfluss auf die parlamentarische Politik nehmen, die Medien an erster Stelle nannten. SPD- und FDP-Eliten witterten eher bei der Ministerialbürokratie einen zu starken Einfluss, während die Grünen ihren Verdacht einer großen Macht der Wirtschaftsverbände in den Vordergrund rückten (Herzog u.a. 1990: 119).

Noch immer gilt die Faustregel, dass die Wirtschafts- und Militäreliten ganz überwiegend zu den Unionsparteien neigen, die Gewerkschaftseliten hingegen zur SPD. Dass beim Bund 65% und in den Ländern sogar 85% der Verwaltungseliten Parteimitglieder waren, wurde im Ausland als deutsche Parteibuchverwaltung kritisiert (vgl. Kap. 8.3) und von den deutschen Wählern nicht mit Freude zur Kenntnis genommen. Es ist nicht auszuschließen, dass das geringe Vertrauen der Bürger in die Verwaltung, vor allem die städtischen Verwaltungen, unter anderem auf diesen Faktor zurückzuführen ist (vgl. Kap. 2, Tab. 2.1). Dass aber das ritualisierte Proporzdenken in den öffentlich-rechtlichen Rundfunk- und Fernsehanstalten zu einem hohen Prozentsatz von parteilich gebundenen Eliten führte, erweckt Argwohn. Alle Legitimitätsstudien weisen den höchsten Vertrauensvorsprung für Institutionen mit geringer Parteilichkeit aus. Bloße Gemeinsamkeit der Parteineigungen in verschiedenen Elitensektoren, wie sie die Elitenumfragen auswiesen, schafft jedoch noch keinen Handlungsverbund. Diesen kann erst eine *Netzwerkanalyse* zu Tage fördern, die einen „integrativen Kern des Elitensystems" aufzeigt (Pappi 1984: 85). 559 Personen wurden als Kern des Elitenzirkels ermittelt. Einige sprachen von Machtelite (Hoffmann-Lange 1990: 57). Andere bevorzugten den Ausdruck politische Klasse. Die Perzeption der Wichtigkeit von Personen, die bei der Befragung informierter Eliten genannt wurden, korrespondierte keineswegs mit der rechtlichen und politischen Kompetenz der Ämter, die ein Positionsträger innehatte. Lambsdorff wurde 1981 vor Bundeskanzler Schmidt und Oppositionsführer Kohl genannt. Die Präsidenten des BDI und des DGB rangierten vor vielen Spitzenpolitikern. Auch informelle Positionen konnten als einflussreich in der Einschätzung der Angehörigen eines Elitennetzes entdeckt werden. Die politische Elite war in diesem Netz mit 40% vertreten. Zählte man die administrativen Spitzeneliten hinzu, so kam ihr Anteil auf über 50% (Hoffmann-Lange 1990: 58) .

Die Netzwerkanalyse, die bei der Frage nach der Reputation einzelner Mächtiger zur Geltung kommt, reflektiert ein mögliches Endprodukt von politischen Interaktionen. Setzt die Elitenforschung tiefer bei der üblichen Kommunikation der Abgeordneten an, die nicht zum inneren Kreis der „Machtelite" gehören, so ist das Kommunikationsnetz sehr viel begrenzter. Die meisten Bundestagsabgeordneten, die befragt worden sind, ziehen zur Beratung in erster Linie Kollegen in der Partei heran (95%). Danach rangierten die Kontakte mit Journalisten (79%) und Ministerialbeamten (77%). Wissenschaftler (67%) und Verbandsvertreter (65%) erreichten eine weniger prominente Rolle. „Der Bürger" (62%) ist noch seltener genannt, und sein kollektiver Zusammenschluß als „Bürgerinitiative" rangiert auf dem letzten Platz (28%) (Puhe/Würzberg 1989: 79). Bei den Bürgerkontakten gab es interessante Differenzen unter den Bürgern. Die SPD, in der Ideologie nach den Grünen am ehesten bürgernah, hatte die geringste Rate an Bürgerkontakten aufzuweisen und lag in diesem Punkt noch hinter der FDP. Die Abgeordneten der CDU/CSU hingegen schienen den meisten Kontakt mit Bürgern zu pflegen. Parteiübergreifend war die Bevorzugung der eigenen Parteifreunde zur Kommunikation. Die Unionsparteien neigen mehr zur Konsultation von Ministerialbeamten und Journalisten, die SPD-Abgeordneten zogen Gewerkschafter, FDP-Abgeordnete Ministerialbeamte und Wissenschaftler vor, im Vergleich mit den Kommunikationsgewohnheiten anderer Parteieliten.

Nicht weniger bedeutsam als die Einschätzung der Eliten durch die „Mit-Eliten" sollte in einer Demokratie die Einschätzung der Eliten durch die Masse der Bürger sein. Demokratie als Idee tut sich schwer mit der Akzeptanz einer Elite oder gar einer geschlossenen politischen Klasse. Idealiter sollte es nur *„Delegationseliten auf Zeit"* geben. Die Grünen haben versucht, an diesem demokratischen Postulat festzuhalten und paradoxerweise das Gegenteil geschafft: einen starken Einfluss von *Strömungseliten* und Fraktionsvorständen, die keine eigenständigen professionellen Politiker hochkommen ließen (vgl. Kap. 4.3).

Prima vista scheint die Meinung der Mehrheit der Wähler über die politische Elite ziemlich negativ. 66% stimmten dem Satz zu: „Die Politiker kümmern sich nicht viel darum, was der kleine Mann sagt und denkt". 55% empfanden Politik als schmutziges Geschäft, 60% glaubten, keinen Einfluss zu haben auf das, was in der Politik geschieht (R. Wildenmann: Ratlose Riesen. Baden-Baden, Nomos 1989: 48). Im Trendvergleich spezifischer Urteile der Volksmeinung zeigte sich 1990, dass die Führungsmannschaften der Parteien – mit Ausnahme der Grünen – günstiger beurteilt wurden als kurz nach der zweiten Wende 1984. Erfahrenheit und Redegewandtheit sind bei den vier etablierten Parteien die meistgenannten Eigenschaften, nur bei den Grünen stand „Leeres Gerede" an erster Stelle, vor Sturheit und Redegewandtheit. Im Verantwortungsbewusstsein rangierte die SPD leicht vor den bürgerlichen Parteien, die Unionsparteien hingegen beeindruckten mehr durch „Bildung" (Emnid-Informationen 1990 Nr. 5/6: 16). Verlogen und gewissenlos, egoistisch und machtgierig tauchte nur bei einer Minderheit der Antworten auf.

Wenn von politischer Klasse im populären Sprachgebrauch die Rede ist, so wird meist auf eine gewisse Abgehobenheit der Eliten von ihren Wählern angespielt. Dass die soziale Repräsentanz der Gruppen in der Gesellschaft abnimmt, wird in der nivellierten Mittelstandsgesellschaft von den Wählern weniger verübelt. Der *Lebensstil* der deutschen Politiker reizt schwerlich zum *„Klassenhass"*. Elitäre Attitüden werden kaum im Wahlkreis demonstriert. Hier hält eher der Stil des amerikanischen „hobnobbing" mehr und mehr Einzug. Der Leerlauf des Dabeiseins zwingt zur Demonstration von Nähe zu den Gewählten. *Responsiveness* – die Fähigkeit, auf neue Impulse der Gesellschaft und ihrer Gruppen zu antworten – hat zugenommen. Entideologisierung der Parteien ermöglicht auch dem einzelnen Abgeordneten noch eine größere Flexibilität in der Antwort auf Herausforderungen in der Wählerschaft.

Die Abgehobenheit liegt weniger an der Elite als Gruppe als an den Parteien in ihrer postmodernen Organisationsform. Diese sind stärker zu professionellen Organisationen des Wahlkampfes geworden, obwohl sie noch kaum Wahlkampfmanager von außerhalb der Parteien – wie in Amerika – heranziehen. Die Kommerzialisierung hat ihre Grenze an der Binnenorientiertheit der Parteien. Öffentliche Parteienfinanzierung und die Abnahme der Bedeutung der einzelnen Person in den Parteien haben die Abgehobenheit der Parteien von ihren Mitgliedern gestärkt. In den Volksparteien besteht bei vielen kaum Neigung, sich zu engagieren. Abgehobenheit wird zwar kritisiert, aber zugleich verlangt, da selbst die Mehrheit des Parteivolkes nicht mit allzu viel Verantwortung behelligt werden möchte (vgl. Kap. 4.2). Die Kommunikationsformen des Netzwerkes der weiteren Elite und die Symbiosen, die sich vor allem zwischen Medieneliten und politischen Führungskräften entwickelt haben, erlaubten es, trotz gelegentlicher Kritik der Medien an der Spitzenelite, von einer politischen Klasse im weiteren Sinne zu sprechen.

6.3 Konvergenz der Eliten nach der Vereinigung?

Über keinen Bereich des politischen Systems lässt sich so wenig Zuverlässiges ausmachen wie über die Tendenzen der Elitenrekrutierung im vereinten Deutschland. Einige Annahmen ergeben sich aus der Tendenz zur Übernahme der organisatorischen Muster der alten Bundesrepublik, vor allem im Bereich der Parteien (Kap. 4) und der Interessengruppen (Kap. 5). Nur die kirchlichen Eliten der DDR behielten ein gewisses Gewicht, wenn sie auch nach der Vereinigung den Rückzug aus der Politik der neuen Länder antraten, mit einigen Ausnahmen wie Manfred Stolpe.

Die DDR hatte gerade in der Elitenrekrutierung eine Politik realisiert, die völlig vom Muster Westdeutschlands unterschieden war. Seit 1964 wurde der sowjetische Begriff der „Kader“ in der DDR übernommen. Eines der wichtigsten Instrumente der Kaderpolitik war die Nomenklatur, ein Verzeichnis aller wichtigen Positionen im Partei-, Staats- und Wirtschaftsapparat, und eine Erfassung der Personen, welche fachliche Qualifikation und politische Zuverlässigkeit miteinander vereinten (Glaeßner/Rudolph 1978).

Der politische Führungskern – im Herbst 1989 64 Positionen umfassend – war stärker an die bekleideten Positionen gebunden als in demokratischen Systemen. Ein weiterer Kreis wurde zur politischen Elite gerechnet und ein noch weiterer Kreis zu den „leitenden Kadern“ als Masse der Nomenklatur-Kader (Meyer 1991: 78f.). Allenfalls eine vierte Gruppe, „Verwaltungsangestellte und Spezialisten ohne Leitungsfunktionen“, hatte nach der Wende Aussicht, den Regimewechsel zu überleben.

In keinem anderen Sektor waren die Auswirkungen des Systemwandels so tiefgreifend wie in der Elitenrekrutierung. Systemunterschiede sind damit illustriert worden, dass der Moskauer KP-Chef Jelzin es zum russischen Staatspräsidenten brachte. Sein Pendant in der DDR, Schabowski, fristete sein Leben als Redakteur bei einem regionalen Anzeigenblatt in Westdeutschland (Derlien 1998: 17). Es gab keine westdeutsche Kaderpolitik. Aber wie in der Wirtschaft versuchte man nach 1990 den Teufel durch den Beelzebub, den alten Zentralismus durch zentrale Personalpolitik auszutreiben. Evaluierungskommissionen wurden zur Abwicklung von Institutionen und Bildungseinrichtungen eingesetzt. Relativ viel Kontinuität hielt sich in den Schulen und in einigen überlebensfähigen Betrieben, in der Polizei und im Bauwesen (Solga 1996: 103). Im höheren Bildungswesen war der Wandel tiefgreifend. Klagen über die Arroganz der „Abwickler“ häuften sich. Das Wort des Schriftstellers Peter Rühmkorf machte die Runde, dass der Säuberungseifer sich 1990 in der DDR breitmachte, um die Scham über das 1945 Versäumte nachzuholen (vgl. Kap. 8.3).

Die Transformation der DDR führte zu einer neuen politischen Elite. Die alte positive Kaderpolitik der sozialistischen Länder wurde in allen ex-sozialistischen Ländern durch negative Kaderpolitik und Säuberung ersetzt. Die Eliten des alten Regimes konnten sich nicht einmal in den Landtagen halten. 77% der 1990 in ostdeutsche Landtage Gewählten haben ihre Karriere nicht vor Oktober 1989 begonnen. Die Kontinuität der Eliten ist selbst im Vergleich zu der kurzen demokratisierten Phase der DDR zwischen November 1989 und Oktober 1990 gering. Nimmt man die parlamentarische Elite der Landtage als Zahlenbasis zur Ergänzung, so zeigte sich, dass 45% der Parlamentsneulinge nicht „neu“ waren. Die Mehrheit war jedoch oberhalb der Lokalebene nicht amtserfahren und war in der Eigenschaft des Politikers – jenseits der Berufskarriere – nicht stark in das DDR-Regime involviert (Lock 1997, Derlien 1998: 11). Auf der Verwaltungsebene kam es zu dem stärksten Elitenimport, der bis heute wachsende Kritik im Osten hervorruft, obwohl er am Anfang unvermeidlich war.

Anfangs bemühten die Parteien sich um faire Repräsentation der Ostdeutschen. In den Präsidien der Parteien ist die Repräsentation der ostdeutschen Mitglieder proportional. Aber der Anteil der Mitglieder sinkt und damit die Repräsentation in der Elite. Von 27 Parlamentarischen Staatssekretären im 13. Bundestag waren vier aus der DDR, von den beamteten Staatssekretären keiner. In den parlamentarischen Elitepositionen, wie den Ausschussvorsitzenden und den Sprechern der Fraktionsarbeitskreise, ist die ostdeutsche Repräsentanz minimal. Klagen darüber werden gelegentlich mit dem Hinweis gekontert, dass die ostdeutsche Elite selbst an der zu geringen Repräsentanz schuld sei, weil sie sich allzu stark auf nur ostdeutsche Probleme kapriziere. Eine empirische Studie über Brandenburg und Sachsen zeigte hinsichtlich der Zusammensetzung des Führungspersonals, dass 45,5% westdeutsche Beamte und weitere 11,5% westdeutsche Seiteneinsteiger waren. Ehemalige Staatsbedienstete der DDR machten nur 20% und ostdeutsche Seiteneinsteiger 23% aus (Damskis 1997: 39). Die Differenz der Länder fiel erstaunlich wenig ins Gewicht. In Brandenburg gab es nur knapp 5% mehr ehemalige DDR-Staatsangestellte. Sie wurden in Sachsen durch ostdeutsche Seiteneinsteiger kompensiert.

Den Verwaltungseliten in den ostdeutschen Ländern fehlte es an Knowhow. 1991 waren die Zeitungen voll von administrativen Skandalgeschichten. Bonner Zuweisungen wurden in einer ausländischen Bank angelegt anstatt sie in die Infrastruktur zu investieren. Tausende von Beamten aus Westdeutschland wurden mit Sondervergünstigungen in die neuen Bundesländer geschickt (vgl. Kap. 8.4). Frustrationen über die Arbeitsbedingungen auf westlicher Seite, Frustrationen über die neuen Vorgesetzten auf der östlichen Seite belasteten anfangs das Arbeitsklima. Die negativen Selektionskriterien waren unter Mitwirkung des Innenministeriums erarbeitet worden. Nur schrittweise konnte die „politisierte Inkompetenz“ der DDR-Sozialisation abgebaut werden (Derlien 1998: 12).

Im Gegensatz zu den *Ernennungseliten* in der Verwaltung und in den Medien galt bei den *Delegationseliten* ein Wohnsitzprinzip, das Einheimische bevorzugte. Die politische Elite Ostdeutschlands fühlte sich anfangs in Bonn recht fremd. Die beiden DDR-Regionalparteien, die 1990 in den Bundestag einzogen, wurden unterschiedlich behandelt. Gegen die PDS wurde die Abneigung unverhüllt zur Schau getragen. Selbst Hans Modrow (Aufbruch und Ende 1991: 144f.) hat die Mauer des Misstrauens wie einen Alptraum empfunden: „Wenn ich an die Atmosphäre im Bundestag denke, höre ich schon die Rufe: „Sie, Herr Modrow, haben es gerade nötig, davon zu sprechen.“ Das Bündnis 90 wurde im Bundestag freundlicher empfangen als die Grünen bei ihrem Einzug (vgl. Tab 4.3). Aber auch die ostdeutschen Grünen, die sich am Geist der „herrschaftsfreien Diskussion“ des Runden Tisches mit beträchtlichem Einfluss, aber ohne direkte Verantwortung orientierten, fanden sich nur schwer mit den hierarchischen Strukturen eines westlichen Parlaments ab. Die Verlegung des Parlamentssitzes nach Berlin hätte atmosphärisch vielleicht einen Teil der Fremdheit für die ostdeutschen Abgeordneten abbauen können. Der Hohn über die „politische Laienspielschar“ der Regierung de Maizière hat sich gelegt. Aber die Anfänge der

Politik in den neuen Ländern und das erste Auftreten ostdeutscher Repräsentanten im Ausland haben immer wieder ähnlich hämische Kommentare in westdeutschen Zeitungen ausgelöst. Positiv wurde aber auch hervorgehoben, dass die neuen Minister(innen) noch unprätentiös und menschlich auftraten, wie Angela Merkel. Andererseits wurde kritisiert, dass auch Spitzenpolitiker der Opposition, wie Wolfgang Thierse, sich – wie die PDS überwiegend als Lobbyisten für die Ex-DDR engagierten – wohl eine lässliche Sünde angesichts der Übergangsschwierigkeiten in Ostdeutschland.

Die ostdeutsche Elite ist überwiegend erst nach der Wende in ihre Partei eingetreten und machte dort schneller Karriere als die westdeutschen Jungpolitiker. Die ostdeutsche Elite enthält noch mehr Politiker mit einem Hochschulstudium als im Westen (79:75%). Weit häufiger als westdeutsche Politiker haben die Ostdeutschen Technik oder Naturwissenschaft studiert (31%), bei den Verwaltungseliten ist der Prozentsatz sogar noch höher. In Brandenburg und Sachsen waren dies beim Landesverwaltungspersonal über 80% (Damskis 1997: 46). Daraus kann man schließen, dass die Naturwissenschaftler sich in der DDR-Zeit am ehesten regimeneutral verhalten konnten. Die DDR-Elite ist in ihrer Mehrheit nach der Wende in einem anderen Sektor als 1988 tätig (70%). Sie hat vor allem in der staatlichen Verwaltung, in den Betrieben oder in der Wissenschaft ihre Sozialisation erfahren. Die gewählten Delegationseliten enthalten unter den Abgeordneten der neuen Bundesländer noch mehr Beamte als im Westen (Hess 1995: 577). Statistisch kommt dies freilich durch die große Zahl der in der DDR-Verwaltung Sozialisierten zustande und lässt sich nicht mit westdeutschen Beamten im Bundestag vergleichen.

So unterschiedlich wie die Sozialisationsmuster sind die Einstellungen und Arbeitsstile. Die ostdeutschen Eliten hatten mehr Kontakte zu politischen Organisationen und Medien als die westdeutschen Eliten – mit Ausnahme der Internationalen Organisationen. Viele Studien gehen davon aus, dass das Bild eines „humanen Sozialismus“ für viele ostdeutsche Elitenangehörige noch immer Leitbild ist. Bei der Beurteilung der eigenen Einflussmöglichkeiten sind fast zwei Drittel der Ostdeutschen der Meinung, dass diese gering seien. Im Westen hatte diese Einstellung nur die knappe Hälfte. Die Einschätzung der Aufgaben des Staates ist höher als im Westen. Die Urteile über die Kompetenz der Führung in Wirtschaft und Verwaltung sind hoch, wenn auch unter Westniveau. Aber für den politischen Bereich wird die Tätigkeit der Führungsgruppen im Osten noch negativer eingeschätzt als im Westen. Hohe Kompetenz vermuten im Westen nur 43% der Eliten und im Osten nur 37% (Bürklin/Rebenstorf 1997: 163ff., 212ff., 312ff.). Diese Unterschiede bei Wahrnehmungen der Machtstruktur und Werthaltungen gegenüber den wichtigsten staatlichen Zielen werden vermutlich auch künftig nicht rasch abgebaut werden.

Mit den Affären von Verkehrsminister Krause kam 1993 eine neue Form der „Professionalität“ ins Visier der Kritik. Auch die ostdeutsche Elite schien sich rasch an Verselbständigungstendenzen des Eigennutzes der politischen Klasse anzupassen. Die deutsche Einigung hatte ohnehin bisher unbekannte Ausmaße der Bereicherung und der mafiosen Verquickung von Politik und Kommerz eröffnet. Gerade weil die Parteien in Ostdeutschland eine schwächere Basis als im Westen hatten, versuchten sie sich durch die Privilegierung im Parteienstaat zu stabilisieren. Durch Skandale in der Parteienfinanzierung und die Diätenerhöhungen, die keine Rücksicht auf die Stimmung im Volk nahmen, von dem man höhere Abgaben für die deutsche Einheit verlangte, wurde die Kritik an der politischen Klasse als Folge der Vereinigung verschärft. Die Kritik wurde vielfach an den Privilegien der politischen Klasse – die auch die Hinterbänkler und die Oppositionsparteien einschloss – festgemacht. Sie verschärfte sich aber durch die abnehmende Fähigkeit der politischen Elite, die Folgeprobleme der deutschen Einheit und der Öffnung Europas nach Osten zu bewältigen. Einerseits musste die Führung – entgegen ihrer eigenen Präferenzen in der christlich-liberalen Koalition – die Steuerung vieler Bereiche durch den Staat ausdehnen. Andererseits wurde zur Selbstbeschränkung des Parteienstaats geblasen (Rüttgers 1993: 154).

Inzwischen haben sich die Eliten in Ost und West angenähert. Aber es blieben gewichtige Unterschiede: die ostdeutschen Eliten sind weniger in der lokalen Politik verankert als im Westen, und unterliegen daher einer höheren Rotationsgeschwindigkeit. Es wurde vermutet, dass die ostdeutschen Eliten die moderneren Politiker in Deutschland stellen könnten, da sie mit weniger aktiven Parteimitgliedern agieren und mit hohen Raten von Wechselwählern operieren müssen, die aus exzessiven Erwartungen bei hohem Misstrauen gegen die politische Elite resultieren (Edinger 2009: 164).

Erfahrungsgemäß können ungerechtfertigte Privilegien der Eliten rasch abgebaut werden. Der Rückzug der Parteien aus ihren Einflusssphären in der öffentlichen Wirtschaft, den öffentlich-rechtlichen Medien und aus dem Erziehungssystem hingegen ist schwerer durchzusetzen (von Beyme 1995: 201f.). Der Kampf gegen „Cliquen, Klüngel und Karrieren“ (Scheuch 1992) kann nicht mit Vorschlägen zu einer völligen Entflechtung von Politik und Wirtschaft geführt werden. Die Rückkehr zu einer archaischen Gewaltenteilung des 19. Jahrhunderts geht an der Komplexität der Gesellschaft vorbei. Was an Korrektheit der Amtsführung der Eliten gewonnen würde, könnte an Durchsetzungsfähigkeit der politischen Führung gegenüber anderen mächtigen Sektoren der Gesellschaft wieder verloren gehen. Noch ist in Deutschland keine Parteienverdrossenheit entstanden wie sie die lombardische Liga in Italien repräsentiert, die regional zur stärksten Gruppe zu werden drohte. Aber die Reform des Parteienstaats, die

Öffnung der Eliten für mehr Partizipation der Bürger, die Stärkung der „Responsivität“ der Eliten in vielen sensiblen Bereichen sind die wichtigsten Desiderate in einem demokratischen System, das keine Kaderpolitik nach sozialistischem Vorbild machen kann. Es muss sich darauf beschränken, Missbrauch, Arroganz der Macht und Abgehobenheit der politischen Klasse zu verhindern.

Literatur

K. Armingeon: Die Bundesregierung zwischen 1949 und 1985. Eine Forschungsnotiz über Ausbildung und Berufe der Mitglieder der Bundeskabinette in der Bundesrepublik Deutschland. ZParl 1986: 25-40

H.-H. von Arnim: Fetter Bauch regiert nicht gern: Die politische Klasse – selbstbezogen und abgehoben. München, Kindler 1997

H.-H. von Arnim: Politik macht Geld: Das Schwarzgeld der Politiker – weißgewaschen. München, Droemer Knaur 2001

H.-H. von Arnim: Das System: Die Machenschaften der Macht. München, Droemer Knaur 2001

B. Badura/J. Reese: Jungparlamentarier in Bonn – ihre Sozialisation im Deutschen Bundestag. Stuttgart, Frommann-Holzboog 1976

J. Beverungen: Elite planning organizations. Baden-Baden, Nomos 2005

K. von Beyme: Die politische Elite in der Bundesrepublik Deutschland. München, Piper 1974, 2. Aufl.

K. von Beyme: Elite Input and Policy Output: The Case of Germany. In: M. Czudnowski (Hrsg.): Does Who Governs Matter? DeKalb, Northern Illinois University Press 1982: 55-67

K. von Beyme: Die politische Klasse im Parteienstaat. Frankfurt, Suhrkamp 1995[2]

W. Bürklin/H. Rebenstorf u.a.: Eliten in Deutschland. Rekrutierung und Integration. Opladen, Leske & Budrich 1997

J. Blondel/J.-L. Thiébault (Hrsg.): The Profession of Government Ministers in Western Europe. Basingstoke, Macmillan 1991

J. Borchert (Hrsg.): Politik als Beruf. Die politische Klasse in westlichen Demokratien. Opladen, Leske & Budrich 1999

K. Burmeister: Die Professionalisierung der Politik am Beispiel des Berufspolitikers im parlamentarischen System der Bundesrepublik Deutschland. Berlin, Duncker & Humblot 1993

E. Busch: Parlamentarische Kontrolle. Ausgestaltung und Wirkung. Heidelberg, v. Decker 1983

R. Damskis: Politikstile und regionale Verwaltungskulturen in Ostdeutschland. Wiesbaden, DUV 1997

J. W. Davis: Leadership Selection in Six Western Democracies. Westport/Conn., Greenwood 1998

H.-U. Derlien: Continuity and Change in the West German Federal Executive Elite 1949-1984. European Journal of Political Research 1990: 549-372
H.-U. Derlien/G. Pippig: Die administrative Elite: Kontinuität und Wandel 1939 bis 1984. In: Eliten in der Bundesrepublik Deutschland. Der Bürger im Staat 1990: 32-40
H.-U. Derlien: Competence bureaucratique et allégeances politiques en Allemagne. In: E. Suleiman/H. Mendras (Hrsg.): Le recrutement des élites en Europe. Paris, La découverte 1995: 64-90
H.-U. Derlien/S. Lock: Eine neue politische Elite? Rekrutierung und Karrieren der Abgeordneten in den fünf neuen Landtagen. ZParl 1994: 60-94
H.-U. Derlien: Elitezirkulation in Ostdeutschland 1989-1995. APuZ B5 1998: 3-17
H.-U. Derlien: Elitezirkulation zwischen Implosion und Integration. In: H. Wollmann u.a. (Hrsg.): Transformation der politisch-administrativen Strukturen in Ostdeutschland. Opladen, Leske & Budrich 1997: 329-415
H.-U. Derlien: Elitenzirkulation in Ostdeutschland. APuZ B 5 1998: 3-17
H.-U. Derlien: Die politische und die administrative Elite der Bundesrepublik. In: W. Jann/K. König (Hrsg.): Regieren zu Beginn des 21. Jahrhunderts. Tübingen, Mohr Siebeck 2008: 291-328
K. W. Deutsch/L. J. Edinger: Germany rejoins the Powers. Mass Opinion Interest Groups and Elites in Contemporary German Foreign Policy. Stanford UP. 1959
L. J. Edinger: Post-Totalitarian Leadership. Elite in the German Federal Republic. APSR 1960: 58-82
L.J. Edinger/D. Searing: Social Background in Elite Analysis. APSR 1967: 428-445
M. Edinger/St. Jahr (Hrsg.): Political Carriers in Europe. Baden-Baden, Nomos 2007
M. Edinger: The Making of Representative Elites in East Germany. Circulation, Social Profile, Careers. In: H. Best (Hrsg.):Elites and Social Change. The Socialist and Post-Socialist Ecperience. Hamburg, R. Krämer, 2009: 133-164
Eliten in der Bundesrepublik Deutschland. Der Bürger im Staat 1990
H. End: Erneuerungen der Diplomatie. Neuwied, Luchterhand 1969
E. Enke: Oberschicht und politisches System der BRD. Bern-Frankfurt, Lang 1974
„Es kommen die Falschen nach oben“. Ein Gespräch mit dem Psychologen Rüdiger Hossiep über zu hohe Boni, Eselskarrieren und die Fehler der Personalführung. Die Zeit, 30. 4. 2009: 71
H. Fogt: Die Grünen in den Parlamenten der Bundesrepublik. Ein Soziogramm. ZParl 1983: 550-557
E. G. Frankland: Parliamentary Career Achievement in Britain and West Germany. A Comparative Analysis. Legislative Studies 1977: 137-154
Ch. Frantz: Karriere in NGOs. Politik als Beruf jenseits der Parteien. Wiesbaden, VS 2005
Frauen in der Bundesrepublik Deutschland. Bonn, Bundesministerium für Jugend. Familie und Gesundheit 1989
N. Frei: Karrieren im Zwielicht. Hitlers Eliten nach 1945. Frankfurt, Campus 2001
N. Frei (Hrsg.): Die schwere Hypothek der jungen Bundesrepublik: Hitlers Eliten anch 1949. Frankfurt, Campus 2002
D. Gau: Politische Führungsgruppen auf kommunaler Ebene. München, Minerva. 1983
G. J. Glaessner: Herrschaft durch Kader. Opladen, Westdeutscher Verlag 1977

G. J. Glaessner/I. Rudolph: Macht durch Wissen. Opladen, Westdeutscher Verlag 1978

L. Golsch: Die politische Klasse im Parlament. Baden-Baden, Nomos 1998

E. Grande: Charisma und Komplexität. Verhandlungsdemokratie, Mediendemokratie und der Funktionswandel politischer Eliten. Leviathan, Jg. 28, Nr. 1 2000: 122-141

F. Grube u.a.: Das Management des 6. Deutschen Bundestages. Eine Dokumentation parlamentarischer Karrieren. ZParl 1970: 152-161

M. Hartmann: Leistungseliten. Frankfurt, Campus 2002

M. Haus (Hrsg.). Leadership and community involvement. London, Routledge 2005

L. Helms: „Politische Führung" als politikwissenschaftliches Problem. PVS 2000, H3: 411-434

L. Helms: Regierungsorganisation und politische Führung in Deutschland. Wiesbaden, VS 2005

D. Herzog: Politische Karrieren. Opladen, Westdeutscher Verlag 1975

D. Herzog: Politische Führungsgruppen. Darmstadt, Wiss. Buchgesellschaft 1982

D. Herzog u.a.: Abgeordnete und Bürger. Opladen. Westdeutscher Verlag 1990

A. Hess: Politikerberufe und Politiker – Betrachtungen zur Parlamentssoziologie. ZParl 1985: 581-591

A. Hess: Sozialstruktur des 13. Deutschen Bundestages. ZParl 1995: 568-585

B. Hoecker: Frauen in der Politik. Opladen, Leske & Budrich 1987

B. Hoecker (Hrsg.): Handbuch politische Partizipation von Frauen in Europa. Opladen, Leske & Budrich 1998

G. Hofmann: Wer nicht spurt, wird abgekanzelt. Die Neulinge im althergebrachten Parlament stoßen auf Hochmut und Besserwisserei. Die Zeit 1991, Nr. 7: 12

U. Hoffmann-Lange u.a.: Konsens und Konflikt zwischen Führungsgruppen in der Bundesrepublik Deutschland. Frankfurt, Lang 1980

U. Hoffmann-Lange: Eliteforschung in der Bundesrepublik Deutschland. ApuZ B 47 1 1983: 11-25

U. Hoffmann-Lange: Eliten zwischen Alter und Neuer Politik. In: H.-D. Klingemann/M. Kaase (Hrsg.): Wahlen und politischer Prozeß. Opladen, Westdeutscher Verlag 1986: 108-150

U. Hoffmann-Lange: Wer gehört zur Machtelite der Bundesrepublik? In: Eliten in der Bundesrepublik Deutschland. Stuttgart, Landeszentrale für politische Bildung. Der Bürger im Staat 1990: 54-58

U. Hoffmann-Lange: Eliten. Macht und Konflikt in der Bundesrepublik. Opladen, Leske & Budrich 1992

H. J. Hohm: Politik als Beruf. Opladen, Westdeutscher Verlag 1987

St. Hradil/P. Imbusch (Hrsg.): Oberschichten – Eliten – Herrschende Klassen. Opladen, Leske & Budrich 2003

H. Kaack: Personelle Mobilität des Deutschen Bundestages 1949-1969. ZParl 1971: 387-418

H. Kaack: Zur Struktur der politischen Führungselite in Parteien,. Parlament und Regierung. In: H. Kaack/R. Roth (Hrsg.): Handbuch des deutschen Parteiensystems. Opladen, Leske & Budrich 1980, Bd. 1: 195-219

H. Kaack: Die soziale Zusammensetzung des Deutschen Bundestages. In: U. Thaysen u.a. (Hrsg.): US-Kongreß und Deutscher Bundestag. Opladen, Westdeutscher Verlag 1988: 128-152

V. Kaina: Elitenvertrauen und Demokratie. Zur Akzeptanz gesellschaftlicher Führungskräfte im vereinigten Deutschland. Wiesbaden, Westdeutscher Verlag 2002

W. Kaltefleiter/R. Wildenmann: Westdeutsche Führungsschicht. Eine sozialwissenschaftliche Untersuchung der Inhaber von Führungspositionen. Kiel-Mannheim 1973 (hektogr.)

W. Kaltefleiter: The Recruitment Market of the German Political Elite. In: H. Eulau/M. Czudnowski (Hrsg.): Elite Recruitment in Democratic Politics. London, Sage 1976: 239-262

H.-D. Klingemann u.a. (Hrsg.): Politische Klasse und politische Institutionen. Opladen, Westdeutscher Verlag 1991

M. Knight: The German Executive 1890-1933. Stanford University Press 1955

K. König: Bureaucratic Integration by Elite Transfer: The Case of the Former GDR. Governance 1993: 386-396

Ch. Landfried: Frauenpolitik. In: Dies.: Politikorientierte Folgenforschung. Speyer, Forschungsinstitut für öffentliche Verwaltung 1994: 28-53

G. Langguth: Kohl, Schröder, Merkel. Machtmenschen. München, dtv 2009

Th. Leif u.a. (Hrsg.): Die politische Klasse in Deutschland. Bonn, Bouvier 1992

Th. Leif: Beraten und verkauft. McKinsey & Co. Der große Bluff der Unternehmensberater. München, Bertelsmann 2006, 6. Aufl.

St. Lock: Ostdeutsche Landtagsabgeordnete 1990-1995. Diss. Bamberg 1997

G. Loewenberg: Parlamentarismus im politischen System der BRD. Tübingen, Wunderlich 1969

R. Mayntz/H.-U. Derlien: Party patronage and politicization of the West German administrative elite 1970-1987. Governance 1989: 384-404

R. Mayntz: Gibt es eine politische Klasse in Deutschland? In: W. Merkel/A. Busch (Hrsg.): Demokratie in Ost und West. Für Klaus von Beyme. Frankfurt, Suhrkamp 1999: 425-434

W. Merkel: Die Rolle von Eliten und Massen beim Übergang von autokratischen zu demokratischen Herrschaftssystemen. In: J. Wielgohs/H. Wiesenthal (Hrsg.): Einheit und Differenz. Die Transformation Ostdeutschlands in vergleichender Perspektive. Berlin, Berliner Debatte 1997: 8-32

G. Meyer: Die DDR-Machtelite in der Ära Honecker. Tübingen,. Francke 1991

Th. Meyer: Mediokratie: Die Kolonisierung der Politik durch die Medien. Frankfurt, Suhrkamp 2001

A. Müller: Machtwahn: wie eine mittelmäßige Führungselite uns zugrunde richtet. München, Droemer Knaur 2006

H. Münkler u. a. (Hrsg.): Deutschlands Eliten im Wandel. Frankfurt, Campus, 2006.

H. Neumann: Zur Machtstruktur in der Bundesrepublik Deutschland (Forschungsbericht der Konrad-Adenauer-Stiftung). Melle, Knoth 1979

F. U. Pappi: Boundary Specification and Structural Models of Elite Systems. Social Circles Revisited. Social Networks Bd. 6. 1984: 79-95

R. Paris: Autorität – Führung – Elite: Eine Abgrenzung. In: St. Hradil/P. Imbusch (Hrsg.): Oberschichten – Eliten – herrschende Klassen. Opladen, Leske & Budrich 2003: 55-72

W. J. Patzelt: Das Amtsverständnis der Abgeordneten. APuZ B 21 1991: 25-37

V. Penrose: Orientierungsmuster des Karriereverhaltens deutscher Politikerinnen. Ein Ost-West-Vergleich. Bielefeld, Klein 1993

F. R. Pfetsch: Die Gründergeneration der Bundesrepublik. Sozialprofil und politische Orientierung. PVS 1986: 237-251

U. Puhe/H. G. Würzberg: Lust und Frust. Das Informationsverhalten des deutschen Abgeordneten. Köln, Informedia 1989

Th. Ramge: Die großen Polit-Skandale. Eine andere Geschichte der Bundesrepublik. Frankfurt, Campus 2003

H. Rannacher: Das konfessionelle Gleichgewicht als Strukturproblem der Christlich-Demokratischen Union. Diss., Tübingen 1970

R. Rebenstorf/B. Wessels: Wie wünschen sich die Wähler ihre Abgeordneten? ZParl 1989: 408-424

H. Rebenstorf: Frauen im Bundestag – anders als die Männer? In: Eliten in der Bundesrepublik. Stuttgart, Landeszentrale für politische Bildung. Der Bürger im Staat 1990: 17-24

H. Rebenstorf: Die politische Klasse. Zur Entwicklung und Reproduktion einer Funktionselite. Frankfurt, Campus 1995

H. Rebenstorf: Karrieren und Integration – Werdegänge und Common Language, in: W. Bürklin/H. Rebenstorf u.a.: Eliten in Deutschland. Rekrutierung und Integration. Opladen, Leske & Budrich 1997

A. Römmele: Elitenrekrutierung und die Qualität politischer Führung. In: ZParl 51, 3, 2004: 259-276

J. Roth: Der Deutschland-Clan. Frankfurt, Eichborn 2006

J . Rüttgers: Von der Gremienpartei zur Bürgerpartei. ZParl 1993: 153- 158

H. Sahner: Führungsgruppen und technischer Fortschritt. Meisenheim, Hain 1975

U. Sarcinelli (Hrsg.): Politikvermittlung und Demokratie in der Mediengesellschaft. Beiträge zur politischen Kommunikationskultur. Wiesbaden, Westdeutscher Verlag 1998

U. Sarcinelli: Politische Kommunikation in Deutschland. Wiesbaden, VS 2009, 2. Aufl.

M. Sattar: Kein Spiegel der Gesellschaft? Wer sind die Abgeordneten des Deutschen Bundestages? FAZ 27. 10. 2009: 7

H. Schatz: Der parlamentarische Entscheidungsprozeß. Bedingungen der verteidigungspolitschen Willensbildung im Deutschen Bundestag. Meisenheim, Hain 1970

H. Schatz u.a. (Hrsg.): Politische Akteure in der Mediendemokratie. Politiker in den Fesseln der Medien? Wiesbaden, Westdeutscher Verlag 2002

E. K. u. U. Scheuch: Cliquen, Klüngel und Karrieren. Reinbek, Rowohlt. 1992

U. Schleth: Once again. Does it pay to study social background in Elite Analyses? Sozialwiss. Jahrbuch für Politik 1971: 99- 118

M. Schlieben: Politische Führung in der Opposition: die CDU nach dem Machtverlust. Wiesbaden, VS 2007

E. Schneider: Die politische Funktionselite der DDR. Opladen, Westdeutscher Verlag 1994

D. Schössler/E. Weede: West German Elite Views on National Security and Foreign Policy Issues. Königstein, Athenäum 1978

S. S. Schüttemeyer: Bundestag und Bürger im Spiegel der Demoskopie. Opladen. Westdeutscher Verlag 1986

H-J. Siewert: Lokale Elitesysteme. Königstein, Hain 1979

H. Solga: Der Elitenimport nach Ostdeutschland. In: M. Diewald/K.U. Mayer (Hrsg.): Zwischenbilanz der Wiedervereinigung. Opladen, Leske & Budrich 1996: 89-109

W. Süss: Wahl und Führungswechsel. Politik zwischen Legitimation und Elitenkonsens. Zum Bonner Machtwechsel 1982/83. In: H.-D. Klingemann/M. Kaase (Hrsg.): Wahlen und politischer Prozeß. Opladen, Westdeutscher Verlag 1986: 39-83

U. Wagschal: Der Parteienstaat in der Bundesrepublik Deutschland: Parteipolitische Zusammensetzung seiner Schlüsselpositionen. ZParl, Jg.32, Nr.4 2001: 861-868

F. Walter: Führung in der Politik. Am Beispiel sozialdemokratischer Parteivorsitzender. ZfP, Jg 7, Nr. 4, 1997: 1287-1336

R. von Weizsäcker: Im Gespräch mit G. Hofmann und W. Perger. Frankfurt, Eichborn 1992

Ch. Welzel: Demokratischer Elitenwandel. Die Erneuerung der ostdeutschen Elite aus demokratie-soziologischer Sicht. Opladen, Leske & Budrich 1997

B. Wessels: Erosion des Wachstumsparadigmas: Neue Konfliktstrukturen im politischen System der Bundesrepublik? Opladen, Westdeutscher Verlag 1991

R. Wildenmann: Eliten in der Bundesrepublik. Tabellenband. Mannheim 1968 (hektogr.)

R. Wildenmann u.a.: Führungsschicht in der Bundesrepublik Deutschland 1981. Mannheim, Lehrstuhl für Politische Wissenschaft 1981

C. W. Witjes: Gewerkschaftliche Führungsgruppen. Berlin, Duncker & Humblot 1976

W. Zapf: Wandlungen der deutschen Elite. München, Piper 1976

B. Zeuner: Kandidatenaufstellung zur Bundestagswahl 1965. Den Haag, Nijhoff 1970

7 Das Parlament

7.1 Entstehung des Parlamentarismus in Deutschland

Deutschland als ziemlich spät industrialisiertes und modernisiertes Land hat auch die Parlamentarisierung des politischen Systems – im Gegensatz zum allgemeinen Wahlrecht – relativ spät durchsetzen können. Gegenüber England und Frankreich war der Rückstand im 19. Jahrhundert von Anfang an nicht aufzuholen. Dass aber auch die skandinavischen Länder, die Beneluxstaaten und Italien Deutschland auf diesem Gebiete überholen sollten, war in der Revolution von 1848 keineswegs vorausbestimmt. Immerhin hat das Parlament im System der Paulskirche eine zwar nicht von allen Parteien gewollte, aber durchaus wirksame Vorherrschaft der Volksvertretung verwirklicht (von Beyme 1973: 150ff.).

Das Vorbild der Paulskirche blieb nach dem Scheitern dieses Ansatzes zu einer demokratischen Reichspolitik für mehr als ein halbes Jahrhundert ohne Folgen für die weitere Entwicklung. Im deutschen Kaiserreich wurde die Parlamentarisierung erst angesichts des nahen Untergangs des Systems erreicht. Noch 1917 waren die konservativen Gruppen bis hin zur Mitte mit einer *negativen Parlamentarisierung* zufrieden, nämlich dem Eintritt von Vertrauensleuten der Parteien in die Regierung. Die Regierung des Prinzen Max von Baden war die erste halbwegs parlamentarische. Selbst in den Verfassungsänderungen vom Oktober 1917 blieb die Parlamentarisierung unvollkommen, und das parlamentarische System war in seiner Durchsetzung bis zum Untergang des Kaiserreichs dadurch behindert, dass es nicht auch in dem mächtigsten Einzelstaat, in Preußen, realisiert war.

Im Weimarer System, dem ersten parlamentarischen Regime im Deutschen Reich, war die Stellung des Parlaments gleichwohl gemindert durch die starke Position des Reichspräsidenten und die Konkurrenz der plebiszitären Komponente bis in die Gesetzgebung hinein. Im Lichte dieser Erfahrungen wollte der Parlamentarische Rat die Vorherrschaft des Parlaments sichern. Die Voraussetzungen dazu waren günstig: Die Länderparlamente konnten sich zeitlich vor den Regierungen und den Bürokratien in Westdeutschland rekonstituieren. Das Grundgesetz wurde in einem Gremium erfahrener Parlamentarier ausgearbeitet und war durch keine Regierungsvorarbeit – abgesehen von jener der Ministerpräsidenten im Entwurf von Herrenchiemsee – vorbelastet.

Dieser Primat parlamentarischer Gesinnung spiegelt sich in einzelnen Teilen des Systems wider. Mit der *förmlichen Wahl der Regierung* durch das Parlament – und nicht nur der Investitur- oder Vertrauensabstimmung wie in anderen neueren parlamentarischen Verfassungen – sollte der erste Rang des Parlaments unterstrichen werden. Jede Form der *plebiszitären Gesetzgebung* wurde auf Bundesebene abgelehnt, und auf der Landesebene wurde eifersüchtig vom Bund darüber gewacht (z.B. in den Anti-Atombewaffnungsreferenden einiger Länder). Das Misstrauen gegen die Volksgesetzgebung wurde häufig mit Weimarer Erfahrungen begründet, obwohl die damaligen Volksbegehren (Fürstenenteignung, Verbot des Baues des Panzerkreuzers A und die Initiative gegen den Young-Plan) alle gescheitert waren und keineswegs viel zum Ruin der Republik beitrugen, wie manchmal behauptet worden ist.

Die Rolle des Bundespräsidenten wurde gegenüber Regierung und Parlament bewußt klein gehalten. Insbesondere wurde auf ein *Auflösungsrecht* ohne starke Einschränkung durch Regeln für das Staatsoberhaupt – wie es die meisten klassischen parlamentarischen Systeme kennen, ohne daran Schaden zu nehmen – bewusst verzichtet. Die Sorgen um die Regierungsstabilität – die auch die Debatten um das Wahlrecht überschatteten – führten zur Schaffung eines *Kanzlersystems,* in dem von Anfang an die Stellung des Parlaments weniger bedeutsam erscheinen musste als in anderen parlamentarischen Systemen, zumal die Krone der Sanktionen des Parlaments gegen die Regierung, das *Misstrauensvotum,* durch die allein zulässige Form des konstruktiven Misstrauensvotums an schwer erfüllbare Voraussetzungen gebunden wurde. Liberale Kritiker wie Karl Loewenstein haben den „rationalisierten Parlamentarismus", der nach dem Krieg in einigen Ländern entstand, aber in Deutschland keineswegs zufällig wiederum zu dem ausgeklügeltsten System der Befriedigung von Stabilitätsbedürfnissen wurde, schon immer kritisiert. Radikalere Kritiker nahmen in der Parlamentarismuskritik Ende der sechziger Jahre zunächst den Parlamentarismus als *pars pro toto* des ganzen kapitalistischen Systems kritisch unter die Lupe, ehe die neomarxistische Kapitalismuskritik ohne Umwege über den Parlamentarismus zur Pauschalkritik des Systems überging. Dabei wurde von einer Depravationstheorie gegenüber dem „bürgerlichen System" ausgegangen, das seit den Anfängen des parlamentarischen Systems ständig einem Funktionsverlust unterlag. „Involution" statt „Evolution" (Agnoli) oder Funktionsverlust bei der Bildung von Öffentlichkeit (Habermas) wurden unterstellt.

Schienen solche Thesen für Länder mit parlamentarischer Kontinuität noch einige Plausibilität zu haben, so war angesichts der kurzen parlamentarischen Tradition Deutschlands die Depravationsthese schwer zu belegen. Seit dem Ende der Ära Adenauer schien das Parlament – und keineswegs nur die Opposition – in manchen Bereichen eher an Boden zu gewinnen. Parlamentskritik begann daher – vielfach in Anlehnung an die klassische Einteilung der Funktionen des Parlaments durch Bagehot – die Kritik durch Operationalisierung der Fragestellungen anhand einzelner Funktionen überprüfbar zu machen und so zu differenzierteren Aussagen zu gelangen.

Neben dem historischen Vergleich empfiehlt sich der internationale Vergleich der Rolle des Parlaments. In ausländischen vergleichenden Untersuchungen wird der Bundestag „die vielleicht mächtigste gesetzgebende Kammer Europas“ genannt (Aberbach u.a. 1981: 231).

7.2 Funktionen des Bundestages

Empirische Untersuchungen zeigen, dass die Parlamentarier selbst ein durchaus differenziertes Verhältnis zu der Frage der Qualität der Wahrnehmung einzelner Funktionen durch den Bundestag haben. Die Kontroll- und die Willensbildungsfunktionen wurden von den Bundestagsabgeordneten selbst als relativ zu wenig entwickelt angesehen (Maier u.a. 1969: 19).

Die *Wahlfunktion* des Deutschen Bundestages wird im allgemeinen positiv bewertet. Es gibt keine endlosen Regierungskrisen wie in Italien oder in den Niederlanden, es müssen keine Vorkonsultationen und Vermittler *(informateurs)* eingeschoben werden, ehe das Parlament seinen Willen durch die Investiturabstimmung vollziehen kann, wie in manchen Vielparteiensystemen. Allerdings sind die Vorzüge des Systems kaum Verdienste des Parlaments an sich. Die Parteienkonzentration und die meist klare Indikation für die Regierungsbildung aufgrund der Wahlergebnisse haben dem Bundestag diese Aufgabe leicht gemacht. Nur selten hatte der Bundestag formal freie Hand für seine Entscheidung. Aber sie fiel eher in den Parteiverhandlungen als im Parlament. Bei den Regierungsbildungen bis 1961 war die Hegemonie der Unionsparteien noch so ungebrochen, dass andere Lösungen der Regierungsbildung allenfalls auf dem Papier denkbar gewesen wären.

Nur in drei Krisen musste das System sich bewähren: bei der Ablösung Erhards, beim Versuch der Ablösung Brandts 1972 und beim Sturz Schmidts 1982. Die zweite Krise dauerte vom Tag der Ablehnung der Vertrauensfrage Brandts am 20.9. bis zur Neuwahl im November 1972. Die Gerüchte um Abwerbung und Korruptionserscheinungen wie Stimmenkauf haben damals das Parlament einigen Kredit gekostet. Erst nach dem Zusammenbruch der DDR wurde ruchbar, dass die DDR offenbar an der Abwehr des Sturzes von Brandt mitgewirkt hatte.

Die Krise von 1972 zeigt, dass die in der Literatur meist positiv bewertete Wahlfunktion (Thaysen 1976: 21f.) nicht in erster Linie durch die Vorzüge des parlamentarischen Systems, sondern eher durch die Eigenarten des Parteiensystems erfolgreich wahrgenommen werden konnte. Die Enquetekommission des Deutschen Bundestages (Beratungen 1976: 21) formulierte nicht eben milde:

„Der Bundestag war mehrere Monate nicht existent und konnte seinen Aufgaben als Staatsleitungsorgan und Kontrollorgan der Regierung nicht nachkommen.“ Sie machte – noch im Bann der alten Gegnerschaft gegen ein Auflösungsrecht auf Verlangen des Regierungschefs durch das Staatsoberhaupt, wie es die normale Prozedur in parlamentarischen Systemen ist, die sich kontinuierlich aus konstitutionellen Monarchien entwickelt haben – den sinnvollen Kompromissvorschlag, ein *Selbstauflösungsrecht* mit Zweidrittelmehrheit des Bundestages in Artikel 39 GG aufzunehmen. In Israel hat sich dieses – allerdings unter den Bedingungen eines komplexeren Parteiensystems – als Mittel zur Lösung von Führungskrisen gelegentlich bewährt. In der Bundesrepublik wurde eine solche Bestimmung erstmals im April 1970 in Niedersachsen zur Lösung einer Koalitionskrise eingesetzt.

Selbst die Schwächung der Funktion des Parlaments als Ganzes bei der Kanzlerwahlfunktion ist nicht rein negativ zu bewerten. Der Regierungschef in klassischen parlamentarischen Systemen mit einem fragmentierten Parteiensystem wurde häufig von der Parlamentsfraktion gewählt. Linke Parteien begannen als erste, den potentiellen Führungskandidaten durch die repräsentativen Gremien der Partei wählen zu lassen. Die Konservative Partei Großbritanniens und die deutschen Unionsparteien sind diesem Beispiel inzwischen gefolgt. Damit ist die Kabinettsbildungsvorschrift nach Artikel 63 GG nur bei der ersten Wahl Adenauers auch inhaltlich bedeutsam gewesen, solange dieser noch nicht unumstrittener Führer seiner Partei war. Seit die Vorentscheidung von der Partei öffentlich außerhalb des Parlaments in beiden großen Parteien fällt, wird die Wahlprozedur des Bundestages zur Bestätigungsfunktion herabgedrückt. Gleichwohl erscheint das informell eingespielte System demokratischer und transparenter. Der Nominierung des Kanzlerkandidaten fällt umso größere faktische Bedeutung zu, seit der Parteivorsitz nicht mehr notwendigerweise mit der Kanzlerschaft oder der Anwartschaft auf das Kanzleramt verbunden ist. Adenauer hatte bis 1961 die Partei in der Regel hinter sich, aber er maß seinem Amt als Parteivorsitzender kaum mehr als manipulative Bedeutung bei. Erhard wurde geradezu zum Parteiführer wider Willen, dem der Nimbus des Volkskanzlers bedeutsamer war. Auch Kiesinger war kaum als ein dynamischer Parteiführer zu bezeichnen. Brandt pflegte schon in der Opposition lieber das Image des „Regierenden Bürgermeisters“ von Berlin als das des Oppositionsführers. Eine paradoxe Entwicklung hat dazu geführt, dass ihm nach der Ausdifferenzierung der beiden Funktionen in der SPD das Amt des Parteivorsitzenden erhalten blieb, während Schmidt die Kanzlerschaft zufiel.

Angesichts der Dreiparteienkonstellation bis 1983 konnte sich in der Bundesrepublik die Alternative nicht klar in der Herausbildung eines *Schattenkabinetts* zeigen, solange der Zwang zur Koalition voraussichtliche Vorbedingung zum Regierungswechsel bleibt. Die Herausstellung einer *Kernmannschaft,* wie sie die CDU in der Opposition entwickelte, hat zwar die Mitwirkung des Parlaments am Prozeß der Regierungsbildung nicht gerade gestärkt, andererseits aber die Transparenz und Kalkulierbarkeit der Folgen des Wahlaktes für den Wähler verbessert.

Es gehört zu den Legenden um die Kanzlerdemokratie, dass der Kanzler bei der Kabinettsbildung dominiere und das Parlament geringen Einfluss habe. Da einzelne Minister heute aus dem Kabinett nicht mehr durch Misstrauensvotum „herausgeschossen" werden können wie in der Weimarer Republik, bleiben die Sanktionen des Parlaments gegen einzelne Minister schwach. Andererseits ist angesichts des gemäßigten Umfangs deutscher Kabinette die Patronagemacht des Bundeskanzlers mit der eines britischen Premiers nicht zu vergleichen (vgl. Kap. 8.1). Selbst für die Adenauerzeit ist behauptet worden, dass dem Kanzler eher ein Kabinett präsentiert werde, als dass er es sich zusammenstelle. Das scheint für CDU-Regierungen zutreffender als für SPD-geführte Kabinette, weil die Unionsparteien weit stärkere Rücksicht auf den Regional-, den Konfessions-, Flügel- und Arbeitsgemeinschaften-Proporz in der Partei nehmen müssen als die SPD. Die Funktion der Parlamentsfraktion war jedoch bei solchen Kompromissen meist nur die eines Vermittlers gegenüber außerparlamentarischen Einflüssen großer Interessengruppen (vgl. Kap. 5.2).

Die Rolle des Parlaments als *Rekrutierungsreservoir* für die Exekutive ist vermutlich bedeutender als die direkte Mitwirkung an der Regierungsbildung. In der Weimarer Zeit waren 22% der Minister Nichtparlamentarier und Fachminister. Nur in der ersten Regierung Adenauer schien der unpolitische Geist von Weimar noch präsent: Vier von 14 Ministern waren keine Parlamentarier. Nach 1953 gab es in CDU-Regierungen nur noch wenige Fälle, wobei die Minister sich meistens nach einiger Zeit der Amtsführung um ein Mandat bemühten (Niklas, Balke). Einige Politiker waren nur aufgrund der Beschränkungen, die der deutsche Föderalismus schuf, vorübergehend nicht im Bundestag, wenn sie aus der Landespolitik in die Bundesregierung überwechselten. In SPD-Regierungen war von dieser Regel nur Leussink als Wissenschaftsminister eine nicht sonderlich erfolgreiche Ausnahme. Selbst auf Länderebene nimmt der Anteil der Fachminister ab, häufiger war er noch in den Kultusministerien.

Die *Artikulations- und Kommunikationsfunktion* in ihrer Wahrnehmung durch den Deutschen Bundestag wird häufig kritisiert. Die Kommunikationsfunktion des Parlaments und die Artikulation einzelner Interessen im System müssen gleichwohl unterschiedlich beurteilt werden. Die Beachtung, die das Parlament findet und seine Rolle bei der Bildung von öffentlicher Meinung ist vielfach Gegenstand nostalgischer Betrachtungen. Dabei wird vergessen, dass das Parlament in der „frühbürgerlichen" Zeit allenfalls für ein kleines Besitz-

und Bildungsbürgertum, das die Repräsentation im Elfenbeinturm eines zensitär abgeschotteten Wahlrechts vornahm, eine wichtigere Rolle besessen hat als heute für die Masse der Bevölkerung. Umfragen, die zeigen, dass ein Teil der Bevölkerung die Arbeit des Parlaments kaum zur Kenntnis nimmt oder den Bundesrat für die Regierung hält, können – so bedauerlich solche Defizite sind – nicht im Vergleich zu früheren Epochen als Beleg für den generellen Niedergang der Bedeutung des Parlaments genommen werden.

Auf die Frage, durch welche öffentliche Institution die Bürger sich vertreten fühlten, schnitt der Bundestag nicht wesentlich günstiger ab als die Bundesregierung (stark vertreten 9,7%, mittelstark vertreten 43,4%, nicht vertreten 26,6%). Der Bundestag lag mit diesen Werten aber noch immer vor der Verwaltung, den Parteien und gesellschaftlichen Organisationen (Herzog u.a. 1990: 54). Der Repräsentationsbegriff hat seine sozialen Gruppenverfestigungen abgestreift und sich von Merkmalen wie Identität der sozialen Schicht, der Konfession, der Region oder der Generation abgekoppelt. Selbst bei den Frauen spielte der Aspekt proportionaler Vertretung in der Elite nicht die große Rolle, die manche Feministinnen ihm beimaßen (Rebenstorf/Weßels 1989: 421). Dies ist freilich kein Grund für die Parteien, auf ein sozial ausgewogenes Maß der Repräsentation von Gruppen zu verzichten. Soziale Ausgewogenheit der politischen Elite dient auch dem Abbau von Benachteiligungen und der Verbesserung des Informationsflusses im Hinblick auf die Bedürfnisse von Gruppen der Gesellschaft.

Die einzige aktive Möglichkeit der Einwirkung des Bürgers auf die parlamentarische Arbeit sind *Eingaben und Petitionen.* Eine Auszählung der Wirkung der Petitionen in einer Legislaturperiode hat ergeben, dass nur 3,2% aller Eingaben und 2,6% aller Petitionen der Bundesregierung als Material zur Kenntnisnahme überwiesen wurden. Anregungen zur Gesetzgebung sind im Durchschnitt seltener erfolgreich als die „sozialen Petitionen", die auf Verbesserung der sozialen Lage des Petenten abzielen und für die eine bestimmte Maßnahme von der Regierung in Aussicht gestellt wird (Kissler 1976: 438 f.).

Die Aufmerksamkeit, die die Arbeit des Parlaments findet, hängt zum Teil von seiner *Arbeitsweise* ab. Ein Redeparlament könnte tendenziell die sportlichen Instinkte der Bevölkerung mehr als ein Arbeitsparlament befriedigen, vorausgesetzt, dass in der Politik bei der Bevölkerung die gleiche Konfliktfreudigkeit herrscht wie beim Sport. Dies muss für Deutschland bezweifelt werden. Ein harter Stil parlamentarischer Auseinandersetzung wird bei der Mehrheit der Bevölkerung nicht geschätzt. Die Aufmerksamkeit für die Parlamentsarbeit in den Medien spielt jedoch eine wichtige Vermittlerrolle. An Übertragungen von Sitzungen des Bundestages im Fernsehen steht die Bundesrepublik im Vergleich zu anderen westlichen Demokratien nicht schlecht da. In der anspruchsvolleren

Presse hingegen können sich die führenden Blätter in ihrer Berichterstattung mit dem „Guardian" oder mit „Le Monde" kaum vergleichen.

In der Typologie der Arbeitsstile gilt der Deutsche Bundestag als eine Mischform zwischen Redeparlament nach britischem Muster mit großer Wichtigkeit der Plenardebatten und dem Arbeitsparlament der USA mit einer Priorität der Ausschussarbeit. Die Parlamentsstatistik zeigt die große Bedeutung der Ausschussarbeit in der Bundesrepublik. Die Reduzierung der Ausschüsse hat zu einer immer stärkeren Komplementarität von Ressort, Parlamentsausschuss und interessiertem Großverband geführt.

Ein altes Desiderat der Verbandsforschung war die *Offenlegung der Stellungnahmen der Verbände* bei Regierungsinitiativen im Parlament. Inzwischen wurde die Regelung getroffen (GGO II, § 37 Abs. 3), dass die Regierung in der Begründung ihrer Vorlagen auf die wichtigsten Eingaben der Verbände hinweist. Die Praxis der Regierungsvorlagen bleibt jedoch hinter diesen Anforderungen an Durchsichtigkeit noch weit zurück. Ein weiteres Instrument zur Verbesserung der Transparenz sind die öffentlichen Anhörungen der Verbände vor Bundestagsausschüssen *(Hearings):* Diese haben erst seit der Großen Koalition in der 5. Wahlperiode 1965-1969 an Bedeutung gewonnen.

In den ersten 11 Wahlperioden, die statistisch erfasst worden sind, wurde zu ungefähr einem Viertel der Gesetzesvorhaben ein Hearing angesetzt: Im 10. Bundestag wurde bei jedem vierten Gesetz eine Anhörung angesetzt. Nach der Einigung wurde wegen der Eilbedürftigkeit der Beschleunigungsgesetze vielfach auf eine Anhörung verzichtet. Der Ausschuss Wirtschaft und Soziales lag an der Spitze. Aber nicht die Zahl der Entwürfe, sondern die Konfliktträchtigkeit der Materie (außerhalb von Außen- und Sicherheitspolitik) determiniert die Häufigkeit von Anhörungen. Kein Wunder, dass bei Schlüsselentscheidungen für die ersten zwölf Bundestage die Häufigkeit von Hearings auf fast zwei Drittel stieg (von Beyme 1997: 240).

Da die Vorschläge für einen *Wirtschafts- und Sozialrat* (vgl. Kap. 5) keine Aussicht auf Realisierung haben, kommt der Verbesserung des Anhörungswesens bei der Parlamentsreform eine wichtige Funktion zu. Eine obligatorische Anhörung, die vorgeschlagen worden ist (Mattern 1969: 64), wird jedoch vermutlich aufgrund von Effizienzerwägungen der Gesetzgebungsarbeit (Schröder 1976: 262f.) nicht realisiert werden.

Während das obligatorische Hearing kaum die Kommunikationsfunktion des Parlaments verstärken könnte, sondern vielleicht sogar angesichts der Masse der Anhörungen das öffentliche Interesse an dieser Form der Parlamentsarbeit erlahmen ließe, könnte die *Öffentlichkeit von Ausschüssen* der Kommunikationsfunktion dienlich sein. Der obligatorischen Forderung nach Öffentlichkeit hat man nicht nur Effizienzgründe, sondern auch Geheimhaltungserwägungen entgegengesetzt. Immerhin hat die Enquetekommission des Bundestages ihre Empfehlung, die Zahl der Lesungen von Gesetzesentwürfen auf zwei zu reduzieren, mit dem Vorschlag gekoppelt, die erweiterte Ausschussberatung des federführenden und der mitberatenden Ausschüsse öffentlich zu gestalten. Die Öffentlichkeit sollte aber auf Antrag eines Zehntels der Mitglieder oder auf Antrag der Bundesregierung mit Zweidrittelmehrheit ausgeschlossen werden können (Beratungen 1976: 175).

Neben der Verbesserung und Transparenz der Ausschussarbeit wird immer wieder an einer wirksameren *Gestaltung der Plenarsitzungen* gearbeitet. Von der Redezeitbegrenzung bis zum Vorschlag der Enquetekommission, die allgemeine Aussprache der ersten Lesung durch schriftliche Stellungnahmen der Fraktionen vorzubereiten und von Details zu entrümpeln, sind viele Anregungen im Gespräch. Selbst dem Zusammenhang von Baulichkeit und Publizitätsfunktion hat man sich angesichts der Neubaupläne in Bonn und Berlin zunehmend zugewandt. Dennoch wäre es eine Illusion, wenn die Effizienz eines Parlaments an der Qualität seiner Redeschlachten gemessen würde. Das Paulskirchenparlament und der kaiserliche Reichstag waren dem Bundestag an oratorischen Qualitäten überlegen und waren gleichwohl weniger machtvolle Institutionen. Gelegentlich dient die Qualität der Rede eher der Kompensation politischer Ohnmacht.

Alle Bemühungen um die Verbesserung der Plenardebatten können nur Teilerfolge erwarten lassen. Nach empirischen Auszählungen ist die Typologie der Abgeordneten gerade für die Debattenbeteiligung wichtig. Fast die Hälfte der Interessenvertreter beteiligt sich kaum je an Plenardebatten. Sie pflegen ähnlich wie die Hinterbänkler eher in Fragestunden aus demonstrativen Gründen für die Publizität im Wahlkreis tätig zu werden (Loewenberg 1969: 162). Eine Verbesserung der Beteiligung ist vermutlich erst nach *Abbau der Fraktionshierarchien* denkbar. Dieser wird jedoch angesichts der Tendenz zur ständigen Vergrößerung der Parlamente erschwert, die auch in Deutschland seit dem Reichstag der Kaiserzeit wirksam war. Die Konzentration und die straffe Organisation der modernen Parteien (Kap. 4.1) fördert die Hierarchisierung gleichfalls. Dies spiegelt sich in historischer Perspektive in einer Zunahme der Fraktionsdisziplin in deutschen Parlamenten wider. Im vorrepublikanischen Reichstag stimmte meist nur die SPD geschlossen ab, während Zentrum und Nationalliberale häufig nicht geschlossen votierten. In den ersten drei Bundestagen stieg die Fraktionsdisziplin selbst bei der vergleichsweise heterogen zusammengesetzten CDU von 93% auf 97% der Abstimmungen (Markmann 1955: 142ff.). Dies führte zu dem Paradoxon, dass im deutschen Parlament der Angestellte des öffentlichen Dienstes sich vergleichsweise am ehesten eine von der Fraktion abweichende Meinung leisten konnte.

Die Vereinheitlichung des Verhaltens der Fraktionen bietet wiederum den Medien wenig Anreiz zur Verstärkung der Kommunikationsfunktion des Parlaments. Der Vorsprung der Regierung vor der Opposition konnte auch in der Zeit der Polarisierung seit 1969 durch Ritualisierung der Ausgewogenheit von Sendungen in Rundfunk und Fernsehen nur teilweise behoben werden. Die Gesetzgebungsfunktion und die Effizienz ihrer Ausübung weckt mehr öffentliches Interesse als die Kontrollfunktion des Bundestages. Der Neuigkeitswert und die Selbstdarstellungsmöglichkeiten der Inhaber von Exekutivämtern benachteiligen die Abgeordneten, die nicht zusätzlich ein Regierungsamt bekleiden.

Ein Problem für die Kommunikationsfunktion liegt auch in der Ungleichgewichtigkeit, mit der die Anstrengungen der Parlamentarier von der Öffentlichkeit honoriert werden. Die Parlamentarismuskritik der sechziger Jahre neigte dazu, für die Kommunikationsdefizite des Parlaments in erster Linie die Politiker verantwortlich zu machen. Erfahrene Parlamentarier verweisen auf die Kehrseite der Medaille, die Sensationshascherei der Presse (Lohmar 1975: 109ff.). Im 19. Jahrhundert wurde von Bagehot die „Lehrfunktion" gegenüber dem Volk noch dem Parlament als Ganzem zugeschrieben. Heute wird mit der Stärkung der Position der Exekutive und der Stellung des Kanzlers mehr und mehr die Regierung begünstigt und die Opposition in der Wahrnehmung der Kommunikationsfunktion benachteiligt.

Das Verbindungssystem zwischen Parlament und Gesellschaft ist zudem keine Einbahnstraße. Es fehlt nicht an Informationen für den Abgeordneten. Mit vielen kann er jedoch kaum etwas anfangen, da trotz der Verbesserung des wissenschaftlichen und technischen Hilfsdienstes die Verarbeitungskapazität des Abgeordneten begrenzt bleibt. Der Konflikt zwischen den Rollen des „Wahlkreiskönigs" und des „Parlamentsstars" (R. Barzel) überfordert ohnehin viele Abgeordnete täglich.

Einige Illusionen der bloß technokratischen Parlamentsreform, die das Heil in der Verbesserung der *Hilfsdienste* und der wissenschaftlichen Zuarbeit suchte, werden heute kaum noch geteilt. Im internationalen Vergleich zeigte sich, dass der Bundestag mit seiner besseren technischen und wissenschaftlichen Ausstattung dennoch die Kommunikationsfunktion nicht besser wahrnimmt als beispielsweise das Schweizer Parlament, das durch die traditionelle Vormachtstellung der Legislative und durch das Zusammenwirken von repräsentativen und plebiszitären Komponenten im System die Kommunikationsfunktion vergleichsweise intensiver ausübt als der Bundestag (Egloff 1974: 76).

Die Artikulationsfunktion des Bundestages für die Einzelinteressen der Gesellschaft ist in ihren Mängeln Hauptpunkt populärer Parlamentarismuskritik. Die Diskrepanzen zwischen den Berufen und Schichten in Bevölkerung und Parlament (vgl. Tab. 6.2) sind kritikwürdig. Die Unterrepräsentation von Frauen und Arbeitern, die Überrepräsentation von Beamten und Akademikern, das Übergewicht der Juristen und das Untergewicht von Naturwissenschaftlern und Technikern muss durch bessere Fraktions- und Parteiplanung bekämpft werden.

Schon die Normen des repräsentativen Parlamentarismus, aber auch die Beobachtung der Realität der Parlamentsarbeit lassen jedoch die tatsächliche Artikulation der Interessen nicht an der berufsständischen Zusammensetzung eines Parlaments ablesen. Organisationszugehörigkeiten und Gruppenloyalitäten sind weitere Determinanten des tatsächlichen politischen Verhaltens. Aus der Tatsache zum Beispiel, dass 40% aller Bundestagsabgeordneten einer Gewerkschaft angehörten (vgl. E.-P. Müller 1992: 14), kann nicht geschlossen werden, dass das Interesse der Arbeitnehmer (das kaum direkt repräsentiert ist) durch organisatorische Verbundenheit hinreichend kompensiert ist. Eine Analyse der Inhalte der Gesetzgebung kann die tatsächliche Interessendurchsetzung realistischer einfangen als die bloße Auszählung von sozialen Hintergrunddaten über Abgeordnete. Sowohl die systematische Erforschung der Gesetze und Entscheidungen als auch die qualitative Untersuchung des Abstimmungsverhaltens (das bei hoher Fraktionsdisziplin allerdings weniger interessant erscheint als in den USA) sind in Deutschland noch kaum in Angriff genommen worden. Nur eine Minderheit von Gesetzesentwürfen sind kontrovers verabschiedet worden.

Die *Gesetzgebungsfunktion* wird meist positiv für die Bundesrepublik beurteilt. Dem Bundestag wird bescheinigt, ein fleißiges Parlament zu sein. Im internationalen Vergleich ist der Ausstoß an Gesetzen imposant. Es zeigt sich jedoch, dass Länder wie Italien und Deutschland, die eine faschistische Epoche durchliefen, vor allem am Anfang schon deshalb viele neue Gesetze brauchten, weil die vordemokratischen abgeschafft oder überarbeitet werden mussten. Im Vergleich zu Italien ist die Ausübung der Gesetzgebungsfunktion in der Bundesrepublik noch insofern beeindruckend, als der Föderalismus in Deutschland die Gesetzeskompetenzen des nationalen Parlaments beschneidet. Föderalismusreform und Grundgesetzänderungen führten jedoch vor allem seit den sechziger Jahren zu einer Ausdehnung der Gesetzgebungskompetenzen des Bundestages auf Kosten der Länderparlamente, vor allem in der konkurrierenden Gesetzgebung. Die Ländergesetzgebung schrumpft qualitativ – vorerst noch kaum quantitativ – und beschränkt sich mehr und mehr auf die ausschließlichen Landeskompetenzen. Dies führte dazu, dass die Länder zum Teil selbst dort gesetzgeberische Enthaltsamkeit übten, wo sie zuständig gewesen wären. Bei der Ausführungsgesetzgebung der Länder hat der Bund den häufig kritisierten Weg beschnitten, die Landesregierungen zu Rechtsverordnungen zu ermächtigen, anstatt die Ausführungsbestimmungen dem Ermessen der Mehrheiten der Landtage zu überlassen. Zur Eindämmung dieser Entwicklung ist bereits vorgeschlagen worden, das Enumerationsprinzip umzudrehen: nicht die Bundes-, sondern die Länderkompetenzen aufzuzählen (Friedrich 1975: 60).

Der nicht nachlassende Fleiß des Parlaments ist noch kein Anzeichen für eine wachsende Initiativfunktion. Es ist ein weiter Weg vom Agendasetting zur Gesetzesinitiative. Wenn das parlamentarische System als Handlungsverbund zwischen Regierung und Parlamentsmehrheit definiert wird, erscheint die Frage, welcher der beiden Hauptakteure dieses Verbundes formal den Entwurf eingebracht hatte, eigentlich zweitrangig. Die Frage nach der parlamentarischen Initiative reduziert sich weitgehend auf die Frage nach dem Anteil der Oppositionsvorlagen.

Die koalitionsgesteuerten Initiativen können als Regierungsentwürfe, als parlamentarische Vorlagen der Fraktionen oder als Bundesratsinitiativen deklariert werden. Von der Regierung wurden in der 8. Wahlperiode 66,4% der Gesetzesentwürfe eingebracht. Im Durchschnitt der ersten 12 Bundestage lagen die Regierungsinitiativen bei knapp 60% (59,0). Seither sank der Anteil der Regierungsvorlagen im 12. Bundestag (1990-1994) auf 50,9% und im 13. Bundestag (1994-98) auf 443 von 923 (48,0%) (Schindler 1995: 561; im 16. Bundestag stammten 305 von 512 Gesetzesvorlagen von der Regierung. vgl. Tabelle 7.1). Daraus kann nicht gerade auf abnehmende Regierungstätigkeit geschlossen werden, wie es manchmal bei leichtfertigen Interpretationen im unkritischen Umgang mit den GESTA-Daten geschah. Die deutsche Einigung hat einen so starken legislatorischen Handlungsbedarf mit sich gebracht, dass die Regierung aus Zeitgründen öfter als früher die parlamentarische Initiative wählte. Der Umweg erweist sich zeitlich als der kürzeste Weg. Bei den Gesetzen zur deutschen Einigung häufte sich die Rubrik „textidentische Vorlagen“ der Regierung und der Koalitionsfraktionen.

Es gibt mehrere Gründe für eine Regierung, die parlamentarische Initiative vorzuziehen:

- Der Gesetzgebungsweg spart einen Weg zum Nadelöhr des Bundesrates.
- Aus Gründen der Fairness kann bei weltanschaulichen Problemen, die nicht mit Fraktionszwang zu lösen sind, die parlamentarische Initiative zu breiteren Mehrheiten führen.
- Gelegentlich hat der verkürzende Umweg für die Regierung den Vorteil einer propagandistischen Wirkung für die eigene Partei (z.B. beim Kindergeldgesetz 1954).
- Ministerielle Entwürfe wurden zuweilen in Parlamentsinitiativen umgeformt, wenn der Minister Dissens im Kabinett befürchtete.

Tabelle 7.1: Tätigkeiten des Deutschen Bundestages und des Bundesrates

	1.	2.	3.	4.	5.	6.	7.	8.	9.	10.	11.	12.	13.	14.	15.	16.
	Wahlperiode															
Gesetzesvorlagen:																
der Bundesregierung	472	431	394	368	415	351	461	322	146	280	321	407	443	443	320	305
des Bundestages	301	414	207	245	225	171	136	111	58	183	227	297	329	328	211	131
des Bundesrates	32	16	5	8	14	24	73	52	38	59	47	96	151	93	112	76
Insgesamt	805	861	606	621	654	546	670	485	242	522	595	800	923	865	643	512
Gesetzesbeschlüsse auf Initiative von:																
Bundesregierung	392	371	348	326	372	259	427	288	104	237	267	345	402	267	281	251
Bundestag	141	132	74	97	80	58	62	39	16	42	68	99	102	78	85	30
Bundesrat	12	8	2	3	9	13	17	15	8	32	15	28	36	16	17	10
Bundesregierung/ Bundestag/Bundesrat	-	-	-	-	-	5	10	12	11	9	19	50	25	25	17	10
Insgesamt	545	511	424	426	461	335	516	354	139	320	369	507	565	386	400	301
Vermittlungsausschuss angerufen durch:																
Bundesregierung	3	3	3	3	4	2	7	7	3	-	-	14	10	10	11	-
Bundestag	7	3	-	2	1	-	1	1	-	-	-	-	8	1	1	-
Bundesrat	70	59	46	34	34	31	96	69	17	6	13	71	74	66	90	2
Insgesamt	75	65	49	39	39	33	104	77	20	6	13	83	92	77	102	2
als Gesetz verkündet	63	56	47	35	35	30	89	57	17	6	12	62	73	63	88	2

Quelle: Schindler 1983, 1987, 1994, Stand der Gesetzgebung 11., 12. und 13. Bundestag; Statistisches Jahrbuch 2008 für die Bundesrepublik Deutschland. Stuttgart 2008: 108.

Selbst Entwürfe der Opposition sind manchmal unter Mitwirkung eines Ministeriums zustande gekommen, wie das Kinderbeihilfegesetz (1953).

Dass vor allem die deutsche Einigung zu *unechten Parlamentsinitiativen* führte, kann aus der Erhöhung der Erfolgsquote bei parlamentarischen Initiativen geschlossen werden. Mit der Vereinigung von Regierungs- und Fraktionsinitiativen stieg der Anteil der vom Bundestag eingebrachten Gesetze, die zum Gesetz wurden, von 11,4% (8. WP) auf 19,5% (12. WP) und 35,6% (13. WP). Im 10. und 11. Bundestag hatten 9,7% und 14,4% der Vorlagen der Regierungsparteien Erfolg. Die SPD als größte Oppositionspartei hatte nur einen Anteil von 0,3% an den erfolgreichen Parlamentsinitiativen und die Grünen hatten keinen Anteil. Erst in der 13. Wahlperiode wurde eine Gesetzesinitiative der Grünen Gesetz.

Die Analyse der Initiatoren bleibt formal, wenn man nicht die Initiative hinter der Initiative aufspürt, die vom Bundesverfassungsgericht, von Beiräten und Kommissionen bis zur Europäischen Union ausgehen. Bei einer Studie über die europäischen Impulse für die Gesetzgebung gingen in der 11. und 12. Wahlperiode (1987-94) schon ca. 20% der Anstöße von der EU aus. Am höchsten war der Anteil im Politikfeld Landwirtschaft. Im Post- und Fernmeldewesen gingen 100% der Entscheidungen in der 12. Legislatur von Europa aus. Die Umweltpolitik folgte als Spitzenreiter mit 66,7% in der 11. Wahlperiode (Töller 1995: 47). Die Tendenz der europäischen Impulse ist steigend. Dass in der 12. Wahlperiode ein leichter Abfall zu verzeichnen war, ist schwerlich ein neuer Trend, sondern ein statistisches Produkt des Umstandes, dass die Sonderlage vieler rein innerdeutscher Gesetze entstand, um Ostdeutschland zu fördern und zu integrieren.

In diesem Trend kann eine zunehmende Einschränkung der de facto-Kompetenz in der Gesetzgebungsfunktion des Deutschen Bundestages gesehen werden. Ein weiteres Problem des Machtverlustes liegt in dem Umstand, dass ein Teil der europäischen Rechtssetzung auf Verordnungen beruht.

Die Vorwirkung des *Bundesverfassungsgerichts* ist im Gesetzgebungsprozess im Hinblick auf die Entscheidungsfindung studiert worden, aber kaum systematisch in bezug auf die Anstöße zur Gesetzgebung, die von dem Gericht ausgingen. Sie machen 12,6% aller Schlüsselentscheidungen aus (von Beyme 1997). In der Konkurrenz der beiden Gewalten in der Normsetzung kann der Gesetzgeber auch indirekt von den Gerichten beeinflusst sein, weil er eigenwillige Auslegungen der Gerichte eindämmen und eine Gesetzeslücke schließen will, ehe das Gericht judiziert (Görlitz/Voigt 1985: 136). Zu neuen Gesetzgebungsaktivitäten kann es auch kommen, ohne dass dies notwendigerweise in die Parlamentsstatistik eingeht. Als sich 1995/1996 das Verfassungsgericht mit einer Reihe von Entscheidungen in die Linie der Kritik begab (das Soldaten sind Mörder-Urteil vom März 1996, das Kruzifix-Urteil und andere), kam es zum legislatorischen Gegenschlag. Beim Soldaten sind Mörder-Urteil mochte sich die CSU um die deutsche Wehrkraft sorgen. Aber ihre Gegenreaktion auf der Ebene des Landesgesetzgebers war eher symbolische Politik in Form einer Drohgebärde gegen Karlsruhe. Die in der Debatte beschworenen Störer des Großen Zapfenstreichs im Bonner Hofgarten hätten auch nach geltendem Strafrecht belangt werden können. Trotzdem kam es zu einer Initiative gegen die Verunglimpfung der Bundeswehr, die indirekt mit dem Karlsruher Richterspruch verbunden war.

Eine wichtige Funktion nahm sich das Verfassungsgericht in seinem Urteil zum Lissabon-Vertrag der Europäischen Union im Juni 2009. Das „Ausweitungsgesetz“ wurde als Verstoß gegen Artikel 38, 1 in Verbindung mit Artikel 23, 1 GG gesehen, weil die Beteiligungsrechte des Deutschen Bundestages und des Bundesrats nicht im erforderlichen Umfang ausgestaltet worden sind.

Die Verschärfung der Konfrontation zwischen Regierungsmehrheit und Opposition führte nicht nur zu einer Abnahme der Bedeutung des Parlaments, wie die Gesetzeszahlen vermuten lassen könnten. Es lässt sich auch eine Aufwertung des Bundestages insofern zeigen, als bei wichtigen Fragen und Gesetzesprojekten die Konsultation der Opposition vielfach über die Spitzen der parlamentarischen Fraktionen geht. Man hat von *„parlamentarischer Mitregierung“* gesprochen (Kewenig 1970). An dieser Kooperation hat sich Kritik entzündet, nicht nur weil eine Aushöhlung der Oppositionsfunktion befürchtet wird, sondern weil das Parlament durch fleißige Mitarbeit und durch die Verbesserung undurchdachter

Regierungsinitiativen seine eigene Entmachtung gegenüber der Regierung noch zu beschleunigen droht.

Die wachsende Quantität des legislatorischen Outputs hat einige nachteilige Wirkungen auf die Qualität der Kontrollen. Die Wirkung der Gesetzesflut ist im vorhinein kaum abzuschätzen. Luhmann (Rechtssoziologie, Reinbek 1972: 292) hat daher vorgeschlagen, von beiläufiger zu ausdifferenzierter politischer Kontrolle überzugehen und etwa ein Amt für Gesetzgebung zu schaffen, dem jedermann die Folgen melden kann, die bei der Anwendung bestehender Gesetze aufgetreten sind. Wenn man für unser System die Schaffung von weiteren Ämtern eines Ombudsmannes überwiegend ablehnt, wird die Schaffung einer solchen Superbehörde erst recht auf politische Schwierigkeiten stoßen. Der Vorschlag ist daher auch nicht ernsthaft aufgegriffen worden. Eine solche Behörde könnte vielleicht die Zahl der Gesetze reduzieren (12. Bundestag 1994-98: 529), würde aber die wachsende Zahl der Rechtsverordnungen (12. Bundestag: 1695) kaum betreffen.

Zur Verbesserung der Gesetzgebung und vor allem zur Stärkung der Rückkopplung der Gesetzesinitiative an Bestrebungen in der Wählerschaft wurde immer wieder der *Ausbau der plebiszitären Möglichkeiten der Gesetzgebung* auf Bundesebene vorgeschlagen. In Zeiten der verstärkten politischen Mobilisierung Anfang der siebziger Jahre und auf Initiative der Grünen und einiger Sozialdemokraten in den achtziger Jahren ist die Debatte immer wieder angefacht worden. Umfragen in der Bevölkerung zeigten (AJdÖ 1983: 351, Infas Sept. 1986), dass solche Vorschläge auf große Mehrheiten im Wählervolk rechnen konnten. Im Bundesprogramm der Grünen 1980, im Liberalen Manifest von 1985 (: 18) und im Grundsatzprogramm der SPD (Bonn, Dez. 1989: 22) fanden direkte Beteiligungsmöglichkeiten des Volkes Eingang in die Programmatik der Parteien. Die Unionsparteien lehnten hingegen solche Möglichkeiten ab. Hartnäckig hielten sich historische Bedenken aufgrund der Erfahrungen der Weimarer Republik, obwohl dort keine Initiative eine Mehrheit fand (vgl. Jung 1989). Eine Referendumspraxis, wie sie sich in Italien einbürgerte, mit seltenen Abstimmungen und bisher durchaus moderaten Entscheidungen, die das Augenmaß des Wahlvolkes dokumentierten, wurde in Deutschland weitgehend ignoriert.

Die Parlamentarier sind naturgemäß gegen die Schaffung einer konkurrierenden Möglichkeit der Gesetzgebung. Eine Befragung unter Abgeordneten des 11. Bundestages ergab für die weitreichendste Lösung des Volksentscheids aufgrund eines Volksbegehrens keine Mehrheit. Nur die Grünen Abgeordneten waren zu 100% für diese Lösung. Bei der SPD war es die knappe Mehrheit (52%), bei der FDP 37% und bei den Unionsparteien nur 21% und 22% (Herzog 1990: 130). Die Volksabstimmung auch nur für die Verabschiedung einer gesamtdeutschen Verfassung zuzulassen (vgl. Kap. 1.4) stieß auf starke Widerstände. Als die politische Klasse sich über den Regierungssitz Bonn oder Berlin nicht einigen konnte, hätte sich eine Volksabstimmung angeboten. Aber auch dieser harmlose Präzedenzfall mobilisierte alle Vorurteile gegen Verfahren, die demokratische Unsicherheit in den politischen Prozess hineintragen könnten.

Die hohe Einschätzung der *Kontrollfunktion* und die scharfe Kritik an den Mängeln ihrer Ausübung im parlamentarischen System orientieren sich zum Teil noch an dualistisch-konstitutionellen Zeiten, als das Parlament als Ganzes einer Regierung gegenüberstand, die nicht direkt vom Vertrauen der Parlamentsmehrheit abhängig war. Die Abgeordneten selbst sind nach Umfragen realistischer. Die Kontrollfunktion sollte nach Ansicht der Mehrheit befragter Abgeordneter höher rangieren, als sie im Durchschnitt in ihrer Bedeutung eingeschätzt wird (Maier u.a. 1969: 19). Eine spätere Befragung der Bundestagsabgeordneten hat die Fragen nach der Zufriedenheit mit der Ausübung der Funktionen des Parlaments etwas anders gestellt. Daher waren die Zahlen nicht direkt vergleichbar. Aber im Ergebnis hat sich die Meinung der Abgeordneten nicht gewandelt: Die Abgeordneten waren mit der parlamentarischen Kontrolle nicht zufrieden, vor allem gegenüber der Verwaltung, aber auch gegenüber der Regierung (Herzog u.a. 1990: 121).

Ein parlamentarisches System mit *Vereinbarkeit von Abgeordnetenmandat und Regierungsamt,* wie es in der Bundesrepublik – im Gegensatz zur 5. Französischen Republik – besteht, erleichtert die tägliche Kontrolle durch Präsenz der Inhaber von Regierungsämtern. Anträge auf Herbeirufung von Regierungsmitgliedern bleiben daher verhältnismäßig selten. Die *Große Anfrage* als „Folgerecht" der „Herbeirufung" – ein Äquivalent der Interpellation in kontinentalen parlamentarischen Systemen – soll der Richtungskontrolle dienen (Thaysen 1976: 58). Da sie aber der Sanktionen des klassischen Parlamentarismus entbehrt, nimmt ihre Zahl folgerichtig zugunsten kleinerer Kontrollmöglichkeiten wie der *Kleinen Anfrage* und der *Fragestunde* ab. Die Aktuelle Stunde hat darüber hinaus zur Stärkung der Funktion der Öffentlichkeitsbildung des Parlaments beigetragen (Lichtenberg 1983: 177). Bei diesen Instrumenten erhebt sich aber die Frage, ob sie überwiegend der Kontrolle der Regierung und nicht vielmehr der Profilierung einzelner Abgeordneter dienen und zwar in Wahrnehmung der Kommunikationsfunktion gegenüber dem Wahlkreis oder den Interessengruppen im Lande. Diese Kontrollmittel verloren sich vielfach in Details der Kommunalpolitik. Die Adressaten der Kontrollinstrumente wurden immer einseitiger ausgewählt. Es dominierten das Finanz-, das Innen- und das Verkehrsministerium. Das britische Vorbild ist in der Häufigkeit der Anwendung, vor allem durch die Hinterbänkler, trotz wachsender Zahlen noch nicht erreicht. Der Charakter des auf Debatte angelegten Redeparlaments nach britischem Vorbild wird im Bundestag auch durch Rollenspezialisierung fragender Abgeordneter und antwortender Minister, die einen wachsenden Fachleutestab konsultieren, erreicht. Auch die Einführung der Aktuellen Stunde im Jahre 1965 mit der Absicht, ein Forum für kurze Beratungen über aktuelle Fragen zu schaffen, in dem Kontroversen besser zur Geltung kommen, hat das Übergewicht der Spitzen der Fraktionshierarchie und der Regierung nur partiell abbauen können (Loewenberg 1969: 489f.).

Die *Untersuchungsausschüsse* waren in vorparlamentarischer Zeit ein wichtiges Mittel für Minderheiten zur Kontrolle der Regierung, haben aber mit der Parlamentarisierung der Exekutive in Deutschland an Bedeutung verloren. Im Vergleich mit einem dualistisch-präsidentiellen System wie dem der USA haben Untersuchungsausschüsse – wie alle Ausschüsse – nicht die gleiche durch Senioritätsregeln abgesicherte unabhängige Stellung. Im ersten Deutschen Bundestag wurde das Mittel von den Oppositionsparteien noch häufiger bemüht. Nach Herausbildung stabiler Mehrheitsverhältnisse verlagerte sich die Kontrollfunktion auf andere Möglichkeiten in den Händen der Parlamentsminderheit. Minderheiten können die Einsetzung eines Untersuchungsausschusses durchsetzen, danach spiegeln diese jedoch die Zusammensetzung des Plenums wider und können nicht mehr als Instrument für die Minderheit benutzt werden. Diese frustrierenden Erfahrungen führten dazu, dass im 3. Bundestag kein Untersuchungsausschuss mehr eingesetzt wurde; in den folgenden Bundestagen lag die Zahl zwischen einem und zwei. Hauptzweck von Untersuchungsausschüssen ist die Aufdeckung von Missständen, die die Regierung zu verantworten hat. Korruptionsaffären wie die Fibag-Affäre oder die Schützenpanzer-HS-30-Affäre haben jedoch so wenig klare Ergebnisse gezeigt, dass die Kritik an der Unzulänglichkeit dieses Kontrollinstruments auch unter den Politikern immer lauter wurde.

Vor allem in den Landtagen wurde immer wieder vorgeschlagen, die Untersuchungsausschüsse aus dem Pulverdampf parteipolitischer Propagandagefechte herauszunehmen. Auf Bundesebene scheint sich jedoch kein quasi-richterliches und unpolitisches Verständnis der Funktion von Untersuchungsausschüssen durchzusetzen. Die Enquetekommission hat dem Bundestag empfohlen – ähnlich wie die Konferenz der Präsidenten der deutschen Länderparlamente vom März 1972 –, den politischen Charakter der Untersuchungsausschüsse nicht mit richterlichen Funktionen zu vermischen, da diese der „Aufklärung tatsächlicher Sachverhalte mit parlamentarischen Mitteln zum Zweck einer politischen Bewertung“ dienten (Beratungen 1976: 126). Die populärsten Heilmittel, die in der Diskussion vorgeschlagen werden – die Besetzung mit gleichen Anteilen der Fraktionen unabhängig von ihrer Stärke, um die bloße Wiederholung der parlamentarischen Mehrheitsansichten zu verhindern und die Zuwahl unabhängiger Mitglieder (möglichst aus der Richterschaft) – wurden verworfen. Der Vorschlag der Opposition, die Mehrheit in einem Untersuchungsausschuss zu geben, beschwört die Gefahr herauf, dass die Fortsetzung des parlamentarisch-politischen Kampfes mit anderen (justiziellen) Mitteln angestrebt und so die politische Funktion solcher Ausschüsse überstrapaziert wird.

Innerhalb des deutschen Rechtssystems ließen sich auch andere Kontrollmittel des Parlaments nicht in gleicher Weise ausbauen wie in andersartigen Rechtsordnungen. Der *Wehrbeauftragte* wurde immer als Hilfsorgan des Parlaments verstanden. Versuche, die Bande zum Parlament zu lockern und sich zum allgemeinen Zensor aufzuwerfen, wie sie in der Vorabveröffentlichung harter Kritik in der Presse durch den früheren Wehrbeauftragten Heye gewittert wurden, haben scharfe Reaktionen zur Folge gehabt. Solche Versuche, die Stellung als Kontrollorgan zu stärken, scheiterten an den Realitäten der Mehrheitsverhältnisse, die sich von Anfang an bei den Wahlen des Wehrbeauftragten und in der Opposition der relativ konservativen Mehrheit im Verteidigungsausschuss gegen weiterreichende Aktivitäten des Kontrollorgans niederschlugen. Die quasi-richterlichen und empfehlenden Kompetenzen, die das Vorbild der Einrichtung, der schwedische „militie ombudsman" besitzt, sind im Rahmen des deutschen Rechtssystems und der vorherrschenden Parlamentsverständnisse nicht zu erwarten. Seine Funktionen bleiben prüfend und beratend. Die Bewegung zur Ausdehnung solcher Einrichtungen in immer weitere Bereiche, die auch Großbritannien und einige angelsächsische Länder erfasste, stößt in der Bundesrepublik auf Hindernisse. Die Enquetekommission des Deutschen Bundestages hat die Einführung eines allgemeinen Ombudsmannes nach skandinavischem Vorbild angesichts des lückenlosen Systems der Verwaltungsgerichtsbarkeit und der vorliegenden verfassungsrechtlichen Rechtsschutzgarantien sowie aufgrund der Verbesserung des *Petitionswesens* für überflüssig angesehen (Beratungen 1976: 150).

Die Krone aller parlamentarischen Kontrollmittel bilden in parlamentarischen Regierungssystemen *Missbilligungsanträge* und das *Misstrauensvotum.* Das parlamentarische System der Bundesrepublik hat im Interesse der Regierungsstabilität die Kabinettssolidarität stärker betont als die Sanktionsmittel gegenüber einzelnen Kabinettsmitgliedern. Missbilligungsanträge gegen einzelne Minister spielten in der ersten Legislaturperiode (5 Fälle) die größte Rolle. Die Mehrheit des Parlaments hat „ihre" Minister nicht fallen lassen. Anträge auf Entlassung eines Bundesministers wurden zwar in 3 von 5 der ersten Fälle angenommen, blieben aber ohne politische Konsequenzen, weil der Bundeskanzler gegen die Mehrheit entschied (Thaysen 1976: 56).

Der Sanktionsmechanismus gegen den Kanzler und die gesamte Bundesregierung ist im „rationalisierten Parlamentarismus" der Nachkriegszeit durch die Einrichtung des konstruktiven Misstrauensvotums stark erschwert. Es wurde in bewußter Absetzung vom Weimarer System geschaffen, obwohl die normale Ursache des Regierungssturzes in der Weimarer Republik nicht das parlamentarische Misstrauen oder die Ablehnung einer Vertrauensfrage war (insgesamt gab es nur drei solche Fälle), sondern der Koalitionszerfall, gegen den das konstruktive Misstrauensvotum unter den Bedingungen einer fragmentierten Parteienstruktur in geringerem Maße gefeit wäre, als es angesichts der heutigen Parteienkonzentration den Anschein hat.

Der erste Antrag auf ein konstruktives Misstrauensvotum, gegen Willy Brandt am 27.4.1972 war eine echte Bedrohung für die Existenz der Regierung. Trotz der knappen Ablehnung führte der Versuch in eine Pattsituation, die nur durch vorzeitige Parlamentsauflösung gelöst werden konnte.

1982 wurde noch offensichtlicher die Vertrauensfrage gestellt, um sie abschlägig beschieden zu bekommen. Kritiker des abgekarteten Votums, das den Weg zur Bundestagsauflösung freimachen sollte, konnten sich nur auf den „Geist der Verfassung" berufen. Artikel 68 GG schweigt über die Motive hinter einem solchen Votum. Das Bundesverfassungsgericht hat die Prozedur trotz ihres manipulativen Anstrichs durchgehen lassen. „Der Bundeskanzler hatte im Dezember 1982 Anlass, davon auszugehen, dass aufgrund der außergewöhnlichen Lage, in der sich die Abgeordneten einer Koalitionspartei nach der Beendigung der bisherigen Koalition befanden, eine dauerhafte stabile Mehrheit nicht zustande gebracht werden konnte" (BVerfGE 62, 52). Der Koalitionswechsel wurde von vielen gleichwohl als anrüchig empfunden, und die konfliktscheue politische Kultur schlug sich in Vorstellungen über „Nibelungentreue" nieder, die den Koalitionswechsel wie ein Schurkenstück erscheinen ließ. Bei der Beurteilung muss in Rechnung gestellt werden, dass auch Bundeskanzler Schmidt vor dem Rücktritt der FDP-Minister die gleiche Prozedur zur Klärung der Lage erwogen hat; auch er hätte auf dem Weg zur Parlamentsauflösung Teile seiner Partei anweisen müssen, gegen ihn zu stimmen.

Das konstruktive Misstrauensvotum, auf dessen stabilisierende Wirkung die Verfassungsväter stolz waren und an dessen heilsame Wirkung auch im Ausland gelegentlich geglaubt wird, hat psychologisch gesehen eher nachteilige Wirkungen gehabt. Der Antrag gegen Brandt war von unkontrollierten und nie ganz aufgeklärten Abwerbungsversuchen der Opposition begleitet. Er zeigte, wie hinter dem Rücken des amtierenden Kanzlers konspiriert werden muss, um in einem System der Parteienkonzentration überhaupt eine Änderung der Mehrheitsverhältnisse zu ermöglichen. Die Ablösung von Bundeskanzler Erhard, gegen den man die schärfste der Waffen nicht ins Spiel bringen wollte, hatte 1966 schon ähnliche Umorientierungsverhandlungen von Teilen seines Koalitionspartners und sogar seiner eigenen Partei mit sich gebracht. In Verbindung mit der stark reglementierten Parlamentsauflösung, die in den meisten parlamentarischen Systemen dem Regierungschef als Gegeninstrument gegen das Misstrauensvotum zur Verfügung steht, hat die konstitutionelle Regelung der Vertrauensfrage psychologisch negative Motivationen gefördert. Brandt stellte die Vertrauensfrage am 20.9.1972 zur Beendigung der unhaltbaren Pattsituation bewusst mit der Absicht, sie negativ beschieden zu bekommen, weil dies als der einzige Weg zur vorzeitigen Parlamentsauflösung erschien. Die konstruktiven Wirkungen der Vertrauensfrage sind damit eher untergraben, denn eigentlich sollte dieses Instrument für Fälle reserviert sein, in denen der Kanzler begründete Hoffnung hat, weiterregieren zu können. Dies war 1972 jedoch von vornherein nicht gegeben. Unter den Bedingungen eines stark fragmentierten Parteiensystems könnte das konstruktive Misstrauensvotum vielleicht auch einige konstruktive Seiten entfalten. Unter dem Zweieinhalbparteiensystem 1969-1983 hat es ungeachtet des Namens eher destruktive Tendenzen für die parlamentarischen Verkehrsformen entwickelt.

Die Möglichkeit einer Selbstauflösung des Parlaments mit Zweidrittelmehrheit, welche die Enquetekommission des Bundestages vorschlug, könnte zur Lösung von Pattsituationen beitragen, in denen die Regierung keine Mehrheit mehr besitzt, zumal wenn auch Gegner in den eigenen Reihen den „klebenden" Kanzler durch das Misstrauensvotum zu stürzen versuchen. Übertriebene Hoffnungen sollten an die Selbstauflösung des Parlaments nicht geknüpft werden. Angesichts der Abneigung der Hinterbänkler, sich häufigeren Wahlkämpfen zu stellen, verschärft durch Pensionsregelungen, die sich weitgehend an normalen Fristen der Legislaturperioden orientieren, würde die Zweidrittelmehrheit für die Selbstauflösung kaum zu einer häufigen Erscheinung in der Bundesrepublik werden.

Die Gemeinsame Verfassungskommission hat viele der Vorschläge zur Reform des Parlamentsrechts diskutiert. Außer der Ergänzung des Grundgesetzes um einen Ausschuss für Angelegenheiten der Europäischen Union (Art. 45 GG) konnte sich die Mehrheit zu keiner Reform bereit finden (Sannwald 1993).

7.3 Kooperativer Parlamentarismus und Opposition

Kritik an der Ausübung der Kontrollfunktion des Parlaments darf sich nicht an einer idealen Konfliktsituation zwischen Parlamentsmehrheit und Regierung im vorparlamentarischen Zeitalter orientieren. Die Kontrolle der Regierung wird letztlich nicht durch einzelne Maßnahmen und durch die Verbesserung der instrumentellen Hilfsmittel allein erreicht, sondern vor allem durch die Aktivität einer effektiven Opposition.

Im Deutschen Bundestag stehen Strategien der Konfrontation und der Kooperation nebeneinander. Die Rolle der Opposition ist normativ nicht festgelegt. Sie taucht im Grundgesetz nicht auf, und in der Geschäftsordnung des Bundestages wird sie weniger als angemessen behandelt. Die Geschäftsordnung stärkt die Opposition gleichsam indirekt, da sie – im Gegensatz zum Mehrheitsparlamentarismus in Großbritannien – von Fraktionsrechten und Minderheitenschutzbestimmungen geprägt ist (Wollmann 1970: 68f.).

In der deutschen Parlamentstradition spielte die Gesetzgebungsfunktion eine überragende Rolle. Auch die Opposition hat sie stark betont. Als die Unionsfraktion sich 1969 mit der Oppositionsrolle abfinden musste, wurde die Frustration einer Gruppe, die sich als „natürliche Regierungspartei" wahrnahm, in gesetzgeberischen Fleiß umgesetzt. Mit 122 Gesetzesinitiativen legte die Opposition 21% aller Gesetzesentwürfe der 6. Legislaturperiode (1969-1972) vor. Die SPD-Opposition hatte es im 4. Bundestag (1961-65) nur auf ca. 12% gebracht. Im Durchschnitt war die SPD-Opposition mit knapp 10% der Gesetzesentwürfe beteiligt (Veen 1976: 49). Viele der Unionsentwürfe der 6. Legislaturperiode blieben schon wegen der verkürzten Wahlperiode liegen. Aber die neue Regierungskoalition hat ebenfalls zur Nichtbehandlung beigetragen, indem sie eine Verzögerungstaktik anwandte. In den Ausschüssen werden die Oppositionsentwürfe vielfach grundsätzlich auf die lange Bank geschoben. Nicht alle Oppositionsentwürfe betrafen wichtige Maßnahmen. Von den 29 Entwürfen de Unionsopposition, die angenommen worden sind, waren 18 rechtstechnische Korrekturen und distributive Maßnahmen für kleine Gruppen. Wichtiger als die Möglichkeit der Opposition, einige Entwürfe durchzubringen, war die Veränderung der Regierungsentwürfe durch Änderungsanträge. Seit Robert Dahl hielt auch in die deutsche Literatur eine Dreiteilung der Oppositionen Eingang (Oberreuter 1975: 20):

1. die issue-orientierte Ad-hoc-Opposition,
2. die kooperative Opposition,
3. die kompetitive Opposition.

Typ 2 und 3 überwiegen in Deutschland in unterschiedlichen Mischungsverhältnissen. Kooperative Opposition in Fundamentalfragen (Terrorismusbekämpfung, Begrenzung des Zuzugs von Asylbewerbern, deutsche Einheit, Bündnis für Arbeit) kann neben dem Verhalten der kompetitiven Opposition auf anderen Feldern stehen.

Die *Issue-orientierte Ad-hoc-Opposition* ist weit verbreitet bei kleineren Koalitionspartnern, wenn die Wahltermine näher rücken und der Juniorpartner sein eigenes Profil zeigen will. *Konflikte in einer Regierungskoalition* wurden nicht erst im Abstimmungsverhalten deutlich, sondern meist schon in den Plenardebatten. Es gehört zum Stilkanon, dass man es einem Abgeordneten in der Fraktion weniger übel nimmt, wenn er seine abweichende Meinung im Plenum gut begründet vorgetragen hat.

Die kooperative Opposition ist im Parteiensystem des gemäßigten Pluralismus Deutschlands ein sektorales und zeitlich begrenztes Phänomen. Es zeigt sich am häufigsten auf der Ausschussebene. Es ist am stärksten in bestimmten Bereichen und Epochen, wie beim Verteidigungsausschuss (Berg 1982: 253) in Zeiten der Krise.

Im Plenum ist die parlamentarische Mitregierung am deutlichsten durch die Berichterstattung über die Ausschussarbeit geworden. Berichterstatter von Koalition und Opposition haben eng zusammengearbeitet und beschwören auch im Plenum nicht selten die gute Zusammenarbeit, um das Wohlwollen der Opposition ins Plenum hinüberzuretten. Notfalls wurde die Opposition im Plenum daran erinnert, wie stark sie in der Ausschussphase in den Konsens eingebunden war, wie beim BAFöG (1971).

Drei Gründe haben die Opposition zur Kooperationsstrategie motiviert:

- die Gesetzesvorhaben waren von Anfang an nicht sehr kontrovers,
- es kam zu Kompensationsgeschäften,
- oder die Kooperation wurde durch inhaltliche Kompromisse durch Verhandlungen der Fraktionen erreicht.

1. Die parlamentarische Mitregierung ergab sich automatisch, wenn die Gesetzesvorhaben *nicht kontrovers* waren. Bei den Umweltgesetzen fehlte jedes parlamentarische Feinderlebnis, und die Berichterstattung erging sich im Lob auf die Opposition.
2. Die parlamentarische Mitregierung wurde trotz anhaltender Kontroversen durch *Kompensationsgeschäfte* partiell erreicht. Bei den Wiederbewaffnungsplänen hat Adenauer der SPD Konzessionen in der Montanmitbestimmung geboten. Die Fundamentalopposition der KPD, die in dieses *logrolling* nicht eingebunden war, ließ sich die Bloßstellung solcher Zusammenhänge nicht entgehen.
3. Die parlamentarische Mitregierung wurde durch zähe *Verhandlungen als Einigung in der Sache* erreicht.

Scharfe Konflikte, die mit rhetorischem Aufwand ausgetragen werden, können nicht darüber hinwegtäuschen, dass das Oppositionsverhalten in der Bundesrepublik die Bezeichnung „kooperativer Parlamentarismus" verdient. Im 6. Bundestag stimmte die CDU-CSU-Opposition 93% aller verabschiedeten Gesetze zu. Nur 14 Gesetze wurden von der Opposition abgelehnt, in 9 Fällen enthielt sie sich der Stimme. Nicht selten stimmte die Opposition zähneknirschend einer Regierungsvorlage selbst dann zu, wenn ihre Einwände oder Änderungsvorschläge in den Ausschussberatungen von der Mehrheit nicht akzeptiert wurden

(Veen 1976: 191f.). In der Ära Schmidt nahm die Zahl der kontrovers verabschiedeten Gesetze zwar zu, blieb aber unter der Zehnprozentmarke. Vor allem in Krisen der äußeren Bedrohung (Mauerbau in Berlin 1961) oder der inneren Bedrohung (Schleyer-Entführung 1977) kam es zur engeren Kooperation mit der Opposition in einer gemeinsamen Außenpolitik oder in einem förmlichen Krisenstab. Eine populäre Vorstellung geht davon aus, dass die Regierungsparteien die Agenda thematisieren, die in einen Akt der Gesetzgebung einmündet. Eine Untersuchung der ersten zehn Wahlperioden hat gezeigt (Sebaldt 1992: 154ff.), dass 7,8% aller Gesetze auf Oppositionsinitiativen zurückgingen. Dabei ist nicht nur der kleine Teil von Oppositionsanträgen zu zählen, der Gesetz wird. Die Thematisierungsfunktion der Opposition ist vor allem indirekt gewichtig: Initiativen der Opposition wurden nicht selten zum Anlass für eigene Initiativen der Regierungsparteien. Noch größer ist der Einfluss der Opposition durch ihre Möglichkeit, in den Ausschüssen manche Änderung des von den Regierungsparteien getragenen Entwurfs durchzusetzen.

Das Oppositionsverhalten ist nicht zeitlos konstant. Bestimmte Phasen (Friedrich 1973) lassen sich unterscheiden: 1949 bis 1953 verfolgte die SPD unter Schumacher eine militante Konfrontationspolitik. Es war die Zeit, da die Opposition auch die Gesetzesinitiative noch mehr benutzte als später und häufiger dem Parlament alternative Entwürfe vorlegte. Schrittweise bildete sich mit der wachsenden Zahl der grundlegenden Vorentscheidungen, die die Mehrheit traf und die auch die Opposition im Falle eines Machtwechsels nicht hätte revidieren können (Westintegration, deutscher Verteidigungsbeitrag), ein kooperatives Oppositionsverhalten heraus. Nach den Bundestagswahlen von 1961 plädierte die SPD für die Bildung einer Allparteien-Regierung aufgrund der nationalen Notlage, die durch den Mauerbau in Berlin entstanden war. Trotz der erneuten CDU-FDP-Koalition kam es vorübergehend zu einer intensiven gemeinsamen Außenpolitik. Bis zur großen Koalition 1966 kann die Haltung der SPD-Opposition passiv und „attentistisch“ genannt werden. Die Mini-Opposition der FDP in der Zeit der Großen Koalition 1966 bis 1969 war untypisch in der bisherigen Geschichte der Bundesrepublik. Durch die für sie existenzbedrohenden Wahlrechtspläne der Großen Koalition war die Härte der Opposition ebenso vorprogrammiert wie ineffektiv. Mit der Bildung der sozialliberalen Koalition führte das gouvernementale Selbstverständnis der CDU noch weitgehend das einer „Opposition wider Willen“. Unter Barzel versuchten die Unionsparteien, sich als lautstarke und kämpferische Opposition in der parlamentarischen Arena zur Geltung zu bringen. Seit 1976 wurde diese Haltung noch verstärkt durch eine Art „Im-Felde-unbesiegt-Gefühl“ aufgrund der Tatsache, wieder die stärkste Kraft darzustellen und als Gewinner um die Früchte des Sieges gebracht worden zu sein. Seit dem Scheitern des Misstrauensvotums gegen Brandt und seit der

Manövrierung des Bundestags in eine Periode der Handlungsunfähigkeit hat jedoch die *„Brinkmanship“*-Strategie der Opposition sich in mancher Hinsicht gemildert. Kooperative Züge der Oppositionspolitik wurden nach dem Abschluss der wesentlichen Entwicklungen in der Ostpolitik (Moskauer Vertrag, August 1970, Warschauer Vertrag, November 1970, Grundlagenvertrag mit der DDR vom Dezember 1972) selbst in der Außenpolitik wieder sichtbar.

Die Kritik an der geheimen „kleinen Großen Koalition auf Zeit“ hat die Debatte um die Parlamentsreform immer wieder auf die Notwendigkeit der Stärkung der Rechte der Opposition zurückgeführt. In Hamburg wurde 1971 sogar ein Artikel 23a in die Verfassung eingefügt: „Die Opposition ist wesentlicher Bestandteil der parlamentarischen Demokratie.“ Entscheidender als die deklamatorische Aufwertung der Opposition ist die Zuweisung von parlamentarischen Rechten.

Durch den Einzug der Grünen verschärften sich die Konflikte. Die Oppositionsstrategien wandelten sich gleichfalls. Die mächtige Unionsopposition hatte im 7. Bundestag 1972-1976 den Bundesrat und den *Vermittlungsausschuss* erfolgreich für die Durchsetzung ihrer politischen Vorstellungen einsetzen können. 11,8% der Gesetze waren erst nach Anrufung des Vermittlungsausschusses zustande gekommen und bei 2,1% wurde die Zustimmung versagt. Die Zahl sank im 10. Bundestag auf 1,6%. Wo Änderungsanträge der Oppositionsfraktionen vorgelegt worden waren, kam es gleichwohl in der Zeit der sozialliberalen Koalition vielfach noch zur einstimmigen Verabschiedung. Die Opposition hatte einiges durchgesetzt und konnte zustimmen. Im 10. Bundestag war die Einstimmigkeit schon wegen der Grünen selten, selbst wo die SPD einem Entwurf der unionsgeführten Regierung zustimmte, zu dem sie Änderungsanträge mehr oder weniger erfolgreich lanciert hatte. Die generelle Zahl der *einstimmig* verabschiedeten Gesetze sank drastisch von 72,9% (im 7. Bundestag) auf 15,6% (im 10. Bundestag, davon in der Sozialpolitik auf 24%, in der Wirtschaftspolitik auf 25%, Chronik 10. WP: 322).

Die *Rolle der Opposition* zeigt sich unter anderem in der Initiative von Ausschüssen. In 62,5% und 65,9% der Fälle (7. und 10. Bundestag) haben die Ausschüsse *Änderungswünsche* geäußert. Bei der Wirtschaftspolitik blieb der zuständige Ausschuss in diesem Rahmen. Bei der Sozialpolitik war die Anzahl im 10. Bundestag höher. Obwohl die SPD in 32 Fällen elfmal Anträge stellte und die Grünen nur einmal (1985), hatten die Grünen offenbar ihre Präventivwirkung auch auf das SPD-Verhalten, das schärfer wurde. Dies zeigte sich auch bei der Forderung nach *namentlicher Abstimmung*, die in sieben von 32 Fällen durchgesetzt wurde. Namentliche Abstimmungen haben nur symbolische Bedeutung: eine Drohgeste des unterlegenen Teils, der jedoch ein Indikator für das parlamentarische Klima ist. Die Union hatte im 7. Bundestag mit solchen Instrumenten wenig gearbeitet (einmal bei der Wirtschaft und zweimal in der Sozialpolitik). Sie hatte effektivere Oppositionsmittel in der Hand.

Mit den Grünen kam ein neues Element der Opposition in den Bundestag. *Initiativen der Grünen* in der Wirtschaftspolitik blieben jedoch marginal im sozialen oder ökologischen Bereich der Wirtschaft, von einem Gesetzentwurf zum Verbot der Aussperrung (BT-Drs. 10/1635, 1984) bis zu einem Arbeitszeitgesetz (BT-Drs. 10/2188, 1984) oder „Verbot der Leiharbeit" (BT-Drs. 10/4288, 1985). Am umfassendsten war die Initiative zu einem „Sozialen und ökologischen Sofortprogramm" vom September 1983, mit dem man zwei Fliegen mit einer Klappe schlagen wollte (Umweltzerstörung und Massenarbeitslosigkeit). Mehr Initiativen wurden in der Sozialpolitik entfaltet, da man sich hier stärker auf Realistisches, nämlich Änderungen bestehender Gesetze, spezialisierte. Realistisch nur in der Taktik des Entscheidungsprozesses, nicht notwendigerweise auch im Inhalt der Anträge, wie zum Beispiel dem Verlangen, die Regelsätze der Sozialhilfe um 30% zu erhöhen (BT-Drs. 10/2577, 1984) oder „Grundrente statt Altersarmut" (BT-Drs. 10/3496, 1985) oder Mindestrente von 1000 DM pro Person im Rahmen der gesetzlichen Rentenversicherung (BT-Drs. 10/4047, 1985). Viele weniger ausgabenintensive und durchaus diskutable Vorschläge wie die Forderung nach einem eigenen Psychiatriegesetz (BT-Drs. 10/4557, 1985) kamen gegen die Gesetzesinitiative der etablierten Parteien nicht durch (15.12.1986) (Cornelsen 1986: 138ff.). Mit zunehmendem Realismus und einer punktuellen Zusammenarbeit mit der SPD haben sich jedoch die Durchsetzungschancen für die Vorstellungen dieser neuen Opposition verbessert.

Im 10. Bundestag kam keine der Bundestagsinitiativen, die von den Grünen ausging, bis zur Gesetzesreife. Die Rolle der „Opposition in der Opposition" war wesentlich effektiver in der Ausübung der Kontrollfunktionen des Parlaments. Fast die Hälfte aller großen Anfragen (46,9%) und die große Mehrheit der kleinen Anfragen (85,0%) gingen auf die Grünen zurück (Chronik 11. WP: 405).

Haushaltsrecht und Planung waren kritische Punkte, an denen die Opposition weiterhin ins Hintertreffen gegenüber der Regierungsübermacht zu geraten drohte. Die verfügbare Manövriermasse des Haushalts wird angesichts mittelfristiger Festlegungen immer geringer. Haushaltsvollzug und parlamentarische Finanzkontrolle werden immer schwieriger. In der Bundesrepublik ist der Anteil der Haushaltsberatungen in der gesamten Sitzungszeit im Jahresdurchschnitt weit unter den Gepflogenheiten anderer parlamentarischer Demokratien wie Großbritannien oder Italien. Es wurde gelegentlich kritisiert, dass von der zu knapp bemessenen Zeit für Haushaltsdebatten ein Drittel auf Themen allgemeinpolitischer Art verwandt wird und nur ein knappes Drittel der Zeit auf die Diskussion der einzelnen Ansätze (Sturm 1989: 222ff.), obwohl andererseits moniert wurde, dass die Haushalte immer fragmentierter und unübersichtlicher und die

Haushaltsdebatten immer unpolitischer würden. Die Flucht in die Generaldebatte erscheint für die Opposition häufig der einzig bleibende Weg. Noch selektiver ist die Haushaltskontrolle.

Der *Bundesrechnungshof* ist angesichts der zunehmenden Komplexität der Haushaltspolitik das effektivere Kontrollinstrument. Er stellt häufig eine Vernachlässigung der Kontrollfunktion des Parlaments fest. Die Vorarbeit des Rechnungshofes könnte zur Hilfe für das Parlament werden. Auffällig sind jedoch die langen Fristen, die bei der Auswertung seiner Berichte durch die zuständigen Bundestagsausschüsse verstreichen (Pelny 1972: 420). Außerdem dient die Finanzkontrolle des Rechnungshofes nicht einseitig zur Stärkung der Kontrollfunktion des Parlaments, sondern ebenso sehr der Regierung und damit ihrer parlamentarischen Mehrheit.

Das Abstimmungsverhalten der Abgeordneten drückt am direktesten die Intensität der Konflikte und die Defizite der Fraktionen aus, ihre Mannschaften erfolgreich zu steuern. Der Bundestag kennt verschiedene Abstimmungsverfahren. Regelmäßig stimmt der Bundestag durch Handaufheben ab. Bei der Schlussabstimmung über Gesetze erheben sich die Abgeordneten auf die entsprechende Frage des Bundestagspräsidenten jeweils einmal, je nachdem ob sie für oder gegen die Vorlagen stimmen oder sich der Stimme enthalten (§ 48 GOBT). Eine namentliche Abstimmung kann auf Verlangen einer Fraktion oder von mindestens fünf Prozent der Mitglieder des Bundestages durchgeführt werden (§ 52 GOBT). Das Abstimmungsverhalten aller Abgeordneten wird namentlich festgehalten und im Protokoll der Sitzung veröffentlicht. Politisch dient sie dem Flaggezeigen nach außen und dem Appell an die Geschlossenheit der Fraktion nach innen. Aus der Sicht der Opposition und bei knappen Mehrheitsverhältnissen kann die namentliche Abstimmung auch dem Ziel dienen, die Regierungsmehrheit zu zwingen, alle ihre Mitglieder aufzubieten, wenn sie den beabsichtigten Beschluss erreichen will. Bei Konflikten innerhalb der Regierungsmehrheit über den Abstimmungsgegenstand kann es der Opposition so gelingen, die Regierungsmehrheit „vorzuführen" und ihren Bestand in der Öffentlichkeit in Zweifel zu ziehen. Mit den komplexeren Mehrheitsverhältnissen im Fünfparteienparlament ist die politische Bedeutung der namentlichen Abstimmung gegenüber dem Dreiparteienparlament in der Zeit von der späten Ära Adenauer bis zur späten Ära Schmidt erheblich gewachsen. Aus der Sicht der Regierungsmehrheit dient die namentliche Abstimmung der Disziplinierung in den eigenen Reihen, indem auf die bei Stimmenabweichung gefährdete Regierungsfähigkeit verwiesen wird.

Neben dem Fall der namentlichen Abstimmung wird das Abstimmungsverhalten der Bundestagsabgeordneten auch im Falle der geheimen Abstimmungen und des Auszählens („Hammelsprung") transparent. Wahlen mit verdeckten

Stimmzetteln (§ 49 GOBT) finden statt bei der Wahl des Bundestagspräsidenten, des Wehrbeauftragten (§ 113 GOBT), bei allen Formen der Kanzlerwahl und bei der Auswahl des Sitzes einer Bundesbehörde (§ 50 GOBT).Mit der Abstimmung durch den „Hammelsprung“ sollen Zweifelsfälle bereinigt – z.B. dann , wenn das Abstimmungsergebnis im Sitzungsvorstand des Bundestages unterschiedlich beurteilt wird – und unübersichtliche Abstimmungsverhältnisse geklärt werden. Dabei werden die Abgeordneten gezählt, indem sie das Plenum verlassen und bei ihrer Rückkehr durch eine von drei Türen (Ja-Nein-Enthaltung) gezählt werden. Der Name „Hammelsprung“ geht auf ein Intarsienbild über einer Abstimmungstür im Berliner Reichstagsgebäude zurück, auf dem der blinde Polyphem zu sehen ist, der seine Hammel zählt, unter deren Bäuche sich Odysseus und seine Gefährten geklammert haben, um auf diesem Weg aus der Gefangenschaft zu entkommen.

In den ersten 11 Bundestagen hat es 877 namentliche Abstimmungen und 493 Hammelsprünge gegeben (Schindler IV 1994: 577). Die Zahl der namentlichen Abstimmungen ist seit dem Einzug der Grünen im 10. Bundestag sprunghaft angestiegen. Im 9. Bundestag gab es deren 26, im 10. Bundestag hatten sie sich auf 128 verzehnfacht. Im 11. Bundestag nahmen sie auf 162 zu, das machte 7% aller Abstimmungen aus. Diese Zahlen lassen vermuten, dass die namentlichen Abstimmungen ein guter Indikator für die Messung von Konflikten sind.

Von allen Steuerungsleistungen, welche die politische Elite im Parlament zu erbringen hat, scheint die Planung von homogenem Abstimmungsverhalten die einfachste zu sein. Hier wird nur die politische Elite und ihre Hinterbänkler im engeren Sinn erfaßt. Keine komplizierten Netzwerke sind zu dirigieren, welche andere Teile der politischen Elite umfassen, wie Verwaltungsbeamte und Interessengruppenvertreter. Über die gemeinsame Policy-Philosophie hinaus, welche heterogene politische Eliten auch in den Politikfeldern gelegentlich entwickeln, wirkt bei der Planung der Abstimmungen eine langfristige Integrationsphilosophie auf der Basis gemeinsamer Programmatik.

7.4 Die parlamentarische Vereinigung – ein weiterer Bedeutungsverlust für den Bundestag?

Bei der Betrachtung der politischen Kultur in Deutschland wurde schon deutlich (Kap. 2.3), dass die deutsche Vereinigung keine große nationale Rhetorik hervorbrachte. Diese Stimmung spiegelte sich auch in den Parlamenten wider. In der Volkskammer wurde in den Debatten um die Einigungsverträge sehr viel kontroverser diskutiert als im Deutschen Bundestag. Aber auch der Volkskammer wurde von einem Abgeordneten des Bündnis 90 vorgehalten: „Mich überrascht die laue Stimmung und die etwas mäßige Beteiligung im Plenum, als würden wir das 6. Überleitungsgesetz zum Wassereinführungswesen behandeln und nicht einen solch wichtigen Staatsvertrag" (Auf dem Weg V 1990: 211). Die erste Einigungsphase war eine Stunde der Exekutive. Das Parlament war kaum eingeschaltet und vielfach unzureichend informiert. Eine Reihe von konservativen Abgeordneten um Herbert Czaja fühlte sich in seinen Rechten als Parlamentarier übergangen und klagte gegen das Verfahren der Bundesregierung, „beitrittsbedingte Änderungen des Grundgesetzes" im Einigungsvertrag zu vereinbaren, mit der Folge, dass der Bundestag in dieser Sache nur in der Form eines Zustimmungsgesetzes befinden konnte. Die Kläger waren der Ansicht, dass das Grundgesetz nur durch ein eigenständiges Gesetz geändert werden könne. Das Gericht wies die Klage zurück. Es sah die Handlungsweise der Bundesregierung durch Art. 23, Satz 2 GG in Verbindung mit dem Wiedervereinigungsgebot des Grundgesetzes abgedeckt. Das Gericht schloss sich nicht der Interpretation an, dass hier auf dem Weg völkerrechtlicher Verträge das Grundgesetz geändert werde, da die DDR zu „Deutschland" gehöre und „nicht als Ausland angesehen werden könne" (BVerfGE 82, 320).

Die Debatte des Deutschen Bundestages wurde von den Ereignissen überrollt. Die Legislative fühlte sich durch die Beschleunigung der Einigung benachteiligt. Eifersüchtig wachte sie über ihre Kompetenz in der Gesetzgebung, welche sie sowohl gegen exekutive Überdehnung der Befugnisse durch Verträge mit der DDR als auch gegen Wünsche nach mehr plebiszitärer Mitwirkung des Volkes verteidigte. Die Parlamentsmehrheit widersetzte sich auch der Idee, dass ein Verfassungsrat als Ausfluss der verfassunggebenden Gewalt des Volkes neben dem Parlament entstehen könnte, entschieden (vgl. Kap. 1.4).

Als die Einigungsverträge parlamentarisch behandelt wurden, änderte sich die Regierungspolitik. Auch die Opposition erkannte in der Debatte um den Einigungsvertrag an: „Trotz der Sommerpause ist der Deutsche Bundestag früher und besser informiert worden als beim ersten Staatsvertrag. Allerdings, Herr Schäuble, halten wir das für eine Selbstverständlichkeit und nicht für eine besondere Gnade der Bundesregierung." Trotz des Unwillens über die geringe parlamentarische Mitwirkung konnte die Oppositionsrednerin für die SPD, Herta Däubler-Gmelin, der Arbeitsleistung der Regierung in knapp bemessener Zeit nicht jeden Respekt versagen: „Was da in wenigen Wochen zusammengetragen, was da abgeklärt, was da ausgehandelt wurde, ist wirklich erstaunlich" (Auf dem Weg V 1990: 36, 35).

Noch ist es zu früh auszumachen, ob die lange Stunde der Exekutive zu einem dauerhaften Bedeutungsverlust des Deutschen Bundestages beigetragen hat. Die „Stunde der Exekutive" schlägt sich auch in der Parlamentsstatistik nieder (vgl. Tabelle 7.1). Der Anteil der Regierungsvorlagen (68%) sank im 12. Bundestag (1990- 1994). Dies bedeutet jedoch keinen Machtzuwachs des Parlaments, sondern spiegelt eher die Eilbedürftigkeit vieler Regelungen wider. Die Regierung überlässt die Initiative ihren Fraktionen, um die erste Runde im Bundesrat zu sparen. Die Zusammenlegung von Initiativen war häufiger als je zuvor. Die Zahl der Gesetzesbeschlüsse war die vierthöchste der Geschichte. Die Zahl der Vorlagen die höchste, und sie übertraf noch den ersten Bundestag, der viele Rechtsbereiche grundsätzlich neu zu ordnen hatte.

Das Parlament ist neben den Parteien (vgl. Kap. 4.4) sicher die Institution, bei der am häufigsten ein Legitimitätsverlust unterstellt wird. Bei Befragungen der Bürger, denen die übliche Vertrauensfrage gestellt wird, liegt das Parlament nicht an der Spitze. Politikfernere Einrichtungen wie das Verfassungsgericht genießen höheres Ansehen. Zahlen über das Vertrauen, das der Bundestag genießt, können relevant nur im Vergleich über die Zeit und im Vergleich mit anderen Ländern sein. Das Vertrauen der Bundesbürger nahm zwischen 1981 (52%) und 1990 (51%) nur geringfügig ab, lag aber immer noch über älteren parlamentarischen Demokratien wie Großbritannien oder Frankreich. Das Rechtssystem und die Polizei genossen höhere Vertrauenswerte. Ehe aber das Urteil über die legalistischen Deutschen erhärtet wird, muss festgestellt werden, dass dies – mit Ausnahme von Italien – in den meisten parlamentarischen Demokratien ähnlich war (Klingemann/Fuchs 1995: 304f.). Immerhin erweckt der Bundestag bei der Mehrheit der Bürger ein beachtliches Vertrauen. Es ist von einer „diffusen Unterstützung" der Wähler für den Bundestag gesprochen worden, weil sich das Vertrauen – je nach dem Wortlaut der Testfrage – unterschiedlich darstellte. Die Bürger nahmen Funktionen der parlamentarischen Arbeit von der Gesetzgebung bis zur Kontrolle nicht ganz undifferenziert war (Schüttemeyer 1986: 272).

Die Bürger sahen ihr Parlament in weniger skeptischem Licht als die Parlamentarier selbst. Umfragen haben ergeben, dass 85% der Mitglieder des Bundestages von einem Ansehensverlust des Parlaments ausgingen. Nur 60% der Bürger hatten eine gleiche Vermutung (Puhe/Würzburg 1989: 12). Ein Bedeutungsverlust der Legislative gegenüber der Exekutive ist von einer großen Mehrheit der Abgeordneten des 11. Deutschen Bundestages schon vor der deutschen Einigung beklagt worden. Das Gefühl des Bedeutungsverlustes hat am stärksten die Grünen (91%) und am schwächsten die CSU (61%) erfasst. Es beherrschte aber die Mehrheit aller Bundestagsparteien (Herzog u.a. 1990: 111).

Solche Selbstverunsicherungen durch Umfragen sind unter den Abgeordneten nicht folgenlos geblieben. Sie wurden für eine neue Initiative zur Parlamentsreform auch in bester Absicht instrumentalisiert. Im 11. Bundestag entstand eine „Interfraktionelle Initiative Parlamentsreform", der nahezu 200 Abgeordnete beitraten. Hildegard Hamm-Brücher (FDP) war die wichtigste Initiatorin der neuen Reformdebatte. Ihre Initiative trug einige altliberale Züge, da sie vor allem auf die Stärkung der Stellung des einzelnen Abgeordneten zielte. Ohnmachtsgefühle der Abgeordneten, die sich in einer Befragung gezeigt hatten, legten freilich eine solche Ausrichtung nahe, schon um die Unterstützung von Abgeordneten aller Fraktionen zu sichern. Das Gefühl, eine wichtige Arbeit zu leisten und als Abgeordneter Positives bewirken zu können, hat im 11. Bundestag nur eine Minderheit beflügelt (Puhe/Würzburg 1989: 16). Eine andere Befragung zeigt, dass sich eine Renaissance des dualistischen Gewaltenteilungsmodells in den Vorstellungen der Abgeordneten anbahnte. Kaum ein Abgeordneter hielt das dualistische Modell für Realität, aber immerhin 39% hätten es gern verwirklicht gesehen (Werner1990: 407).

Eine neuere Umfrage (Patzelt 1998: 739) alarmierte die Öffentlichkeit mit dem Befund, dass immerhin 6% der Abgeordneten der irrigen Annahme seien, in einem präsidentiellen System zu agieren. Eine Mehrheit, die über den parlamentarischen Charakter Bescheid wusste, hätte ein präsidentielles System vorgezogen. Eine stärker dualistische Konzeption führte dazu, dass über ein Drittel der Abgeordneten und über die Hälfte der Bevölkerung die Vereinbarkeit von Abgeordnetenmandat und Regierungsamt ablehnten. Auch die Verbindung mit Parteiämtern wird abgelehnt. Ein latenter Verfassungskonflikt scheint sich in solchen Meinungen widerzuspiegeln, zwischen Ideal und Wirklichkeit der Auffassungen und zwischen Wählern und ihren Repräsentanten. Eine Angleichung der Realität an solche Meinungen ist jedoch glücklicher Weise nicht empfohlen worden.

Die Initiative zur Parlamentsreform versuchte, diese normativen Wunschvorstellungen einzelner Abgeordneter in Vorschläge zur Parlamentsreform umzusetzen. Kritisiert wurde, dass die Wähler auf die Kandidatenauswahl keinen Einfluss hätten, dass die Kontrolle der Regierung nicht funktioniere und dass die Mitverantwortung des einzelnen Abgeordneten stark reduziert worden sei. Hildegard Hamm-Brücher (1990: 308) verwickelte sich in den Widerspruch, den freien Abgeordneten stärken zu wollen, zugleich aber das freie Mandat für überholt zu erklären. Sie warnte davor, in einer gesamtdeutschen Verfassung Illusionen durch Betonung des freien Mandats zu wecken. Zweifellos ist die Spannung zwischen der Gewissensklausel des Grundgesetzes und dem faktischen Mandat der Parteien im Parteienstaat immer stärker geworden. Das gilt vor allem für Parteien in der Regierungsverantwortung, die einen Koalitionsvertrag abschließen. Da wurde gelegentlich in bester Absicht die Quadratur des Kreises angestrebt wie im Koalitionsvertrag der Regierung de Maizière (II.2): „Alle Fraktionen verpflichten sich, im Rahmen der Koalitionsvereinbarungen nicht mit wechselnden Mehrheiten abzustimmen, wobei die Gewissensfreiheit des einzelnen Abgeordneten davon unberührt bleibt." Die Konsequenz einer solchen Selbstverpflichtung bedeutet: absoluter Fraktionszwang. Das Gewissen einzelner Abgeordneter kann einzelne Dissenter zulassen. Der Gewissensfall wird freilich in der Regel auch von den Fraktionen definiert und bleibt damit keineswegs „davon unberührt“. Niemand leugnet, dass die Gewissensklausel fern der Realität ist. Gleichwohl kann sie als Rechtfertigung von Abgeordneten, die sich gelegentlich dem Fraktionszwang zu entziehen suchen, moralische wie politische Bedeutung erlangen.

Wenig lässt sich bisher über die Veränderungen des parlamentarischen Klimas im 12. und 13. gesamtdeutschen Bundestag sagen. Da die Abgeordneten der DDR schon im Oktober 1990 als Gäste bis zum Tag der Vereinigung einzogen, wurde ihnen rasch demonstriert, dass ihnen keine sehr eigenständigen Gestaltungsmöglichkeiten offen standen. Nostalgische Wünsche nach der sympathisch offenen, wenn auch vielfach chaotischen und folgenlosen Debatte der Volkskammer breiteten sich aus. Der Geist des Runden Tisches als eine Art Nebenparlament in der ersten Phase der Übergangszeit bis März/April 1990 ließ sich auch in die Volkskammer nicht voll integrieren. Zu hart waren die Anforderungen an Professionalisierung auch dort. Zu stark war der Arbeitsdruck zur Schaffung der gesetzgeberischen Voraussetzungen für die deutsche Einigung.

Die Frustration vieler neu eintretender Parlamentarier aus den ostdeutschen Ländern war naturgemäß noch größer als in Westdeutschland. Bei den Parteien, in denen die alten Blockparteien eine gewisse Vorsozialisation bewirkt hatten, waren die Anpassungsschwierigkeiten vergleichsweise am geringsten. Die SPD-Abgeordneten der neuen Länder taten sich schon schwerer. Die PDS-Abgeordneten begegneten der Mauer des Misstrauens mit betriebsamem organisatorischem Know-how. Am schwersten schienen es die Abgeordneten des „Bündnis 90“ zu haben. Sie wurden mit mehr Wohlwollen empfangen als einst die Grünen. Angesichts ihrer Schwäche mussten sie jedoch auch um ihre parlamentarischen Rechte kämpfen. Der Zugang zu den Besprechungen der Obleute in den Ausschüssen wurde leichter erreicht als einst von den Grünen. Negativ aber fiel auf, dass die Hauptopfer der DDR-„Stasi“ von den Beratungen des Ausschusses, der die Geheimdienste kontrollierte, ausgeschlossen blieben. Ein weiteres Handicap des „Bündnis 90“ lag in ihrem Verhältnis zu den Grünen. Sie fühlten sich bis Dezember 1990 nicht als parlamentarische Rechtsnachfolger der Grünen im Deutschen Bundestag. Die Grünen hatten in den Augen der ostdeutschen Neuankömmlinge zu wenig erreicht. Andererseits hätte ihnen das partielle Know-how, das einige Grüne Parlamentarier inzwischen erreicht hatten, im 12. Bundestag den Start erleichtert, wenn die Grünen sich nicht selbst durch eigene verfehlte Bündnispolitik den Einzug in den 12. Bundestag verscherzt hätten (vgl. Kap. 4.5).

Schon in der Debatte um die Regierungserklärung Kohls kam es zu unerfreulicher Belehrung und gelegentlichem Hohn. Grundsatzdebatten wurden schroff unterbrochen. Ein Publizist kam zu dem Ergebnis: „Wer nicht spurt, wird abgekanzelt’“ (Hofmann 1991: 12). Bei dieser Art Hochmut der Etablierten wurde vielfach übersehen, dass gerade in den Regierungsfraktionen die meisten Vertreter ehemaliger Blockparteien in der DDR sitzen, die belasteter erscheinen als die Vertreter der Kerzenrevolution.

Sind prima vista die Konflikte im Deutschen Bundestag durch die Vereinigung Deutschlands schärfer geworden, so kam es andererseits auch wieder zu verstärkter Kooperation mit der Opposition. Die SPD stellte sich erneut in die Tradition der *parlamentarischen Mitregierung,* als sie den Regierungsparteien die Kooperation ihrer Partei in der schweren Wirtschaftskrise der östlichen Bundesländer anbot. Die FDP war solchen Annäherungsversuchen naturgemäß feindlich gesonnen. Öffentliche Spekulationen über die Notwendigkeit einer großen Koalition hatten den Juniorpartner in der Regierung verschreckt. Das Trauma der FDP-Miniopposition von 1966-1969 hatte seine Nachwirkungen. Bundeskanzler Kohl wies das Angebot nicht zurück, versuchte aber diese Kooperation auf einer wenig gewichtigen Ebene zu halten. „Keine Nebenregierung" lautete die Parole der Union im Frühjahr 1991. Zwei von der Regierung und der Opposition eingesetzte deutschlandpolitische Arbeitsgruppen („Wirtschaft und Arbeitsmarkt" und „Bodenrecht und Verwaltung") unter Beteiligung der Minister Schäuble und Waigel und von Seiten der SPD der beiden stellvertretenden Parteivorsitzenden Herta Däubler-Gmelin und Wolfgang Thierse führten zu keinem Konsens. Grundsätzliche Änderungswünsche der Opposition im Eigentumsrecht wurden von der Regierung abgelehnt. Nur in einigen Details einer Vereinfachung der Verwaltung kam es zu Kompromissen. Ein Drittel der SPD-Forderungen stieß bei der Bundesregierung im Verwaltungsbereich auf Verständnis. Die abgelehnten Vorschläge versprach die SPD als Antrag im Bundestag anlässlich der Haushaltsberatungen einzubringen. Die parlamentarische Mitregierung kann naturgemäß nicht erfolgreich sein, wenn die Opposition die Regierung parlamentarischen Wechselbädern aussetzt.

Zwischen zahlreichen Kooperationsangeboten standen problematische Alleingänge wie die Forderung nach Auflösung des Bundestages, obwohl die SPD-Politiker Engholm und Vogel wussten, dass diese nur durch eine „Mogelpackung" über eine unechte Vertrauensfrage nach dem umstrittenen Muster von 1982 zu erreichen war. Sie setzten sich allzu leicht dem Verdacht nicht ganz ernstgemeinter Propaganda aus. Auch die Forderung an den Bundeskanzler, wenige Monate nach der Vereinigungswahl wegen der „veränderten Lage" zurückzutreten, hatte wenig Verankerung in den parlamentarischen Bräuchen der Bundesrepublik. Als schädlich für die Kooperation der Opposition erwies sich auch, dass die Partei nicht mit einer Zunge sprach. Lafontaine nannte die Verhandlungen in einem Interview im Mai 1991 „Showveranstaltungen", auf die man verzichten könne. Seit der Landtagswahl vom 21.04.1991in Rheinland-Pfalz, welche die Mehrheitsverhältnisse im Bundesrat änderte, trat zunehmend die Drohung, mit der neuen Bundesratsmehrheit eine andere Politik zu „erzwingen“, an die Stelle der Kooperationsbereitschaft. Dennoch wurden 1992/93 in der Asylpolitik und in der Frage des Solidaritätsbeitrages wichtige Teilkompromisse zwischen Regierung und Opposition erarbeitet. In anderen Bereichen wie der Frage der deutschen Beteiligung bei Einsätzen von Awacs-Aufklärungsflugzeugen in Bosnien kam es zu keiner Einigung. Teile des Parlaments fühlten sich in der Entscheidungsfindung übergangen. Der deutsche Parlamentarismus leistete sich die Farce, dass eine Regierungspartei wie die FDP – neben der Oppositionspartei SPD – das Bundesverfassungsgericht anrief, das eine einstweilige Anordnung traf, die die verfassungsrechtlichen Bedenken der Liberalen zwar nicht ausräumte, aber zu überspielen erlaubte, um die Koalition zu retten. Wie einst beim Auflösungsurteil waren solche Manöver der Demonstration von Parlamentssouveränität stark abträglich. Nach dem Machtwechsel von 1998 kam es erneut zu einer harten Oppositionspolitik. Sie schloss eine latente Kooperation im Bereich der Reformpolitik jedoch nicht aus.

Vielfach wurde aus den zahlreichen Vetospielern (Bundesländer, Bundesverfassungsgericht, mächtige organisierte Interessen und staatliche wie quasistaatliche Agenturen) welche im System von *„governance“* eine Rolle spielen, ein Niedergang des Parlamentarismus geschlossen. Diese Niedergangsszenarios bekamen zusätzliche Unterstützung durch den wachsenden Einfluss der Europäischen Union, auch wenn der Mythos, dass 80% aller Gesetze europäischer Impulse zu verdanken sind, empirischer Überprüfung nicht stand hielt (v. Beyme 1997: 185ff; König/Mäder 2008). Der europäische Einfluss ist sehr unterschiedlich nach Politikfeldern, am geringsten noch in der Sozialgesetzgebung, aber er ist gleichwohl keine zu vernachlässigende Größe und betrifft etwa ein Viertel der Gesetzgebung.

Literatur

J. D. Aberbach/R. D. Putnam/B. A. Rockmann: Bureaucrats and Politicians in Western Democracies. Cambridge/Mass., Harvard University Press 1981

F. W. Appoldt: Die öffentlichen Anhörungen („Hearings“) des Deutschen Bundestages. Berlin, Duncker & Humblot 1971

Auf dem Weg zur deutschen Einheit V. Deutschlandpolitische Debatten. Bonn, Deutscher Bundestag 1990

B. Badura/J. Reese: Jungparlamentarier in Bonn – ihre Sozialisation im Deutschen Bundestag. Stuttgart, Frommann-Holzboog 1976

T. Bauer: Der Vermittlungsausschuss. Diss. Bremen 1998

Beratungen und Empfehlungen zur Verfassungsreform. Teil 1: Parlament und Regierung. Zur Sache 3/1976. Teil 2: Zur Sache 2/1977

K. von Beyme: Wirtschafts- und Sozialpolitik im Deutschen Bundestag. In: U. Thaysen u.a. (Hrsg.): US-Kongreß und Deutscher Bundestag. Opladen, Westdeutscher Verlag 1988: 342-365

K. von Beyme: Der Gesetzgeber. Der Bundestag als Entscheidungszentrum. Opladen, Westdeutscher Verlag 1997

K. von Beyme: Die parlamentarische Demokratie. Entstehung und Funktionsweise. Opladen, Westdeutscher Verlag 1999^3 (1973^2)

P. Bleses/E. Rose: Deutungswandel der Sozialpolitik. Die Arbeitsmarkt- und Familienpolitik im parlamentarischen Diskurs. Frankfurt, Campus 1998

J. von Blumenthal: Amtsträger in der Parteiendemokratie. Wiesbaden, Westdeutscher Verlag 2001

F.-W. Böckenförde: Planung zwischen Regierung und Parlament. Der Staat 1972: 429-458

H. Borgs-Maciejewski: Parlamentsorganisation. Heidelberg, von Decker 1979

G. R. Boyton/G. Loewenberg: Der Bundestag im Bewußtsein der Öffentlichkeit 1951-1959. PVS 1973: Nr. 1: 3-26

T. Burkeit/S. Schuettemeyer: The West German Parliament. London, Butterworths 1982

Ch. Butterwege u.a.: Rechtsextremisten in Parlamenten. Opladen, Leske & Budrich 1997

Chronik, Gesetze, Statistik, Dokumentation. Deutscher Bundestag, 1.-12. Wahlperiode. Bonn o.J.

D. Cornelsen: Ankläger im Hohen Haus. Die Grünen im Bundestag. Essen, Klartext 1986

C. Dästner: Zur Entwicklung der Zustimmungsbedürftigkeit von Bundesgesetzen seit 1949. ZParl, Jg. 32, Nr. 2 2001: 290-308

Das Biographische Handbuch der Mitglieder des Deutschen Bundestages 1949 – 2001. München, Saur 2002

Ch. Demut: Der Bundestag als lernende Institution. Baden-Baden, Nomos 2009

Der Deutsche Bundestag im Reichstagsgebäude (Hrsg.: Deutscher Bundestag). Berlin, 2003

H. Döring (Hrsg.): Parliaments and Majority Rule in Western Europe. Frankfurt, Campus 1995

H. Döring/M. Hallerberg (Hrsg.): Patterns of Parliamentary Behavior: Passage of Legislation across Western Europe. Burlington, Ashgate 2004

W. Egloff: Die Informationslage des Parlaments. Eine Untersuchung zur Gesetzgebungslehre am Beispiel des Deutschen Bundestages und der Schweizerischen Bundesversammlung. Zürich, Schulthess, Polygraphischer Verlag 1974

H. Eisele: Landesparlamente – (k)ein Auslaufmodell? Baden-Baden, Nomos 2006

D. Engels: Parlamentarische Untersuchungsausschüsse. Heidelberg, von Decker und Müller 1991, 2. Aufl.

M. Feldkamp: Datenhandbuch zur Geschichte des Deutschen Bundestages 1994 bis 2003. Baden-Baden, Nomos 2005

M. Feldkamp: Der Deutsche Bundestag – 100 Fragen und Antworten. Baden-Baden, Nomos 2009

M. Feldkamp: Mit Frack im Parlament. Ein Beitrag zur parlamentarischen Kultur und politischen Symbol im Deutschen Bundestag. Baden-Baden, Nomos 2009

H. K. Freund: Abgeordnetenverhalten. Ausübung des Mandats und persönliche Interessen. Frankfurt, Haag & Herchen 1986

M. Freitag: Direkte Demokratie. Münster, LIT 2007

M. Friedrich: Opposition im Deutschen Bundestag. ZParl 1973: 392-406

M. Friedrich: Landesparlamente in der Bundesrepublik. Opladen, Westdeutscher Verlag 1975

Funktionelle Reformen im Deutschen Bundestag. Ziele und Chancen der Beschlüsse des Deutschen Bundestages. Bonn, Deutsche Vereinigung für Parlamentsfragen. Protokoll, 11. Oktober 1995

M. Görtemaker u. a.: Das deutsche Parlament. Leverkusen, Barbara Budrich, 2009

F. Grube u.a.: Politische Planung in Parteien und Parlamentsfraktionen. Göttingen, Schwartz 1976

K. Günther: Der Kanzlerwechsel in der Bundesrepublik. Adenauer – Erhard – Kiesinger. Hannover, Verlag für Literatur und Zeitgeschehen 1970

W. Härth: Die Rede- und Abstimmungsfreiheiten der Parlamentsabgeordneten in der BRD. Berlin, Duncker & Humblot 1983

H. Hamm-Brücher: Der freie Volksvertreter – eine Legende. München, Piper 1990

Ch. Hanke: Informale Regeln als Substrat des parlamentarischen Verhandlungssystems. ZParl 1994: 410-420

M. Heger: Deutscher Bundesrat und Schweizer Ständerat. Berlin, Duncker & Humblot 1990

L. Helms: Wettbewerb und Kooperation. Zum Verhältnis von Regierungsmehrheit und Opposition im parlamentarischen Gesetzgebungsverfahren in der Bundesrepublik Deutschland, Großbritannien und Österreich. Opladen, Westdeutscher Verlag 1997

L. Helms: Das Amt des deutschen Bundeskanzlers in historisch und international vergleichender Perspektive. ZParl, Jg.27, Nr.4 1996: 697-711

L. Helms: Keeping Weimar at Bay: The German Federal Presidency since 1949. German Politics and Society, Jg. 16, Nr. 2 1998: 50-68

A. Héritier u.a.: Ringing the Changes in Europe: Regulatory Competition and Redefinition of the State. Britain, France, Germany. Berlin, de Gruyter 1996

D. Herzog u.a.: Abgeordnete und Bürger. Opladen. Westdeutscher Verlag 1990

D. Herzog u.a. (Hrsg.): Parlament und Gesellschaft. Opladen, Westdeutscher Verlag 1993

A. Hess: Berufsstatistik der Mitglieder des 10. Deutschen Bundestages. ZParl 1983: 486-489

A. Hess: Daten und Aspekte zur Sozialstruktur des 12. Deutschen Bundestages. ZParl 1992: 201-216

H. Hill (Hrsg.): Zustand und Perspektiven der Gesetzgebung. Berlin, Duncker & Humblot 1989

S. Hölscheidt: Der Haushaltsausschuss des Deutschen Bundestages. Darmstadt, Neue Darmstädter Verlagsanstalt 1990

G. Hofmann: Wer nicht spurt, wird abgekanzelt. Die Neulinge im althergebrachten Parlament stoßen auf Hochmut und Besserwisserei. Die Zeit 1991, Nr. 7: 12

E. Hübner/H. Oberreuter (Hrsg.): Der Bundestag von innen gesehen. München, Piper 1969
W. Ismayr: Der Deutsche Bundestag im politischen System der Bundesrepublik Deutschland. Opladen, Leske & Budrich 2000
W. Jann: Parlamente und Gesetzgebung. Opladen, Westdeutscher Verlag 1996
O. Jung: Direkte Demokratie in der Weimarer Republik. Frankfurt, Campus 1989
H. Kaack: Zur Abgeordnetensoziologie des Deutschen Bundestages. Zugehörigkeitsdauer und Altersschichtung. ZParl 1988: 169-187
U. Karpen (Hrsg.): Zum gegenwärtigen Stand der Gesetzgebung in der Bundesrepublik Deutschland. Heidelberg, C.F. Müller 1998
W. Kewenig: Staatsrechtliche Probleme parlamentarischer Mitregierung am Beispiel der Arbeit der Bundestagsausschüsse. Bad Homburg, Gehlen 1970
R. Kipke: Die Untersuchungsausschüsse des Deutschen Bundestages. Berlin, Berlin Verlag 1985
L. Kissler: Die Öffentlichkeitsfunktion des Deutschen Bundestages. Berlin, Duncker & Humblot 1976
H.-D. Klingemann/D. Fuchs (Hrsg.): Beliefs in Government. Oxford University Press 1995
Th. König/Th. Bräuninger: Wie wichtig sind die Länder für die Politik der Bundesregierung bei Einspruchs- und Zustimmungsgesetzen? ZParl 1997: 605-628
Th. König/L. Mäder: Das Regieren jenseits des Nastionalstaates und der Mythos einer 80-Prozent-Europäisierung in Deutschland. PVS, 49, 3: 438-463
K. Kremer: Der Weg ins Parlament. Kandidatur zum Bundestag. Heidelberg, von Decker 1986
J. Kürschner: Die Statusrechte des fraktionslosen Abgeordneten. Berlin, Duncker & Humblot 1984
P. J. Lapp: Anspruch und Alltag der Volkskammer vor dem Umbruch 1989/90. ZParl 1990: 115-125
A. Le Divellec: Le gouvernement parlementaire en Allemagne. Paris, L.G.D.J., 2004.
P. Lichtenberg: Die Aktuelle Stunde im Deutschen Bundestag. Berlin, Duncker & Humblot 1983
G. Loewenberg: Parlamentarismus im politischen System der BRD. Tübingen, Wunderlich 1969
U. Lohmar: Das Hohe Haus. Der Bundestag und die Verfassungswirklichkeit. Stuttgart, DVA 1975
H. Maier u.a.: Zum Selbstverständnis des fünften Deutschen Bundestages. München, Bonner Universitätsdruckerei 1969
H. Markmann: Das Abstimmungsverhalten der Parteifraktionen in deutschen Parlamenten. Meisenheim, Hain 1955
St. Marschall: Parlamentarismus. Eine Einführung. Baden-Baden, Nomos 2005
H. Mattern: Grundlinien des Parlaments. Berlin, Vahlen 1969
G. Mayntz: Die Fernsehberichterstattung über den Deutschen Bundestag. ZParl 24 1993: 351-366
R. Mayntz/F. Neidhardt: Parlamentskultur, ZParl 1989: 370-387
E. Müller/W. Nuding: Gesetzgebung – „Flut oder Ebbe“? PVS 1984: 74-96

E.-P. Müller: Wirtschaftliche und soziale Interessen im XII. Deutschen Bundestag. ZParl 1992: 5-16

H. Neumann: Zur Machtstruktur in der Bundesrepublik Deutschland. Diss., Kiel 1978

M. von Nordheim/R. W. Taylor: The Significance of Lobbyist-Legislator Interactions in German State Parliaments. Legislative Studies Quarterly 1976: 511-531

H. Oberreuter: Institutionalisierung der Opposition? Opposition und Parlamentsreform. In: Ders. (Hrsg.): Parlamentarische Opposition. Hamburg, Hoffmann & Campe 1975: 266-291

H. Oberreuter: Scheinpublizität oder Transzendenz? Zur Öffentlichkeit von Parlamentsausschüssen. ZParl 1975: 77-92

H. Oberreuter (Hrsg.): Parlamentsreform. Passau, Passavia 1981

H. Oberreuter u.a. (Hrsg.): Der Deutsche Bundestag im Wandel. Ergebnisse neuerer Parlamentarismusforschung. Wiesbaden, Westdeutscher Verlag 2002, 2. Aufl.

J. von Oertzen: Das Expertenparlament. Abgeordnetenrollen in den Fachstrukturen bundesdeutscher Parlamente. Baden-Baden, Nomos 2006

W. J. Patzelt: Das Amtsverständnis der Abgeordneten. APuZ B 21 1991: 25-35

W. J. Patzelt: Abgeordnete und Repräsentation. Amtsverständnis und Wahlkreisarbeit. Passau, Rothe 1993

W. J. Patzelt: Ein latenter Verfassungskonflikt? Die Deutschen und ihr parlamentarisches Regierungssystem. PVS 1998: 725-757

W. Patzelt (Hrsg.): Parlamente und ihre Macht. Kategorien und Fallbeispiele institutioneller Analyse. Baden-Baden, Nomos 2005

W. Patzelt: Parlamentarismusforschung. Baden-Baden, Nomos 2008

H. Pehle: Verfassungspraxis im Zwielicht? Die Problematik ‚unechter Vertrauensfragen' und ‚vorgezogener' Bundestagswahlen. In: E. Jesse/R. Sturm (Hrsg.): Bilanz der Bundestagswahl 2005. Wiesbaden, VS 2006: 177-187

St. E. Pelny: Zur Reform des Bundesrechnungshofes. Die Legislative ließ ihre Kontrollmöglichkeiten ungenutzt. ZParl 1972: 417-427

F. von Peter: Zur Beteiligung des Parlaments auf Bundesebene. DÖV 1973: 336-342

Th. Petermann (Hrsg.): Das wohlberatene Parlament. Orte und Prozesse der Politikberatung beim Deutschen Bundestag. Berlin, Sigma 1990

K. Porzner u.a. (Hrsg.): 40 Jahre Deutscher Bundestag. Baden-Baden, Nomos 1990

H. Puhe/H. G. Würzberg: Lust und Frust. Das Informationsverhalten des deutschen Abgeordneten. Köln, Informedia 1989

P. Raschke/J. Kalke: Quantitative Analyse parlamentarischer Tätigkeiten der Landtage. ZParl 1994: 32-60

H. Rausch: Bundestag und Bundesregierung. München, C. H. Beck 1976, 4. Aufl.

H. Rebenstorf/B. Wessels: Wie wünschen sich die Wähler ihre Abgeordneten? ZParl 1989: 408-424

G. Riescher u.a. (Hrsg.): Zweite Kammern. München, Oldenbourg 2009, 2. Aufl.

A. Rummel: Der Bundestagspräsident. Stuttgart, Bonn aktuell 1974

R. Sannwald: Die Beratungen zur Reform des Parlamentsrechts in der Gemeinsamen Verfassungskommission. ZParl 1994: 15-32

F. Schäfer: Der Bundestag. Opladen, Westdeutscher Verlag 1982[4]

R. Schick (Hrsg.): Der Bundestagspräsident. Stuttgart Bonn aktuell 1987

R. Schick/W. Zeh: So arbeitet der deutsche Bundestag. Darmstadt, Neue Darmstädter Verlagsanstalt 1996[7]

P. Schindler (Red.): Datenhandbuch zur Geschichte des Deutschen Bundestages. 1949-1982. Bonn, Presse- und Informationszentrum des Deutschen Bundestages 1983

P. Schindler (Red.): Datenhandbuch zur Geschichte des Deutschen Bundestages. 1949-99. Baden-Baden, Nomos 1999, 3 Bde.

P. Schindler: Deutscher Bundestag 1976-1994: Parlaments- und Wahlstatistik. ZParl 1995: 551-566

H.-P. Schneider/W. Zeh (Hrsg.): Parlamentsrecht und Parlamentspraxis. Berlin, De Gruyter 1989

H. Schöne/J. v. Blumenthal (Hrsg.): Parlamentarismusforschung in Deutschland. Baden-Baden, Nomos 2009

H. J. Schröder: Gesetzgebung und Verbände. Berlin, Duncker & Humblot 1976

E. Schütt-Wetschky: Parlamentsreform: Meilenstein oder Sackgasse? APuZ B 24/25 1985: 3-15

E. Schütt-Wetschky: Der freie Volksvertreter: Illusion oder Wirklichkeit? APuZ B 21/22 1991: 15-23

S. S. Schüttemeyer: Bundestag und Bürger im Spiegel der Demoskopie. Opladen, Westdeutscher Verlag 1986

S. S. Schüttemeyer: Der Bundestag. Eine Einführung. Wiesbaden, Westdeutscher Verlag 1998

S. S. Schüttemeyer: Fraktionen im Deutschen Bundestag 1949-1997. Wiesbaden, Westdeutscher Verlag 1998

S. S. Schüttemeyer/E. Schuett-Wetschky: Der Deutsche Bundestag. Eine Einführung Wiesbaden, VS 2009

C. C. Schweitzer: Der Abgeordnete im parlamentarischen Regierungssystem der Bundesrepublik. Opladen, Leske 1979

M. Sebaldt: Die Thematisierungsfunktion der Opposition. Frankfurt, Lang 1992

P. M. Stadler: Die parlamentarische Kontrolle der Bundesregierung. Opladen, Westdeutscher Verlag 1985

W. Steffani: Gewaltenteilung und Parteien im Wandel. Opladen, Westdeutscher Verlag 1997

H. Steiger: Organisatorische Grundlagen des parlamentarischen Regierungssystems. Berlin, Duncker & Humblot 1973

R. Sturm: Der Haushaltsausschuss des Deutschen Bundestages. Opladen, Leske 1988

R. Sturm: Haushaltspolitik in westlichen Demokratien. Baden-Baden, Nomos 1989

R. Sturm: Zur Reform des Bundesrates. Lehren eines internationalen Vergleichs der Zweiten Kammern. APuZ B 29/30, 2003: 24-31

W. Thaa (Hrsg.): Inklusion durch Repräsentation. Baden-Baden, Nomos 2008

U. Thaysen: Parlamentarisches Regierungssystem in der Bundesrepublik. Opladen, Leske 1976[2]

U. Thaysen u.a. (Hrsg.): Amerikanischer Kongreß – Deutscher Bundestag. Ein Vergleich. Opladen, Westdeutscher Verlag 1988

U. Thaysen: Der Runde Tisch oder: Wo blieb das Volk? Opladen, Westdeutscher Verlag 1990

S. Tiemann: Die Finanzkontrolle des Bundes oder: Was macht der Bundestag mit den Berichten des Bundesrechnungshofes? ZParl 1977: 93-105

A. E. Töller: Europapolitik im Bundestag. Eine empirische Untersuchung zur europapolitischen Willensbildung im EG-Ausschuss des 12. Deutschen Bundestages. Frankfurt, Lang 1995

A. Vatter. Politische Institutionen und ihre Leistungsfähigkeit: Der Fall des Bikameralismus im internationalen Vergleich. ZParl, jg. 33, Nr. 1 2002: 125-143

H. J. Veen: Opposition im Bundestag. Bonn, Eichholz Verlag 1976

Vierzig Jahre Bundesrat. Baden-Baden, Nomos 1989

W. Graf Vitzthum: Parlament und Planung. Baden-Baden, Nomos 1978

H.-J. Vonderbeck: Parlamentarische Informations- und Redebefugnisse. Berlin, Duncker & Humblot 1981

B. Wasner: Parlamentarische Entscheidungsfindung. Passau, Rothe 1998

C. Werner: Wer sind die Rebellen im Parlament? Die Interfraktionelle Initiative Parlamentsreform im 11. Deutschen Bundestag. ZParl 1990: 404-418

R. Graf von Westphalen (Hrsg.): Parlamentslehre. München, Oldenbourg 1993

8 Regierung und Verwaltung

8.1 Die Bundesregierung

Ist das Parlament der institutionelle Sitz der Volkssouveränität, so liegt bei der Regierung das faktische Leitungszentrum. Die Bezeichnung *parlamentarische* Regierung ist seit dem faktischen Primat der Regierung überholt. In England wird daher folgerichtig seit längerem mehr von *cabinet government* oder *prime ministerial government* gesprochen.

Verselbständigungstendenzen der Exekutive zeigen sich durch die Herausdifferenzierung einer besonderen *Organisationsgewalt* aus der gesetzgebenden Gewalt. Der Ausdruck wurde erstmals von Romeo Maurenbrecher 1837 gebraucht. Er bedeutet die Kompetenz, Staatsbehörden zu schaffen, über ihren Wirkungskreis Instruktionen zu erlassen und die Formen ihrer Geschäftsführung zu bestimmen. Die Organisationsgewalt liegt faktisch weitgehend beim Kanzler. Das Parlament ist nur indirekt beteiligt, insofern es im Haushaltsplan die Mittel für ein neues Amt bereitstellen muss.

Die Praxis zeigt jedoch, dass das Parlament allenfalls im nachhinein mitwirkt. Neue Ämter werden erst bei der Beratung des nächsten Haushaltsplanes im Parlament diskutiert. In der Regel wird auf der Grundlage von Art. 112 GG vorgegangen: „Haushaltsüberschreitungen und außerplanmäßige Ausgaben bedürfen der Zustimmung des Bundesministers der Finanzen. Sie darf nur im Falle eines *unvorhergesehenen und unabweislichen* Bedürfnisses erteilt werden.“ Die herrschende Praxis der Ämterschaffung wird von Juristen zum Teil für bedenklich gehalten (Böckenförde 1964: 313).

Angesichts der üblichen Koalitionsregierungen ist zwar die Einrichtung neuer Ministerien nicht strikt „unvorhergesehen“ und vielfach auch nicht „unabweislich“. Dennoch kann man sich nicht vorstellen, dass das Parlament sich hier einschaltet, ohne dass die Regierungsbildung stark verzögert wird. In Ländern mit förmlicher Investiturabstimmung (z.B. Italien) könnte man annehmen, dass das Parlament mit seinem Vertrauen auch die Ausübung der Organisationsgewalt sanktioniert. In der Bundesrepublik wird hingegen dem Kanzler bei seiner Wahl gleichsam ein Vorschussvertrauen gegeben. Im internationalen Vergleich wird man nicht sagen können, dass dieses Vertrauen von deutschen Bundeskanzlern missbraucht worden ist.

Die Größe der Regierung und die Ausdehnung der Ressorts über den *klassischen* Kanon der Ministerien (Äußeres, Inneres, Verteidigung, Finanzen, Justiz) und den *neoklassischen* Kanon (Wirtschaft, Arbeit und Soziales, Ernährung und Landwirtschaft), die sich in fast allen parlamentarischen Systemen finden, hinaus, hängt von einigen Faktoren ab, die der Regierungschef nicht willkürlich manipulieren kann: *vom Problemdruck* durch besondere Aufgaben, zum Beispiel Kriegsfolgen (sie führten zum Vertriebenen- und gesamtdeutschen Ministerium), und vom *politischen Druck* durch Schwierigkeiten der Koalitionsbildung (sie führen zu Ressorts, die sich sachlich vertreten lassen, aber zunächst koalitionsbedingt erscheinen wie einst das Atomministerium und das Gesundheitsministerium).

Mit der Ernennung von *„Ministern ohne Geschäftsbereich"* ist man in der Bundesrepublik sparsam verfahren. Bis in die sechziger Jahre gab es die Tendenz, das Kabinett bei jeder Regierungsbildung zu vergrößern, unter der Großen Koalition war dies nahezu unvermeidlich. 1969 machte man den lobenswerten Anfang zur Verringerung der Anzahl der Ressorts. 1972 kam es wieder zur Vermehrung. Mit 16-19 Ressorts im Durchschnitt ist die Bundesrepublik aber noch immer maßvoll unter den größeren Staaten der westlichen Welt.

Die *Ausdehnung der Ämter* – noch nicht im britischen Ausmaß, wo manchmal knapp die Hälfte einer Fraktion mit Ämtern versorgt wird – ist eher auf der Ebene unterhalb der Minister festzustellen (parlamentarische Staatssekretäre, Staatsminister). Es ist jedoch davor zu warnen, ein kleines Kabinett (abgesehen von gruppenpsychologischen Erwägungen für die Kabinettsberatung) an sich für einen Vorteil zu halten. Je kleiner das Kabinett, umso monströser werden die Ämter, die dann wieder durch neue Posten untergliedert werden müssen. Nicht einmal der *Spareffekt* eines kleinen Kabinetts ist so groß, wie in der Öffentlichkeit häufig geglaubt wird. Die Ausweitung der Ämter unterhalb der ministeriellen Ebene ist dann durch die Kleinheit des Kabinetts eine Notwendigkeit geworden. Nur Länder mit extremer Regierungsinstabilität und komplizierten Koalitionsverhandlungen wie Italien erlauben sich den Luxus eines großen Kabinetts und außerdem noch einer großen Zahl von Untersekretären (meist über 50).

Umstritten war die Bestellung eines Ministers im Bundeskanzleramt. Eine solche Position ist eigentlich „systemwidrig", weil der Minister nach Art. 65 GG sein Ressort selbständig leiten müßte.

Im internationalen Vergleich wird man sagen können, dass sowohl die verfassungsgesetzlichen Vorgaben für die Organisationsgewalt der Bundesregierung in dem Versuch einer Balance zwischen Kanzler-, Ressort- und Kabinettsprinzip als auch die bisherige Regierungsbildungspraxis weit weniger irrationale Ressortzuschnitte geschaffen haben als in vielen anderen parlamentarischen Systemen. Die Verkleinerung des Kabinetts war kein dauerhafter Trend. Vorschläge, die Ministerzahl sich ausdehnen zu lassen, aber nur einen engeren Kreis mit Kabinettsrang zu versehen (die Praxis in Großbritannien), oder der Vorschlag einer Untergliederung der Regierung in ein politisches und in ein Verwaltungskabinett (Guillaume) sind weder mit dem Grundgesetz noch mit der deutschen Regierungstradition ohne weiteres vereinbar.

Eine ehrwürdige Textbuch-Weisheit geht noch immer von der Trinität des Kanzler-, des Kabinetts- und des Ressortprinzips aus. Adenauer schien das Kanzlerprinzip am reinsten zu verkörpern. Aber er hat sich vornehmlich um die Außen- und Sicherheitspolitik gekümmert. In der Gesetzgebung war er eher als Vermittler in festgefahrenen Interessenkonflikten erfolgreich, obwohl er auch in den parlamentarischen Redeschlachten um wichtige Gesetze einen größeren persönlichen Einsatz zeigte als spätere CDU-Kanzler.

Das Kanzlerprinzip ist in der Ära Adenauer aufgrund des Führungsstils des ersten Bundeskanzlers magisch überhöht worden. Zu Unrecht, wie sich vor allem in der Gesetzgebungsarbeit zeigen lässt. Als Erhard einzelne Mitarbeiter aus dem Wirtschaftsministerium ins Kanzleramt mitbrachte, wurde das als „Nebenkabinett" fast als illegal beargwöhnt (Schöne 1968: 221). Ein deutscher Kanzler hat kein *„cabinet ministeriel"* um sich geschart wie ein französischer Premier. Von den personellen Möglichkeiten des amerikanischen Präsidenten kann ein Kanzler nur träumen. Die Einrichtung eines Planungsstabes unter Brandt stieß auf erbitterte Gegnerschaft, obwohl schon die Große Koalition wichtige Veränderungen der Organisationsstruktur der Regierung vorbereitet hatte, als die Planungsabteilung des Bundeskanzleramts im Juli 1970 erstmals versuchte, auf der Basis der gemeldeten Ressortvorhaben der Gesetzgebung eine Prioritätenliste aufzustellen (Schatz 1973: 35). Horst Ehmke, der als Staatssekretär im Justizministerium der Großen Koalition die effektivere Programmplanung ab Januar 1967 vorbereitet hatte, war als Kanzleramtsminister unbestritten effektiv in der Koordinierung der Gesetzgebungsarbeit. Brandt musste ihn trotz seines triumphalen Sieges 1972 auf Druck seiner Kabinettskollegen ins Forschungsministerium abschieben, weil er vor allem Helmut Schmidt zu „eigenmächtig" schien.

Das prekäre Gleichgewicht der drei Prinzipien gibt dem *Kabinett* keine starke Stellung im deutschen System. Bei der Bundesregierung handelt es sich eher um einen *„board of managers"* als um ein Kabinett im britischen Sinne. Die Entscheidungen werden im Kabinett weniger getroffen als gebilligt (Müller-Rommel 1988: 166). Das Kabinett ist vor allem der Ort der Konfliktschlichtung zwischen den Ressorts. Das Kabinettsprinzip ist zwischen dem Kanzler- und dem Ressortprinzip einem permanenten Druck ausgesetzt. Es ist eher ein negatives Prinzip: kein Minister kann – wie im Weimarer System – durch parlamentarisches Votum aus dem Kabinett hinausgeschossen werden, solange der Kanzler – und genauer die Koalitionsparteien – ihm das Vertrauen bewahren. Ministersolidarität als das Korrelat der kollektiven Ministerverantwortlichkeit hat in der Kanzlerdemokratie eines rationalisierten Parlamentarismus weniger Gelegenheit als im Frühparlamentarismus, sich in täglichen Auseinandersetzungen mit der parlamentarischen Mehrheit zu bewähren.

Die Entwertung des Kabinettsprinzips ist der Übermacht starker Kanzler zugeschrieben worden. Zu Unrecht. Das Kabinett arbeitete umso ineffizienter, je unabhängiger es vom Bundeskanzler war, wie sich in der Ära Erhard und Kiesinger zeigte (Müller-Rommel 1991: 3). Das Kriterium für Einfluss des Kabinetts konnte schwerlich nur ein kollegialer Debattenstil sein. Auch Brandt hat das Kabinett sich allzu häufig in abstrakten Debatten verzetteln lassen. Seine Entscheidungsschwäche war unübersehbar. Bei Schmidt, dem ein schroffer Führungsstil nachgesagt wurde, herrschte hingegen ein sachbezogener Teamgeist vor, der die Kabinettsarbeit effizient machte. Ohne Schmidts Führungsfähigkeiten wäre die Koalition mit der FDP vermutlich schon vor 1982 beendet worden.

Kohl als Generalist entwickelte seine Stärke vor allem durch effektive Steuerungsleistungen in der Eigenschaft als Parteivorsitzender. Die Partei- und Koalitionsgremien wurden von ihm geschickt benutzt, um die anstehenden Projekte zu fördern. Sein Führungsstil galt als nicht sonderlich kooperativ. Nur selektiv und mit Zügen eines Küchenkabinetts wurden die Mitarbeiter konsultiert. Viele Probleme wurden eher auf der Schiene der Partei als über die Amtshierarchie gelöst. Gerade unter Kohl sind Befürchtungen, die Kanzlerdemokratie könne sich als Institution im Bundeskanzleramt verselbständigen, kaum eingetroffen.

Das Kabinett ist in seinen Handlungsmöglichkeiten durch die Steuerung der Koalitionsparteien in den *Koalitionsrunden* am stärksten beeinträchtigt worden. Das Kabinett ratifiziert in der Regel die Vorentscheidungen der Koalitionsrunden. Minister ohne Rückhalt in einer Fraktion haben eine schwache Stellung. Gelegentlich wurden sie – wie der parteilose Experte Leussink – in der Regierung Brandt „Kanzlerminister" genannt.

Minister haben im Kabinett eine umso stärkere Position, je gewichtiger die parteiische Hausmacht ist, die hinter ihnen steht. In der SPD hatten Schmidt und Leber eine starke Stellung. In der CDU in den Regierungen Kohl galt das für Blüm. Auch die Kompliziertheit eines Politikfeldes spielt eine Rolle bei der Einschätzung der politischen Machtposition eines Ressortinhabers. In der Arbeits- und Sozialpolitik hatten die Minister ein solches Gewicht, dass selbst in der Ära Adenauer auf diesem Gebiet keine Kanzlerdemokratie entstand. Politisch versierte Minister haben ihre Position in der Partei nicht vernachlässigt. Vor allem in der SPD versuchten die meisten von ihnen, regelmäßig an den Fraktionssitzungen ihrer Partei teilzunehmen. In einzelnen Studien wurden die Minister über den Einfluss der Fraktion auf ihre Arbeit befragt. Am stärksten schien dieser Einfluss beim Justizminister, am schwächsten beim Außenminister zu sein. Dieser Einfluss ging vor allem von den Spitzen der Fraktionshierarchie aus. Bei Dissens hat Fraktionschef Wehner in den ersten SPD-Regierungen sich aber nicht selten hinter der Koalition versteckt und Kritik mit der Bemerkung abgewehrt: „Das ist eine Koalitionsfrage“. Schließlich spielte neben der Stellung in der Partei und der Gewichtigkeit des Ressorts auch die persönliche Statur eines Ministers für seine Durchsetzungsfähigkeit eine Rolle. Unerfahrene Politiker, wie Arendt, konnten auch in dem für die SPD so gewichtigen Ressort „Arbeit und Soziales“ nicht genügend Profil erlangen. Der größte Experte in diesem Bereich in der SPD-Fraktion – damals Schellenberg – konnte daher eine fast federführende Bedeutung in diesem Politikbereich gewinnen.

Das Kanzlerprinzip konnte sich über die *Organisationsgewalt* gegenüber den Ressorts vielfach durchsetzen. Die Richtlinienpolitik mochte nicht stark genug sein, den Exponenten eines Koalitionspartners loszuwerden. Aber eine starke Führungspersönlichkeit konnte vom Kanzler „eingemauert“ werden, einmal durch den Zuschnitt der Ressorts, zum anderen durch die Aufgabenverteilung an die Ressorts.

Im Kabinett sind im Prinzip alle gleich. Das Gewicht der einzelnen Minister hängt jedoch von verschiedenen Faktoren ab: einmal von der *konstitutionellen Hervorhebung von Ämtern* und von der Gewohnheit, in Koalitionsregierungen das Außenministerium mit dem Amt des Vizekanzlers zu verbinden. Der Finanzminister genießt Sonderrechte (Art. 112, Art. 114 Abs. 1 GG), die ihm Koordinations- und Vetofunktionen verleihen. Die Einführung der Finanzplanung hat die Koordinierungs- und Kontrollfähigkeit des Finanzministers gestärkt und droht somit, seine herausragende Stellung noch zusätzlich abzusichern.

Dieser Prozess hat jedoch auch gegenläufige Tendenzen hervorgerufen seit dem Abbau der orthodoxen Finanztheorien, die sich zu förmlichen Budgetideologien steigern konnten, mit Grundsätzen wie der Forderung nach einem Minimalhaushalt, der Ablehnung aller nichtfiskalischen Zielsetzungen und der Neutralität der Finanzpolitik, schließlich der Auffassung von der Unproduktivität der Staatsausgaben, verbunden mit dem Postulat möglichst geringer Besteuerung und einer Abneigung gegen öffentliche Kreditaufnahmen (Zunker 1972: 121). Mit der Ausdehnung der Staatsaufgaben und dem Ausbau der mehrjährigen Finanzplanung sind den Vetofunktionen des Finanzministers engere Grenzen gezogen worden, und seine Tätigkeit wird durch Aufgabenplanung stärker in den politischen Kontext der gesamten Regierung integriert.

Die Bedeutung eines Ressorts hängt ferner von der *Größe und Komplexität des Amtes* ab: Finanzen, Inneres, Verkehr und Verteidigung haben rein von der Quantität der Beschäftigten her ein starkes Gewicht.

Schließlich spielen das *persönliche und das politische* Ansehen des Amtsinhabers eine Rolle. Gelegentlich hat auch ein Minister ohne Geschäftsbereich politischen Einfluss gehabt, der nicht mit dem organisatorischen Gewicht seines Portefeuilles erklärt werden konnte (etwa Krone unter Adenauer).

Nach der Verfassung (Art. 65 GG) leiten die Minister innerhalb des Rahmens der *Richtlinien der Politik,* die vom Kanzler vorgegeben werden, den Geschäftsbereich „selbständig und in eigener Verantwortung“. Artikel 65 legt den Wettstreit dreier Prinzipien an: des Kanzlerprinzips, des Ressortprinzips und des Kollegialprinzips. Über Meinungsverschiedenheiten zwischen den Bundesministern entscheidet die Bundesregierung. Die Literatur hat sich in ihrer Auslegung des Gewichts dieser Prinzipien vielfach von den faktischen Führungsstilen beeinflussen lassen. Restriktiv wurde die Richtlinienkompetenz unter dem starken Kanzler Adenauer ausgelegt (Junker 1965), expansiv hingegen vielfach unter dem führungsschwächeren Kanzler Erhard (Hennis 1964), in dessen Amtszeit die Richtlinienkompetenz des Bundeskanzlers zu einer Art funktionalem Äquivalent der Cäsarismus-Diskussion um den Weimarer Reichspräsidenten zu werden drohte.

Angesichts des vergleichsweise kleinen Umfangs der Bundesregierung ist die Ausdifferenzierung nicht so stark wie in anderen Kabinetten. Grundgesetz und gemeinsame Geschäftsordnung der Bundesregierungen kennen keine *Kabinettsausschüsse.* Sie sind jedoch mit zunehmender Planung gleichwohl zur besseren Realisierung der Richtlinienkompetenz entstanden. Sie sind ressortübergreifend und problemorientiert. Wichtig sind vor allem jene, die nicht nur Abbild des Problemkreises eines Ressorts sind, wie die Kabinettsausschüsse für Europapolitik, Umweltfragen oder für die Reform der Struktur von Bundesregierung und Bundesverwaltung (Aufzählung bei Rausch 1976: 229). Der „Erste Bericht zur Reform der Struktur von Bundesregierung und Bundesverwaltung“ (1969: 14) ging davon aus, dass Kabinettsausschüsse die Tatsache kompensieren müssen, dass einerseits eine Hierarchisierung des Kabinetts nach britischem Vorbild nach dem Grundgesetz nicht möglich ist und andererseits die gruppendynamische Idealgröße von 7 bis 9 Ministern aus koalitionspolitischen Gründen nicht zu erreichen ist. Gleichwohl empfahl die Projektgruppe, nur sparsamen Gebrauch von Kabinettsausschüssen als Dauereinrichtung zu machen, weil sonst bestimmte Minister, deren Zuständigkeiten im Schnittpunkt mehrerer Ressorts liegen, überfordert würden.

Ein weiteres Koordinierungsmittel sind die *interministeriellen Ausschüsse* als Vertretung der Ministerialbürokratie und als Hilfsmittel, bestimmte Vorlagen „kabinettsreif“ zu gestalten. Über sie gibt es nur interne Informationen. Die solidarische Verantwortlichkeit der Regierung, die Selbständigkeitsbestrebungen der Ressorts und die mangelnde Wahrnehmung der Kontrollfunktion des Bundestages haben Zahl und Arbeitsweise dieser Ausschüsse für die Öffentlichkeit bisher wenig transparent werden lassen (Prior 1968: 17).

Die Ausdifferenzierung der Institutionen hat seit der Großen Koalition auch auf der Ebene des einzelnen Ressorts eingesetzt. 1967 wurde das Amt des *par-*

lamentarischen Staatssekretärs geschaffen in Anlehnung an die britische Kabinettshierarchie. Das Gesetz von 1967, das die neue Institution umriss, verlieh den neuen Amtsinhabern keine Weisungsbefugnisse gegenüber den Beamten. Die Hauptaufgabe war der Kontakt mit den politischen Gremien. Zunächst existierte das neue Amt nur in einigen Ressorts, seit 1969 in allen. 1972 hat der Finanzminister als erster zwei parlamentarische Staatssekretäre durchgesetzt. 1974 wurde im Auswärtigen Amt der Titel „Staatsminister" vergeben. Zur Verbesserung der Kommunikation in der Koalition ist gelegentlich ein parlamentarischer Staatssekretär nicht aus der Partei des Ministers, sondern aus der des Koalitionspartners genommen worden. Die wichtigste Funktion des neuen Amtes ist die Rekrutierung von Ministern, wie der Aufstieg zahlreicher parlamentarischer Staatssekretäre in Ämter mit Kabinettsrang in den letzten Jahren zeigte.

Die Ämtervermehrung hielt sich in der Bundesrepublik im internationalen Vergleich in Grenzen. Selbst nach der Vereinigungswahl im Dezember wuchs die Zahl der Ministerien nur um zwei. Die Ebene der parlamentarischen Staatssekretäre hat den Druck nach Ämtervermehrung für die Patronagepolitik aufgefangen. Die Zahl der parlamentarischen Staatssekretäre wuchs 1991 um sechs auf 33. Unter dem Druck der Kampagne gegen die Verselbständigung der politischen Klasse wurde bei der kleinen Kabinettsumbildung 1993 ein Anfang mit der Reduzierung der parlamentarischen Staatssekretäre gemacht. 1998 wurde ihre Zahl auf 22 reduziert (5 für die Grünen, 17 für die SPD) plus zwei SPD-Staatsminister im Kanzleramt. Die Institution war einst unter anderem zur Verbesserung der Kommunikation zwischen dem Parlament und der Regierung geschaffen worden. Inzwischen wird die Einrichtung eher skeptisch beurteilt, weil sie den Fraktionen Führungspersonal entzieht (FAZ 1.2.1991: 1). Die Versorgung von verdienstvollen Parlamentariern rückt in den Vordergrund. Der Grundsatz, wer nicht Minister wird, soll wenigstens als parlamentarischer Staatssekretär ausscheiden können, droht neue Erwartungshaltungen an die Patronagemacht der Regierung heranzutragen.

Unter Adenauer war das Kanzleramt die tatsächliche Schaltzentrale. Bis zu einer selbständigen deutschen Außenpolitik wurde sie vom Kanzler selbst mitgeleitet. Diese Ära endete 1961, als die Unionsparteien die absolute Mehrheit verloren. Die angewachsene FDP konnte einen *Koalitionsvertrag* durchsetzen, der stark auf Einschränkung der Befugnisse des Kanzlers angelegt war. 1963, nach dem Regierungsantritt Erhards, verselbständigten sich die Ressorts zunehmend. Es bürgerte sich ein, dass die einzelnen Ministerien erst am Ende der Legislaturperiode informierten, wenn sie selbst ein Interesse an der Berichterstattung hatten, um die geplanten Gesetzesinitiativen für das nächste Regierungsprogramm anzumelden.

Der überstrapazierte Terminus „Kanzlerdemokratie“ erwies sich immer mehr als ein Begriff der Ära Adenauer. In einer Zeit der noch nicht gefestigten Demokratie konnte ein starker Kanzler das System weit stärker formen als seine Nachfolger. Die magische Überhöhung der Richtlinienkompetenz wurde in der frühen Zeit zur demokratisierten Variante des Führerkults. Die wenigsten Kanzler entsprachen diesem Führungsbild.

Erhard schien wie das Antibild des Machtpolitikers Adenauer. Sein Führungsstil im Kabinett war kollegial. Er war kein Parteiführer, obwohl 1966 die Verbindung von Kanzleramt und CDU-Vorsitz nominell wiederhergestellt wurde (Niclauß 1988: 88). Sein Stil war nicht der eines parlamentarischen Premiers. Er polarisierte nicht Regierungs- und Oppositionsparteien. Erhard neigte zum Überredungsdirigismus, dessen Adressat das ganze Volk oder die großen Interessengruppen des Volkes waren. Kiesingers Position als Bundeskanzler in einer Großen Koalition konnte kaum stärker sein. Helmut Schmidt hatte 1966 die Große Koalition gegen Widerstreben in der SPD mit dem trostreichen Bonmot gerechtfertigt: „Es gibt keine Richtlinien gegen Brandt und Wehner.“ Nach einem anderen Bonmot des stellvertretenden Regierungssprechers Konrad Ahlers war der Kanzler auf die Rolle „eines wandelnden Vermittlungsausschusses“ begrenzt. Im August 1967 wurde mit dem „Kreßbronner Kreis“ die informelle Beratung der Koalitionspartner auch institutionalisiert. Den Fraktionsführern Barzel und Schmidt fiel in dieser Konzertierung eine überragende Nebenkanzlerrolle zu. Kiesingers Selbstauffassung eines überparteilichen „Staatsmannes“ hat seine Ausmanövrierung durch die Parteiführer einer neuen sozialliberalen Koalition nach den Wahlen von 1969 erleichtert.

Auch Willy Brandt ließ seinen Kabinettskollegen ein hohes Maß an autonomen Entscheidungen. Der Kanzler konzentrierte sich vor allem auf die Außenpolitik, was zu Spannungen mit der FDP und Außenminister Walter Scheel führen musste. Sein Charisma konnte vorübergehend eine latente Führungsschwäche verdecken (Müller-Rommel/Pieper 1991: 11). Stars der eigenen Partei wie Schiller, Möller und Helmut Schmidt waren kaum durch Richtlinienkompetenz einzubinden. Horst Ehmke als Kanzleramtsminister hatte gehofft, das Kanzleramt als zentrale Planungs- und Koordinationsbehörde zu einem Instrument der Richtlinienkompetenz auszubauen. Die Absicht scheiterte nicht nur am liberalen Koalitionspartner. Helmut Schmidt ist am häufigsten mit Adenauer verglichen worden. Seiner Führungsstärke fügte er glänzende Rhetorik, wirtschaftlichen Sachverstand und intellektuelle Brillanz hinzu. Auch Schmidt wurde sein distanziertes Verhältnis zur Partei zum Verhängnis. Er war nur ein stellvertretender Parteivorsitzender. Wo Brandt anfangs seine Partei durch Visionen motivieren konnte, wurde Schmidt – auch durch einen zunehmend herrischen Führungsstil – erst in seiner Partei, zunehmend auch vom liberalen Koalitionspartner isoliert.

Kein Kanzler hat so effektiv die Rolle des Parteiführers eingesetzt wie Helmut Kohl. Obwohl er sich als Enkel Adenauers fühlte, fehlte ihm für diese Rolle das Gewicht eines weitblickenden Außenpolitikers, das sein Außenminister Genscher entwickelte. Die Partei hatte in den älteren Lobhymnen auf die Richtlinienkompetenz keine Rolle gespielt. Gerade die Führung der Partei und die Fähigkeit zum Konfliktmanagement in der Koalition gegenüber der Schwesterpartei CSU und gegenüber der FDP waren jedoch Kohls entscheidende Vorteile. Die Handhabung der Netzwerke innerhalb der politischen Klasse wurde zum Erfolgskriterium. Koordinationsdemokratie (Jäger 1988) wurde daher die treffendste Bezeichnung im Vergleich zur alten Überhöhung (Hennis) oder Verteufelung (Loewenstein) der Kanzlerdemokratie. Was einst mit dem archaischen Nimbus von „Staatskunst“ umgeben wurde, entpuppte sich vor allem als handwerkliche Organisations- und Kommunikationsfähigkeit. Kanzler mit einer Mission und mit intuitivem Genie, wie sie Erhard und Brandt auf unterschiedliche Weise repräsentiert hatten, hatten einige Schwierigkeiten, in die Rolle der Koordinationsdemokratie hineinzuwachsen.

8.2 Der Bundespräsident

Die Weimarer Erfahrungen haben in kaum einem Teil der Institutionen des Grundgesetzes so stark zur Wandlung eines Amtes beigetragen wie bei dem des Bundespräsidenten. Die zweigeteilte Exekutivspitze, die sich in parlamentarischen Monarchien entwickelte und der Regelfall in modernen parlamentarischen Systemen geblieben ist, wurde im Lichte des „Traumas von Weimar“ in der einen „Spitze“, im Amt des Staatsoberhauptes, in solchem Umfang geschwächt, dass man sich fragen könnte, ob es nicht systemgerechter gewesen wäre, auf ein repräsentatives Staatsoberhaupt gänzlich zu verzichten, wie es die SPD im Parlamentarischen Rat vorgeschlagen hatte. Der Präsident sollte keine vom Parlament unabhängige Legitimationsquelle besitzen,. daher wird eine Volkswahl, die immer wieder einmal als Vorschlag auftaucht, überwiegend abgelehnt. Die Wahl durch die *Bundesversammlung,* ein Gremium, das zur Hälfte aus den Mitgliedern des Bundestages und einer gleichen Zahl von Mitgliedern besteht, die von den Volksvertretungen der Länder nach den Grundsätzen der Verhältniswahl gewählt werden (Art. 54 Abs. 3 GG), unterstreicht noch die Bindung an das föderative Element der Ordnung gegen den zentralisierenden Einfluss der Weimarer Reichspräsidenten.

Die Kompetenzen des Bundespräsidenten weisen kaum die Funktion aktiver Gestaltung des politischen Lebens auf, sondern nur repräsentative Aufgaben. Insbesondere ist ihm der Oberbefehl über die Streitkräfte entzogen, den das

Staatsoberhaupt in vielen parlamentarischen und präsidentiellen Systemen hat. In der Bundesrepublik liegt diese Befehlsgewalt im Frieden beim Verteidigungsminister (Art. 65 a GG), im Kriegsfall beim Bundeskanzler (Art. 115 b). Auch die frühere Diktaturgewalt des Weimarer Reichspräsidenten und das Notverordnungsrecht wurden dem Bundespräsidenten nicht übertragen. Der Einfluss auf Regierung und Parlament wurde bewußt klein gehalten. Aufgrund des Mißbrauchs des Auflösungsrechtes durch den Reichspräsidenten im Jahr 1932 führte der „Hindenburg-Schock" im Parlamentarischen Rat zu einem eng umgrenzten Auflösungsrecht, das sich für die Bundesrepublik mit ihren bisher meist übersichtlichen parlamentarischen Mehrheiten nicht immer als ausreichend erwiesen hat (vgl. Kap. 6). Die Mitwirkung bei der Regierungsumbildung ist auf die Ermessensentscheidung des Art. 63 Abs. 4 Satz 3 GG und im Recht der Parlamentsauflösung nach Art. 68 Abs. 1 GG beschränkt. Dank relativ klarer Wahlergebnisse konnte die Regierungsbildung von den Bundespräsidenten bisher kaum beeinflusst werden. Nur Heinrich Lübke hat seine persönlichen Wünsche für die Regierungsbildung 1961 und 1965 zugunsten einer Großen Koalition durchblicken lassen. 1965 nach dem Wahlsieg Erhards musste das starre Festhalten Lübkes an dem Gedanken einer Großen Koalition wie eine Kampfansage an den amtierenden Kanzler angesehen werden. Durchsetzen konnte er seine Ansicht nicht. Da in der Bundesrepublik keine systemfeindlichen Gruppen von rechts und links die Regierungsbildung auf das Gravitationsprinzip mit einem Drang zu Regierungen der Mitte festlegen, wie in der Weimarer Republik, gab es keine Gelegenheit, die Ermessensspielräume des Bundespräsidenten auszudehnen.

Man geht in Rechts- und Politikwissenschaft überwiegend davon aus, dass der Bundespräsident nicht verpflichtet ist, jeden Ministervorschlag eines Kanzlers bedingungslos zu unterschreiben (Winkler 1967: 36). Sein Ermessen erstreckt sich jedoch nicht auf die politische Opportunität. Lübke versuchte vergeblich, seinen Nachfolger im Amt des Landwirtschaftsministers, Schwarz, aus der Regierung fernzuhalten. Auch der Widerstand des Bundespräsidenten gegen die Ernennung des Außenministers Schröder 1961 und 1965, dessen Außenpolitik er für falsch hielt, ließ sich gegen eine entschlossene Fraktion nicht durchhalten. Ein Veto von Heuss gegen Dehler 1953 als Justizminister – wegen dessen offener Kritik des Bundesverfassungsgerichts – war nur erfolgreich, weil Adenauer dieses Veto gegen einen schwierigen Mitarbeiter nicht ungelegen kam und die Koalition dadurch nicht gefährdet wurde. Zum konstitutionellen Präzedenzfall ist diese präsidentielle Intervention nicht geworden. Das Ermessen des Bundespräsidenten erstreckt sich allenfalls auf Sachverhalte, welche die Autorität des Staates berühren, wie die Ablehnung eines Ministerkandidaten wegen NS-Vergangenheit, Amtsmissbrauch oder Straftaten. Eine weitergehende Intervention wäre ein Eingriff in die Richtlinienkompetenz nach Art. 65 GG.

Ein materielles und formelles Prüfungsrecht bei *Ernennung von Beamten und Offizieren* nach Art. 60 Abs. 1 GG wird überwiegend angenommen, mit Ausnahme bei der Ernennung der Bundesverfassungsrichter (Art. 94 Abs. 1 GG), wo die Entscheidungen von Bundestag und Bundesrat für den Präsidenten bindend sind. Lübke hat 1965 bei der Ernennung eines durch NS-Vergangenheit belasteten Bundesrichters (Carl Creifeld) von seinem Prüfungsrecht Gebrauch gemacht. Durch den Verzicht des Kandidaten kam es jedoch nicht zu einem Verfassungskonflikt.

Das Prüfungsrecht bei Gesetzen nach Art. 82 GG wird überwiegend bejaht, jedoch restriktiv interpretiert. Da eine Entscheidung des Bundesverfassungsgerichts herbeigeführt werden kann (Art. 93 Abs. 1), sind der Ausübung des Prüfungsrechts enge Grenzen gegen Missbrauch gesetzt. In den ersten 20 Jahren des Bundestages hat es sechs Konflikte gegeben. Einer der bekanntesten Streitfälle war das Gutachten, das Bundespräsident Heuss 1952 bei der Debatte um den Wehrbeitrag einholte, der nur durch die Rücknahme des Antrags auf Bitten von Bundeskanzler Adenauer beigelegt werden konnte. 1956 wurde bei Änderung des Bundesverfassungsgerichtsgesetzes der Paragraph über unverbindliche und dennoch politisch präjudizierende Gutachten gestrichen. Im Konflikt um das Gesetz zur Errichtung der „Stiftung preußischer Kulturbesitz“ 1957, das vom Bundespräsidenten unterzeichnet wurde, worauf der Bundesrat eine Organklage anstrengte, wurde die Haltung des Präsidenten durch Urteil des Bundesverfassungsgerichtes in einem abstrakten Normenkontrollverfahren als verfassungsgemäß bestätigt, da die Verfassungsmäßigkeit des Gesetzes vom Gericht unterstrichen wurde. Ein wichtiger Präzedenzfall für die Anerkennung des materiellen Prüfungsrechts war es, dass der Bundestag die Weigerung Lübkes, das Gesetz gegen den Betriebs- und Belegschaftshandel zu unterschreiben, hinnahm, weil eine Mehrheit die Fragwürdigkeit dieses Gesetzes und seine Wahlgeschenkfunktion spürte. Ähnlich verhielt sich der Bundestag 1969, als der Bundespräsident ein Architektengesetz nicht unterzeichnete, weil er in Analogie zum Ingenieursgesetz die Verfassungsmäßigkeit einiger Teile der Vorlage bezweifelte.

Da in der Bundesrepublik nicht der Präsident – wie in der Weimarer Republik vielfach postuliert –, sondern das Bundesverfassungsgericht *„pouvoir neutre“* ist, droht bei solchen Konflikten die Gefahr, dass der Bundespräsident zum Parteigänger einer Partei im politischen Konflikt der Staatsorgane wird. Art. 82 Abs. 1 GG ist daher in gewisser Weise systemwidrig, was zu dem Vorschlag geführt hat, den Bundespräsidenten von diesem Zopf aus der Zeit der konstitutionellen Monarchie zu befreien (Berger 1971: 11).

Die politische Bedeutung des Amtes des Bundespräsidenten liegt weit mehr in der *stilgebenden und repräsentativen Funktion* des Amtsinhabers als in seinen Kompetenzen. Die bisherigen Präsidenten haben jeweils andere Aufgaben ihres

Amtes betont: Heuss die geistige Repräsentanz eines nicht belasteten und respektablen neuen Deutschland nach innen und nach außen, Heinemann den „Bürgerpräsidenten“ und Integrationsfaktor für nicht artikulationsfähige Interessen und Randgruppen. Scheel die Repräsentation des Ganzen trotz fortschreitender Polarisierung der beiden politischen Lager.

Karl Carstens hat sich trotz seiner Einübung in die Rolle eines Oppositionsführers im Amt des Bundespräsidenten – in das er wegen seiner NSDAP-Mitgliedschaft und einer Falschaussage vor dem Guillaume-Ausschuss 1974 auf außerordentlich umstrittene Weise eintrat – restriktiv an seine Kompetenzen gehalten. Carstens (1971: 103f.) hat sich damit mehr an seine wissenschaftlichen Überzeugungen gehalten als an seine vorübergehende politische Sozialisation. Daher fertigte er Gesetze aus, selbst wenn er – wie beim Staatshaftungsgesetz (1981) – Bedenken hatte. Das Gesetz wurde 1982 vom Bundesverfassungsgericht für nichtig erklärt. Seine Mitwirkungsbereitschaft ging weit, wie er bei der Parlamentsauflösung Anfang 1983 demonstrierte. Einige Bundestagsabgeordnete klagten gegen diese Entscheidung vor dem Bundesverfassungsgericht wegen des zweifelhaften Manövers, zu dem die Exekutive mangels einer im parlamentarischen System üblichen diskretionären Auflösung gezwungen war (vgl. Kap. 7.1). Carstens hatte das Glück, dass auch das Bundesverfassungsgericht in einer stark umstrittenen Entscheidung dieses Manöver billigte (BVerfGE 62, 3ff.; Heyde/Wöhrmann 1984: 231ff.).

Kein Präsident – auch nicht der allseits respektierte Gustav Heinemann – hat so enthusiastische Verehrung genossen wie Richard von Weizsäcker. Die Führung Kohls, die das Gefühl der Bürger wenig ansprach, bekam ihre Kompensation durch den Bundespräsidenten, in einer Mischung aus „Banker und Kirchentagspräsident, die Vertrauen herstellt, und die sakrale Art, mit der Weizsäcker zu verstehen gibt, dass er weiß, was die Menschen wollen: das große Ganze, den Konsens, die verbindenden Brücken über den Abgründen des Parteienhaders“ (N. Grunenberg in: Die Zeit 28.6.1985). Heuss neben Adenauer, Weizsäcker neben Kohl haben eine gekonnte Arbeitsteilung verwirklicht: Untersuchungen von Fernsehdebatten zeigten, dass Kohls brüsker Stil als „verbaler Django“ gegenüber dem sanften Werben eines „verbalen Jesus“ bei den Zuschauern durchaus günstiger eingeschätzt wurde (Merten 1991), weil mit dieser Art von Kraftdemonstration Führungsstärke suggeriert wurde. Das Djangotum stärkt aber zugleich das Bedürfnis nach einem verbalen Gegenbild im Amt des Bundespräsidenten. Dieser Annahme widersprach die weitverbreitete Auffassung, dass Weizsäcker der „bessere Bundeskanzler“ gewesen wäre (Jäger 1990: 45). Die Bürger sahen die beiden Exponenten der doppelköpfigen Exekutive eher komplementär als konkurrierend. Weizsäcker ist freilich gelegentlich mit seinem diskreten Führungsgestaltungswillen dem Bundeskanzler stark ins Gehege gekommen. Etwa in der Frage des Regierungssitzes Berlin, als Weizsäcker sich mit einem „Memorandum" direkt an die Öffentlichkeit wandte, auch motiviert von der Sorge, er solle allein von den wichtigen Staatsorganen in die rein nominelle Hauptstadt Berlin abgeschoben werden (vgl. Kap. 1.3). Herzog hat man nach Weizsäcker eine schwierige Zeit der Rollenfindung prophezeit – zu Unrecht. Mit einer gewissen volkstümlichen Unbekümmertheit ging er ganz unprofessoral an sein Amt. Er hat sich in kurzer Zeit Ansehen erworben, ohne am Image zu leiden, ein bequemer Präsident zu sein. Rau hatte beträchtliche Anfangsschwierigkeiten im Amt. Vorwürfe hinsichtlich seiner Zeit als Ministerpräsident von Nordrhein-Westfalen belasteten die moralische Autorität, die er sich im Lauf seiner Amtszeit beharrlich wieder erarbeitete. Köhler als parteiungebundener Kandidat der Union galt lange als farblos, zeigte aber in vielen Konflikten beträchtlichen Eigenwillen und las der Regierung gelegentlich die Leviten. Er war in den Umfragen beim Volk erstaunlich beliebt und rangierte haushoch über seiner Herausforderin Gesine Schwan. 2009 wurde er im ersten Wahlgang wieder gewählt

Die These, dass Bundespräsidenten desto schneller vergessen werden, je besser sie die Aufgabe der Integration und Konsensbildung erfüllt haben (Jäger 1990: 47), lässt sich bei eingehender Prüfung kaum halten. Lübke ist vergessen, obwohl er sich am kräftigsten als politischer Präsident eingemischt hat. Heuss und Heinemann sind wegen ihrer Repräsentanz eines geistigen Deutschland stärker im Bewusstsein der Bürger verankert als ein Kanzler wie Kiesinger, der gewiss nicht zu den unkultiviertesten deutschen Regierungschefs gehört hat. Im Rückblick fanden die Wähler sich 1999 am stärksten von Weizsäcker (43%), Herzog (24%) und Heuss (9%) repräsentiert (Emnid-Umfrage April 1999), was jedoch allenfalls das Kurzzeitgedächtnis der Bürger demonstriert.

Im deutschen System kam es aufgrund der schwachen Kompetenzen des Präsidentenamts kaum zu Rivalitäten in der Außenpolitik, wie sie zwischen dem Präsidenten der Republik und dem Premierminister in Frankreich unter den Bedingungen der *cohabitation* von Amtsträgern aus unterschiedlichen Parteien gang und gäbe waren. Eigenwilligkeiten in der Außenpolitik haben jedoch bei einigen deutschen Bundespräsidenten gelegentlich Anlass zu Konflikten gegeben. Selbst die Zugehörigkeit des Bundespräsidenten und des Kanzlers zur gleichen Partei schützte nicht vor Meinungsverschiedenheiten, wie sich gelegentlich an Konflikten zwischen Lübke und Erhard und Verstimmungen zwischen Scheel und Außenminister Genscher, zwischen Weizsäcker und Kohl bei Staatsbesuchen zeigte. Man geht davon aus, dass der Text einer Präsidentenrede mit der Regierung abgestimmt werden muss. In der Bundesrepublik wurde jedoch darauf verzichtet, dieses Verhältnis so starr wie in einigen parlamentarischen Monarchien zu gestalten, wo der Herrscher die Thronrede, die vom Regierungschef redigiert wurde, wörtlich ablesen muss. Im Sinne persönlicher Gestaltungsmöglichkeiten, wie sie vor allem Heuss und Heinemann wahrgenommen haben, ist diese Zurückhaltung der Regierung auch künftig wünschenswert.

8.3 Verwaltung und politische Verwaltungsführung

Dem föderativen Aufbau der Bundesrepublik gemäß gibt es keine zentralisierte Einheitsverwaltung. Viele Bundesministerien haben keinen bürokratischen Unterbau zur Durchführung der getroffenen politischen Entscheidungen, sondern überlassen diese der Verwaltung der Länder im Auftrag des Bundes. Es gibt keine Universalbehörden mit Aufgabenbündelung aus unterschiedlichen Bereichen, sondern nur Sonderverwaltungen. Einen eigenen Unterbau haben der Auswärtige Dienst, die Bundesfinanzverwaltung, Bundesbahn, Bundeswasserstraßen und Schifffahrt, Bundeswehrverwaltung und Luftverkehrsverwaltung. Zur Entlastung der Ministerien von gesetzesausführender und „nichtministerieller Tätigkeit" gibt es zahlreiche *Bundesoberbehörden* (Art. 87 Abs. 3 GG). Die größten von ihnen sind wesentlich personalreicher als die kleineren Ministerien (etwa das Ministerium für innerdeutsche Beziehungen bis 1990 mit rund 300 Bediensteten), wie zum Beispiel das Bundesamt für Wehrtechnik und Beschaffung mit fast 20 000, die Bundesanstalt für Flugsicherung mit 3130, das Bundeskriminalamt mit 2300 und das Statistische Bundesamt mit 2300 Beschäftigten. Organisatorisch mit ihnen verwandt, aber meist kleiner sind die *nicht rechtsfähigen Bundesanstalten*, die hauptsächlich im wissenschaftlichen Informationsbereich arbeiten wie die Bundeszentrale für politische Bildung, das Bundesarchiv und einige wissenschaftliche Einrichtungen. Von ungefähr 100 solcher zentraler nichtministerieller Organisationseinheiten (Liste in: Becker 1978: 180ff.) dieser beiden Typen sind drei Viertel den Ministerien ohne bundeseigenen Verwaltungsunterbau unterstellt. Die meisten dienen Informationsfunktionen, die nach außen gerichtet sind, während ähnliche Einrichtungen in Ressorts mit bundeseigenem Verwaltungsunterbau eher nach innen gerichtete Funktionen der Zuarbeit für die Tätigkeiten des Ministeriums aufweisen, vor allem bei zahlreichen Einrichtungen des Bundesministeriums der Finanzen. In einer Zeit, da die Euphorie der Auffassung, dass der Staat selbst alles regulieren kann, verflogen ist, nimmt die Bedeutung der „Quangos" (quasi nongovernmental organizations) als Erscheinungsform des „government by contract" zu (vgl. Schuppert 1981: 167). Angesichts der etatistischen deutschen Tradition wird jedoch die Tendenz zur *„deregulation"* nicht so weit gehen wie in Amerika. Ein guter Teil der an gesellschaftlichen Organisationen in der Implementation von staatlichen Entscheidungen übertragenen Funktionen wurde daher in den 1980er Jahren unter dem Stichwort „Neokorporatismus“ behandelt (vgl. Kap. 5.4). Inzwischen scheint Regieren eine altmodische Kategorie zu sein. *„Governance“* ist in aller Munde – eine Kooperation von Regierungs- und anderen öffentlichen Agenturen mit Interessengruppen, sozialen Bewegungen, Unternehmen. Das neue Paradigma war gleichsam die Antwort auf einen konservativen Pessimismus in den 70er Jahren, der gern von „*Unregierbarkeit*“ postmoderner Gesellschaften in ihrer „Unübersichtlichkeit“ sprach. Governance wurde zunächst in den Internationalen Beziehungen entdeckt, wo schon immer „*governing without government*“ vorherrschte. Ausarbeitungen des Governance-Ansatzes haben dann gelegentlich doch wieder einen „*meta-governor*“ entdeckt, der disparate Entscheidungssituationen strukturierte.

Den dritten Zweig der Bundesverwaltungsorganisation bilden rechtlich selbständige *Anstalten des Öffentlichen Rechts.* Einige von ihnen haben einen eigenen Verwaltungsunterbau, zum Beispiel die Bundesanstalt für Arbeitsvermittlung und Arbeitslosenversicherung und die Bundesbank. Diese beiden Einrichtungen haben darüber hinaus zunehmend an politischem Gewicht gewonnen: Die Bundesbank hat dank ihrer Autonomie zur Absicherung der Kreditmechanik gegen staatliche Befehle selbständige Befugnisse, die nicht selten in ihrer einseitigen Ausrichtung auf die Geldwertstabilität andere Ziele der staatlichen Politik im magischen Vieleck konterkarierten; die Bundesanstalt für Arbeit hingegen durch das Gewicht des Arbeitslosenproblems seit 1973 und durch ihren Drang, immer neue Politiken zur Bekämpfung der Arbeitslosigkeit selbst in Angriff zu nehmen.

Das politische Führungspersonal an Ministern und parlamentarischen Staatssekretären hat quantitativ seinen Höhepunkt überschritten. Es pendelte sich in den neunziger Jahren auf eine halbe Hundertschaft ein. Die Ausdehnung der Verwaltung hatte ebenfalls den Zenith verlassen. Aber noch immer sind etwa 20 000 Personen in den Verwaltungen der Bundesministerien beschäftigt. Wichtige Ämter und para-staatliche Institutionen außerhalb der Regierung sind dabei noch nicht mitgezählt. Die Steuerungsmöglichkeiten des Bundes scheinen im Licht solcher Zahlen recht begrenzt.

Hinzu tritt die wachsende Komplexität der internen ministeriellen Strukturen. In größeren Ressorts kann der Minister kaum noch Kontakt mit allen Abteilungsleitern halten. 114 Abteilungen mit je 2-4 Unterabteilungen, die mehrere Fachreferate umfassen, sind schwer zu koordinieren. Die Programminitiativen und die Gesetzesvorbereitung liegen in den Händen spezialisierter Grundeinheiten (Mayntz 1985: 181).

Das Grundgesetz geht noch von einer gewaltenteiligen Auffassung aus, in der Politik und Verwaltung als Führung und Ausführung getrennt gedacht werden. Seit der Demokratisierungsbewegung der sechziger Jahre wurde die Vorstellung popularisiert, dass Politik und Verwaltung zu einer „politischen Verwaltungsführung“ und „legislatorischen Programmsteuerung“ vereint werden müssen (Grauhan 1969, Treiber 1977). Die neue Harmonie wurde voreilig konzipiert. Die Realität entwickelte sich eher in Richtung einer Verselbständigung der politischen Gestaltungsmöglichkeiten der Verwaltung, die nur unzureichend von der politischen Führung gesteuert wird. Zur Verbesserung der Steuerungsfähigkeit wurden mehrere Maßnahmen ergriffen:

- Es wurden *politische Beamte* geschaffen, die jederzeit in den einstweiligen Ruhestand versetzt werden können. Beim Machtwechsel wurden 13 von 24 Staatssekretären und 36 von 104 Ministerialdirektoren ausgewechselt (Derlien 1984: 693). Die wachsende Finanzknappheit hat dieses Steuerungsmittel zunehmend unbeliebt gemacht.
- Nach ausländischem Vorbild wurden *Mitarbeiterstellen für den Minister* geschaffen, die Stabsarbeit leisten und nicht in die „Linie“ eingeordnet sind. Sie sollten die Informationslage des Ministers verbessern, der bei Widerständen in seinem Haus gegen Gesetzesprojekte einseitig oder falsch von den Beamten informiert werden kann.

Die Bundesrepublik hatte zu wenig Erfahrung mit alternierenden Regierungen, um die erste Ablösung der Regierungskoalition reibungslos zu bewerkstelligen. Nach dem ersten Machtwechsel 1969 gab es einige Skepsis in der Ministerialbürokratie. Aber im ganzen war die Zusammenarbeit mit der neuen politischen Führung loyal. Loyalität ist keine Einbahnstraße. Sie kann gestärkt werden, wenn die Ministerialverwaltung sich bei Angriffen hinreichend von ihrem Minister geschützt fühlt.

Politiker und Verwaltungsbeamte haben – unabhängig von Parteiloyalitäten – unterschiedliche *Kommunikationsstile*. Die politische Führung zeigt meistens weder Zeit noch Bereitschaft, längeren Vorträgen der „Referenten“ zu folgen. Sie verlangt zugespitzte handlungsanleitende Kurzfassungen (Schreckenberger 1992: 611). Eine politische Verwaltungsführung stellt sich zunehmend mit Geschick auf solche Bedürfnisse der Politiker ein. Gemeinsame politische Parteizugehörigkeit der Spitzen der Verwaltung und des Ministers können den Dialog erleichtern. Minister wie Verwaltungsspitzen haben ein Interesse, gute Beziehungen zu „ihrem Ausschuss“ zu unterhalten. Die Minister nehmen an den Ausschusssitzungen teil, wenn grundsätzliche Fragen besprochen werden. Nur selten werden sie förmlich vom Ausschuss herbeigerufen. Aber sie halten sich über die Referenten – wie über die Parteischiene – über die Verhandlungen in den Ausschüssen auf dem Laufenden.

Die Verwaltung der Länder liegt bei den Ministerien, den Regierungspräsidenten (außer in einigen kleineren Bundesländern, in denen diese nicht als Zwischenstufe existieren) und bei den Gemeinden.

Das *Personal* im öffentlichen Dienst hat sich 1913 bis 1960 je 1000 Einwohner mehr als verdoppelt. Im Jahr 2000 waren in der Verwaltung 3,1 Millionen Personen beschäftigt, die meisten davon in den Ländern und in den Gemeinden, 465 000 beim Bund (ohne Soldaten und Bundesgrenzschutz – vgl. Tab. 8.1). Im Laufe der Entwicklung der Bundesrepublik hat sich der Anteil des Personals beim Bund mehr als verdoppelt. Daraus kann jedoch nicht auf eine Zentralisierungstendenz geschlossen werden, da der Hauptzuwachs durch die Militärverwaltung zu erklären ist. Etwa jeder siebente abhängig Erwerbstätige ist im öffentlichen Dienst beschäftigt, der Anteil der öffentlich Bediensteten an den abhängig Erwerbstätigen hat sich jedoch nicht vermehrt und nahm im Zeitalter der Deregulierung laufend ab (1950: 15,1% 1960: 13% 1971: 14,2% – Studienkommission 1973: 53).

Tabelle 8.1: Personal der Gebietskörperschaften (Vollzeitbeschäftigte, in 1000)

	Insgesamt	Bund	Länder	Gemeinden
1950	1327	62	722	543
1960	1802	361	949	641
1970	2272	536	1209	757
1980	2804	553	1567	920
1990	2848	553	1535	1002
1996	2831	432	1472	926
2000	3194	465	1713	1015
2007	2534	419	1349	766

Quelle: Statistisches Jahrbuch 2008 für die Bundesrepublik Deutschland, Kohlhammer, 2008, 1998: 517f., Finanzbericht 2002, BMFT: 526

Im internationalen Vergleich hatte Deutschland lange einen Vorsprung vor angelsächsischen Ländern im Prozentsatz der Staatsbediensteten. Nach dem Zweiten Weltkrieg haben sich jedoch die deutschen Wachstumsraten denen anderer Länder angeglichen (Cullity 1967). Die Bundesrepublik lag in der Relation von Staatsbediensteten zur Bevölkerung mit 64 pro Tausend im hinteren Mittelfeld, hinter den klassischen Wohlfahrtsstaaten wie Schweden (156) und Dänemark (129), aber auch hinter den angelsächsischen Ländern (Großbritannien 96, USA 78), die auf ihre anti-etatistische Tradition bis heute stolz sind (vgl. von Beyme 1984: 45f.).

8,2% der Beschäftigten waren in der deutschen Verwaltung beschäftigt. Damit lag Deutschland inzwischen – nach Frankreich und Italien aber vor Großbritannien und Schweden – auch im internationalen Vergleich im oberen Mittelfeld eines internationalen Vergleiches. (FAZ 27.10.2002: 37)

Der Anteil an den Personalausgaben wächst in den öffentlichen Haushalten schneller als andere Leistungen. Während sich in den sechziger Jahren die öffentlichen Ausgaben etwa verdoppelten, wuchs der Anteil der Personalausgaben auf das Zweieinhalbfache. Nicht alle Einkommensverbesserungen sind funktions- und leistungsgerecht gestaltet, wie es die Grundsätze der Besoldung im öffentlichen Dienst verlangen, vielmehr haben unsystematische Änderungen des Stellenkegels, globale Höherstufungen, Regelbeförderungen ihren Anteil an der steigenden Kostenflut.

Der Anteil der traditionellen Verwaltung oder *Ordnungsverwaltung* (oberste Staatsführung, Innenverwaltung, Finanzverwaltung und Rechtswesen) hat sich umgerechnet auf die Einwohnerzahl entgegen populären Vorwürfen nicht nennenswert erhöht. Die Hauptwachstumsraten hat die *Leistungsverwaltung* (in den Bereichen Soziales, Gesundheit und Bildung) zu verzeichnen.

Der Anteil der Angestellten ist dabei wesentlich stärker gestiegen als der der Beamten. Die *Wirtschaftsverwaltung* hingegen stagniert vergleichsweise. Die Ausdehnung des Staatssektors ist trotz einiger Zielformulierungen der SPD nach 1969 keines der zentralen Ziele der Politik geworden. Seit 1998 gilt auch für die Sozialdemokraten an der Macht das gegenteilige Ziel: „Verschlankung" des Staates.

Bei der *Rekrutierung* der Beamten und Angestellten des Staates wurde kritisiert, dass das Juristenmonopol noch immer nicht gebrochen sei. Dieses drückt sich nicht nur in der numerischen Bevorzugung von Juristen aus, sondern auch in den Laufbahnvorschriften und in der Definition der Arbeitsanforderungen, die dem juristischen Studium weitgehend angepasst sind (Brinkmann 1973: 150ff.). Außenseiter haben noch immer erschwerten Zugang. Durch die Zunahme der politischen Beamten hat sich ihr Verhältnis verbessert. Bei ihnen kam etwa ein Außenseiter auf vier Laufbahnbeamte, während bei den nichtpolitischen Beamten dieses Verhältnis etwa 1:14 beträgt (Steinkemper 1974: 40). Die stärker politische Orientierung einiger Beamtengruppen hat seit 1969 zugenommen. In der Zeit der CDU-Vorherrschaft bestand die Mehrheit der Beamten so selbstverständlich aus „Nahestehern", daSS die Ressortinhaber sich häufig nicht einmal die Frage nach dem politischen Standort ihrer Mitarbeiter vorlegen mussten.

Die deutschen Beamten im internationalen Vergleich sind nicht so unpolitisch gesinnt, wie vielfach in älteren Untersuchungen unterstellt worden ist. Die deutsche Verwaltungselite hält in dieser Beziehung etwa die Mitte zwischen den politischen Bürokraten in Großbritannien und den klassischen Bürokraten Italiens (Putnam 1973). Elitenuntersuchungen zeigten, dass das Politikverständnis der Verwaltungseliten jedoch zu differenzieren ist. Eine politische Auffassung in bezug auf Konflikte der etablierten Parteien und Gruppen ist relativ stark internalisiert. Bei Fragen der Existenz der Grundlagen des Systems, etwa bei Bedrohung des Status quo durch Extremismus und radikale Demokratisierungsforderungen, reagierten die Verwaltungseliten in Deutschland – nur noch vom Militär übertroffen – konfliktscheu und traditionell-autoritätsbewusst (Kaltefleiter/Wildenmann 1973: 110ff.). Eine vergleichende Studie sieht die deutsche Bürokratie im Grade ihrer Kommunikationsbereitschaft außerhalb der hierarchischen Strukturen stark angenähert an das amerikanische Modell (Aberbach u.a. 1981: 231).

Klassische Laufbahnbeamte sind in Deutschland seltener geworden, 20% der administrativen Eliten gehörten einem Mischtyp an, der unter SPD-geführten Regierungen auf 33% anstieg. Ein Wandel der Karrieremuster zeichnete sich nur bei den in Deutschland seltenen Regierungswechseln ab. Die größten Veränderungen ließen sich 1969 feststellen, vor allem im Bereich der Ausbildung. 1982 hat sich dieser Trend jedoch auch nach einem abermaligen Wechsel nicht umgekehrt. Unter der Regierung Kohl dominierten die Laufbahnbeamten in den Spitzenpositionen wie seit 1972/73 und auch davor mit ca. 40% (Derlien/Pippig 1990: 34f.). Quereinsteiger haben es noch immer schwer. Die horizontale Elitenmobilität ist geringer als in Ländern wie den USA oder Frankreich.

Die Einstellung der Bürger zur Verwaltung in der Bundesrepublik hat mit der „Modernisierung" des Selbstverständnisses der Verwaltungseliten nicht Schritt gehalten. Befragungen ergaben, dass ein Drittel der Bevölkerung der Bürokratie noch stark entfremdet gegenübersteht. 40% der 1978 Befragten misstrauten der Verwaltung und vermuteten Willkür und Bestechlichkeit, 68% der Befragten hielten die deutsche öffentliche Verwaltung für ineffektiv. Am kritischsten in diesem Punkt waren die Facharbeiter mit 78% (Folgen 1978: 11f.). Dabei waren die direkten Erfahrungen der Befragten im Umgang mit Ämtern und Behörden sehr viel positiver. Das Verhältnis zur Polizei wurde zunehmend kritischer. Die Konfliktbereitschaft bei ungerechter Behandlung durch die Behörden wächst. In der politischen Kultur-Forschung (Kap. 2.1) zeigte sich, dass die Verwaltung, vor allem die städtische Verwaltung, von allen staatlichen Institutionen noch immer das geringste Vertrauen der Bürger mobilisierte. Das Vertrauen ist von 1981 (33%) bis 1990 (39%) wieder gewachsen, lag aber außer in Italien (in beiden Befragungen 27%) am Ende einer Skala in Europa, noch hinter dem Militär (Klingemann/Fuchs 1995: 304f.).

Der Abbau der Distanz zwischen Bürokratie und Gesellschaft hat auch in einer stärkeren Zuwendung der Verwaltungseliten zu den Parteien seinen Niederschlag gefunden. Die Hälfte aller Inhaber von Führungspositionen ist in einer mehr oder weniger lockeren Form mit Parteien verbunden. Die Parteineigungen der Verwaltungseliten sind vor allem auf der Landesebene stark ausgeprägt.

Der lobenswerte Versuch, in Deutschland dem Trend aller parlamentarischen Systeme zur Vermehrung der Ämter auf höchster Ebene zu widerstehen, hatte seinen Preis auf der Ebene der Verwaltung. Der Ämterhunger der Parteien musste unterhalb der Ministerebene befriedigt werden. Dies hat die Durchsetzung des Parteienstaats in der Spitzenbürokratie erleichtert.

Die politische Homogenisierung der Verwaltung ist die Kehrseite der überhöhten Fürsorgepflicht des Staates für seine Beamten. In Preußen wurden 1852 durch Gesetz alle Unterstaatssekretäre, Ministerialdirektoren, Oberpräsidenten, Regierungspräsidenten und Landräte politische Beamte. 1862 hat Bismarck Hunderte von Beamten, die liberaler Neigung verdächtig schienen, aus dem Dienst entlassen. 1873 wurde der Katalog der politischen Beamten noch erweitert, obwohl das Kaiserreich die parlamentarische Regierungsweise nicht durchsetzte. Parlamentarische Ministerverantwortlichkeit erzwang die Sicherstellung der politischen Loyalität der Spitzenbeamten, damit der Minister in seiner politischen Verantwortlichkeit nicht einen Zweifrontenkrieg gegen parlamentarische Opposition und gegen illoyale Mitarbeiter seines Hauses führen musste. Aber dieser Grund war bis 1918 nicht gegeben. Die Nationalsozialisten haben 1937 bis herab zum Regierungsrat die Politisierung der Beamtenschaft vorangetrieben. Nach solchen Erfahrungen schien die Ausweitung der politischen Beamtenschaft in der Bundesrepublik anfangs tabu.

Doch auch die Bundesrepublik hat den Rahmen der politischen Beamten weiter gesteckt als andere westliche Demokratien. Als politischer Beamter gilt man ab dem Posten eines Ministerialdirektors, in einigen Verwaltungszweigen schon durch Beförderung nach A 16, wie im Auswärtigen Dienst oder im Staatsschutz. In Bund und Ländern wurden einzelne Ämter später der Liste politischer Beamtenposten hinzugefügt.

In der Zeit der CDU-Vorherrschaft war die parteiliche Ämterpatronage wenig auffallend. Loyalität konnte auch durch *„Nahesteher" und Sympathisanten* ohne förmliche Parteimitgliedschaft hergestellt werden. Erst in der Opposition wurde die CDU zur Massenmitgliederpartei. In der Ministerialbürokratie – vor allem in einem Ressort wie dem Innenministerium, das immer von der CDU geführt worden war – gab es mit der neuen SPD-Regierung anfangs durchaus *Kommunikationsschwierigkeiten.* Sie bauten sich jedoch nach einiger Zeit ab (Brausewetter 1976: 84). Anfangs wurden wichtige Informationen nicht nur den neuen Behördenchefs vorenthalten, sondern auch der Opposition zugespielt. Schon vor dem misslungenen Versuch der CDU, Brandt durch ein Misstrauensvotum zu stürzen, wurden Gerüchte laut, dass die Opposition durch Indiskretion konservativer Ministerialbeamter wichtige Informationen gegen die Regierung erhalte (Seeliger 1970: 9ff.).

Die Umorientierung eines großen Teils *der politologischen Verwaltungswissenschaft,* die nach 1969 einen großen Aufschwung nahm, hat die theoretische Rechtfertigung für diesen Prozess der Politisierung geliefert. Die Durchdringung von Gestaltungs- und Machterhaltungsmaximen wurde nicht mehr als Negativbild gebrandmarkt. Böhret (1970: 42) stellte fest: „Ein politischer Entscheidungsträger handelt rational, wenn er konkrete politische Ziele aus dem übergeordneten gesellschaftlichen Wertsystem so ableitet, nach Prioritäten ordnet und verfolgt, dass er seinen politischen Nutzen innerhalb der gegebenen Entscheidungsstruktur maximiert“. *Politische Verwaltungsführung* (Grauhan 1969) wurde zum Postulat eines neuen Verständnisses von Politik und Verwaltung, das auch die seit der vorparlamentarischen Phase diskriminierten Parteien in milderem Licht dastehen ließ.

Es entwickelten sich jedoch Auswüchse der Patronage, die immer wieder einmal beschnitten werden mussten bei der Vermischung von Parteipolitik und Verwaltung, etwa wenn Mitglieder der Planungsabteilung des Bundeskanzleramtes an der Vorbereitung von Wahlkampfplattformen für die Bundestagswahl 1980 mitgewirkt haben (BT, Sten. Prot., 28. Juni 1979: 13143 ff.). Die Sinn- und Heilsvermittler, die verdächtigt wurden, den Politisierungsprozess auf der Grundlage der Soziologie oder Politikwissenschaft voranzutreiben (Seemann 1980: 153), hatten jedoch auf dem Höhepunkt der Debatte gerade in der Regierung Schmidt kaum Ansatzpunkte gefunden. Der Aufruf an den Bundespräsidenten, seine Mitwirkungskompetenz in Fragen der Personalgewalt stärker zu bedenken (Seemann 1980: 154), wurde angesichts eines erneuten Machtwechsels überflüssig. Die Homogenisierung der Ämter in der zweigeteilten Exekutive hat der Bundesrepublik seit 1982 die Entstehung eines *cohabitation-Konflikts* im französischen Ausmaß erspart. Die *Beschwörung der Gewaltenteilung* (Seemann 1981) als Damm gegen die Parteipolitisierung erwies sich als überholter Nebenkriegsschauplatz. Auch die Unionsparteien haben die Regeln der parlamentarischen Demokratie mit ihrem Mehrheitsverbund von Parlamentsmehrheit, Regierungspartei und politisch geführter Verwaltung weitgehend internalisiert.

Nicht Appelle an den guten Willen einzelner Akteure könnten die deutsche Parteibuch-Verwaltung abbauen, sondern allenfalls eine tiefgreifende Strukturreform. Als Nachteil des deutschen *Mischsystems* ist anzusehen, dass der politische Beamte de facto nur noch äußerlich „Bürokrat“ ist (Kugele 1976: 204). Eine überwiegend juristische Betrachtungsweise, die nach sauberer Trennung der Funktionen wie in anderen Demokratien drängte, verkennt jedoch, dass die tatsächlichen Verhaltensmuster der Spitzenbürokratie in allen Ländern unabhängig vom System sich angeglichen haben und zu einer stärker politisch-konzeptionellen Amtsauffassung führen.

Diese Erfahrungen zeigten einmal mehr, dass parteipolitische Homogenisierungsversuche noch nicht zur *„Gleichschaltung"* der Beamtenschaft führen. Beamte unterschiedlicher Parteiauffassung waren einander oft näher in ihren Abgrenzungsversuchen gegen politische Einflüsse von außen als Beamte und Politiker. Ressortkonflikte wurden von Beamten der gleichen Partei mit Inbrunst ausgetragen.

Die Arbeit mit Stäben führte auch in Deutschland zu *Konflikten zwischen „staff" und „line"*. Sie wurde als Anfang der Aushöhlung des Berufsbeamtentums angesehen, und sie hat der parteipolitischen Penetration Vorschub geleistet, weil sie Außenseitern den Eingang in die Verwaltung ermöglichte. Obwohl die Planungsabteilungen den politischen Parteien und ihrer Programmimplementation am nächsten standen, ist es auch der SPD nicht gelungen, die alten Verwaltungseliten zu verdrängen. Eine Studie über die Planungsstäbe zeigte, dass der Wissenschaftssektor mit 37,3% nach den Planern aus Bundes-, Landes- und Kommunalverwaltungen mit 44% immer noch das stärkste Rekrutierungsreservoir für planende Tätigkeiten gewesen ist (Grottian/Murswieck 1974: 84). Auch in diesem ideologieempfindlichen Bereich kam es nicht zu einem „personalpolitischen Blutbad" nach dem ersten Regierungswechsel 1969. Parteizugehörigkeit spielte eine große Rolle, vor allem auf der Abteilungsleiterebene (66,7% waren Parteimitglieder), aber die FDP war kaum vertreten, und die Unionsparteien stellten Anfang der siebziger Jahre immer noch ca. ein Drittel der Positionen (Grottian/Murswieck 1974: 92).

Mit dem Abklingen der Planungseuphorie begann schon unter der Kanzlerschaft Schmidts (1974-1982) eine Erosion der Planungstätigkeiten im Bundeskanzleramt und in einigen Ministerien. Nur ein Teil der Stabsmitglieder wurde in den normalen Beamtendienst übernommen. Nicht wenige gingen zurück, woher sie kamen, in die Wissenschaft.

Nach dem Gesetz hat „Der Beamte... bei politischer Betätigung diejenige *Mäßigung und Zurückhaltung* zu wahren, die sich aus seiner Stellung gegenüber der Gesamtheit und aus der Rücksicht auf die Pflichten seines Amtes ergibt" (BRRG § 35, Abs. 2). In Deutschland gibt es *weniger scharfe Einschränkungen der politischen Rechte der Beamten* als in anderen Ländern.

Die Alliierten hatten 1945 für die Beamten ein Verbot parteipolitischer Betätigung durchgesetzt, wie es im amerikanischen Bundesverwaltungsdienst und im britischen Civil Service für die höheren Positionen besteht. Im Entwurf des Bundesbeamtengesetzes war ein Verbot für Beamte enthalten, als aktive Anhänger einer Partei aufzutreten. Der Bundesrat und später der Bundestag zwangen die Regierung zum Kompromiss auf die vage *„Mäßigungsklausel"*. Die Rechtsprechung versteht darunter vor allem, dass parteipolitische Betätigung nicht unter Ausnutzung einer amtlichen Stellung geschehen darf. Im Personalvertretungsgesetz des Bundes wird daher verboten, dass Leiter von Dienststellen und der Personalrat sich parteipolitisch betätigen. Kritik an der Regierung durch Beamte ist erlaubt. Für einige Funktionen sind in den Ländern die Grenzen enger gezogen, in Bayern etwa für die Bereitschaftspolizisten (Frowein 1967: 34f.).

Zu Konflikten über politische Betätigung der Beamten kommt es im Normalfall nur, wenn das *Bekenntnis zur „demokratischen Grundordnung"* in Zweifel gezogen wird, etwa bei Wahlkampfhilfe von Beamten für die DKP oder die NPD.

Eine gewisse Minimalpolitisierung der Beamtenschaft wurde schon relativ früh durch das Konzept der *„wehrhaften Demokratie"* bewirkt. Noch 1950 lehnte es die Bundesregierung ab, nach dem Vorbild des Beamtengesetzes von Rheinland-Pfalz die aktive Betätigung zugunsten der geltenden Verfassungsordnung zu verlangen, weil man die Politisierung der Verwaltung fürchtete (BT, Verhandlungen 1949, Anlageband 1, Nr. 175: 10). 1953 wurde jedoch die politische Neutralität der Beamten gemindert durch die Verpflichtung zum „aktiven Eintreten für die demokratische Grundordnung" (Schönbohm 1979).

Mit irreführenden Schlagworten wie *„Berufsverbot"* und *„Radikalenerlass"* (es handelte sich um ein Rundschreiben, nicht um einen Erlass) ist Deutschland international in die Schusslinie der Kritik gekommen. Ein internationaler Vergleich zeigt, dass die Bundesregierung am weitesten gegangen ist in der *Verrechtlichung der Zugangskontrolle,* dass aber andere Länder mit indirekten Praktiken des Fernhaltens von Extremisten aus dem öffentlichen Dienst vergleichbare Resultate erzielt haben (Böckenförde u.a. 1981). Sicher ist, dass die Überprüfungspraxis einen sinnlosen bürokratischen Aufwand bedeutet, da im Durchschnitt nur 0,05-0,1% je nach Land und Einstellungspraxis – aus politischen Gründen der Zugang zum öffentlichen Dienst verwehrt worden ist.

Trotz mancher Missstände wird die parteipolitische Penetration der Verwaltung in der Wissenschaft nicht so negativ beurteilt wie in der populären Presse. Ohne diese wechselseitige Durchdringung von Politik und Verwaltung wäre die Bürokratie in Deutschland relativ unbeweglich. Der Automatismus der Beförderung verträgt sich kaum mit dem *Leistungsprinzip,* das immer gegen politische Mobilität angeführt wird. Der Aufbau der deutschen Verwaltung ist relativ traditionell.

Die Rekrutierung überwiegend aus den Mittelschichten, unter denen nach wie vor die größte Neigung zum Eintritt in den Staatsdienst gefunden wurde, setzte der Fortentwicklung des Politikverständnisses in Richtung „radikale Neuerungen" zusätzliche Grenzen. Die weitere Politisierung der Besetzung von Beamtenstellen wird überwiegend abgelehnt. Zugleich entwickelt sich jedoch eine zunehmend modernere Auffassung von Verwaltung, die gekennzeichnet ist durch Publikumsorientierung und Bejahung einer an der Politik orientierten Verwaltung, verbunden mit dem Abbau der traditionelleren Gesetzesorientierung (Luhmann/Mayntz 1973: 351f.).

Das Elitenbewusstsein ist bei der Verwaltungselite zum Teil geringer als angenommen. Man empfindet vielfach die prekäre Situation des Staatsdieners, der sich gegenüber der Wirtschaft als unterbezahlt betrachtet (Schmid/Treiber 1975: 225). Die Verschlechterung der Chancen auf dem Arbeitsmarkt seit Mitte der siebziger Jahre könnte hier jedoch inzwischen einen Wandel bewirkt haben.

Modelle politischer Verwaltungsführung mit Enthierarchisierung und Reorganisation nach parlamentarischen Prinzipien, wie sie in der Zeit hochgespannter Demokratisierungserwartungen gefordert wurden, wurden langsam internalisiert. Die Offenheit für gesellschaftliche Einflüsse und Interessengruppen ist gestiegen, aber die Grenzen der Demokratisierung und selbst der Parlamentarisierung für das Subsystem Verwaltung werden noch immer überwiegend eng gesehen (Pippig 1988; Herbert 1989). Das Modell erforderte eine Lockerung der Loyalität der Verwaltung zur Parlamentsmehrheit, die in einem parlamentarischen System realistischerweise kaum erwartet werden kann.

Mit zunehmender Ausdehnung der Staatstätigkeit und wachsendem Personal im öffentlichen Dienst wurde die *Reform des öffentlichen Dienstes* ein immer dringenderes Problem. Die drei Statusgruppen (Beamte, Angestellte und Arbeiter) sind durch die Tätigkeitsmerkmale nur noch schwer zu rechtfertigen. Die rechtliche Absicherung und Unkündbarkeit (bei Angestellten nach 15 Jahren) hat die Gruppen teilweise auch schon einander angenähert. Die Beschwörung des Beamtenethos ist weithin zur Ideologie einer Statusgruppe geworden. Wenn Gruppen mit dem gleichen sozialen Hintergrund unter den Angestellten und Beamten im öffentlichen Dienst verglichen wurden, konnte kaum ein Unterschied festgestellt werden (Ellwein/Zoll 1974: 160ff., 202). Dass die herausgehobene Stellung des Beamten notwendig sei, um ihn zum unabhängigen und gleichwohl loyalen Diener wechselnder Mehrheiten zu machen (Leisner 1975: 121ff.), ist ebenfalls erfahrungsgemäß durch unterschiedliches Verhalten der Statusgruppen nicht nachzuweisen. Die geringfügigen Unterschiede, die empirische Untersuchungen zutage fördern, lassen sich nicht auf verschiedene Einstellungen der Statusgruppen, sondern auf eine andere Zusammensetzung der Gruppen zurückführen. Die „Arbeitnehmer" sind im Vergleich zu den Beamten durch einen höheren Anteil der Frauen, ein durchschnittlich niedrigeres Dienstalter und eine Massierung der Beschäftigten auf der Rangstufe des mittleren Dienstes gekennzeichnet. Die Studienkommission für die Reform des öffentlichen Dienstrechts (1973: 120ff., 142) hat in ihrer Mehrheit ein funktionsadäquates *einheitliches Dienstrecht* befürwortet, mit Ausnahme der Bereiche hoheitlicher Tätigkeit

(Polizei und Rechtswesen), in denen Differenzierungen als funktional anerkannt wurden. Die Kommission verkannte jedoch die verfassungsrechtlichen und Interessengruppen-Widerstände gegen eine solche Reform nicht. Es bleibt umstritten, ob der 1971 eingefügte Art. 74a des Grundgesetzes, der die konkurrierende Gesetzgebungszuständigkeit des Bundes auf die Besoldung und Versorgung der Angehörigen des öffentlichen Dienstes ausdehnte, für eine Vereinheitlichung des Rechts des öffentlichen Dienstes des Bundes und der Länder ausreicht. Die Barrieren des Artikels 33 GG sind ohne Verfassungsänderung kaum zu überwinden.

Die Reform des öffentlichen Dienstes stößt auch auf erhebliche interessenpolitische Widerstände nicht nur der etablierten Statusgruppen. Sie reichen bis in die Reihen der Gewerkschaften, die Beschäftigte im öffentlichen Dienst organisieren. Die Überrepräsentation der Beamten bei der Schaffung des Grundgesetzes hat sich im Artikel 33 Abs. 4 niedergeschlagen (vgl. Kap. 1.1), der von der traditionellen Konzeption eines „öffentlich-rechtlichen Dienst- und Treueverhältnisses" ausgeht. Er dient heute vor allem zur Verteidigung des Status quo der Beamteninteressen. Seinerzeit war dieses Konzept auch gegen Gefahren gedacht, wie sie in der Zeit des Nationalsozialismus drohten, wo unter dem irreführenden Titel der „Wiederherstellung des Berufsbeamtentums" willkürlichen Säuberungen des Staatsapparates eine quasi-legale Grundlage unterschoben wurde. In der Diskussion wird vielfach die „Entbeamtung" gefordert, oder wenigstens „aufgabenadäquate Reduktion des Beamtenstatus" auf eine enger abzugrenzende Hoheitsverwaltung. Dafür sprechen auch noch andere Entwicklungen, so die Neigung von immer weiteren Teilen des öffentlichen Dienstes, an den Vorrechten der Nichtbeamten – wie dem Streikrecht – teilzuhaben. Die Unterwerfung des Beamten unter ein besonderes Disziplinarrecht, die überhöhten Treueanforderungen in der Radikalendebatte und die Last sonstiger zweifelhaft gewordener Privilegien ließen auch mehr und mehr Beamte vor allem im Bereich der Leistungsverwaltung an der Zeitgemäßheit ihrer Stellung irre werden. Eine Reform ist umso unwahrscheinlicher, als man inzwischen auch fiskalische Gründe für die Beibehaltung des Beamtenstatus gefunden hat. Eine Untersuchung „Beamte oder Arbeitnehmer", vorgelegt von der Bundesbeauftragten für Wirtschaftlichkeit in der Verwaltung, kam zu dem Schluss, dass die Personalausgaben für Beamte nur 78-83% der Ausgaben für Angestellte und Arbeiter im öffentlichen Dienst betrüge, weil die Bruttobezüge der Beamten geringer ausfielen und der Staat als Arbeitgeber für Angestellte Sozialbeiträge und Umlagen zu entrichten habe. Beamte werden erst im Versorgungsfall teurer, während die Staatskasse mit den Sozialbeiträgen für Arbeitnehmer während der gesamten Dienstzeit belastet sei (FAZ 5.12.1996).

Anlässlich der Vereinigung hätte man sich einige Reformen gewünscht. Sie schienen um- so gebotener, als die westdeutschen Akteure eine große Abneigung zeigten, ostdeutsche Angestellte des öffentlichen Dienstes zu Beamten zu erheben. 1992 waren von 1,1 Millionen Vollzeitbeschäftigten im öffentlichen Dienst der neuen Bundesländer nur knapp 80 000 verbeamtet, während im Westen fast jeder zweite Vollzeitbeschäftigte im öffentlichen Dienst Beamter war (Statistisches Jahrbuch 1994/1995: 538).

Erst mit der Finanzierungskrise der deutschen Einheit kam auch die Beamtenreform wieder auf die Tagesordnung. Auch SPD-Länderregierungen, wie die Schleswig-Holsteins, nahmen immer weniger Rücksicht auf die ÖTV. SPD-nahe Einrichtungen diskutierten weitreichende Reformen, weil in den Ministerien zuviel „gerudert" und wenig „gesteuert" werde (Jann 1994: 23). Vorgeschlagen wurden die Verschlankung der Ministerien durch Auslagerung ganzer Abteilungen, die Entbeamtung weiter Teile der öffentlichen Verwaltung und die Schaffung von Spitzenpositionen auf Zeit (Jann 1994).

Die „Abschaffung des Berufsbeamtentums" (Bruns 1994) findet nur wenige Fürsprecher, da die Inkompetenz der ideologisierten Administratoren der alten DDR auf die Vernichtung des Berufsbeamtentums zurückgeführt wird. Eine grundgesetzändernde Mehrheit für eine weitreichende Beamtenreform ist noch nicht in Sicht. Der finanzielle Leidensdruck der öffentlichen Hände muss anscheinend noch wachsen.

Trotz oder wegen der etatistischen Tradition Deutschlands hat die Bundesrepublik nach Überwindung der Nachkriegsrestriktionen in allen Sektoren so bald wie möglich für möglichst wenig Planung und Reglementierung optiert, selbst in den Bereichen, die nach dem Krieg am stärksten geplant und administriert werden mussten, wie den Wohnungs- und Städtebau.

Die Marktwirtschaft als Ideologie blieb in kaum einer westlichen Demokratie so stark wie in der Bundesrepublik und legte dem Ausbau der Planung mächtige Hindernisse in den Weg. Der Neoliberalismus überlagerte eine deutsche Tradition des Denkens in Begriffen staatlicher Steuerung der Wirtschaft von Friedrich List bis zu den Kathedersozialisten und wurde fast zu einer „Buchreligion" mit Propheten (Röpke, Rüstow) und Predigern (Erhard, Müller-Armack) (Arndt 1966: 117). Die Ideologie der Nichtplanung basierte auf traumatischen Erfahrungen der Übersteuerung im Nationalsozialismus, in der Besatzungszeit und in der DDR und wurde verstärkt durch die voreilige Zurückführung der Erfolge im Wiederaufbau auf eine nichtgeplante Politik. Seit dem Zusammenbruch des realen Sozialismus in der DDR wurde der Sieg Erhards über Marx noch stärker ideologisiert. Der nachmoderne Paradigmenwechsel hat die Ansprüche der Politik auf Steuerung der Gesellschaft reduziert, von Planung über Steuerung auf Konzertierung und Koordination mit Hilfe zur Selbsthilfe.

Folge dieser ideologischen Option war eine immer wieder verschleppte Anpassung des Regierungsapparates an die neuen Erfordernisse. Die Ressorts blieben weitgehend Klientel-orientiert (vgl. Kap. 5.2), so dass es bei einer rein *negativen Koordinierung* unter den Ministerien blieb, aber zu keiner positiven Aufgabenplanung kam.

Die *Finanzknappheit* seit der ersten Krise (1966/67) ließ den Spielraum für Innovationen geringer werden, die vorher trotz schlechter Kooperation dank der Prosperität gelegentlich noch möglich gewesen waren (1956 gab es rund 7 Milliarden DM an Reserven im „Juliusturm"). Im bundesstaatlichen Verband verlor der Bund gegenüber den Ländern zunehmend an Steuerungskapazität. Die Länder kamen seit 1967 durch die Protestbewegung in der Bildungspolitik unter starken Druck und versuchten unkoordiniert auf eigene Faust zu reagieren, so dass dem Bund weitere Handlungsinitiativen verloren gingen. In dieser Krisensituation mussten zunächst Sofortmaßnahmen von der Regierung Kiesinger-Brandt getroffen werden (vgl. Schatz in: Mayntz/Scharpf 1973: 21ff.).

In der Ära Erhard gab es nur punktuelle antizyklische Maßnahmen und Maßhalteappelle. Unter der Regierung Kiesinger wurde 1967/68 ein systematischer Interdependenzbezug des administrativen und des ökonomisch-technischen Systems herzustellen versucht. Die neuen Maßnahmen waren getragen von den Konzeptionen einer „Neuen Ökonomie". Ihr lag die Auffassung zugrunde, dass makroökonomische Größen wie effektive monetäre Nachfrage, Beschäftigung, Wirtschaftswachstum und Preisniveau vom planenden Staat mit wirtschaftspolitischen Instrumenten wie Finanz-, Kredit- und Einkommenspolitik angegangen werden müssen.

Dennoch waren die Hindernisse auf dem Wege zur Rationalisierung der Regierungsarbeit noch immer beträchtlich. Selbst die Einrichtung eines *Planungsstabes* stieß auf große Hindernisse. Die Ressorts gaben ungern qualifizierte Kräfte für diese Aufgabe frei. Der Planungsstab hatte zunächst in einem politischen Vakuum zu operieren. Vielfach wurden die Themen, die er bearbeitete, als noch nicht relevant hingestellt, oder es wurden Krisensymptome in brandeiliger Ad-hoc Behandlung zu kurieren versucht, wobei die längerfristige und übergreifende Perspektive wieder verloren ging. Das Bundeskanzleramt beschränkte seine Intervention vielfach auf die Negativkoordinierung.

Auch unter den SPD-Regierungen seit 1969 wurde der Ausbau staatlicher Steuerungselemente nicht sehr weit vorangetrieben. In der SPD selbst gab es Widerstände gegen eine Verstärkung der Staatsintervention. Für Schiller waren 1972 sogar Eingriffe in die Wechselkurse so inakzeptabel, dass er sich in Konflikte mit den Kabinettskollegen stürzte, die zu seinem Rücktritt vom Amt des Wirtschafts- und Finanzministers und zum Austritt aus seiner Partei führten. Die Debatten um die Strukturpolitik blieben zum Teil abstrakt. Es fehlte an Erfolgskontrollen auf Seiten der Regierung und an pragmatischen Operationalisierungsvorschlägen bei den linken Gruppen, die mehr als einzelne strukturpolitische

Maßnahmen wollten und in Richtung „Investitionslenkung" drängten (vgl. Mayntz/Scharpf 1975: 16).

Eine Begleiterscheinung der Regierungsreform und des Bemühens um den Ausbau der Planung waren die Verwissenschaftlichung der Regierungspolitik und der Ausbau der *wissenschaftlichen Politikberatung*. Zahlreiche Ministerien haben wissenschaftliche Beiräte geschaffen. Außerdem gab es – geschätzt – ungefähr 200 Beratergruppen mit etwa 3000 Sachverständigen auf Bundesebene (Dietzel 1976). Während man sich bemüht hat, mehr Transparenz in die Anhörungen der Spitzenverbände nach der Gemeinsamen Geschäftsordnung der Bundesministerien (§ 23) zu bringen, werden Beiräte als amtliche Institutionen vielfach mit dem Schleier der Nichtöffentlichkeit umgeben. Es gibt keine Stelle, die ihre Zahl und Besetzung vollständig erfasste. Nur durch Anfragen im Bundestag von 1969 und 1977 ist etwas Licht ins Dunkel des „*government by committee*" (K. Wheare) gebracht worden. 1969 wurden 264 Beratergremien (190 bei den Ministerien, 74 bei nachgeordneten Behörden) festgestellt (BT-Drs. V/4585, 14.7.1969). 1977 wurden 358 Beiräte (ebd., 26.5.1955, 8/484) auf eine Anfrage hin bekannt gegeben. Eine Umfrage von 1992 ergab die Zahl von 294 Beratungsgremien der Bundesregierung. Hinzu kamen 54 ressorteigene und 82 Bund-Länder-Einrichtungen (Murswieck 1994: 110). Dass Interessengruppeneinfluss und wissenschaftliche Beratung nicht immer strikt zu scheiden sind, lässt der Umstand vermuten, dass die typischen „Verbandsinseln" (Wirtschafts-, Landwirtschafts- und Arbeitsministerium) auch die meisten Beiräte beschäftigen. Deutschland wurde wegen seines schwerfälligen außerparlamentarischen Beratungswesens schon als „Räterepublik" apostrophiert (Heinze 2002).

Im Vergleich zu anderen westlichen Demokratien fallen mehre Eigenarten der deutschen Politikberatung ins Auge: In den USA wird die Exekutivspitze viel stärker aktiv als das Bundeskanzleramt. Die Aktivierung von wissenschaftlichem Sachverstand ist weit mehr mit dem Prinzip der „*presidential leadership*" verbunden. Es fehlt darüber hinaus an Einrichtungen für kontinuierliche Entscheidungsvorbereitung, wie sie die „Royal Commissions" in Großbritannien darstellen. Auch die Publizität – mit Ausnahme der Gutachten der Wirtschaftssachverständigen – ist vergleichbar gering und kann nicht mit dem schwedischen Prozess der Rückäußerung von Sachverständigen und Verbänden verglichen werden. Eine Neuerung war es bereits, dass die „Kommission für sozialen Wandel" seit 1971 immerhin wichtige Gutachten publiziert und damit den Dialog zwischen Wissenschaft und Politik transparent gemacht hat. Weiterhin fällt auf, dass in Deutschland im Vergleich zu den USA die wissenschaftlichen Großorganisationen, die ständig für die Regierung arbeiten, noch schwach entwickelt sind, seien es unabhängige Einrichtungen wie die Prognos AG, seien es Regierungsforschungsinstitute, wie sie für die Bereiche Arbeitsmarkt und Berufsforschung bestehen, oder Einrichtungen der weniger spezialisierten Politikberatung wie die „Stiftung Wissenschaft und Politik“ in Ebenhausen (bis 2000, seit 2001 in Berlin) oder das „Institut für Ostwissenschaft und Internationale Studien“ in Köln, die inzwischen fusioniert sind.

Bei der wissenschaftlichen Beratung drohen in modernen Staaten die Grenzen zwischen Information und Propaganda im Außenverhältnis immer fließender zu werden. Das Bundesverfassungsgericht hat im März 1977 der Bundesregierung vorgeworfen, gegen Art. 20 Abs. 1 und Abs. 2 Satz 2 GG verstoßen und den Grundsatz der Chancengleichheit bei Wahlen dadurch verletzt zu haben, „dass sie vor der Bundestagswahl 1976 durch Anzeigenserien, Faltblätter und sonstige Publikationen werbend in den Wahlkampf eingegriffen hat und keine Vorkehrungen dagegen traf, dass von ihr für Zwecke der Öffentlichkeitsarbeit unter Einsatz von Haushaltsmitteln hergestellte Druckwerke in großem Umfange von den die Regierung tragenden Parteien als zusätzliches Wahlkampfmaterial bezogen worden sind“. Das Urteil ist als Stärkung der Idee der „Bürgerdemokratie und der Opposition“ gewertet worden (Häberle in: JZ 1977: 361f.), obwohl an den Gepflogenheiten des etablierten Parteienstaates gemessen – die erstmals vor 1969 von der klagenden Opposition in einer Zeit entwickelt wurden, da sie die Regierungsverantwortung trug – ein so striktes Neutralitätsangebot der Regierung ein bisschen realitätsfremd erscheint.

Zu beklagen ist das Fehlen eines regierungseigenen Vertriebs- und Informationsnetzes, wie es das „Government Printing Office“ in den USA ist oder in „Her Majesty's Stationary Office“ (HMSO) und den Government Bookshops in Großbritannien existiert, in denen jährlich Millionen von Druckerzeugnissen verkauft (nicht verschenkt) werden. Die Anregung, eine ähnliche Einrichtung zu schaffen, könnte nicht nur der bedarfsgerechteren, informativeren Anlage von Regierungsdruckerzeugnissen dienen (Leonardy 1978: 31), sondern zugleich die wissenschaftliche Politikberatung in ihren Ergebnissen für Bürger und Interessengruppen transparenter zu gestalten helfen.

Auffällig ist außerdem das vergleichsweise *unpolitische Verständnis der Beratungsgremien.* Die gesetzlichen Aufträge von der Sozialenquete-Kommission bis zum Sachverständigenrat wurden betont unpolitisch gehalten. Politische Vorschläge sind unerwünscht, und erst über den Umweg der Kontroversen mit den Meinungen der wirtschaftswissenschaftlichen Forschungsinstitute kommt eine politisch-konfliktorische Note in die Debatte um eine empfehlenswerte Wirtschaftspolitik. An Räte mit Initiativrecht und an den Ausbau der Befugnisse von Enquetekommissionen, wie sie in einigen anderen Ländern bestehen, ist in Deutschland zurzeit nicht zu denken.

In der Bundesrepublik ist ein technokratisches Modell der Wissenschaftlerdominanz daher kaum zu befürchten. Der Einfluss der Wissenschaft in der Politikberatung wird von Kennern in der Ministerialbürokratie relativ gering eingeschätzt (Friedrich 1970: 196).

8.4 Die deutsche Einigung – die Stunde der Exekutive

Die ersten politischen Schritte in Richtung deutsche Wiedervereinigung waren außenpolitischer Natur, auch wenn die Bundesregierung 40 Jahre an der Fiktion festgehalten hatte, dass es sich in den Beziehungen zur DDR um „innerdeutsche Beziehungen" gehandelt habe. Die Aushandlung der Verträge zur Einheit Deutschlands und ihre Absicherung bei den Siegermächten gaben der Exekutive ein Übergewicht. Das wurde in den parlamentarischen Debatten um die Verträge von vielen Sprechern gerügt. Angesichts der gebotenen Eile aber hat niemand ernsthaft die Exekutive daran hindern wollen, die nötigen Schritte zu unternehmen.

Für die Verschmelzung der beiden demokratisch gewählten deutschen Regierungen, zwischen dem Beitritt der DDR im Oktober und den ersten Wahlen im Dezember 1990, war es kein gutes Omen, dass die DDR-Minister „ohne Portefeuille" in die Bundesregierung eintreten mussten. Bei der ersten Regierungsbildung nach den gesamtdeutschen Wahlen vertiefte sich bei vielen ostdeutschen Wählern die Enttäuschung. Sie sahen sich bei der Regierungsbildung zu kurz gekommen, obwohl sie mit drei Ressorts numerisch fair vertreten zu sein schienen. Keines der Kernressorts wurde einem ostdeutschen Politiker anvertraut. Das Bildungsministerium hat geringe Kompetenzen auf Bundesebene. Das Verkehrsministerium schien stark auf DDR-Sonderprobleme zugeschnitten zu sein. Das Ministerium für Frauen und Jugend war ein gedritteltes Ressort, das mit zwei weiteren Kolleginnen geteilt werden musste. Die Vertretung der Frauen und Ostdeutschen wirkte lieblos als Pflichtübung von Quotenvorstellungen. Als Proporz im Proporz wurden auch noch zwei Mitglieder ehemaliger Blockparteien (LDPD und CDU) berücksichtigt. Angela Merkel als Repräsentantin des „Demokratischen Aufbruchs" repräsentierte gleichsam die unbelastete Generation. Zufriedenheit konnte diese Vertretung nicht verbreiten. Gerade im Elitensektor war das paritätische Denken aus der Zeit der Verhandlungen zweier deutscher Staaten um die deutsche Einheit noch stark.

Die erste gesamtdeutsche Regierungsbildung ist für die Aufblähung der Elitenpositionen kritisiert worden. Bemerkenswert ist eher für das volkreichste Land Westeuropas, dass es bei 19 Ministerien geblieben ist – nur zwei Positionen über dem langjährigen Durchschnitt. Die Zahl der parlamentarischen Staatssekretäre wuchs um sechs auf 33. Auf der Ebene der Spitzenpositionen ist es kaum möglich, alle Mobilitätswünsche in Ostdeutschland zu erfüllen. Viele politische Karrieren werden sich vermutlich regionalisieren. In fünfeinhalb allzu kleinen neuen Bundesländern fällt prozentual auf die Bevölkerung umgerechnet eine adäquate Zahl von Spitzenpositionen an, die anfangs mit dem Problem konfrontiert waren, noch nicht mit Politikern und Politikerinnen des nötigen professionellen Zuschnitts besetzt werden zu können.

Bei der 2. Regierungsbildung nach der Vereinigung 1994 nahm man weniger Rücksichten auf den Ost-West-Proporz. So konnte die Regierung auf 17 Ressorts verkleinert und die Zahl der parlamentarischen Staatssekretäre geringfügig auf 27 reduziert werden. Auf der Ebene der politischen Elite wird die Integration vergleichsweise jedoch leichter sein als bei den wirtschaftlichen, kulturellen und Medieneliten aus dem Westen, die weit stärker die ostdeutschen Länder für eine gewisse Zeit noch überfremden werden.

Weit problematischer als das Gefühl der Benachteiligung bei der Repräsentanz in den zentralen Institutionen ist die Abhängigkeit der neuen Bundesländer von der Verwaltungskompetenz Westdeutschlands. Bei Regimewechseln – wie selbst 1945 – wurde vielfach die politische Führung ausgewechselt, und die Verwaltungselite musste im Amt gelassen werden. Selbst Lenin hat nach 1917 in Russland dafür plädiert. Beim Übergang vom realen Sozialismus zur Demokratie stellte sich jedoch das Problem neu: Die Verwaltung war inkompetent, da sie nach den Erfordernissen einer politisierten Kaderverwaltung trainiert worden war. Für gewisse Ressorts in den Ländern konnten keine Fachleute gefunden werden. Unter 52 ostdeutschen Ministern sind 14 aus dem Westen übernommen worden, darunter sämtliche Justizminister und Finanzminister. Selbst unter den Wirtschaftsmanagern wurden bis Mitte 1991 mehr (1000) wegen Unfähigkeit als wegen politischer Belastung (400) entlassen (FAZ 9.8.1991: 11). Die politisch Belasteten herauszufinden war nicht in allen Sektoren leicht. Unter der Übergangsregierung Modrow wurden viele Anhänger des alten Regimes in der Verwaltung durch Umsetzung „getarnt“. Die Personalakten sind planmäßig gesäubert und Stasi-Akten „bereinigt“ oder vernichtet worden (Derlien 1991: 64ff.). Der Personaltransfer aus den alten Bundesländern betraf vor allem den höheren Verwaltungsdienst in den neuen Bundesländern. Nach einer Studie (Damskis 1997: 54ff.) waren 34% in Brandenburg und 27% in Sachsen „West-Importe“, bei den Referats- und Abteilungsleitern in beiden Ländern ca. 57%. In Ministerien mit technischen und naturwissenschaftlichen Aufgaben, wie den Umweltministerien, wurden höhere Anteile an ehemaligem DDR-Personal übernommen. Trotz der Schwäche der Parteien in Ostdeutschland wurde die Parteipolitisierung des Westens am schnellsten erlernt: ca. ein Drittel der Landesbeamten und fast zwei Drittel auf der Ebene der Abteilungsleiter waren Parteimitglieder, in Brandenburg stärker als in Sachsen. In ihren Einstellungen wiesen die einstigen DDR-Staatsangestellten, aber auch die Seiteneinsteiger aus Ostdeutschland,

Mitte der neunziger Jahre noch stärker antipluralistische und autoritäre Meinungen auf als die vergleichbaren westdeutschen Beamten. Ostdeutsche Beamte waren stärker für einen Ausbau der Staatstätigkeit als ihre westdeutschen Kollegen. Parteipolitische Zusammensetzung der Landesregierungen verwischen jedoch die Unterschiede zwischen Ost und West ein wenig. In Brandenburg sind die politisch aktiven Rollenauffassungen stärker als in Sachsen, wo der klassische Bürokrat als „Rechtsanwender" häufiger auftrat. Bei den Spitzenbeamten zeigten die Westdeutschen eine größere Kompromiss- und Aushandlungsbereitschaft gegenüber gesellschaftlichen Kräften als die Ostdeutschen. Im Ganzen zeichnet sich eine zunehmende Regionalisierung der Verwaltungskulturen ab, stark geprägt von den Parteien in der Regierung.

Die territoriale Verwaltungsstruktur der DDR war so antiquiert wie ihr funktionales Selbstverständnis: es überwog eine ungünstige Kleinräumigkeit in Landkreisen mit zu wenigen Einwohnern; mit 80 000 Einwohnern weniger als die Hälfte der Landkreise im Westen (Seibel 1991: 199). Durch die Wiederherstellung der Länder stellte sich die Frage nach der Zukunft der Zwischenebene der ehemaligen Bezirksverwaltungen. Angesichts der Einwohnerzahlen ostdeutscher Länder schienen sie nicht nötig. Länder von der Größe Schleswig-Holsteins haben auch im Westen auf Mittelbehörden verzichtet. In Thüringen wurden die Bezirksverwaltungen als staatliche Mittelinstanzen nach der Auflösung neu gebildet.

Die Ministerialverwaltungen mussten in ihrer formalen Struktur auf dem Reißbrett neu entworfen werden. Nicht wenige Ressorts zogen in Gebäude ein, in denen nur der Minister und der Staatssekretär von Anfang an ein Telefon zur Verfügung hatten. Patenländer in Westdeutschland halfen mit Know-how und Personal aus. Im Sommer 1991 waren ungefähr zehntausend Beamte aus Westdeutschland in den neuen Bundesländern tätig. Frustrationen breiteten sich in der Zusammenarbeit aus. Den Neuankömmlingen wurde Besserwisserei, den Eingesessenen Faulheit und mangelnde Anpassungsfähigkeit nachgesagt. Vor allem in der Finanzverwaltung und in der Rechtspflege fehlte es an Beamten. Die Verbände schlugen Alarm: Im Westen werde die Verwaltung ausgezehrt, im Osten hingegen funktioniere sie dennoch nicht. Ein Kolonisierungsdrang hat sich durch die Einigung in der westdeutschen Verwaltung nicht ausgebreitet. Nur durch massive Anreize konnte das Personal für den Aufbau von Justiz und Verwaltung in den neuen Bundesländern gewonnen werden. Zu den Privilegien gehörten „Verwendungszulagen", steuerfreie Aufwandsentschädigungen, Reisekosten und Trennungsgelder für wöchentliche Fahrten zum Wohnort. Am stärksten motivierte aber zweifellos die Aussicht auf einen unorthodoxen Aufstieg.

Wo die Behörden personell ausgestattet waren, fehlte es an gültigen Verwaltungsvorschriften. Die Westhelfer wurden vielfach in ihrem Innovationseifer gebremst. Ein Beamter, der den ostdeutschen Dienst nach kurzer Zeit wieder quittierte, fasste seine Erfahrung in dem Satz zusammen: „Ausgebildete Sänger stören in Laienchören". „Politisierte Inkompetenz" (H.U.Derlien) von 40 Jahren Kaderverwaltung hat ihre Nachwirkungen. Die Abschaffung des Berufsbeamtentums galt als schwerwiegender Nachteil in der DDR-Verwaltung. Hatten linke Reformer in der Zeit der siebziger Jahre bei Denkspielen für die Reform des öffentlichen Dienstes nach dem Vorbild sozialistischer Länder geliebäugelt, so wurden solche Vorstellungen im Prozess der Wiedervereinigung nicht wieder aufgegriffen, weil das Vorbild allzu diskreditiert schien.

Die personelle Revolution in der Exekutive der DDR war weniger weitreichend als die nach 1945 in der sowjetischen Besatzungszone. Im Einigungsvertrag war die Einführung des Berufsbeamtentums vorgesehen (Art. 20 Abs. 2). Wo Einrichtungen Aufgaben wahrnahmen, die künftig nicht mehr von der öffentlichen Verwaltung wahrgenommen werden sollten, wurde ein Modus der „Abwicklung" vereinbart. „Abwicklung" (Art. 13) wurde zum bestgehassten Terminus aus dem neuen „Wörterbuch des Unmenschen", das die alte „Plaste- und Elaste"-Sprache der DDR abzulösen begann. Angesichts der zahlreichen Angestellten des öffentlichen Dienstes, die übernommen werden mussten, weil der Einigungsvertrag es vorsah und arbeitsmarktpolitische Gründe dafür sprachen, ließen sich die rigiden Forderungen an die Treuepflicht bei vielen ehemaligen SED-Mitgliedern nicht durchführen. Der Ruf nach einem „Radikalenerlass für die DDR" wurde vom Innenminister aus praktischen Erwägungen abgelehnt (Der Spiegel 1990, Nr. 14: 31f.). Die Regelungen des Einigungsvertrages und ihre Implementation in der Praxis haben in mancher Hinsicht die Grundsätze des Berufsbeamtentums, die in der alten Bundesrepublik galten, modifiziert (Goerlich 1991: 77).

Die originellste und zugleich umstrittenste Einrichtung der Exekutive im deutschen Einigungsprozess war die *Treuhandanstalt.* Sie wurde am 1. März 1990 von der damaligen DDR-Regierung als „Anstalt zur treuhänderischen Verwaltung des Volkseigentums" geschaffen. De Maizière hat Ende Juni 1990 Carsten Rohwedder als ehrenamtlichen Vorsitzenden des Treuhand-Verwaltungsrates berufen. Nachdem der Präsident der Treuhand, Gohlke, nach langen Konflikten zurücktrat, übernahm Rohwedder bis zu seiner Ermordung durch die RAF die Präsidentschaft. Laut Einigungsvertrag (Art. 25) galt das Gesetz zur Privatisierung und Reorganisation des volkseigenen Vermögens, kurz Treuhandgesetz, vom 17. Juni 1990 mit dem Wirksamwerden des Beitritts der DDR fort. Sie wurde eine rechtsfähige bundesunmittelbare Anstalt des öffentlichen Rechts. Die Fach- und Rechtsaufsicht stand dem Finanzminister zu, der die Aufsicht im Einvernehmen mit dem Wirtschaftsminister und anderen Ressorts wahrnehmen sollte. Ansprüche des damaligen Wirtschaftsministers Möllemann, der im Interesse einer besseren wirtschaftspolitischen Koordinierung der Aktivitäten der Treuhand die Aufsicht beanspruchte, wurden von Finanzminister Waigel zurückgewiesen. Beteiligungen der Treuhandanstalt wurden zu mittelbaren Beteiligungen des Bundes deklariert.

Klare Zielvorgaben wurden dieser gigantischen Einrichtung von der politischen Führung kaum mitgegeben. Im Selbstverständnis der Treuhand sollte Privatisierung vor Sanierung gehen. Die Massenarbeitslosigkeit in den östlichen Bundesländern zwang jedoch zu einer behutsameren Gewichtsverteilung zwischen den beiden Zielen. Angesichts der kritischen Lage fast aller Betriebe in der Ex-DDR fiel der Treuhand zunehmend die Aufgabe der Liquiditätssicherung zu. Durch den Staatsvertrag wurden Kreditaufnahmen in Höhe von 17 Milliarden DM möglich. Der Einigungsvertrag stockte die Summe auf 2 Milliarden DM auf (Art. 25.4). Der Sachverständigenrat zur Begutachtung der gesamtwirtschaftlichen Entwicklung (Jg. 1990/91: 517) beschwor die Gefahr, dass die Sanierungsmaßnahmen der Treuhand sich zunehmend am Markt nicht bewährten und gegen politischen Druck nicht abgeschirmt werden könnten. Der Gesetzgeber wurde aufgerufen, die Ziele der Treuhand klar zu formulieren. Die Kredite im Vorgriff auf künftige Privatisierungserlöse erwiesen sich als Fehlkalkulation. Der Sachverständigenrat vermutete, „dass hier das Fell eines noch nicht erlegten Bären mehrfach verteilt worden ist“ (Jg. 1990/91: 518). Die westdeutschen und ausländischen Investoren zögerten, nicht zuletzt wegen mangelnder Infrastruktur und ungeklärter Rechtsfragen. Der Weg des Verkaufs von Volksaktien, den die Bundesrepublik früher erfolgreich beschnitten hatte, empfahl sich angesichts der maroden Betriebe zum Schutz der Volksaktionäre nicht.

Nach dem Zusammenbruch der sozialistischen Planwirtschaft war die Bundesregierung gezwungen, den Teufel des Zentralismus mit dem Beelzebub des zentralen Dirigismus einer Superbehörde auszutreiben. Bei der Privatisierung stieß die Treuhand auf Schwierigkeiten bei der Preisfestsetzung, für die es keine verlässlichen Kriterien gab. Investoren boten nach Einschätzung der Zukunftswerte, und die lagen in der Regel weit unter dem Erwartungshorizont der Treuhand, sowie unter den angebotenen Werten, die unter den Bedingungen einer florierenden ostdeutschen Wirtschaft vertretbar gewesen wären. Umweltschäden, finanzielle Altlasten und überhöhte Personalbestände ließen die Angebote trotz attraktiver langfristiger Aussichten mittelfristig für die Investoren nicht interessant erscheinen. Vor allem in der Frage der Altschulden war wiederum der Gesetzgeber zu einer Lösung aufgerufen.

Zunehmend geriet die Treuhand in den Zielkonflikt zwischen einem marktwirtschaftlich vertretbaren Sanierungskonzept und der Kalkulation der sozialpolitischen Folgen der Anwendung der „reinen Doktrin“. Die Folge wäre eine Entindustrialisierung; die Gefahr der Entstehung eines „Mezzogiorno“ im Osten wurde an die Wand gemalt. 1991 wurde zunehmend deutlich, dass sich politische Konzessionen an Abweichungen von den marktwirtschaftlichen Regeln nicht vermeiden ließen. Die Opposition hat als „parlamentarische Mitregierung" (vgl. Kap. 7.3) nicht viel durchsetzen können. Gleichwohl blieb bemerkenswert, dass der Finanzminister gegenüber den Oppositionsforderungen in vielen Details argumentierte, sie seien schon verwirklicht. Zweifellos hat die Union in dieser schweren Krise ein kleines Stück SPD-Politik übernommen. Wie schon in früheren Krisenzeiten bewährte es sich, dass Teile der CDU in ihren sozialpolitischen Konzeptionen der SPD näherstanden als der FDP, mit der sie überwiegend koalierten.

Während die Länder in Ostdeutschland auf Regionalisierung der Treuhandarbeit drängten und die Ländervertretung im Treuhandaufsichtsrat erstritten, drängten die Gewerkschaften eher auf eine weitere Zentralisierung. Die IG-Metall wurde zum Promotor der Idee einer *Staatsholding,* die zwei Drittel aller sanierungsfähig erscheinenden Betriebe in Ostdeutschland übernehmen sollte. Birgit Breuel, die dritte Leiterin der Treuhand nach Rohwedders Ermordung, widersprach den Vorschlägen: „Wir sind selbst schon eine Industrieholding, wir brauchen keine zu gründen" (FAZ 7.5.1991: 5). Die Treuhand blieb ein Fremdkörper in der Marktwirtschaft. Sie stellte eine para-staatliche Intervention zur Vorbereitung des Marktes dar. Sie erhielt ihre Rechtfertigung nur, wenn sie ihr eigenes Ende rasch vorbereitete. Sie hat Wort gehalten. Rechtsnachfolger der Treuhand wurde die Bundesanstalt für vereinigungsbedingte Sonderaufgaben. Ihr oblag die „Abwicklung der Abwicklung". Die Treuhand hat 12 363 Unternehmen betreut. Bis Ende 1994 wurden von 12 354 Unternehmen 6546 (53%) privatisiert, 1588 (13%) reprivatisiert, 310 (2,5%) kommunalisiert und 3718 (30%) liquidiert (Bundesanstalt 1995: 3). Dennoch hat sich die Treuhand nur de jure aufgelöst und lebte in dezentraler Form auch nach 1994 fort (Seibel 1997: 170). Die Gründer der Treuhand glaubten noch, dass die Anstalt ein Vermögen von vielen Milliarden verwaltete. Die Privatisierung aber brachte weit weniger Geld ein, als dass sie Schulden hinterließ. Ende 1994 wurde die Gesamtschuldenlast auf 250 Milliarden DM geschätzt. Nach Auflösung der Treuhand wurden kleinere Trägerorganisationen geschaffen. Der Widerspruch in der öffentlichen Debatte, die Erhaltung von regional wichtigen Betrieben zu verlangen, der Treuhand aber die Kosten aufzubürden, ist ab 1995 verschwunden. Die Länder mussten dann die Verantwortung für die Unternehmen tragen, die sie für erhaltenswert einschätzen (Jg. 1992/93, Ziff. 304). Der Sachverständigenrat (Jg 1992/93, Ziff. 296) sah keine Alternative zur Privatisierungs- und Liquidierungspolitik der Treuhand. Jede Alternativstrategie hätte die Schuldenlast über die 250 Milliardengrenze hinaus gesteigert und die Wirtschaft in der einst überindustrialisierten DDR der Gesundung keinen Schritt nähergebracht.

Die Treuhand ist eine der kuriosesten Einrichtungen, welche die moderne Demokratie hervorgebracht hat. Als Anstalt des öffentlichen Rechts ist sie ein Musterexemplar der Quagos (*quasi-governmental organizations*), die im Vergleich zu direkten Regierungsinstitutionen in vielen modernen Staaten an Boden gewinnen. Als Mischung aus der größten Konkursverwaltung der Geschichte und einer Industrieholding auf Zeit ist ihre politische Bedeutung gar nicht zu unterschätzen. Ihr Einfluss auf die Zentralisierung des Systems und die Beeinträchtigung des Föderalismus war beträchtlich. Kein Wunder, dass vor allem von den Ländern her zur Jagd auf den Leviathan geblasen wurde (vgl. Kap. 9.5). Im historischen Rückblick – und im Vergleich zu den Transformationseinrichtungen anderer post-kommunistischer Länder – wird sich jedoch das „erfolgreiche Scheitern" (Seibel 1994) dieser Einrichtung vermutlich wieder verklären.

Literatur

J. D. Aberbach/R. D. Putnam/B. A. Rockman: Bureaucrats and Politicians in Western Democracies. Cambridge/Mass., Harvard University Press 1981

Aktionsprogramm zur Dienstrechtsreform: Bonn, Bundesministerium des Innern 1976

H.-J. Arndt: West Germany. Politics of Non-Planning. Syracuse University Press 1966

A. Baring/M. Görtemaker: Machtwechsel. Die Ära Brandt-Scheel. Stuttgart, DVA 1982

B. Becker: Zentrale nichtministerielle Organisationseinheiten der unmittelbaren Bundesverwaltung. Verwaltungsarchiv 1978: 149-202

J. Bellers/R. Fry (Hrsg.): Einführung in die Kommunalpolitik. München, Oldenbourg 2000

A. Benz/W. Seibel (Hrsg.): Zwischen Kooperation und Korruption. Abweichendes Verhalten in der Verwaltung. Baden-Baden, Nomos 1992

A. Benz u.a. (Hrsg.): Verwaltungsreform und Verwaltungspolitik im Prozess der deutschen Einigung. Baden-Baden, Nomos 1992

A. Benz (Hrsg.): Governance – Regieren in komplexen Regelsystemen. Opladen, Leske & Budrich 2003, Bd.1

A. Benz u. a. (Hrsg.): Institutionenwandel in Regierung und Verwaltung. Berlin, Duncker & Humblot, 2004.

A. Benz u. a. (Hrsg.): Handbuch Governance. Wiesbaden, VS 2007

A. Benz: Der moderne Staat. München, Oldenbourg 2008, 2. Aufl.

St. Berger: Materielles Prüfungsrecht des Bundespräsidenten? ZParl 1971: 3-11

W. Bernet: Vom Staatsdienst zum öffentlichen Dienst. DÖV 1991: 185-191

K. von Beyme: Organisationsgewalt. Patronage und Ressortteilung im Bereich der Regierung. Die Verwaltung 1969: 279-293

K. von Beyme: Der Gesetzgeber. Opladen, Westdeutscher Verlag 1997

K. von Beyme/M. Schmidt (Hrsg.): Politik in der Bundesrepublik Deutschland. Opladen, Westdeutscher Verlag 1990

W. Billing: Der Kampf um die Besetzung des höchsten Staatsamtes. ZParl 1995: 595-620

W. Bleek: Von der Kameralausbildung zum Juristenprivileg. Berlin, Colloquium Verlag 1972

E. W. Böckenförde: Die Organisationsgewalt im Bereich der Regierung. Berlin, Duncker & Humblot 1964, 1998, 2. Aufl.

E. W. Böckenförde u.a. (Hrsg.): Extremisten und öffentlicher Dienst. Baden-Baden, Nomos 1981

J. Bogumil (Hrsg.): Politik und Verwaltung. Wiesbaden, VS 2006

C. Böhret: Entscheidungshilfen für die Regierung. Opladen, Westdeutscher Verlag 1970

C. Böhret: Folgen. Entwurf für eine aktive Politik gegen schleichende Katastrophen. Opladen, Leske & Budrich 1990

S. Botzem u. a. (Hrsg.): Governance als Prozess. Koordinationsformen im Wandel. Baden-Baden, Nomos 2009

D. Braun: Intergouvernementale Beziehungen und Fiskalpolitik in Bundesstaaten. PVS 42, 4, 2001 624-654

H. H. Brausewetter: Kanzlerprinzip, Ressortprinzip und Kabinettsprinzip in der ersten Regierung Brandt. Bonn, Eichholz Verlag 1976

B. Breuel (Hrsg.): Treuhand intern. Berlin, Ullstein 1993

G. Brinkmann: Die Diskriminierung der Nicht-Juristen im allgemeinen höheren Verwaltungsdienst der Bundesrepublik Deutschland. Zeitschrift für die gesamte Staatswissenschaft 1973: 150-167

W. Bruder: Sozialwissenschaften und Politikberatung. Zur Nutzung sozialwissenschaftlicher Informationen in der Ministerialorganisation. Opladen, Westdeutscher Verlag 1980

W. Bruns: Zeitbombe Bürokratie. Das Ende des bürokratischen Jahrhunderts. Berlin, Ullstein 1994

Bundesanstalt für vereinigungsbedingte Sonderaufgaben: Abschlußstatistik der Treuhandanstalt per 31.12.1994. Berlin 19.6.1995

S. Burkhart: Blockierte Politik: Ursachen und Folgen von „Divided Government“ in Deutschland. Frankfurt, Campus 2008

M. Buse: Einführung in die politische Verwaltung. Stuttgart, Kohlhammer 1975

V. Busse: Bundeskanzleramt und Bundesregierung. 3. Aufl., Heidelberg, Hüthig 2001

K. Carstens: Politische Führung. Erfahrungen im Dienst der Bundesregierung. Stuttgart, DVA 1971

P. Christ: Zum Sündenbock gestempelt. Die Zeit 1991, Nr. 15: 17

J. P. Cullity: The Growth of Governmental Employment in Germany 1882-1950. Zeitschrift für die gesamte Staatswissenschaft 1967: 201-217

E. Curdt: Wie demokratisch ist unsere Verwaltung? APuZ B 7 1990: 21-29

H. Damskis: Politik und regionale Verwaltungskultur in Ostdeutschland. Wiesbaden, DUV 1997

H.-U. Derlien: Einstweiliger Ruhestand politischer Beamter des Bundes 1949 bis 1980. DÖV 1984: 689-699

H.-U. Derlien/G. Pippig: Die administrative Elite. Kontinuität und Wandel 1949 bis 1984. In: Eliten in der Bundesrepublik Deutschland. Der Bürger im Staat 1990: 32-35

H.-U. Derlien: Regimewechsel und Personalpolitik. Bamberg, Verwaltungswissenschaftliche Beiträge 1991 (hektogr.)

H.-U. Derlien/A. Murswieck (Hrsg.): Regieren nach Wahlen. Opladen, Leske& Budrich 2001

R. Dieckmann: Schwierigkeiten mit der Erfolgskontrolle in der öffentlichen Verwaltung. DÖV 1980: 747-744

N. Diederich u.a.: Die diskreten Kontrolleure. Eine Wirkungsanalyse des Bundesrechnungshofs. Opladen, Westdeutscher Verlag 1990

N. Diederich u.a.: Der Bundesrechnungshof. Berlin, FU, Zentralinstitut für sozialwissenschaftliche Forschung 1988

G. T. W. Dietzel: Wissenschaft und staatliche Entscheidungsplanung. Diss. Speyer 1976

A. Doering-Manteuffel: Strukturmerkmale der Kanzlerdemokratie. Der Staat 1991: 1-18

M. Dose: Die verhandelnde Verwaltung. Baden-Baden, Nomos 1997

Ch. Egle u.a. (Hrsg.): Das Rot-Grüne Projekt. Eine Bilanz der Regierung Schröder 1998-2002. Wiesbaden, Westdeutscher Verlag 2003

A. Eisen/H. Wollmann (Hrsg.): Institutionenbildung in Ostdeutschland. Opladen, Leske & Budrich 1996

Th. Ellwein/R. Zoll: Berufsbeamtentum. Anspruch und Wirklichkeit. Düsseldorf, Bertelsmann 1973

Th. Ellwein: Regieren und Verwalten. Opladen, Westdeutscher Verlag 1976

Erster Bericht zur Reform der Struktur von Bundesregierung und Bundesverwaltung. Projektgruppe für Regierungs- und Verwaltungsreform beim Bundesminister des Inneren. Bonn, Aug. 1969

S. Falk u a. (Hrsg.): Handbuch Politikberatung, Wiesbaden, VS 2006

J. Feick/R. Mayntz: Bürger im bürokratischen Staat: Repräsentative Beurteilungen und Handlungseinschätzungen. Die Verwaltung 1982: 409-434

H. Fenske: Bürokratie in Deutschland. Berlin, Colloquium 1985

J. Fiedler: The Doctrine of Political Neutrality of the German Higher Civil Service. A Reassessment. Berkeley, University of Califomia Press 1969

Folgen des Bürokratismus. Einstellungen der Wahlbevölkerung zur öffentlichen Verwaltung in der Bundesrepublik Deutschland. München/Heidelberg, Sozialwiss. Institut Nowak & Sörgel 1978 (hektogr.)

D. Forkmann (Hrsg.): Gescheiterte Kanzlerkandidaten von Kurt Schumacher bis Edmund Stoiber. Wiesbaden, VS 2007

D. Frank: Politische Planung im Spannungsverhältnis zwischen Regierung und Parlament. Meisenheim, Hain 1976

H. Friedrich: Staatliche Verwaltung und Wissenschaft. Frankfurt, EVA 1970

J. Frowein: Die politische Betätigung des Beamten. Tübingen, Mohr 1967

O. W. Gabriel: Bürgerbeteiligung und kommunale Demokratie. München, Minerva 1983

D. Gau: Politische Führungsgruppen auf kommunaler Ebene. München, Minerva 1983

W. Gellner: Macht und Gegenmacht. Einführung in die Regierungslehre. Baden-Baden, Nomos 2004

H. Goerlich: Hergebrachte Grundsätze und Beitrittsbeamtentum. Eine Notiz aus der deutschen Vereinigung. JZ 1991: 76-78

E. Grande/St. May (Hrsg.): Perspektiven der Governance-Forschung. Baden-Baden, Nomos 2009

R.-R. Grauhan: Modelle politischer Verwaltungsführung. Konstanz, Universitätsverlag 1969

P. Grottian/A. Murswieck (Hrsg.): Handlungsspielräume der Staatsadministration. Hamburg, Hoffmann & Campe 1974

F. Hampel: Politikberatung in der Bundesrepublik: Überlegungen am Beispiel von Enquetekommissionen. ZParl 1991: 111-133

H.-H. Hartwich/G. Wewer (Hrsg.): Regieren in der Bundesrepublik. Opladen, Leske 1990 Bd.1 1991 Bd.2 1993 Bd.3 1994 Bd.4

M. Heidenreich (Hrsg.): Krisen, Kader, Kombinate. Kontinuität und Wandel in ostdeutschen Betrieben. Berlin, Sigma 1992

R. G. Heinze: Die Berliner Räterepublik. Viel Rat – wenig Tat? Wiesbaden, Westdeutscher Verlag 2002

L. Helms: Keeping Weimar at Bay. The German Federal Presidency since 1949. German Politics and Society 1998: 50-68

L. Helms: Presidents, Prime Ministers and Chancellors. Executive Leadership in Western Democracies. Houndsmill, Palgrave Macmillan 2005

L. Helms: Regierungsorganisation und politische Führung in Deutschland. Wiesbaden, VS 2005

G.-M. Hellstern/H. Wollmann (Hrsg.): Experimentelle Politik – Reformstrohfeuer oder Lernstrategie? Opladen, Westdeutscher Verlag 1983

W. Hennis: Richtlinienkompetenz und Regierungstechnik. Tübingen, Mohr, Recht und Staat 300/301 1964

W. Hennis u.a. (Hrsg.): Regierbarkeit. Studien zu ihrer Problematisierung. Stuttgart, Klett-Cotta 1977

W. Hennis: Regieren im modernen Staat. Tübingen, Mohr 1999

W. Herbert: Bürgernahe Verwaltung als Leitbild öffentlichen Handelns. Speyer, Speyerer Forschungsberichte 82 1989

A. Héritier (Hrsg.): Policy-Analyse. PVS-Sonderheft 24 1993

J. J. Hesse: Staat, Politik und Bürokratie. Opladen, Westdeutscher Verlag 1993

J. J. Hesse/A. Benz: Die Modernisierung der Staatsorganisation. Institutionenpolitik im internationalen Vergleich: USA, Großbritannien, Frankreich, Bundesrepublik Deutschland. Baden-Baden, Nomos 1990

J. J. Hesse: Staat, Politik und Bürokratie. Opladen, Westdeutscher Verlag 1995

W. Heyde/G. Wöhrmann: Auflösung und Neuwahl des Bundestages 1983 vor dem Bundesverfassungsgericht. Heidelberg, v. Decker 1984

K. Hildebrandt: Von Erhard zur Großen Koalition 1963-1969. Stuttgart, DVA 1995

Institut für sozialwissenschaftliche Forschung München: Arbeitsplatzstruktur und Laufbahnreform im öffentlichen Dienst. Baden-Baden, Nomos 1973

P. Horst: Präsident der Bundesrepublik Deutschland. Der Rang des Amtes und die Folge der Amtsinhaber 1949-1994. ZParl 1995: 568-595

E. Jäckel u.a. (Hrsg.): Von Heuss bis Herzog. Die Bundespräsidenten im politischen System der Bundesrepublik. Stuttgart, DVA 1999

W. Jäger: Die Bundespräsidenten. Von Theodor Heuss bis Richard von Weizsäcker. APuZ B 16/17 1990: 33-47
W. Jäger: Von der Kanzlerdemokratie zur Koordinierungsdemokratie. ZfP 1988: 15-32
W. Jäger/W. Link: Republik im Wandel 1974-1982. Die Ära Schmidt. Stuttgart, DVA 1987
W. Jann: Moderner Staat und effiziente Verwaltung. Zur Reform des öffentlichen Sektors in Deutschland. Gutachten. Bonn, Friedrich-Ebert-Stiftung 1994
W. Jann/K. König (Hrsg.): Regieren zu Beginn des 21. Jahrhunderts. Tübingen, Mohr Siebeck 2008
E. U. Junker: Die Richtlinienkompetenz des Bundeskanzlers. Tübingen, Mohr 1965
W. Kaltefleiter: Die Funktionen des Staatsoberhauptes in der parlamentarischen Demokratie. Köln/Opladen, Westdeutscher Verlag 1970
W. Kaltefleiter/R. Wildenmann (Hrsg.): Westdeutsche Führungsschicht. Eine sozialwissenschaftliche Untersuchung der Inhaber von Führungspositionen. Kiel/Mannheim 1973 (hektogr.)
U. Kempf/H.-G. Merz (Hrsg.): Kanzler und Minister 1949-1998. Wiesbaden, Westdeutscher Verlag 2001
H.-D. Klingemann/D. Fuchs (Hrsg.): Citizens and the State. Oxford University Press 1995
R. Kleinfeld: Kommunalpolitik. Opladen, Leske & Budrich 1996
Th. Knoll: Das Bonner Bundeskanzleramt. Organisation und Funktionen 1949-1999. Wiesbaden, VS 2004
R. Koch: Personalsteuerung in der Ministerialbürokratie. Baden-Baden, Nomos 1976
H. König: Dynamische Verwaltung. Stuttgart, Bonn aktuell 1977
K. König: Vom Umgang mit Komplexität in Organisationen: Das Bundeskanzleramt. Der Staat 1989: 49-70
K. König (Hrsg.): Verwaltungsstrukturen der DDR. Baden-Baden, Nomos 1991
Th. König/L. Mäder: Das Regieren jenseits des Nationalstaates und der Mythos einer 80-Prozent-Europäisierung in Deutschland. PVS 49, 3, 2008: 438-463
D. Koerfer: Kampf ums Kanzleramt. Erhard und Adenauer. Stuttgart, DVA 1987
H. Korff: Haushaltspolitik. Stuttgart, Kohlhammer 1975
S. Kropp: Regieren in Koalitionen. Handlungsmuster und Entscheidungsbildung in deutschen Länderregierungen. Wiesbaden, Westdeutscher Verlag 2001
S. Kropp (Hrsg.) Gewaltenteilung und Demokratie. Baden-Baden, Nomos 2007
J. Küpper: Die Kanzlerdemokratie. Voraussetzungen und Änderungen des Regierungsstils in der Ära Adenauer. Frankfurt, Lang 1985
D. Kugele: Der politische Beamte: Eine Studie über Genesis, Motiv, Bewährung und Reform einer politisch-administrativen Institution. München, Tuduv 1976
M. Lamping/H. Schridde (Hrsg.): Der consultative Staat. Reformpolitik und Politikberatung. Leverkusen, Barbara Budrich, 2009.
St. Lange/D. Braun: Politische Steuerung zwischen System und Akteur. Opladen, Leske & Budrich 2000
H. Laufer: Der parlamentarische Staatssekretär. Eine Studie über ein neues Amt der Bundesregierung. München, C. H. Beck 1969
C. Lees: The Red-Green Coalition in Germany: Politics, Personality and Power. Manchester University Press 2000

F. Lehner: Grenzen des Regierens. Eine Studie zur Regierungsproblematik hochindustrieller Demokratien. Königstein, Athenäum 1979
St. Leibfried/M. Zürn (Hrsg.): Transformationen des Staates? Frankfurt, Suhrkamp 2006
W. Leisner (Hrsg.): Das Berufsbeamtentum im demokratischen Staat. Berlin, Duncker & Humblot 1975
U. Leonardy: Öffentlichkeitsarbeit der Regierung minus Wahlwerbung. Informationsläden des Staates. ZParl 1978: 23-337
K. Lompe: Möglichkeiten und Grenzen politischer Planung in parlamentarischen Demokratien. Hannover, Niedersächsische Landeszentrale für politische Bildung 1975
W. H. Lorig (Hrsg.): Moderne Verwaltung in der Bürgergesellschaft. Entwicklungslinien der Verwaltungsmodernisierung in Deutschland. Baden-Baden, Nomos 2008
N. Luhmann/R. Mayntz: Personal im öffentlichen Dienst. Eintritt und Karrieren. Baden-Baden, Nomos 1973
R. Mayntz/F. W. Scharpf (Hrsg.): Planungsorganisation. München, Piper 1973
R. Mayntz (Hrsg.): Implementation politischer Programme. Königstein, Hain 1980
R. Mayntz: Executive Leadership in Germany: Dispersion of Power or Kanzlerdemokratie? In: R. Rose/E. N. Suleiman (Hrsg.): Presidents and Prime Ministers. Washington, AEI 1980: 139-170
R. Mayntz (Hrsg.): Implementation politischer Programme II. Opladen, Westdeutscher Verlag 1983
R. Mayntz: I quadri direttivi dell'amministratione centrale della RFA. Quaderni costituzionali 1985: 521-538
R. Mayntz/H.-U. Derlien: Party patronage and politicization of the West German administrative elite 1970-1987. Governance 1989: 384-404
R. Mayntz/F. W. Scharpf (Hrsg.): Policy-Making in the German Federal Bureaucracy. Amsterdam, Elsevier 1975
R. Mayntz: Soziologie der öffentlichen Verwaltung. Heidelberg/Karlsruhe, C.F. Müller 1978
R. Mayntz: Über Governance. Frankfurt, Campus 2009
R. Meng: Merkelland. Wohin führt die Kanzlerin? Köln, Kiepenheuer & Witsch 2006
K. Merten: Django und Jesus: Verbal-nonverbales Verhalten der Kanzlerkandidaten Kohl und Rau im Bundestagswahlkampf. In: Opp de Hipt/E. Latniak (Hrsg.): Sprache statt Politik. Opladen, Westdeutscher Verlag 1991: 188-210
G. Metzler: Konzeptionen politischen Handelns von Adenauer bis Brandt: Politische Planung in der pluralistischen Gesellschaft. Paderborn, Schöningh 2005
R. Morsey: Personal- und Beamtenpolitik 1847-1950. In: Ders. (Hrsg.): Verwaltungsgeschichte. Berlin, Duncker & Humblot 1977: 191-238
F. Müller-Rommel/G. Pieper: Das Bundeskanzleramt als Regierungszentrale. APuZ B21/22 1991: 3-13
F. Müller-Rommel: Federal Republic of Germany. In: J. Blondel/F. Müller-Rommel (Hrsg.): Cabinets in Europe. London, Macmillan 1988: 151-166
A. Murswieck: Regierungsreform durch Planungsorganisation. Opladen, Westdeutscher Verlag 1975
A. Murswieck (Hrsg.): Regieren in den neuen Bundesländern. Opladen, Leske & Budrich 1996

H. Nassmacher u.a. (Hrsg.): Politische Strukturen im Umbruch. Berlin, Akademie-Verlag 1994
H. Neumann: Zur Machtstruktur in der Bundesrepublik Deutschland. Diss., Kiel 1978
K. Niclauss: Kanzlerdemokratie,Regierungsführung von Konrad Adenauer bis Gerhard Schröder. Paderborn, Schöningh, 2004.
St. Padgett (Hrsg.): Adenauer to Kohl. The Development of the German Chancellorship. London, Hurst 1994
F. U. Pappi u.a.: Regierungsbildung in Mehrebenensystemen. PVS 46. Jg., 2005: 432-458.
P. G. Peters u. a. (Hrsg.): Administering the Sumit. Administration of the Core Executive in Developed Countries. Basingstoke, Macmillan 2000
G. Pippig: Die Verwaltung und ihr Publikum. Opladen, Westdeutscher Verlag 1988
Th. Poguntke/P. Webb (Hrsg.): The Presidentialization of Politics. A Comparative Study of Modern Democraies. Oxford, Oxford University Press 2005
H. Prior: Die interministeriellen Ausschüsse der Bundesministerien. Stuttgart, Fischer 1968
R. D. Putnam: The Political Attitudes of Senior Civil Servants in Britain, Germany, and Italy (1973). Wiederabgedruckt in: M. Dogan (Hrsg.): The Mandarins of Western Europe. The Political Role of Top Civil Servants. New York, Willey 1975: 87-127
Th. Risse (Hrsg.): Regieren ohne Staat? Baden-Baden, Nomos 2007
J. C. G. Röhl: Beamtenpolitik im Wilhelminischen Deutschland. In: M. Stürmer (Hrsg.): Das Kaiserliche Deutschland. Düsseldorf, Droste 1970: 287-311
S. Römer-Hillebrecht: Verwaltungskultur. Baden-Baden, Nomos 1998
W. Rudzio: Das Koalitionsmanagement der Regierung Merkel. APuZ 16/2008: 11-17
W. Schäuble: Der Vertrag. Stuttgart, DVA 1991
D. Sack; Governance und Politics. Die Institutionalisierung öffentlich-privater Partnerschaften in Deutschland. Baden-Baden, Nomos 2009
F. Scharpf: Politische Durchsetzbarkeit innerer Reformen. Göttingen, Schwartz 1974
F. W. Scharpf: Regieren in Europa. Effektiv und demokratisch? Frankfurt, Campus 1999
G. Schmid/H. Treiber: Bürokratie und Politik. Zur Struktur und Funktion der Ministerialbürokratie in der Bundesrepublik Deutschland. München, Fink 1975
G. Schmidt: Regieren in der Bundesrepublik Deutschland. Opladen, Leske & Budrich 1992
E. Schmidt-Aßmann: Das allgemeine Verwaltungsrecht als Ordnungsidee. Berlin, Springer 1998
R. Schmoeckel/B. Kaiser: Die vergessene Regierung: Die große Koalition 1966 bis 1969 und ihre langfristigen Wirkungen. Bonn, Bouvier 1991
K.-U. Schnapp (2004): Ministerialbürokratien in westlichen Demokratien. Wiesbaden, VS.
S. Schöne: Von der Reichskanzlei zum Bundeskanzleramt. Berlin, Duncker & Humblot 1968
G. Scholz: Die Bundespräsidenten. Heidelberg. Decker & Müller 1992[2]
W. Schreckenberger: Der Regierungschef zwischen Politik und Administration. In: P. Haungs (Hrsg.): Civitas. Widmungen für Bernhard Vogel zum 60. Geburtstag. Paderborn, Schöningh 1992: 603-614

W. Schreckenberger: Informelle Verfahren der Entscheidungsvorbereitung zwischen der Bundesregierung und den Mehrheitsfraktionen. ZParl 1994: 329-346
G. F. Schuppert: Die Erfüllung öffentlicher Aufgaben durch verselbständigte Verwaltungseinheiten. Göttingen, Schwartz 1981
G. F. Schuppert: Verwaltungswissenschaft. Baden-Baden, Nomos 2000
G. F. Schuppert: Governance-Forschung. Baden-Baden, Nomos 2006, 2. Aufl.
K. Seemann: Abschied von der klassischen Ministerialverwaltung. München, Vahlen 1978
W. Seibel: Verwaltungsreform in den ostdeutschen Bundesländern, DÖV 1991: 198-204
W. Seibel: Funktionaler Dilettantismus. Erfolgreich scheiternde Organisationen im „dritten Sektor" zwischen Markt und Staat. Baden-Baden, Nomos 1992
W. Seibel u.a. (Hrsg.): Verwaltungsreform und Verwaltungspolitik im Prozeß der deutschen Einigung. Baden-Baden, Nomos 1993
W. Seibel: Strategische Fehler oder erfolgreiches Scheitern? Zur Entwicklung der Treuhandanstalt 1990-1993. PVS 1994: 3-39
W. Seibel/A. Benz (Hrsg.): Regierungssystem und Verwaltungspolitik. Opladen, Westdeutscher Verlag 1995
H. Siedentopf (Hrsg.): Führungskräfte in der öffentlichen Verwaltung. Baden-Baden, Nomos 1989
G. Smith: Resources of a German Chancellor. West European Politics 1991: 48-61
K. Sontheimer/W. Bleek: Abschied vom Berufsbeamtentum? Perspektiven einer Reform des öffentlichen Dienstes. Hamburg, Hoffmann & Campe 1972
B. Steinkemper: Klassische und politische Bürokraten in der Ministerialverwaltung der Bundesrepublik Deutschland. Köln, Heymanns 1974
W. Strauss: Die Personalpolitik in den Bundesministerien zu Beginn der Bundesrepublik Deutschland. In: D. Blumenwitz u.a. (Hrsg.): Konrad Adenauer und seine Zeit. Stuttgart, DVA 1976: 275-282
Studienkommission für die Reform des öffentlichen Dienstrechts: Bericht der Kommission. Baden-Baden, Nomos 1973
R. Sturm: Haushaltspolitik in westlichen Demokratien. Baden-Baden, Nomos 1989
L. Türmer: Bürokratie und Effizienz staatlichen Handelns. Berlin, Duncker & Humblot 1984
F. Wagener: Neubau der Verwaltung. Gliederung der öffentlichen Aufgaben und ihrer Träger nach Effektivität und Integrationswert. Berlin, Duncker & Humblot 1969
H. O. Walker: Das Presse- und Informationsamt der Bundesregierung. Frankfurt, Haag & Herchen 1982
K. Wegrich: Steuerung im Mehrebenensystem der Länder. Governance-Formen zwischen Hierarchie, Kooperation und Management. Wiesbaden, VS 2006
J. Weingarten: Finanzverwaltung und Gesetzesvollzug. Opladen, Westdeutscher Verlag 1993
M. Wichmann: Parteipolitische Patronage. Vorschläge zur Beseitigung eines Verfassungsverstoßes im Bereich des öffentlichen Dienstes. Frankfurt, Lang 1986
H. Willems: Soziale Unruhen und Politikerberatung. Opladen, Westdeutscher Verlag 1993
H. J. Winkler: Der Bundespräsident. Repräsentant oder Politiker? Opladen, Leske 1967

I. M. Winter: Unsere Bundespräsidenten. Düsseldorf, Droste 1990
H. Wollmann/R. Roth (Hrsg.): Kommunalpolitik. Bonn, Bundeszentrale für Politische Bildung 1998[2]
B. Wunder: Geschichte der Bürokratie in Deutschland. Frankfurt, Suhrkamp 1986
A. Zunker: Finanzplanung und Bundeshaushalt. Zur Koordinierung und Kontrolle durch den Bundesfinanzminister. Frankfurt, Metzner 1972

9 Der Föderalismus

9.1 Die Entstehung des deutschen Föderalismus

In der Zeit, in der das Grundgesetz erarbeitet wurde, gab es keine deutsche Zentralgewalt. Der föderalistische Charakter des Systems wurde daher durch die zwei Hauptquellen der Einflussnahme in Anlehnung an eine alte deutsche föderalistische Tradition stark unterstrichen. Diese Quellen waren der Einfluss der Ministerpräsidenten der Länder und der Einfluss der Militärgouverneure der Alliierten.

Deutschland war die Nation unter den größeren Völkern Europas, die am spätesten ihre staatliche Einheit verwirklicht hat. Föderative Gebilde sui generis wie das Deutsche Reich (bis 1806), der Rheinbund unter dem Protektorat Napoleons und der Deutsche Bund seit 1815 sind in die herkömmliche Typologie von Staatenbünden und Bundesstaaten schwer einzuordnen. Die konföderative Komponente und die mangelhaft ausgebildete Zentralgewalt charakterisieren alle diese Vorläufer einer Gesamtstaatlichkeit auf deutschem Boden. Der Versuch in der Paulskirche 1848/49, einen demokratischen Bundesstaat mit allgemeinem Wahlrecht für Männer ab 25 Jahren, einem Zweikammersystem von Volkshaus und Staatenhaus und einem Reichsgericht als einer Art Verfassungsgericht zu schaffen, war wegweisend in der deutschen Geschichte. Er scheiterte aber an den Sonderbestrebungen vor allem der zwei deutschen Großmächte Preußen und Österreich.

Nach einem kurzen Intermezzo des Norddeutschen Bundes unter preußischer Hegemonie wurde 1871 ein monarchisch-hegemonialer Bundesstaat geschaffen, der vielfach als „Pseudoföderalismus" bezeichnet worden ist. Die Kräfteverhältnisse in diesem Bundesstaat waren in zweifacher Hinsicht von Ungleichgewichtigkeiten gekennzeichnet: Die Hegemonie Preußens, das 65% des Reichsgebietes und 62% der Bevölkerung des Deutschen Reiches einschloss, ließ von Anfang an keinen Föderalismus unter Gleichen aufkommen. Privilegien für die süddeutschen Staaten (das Recht auf Bier- und Branntweinsteuern, eigene Post- und Heeresverwaltungen für Bayern und Württemberg, zwei Zusatzstimmen für Bayern im Bundesrat und Sonderrechte in der auswärtigen Politik vor allem für Bayern, Württemberg und Sachsen) konnten zwar die Vorherrschaft Preußens nicht mildern, verzerrten aber das Kräftegleichgewicht in der Föderation noch zusätzlich. Ein unzureichendes Finanzsystem, in dem das Reich durch Matrikularbeiträge – bis auf die Einnahmen aus Zöllen – weitgehend von den Staaten abhängig war, erwies sich als Belastung. Die mangelnde Parlamentarisierung des Systems, die verhinderte, dass der Reichstag eine vom Willen der Mehrheit des Volkes getragene demokratisch legitimierte, zentralisierende Kraft wurde, behinderte diesen Pseudoföderalismus des Deutschen Reiches zusätzlich.

Bei Gründung der Weimarer Republik waren – nicht zuletzt aufgrund separatistischer Tendenzen in einigen Gebieten des Reiches als Gegenreaktion – die zentralisierenden Kräfte noch stärker als bei Gründung des Bismarck-Reiches. Das System der Weimarer Republik war kein Bundesstaat, sondern ein dezentralisierter Einheitsstaat.

Als Reaktion auf den zentralistischen Einheitsstaat, in den die Nationalsozialisten die Weimarer Republik umwandelten, waren die föderalistischen Kräfte nach 1945 in den Westzonen stark. In der sowjetisch besetzten Zone wurden föderative Relikte der Länder erst 1952 beseitigt. Die marxistische Tradition war antiföderalistisch. Marx und Engels haben einen Föderalismus immer nur für multiethnische Systeme als sinnvoll angesehen, und der deutsche Marxismus war immer eine stark unitarisch gesinnte Bewegung. Teilungspläne, vor allem in den USA. spielten nur auf dem Reißbrett eine Rolle. Schon bei der Konferenz in Jalta legten Roosevelt und Churchill weitgehend eine föderative Dezentralisierungskonzeption ihren Verhandlungen mit Stalin zugrunde. Die Sowjets haben in der ersten Phase eher einen gewissen Widerstand gegen die „Zwangsföderalisierung Deutschlands" (Molotov) an den Tag gelegt, solange sie hofften, einen Einfluss auf ganz Deutschland ausüben zu können.

Eine Belastung des deutschen Föderalismus stellte die willkürliche Ziehung der Ländergrenzen durch die Besatzungsmächte dar. Nur Bayern und die Hansestädte waren historische Gebilde. Rheinland-Pfalz und Nordrhein-Westfalen waren reine Kunstprodukte in den Grenzen der Besatzungszonen. Da eine zentrale Reichsgewalt nicht mehr existierte, lag die faktische Macht – soweit sich die Besatzungsmächte diese nicht vorbehalten hatten – in den Händen der Länderregierungen.

Kein Wunder, dass der Föderalismus in den Debatten des Parlamentarischen Rates die heftigsten Konflikte auslöste, schärfer als die Fragen der Eigentums- und Sozialordnung, die von der späteren neomarxistischen Literatur im Sinne einer „verhinderten Neuordnung" als Hauptprobleme hochgespielt wurden.

Hauptstreitfragen waren das Repräsentationsmodell für die Länderkammer und die Finanzverfassung. Für die zweite Kammer bevorzugten SPD und FDP ein *Senatsmodell* nach amerikanischem Muster, das immerhin in der deutschen Tradition im Staatenhaus der Paulskirche auch ein Vorbild in Deutschland hatte. Die gleiche Repräsentation wurde nicht ohne Eigennutz im Hinblick auf die Stärke der SPD in den kleineren Ländern gegen die CDU vorgeschlagen, die für ein Vertretungssystem proportional zur Größe der Bevölkerung der Länder eintrat. Die CDU/CSU, die DP und das Zentrum vertraten ein *Bundesratsmodell* als gemeinsames Organ der Länder in der Tradition des deutschen Bundesrates der Kaiserzeit. Nachdem ein Vermittlungsvorschlag Adenauers für ein Dreikammersystem (Unterhaus, Senat, Bundesrat als Beirat mit Vetorecht in Fragen der Finanzordnung) keine Mehrheit fand, wurde die *gemäßigte Bundesratslösung* geschaffen mit einem Kompromiss in der Repräsentationsfrage. Die Abstufung der Stimmen zwischen 3 und 5 für den Bundesrat schien eine faire Lösung zwischen dem republikanischen Gleichheitsprinzip der Schweiz und der USA und dem Prinzip der Gewichtung der Länder nach Größe, die der deutschen Tradition des monarchischen Föderalismus entsprach.

Stärker als in der Repräsentationsfrage waren die Auflagen der Besatzungsmächte in der Gestaltung der *Finanzverfassung,* da die Alliierten die Vorstellungen des Parlamentarischen Rates kritisierten, weil die Länder nach ihrer Ansicht nicht genügend eigene Finanzquellen hatten. Der Finanzausgleich schien ihnen ein Einfallstor des Zentralismus. Der Gegenvorschlag, das amerikanische System der *grants-in-aid* zu übernehmen, konnte jedoch mit dem Hinweis auf die Missbräuche und auf die zentralisierenden Wirkungen des Dotationssystems abgewehrt werden. In dieser Frage waren größere Teile der CDU geneigt, den zentralistischeren Vorstellungen von SPD und FDP entgegenzukommen und für eine Bundesfinanzverwaltung zu stimmen. Der Kompromiss sah die nach den Ebenen des Bundes und der Länder geteilte Finanzverwaltung vor, eine Trennung, die bis heute das ideale Gleichgewicht zwischen Ländern und Bund nicht hat finden lassen. Der Hinweis auf die sozialen Probleme und die Lösung des Lastenausgleichs in der Vertriebenenfrage hat schon damals den Zentralisten ein starkes Gewicht gegeben, das durch die wachsenden Probleme der Staatsintervention noch gestiegen ist.

Die Wiederherstellung der 1952 von der DDR aufgelösten Länder war in Artikel 1 des Einigungsvertrages das erste Ziel. Die Wirkung des Beitritts von fünf neuen Ländern wurde im Interesse der größeren Flächenstaaten abgefedert. Eine Änderung des Grundgesetzes Art. 51 Abs. 2 gab jedem Land mindestens drei Stimmen. Länder mit mehr als zwei Millionen Einwohnern bekamen vier, mit mehr als sechs Millionen fünf, Länder mit mehr als sieben Millionen Einwohnern sechs Stimmen.

9.2 Der Bundesrat

Der Bundesrat ist keine zweite Kammer. Er ist nicht Teil eines Parlaments, das in zwei Häuser gegliedert ist wie in den Zweikammersystemen Westeuropas. Die Wahrnehmung der *Kommunikationsfunktion* ist noch unbefriedigender als beim Bundestag, obwohl im Gegensatz zum kaiserlichen Bundesrat die Sitzungen in der Regel öffentlich sind. Dennoch nimmt die Öffentlichkeit geringen Anteil, da politische Kontroversen im Plenum des Bundesrates nicht ausgetragen werden. Ein Ministerpräsident klagte einmal „Der Bundesrat ist kein echtes Parlament, wenn seine Mitglieder am Freitag dort sitzen und schwungvolle Erklärungen abgeben, wohl wissend, dass die Entscheidungen längst am Dienstag zuvor in allen Kabinetten gefällt worden sind." Konflikte in den Landesregierungen oder zwischen ihnen werden weitgehend vorgeklärt. Sämtliche Stimmen eines Landes werden von einem Stimmführer abgegeben, über den vorab von den Landeskabinetten entschieden wird. Daher ist auch Anwesenheit über die Stimmführer hinaus nicht wichtig. Selten nehmen so viele Bundesratsmitglieder an Bundesratssitzungen teil, wie ein Land Stimmen hat.

Konflikte mit der Bundestagsmehrheit werden ebenfalls außerhalb des Bundesrates im *Vermittlungsausschuss* ausgetragen, der nicht öffentlich tagt. Die Weisungsgebundenheit erlaubt keine unabhängigen Eigeninitiativen der Bundesratsmitglieder oder gar die Herausbildung jener *„folkways"*, die für die amerikanischen Senatoren viel beschrieben wurden. Amerikanische Untersuchungen haben unter dem Stichwort „Folkways im Bundesrat" daher vornehmlich prozedurale Fragen behandelt (Pinney 1963: 49ff.).

Auch in der Ausübung der *Kontrollfunktion* ist der Bundesrat mit parlamentarischen Zweikammersystemen nicht zu vergleichen, weil gerade in dieser Funktion sein halbparlamentarischer Charakter hinderlich ist. Die Kontrollmittel über die Möglichkeit der Zensierung von Regierungsvorlagen im ersten Durchgang durch die Beteiligung an den Ausschussverhandlungen des Bundestages und die Anrufung des Vermittlungsausschusses sind Mittel indirekter Natur. Die Existenz eines *Bundesratsministeriums* (bis 1969) – an dessen Wiege nicht nur sachliche, sondern auch koalitionsarithmetische Erwägungen Pate gestanden haben – stärkte weniger die Kontrollfunktion des Bundesrates als Möglichkeiten der Einflussnahme der Bundesregierung. Dennoch zeigte sich, dass bei ernsthaften Konflikten mit der Regierungsmehrheit die Stellung des Bundesratsministers nicht ausreichte, um das offene Ausbrechen des Konfliktes zu verhindern (Neunreither 1959: 95). Es kam im Bundesrat nicht zur Effektivierung der typisch parlamentarischen Kontrollmittel wie Interpellation, Fragestunden, Untersuchungsausschüsse oder gar zu Sanktionen, die den Bestand von Regierungen tangieren.

Das *Frage- und Zitierrecht* wird meist aus rhetorischen Gründen der Publizität ausgeübt. Es gibt keine Sonderkontrollrechte für den Bundesrat, wie sie der amerikanische Senat vor allem durch seine Vetomacht bei allen wichtigen Personalentscheidungen besitzt. Die Mitwirkung bei der Ernennung des Generalbundesanwaltes und die Wahl von Bundesverfassungsrichtern für die beiden Senate und der Bundesanwälte oder die Entsendung von Vertretern in einige Verwaltungsräte und andere Gremien sind keine Äquivalente dafür.

Als Kriterium eines echten Zweikammersystems gilt die mehr als beratende Mitwirkung der zweiten Kammer an der *Gesetzgebung*. In diesem Bereich kommt der Bundesrat einem parlamentarischen Gremium nahe. Nach häufigen Initiativen des Bundesrates in der ersten Legislaturperiode nahm die Zahl der von ihm eingebrachten Gesetzentwürfe stark ab. Erst in der Zeit der Opposition der Unionsparteien, die die Mehrheit im Bundesrat besaßen, wurde die Initiativfunktion wiederbelebt. Die Initiative stieg von 3,2% der Gesetzentwürfe, die aus dem Bundesrat kamen (5. Legislaturperiode) auf 16,36% (13. Legislaturperiode). Danach sank der Anteil wieder. Die Zahl der vom Bundesrat als zustimmungsbedürftig angesehenen Gesetze hat sich aufgrund eifersüchtiger Wachsamkeit eines mehrheitlich oppositionell gestimmten Bundesrates nach 1969 auf etwa 55% erhöht.

Obwohl in den Regierungskoalitionsparteien und zum Teil in der Publizistik die Meinung vertreten worden ist, die mindere demokratische Legitimation des Bundesrates müsse in der Gesetzgebung gegen jede Machtverlagerung zugunsten des Bundesrates sprechen, die nicht ausdrücklich vom Grundgesetz legitimiert ist, hat die CDU/CSU-Opposition am Beispiel des 4. Rentenänderungsgesetzes die Auffassung durchzusetzen versucht, dass jedes Gesetz, das mit Zustimmung des Bundesrates ergangen ist, auch nur mit seiner Zustimmung geändert werden könne, selbst wenn die Änderung keine zustimmungspflichtigen Teile des Gesetzes betrifft. Es kam 1974 zum Urteil des Bundesverfassungsgerichts, das dieser Auffassung widersprach. Das Urteil war aber keineswegs eine rechtliche Niederlage des Bundesrates oder eine politische Niederlage der CDU/CSU, da das Gericht auch nicht der Meinung der Bundesregierung zustimmte, Gesetze seien nur dann zustimmungspflichtig, wenn sich dies direkt aus ihrem Inhalt ergebe, sondern die Zustimmungspflicht schon dann bejahte, wenn ein Gesetz „den nicht ausdrücklich geänderten Vorschriften über das Verwaltungsverfahren eine wesentlich andere Bedeutung und Tragweite verleihe“ (BVerfGE 37, 383).

Die Zunahme der zustimmungspflichtigen Gesetze stützt sich auf Art. 84 Abs. 1 GG, welcher Gesetze für zustimmungsbedürftig erklärt, wenn sie Einrichtungen der Behörden und das Verwaltungsverfahren der Länder betreffen. Die Zunahme ist daher nicht nur auf Obstruktionspolitik der Opposition zurückzuführen. Der Bund hat entschieden seine Gesetzgebungszuständigkeiten durch Verfassungsänderungen auf Kosten der Länder ausgedehnt und neigt dazu, Verwaltungsverfahren immer stärker zu regeln. Zunehmende Wachsamkeit der oppositionellen Bundesratsmehrheit bis 1982 und in den neunziger Jahren war die natürliche Folge dieses Wandels.

Die Zahl der am Einspruch des Bundesrates gescheiterten Gesetze hat sich in den siebziger Jahren erhöht. Der Bundesrat ist jedoch noch immer kein „Grab von Gesetzesinitiativen“, wie die Parlamentsstatistik belegt. Im Vergleich zu echten Zweikammersystemen – mit Ausnahme Österreichs – ist die Zahl der Einsprüche verhältnismäßig gering. Die kooperative Oppositionspolitik (vgl. Kap. 7.3) kann nicht in allen Fragen zu einer Obstruktionspolitik im Bundesrat führen. Große Teile der Gesetzgebung werden von der Opposition mitgetragen: Selbst wenn die Opposition eine härtere Politik verfolgen wollte, gibt es Grenzen. Der Bundesrat kann nur das ganze Gesetz verwerfen. In einigen Fällen wie bei der Steuerreform, beim Hochschulrahmengesetz, der Berufsbildungsreform oder dem neuen Eherecht drohte die Gefahr, dass die Regierung den ganzen Plan fallen lassen könnte und die Opposition für das Scheitern einer gesetzlichen Regelung verantwortlich machen würde. Vielfach übernahmen die Koalitionsparteien nach 1969 Änderungswünsche der Opposition, um den Konflikt zu mildern. Gelegentlich versteckten sich Teile der Koalitionsparlamentarier hinter der Opposition und waren im stillen froh, Abstriche von einem Gesetzentwurf als Konzession an die Opposition im Bundesrat hinstellen zu können, um nicht ihre eigene konservativere Anschauung zu einem Gesetzesprojekt offenbaren zu müssen. Das galt für einige FDP-Abgeordnete bei der Steuerreform und für konservativere SPD-Abgeordnete beim Hochschulrahmengesetz (Fromme 1976: 69). Manche Oppositionsinitiativen im Bundesrat sind eher situationsbedingt als grundsätzlicher Art. So hatte zum Beispiel die Initiative der Unionsparteien für die Vorziehung der Anpassung der Kriegsopferrenten vor allem wahltaktischen Charakter.

Das *Vermittlungsverfahren* bei Konflikten mit dem Bundesrat (16 Vertreter für jedes Land, die nun nicht weisungsgebunden sind und 16 Bundestagsmitglieder nach dem Fraktionsproporz werden in den Ausschuss entsandt) hat sich im Ganzen bewährt. Nur in wenigen Fällen, in denen der Vermittlungsausschuss angerufen wurde, kam es zu keiner Einigung. Diese Zahl nahm im 12. Bundestag drastisch zu (Tab. 7.1).

Der bürokratische Einschlag des Bundesrates zeigt sich vor allem in einigen *administrativen Funktionen,* für die es in anderen Zweikammersystemen keine Entsprechung gibt (Zustimmung bei Veräußerung von Bundesvermögen, Mitwirkung bei gewissen Rechtsverordnungen und Verwaltungsvorschriften, beim Bundeszwang und beim inneren Notstand).

Die zunehmende Einschaltung der Länderbürokratien im Vorbereitungsstadium der Gesetzgebung kann darüber hinaus das bürokratische Element noch verstärken. Die Landesparlamente hingegen haben weniger direkten Einfluss auf den Bundesrat. Aufforderungen eines Landesparlaments, die die Landesregierung auf ein bestimmtes Abstimmungsverhalten festlegen wollen, gelten im Hinblick auf den Charakter eines Bundesorgans als rechtlich unverbindlich (Friedrich 1975: 78).

Zweite Kammern in anderen parlamentarischen Systemen haben nicht selten eine wichtige *Rekrutierungsfunktion* für das System. Obwohl in der Bundesrepublik die Mitglieder der Landesregierungen gegenüber zweiten Kammern in anderen Systemen einen institutionalisierten Startvorsprung für eine bundespolitische Karriere zu haben scheinen, wird diese Möglichkeit des Wechsels von der Landes- in die Bundespolitik durch die Minister der Landesregierungen nicht sehr stark genutzt. Wo davon Gebrauch gemacht wurde, ist die Tätigkeit im Bundesrat für die Positionsinhaber kaum direkt motivierend gewesen. In vielen Fällen hat der Kontakt mit der Bundespolitik eher abschreckend gewirkt. Sogar der erste deutsche Bundesratsminister, Hellwege, zog sich 1955 in die Landespolitik zurück, als das Amt des Ministerpräsidenten von Niedersachsen für ihn erreichbar wurde. Viele Landesminister haben wiederholten Angeboten aus Bonn widerstanden. Auch Bonner Spitzenpolitiker, die einmal Chef von Landesregierungen gewesen sind, wie Kiesinger und Scharping, sind gelegentlich einen Hauch von Nostalgie nach der Überschaubarkeit und Kontrollierbarkeit der Landespolitik nicht losgeworden. Ein Vorteil des Bundesrates ist es jedoch zweifellos, dass er sich überwiegend aus aktiven Politikern zusammensetzt und aufgrund des Ratsprinzips davor bewahrt wird, das Schicksal anderer zweiter Kammern zu erleiden, mehr und mehr zur Endstation für „elder statesmen" zu werden.

9.3 Der „Parteienbundesstaat"

Parteien sind in allen Föderationen neben den Interessengruppen wichtige Vehikel des Zentralismus. Streitigkeiten zwischen Bund und Ländern werden mit zunehmender Polarisierung im System mehr und mehr zu Parteistreitigkeiten, die im Gewand des föderalistischen Streits verfassungsrechtlich ausgetragen werden. Der „unklare Grundsatz der Bundestreue" (Hesse 1962: 9) ist so sehr Relikt einer vorparteienstaatlichen und vordemokratischen Föderation, dass er sich immer weniger dazu eignet, Verhaltensmaßregeln für die Länder abzuleiten. Oppositionsverhalten kann nicht unter dem Deckmantel der „Bundestreue" durch eine Wohlverhaltenspflicht beschränkt werden. Tendenzen zum „Parteienbundesstaat" wurden daher seit 1969 von den Regierungsparteien oft allzu einseitig kritisiert. Gelegentlich hat sich der Konflikt bis ins Kleinliche zugespitzt. Etwa 1975, als es zu einer scharfen Kontroverse kam, ob Helmut Kohl in seiner Eigenschaft als Mitglied des Bundesrates sein Rederecht im Bundestag dazu benutzen dürfe, als CDU-Vorsitzender zu seinen Parteifreunden zu sprechen. Kohls Versuch, seinen Einfluss über den Bundesrat in den Bundestag hinein zu verlängern, hatte zweifellos parteipolitische Nebenabsichten. Die Zahl der Auftritte von

Landes-CDU-Politikern im Bundestag (vor allem von Kohl und von Stoltenberg) hatte sich im 7. Bundestag so drastisch vermehrt, dass diese Mitwirkung von Landespolitikern schon als Teil der Oppositionsstrategie anzusehen war. Die rechtlichen Streitfragen um diese Einflussnahme sind weniger wichtig als die Diskussion der Grundsatzfrage, ob es sinnvoll ist, den Oppositionschef außerhalb des Parlaments zu suchen. Die Kontroverse ist daher von der CDU auch konsequenterweise damit erledigt worden, dass Kohl sein Ministerpräsidentenamt aufgab und im Bundestag als Führer der Opposition präsent wurde.

Die Entwicklung zur Polarisierung ist im deutschen Föderalismus zunächst nicht angelegt gewesen. Die Ministerpräsidenten der Länder steuerten ihr nach dem Krieg entgegen und bemühten sich um möglichst breite Koalitionen, gelegentlich sogar um eine Allparteienkoalition. Um 1950/51 war jedoch die erste Welle der Polarisierung so stark, dass die meisten großen Koalitionen in den Ländern zerbrachen, 1963 sogar in dem durch den Mauerbau von 1961 sich erneut stark bedroht fühlenden Berlin. Die unnachgiebige Oppositionspolitik Schumachers hat die Polarisierung auf Länder- wie auf Bundesebene vorangetrieben. Große Koalitionen, wie sie vorübergehend in Niedersachsen (1965) und Baden-Württemberg im Anschluss an die große Koalition im Bund (1966) entstanden, wurden vielfach als Anomalie empfunden (Lehmbruch 1998: 30ff.). Seit 1969 setzte sich die Polarisierung in den Ländern durch mit dem Ende der großen Koalitionen in Niedersachsen (1970) und Baden-Württemberg (1972). In Niedersachsen zerbrach die große Koalition unter anderem, weil die CDU-Landesminister die schriftliche Festlegung einer Generalklausel für die Stimmabgabe im Bundesrat forderten. Bei Widerspruch von CDU-Ministern sollte das Land sich im Bundesrat der Stimme enthalten, eine Forderung, die sich als Kompromiss ad hoc bei konträren Koalitionspartnern in Bund und Ländern oft ergeben hat, dessen Festschreibung jedoch der niedersächsischen SPD nicht akzeptabel erschien. Die CDU hat in ihrem Werben um die FDP gelegentlich eine Bundesratsklausel angeboten, zum Beispiel Ministerpräsident Albrecht 1974 in Niedersachsen, der deutlich erkennen ließ, dass seine Regierung die Verträge mit Polen – die von der FDP im Bund mitgetragen wurden – nicht im Bundesrat ablehnen würde, falls es zur Koalition mit der FDP in Niedersachsen kommen werde. Seit 1977 kam es zur erneuten Auflockerung der polarisierten Blöcke durch CDU-FDP-Koalitionen in Niedersachsen und im Saarland. Mit dieser Umorientierung der FDP auf Länderebene hatte sich die Gefahr zugespitzt, dass die Opposition eine Zweidrittelmehrheit im Bundesrat erlangte. Durch den Machtwechsel von 1982 ist dieses Problem vorübergehend entschärft worden. Es tauchte nach der deutschen Einigung 1991 erneut auf (vgl. Kap. 9.5). Die besonderen sozialen Belastungen machten es möglich, dass die SPD nicht unter der Erfahrung litt, dass die Union nur fünf Flächenstaaten für eine Bundesratsmehrheit brauchte, während die SPD für eine solche Mehrheit sechs Länder erobern musste (Abromeit 1992: 65). Der neue Zuwachs an Ländern hat die alte Asymmetrie gemildert.

1998 kam es zu einem erdrutschartigen Sieg der SPD im Bund. Aber die kurz darauf folgende Wahl in Hessen 1999, bei der eine neue CDU-FDP-Regierung gebildet wurde, haben die klare Mehrheit der SPD im Bundesrat, die der letzten Regierung Kohl das Leben schwer machte, gebrochen. Angesichts des neutralen Blocks von 4 Ländern mit 15 Stimmen, in dem die Mehrheiten stark vom Berliner Modell abwichen (Rheinland-Pfalz SPD-FDP, Thüringen, Berlin und Bremen mit einer großen Koalition, die nur im letzten Fall von der SPD geführt war) mußte die rot-grüne Koalition bei allen Gesetzen, welche die Länderbelange berührten, fortan starke Konzessionen machen. Als in Bremen im Juni 1999 die SPD gewann, hätte sich rein rechnerisch eine rot-grüne Mehrheit nach Bonner Muster bilden lassen. Scherf lehnte das ab und bestand auf Weiterführung der großen Koalition. Es wurde vermutet, dass Schröder dies duldete, weil eine mangelnde Mehrheit im Bundesrat Möglichkeiten eröffnete, sich hinter dieser Mehrheit zu verstecken, falls der Bonner Grüne Koalitionspartner zu gewagte Initiativen in der Regierung durchsetzte.

Hinsichtlich der parteipolitischen Instrumentalisierung des Bundesrates und des Vermittlungsausschusses haben die wechselnden Bundesratsmehrheiten einander wenig vorzuwerfen. Beide Lager haben das föderale Konkordanzprinzip für parteistaatliche Mehrheitspolitik gelegentlich eingespannt (Kropp/Sturm 1999: 42ff.; König 1999).

Die SPD begann damit 1952 beim Lastenausgleichsgesetz. Der Bundesrat verlangte 40 Änderungen. Viele gingen auf die SPD-Länder zurück. Wo Klassenpolitik zu einer klaren Polarisierung führte, waren die Länder vielfach die Torhüter der letzten Bastion gegen eine Maßnahme vor dem Bundesverfassungsgericht. Bei der Reform des Berufsbildungsgesetzes Mitte der 70er Jahre haben die Unionsländer die föderalen Gremien gegen die Koalitionspolitik bedenkenlos eingesetzt.

Der Bundesrat ist kein Grab für innovative Entscheidungen. Die Zustimmungsversagung des Bundesrates bei Gesetzen, die der Bundestag verabschiedet hat und die nicht verkündet wurden, schwankte zwischen 0,8% (11. WP) und 2,2% (9. WP).

Wurde einst in der Literatur vermutet, dass die Parteienkonkurrenz durch das Prinzip der Länder-Konkordanz unterminiert worden ist, so hat sich seit der Wiedervereinigung eine Differenzierung des Befundes ergeben (Abromeit 1993: 12). Der Parteienstaat reduziert zwar den Föderalismus nicht zum „bloßen (kostspieligen) Formprinzip", aber er benutzt ihn zunehmend für die Strategien der Parteienkonkurrenz. Nur in der Verfassungsreform (1994) kam es – wie bei einigen Entscheidungen zur Finanzierung der deutschen Einheit – zu einer Konfrontation der Länder mit dem Bund, unabhängig von der Parteienkoalition an der Macht.

Gegen die Intentionen der Verfassungsmütter und -väter hat sich der Bundesrat zu einer starken „zweiten Kammer“ entwickelt. Die negative Seite, die Blockademacht des Bundesrates ist in aller Munde. Der positive Aspekt der Parteipolitisierung wurde übersehen: Dank der Verhandlungsmacht der Parteien wurde meistens ein Konsens gefunden.

9.4 Die bundesstaatliche Finanzverfassung: Vom kooperativen Föderalismus zur Politikverflechtung

So alt wie der Föderalismus sind die Debatten um die Kompetenzen der Länder und die Attribute der Staatlichkeit von Gliedstaaten im föderalistischen System. Die alten Spitzfindigkeiten, ob Bund, Länder oder beide zur gesamten Hand „souverän“ seien, sind überholt. Keine Ebene ist mehr voll souverän, seit auch die Nationalstaaten immer mehr Kompetenzen an supranationale Institutionen abtreten. Auch die alten Debatten waren vielfach nur das ideologische Gewand, in dem die Parteien um die Kernfrage miteinander rangen: Wie werden die Finanzmittel verteilt? Aufgabenabgrenzungen und Kompetenzkataloge in der Verfassung wurden ebenfalls zum Instrument des Kampfes um die Finanzen im Föderalismus.

Die deutsche bundesstaatliche Finanzverfassung entwickelte sich nach 1945 aus historischen Erfahrungen und der Realität der sozialen Not in der Nachkriegszeit. Die historischen Erfahrungen führten dazu, dass der Bund nicht, wie nach Artikel 70 der Reichsverfassung von 1871, von Matrikularbeiträgen der Länder abhängig bleiben sollte. Andererseits sollte die Entmachtung der Länder in der Finanzpolitik vermieden werden, die im System von Weimar eintrat. Die aktuellen Erfahrungen der Not nach 1945 führten zu einem weiteren Kompromiss: Einerseits sollten Bund und Ländern getrennte Einnahmequellen zur Verfügung stehen, um einen Scheinföderalismus zu vermeiden. Andererseits sollte die *„Einheitlichkeit der Lebensverhältnisse“* – auf die vor allem die SPD in den Beratungen von Herrenchiemsee und im Parlamentarischen Rat drängte – verwirklicht werden. Als nachteilig erwies sich, dass das Grundgesetz überwiegend von Juristen erarbeitet wurde. Die wirtschafts- und finanzpolitischen Auswirkungen der überwiegend staatsrechtlichen Regelungen, die in Termini von politischen Gleichgewichten gefasst waren, sind bei den Verfassungsarbeiten zu kurz gekommen. Um die staatsrechtliche Lösung den wirtschaftspolitischen Erfordernissen anzupassen, entwickelte sich folgerichtig die Politikverflechtung. Sie ist keine Fehlentwicklung des Systems, sondern die immanente Konsequenz der 1949 niedergelegten Verfassungsordnung (Hesse/Renzsch 1990: 562). Der deutsche Nachkriegsföderalismus war von Anfang an Verbundföderalismus und kein dualer Föderalismus mit getrennten Sphären von Bund und Ländern, wie er dem amerikanischen Föderalismusmodell zugrunde lag.

Das föderalistische Denken nach 1945 war weitgehend von einer Konzeption der vertikalen Gewaltenteilung bestimmt. Die Länder verstanden sich vielfach als vom Bund getrennte staatliche Einheiten, die eifersüchtig über Kompetenzen und Finanzmittel wachten. Weder die Kooperation mit dem Bund und der Länder untereinander noch die gemeinsame Bewältigung von Aufgaben wurde hinreichend durch das System des Grundgesetzes ermöglicht. Kooperationsnormen, wie sie in den Artikeln 29 (Gebietsänderungen), 107 Abs. 2 (horizontaler Finanzausgleich), 36 (Amts- und Katastrophenhilfe), 91 GG (Polizeihilfe) bestanden, waren selten und blieben unzureichend angesichts der Flut gemeinsamer Aufgaben.

In allen Bundesstaaten der Welt (mit Ausnahme neuerer Trends in Kanada, wo es angesichts der Konflikte mit Quebec eher zu einer Dezentralisierung in den letzten Jahren kam) gibt es Zentralisierungsprozesse und den Drang des Bundes, seine Kompetenzen durch formelle Verfassungsänderung oder durch extensive Auslegung der bestehenden Normen zu erweitern. Daneben aber gab es immer auch die freiwillige Selbstkoordinierung der Gliedstaaten, die in Amerika *kooperativer Föderalismus* genannt wurde.

Die *Kooperation zwischen den Ländern* wurde über *informelle Zusammenarbeit* wie die Zusammenkünfte einzelner Ministerpräsidenten, der Leiter der Staatskanzlei und der Spezialisten von Landtagsfraktionen oder in einer institutionalisierten Kooperation wie den Konferenzen der Ministerpräsidenten und der Ressortminister realisiert, die sich mehr und mehr von der rein negativen Koordination zur positiven Koordination weiterentwickelten. Die *Ständige Konferenz der Kultusminister* mit einer ausdifferenzierten Struktur von Plenum, Präsidium und Vorsitzenden, mit Ausschüssen und einem Generalsekretär ist die am stärksten institutionalisierte Einrichtung der Selbstkoordination im Bereich der Kompetenzen, die überwiegend bei den Ländern liegen.

Die *Kooperation zwischen Bund und Ländern* wurde in der Geschäftsordnung der Bundesregierung im § 31 erstmals 1951 in der Form gemeinsamer Besprechungen der Bundesregierung mit den Landesregierungen geregelt. Nicht nur in Zeiten der wachsenden Polarisierung war dies aber kein wirksames Instrument der Politik. Wesentlich wichtiger waren die informellen Zusammenkünfte der Bundeskanzler mit den Ministerpräsidenten der Länder, die ihrer Partei angehörten und deren Unterstützung für ihre Politik sie sich auf allen Ebenen zu versichern suchten.

Rechtliche Vereinbarungen zwischen Bund und Ländern, das heißt Staatsverträge und Verwaltungsabkommen, waren mangels institutionalisierter Formen der Kooperation schon früh eine ständig wichtiger werdende Notwendigkeit, die von der Bundesregierung bis über den Rand dessen hinaus, was von Verfassungsrechtlern als „kalter Verfassungswandel" noch als zulässig angesehen wurde, benutzt wurde (Grawert 1967: 298). Die Verzahnung von Bundes- und Landesexekutiven hat schon vor Entstehung der Gemeinschaftsaufgaben und der Politikverflechtung durch die Bevorzugung der partnerschaftlichen Regelung von Konflikten durch Verwaltungsabkommen im großen Maßstab – am Grundgesetz vorbei – stattgefunden.

Auch *Bund-Länder-Ausschüsse,* die aus Fachleuten der Bundes- und Länderministerien zusammengesetzt waren, sind zu Hunderten entstanden. Die *Bund-Länder-Kommission für Bildungsplanung* wurde nach der Verfassungsreform von 1969 auf verfassungsmäßiger Grundlage (Art. 91b) gebildet. Der *Wissenschaftsrat* (Verwaltungsabkommen vom 05.09.1957) und der *Bildungsrat* (15.7.1965) waren planend und koordinierend für den Bereich Wissenschaftsförderung und Bildungsbereich (mit Ausnahme der Hochschulen) tätig. Ihre Vorschläge waren nicht rechtsverbindlich. Aber der hohe Sachverstand, der durch Politiker, Beamte und Wissenschaftler in diesen Gremien konzentriert war, hat maßgebenden Einfluß ausgeübt, bis zu der Zeit, als die Reformeuphorie Mitte der siebziger Jahre abklang und vor allem der Bildungsrat von den CDU-Ländern mehr und mehr als unerwünscht angesehen wurde. Die zweite Säule der Bund-Länder-Planung entstand im Bereich der Wirtschaftsplanung durch die Institutionen *Finanzplanungsrat und Konjunkturrat.*

Eine Sonderform der Kooperation sind die *Vertretungen der Länder beim Bund,* ein Relikt der staatenbündischen Tradition. Dieser Einrichtung steht in der Regel ein Kabinettsmitglied des Landes vor, welches zugleich Minister für Bundesangelegenheiten ist. Der funktionale Lobbyismus der Interessengruppen hat in ihr sein territoriales Äquivalent gefunden.

Mit der Verfassungsreform von 1969 und der Schaffung der Gemeinschaftsaufgaben des Artikels 91a GG kam eine neue Form gemeinsamer Problembewältigung im Bundesstaat auf, die seit einiger Zeit unter dem Ausdruck *„Politikverflechtung"* diskutiert wird. Der deutsche Föderalismus unterschied sich schon vor 1989 von anderen Bundesstaaten dadurch, dass die Verteilung der Aufgabenbereiche weniger charakteristisch für das System war als die funktionale Differenzierung nach Kompetenzarten. Die Folge davon war, dass das Gros der materiellen Gesetzgebungskompetenz und die Zuständigkeit für Entscheidungen über die Höhe der öffentlichen Einnahmen überwiegend an den Bund fielen, während die Länder und Gemeinden über Verwaltungszuständigkeiten und die Entscheidung über den Hauptteil der öffentlichen Aufgaben, vor allem der öffentlichen Investitionen, den Haupteinfluss besitzen (Scharpf u.a. 1976: 19). Artikel 91a GG schuf *Gemeinschaftsaufgaben* unter Mitwirkung des Bundes für die Bereiche Ausbau und Neubau von Hochschulen, Verbesserung der regionalen Wirtschaftsstruktur und Verbesserung der Agrarstruktur und des Küstenschutzes.

In vielen Bereichen war die Reform nicht hinreichend auf andere Subsysteme abgestimmt. Wenn Länder und Gemeinden über 80% der öffentlichen Investitionen tätigten, so zeigte sich, dass sie sich kaum an die Erfordernisse der Stabilitätspolitik halten. Allenfalls in Rezessionszeiten bestand Harmonie zwischen den Zielsetzungen der Länder und des Bundes (Kock 1975: 197).

Neben den Gemeinschaftsaufgaben wurde eine *Finanzreform* durchgeführt, die auf den Empfehlungen der Troeger-Kommission beruhte, die ihr Gutachten 1966 vorgelegt hatte. Diese Reform wurde notwendig, da die Einkommen- und Körperschaftssteuern, die nach einem einfachen, zustimmungsbedürftigen Bundesgesetz mit wechselnden Anteilen zwischen Bund und Ländern verteilt wurden, besonders stark von den Schwankungen der wirtschaftlichen Entwicklung abhingen. Um Bund und Ländern einen gleichen Anteil am Wachstum zukommen zu lassen, wurde in Artikel 106 Absatz 3 verfügt, dass dieses Steueraufkommen zur Hälfte dem Bund und den Ländern zufließen solle. Der Finanzausgleich war bis dahin oft um Jahre hinter der Entwicklung zurückgeblieben. Die finanziellen Schwierigkeiten der steuerschwachen Bundesländer mussten daher durch ein Dotationssystem ausgeglichen werden, bei dem einzelne Länderaufgaben durch den Bund bezuschusst wurden. Bis 1969 erhielten die Länder etwa zwei Drittel der Einkommensteuer und der Körperschaftssteuer. Die Reform reduzierte diesen Anteil auf 50% und schuf eine Entschädigung durch die Beteiligung der Länder an der Gewerbesteuerumlage und an der Umsatzsteuer. Die Anteile von Bund und Ländern an der Umsatzsteuer werden durch ein zustimmungsbedürftiges Bundesgesetz festgelegt. Der politische Konflikt um die Anteile konzentrierte sich seither auf die Umsatzsteuer. Die Schaffung des großen Steuerverbunds sollte die Egalisierung der Lebensbedingungen fördern und gleichmäßige Auswirkungen der Steuerpolitik im ganzen Land sicherstellen.

Die Umverteilung des Steueraufkommens hat den horizontalen Finanzausgleich nicht überflüssig gemacht. Nach dem Gesetz über den Finanzausgleich zwischen Bund und Ländern vom 28.08.1969 wurde der Finanzausgleich in der Bundesrepublik mit verbesserter Ausgleichswirkung als vorher auf zwei Stufen vorgenommen:

- Bei der *Verteilung der Umsatzsteuer* unter den Ländern wurde der Anteil der einzelnen Länder nicht – wie bei anderen Steuern – nach dem örtlichen Aufkommen verteilt, mit den vielfach kritisierten Verzerrungen für die Struktur-

und die regionale Standortpolitik. Den Ländern steht vielmehr das Aufkommen entsprechend ihrer Einwohnerzahl zu. Darüber hinaus konnte bis zu einem Viertel des Länderanteils an der Umsatzsteuer zur Anhebung der Steuereinnahmen finanzschwacher Länder im vorhinein verwendet werden.
- Auf einer zweiten Stufe schloss sich der *Finanzausgleich* zwischen den reicheren und den ärmeren Bundesländern an.

Die höchsten Zahlungen leisteten 2007 Hessen (2875 Mio. Euro) und Bayern (2302 Mio. Euro). Bayern wurde 1989 erstmals ausgleichspflichtig. Nordrhein-Westfalen hatte die Gruppe der zahlenden Länder 1980 verlassen, wurde aber 1989 wieder zur Ausgleichskasse gebeten und erbrachte nach Hamburg die geringste Leistung. Unter den ausgleichsberechtigten Ländern erhielt Berlin (2890 Mio. Euro) gefolgt von Sachsen (1155 Mio. Euro) die höchsten Zuwendungen (Tabelle 9.1; 9.2.).

Seit dem Niedergang Hamburgs als Geberland scheinen die Thesen vom Süd-Nord-Gefälle von Jahr zu Jahr zutreffender zu werden. Durch die Vereinigung Deutschlands hat Hamburg jedoch einen Aufschwung genommen, der seine Lage langfristig ändern dürfte. Bayerns Lage hat sich kontinuierlich gebessert. Seit die nördlichen Problemgebiete nicht mehr Zonenrandgebiete sind, dürfte auch hier der Aufschwung einsetzen. Nur das Saarland und Rheinland-Pfalz passen nicht in das vereinfachte Bild des Süd-Nord-Gefälles. Durch die Vereinigung Deutschlands hat dieses Bild jedoch sein ostdeutsches Pendant bekommen. Der Norden mit Mecklenburg-Vorpommern gehört zu den wirtschaftlich schwächsten Regionen mit der höchsten Arbeitslosigkeit und der stärksten Entvölkerung und Überalterung der marginalisierten Landzonen. Sachsen und Thüringen hingegen haben Aussichten, der prosperierende Süden Ostdeutschlands zu werden. Umfragen unter den Bürgern nach dem Finanzausgleich ergaben kein originelles Bild: in reichen Geberländern ist die Zustimmung nur 58-65%, in den armen Empfängerländern liegt sie zwischen 80 und 90% (Bertelsmannstiftung 2008).

Tabelle 9.1: Wirtschaftliche Disparitäten unter den Ländern und Ausgleichszahlungen

Land	BIP pro Kopf 2008 in Tausend Euro	Arbeitslosenquote in Prozent	Ausgleichszahlungen 2007 im Milliarden Euro
Baden-Württemberg	33,9	4,1	- 2,3
Bayern	35,5	4,2	- 2,3
Berlin	25,6	13,9	+ 2,9
Brandenburg	21,7	13,0	+ 0,7
Bremen	41,9	11,4	+ 0,5
Hamburg	50,6	8,1	- 0,4
Hessen	36,4	6,6	- 2,9
Mecklenburg-Vorpom.	21,4	14,1	+ 0,5
Niedersachsen	26,9	7,7	+ 0,3
Nordrhein-Westfalen	30,1	8,5	- 0,04
Rheinland-Pfalz	26,6	5,6	+ 0,3
Saarland	30,1	7,3	+ 0,1
Sachsen	22,6	12,8	+ 1,1
Sachsen-Anhalt	22,4	14,0	+ 0,6
Schleswig-Holstein	25,9	7,6	+ 0,1
Thüringen	21,2	11,3	+ 0,6
Deutschland	30,3	7,8	+/- 7,9

Quelle: Bundesfinanzministerium http://www.bundesfinanzministerium.de, 25.5.2009

Der Umfang des Länderfinanzausgleichs ist ständig gewachsen. 1970 betrug die Summe 1,2 Mrd. DM, 1990 bereits 4 Mrd. DM. Dem Ausgleich wurde 1987 und 1988 ein Übergang zu den 1987 in der Volkszählung ermittelten Bevölkerungszahlen zugrunde gelegt. Zusätzlich erhielten die leistungsschwachen Länder seit 1970 *Ergänzungszuweisungen.* 1998 machten diese 25,5 Mrd. DM plus Fehlbetrags-Bundesergänzungszuweisungen von 5,6 Mrd. DM aus. Bayern ist aus dem Kreis der Empfängerländer 1988 ausgeschieden. Für die Jahre 1988 bis 1994 wurden die Bundesergänzungszuweisungen in einer Höhe von 2% des Aufkommens an Umsatzsteuer festgelegt. 1994 wurden Sonder-Bundesergänzungszuweisungen von 3,4 Mrd. DM zur Sanierung der Haushalte von Bremen und des Saarlandes gewährt (Finanzbericht 1995: 153f.). Im Juli 1998 entlud sich der Unmut der reichen Geberländer Bayern und Baden-Württemberg in einer Klage vor dem Bundesverfassungsgericht gegen den Länderfinanzausgleich. Bayern argumentierte, dass es nach der Finanzkraft pro Kopf an vierter Stelle rangiere, aber nach der Umverteilung auf Platz 16 ende. Bayern verlangte künftig wenigstens 51% seiner Steuermehreinnahmen zu behalten. Das bisherige Ausgleichssystem galt als Bestrafung der gut wirtschaftenden Länder. „Klassenkampf von oben" der reichen Länder begann im Wettbewerbsföderalismus den „Klassenkampf von unten" zu ergänzen. Auch 2009 wurden Hessen, Baden-Württemberg und Bayern am stärksten zu Ausgleichszahlungen herangezogen. Alle Ost-Länder – auch das nach einigen Indikatoren am besten gestellte Sachsen – und Berlin, Niedersachsen, Schleswig-Holstein und sogar Rheinland-Pfalz erhielten Ausgleichszahlungen (Tabelle 9.1).

Die Abwendung von der Politikverflechtung und die Hinwendung zum Wettbewerbsföderalismus wurden gelegentlich an die Erhaltung von weitgehender Homogenität der Lebensbedingungen gebunden gesehen. Seit der Entlarvung des „verkappten Einheitsstaats" (Abromeit 1992: 125ff, kritisch: Schultze 1998: 210) ist diese Homogenität schon durch die Folgen der Vereinigung zunehmend erodiert. Gerade die stärker kompetitiven Föderalismen in der Schweiz und in den USA haben schon immer größere soziale Asymmetrien geduldet und zum Teil sogar erzeugt. Auch wenn die Einheitlichkeit der Lebensverhältnisse im Prozess der Einigung zur „Herstellung gleichwertiger Lebensverhältnisse" (Art. 72, 2) reduziert wurde, führten die Disparitäten zu höheren Belastungen des Westens. Die wirtschaftlich stärksten Bundesländer beklagten, dass sie einen „*Malus*" für gutes Wirtschaften erlebten. Die Zustimmung der Länder im Finanzausgleich ist nach einer Erhebung der Bertelsmannstiftung (2008: 24) am höchsten in Bremen und Mecklenburg-Vorpommern und am geringsten in Baden-Württemberg (58%) und in Bayern (65%). Die Schaffung gleichwertiger Lebensverhältnisse ist angesichts der Disparitäten nicht leicht. Selbst die schwächsten Westländer stehen noch günstiger da als die reichsten Länder in Ostdeutschland.

Die Schaffung der *Gemeinschaftsausgaben* ist Anfang der siebziger Jahre als eine fast ideale Lösung begrüßt worden (Tiemann 1970). Inzwischen mehrte sich jedoch die Kritik. Die Aushöhlung der Landesparlamente ist dabei gelegentlich allzu einseitig auf die Reform von 1969 zurückgeführt worden (Laufer/Münch 1997). Der Vorwurf einer Stärkung der Bürokratie kam von allen Seiten, auch wenn die Stärkung des Bundes billigend in Kauf genommen wurde. Die Studie von Scharpf schloss mit der sibyllinischen Äußerung: „Politikverflechtung bietet trotz ihrer Kosten den beteiligten Akteuren in Bürokratie und Politik offenbar andere Vorteile" (Scharpf u.a. 1976: 233). Die Altföderalisten mit ihrem Festhalten an einem Modell getrennter Kompetenzen und Mittel übersahen vielfach die Interessen der Landesbürokraten an der vielkritisierten „Ressortkumpanei".

Die Aufgabenverteilung im Föderalismus hatte sich gewandelt, seit Konrad Hesse (1962) die griffige Formel vom unitarischen Bundesstaat prägte. Er erklärte dessen Entwicklung noch mit der Künstlichkeit der Territorien, die zum Teil von den Alliierten unter Gesichtspunkten abgerundeter Besatzungszonen willkürlich geschnitten worden waren. Ferner habe die Integration von Millionen Flüchtlingen und Migranten das regionale Zusammengehörigkeitsgefühl untergraben. Inzwischen zeigte sich, dass auch in den künstlichen Bundesländern ein Regionalgefühl gewachsen ist. Vielfach – wie in der Pfalz oder in Franken – kann es nicht mit einem ganzen Bundesland identisch sein. Nach dem Krieg waren die Länder nur in wenigen Regionen innerlich verankert. 1983 stimmten 70% der Befragten der Forderung zu, den Bundesländern mehr Selbständigkeit zu geben (Eurobarometer 19, V: 151). Eine Wahlbeteiligung an Landtagswahlen, die meist nur 10% unter den Bundestagswahlen liegt, zeigt ebenfalls die Akzeptanz der landespolitischen Ebene. Der Mangel an emotionaler Identifikation mit einem ganzen Bundesland hat die Wertschätzung der Bundesländer nicht beeinträchtigt (Mayntz 1989: 14). Dazu beigetragen hat, dass die Länder von den Parteien und Verbänden als Untergliederung inzwischen voll akzeptiert worden sind, wenn man von einigen historischen Ungereimtheiten, wie bei den Kirchen, absieht.

Der neue Drang zur Selbstgleichschaltung im unitarischen Bundesstaat war eher aufgrund des Konsenses von Eliten gewachsen. Die Aufgabenverteilung wurde immer weniger nach Sachgebieten vorgenommen. Es kam zur funktionalen Differenzierung. Der Bund nahm immer weitere Bereiche der gesetzgeberischen Regulierung an sich. Die Länder wurden durch Mitwirkungsrechte in der Zentrale und die Übertragung der Ausführung von Maßnahmen kompensiert. Dieses System führte zunehmend zur Selbstblockade. Deutschland hat bei Krisen wie Terrorismus oder Kernkraftunglücken hysterischer reagiert als andere Länder, aber weniger durchgreifende Maßnahmen ergriffen als die britische Law-and-Order-Politik oder die des schwedischen Ausstiegs aus der Kernkraft. Im internationalen Vergleich zeigte sich, dass Modernisierungsschübe nicht durch eine „Reform von oben" initiiert worden sind (Hesse/Renzsch 1990: 130). Der Nachteil dieser institutionellen Verflechtungsträgheit war der Mangel an grundlegenden Politikänderungen. Der Vorteil war, dass solche Modernisierungsschübe nicht spektakulär steckenblieben wie häufig in den USA, in Großbritannien, in Frankreich unter Giscard und Mitterrand. In Deutschland ist allenfalls ein Fall vergleichbar: der reformerische Aufbruch der Ära Brandt.

Der schwerfällige deutsche Entscheidungsprozeß wird vielfach unter der Rubrik ‚Föderalismus' behandelt. Aber er kann nicht allein auf das Mit-, Gegen- und Nebeneinander von Bund- und Länderinitiativen zurückgeführt werden. Andere Faktoren der Fragmentierung des Machtsystems wie die Bundesbank oder die Verfassungsgerichtsbarkeit (vgl. Kap. 10) und die zahlreichen Delegationsverhältnisse von politischen Entscheidungen auf die Meso-Ebene (vgl. Kap. 5) spielen eine ebenso gewichtige Rolle.

Angesichts der „*Überverflechtung*“ in einzelnen Politikbereichen ist das alte Modell des Finanzausgleichs immer wieder als die adäquatere Lösung hingestellt worden. Vor allem Vertreter süddeutscher Länder haben gelegentlich die völlige Abschaffung der Gemeinschaftsaufgaben gefordert und die Enquetekommission des Bundestages für die Verfassungsreform als Adressaten ihres Lobbyismus benutzt. Bis zum Zwischenbericht hat die Enquetekommission versucht, vertikal verflochtene Fachplanungen in eine integrierte Aufgabenplanung einzubetten. Das Ende der Planungseuphorie hat diesem Versuch der „Flucht nach vorn“, der von einigen unrealistischen Prämissen ausging, in der Mitte der siebziger Jahre keine Chancen mehr eröffnet. Im Endbericht sah die Enquetekommission keine Alternative mehr zur Politikverflechtung und empfahl, am System der Finanzverfassung und an den Gemeinschaftsaufgaben festzuhalten (Beratungen 1977: 172ff.). Der Vorsitzende der Kommission, Friedrich Schäfer (in: Scharpf u.a. 1977: 129), begründete diese Entscheidung mit der Befürchtung, dass eine radikale Änderung der Reform von 1969 in einer Zeit knapp gewordener Haushaltsmittel zur Verschärfung des Kampfes um zweckfreie Mittel in der Steuerverteilung führen würde, ohne dass die Länder dafür die Möglichkeit bekämen, stärker eigenständige Sachprogramme zu entwickeln. Weniger weitreichende Alternativen zur Politikverflechtung, wie die koordinierte Aufgabenplanung ohne Mitfinanzierung oder eine Politikentflechtung, die dem Bund einen Teil der Gemeinschaftsaufgaben nach Art. 91a GG in Auftragsverwaltung überträgt, die Mehrzahl der Investitionshilfen jedoch nach Art. 104a Abs. 4 GG zurück in die ausschließliche Verantwortung der Länder führt, scheinen ebenfalls keine Realisierungsaussichten mehr zu haben. Das Kartell der Status-quo-Verteidiger bemüht in seiner Argumentation gegen die Alternativmodelle häufig die Krisenfurcht und das Legitimationsdefizit, obwohl es an anderer Stelle das Krisengerede für eine künstliche Stimmungsmache der linken Literatur zu halten pflegt.

Umstritten war der Beitrag, den die Länder zu Konsolidierung der Finanzen im System leisten können. Die hohe Verschuldung der Haushalte in Deutschland wurde vielfach als Folge der Einheit gedeutet.. Nach der Wiedervereinigung wuchs die gesamtstaatliche Schuldenquote von ca 50% auf 67% des BIP und lag 2998 bei 65%. 2007 gab es 9 ausgeglichene Länderhaushalte. SPD-regierte Länder waren vielfach höher verschuldet. Reichere Länder wie Bayern hatten die besten Ergebnisse aufzuweisen. Verschuldung wurde erhöhte vor allem durch die Zahl der Sozialhilfeempfänger pro 1000 Einwohner und die Arbeitslosenquote in den armen Ländern. Schuldendämpfend wirkte vor allem das Wirtschaftswachstum, das in den süddeutschen Ländern sich günstiger entwickelte als im Norden und im Osten Deutschlands. Die Konsolidierung der Haushalte in den Ländern war geringer entwickelt als in vielen OECD-Staaten. Vor allem die fehlende Steuerautonomie der Länder ist dafür verantwortlich gemacht worden. Entscheidend waren: institutionelle Stabilität, eindeutige Mehrheitsverhältnisse – aber keine großen Koalitionen – Verwaltungsreformen und die Einbeziehung der kommunalen Ebene in den Konsolidierungsprozess. Im transnationalen Vergleich erwies sich das *Verschuldungsverbot*, wie es Deutschland in der Föderalismusreform versuchte, als wenig erfolgreich – selbst in der Schweiz (Wagschal u. a. 2009: 345, 364). 2009 kam die schwarz-gelbe Koalition bereits in erste Schwierigkeiten mit dieser Strategie. Nach der Föderalismusreform I wurde ein *nationaler Stabilitätspakt* (Art 109, Abs. 5 GG) verabschiedet. Länder wurden mit einer Sanktion von 35% der Strafzahlungen bedroht. Von diesem Länderanteil werden 65% nach Verschulden und 35% nach Einwohnerzahl solidarisch getragen.

Es bestand die Gefahr, dass die Opposition um der Konsolidierung ihrer Macht willen eine Zeitlang versuchte, das Rad auf das Jahr 1949 zurückzudrehen. Die Polarisierung zwischen den zwei Lagern hat im wichtigsten Reservat der Länder, in der Bildungspolitik, zu einer chaotischen Zerklüftung des Bildungsföderalismus geführt, wie der „Mängelbericht" eines Gutachtens der Bundesregierung 1978 zeigte. Ernste Gefahren für die horizontale Mobilität des Teils der Bevölkerung, der Kinder im schulpflichtigen Alter hat, sind nicht mehr von der Hand zu weisen. Die Länder haben im Übrigen an Boden verloren. Die Altföderalisten versuchten, diesen zurückzugewinnen und den Ländern wieder mehr „Staatsqualität" zu geben (Doppler 1975: 207). Bei der Polemik gegen die angeblich zentralisierende Politik der SPD-FDP-Koalition wurde übersehen, dass die Unionsparteien die Bundesrepublik in die Europäische Gemeinschaft hineingeführt haben und jene Kompetenzabtretungen des Bundes an die Europäische Gemeinschaft durchsetzten, die den Bund heute wegen seiner internationalen Verpflichtungen zwingen, stärker reglementierend in die Länderpolitik einzugreifen.

Als einfachste Alternative zur Politikverflechtung und zur gegenwärtigen Finanzverfassung erscheint die *Neugliederung des Bundesgebietes* und die Schaffung von fünf oder sechs finanziell ausgewogenen Gebietseinheiten. Artikel 29 GG in der ursprünglichen Fassung schrieb die Neugliederung vor. Es wurden dafür Fristen gesetzt bis 31. März 1975. Nur für den Gebietsteil Baden im Land Baden-Württemberg wurde der 30. Juni 1970 genannt. 1970 fand ein Volksentscheid statt, der die Existenz des 1951 aus drei Bundesländern (Baden, Württemberg, Südwürttemberg-Hohenzollern) gebildeten Bundeslandes bestätigte. Im Jahre 1956 sind acht Volksbegehren zur Umgliederung durchgeführt worden. Die Umgliederung des Regierungsbezirks Pfalz nach Bayern oder nach Baden-Württemberg fand nicht die notwendige Mehrheit von 10% der Wahlberechtigten. Sechs Volksbegehren waren hingegen erfolgreich: die Wiederherstellung der Länder Oldenburg (12,9%), Schaumburg-Lippe (15,3%), Baden

(15,1%) und die Umgliederung der Regierungsbezirke Koblenz und Trier nach Nordrhein-Westfalen (14,2%), Montabaur nach Hessen (25,3%) und Rheinhessen nach Hessen (20,2%). Die Bundesregierung war damit unter Zugzwang gesetzt. Wollte sie sich nicht durch neues Stückwerk der Gefahr einzelner in ihrem Ergebnis nicht abzusehender Umgliederungswünsche aussetzen, so musste sie ein Konzept für eine umfassende Neugliederung vorlegen. Die Regierung Brandt machte sich 1969 daran, den Verfassungsauftrag in Art. 29 GG zu erfüllen, und berief eine Kommission unabhängiger Sachverständiger unter dem Staatssekretär a. D. Werner Ernst (Ernst-Kommission), die ihren Bericht 1973 vorlegte (Vorschläge 1973).

Die Kommission legte jeweils zwei Lösungsalternativen vor mit jeweils einem oder zwei Ländern im Gebiet der vier nördlichsten Bundesländer und jeweils ein oder zwei Lösungen für den mittel-, west- und südwestdeutschen Raum. Die Lösungsvorschläge im Norden und Südwesten waren voneinander unabhängig und jeweils miteinander kombinierbar. Außerdem schlug die Kommission aus wirtschaftlichen und sozialen Gründen einige Grenzveränderungen vor, die vor allem den Raum Ulm/Neu-Ulm, Wertheim/Tauberbischofsheim, Ahrweiler/Neuwied, Altenkirchen, Osnabrück/Tecklenburg und Kassel/Münden betrafen. Nur Nordrhein-Westfalen und Bayern wären bei dieser Neugliederung im Grundbestand unangetastet geblieben.

1976 wurde Artikel 29 neu gefasst. Die Bestimmung „Das Bundesgebiet... ist... neu zu gliedern“ wurde in „kann neu gegliedert werden“ abgemildert. Gleichwohl schien Artikel 29 GG „dazu bestimmt zu sein, als Leiche im Keller der Verfassungsrechtler zu verwesen“ (Lehmbruch 1977: 464). Lange wurde der Hauptwiderstand gegen die Neugliederung überwiegend in den von den Unionsparteien regierten Flächenstaaten vermutet. Die Widerstände der kleinen SPD-regierten Stadtstaaten waren jedoch nicht geringer, und selbst in den mittleren Flächenstaaten Hessen und Niedersachsen wuchs unter SPD-geführten Regierungen die Opposition gegen eine Neugliederung. „Rien ne dure que le provisoire“ – jener oben bereits einmal zitierte Gemeinspruch aus der Zeit der Dritten Französischen Republik, den wir Deutschen in bezug auf die Bundesrepublik bis 1989 immer wieder voller Ahnungen anführten, scheint vor allem auch für den irrationalen Status quo der territorialen Aufteilung zu gelten.

1989 schien die „Stunde Null“ der Neugliederung gekommen. Die föderale Wiedervereinigung zeigte jedoch bald, dass die Mängel der territorialen Gliederung mit einigen Änderungen in Ostdeutschland nur noch einmal reproduziert wurden (Kap. 9.5). Werner Ernst (1991), der einstige Vorsitzende der Kommission, hoffte darauf, dass bei den Verfassungsarbeiten wieder politischer Handlungsdruck erzeugt werde, indem Art. 29 GG wieder – wie bis 1976 – eine Mussvorschrift wird. Nur für die Vereinigung der beiden Länder Berlin und

Brandenburg am Ende dieses Jahrzehnts sind bisher die ersten Weichen gestellt worden.

9.5 Die Erosion des Föderalismus zwischen der EU und der deutschen Vereinigung?

Die deutsche Einigung schien auf den ersten Blick ein großer Tag für die Tradition des Föderalismus. Im ersten Artikel des Einigungsvertrages wurde die Wiederherstellung der Länder verheißen. Die Länder, die genannt wurden, sind durch Rückgriff auf die Gebilde entstanden, welche die DDR 1952 abgeschafft hatte. Sie hatten ähnliche Nachteile wie die Länder Westdeutschlands: Sachsen hatte eine Tradition und dokumentierte sie stolz durch den Zusatz „Freistaat". Brandenburg war Ursprungsland eines Großstaates Preußen, der von den Alliierten abgeschafft worden war. Es hatte Traditionen allenfalls als preußische Provinz. Sachsen-Anhalt war ein reines Kunstprodukt mit einigen karthographischen Willkürlichkeiten. Thüringen war erst in der Weimarer Republik zu einem Land zusammengeschlossen worden. Bis dahin war es das klassische Land deutscher Kleinstaaterei gewesen. Obwohl die meisten thüringischen Staaten – von Sachsen-Eisenach bis Sachsen-Altenburg – mit dem dynastischen Zusatz „Sachsen" begannen, haben die Thüringer trotz der Beherrschung durch die Wettiner ihre Sondertradition mit Nachdruck verteidigt und sich einer Fusion widersetzt. Ein Land Sachsen-Thüringen hätte das größte Bundesland im Osten werden können, wenn Teile von Sachsen-Anhalt ihm zugeordnet worden wären. Eine Zweiländervariante hatte jedoch politisch keine Chance. Eine Dreiländervariante, die im Kabinett de Maizière diskutiert worden ist, hätte Mecklenburg ohne Zusatz „Vorpommern" erhalten. Aber nicht einmal eine Vierländervariante war nach dem Bekenntnis des Regionalministers der DDR, Preiß, im Kabinett de Maizière durchsetzbar (Der Spiegel 04.06.1990: 32, Blaschke 1990). Die Bundesrepublik hat in den Einigungsverhandlungen vermutlich gewichtigere Punkte gegenüber der DDR-Regierung durchzukämpfen gehabt, als dass sie sich in der Neugliederung hätte voll engagieren können.

Angesichts der Statusfurcht, die sich in Westdeutschland im Hinblick auf die Integration mit nicht überschaubaren Konsequenzen ausbreitete, wäre eine Neugliederung der Länder sicher auch nicht durchgesetzt worden, wenn ein langsamerer Einigungsprozess dazu Zeit gelassen hätte. Immerhin wurden ein paar Überlegungen angestellt, Ländergrenzen über die alte Demarkationslinie hinweglaufen zu lassen, um die Integration zu beschleunigen. Engholm dachte über ein Land Schleswig-Holstein/Mecklenburg nach. Ein Land Hessen/Thüringen hätte sich im Rückgriff auf mittelalterliche dynastische Verbindungen sogar historisch, nicht nur ökonomisch, rechtfertigen lassen. Niedersachsen hatte wenigstens im Harzgebiet so viele historische Bindungen zu Sachsen-Anhalt, dass sich sowohl historische als auch wirtschaftliche Gründe für eine Vereinigung dieser beiden Länder hätten finden lassen. Am weitreichendsten war der Siebenländerplan des Hamburger Bundessenators Horst Gobrecht (FR 21.4.1990: 1). Selbst ein bayerischer Minister, Thomas Goppel, trat noch im März 1991 für Ost-West-Länder-Verbindungen ein.

Der Einigungsvertrag war für eine künftige Neugliederung kaum förderlicher als das Grundgesetz. Im Artikel 5 wurde eine Neugliederung im Raum Berlin-Brandenburg vorgesehen. Der Hinweis auf die nötige Vereinbarung der beteiligten Länder stellte sicher, dass kein Neugliederungsflächenbrand daraus entstehen konnte.

Wo der Rückfall in die alte Kleinstaaterei auch in Ostdeutschland beklagt wurde, mussten die Kritiker des Status quo sich damit trösten, dass der Rückgriff auf die fünf Länder, welche die DDR 1952 abgeschafft hatte, wenigstens weitere Begehrlichkeiten abwehrte, wie sie vom Plan der Wiederherstellung einer Hansestadt Rostock bis zu einem „Bundesland Schlesien" im Restzipfel der alten preußischen Provinz bei Görlitz auftauchten. Selbst die Autonomierechte der Sorben, welche im Verfassungsentwurf des Runden Tisches (Art. 34 Absatz 2) stark hervorgehoben worden waren, wurden von den westdeutschen Unterhändlern zu einem Protokollzusatz auf dem Niveau der Volkstumspflege herabgedrückt (Zusatz 14 zu Art. 35).

Die Haltung der ostdeutschen Bürger zu den Ländern schien 1990 weniger abständlich, als es die Haltung der Westdeutschen um 1946 gewesen war, wenn man den Omgus Surveys der amerikanischen Besatzungsmacht traut. Ein großer Prozentsatz forderte die Wiederherstellung der Länder. Erstaunliche Rückgriffe auf räumliche Ungereimtheiten der alten dynastischen Grenzen haben sich erhalten. Altenburg, ein Zipfel Thüringens, der nach Sachsen fast vor die Tore Leipzigs hineinragt, hat sich mehrheitlich für den Verbleib bei Thüringen entschieden, obwohl diese Entscheidung sich langfristig wirtschaftspolitisch als wenig durchdacht erweisen dürfte.

Die Neugliederung im Kleinen wurde durch den Artikel 29 des Grundgesetzes offengehalten, nach dem Gebiete mit weniger als 10 000 Einwohnern durch einen Staatsvertrag der beteiligten Länder das Land wechseln können. So geschah es erstmals mit dem Ort Neuhaus/Elbe, der von Mecklenburg an Niedersachsen zurückkam. In vielen Grenzgebieten sind Wünsche nach Veränderung aufgebrochen, die teils auf alte dynastische Reminiszenzen, teils auf handfeste materielle Erwägungen zurückgehen. Blankenburg am Harz oder das Eichsfeld wollten wieder zu Niedersachsen, zu dem sie historisch gehörten. Im Vogtland haben Gruppen, die den Anschluss an Sachsen forderten, sogar ein „länderfreies

Gebiet" ausgerufen, weil ihnen die Prozedur der Grenzbereinigung zu langsam vorankam. Die Länderverwaltungen, welche mit Wechslerwünschen überflutet wurden, hatten jedoch in der ersten Phase der Konsolidierung der neuen Länder in der Regel dringendere Aufgaben zu bewältigen.

Ein Motiv der DDR-Bevölkerung für die rasche Wiedervereinigung war die Angleichung der Lebensverhältnisse. Das verlangte eher Zentralisierung als Föderalisierung. Die DDR hatte in der Ausgleichung regionaler Unterschiede in einigen Bereichen durchaus Erfolge vorzuweisen (von Beyme 1988). Hinter diese „Errungenschaften" wollte die Mehrheit der Bevölkerung nicht zurück. In keinem anderen der bisher behandelten Bereiche der Politik geht ein so starker Sog von der Vereinigung in Richtung Zentralisation aus wie im Bereich des Föderalismus. Dies geschieht nicht aufgrund der Stärke der Ex-DDR, sondern aufgrund ihrer Schwäche. Westdeutschland ist durch die rasche Vereinigung „zur gesamten Hand" für die Angleichung der Lebensverhältnisse haftbar gemacht worden. Es kann sich dieser Aufgabe nicht entziehen, und diese wird nicht ohne Rückwirkung auf das Verhältnis von Bund und Ländern bleiben.

Durch die deutsche Vereinigung wurde der Nerv des Finanzkompromisses zwischen Bund und Ländern erneut getroffen. Gegen die Neuregelung von 1987, die nach dem Urteil des Bundesverfassungsgerichts vom 24.06.1986 (BVerfGE 72: 330ff.) nötig wurde, ist von vier SPD-regierten Bundesländern geklagt worden. Das zeigt – ebenso wie die ständigen Umverteilungen –, wie prekär der Konsens um die Finanzen im Föderalismus jeweils ist. Der Einigungsvertrag konnte im Art. 7.3 wegen der Unterschiede der Steuersysteme in den alten und neuen Bundesländern nur Übergangsregelungen festlegen. Die Unterhändler der DDR hatten in der zweiten Verhandlungsrunde die sofortige Einbeziehung der DDR in den westdeutschen Finanzausgleich gefordert (Schäuble 1991: 181). Der eigentliche Konflikt spielte sich nicht zwischen Bonn und Ost-Berlin, sondern zwischen der Bundesregierung und den westdeutschen Ländern ab. Finanzminister Waigel gebührte nicht zuletzt das Verdienst, einen Kompromiss für ein erneutes Provisorium im Bund-Länder-Konflikt gefunden zu haben:

- Die Beteiligung der neuen Länder am Länderanteil an der Umsatzsteuer wurde von 1991 bis 1994 stufenweise der in Art. 107 Abs. 1 Satz 4 GG vorgesehenen grundsätzlichen Verteilung nach der Einwohnerzahl angenähert. In der Finanzministerkonferenz am 21.12.1991 haben sich die alten Länder grundsätzlich bereit erklärt, anstatt nach der Stufenregelung des Einigungsvertrages die neuen Länder sofort voll nach der Einwohnerzahl am Länderanteil an der Umsatzsteuer zu beteiligen.
- Ein Länderfinanzausgleich nach Art. 107 Abs. 2 GG fand bis Ende 1994 zwischen den alten und den neuen Bundesländern nicht statt, sondern wurde

– bei Anwendung grundsätzlich gleicher Berechnungsmethoden – jeweils gesondert unter den alten und den neuen Ländern ohne Beteiligung Berlins durchgeführt.

Mit dem *Fonds „Deutsche Einheit"* ging man den für den deutschen Föderalismus typischen Weg des geringsten Widerstandes. Weder direkte Steuererhöhungen noch sofortige Ausgabenminderungen, sondern Kreditfinanzierung wurde als Ausweg gewählt, sehr zur Sorge der deutschen Bundesbank, die noch vor dem Rücktritt von Bundesbankpräsident Pöhl im Mai 1991 ständig daran erinnerte, dass die Kreditnachfrage von Staat und Wirtschaft rascher gewachsen sei als „mittelfristig erträglich erscheint" (Die Wirtschaftslage 1991: 9). Die Länder haben mit dem Fonds für die deutsche Einheit ihre Belastungsgrenze gleichsam festgeschrieben. Den Verteilungsschlüssel bei der Umsatzsteuer haben sie in der Auseinandersetzung mit dem Bund sogar zu ihren Gunsten verändert.

Es war kein Zufall, dass die Bundesstaatsreform nach 1990 an zwei Fronten kämpfen musste. Die Vereinigungsfolgen schlossen die Notwendigkeit der Forcierung des Ausbaus der Europäischen Union ein, um die Wiedervereinigung für die europäischen Nachbarn akzeptabel zu machen. Verfassungspolitisch erlangte die Europäische Einigung Vorrang vor der deutschen Vereinigung.

Die Zustimmung zu Maastricht wurde zum Kompensationsgeschäft: die Länder stärkten ihren Status durch die Ausweitung der deutschen Egalisierungsidee auf die europäische Ebene. Artikel 23 GG wurde von einer Aufzählung der Länder für die das Grundgesetz „zunächst" gelten sollte, zu einem Europabekenntnis. Die Übertragung von Hoheitsrechten an die EU wurde an die Zustimmung des Bundesrats gebunden. Die Übertragung von Hoheitsrechten wurde in Artikel 24 Absatz 1a länderfreundlich ausgestaltet: den Ländern werden eigene Übertragungsmöglichkeiten von Hoheitsrechten auf grenznachbarschaftliche Einrichtungen mit Zustimmung des Bundes gegeben. Durch den Bundesrat durften die Länder in Angelegenheiten der Europäischen Union bei Gesetzgebung und Verwaltung mitwirken (Art. 50) und für Europaangelegenheiten konnte der Bundesrat eine Europakammer bilden (Art. 52). Die Bestandssicherungsklausel des Grundgesetzes für die bundesstaatliche Ebene wurde für die EU festgeschrieben. Das Einfallstor des Zentralismus in Gestalt des alten Artikels 24 des Grundgesetzes wurde geschlossen, und wichtige Vetopositionen für den Ausbau Europas wurden von den Ländern errungen. Die Länder haben die Politikverflechtung gleichsam umgedreht und zum Einfallstor der Länder für die europäische Ebene gemacht.

Noch sind sich die Analytiker nicht einig, ob damit nicht ein Pyrrhus-Sieg errungen wurde. Der administrative Aufwand zur Realisierung der neuen europäischen Mitwirkungsrechte scheint die Kapazität der Länder zu überfordern. Die erstaunliche Einheitsfront der Länder unabhängig von der Parteienzusammensetzung der Länderregierungen dürfte bei den Kämpfen im Detail zerfallen, und die *„doppelte Politikverflechtung“* (Hrbek) auf deutscher und auf europäischer Ebene könnte zu einem neuen Immobilismus führen. Es wurde befürchtet, dass die Vetopositionen den deutschen Ländern wenig nützen werden, da das deutsche System anspruchsvoller Normen und eines teuren Systems der sozialen Sicherung bei der unregulierten Konkurrenz der nationalen Akteure nicht profitieren könne, wenn der freie Binnenmarkt wirklich weiter ausgebaut wird (Scharpf 1994: 108, 155).

Der Binnenmarkt droht die zentralisierende Wirkung der EU zu verschärfen. Mit zunehmender Abwanderung von Kompetenzen von Bonn und Berlin nach Brüssel sind die Gewinne an Mitwirkungsrechten weniger wert, welche die Länder für die Abtretung einiger Gesetzgebungsrechte erhielten.

Prima vista schien auch die Wiedervereinigung den Föderalismus zu stärken, durch:

- die Erhöhung der *Zahl der Länder,*
- die *Spreizung der Stimmen* im Bundesrat, die freilich die starken alten Länder auf Kosten der armen Länder in Ost und West stärkte,
- die wachsende Verhandlungsmacht der Länder bei den Konflikten um die *Finanzierung* der deutschen Einheit,
- die Verhinderung der sofortigen Ausdehnung des horizontalen *Finanzausgleichs* auf das Beitrittsgebiet,
- die starke Stellung, welche der Bundesrat bei den anstehenden *Verfassungsänderungen* erkämpfte.

Die Detailanalyse zeigt freilich weniger Zugewinne der Länder, die in der ersten Phase der Vereinigungspolitik darüber klagten, dass sie bei der Willensbildung von der Bundesregierung zu wenig konsultiert worden seien. In der zweiten Phase, als die Länder gebraucht wurden, haben sie jedoch in kurzsichtigem Sparbemühen „gemauert“ und so selbst wichtige Initiativmöglichkeiten verschenkt. Die Länder haben im Bereich des Verwaltungsaufbaus in Ostdeutschland einiges an Hilfe geleistet. Hier konnte der Bund mangels ausreichender Bundespersonaldecke gar nicht einspringen. In einigen Bereichen hat jedoch der Sparwille der Länder dazu geführt, dass sie nicht einmal ihre ureigenste Domäne verteidigten, wie die Kulturpolitik. Nach Artikel 35 des Einigungsvertrages übernahm der Bund bis 1994 die Förderung von Kunst und Kultur. Substanzerhaltungs-, Infrastruktur- und Denkmalschutzsonderprogramme und Ausgaben für die kulturelle Einheit Deutschlands wurden überwiegend vom Bund finanziert. Die Länder nahmen für die Minimierung der Kosten in ihrer ureigensten Domäne vorübergehende Kompetenzverluste in Kauf.

Den Ländern gelang ein Schachzug, der ein *„doppelter Coup"* genannt worden ist (Peffekoven 1990). Er könnte sich auf die Dauer als Bumerang für die Länder erweisen. Der Bund, der bei den Ländern hinreichende finanzielle Solidarität vermisste, musste sich nach Handlungsmöglichkeiten umsehen, die auf die Dauer den Zentralismus wieder fördern könnten. Die Finanzverfassung galt zunächst nur im Westen. Der Osten wurde finanzpolitisch in einer Art „Generalgouvernement" regiert und finanziell an den Tropf des Bundes und der westdeutschen Länder gehängt (Christ 1990). Dieser Zug hat sich finanziell für die westdeutschen Länder gelohnt. Hätte die Finanzverfassung der Bundesrepublik sofort für die neuen Länder gegolten, hätten die westdeutschen Länder ca. 20 Milliarden DM an die Ostländer mehr zahlen müssen (Peffekoven 1990: 13). Die Folge war die Gefahr einer Koalition des Bundes mit den armen Ländern, wie sie schon zu Beginn der Bundesrepublik gelegentlich bestanden hat.

Der Bund wurde durch diese Politik der Länder seinerseits in einen überregionalen Egoismus getrieben. Berlin- und Zonenrandförderung wurden nicht zuletzt auf Drängen der Europäischen Gemeinschaft abgebaut.

Anfang 1991 wurde ein Weg der Steuererhöhung beschritten, der auch die CDU-Länder tangierte, als das böse Wort von der „Steuerlüge" des Wahlkampfes 1990 kursierte. CDU-Mehrheiten hatten einen harten Stand. Die ersten Landtagswahlen in Hessen und Rheinland-Pfalz gingen verloren und änderten die Kräftekonstellation im ganzen Land. Der Sieg der Länder beim Fonds Deutsche Einheit wurde zum Pyrrhus-Sieg. Im Februar 1991 kam es zur ersten Revision des provisorischen Konsenses. Ein *„Gemeinschaftswerk Aufschwung Ost"* wurde zur Nachbesserung unvermeidlich. Der Bund war mit 12 Mrd. DM beteiligt. 5 Mrd. davon waren als Soforthilfe zur Investition in der Infrastruktur gedacht. Eine Verwaltungsvereinbarung teilte die Summe nach Einwohnerzahl der ostdeutschen Länder auf. Um langwierige Transferwege zu vermeiden, griffen die Ministerpräsidenten zu einem archaischen Verteilungsmodus: Sie bestellten die Landräte ein, um ihnen die entsprechenden Schecks auszuhändigen (FAZ 2.3.1991: 1). Hinzu trat ein Moratorium für die Zins- und Tilgungslasten bei den Altschulden im Wohnungsbau. Durch die zusätzlichen Ausgaben konnten die ostdeutschen Länder für 1991 mit ca. 50 Mrd. DM Investitionsmitteln rechnen. Der Bundeshaushalt stieg um 12 Mrd. DM auf 412 Mrd. DM. Die volle Beteiligung der neuen Länder an der Umsatzsteuer sollte ihnen 4,8 Mrd. DM Einnahmen bringen. Die Erhöhung der Mineralöl- und Versicherungssteuer und eine auf ein Jahr befristete Solidarabgabe auf die Lohn-, Einkommen- und Körperschaftssteuern waren unbeliebt, wurden aber wegen der sofortigen Reinvestition vom Bund als „Beitrag zur Konjunkturbelebung" bezeichnet.

Vor allem die armen ostdeutschen Länder mussten zunehmend auf den Bund schauen, obwohl ihnen nicht wenige Hilfen auch von den Ländern zuteil wurden. Mithilfen beim Aufbau der Verwaltung konnten ja überhaupt nur von den Ländern mit einer reichlicheren Personaldecke und von den Gemeinden kommen. Die verwirrende Fülle von wirtschaftlichen Hilfen für die neuen Länder mit Förderungsmitteln an öffentliche Haushalte, Unternehmen und Privatpersonen (von denen vor allem freiberuflich Tätige angesprochen wurden), sind überwiegend als Aktionen des Bundes wahrgenommen worden. Die Wünsche der armen Ostländer und die Steuerungsversuche des Bundes verbanden sich 1991 zu einer Koalition, die eher den Zentralismus als den Föderalismus stärkten.

Im Bundesrat wurden Anfang 1991 eine Reihe von Gesetzesänderungen beschlossen, welche Hemmnisse für Investitionen abbauen sollten, vor allem durch Erleichterung der Privatisierung. Die SPD-geführten Länder, damals noch ohne Bundesratsmehrheit, haben zähneknirschend gegen ihre Bedenken im Einzelnen zugestimmt, um den Aufschwung Ost nicht zu behindern. Im März 1993 wurde ein Kompromiss über den finanzpolitischen Teil des Solidarpakts erreicht, der vermeiden sollte, dass der Vermittlungsausschuss angerufen werden musste, was neue Verzögerungen bedeutet hätte.

Die Neuregelung der Finanzbeziehungen zwischen Bund und Ländern war eine der härtesten Belastungsproben des Systems nach der Vereinigung. Wider Erwarten einigten sich Bund und Länder auf ein neues System anlässlich des Solidarpaktes. Das „Gesetz zur Umsetzung des Föderalen Konsolidierungsprogramms“ (FKPG) wurde im Mai 1993 verabschiedet. Auflagen eines Urteils des Bundesverfassungsgerichts vom Mai 1992 wurden verarbeitet. Nicht verarbeitet wurden hingegen die zahlreichen Vorschläge für ein innovatives föderales Finanzsystem, das vom Sachverständigenrat in zahlreichen Gutachten angemahnt worden und vom Wissenschaftlichen Beirat beim Bundesministerium der Finanzen mit einem Gutachten und von zahlreichen Wissenschaftlern mit guten Projekten begleitet worden war. Das System blieb grundsätzlich beim Alten. Die neuen Länder wurden durch die Verteilung der Umsatzsteuer durch „Vorabauffüllung“ auf das Niveau der alten finanzschwachen Bundesländer gehoben und damit erst „ausgleichsfähig“ gemacht. Da man das System nicht ändern wollte, hatte man die Finanzkraft der neuen Länder an die Erfordernisse des Ausgleichssystems angepasst (Rentzsch 1994: 129). Da der Berg nicht zum Propheten kam, musste der Prophet sich zum Berge begeben.

Das politisch Bemerkenswerte an diesem Kompromiss war die Lernfähigkeit des Bundes. Auf einer Klausurtagung der Regierungschefs von Bund und Ländern im März 1993 rückte der Bund von seinem Modell ab und schwenkte praktisch auf das Ländermodell ein. Das kompetitive Parteiensystem mit seiner Instrumentalisierung des Bundesrats hätte einen solchen Kompromiss schwerlich leisten können, jedenfalls nicht in kurzer Zeit. Die Interessen der Länder waren unabhängig von der Koalition an der Regierung relativ ähnlich. Ländersolidarität konnte dem Bund Konzessionen abringen. Der Bund verzichtete auf eine Erhöhung seines Anteils an der Umsatzsteuer. Die neuen Länder mussten einige Konzessionen machen, die mit Sonderbedarfshilfen und Investitionshilfen von 20,6 Mrd. DM jährlich für zehn Jahre kompensiert wurden. Der Bund stand unter größerem Handlungszwang als die Länder, da er auf keinen Fall den Bundestagswahlkampf mit einem unerledigten Mammutthema wie dem Finanzausgleich belasten wollte. Horizontale Konflikte der Länder untereinander konnten vermieden werden, weil es gelang, eine relativ egalitäre Pro-Kopf-Belastung der alten Länder durchzusetzen.

Eine Alternative zum jetzigen Finanzausgleich wäre die Stärkung der Einnahmeautonomie. Die Länder hätten bis 1994 einen Handlungsspielraum eigentlich nur bei den Ausgaben. Die Steuerautonomie der Länder ist paradoxerweise sogar schwächer entwickelt als die der Gemeinden. Anreize zur Sparsamkeit sind damit nicht gegeben. Für die ausgleichspflichtigen Länder zahlen sich nicht einmal Mehreinnahmen aus, weil sie einen gewichtigen Teil in andere Länder abführen mussten. Mischfinanzierungen, wie die nach dem Wohngeldgesetz oder dem Bundesausbildungsförderungsgesetz (Bafög), gelten als Übel. Die Länder führen die Gesetze im Auftrag des Bundes aus, haben aber – anders als bei der Sozialhilfe – keine eigenständige Regelungskompetenz. Vor- und Nachteile der Stadtstaaten bei Ausgaben für Kultur und Infrastruktur schienen den Experten weniger leicht zu berechnen als den Bundesverfassungsrichtern, die in der Regel ökonomischen Fragen fernstehen. Das amerikanische System der *grants-in-aid,* Beteiligung des Bundes durch Finanzhilfen in Notlagen, gewinnt in der Bundesrepublik an Boden, weil die Verschwendung von Geldern nach dem Gießkannenprinzip vermieden wird und bei sozialen und wirtschaftlichen Engpässen in finanziellen Größenordnungen gezielt interveniert werden kann, so dass die Hilfe auch effektiv umgesetzt wird.

Die Unzufriedenheit mit Mischfinanzierung und Finanzausgleich führte vermutlich zu einer liebenden Überschätzung des alternativen Modells. Nach intensivem Studium des amerikanischen Systems der *grants-in-aid,* das die Alliierten 1948 empfahlen und die deutschen Parlamentarier verwarfen, wird offenbar werden, dass auch dieses Modell Fehlallokationen und Quasi-Korruption nicht verhindert. Ganz sicher richtig bleibt der Grundgedanke einer Stärkung der Autonomie der Länder, die eine weitere Erosion des Föderalismus verhindert und vermeidet, dass die deutsche Einheit einen weiteren Zentralisierungsschub nach sich zieht. Aber auch die Stärkung der finanziellen Autonomie ist nicht ohne Gefahren. Ohne sorgfältige Begrenzungen der Höhe des Spielraums bei den Ländereinnahmen droht ein mörderischer Wettbewerb der Länder um Standortvorteile und Steuervergünstigungen für die Firmen. Zu Ausweichmanövern würde geradezu eingeladen. Nimmt man die Empfehlung, die ergiebige Kraftfahrzeugsteuer den Ländern zu überlassen, ernst, so könnten die Ausweichmanöver nicht nur Managemententscheidungen in großen Firmen, sondern sogar Sparversuche bei Massen von Bürgern auslösen. Die armen Länder, die sich durch Steuererhöhungen zu sanieren suchen, würden noch ärmer – die reichen Länder, könnten weitere Steuersenkungen anbieten und noch reicher werden (SVG 1990/91: Ziffer 441). Der Kompromiss im neuen gesamtdeutschen Finanzausgleichssystem seit 1995 enthielt keine Innovationen außer einiger Vereinfachungen, die durch ein System von Sonderbedarfs-Bundesergänzungszuweisungen und Übergangs-Bundesergänzungszuweisungen an Transparenz per Saldo wenig gewonnen haben. Die Strukturschwächen der ungleichen Länder wurden zementiert durch Bundesergänzungszuweisungen als Sanierungshilfen an Bremen und das Saarland. Noch immer fragen sich Kritiker, ob das komplizierte System für bloße 12 Milliarden DM den Aufwand lohnte (Finanzbericht 1998: 144f.).

Die Leistungsfähigkeit des semisouveränen Systems, das sich auf vielen Ebenen ständig selbst blockiert, ist vielfach bezweifelt worden. Ein Test auf elf Politikfeldern ergab eine rasche Reaktionsgeschwindigkeit des Systems nur bei viereinhalb Politikfeldern, wobei der Grad der Problemlösung keineswegs mit der Reaktionsgeschwindigkeit korrelierte, wie die Bildungspolitik und die Verfassungsreform zeigten (Wachendorfer-Schmidt 1999: 13).

Die Effizienz des föderalen Systems kann nicht allein nach der Stromlinienförmigkeit des Entscheidungsprozesses bewertet werden. Der transnationale Vergleich zeigt, dass zentralistische Länder anstehende Probleme nicht immer besser gelöst haben. Die Niederlande oder Schweden scheinen in der Frage der Bekämpfung von Arbeitslosigkeit und der Verschlankung des Staates Deutschland voraus zu sein. Sie verdankten dies der Fähigkeit der Interessengruppen, den geordneten Rückzug aus einem unbezahlbaren Wohlfahrtsstaat mitgetragen zu haben. Diese Möglichkeit besteht auch in der Bundesrepublik. Ihre Realisierung wird durch den Bundesstaat zwar verzögert, aber nicht unmöglich gemacht.

Der deutsche Föderalismus ist mit einer strukturellen Lebenslüge behaftet: Lippenbekenntnisse gegen den unitarischen Bundesstaat werden mit immer neuen Epitheta variiert. Aber im Zweifel hat die Gleichwertigkeit der Lebensverhältnisse Vorrang.

Die effiziente Seite des deutschen Föderalismus beruht auf der Tradition des Föderalismus der Exekutiven, der schon im Kaiserreich und in der Weimarer Republik den deutschen Bundesstaat prägte. Jede Bundesstaatlichkeit hat durch Zielvorgaben und ein integratives Leitbild unitarische Tendenzen in sich (Kilper/Lhotta 1996: 258). Deutschland bedurfte als Bundesstaat traditionell der einheitsstiftenden Schubkraft der Ideologie. Mehr noch aber bedurfte es eines einheitsstiftenden Akteurs, der in „nachholender Modernisierung“ die Angleichung der Lebensverhältnisse in Deutschland vollzog. Dabei handelte es sich nicht nur um Relikte einer bürokratischen Willkürherrschaft. Sie kulminierte in einem Land mit 10 Millionen Vertriebenen und Flüchtlingen 1949 in dem Grundgesetzartikel 72, welche bei der konkurrierenden Gesetzgebung die Wahrung der Rechts- und Wirtschaftseinheit postulierte und „insbesondere die Wahrung der Einheitlichkeit der Lebensverhältnisse“. Neben einer alten vornationalstaatlichen Tradition aus dem Geist tätiger Nächstenliebe des protestantischen Pietismus, der sich vor allem in der Universität Halle mit der Aufklärung verband und alte Traditionen von „guter Polizey“ in Preußen vereinheitlichend fruchtbar machte, kam ein singulärer Umstand einer „verspäteten Nation“ hinzu. Im amerikanischen Föderalismus nimmt niemand daran Anstoß, dass der Staat Kalifornien sechsmal mehr soziale Transfers an die Bevölkerung vornimmt als Alabama. Die calvinistische Variante des Protestantismus auf der Grundlage der Prädestinationslehre hätte weder bei einzelnen noch beim benachteiligten Mecklenburg die gleichen Bedenken, die natürliche Ungleichheit zu akzeptieren. Die deutsche Tradition – einerseits romantischer Naturvergottung immer wieder nahe – hat andererseits die Vorstellung entwickelt, dass Mängel der Natur und territoriale Defizite auszugleichen seien.

In der politischen Theorie formiert sich eine neue *Theorie der Solidarität* als Gegenpol zum „zügellosen Anspruchsdenken“ des *egalitären Liberalismus* oder gar des Kommunitarismus. Mit dem Terminus *Subsidiarität* in der Maastricht-Akte erhielt diese Bewegung Verstärkung. Aber Solidarität und Subsidiarität schaffen keine rechtlich so klare Anspruchsgrundlage und Zuständigkeit für Ausgleichsleistungen wie die Angleichungsideologie. Sie wird sich daher vermutlich vor allem in Deutschland nicht durchsetzen. Die Angleichungsideologie, die auf einem Grundkonsens der Auseinandersetzungen der Konkurrenzdemokratie fortlebt, wird daher im Zweifelsfall auch die Entwicklung des Föderalismus determinieren. Die Strukturprobleme und Strukturanpassungen des Föderalismus seit der deutschen Einheit zeigen dies ziemlich deutlich. Der These, dass der moderne Wohlfahrtsstaat sich einsinnig in Richtung eines immer stärker *unitarischen Bundesstaats* entwickele, ist mit zahlreichen Belegen widersprochen worden, die auch dezentralisierende Tendenzen aufweisen. Aber die „Sonne des Vergleichs“ mit ethnisch und sozial heterogeneren Föderationen brachte es an den Tag: insgesamt ist die Dynamik in Deutschland unitarischer als in Belgien, Kanada, der Schweiz oder den USA (Münch 1997: 290; Sturm 1997).

Institutionen der Politikverflechtung – in der dreifachen Form von horizontaler und vertikaler Kooperation und der Verbundsysteme – waren anfangs meist nicht verfassungsmäßig oder gesetzlich geregelt. Sie entstanden als Teil der Asymmetrisierungstendenzen im modernen Wettbewerb der Regionen. In

Deutschland wurde die Verflechtung durch die Finanzreform von 1969 und die Einfügung der Gemeinschaftsaufgaben als Art. 91a und b und der Investititionshilfen (Art. 104a GG) ins Grundgesetz aufgenommen. Die Gemeinschaftsaufgaben wurden „tendenziell vom Bund definierte Aufgaben mit einem Finanzierungsanteil der Länder" (Renzsch 1999: 380). Politikverflechtung wurde als ein System beschrieben, in dem aus der institutionellen Logik heraus systematisch ineffiziente und problem-unangemessene Entscheidungen erzeugt werden. Ein solches System schien zugleich unfähig, sich in Richtung von mehr Integration oder mehr Desintegration zu verändern (Scharpf 1985: 349f.). Promotoren der Verflechtung waren vor allem Fachbürokraten und Fachpolitikern auf allen drei Ebenen.

Fritz Scharpf (1988) hat die *Politikverflechtungsfalle* (*joint decision trap*) international berühmt gemacht. Sie führt bei individueller Rationalität der einzelnen Akteure schlimmstenfalls zu „kollektiver Irrationalität", ganz sicher aber zu wachsender Asymmetrie. Die Politikverflechtung wurde solange positiv bewertet, als Bundesstaaten sich in zunehmend komplexere Aufgaben einzumischen begannen, wie die Raumplanung oder die Forschungs- und Technologiepolitik. Was in der Zeit der Planungseuphorie der Großen Koalition als Modernisierung empfunden wurde, ist in den 90er Jahren als Hemmschuh der Modernisierung erkannt worden. Ineffizienz und mangelnde Transparenz, Ausschaltung der Parlamente, Stärkung des exekutiven Föderalismus, Verwischung klar definierter politischer Verantwortlichkeiten wurden selbst von den Kritikern bemängelt, die am Grundkonzept des kooperativen Föderalismus – trotz der Forderung nach mehr Wettbewerb – festhalten wollten.

Die Politikverflechtungstheorie ist in ihrer Nähe zum Rational-choice-Ansatz scharf kritisiert worden. Sie übersieht Lerneffekte der beteiligten Akteure, die Anreize zur Umsteuerung, die inzwischen von der europäischen Ebene ausgehen, und setzt in ihrer einseitigen Datenbasis zu sehr auf Steuerung durch finanzielle Anreize. Die Politikverflechtung schaffte nicht nur Probleme, sie löste auch einige. Suboptimale Politikergebnisse wurden zudem im transnationalen Vergleich auch bei Systemen entdeckt, die keine Politikverflechtung kennen (Schmidt 1994: 84; Wachendorfer-Schmidt 2003: 48, 392).

Die Vorschläge zur Aufbrechung eines Systems, dem keine Fähigkeit nachgesagt wird, sich selbst zu reformieren, konzentrierten sich auf mehrere Punkte (Schatz u.a. 2000: 16f, 18):

- Die Neugliederung des Bundesgebietes die von der Sachverständigenkommission des BMI (1973) vorgeschlagen und nie realisiert wurde. Sie ist seit 1990 noch unwahrscheinlicher geworden, seit man die Gelegenheit der deutschen Einheit für eine Neugliederung verpasste und weitere viel zu kleine Einheiten in Ostdeutschland entstehen ließ.

- Rückübertragung von Gesetzgebungskompetenzen an die Länder,
- Institutionelle Reformen des Bundesrates,
- Stärkung der Autonomie in der Steuererhebung,
- Abschaffung der Gemeinschaftsaufgaben und Mischfinanzierungen.
- Vor allem der Katalog der konkurrierenden Gesetzgebungskompetenzen sollte durchforstet werden (Scharpf 1999: 34).

Ende 2004 scheiterte die Kommission zur Modernisierung der bundesstaatlichen Ordnung (Kombo), obwohl die beiden Vorsitzenden Müntefering und Stoiber aufrichtig an der Reform interessiert waren. Nicht zuletzt einige Landesfürsten hatten gemauert (Renzsch 2005: 98f.). Die damals nicht voraus zu sehende Große Koalition seit Ende 2005 hat trotz der Vorarbeitungen die Arbeit nur schleppend wieder aufgenommen und den Abschlussbericht vom Dezember 2004 als Grundlage für die Koalitionsverhandlungen akzeptiert. Ein Ausweg erscheint einigen Analytikern eine Korrektur der falschen Weichenstellung der alten Kommission. Das Ziel der Aufgabenentflechtung sollte nicht wieder überlagert werden vom Kampf um „materielle Zugriffsrechte" der Länder (Fischer 2005). Dieses Ziel wurde freilich nicht erreicht.

Wenn man das Festhalten am Status quo ausschließt, bleiben zwei Szenarien der Föderalismusreform übrig: Systemwechsel oder Strukturflexibilisierung (Schmidt 2001a: 287f.). Die zweite Option ist 2006 angepeilt worden. Mindestens zwanzig geplante Grundgesetzänderungen sollten den Flickenteppich der Verfassung noch bunter machen, um den Ländern mehr Zuständigkeiten zuzuschanzen, vom Beamtenrecht bis zum Strafvollzug. Die Föderalismuskommission II sollte die Finanzbeziehungen zwischen Bund und Ländern neu ordnen (BR-Drs.913/06). Sie entpuppte sich aber vor allem als eine Kommission zur Begrenzung der Staatsverschuldung. Für die Finanzthemen wurde die Einführung einer Schuldenbremse für den Bund, ein Schuldenverbot für die Länder, eine Konsolidierungshilfe zur Ermöglichung des Einhaltens des Schuldenverbots für die neuen Länder und ein Frühwarnsystem zu Vermeidung von Haushaltsnotlagen und eine neue Finanztransferbefugnis an die Länder (Art. 104 b, Abs. 1 Satz 2 GG) erarbeitet. Kritisiert wurde, dass der lobenswerten Begrenzung der Neuverschuldung der Länder keine Ausweitung der Autonomie bei Einnahmen wie Ausgaben gegenüber stand. Die grundsätzliche Neuregelung der Kreditgrenzen für Bund und Länder wurde von den Experten begrüßt. Bedauert wurde aber, dass das Reformpaket einige Elemente enthielt, welche den föderalistischen Gedanken des Grundgesetzes eher schwächen als stärken. Die Übermacht des Bundes bei der Einnahmen- und der Ausgabenfinanzgewalt wurde nicht verändert. Positiv wurde die Förderung des Wettbewerbs im deutschen Föderalismus durch das *„Benchmarking“* aufgenommen. Mit dem neuen Artikel 91 d GG wurden Leistungsvergleiche bei Bund und Ländern ermöglicht, die publiziert werden durften (Kemmler 2009: 209, 221, 223f.).

Was wurde sonst erreicht? Die Rahmengesetzgebung nach Artikel 75 GG wurde abgeschafft und die Materien der konkurrierenden Gesetzgebung zugeschlagen. Bei den Gemeinschaftsaufgaben (Art. 91a) wird der Hochschulbau gestrichen. Weniger Gesetze sollen künftig zustimmungspflichtig sein. Gesetze bedürfen weiterhin der Zustimmung des Bundesrates, „wenn sie Pflichten der Länder zu Erbringung von Geldleistungen und geldwerten Sachleistungen gegenüber Dritten begründen“ (Neufassung von Art. 104). Der Verlust an Mitwirkungsrechten wird für die Länder ausgeglichen, da materielle Abweichungsrechte in der Raumordnung, dem Naturschutz, der Zulassung zum Hochschulstudium und die Studienabschlüsse gewährt werden. Die Mitwirkungsrechte des Bundesrates in der Europapolitik (Art. 23) werden auf Bildung, Kultur und Medienpolitik beschränkt. Mischfinanzierungen standen auf der Abschussliste. Aber eventuelle Strafzahlungen wegen Verstoßes gegen die Stabilitätskriterien sollen von Bund und Ländern gemeinsam getragen werden. (Art 109). Dabei sollen Länder, welche den Verstoß verursacht haben, in einem Schlüssel besonders zur Kasse gebeten werden. Bund-Länder-Konflikte sind damit vorprogrammiert.

Gelegentlich wurde den Akteuren der Länder bange angesichts der Folgen ihres Kompetenzzuwachses. Arme Länder fürchten Nachteile für ihre Staatsdiener, wenn sie ganz für ihre Beamten zuständig werden. Ex-Justizminister einiger Länder hatten Bedenken, den Strafvollzug ganz den Ländern zu überlassen. Es wurden eine Absenkung der Standards und ein Wettlauf der Länder um einen kostensparenden harten Strafvollzug befürchtet. Insofern ist der Vorwurf, die Länder strebten durch die Reform einen „Staatenbund“ an, sicherlich übertrieben (Bannas 2006: 2, 2006a: 5). Die Föderalismusreform ist zum Instrument der Macht für die großen Bundesländer geworden. In der großen Koalition regte sich Widerstand. Die „Netzwerker“, ein Zusammenschluss von ca. 45 jüngeren SPD-Parlamentariern, verteidigte die egalitäre Logik des Systems: „Einen Wettbewerb zugunsten der Spitze und der reichen Länder lehnen wir strikt ab.“ Viele Ministerpräsidenten hatten ebenfalls Bedenken. Sie stellten sie aber zurück, um das Projekt nicht durch Aufschnüren des Konsens-Pakets erneut zu gefährden. Selbst wenn die Lobbyisten, die ihre Stellungen bezogen haben, das Projekt nicht weiter verwässern, werden gleichwohl weitere Steuerungsprobleme erhalten bleiben. Die Föderalismusreform in Deutschland bleibt also ein Dauerbrenner.

Fritz Scharpf (2009: 155, 157), ein viel gefragter Experte, forderte eine erweiterte Steuerautonomie für die Länder und für den Bund. Die viel beschworene Gefahr einer Steuerkonkurrenz zwischen den Ländern ist in seinen Augen überschätzt worden. Noch immer hatte seiner Meinung nach die Politikverflechtung mit ihren Konsenserfordernissen die wechselseitige Fesselung institutionalisiert. Die von Scharpf (2009: 157) vorgeschlagene „Reform der Reform" hatte einige kritische Elemente, die der Autor nicht verkannte:

- Die Einführung bedingter (das heißt einer politischen und gerichtlichen Gemeinverträglichkeit unterworfener) Abweichungsrechte der Länder von bundesgesetzlichen Regelungen im Bereich der konkurrierenden Gesetzgebung bei Streichung der Erforderlichkeitsklausel des Art. 72 Abs. 2 GG.
- Die (ergebnisneutrale) Umstellung der Kriterien des Finanzausgleichs auf die unterschiedliche Wirtschaftskraft der Länder.
- Die Ausweitung der autonomen Steuergesetzgebung der Länder bei gleichzeitiger Übertragung der Gewinn- und Kapitalertragssteuern in die ausschließliche Gesetzgebung des Bundes.
- Die Möglichkeit der Mitfinanzierung des Bundes bei gesamtstaatlich wichtigen Aufgaben der Länder.

Scharpf war jedoch nicht sehr optimistisch, dass seine Vorschläge angenommen würden. Sein Schluss klang resigniert (ebd. 159): „Daran wird auch dieses Buch nichts ändern können. Es sollte aber zeigen, dass ein besseres Ergebnis nicht nur wünschenswert, sondern auch möglich und potenziell konsensfähig wäre".

Literatur

H. Abromeit: Korrektive parlamentarischer Mehrheitsherrschaft. ZParl 1987: 420-435

H. Abromeit: Der verkappte Einheitsstaat. Opladen, Leske & Budrich 1992

H. Adamski/B. Möller: Verwaltungskultur in den neuen Bundesländern. Frankfurt, Lang 1997

U. von Alemann u.a. (Hrsg.): Die Kraft der Region: Nordrhein-Westfalen in Europa. Bonn, Dietz 1990

H. Apel: Wie lange soll Bonn die Zeche zahlen? Die Länder schröpfen den Bund und machen ihn international handlungsunfähig. Die Zeit 1988, Nr. 29: 3

R. Baus u. a. (Hrsg.): Zur Reform der föderalen Finanzverfassung in Deutschland. Perspektiven für die Föderalismusreform II im Spiegel internationaler Erfahrungen. Baden-Baden, Nomos 2008

A. Benz: Zur Dynamik der föderativen Staatsorganisation. PVS 1984: 53-73

A. Benz: Föderalismus als dynamisches System. Opladen, Westdeutscher Verlag 1985

A. Benz/G. Lehmbruch (Hrsg.): Föderalismus. Analysen in entiwcklungsgechichtlicher und historischer Perspektive. (PVS Sonderheft 32(2001). Wiesbaden,VS 2002

Beratungen und Empfehlungen zur Verfassungsreform. Teil II: Bund und Länder. Schlußbericht der Enquete-Kommission Verfassungsreform des Deutschen Bundestages. Zur Sache 2/1977

A. Benz/G. Lehmbruch (Hrsg.): Föderalismus. Analysen in entwicklungsgeschichtlicher und vergleichender Perspektive. Wiesbaden, Westdeutscher Verlag 2002

A. Benz: Kein Ausweg aus der Politikverflechtung? PVS 46,2 2005: 207-217

K. von Beyme: Regionalpolitik in der DDR. In: G. J. Glaeßner (Hrsg.): Die DDR in der Ära Honecker. Opladen, Westdeutscher Verlag 1988: 434-449

K. von Beyme: Die föderale Komponente des Entscheidungsprozesses. Kap. 16 in: Ders.: Der Gesetzgeber. Opladen, Westdeutscher Verlag 1997: 292-299

K. von Beyme: Föderalismus und regionales Bewusstsein. Ein internationaler Vergleich. München, Beck 2007

Ch. B. Blankart: Föderalismus in Deutschland und Europa. Baden-Baden, Nomos 2007

H.-J Blanke.: Föderalismus und Integrationsgewalt. Berlin, Duncker & Humblot 1991

S. Blasche: Die grundsätzliche Mitwirkung der Länder bei der Gesetzebung. Baden-Baden, Nomos 2006

K. Blaschke: Alte Länder – neue Länder. Zur territorialen Neugliederung der DDR. APuZ B 27 1990: 39-54

H. Boldt (Hrsg.): Wiedervereinigung und föderative Ordnung. In: R. Wildenmann (Hrsg.): Nation und Demokratie. Baden-Baden, Nomos 1991: 35-50

S. Bulmer, S.: Efficiency, Democracy and West German Federalism. Manchester, EPRU Working Paper 1990

Bundesrat (Hrsg.): Vierzig Jahre Bundesrat. Baden-Baden. Nomos 1989

Der Bundesrat als Verfassungsorgan und politische Kraft. Bad Honnef/Darmstadt, Neue Darmstädter Verlagsanstalt 1974

S. Burkhart: Blockierte Politik: Ursachen und Folgen von „Divided Government" in Deutschland. Frankfurt, Campus 2008

P. Christ: Der programmierte Notfall. Die Zeit 1990, Nr. 35: 20

Ch. Dästner: Der 'unechte Einigungsvorschlag im Vermittlungsverfahren'. Oder: Hat der Vermittlungsausschuß versagt? ZParl. 1999: 26-40

I. Deubel: Mehr Steuerautonomie der Bundesländer? Zeitschrift für die Staats- und Europawissenschaften, 5,2 2007: 218-234

Deutscher Bundestag: Die Länder in der DDR. Bonn, Wissenschaftliche Dienste des Deutschen Bundestags 1990

J. Dieringer/R. Sturm (Hrsg.): Regional Governance in EU-Staaten. Leverkusen, Barbara Budrich, 2009.

H. Doppler: Finanzpolitik und Föderativprinzip. Düsseldorf, Werner-Verlag 1975

N. Ehlers/A. Kaiser: Föderalismus, Dezentralisierung und Performanz: Eine makroquantitative Analyse der Leistungsfähigkeit territorialer Politikorganisationen in entwickelten Demokratien. PVS 48, 2, 2007: 243-268

Ernst-Kommission 1973: Bericht der Sachverständigenkommmission für die Neugliederung des Bundesgebiets. Bonn, Ministerium des Innern 1973

W. Ernst: Gedanken zur Neugliederung des Bundesgebietes. Gegenwartskunde 1991: 5-15

F. Esche/J. Hartmann (Hrsg.): Handbuch der deutschen Bundesländer. Frankfurt, Campus 1990

G. Fabritius: Der Bundesrat: Transmissionsriemen für die Unitarisierung der Bundesrepublik? Geschichte der Koalitionsbildung in den Bundesländern. ZParl 1976: 448-460

M. Freitag/A. Vatter (Hrsg.): Die Demokratien der deutschen Bundesländer.Leverkusen, Barbara Budrich, 2009.

J. Friedrich u.a. (Hrsg.): Süd-Nord-Gefälle in der Bundesrepublik? Opladen, Westdeutscher Verlag 1986

M. Friedrich: Landesparlamente in der Bundesrepublik. Opladen, Westdeutscher Verlag 1975

F. K. Fromme: Gesetzgebung im Widerstreit. Wer beherrscht den Bundesstaat? Die Kontroverse 1969-1976. Stuttgart, Bonn aktuell 1976

A. Funk: Föderalismus in Deutschland: Von den Anfängen bis heute. Berlin, Bundesrat, 2008

D. Garlichs: Grenzen staatlicher Infrastrukturpolitik. Bund-Länder-Kooperation in der Fernstraßenplanung. Königstein, Hain 1980

M. Greiffenhagen u.a. (Hrsg.): Die neuen Bundesländer. Stuttgart, Kohlhammer 1994

A. B. Gunlicks (Hrsg.): Föderalismus in der Bewährungsprobe. Die Bundesrepublik Deutschland in den 90er Jahren. Brockmeyer 1994, 2. Aufl.

D. Hanf: Bundesstaat ohne Bundesrat. Baden-Baden, Nomos 2000

J. Hartmann (Hrsg.): Handbuch der deutschen Bundesländer. Bonn, Bundeszentrale für politische Bildung 1997[3]

J. J. Hesse/W. Renzsch: Zehn Thesen zur Entwicklung und Lage des deutschen Föderalismus. Staatswissenschaften und Staatspraxis 1990: 562-578

J. J. Hesse/W. Renzsch (Hrsg.): Föderalstaatliche Entwicklung in Europa. Baden-Baden, Nomos 1991

J. J. Hesse/V. Wright (Hrsg.): Federalizing Europe? The Costs, Benefits and Preconditions of Federal Political Systems. Oxford, Oxford University Press 2000

K. Hesse: Der unitarische Bundesstaat. Karlsruhe, C.F. Müller 1962

R. Holtschneider/W. Schön (Hrsg.): Die Reform des Bundesstaates. Baden-Baden, Nomos 2007

M. Höreth: Gescheitert oder doch erfolgreich? Über die kontroverse Beurteilung der ersten Stufe der Föderalismusreform. Jahrbuch des Föderalismus, Baden-Baden, Nomos 2008: 139-159

R. Hrbek: Bundesrat und Neugliederung. Parteipolitische Machtverschiebungen durch Neugliederungsrnodelle. ZParl 1972: 150-161

R. Hrbek/U. Thaysen (Hrsg.): Die deutschen Länder und die Europäischen Gemeinschaften. Baden-Baden, Nomos 1986

Th. O. Hueglin/A. Fenna: Comparative Federalism. Peterborough, Broadview Press 2006

Institut für Deutsche Wirtschaft (Hrsg.): Föderalismus in Deutschland. Köln, Deutscher Institutsverlag 2007

C. Jeffery/R. Savigear (Hrsg.): German Federalism Today. Leicester University Press 1991

C. Jeffery (Hrsg.): Recasting German Federalism: The Legacies of Unifications. London, Pinter 1999

U. Jun/M. Haas/O. Niedermayer (Hrsg.): Parteien und Parteiensysteme in den deutschen Ländern. Wiesbaden, VS, 2008.

I. Kammler: Föderalismusreform II: Ergebnisse der Kommission zur Modernisierung der Bund-Länder-Finanzbeziehungen im März 2009. In: Jahrbuch des Föderalismus 2009. Baden-Baden, Nomos 2009: 208-224

H. Kilper/R. Lhotta: Föderalismus in der Bundesrepublik Deutschland. Opladen, Leske & Budrich 1996

G. Kisker: Kooperation im Bundesstaat. Tübingen, Mohr 1971

H. Klatt: Reform und Perspektiven des Föderalismus in der Bundesrepublik Deutschland. Stärkung der Länder als Modernisierungskonzept. APuZ B 28 1986: 3 -21

H. Klatt: Reform und Perspektiven des Föderalismus in der BRD. APuZ B 29 1986: 3-21

H. Kock: Stabilitätspolitik im föderalistischen System der BRD. Köln, Bund 1975

P. J. Kock: Bayerns Weg in die Bundesrepublik. Stuttgart, DVA 1983

Th. König/Th. Bräuninger: Gesetzgebung im Föderalismus. Speyer, Forschungsinstitut für öffentliche Verwaltung 2005

Th. König: Politikverflechtungsfalle oder Parteienblockade? Das Potential für politischen Wandel im deutschen Zweikammersystem. Staatswissenschaften und Staatspraxis 1997: 135-159

Th. König: Regieren im deutschen Föderalismus. APuZ B 13 1999: 24-36

K. A. Konrad/B. Jochimsen (Hrsg.): Finanzkrise im Bundesstaat. Bern, Lang 2007

K. A. Konrad/B. Jochimsen (Hrsg.): Der Föderalstaat nach dem Berlin-Urteil. Frankfurt, Lang 2007

S. Kropp/R. Sturm: Politische Willensbildung im Föderalismus. APuZ B 13 1999: 37-46

S. Kropp: Kooperativer Föderalismus und Politikverflechtung. Wiesbaden, VS 2009

R. Kunze: Kooperativer Föderalismus in der Bundesrepublik. Stuttgart, Fischer 1968

H. Laufer: Der Bundesrat als Instrument der Opposition? ZParl 1970: 318-341

H. Laufer: Die Neugestaltung der bundesstaatlichen Ordnung. In: E. Jesse/A. Mitter (Hrsg.): Die Gestaltung der deutschen Einheit. Bonn, Bouvier 1992: 215-245

H. Laufer/U. Münch: Das föderative System der Bundesrepublik Deutschland. München, Bayerische Landeszentrale für politische Bildungsarbeit 1997, 7.Aufl.

G. Lehmbruch: Verfassungspolitische Alternativen der Politikverflechtung. ZParl 1977: 461-474

G. Lehmbruch: Parteienwettbewerb im Bundesstaat. Opladen, Westdeutscher Verlag 1998 (1. Auflage 1976)

U. A. Leonardy: Entscheidungszwänge zur Neugliederung des Bundesgebietes. ZParl 1973: 175-182

S. Leunig: Die Regierungssysteme der deutschen Länder im Vergleich. Opladen, Leske & Budrich 2007

U. A. Leonardy: Deutscher Föderalismus jenseits 2000. ZParl 1990: 135-162

W. Linder: Die deutsche Föderalismusreform – von außen betrachtet. Ein Vergleich von Systemproblemen des deutschen und des schweizerischen Föderalismus. PVS 48,1, 2007: 3-16

W. Luthardt: Abschied vom deutschen Konsensmodell? Zur Reform des Föderalismus. APuZ B 13 1999: 12-23

R. Lhotta: Der „verkorkste Bundesstaat“. Anmerkungen zur bundesstalichen Reformdiskussion. ZParl 1993: 117-132

R. Mayntz: Föderalismus und die Gesellschaft der Gegenwart. Köln, Max-Planck-Institut für Gesellschaftsforschung. Discussion Paper 3/1989

Mecklenburg-Vorpommern, Brandenburg, Sachsen-Anhalt, Thüringen, Sachsen. Informationen zur politischen Bildung. Nr. 230 1991

J. Müller: Der Deutsche Bund 1815-1866. München, Oldenbourg 2006

U. Münch: Entwicklung und Perspektiven des deutschen Föderalismus. APuZ B 13 1999: 3-11

U. Münch: Sozialpolitik und Föderalismus. Zur Dynamik der Aufgabenverteilung im sozialen Bundesstaat. Opladen, Leske & Budrich 1997

P. Neumann/R. Tillmanns (Hrsg.): Verfassungsrechtliche Probleme bei der Konstituierung der neuen Bundesländer. Berlin, Berlin Verlag 1997

K. Neunreither: Der Bundesrat zwischen Politik und Verwaltung. Heidelberg, Quelle & Meyer 1959

R. Peffekoven: Die Bundesländer entziehen sich ihrer Pflicht. FAZ 20.7.1990: 13

R. Peffekoven: Finanzausgleich im vereinten Deutschland. Wirtschaftsdienst. 1990/VIII: 346-352

A. Pfitzer: Der Bundesrat. Mitwirkung der Länder im Bund. Heidelberg, v. Decker & Müller 1991[3]

F. Pilz: Das bundesstaatliche Finanzsystem und sein Reformspielrau. ZfP, Jg. 49, H.1 2002: 1-35

E. L. Pinney: Federalism, Bureaucracy and Party Politics in Western Germany. The Role of the Bundesrat. Chapel Hill, University of North Carolina Press 1963

W. Renzsch: Föderale Finanzbeziehungen im Parteienstaat. ZParl 1989: 331-345

W. Renzsch: Finanzverfassung und Finanzausgleich. Bonn, Dietz 1991

W. Renzsch: Föderative Problembewältigung: Zur Einbeziehung der neuen Länder in den gesamtdeutschen Finanzausgleich ab 1995. ZParl 1994: 116-138

K. Reuter: Föderalismus, Grundlagen und Wirkungen in der Bundesrepublik Deutschland. Heidelberg, v. Decker 1983

W. Reutter: Föderalismus, Parlamentarismus und Demokratie. Opladen, Barbara Budrich 2007

G. A. Ritter: Föderalismus und Parlamentarismus in Deutschland in Geschichte und Gegenwart. München, Beck 2005

W. Rutz u.a.: Die fünf neuen Bundesländer. Darmstadt, Wiss. Buchgesellschaft 1993

Sachverständigenrat zur Begutachtung der gesamtwirtschaftlichen Entwicklung: Auf dem Weg zur wirtschaftlichen Einheit Deutschlands. Stuttgart, Metzler/Poeschel 1991 (SVR)

F. W. Scharpf u.a.: Politikverflechtung. Theorie und Empirie des kooperativen Föderalismus in der Bundesrepublik. Kronberg, Scriptor Bd. 1 1976, Bd. 2 1977

F. W. Scharpf: Die Politikverflechtungs-Falle: Europäische Integration und deutscher Föderalismus im Vergleich. PVS 1985: 323-356

F. W. Scharpf: Der Bundesrat und die Kooperation auf der „dritten Ebene“. In: Bundesrat (Hrsg.): Vierzig Jahre Bundesrat. Baden-Baden, Nomos 1989: 121-162

F. W. Scharpf: Föderalismus an der Wegscheide: eine Replik. Staatswissenschaften und Staatspraxis 1990: 579-587

F. W. Scharpf: Regionalisierung des europäischen Raums. Die Zukunft der Bundesländer im Spannungsfeld zwischen EG, Bund und Kommunen. In: U. von Alemann u.a. (Hrsg.): Die Kraft der Region. Nordrhein-Westfalen in Europa. Bonn, Dietz 1990[6]: 32-46

F. W. Scharpf/A. Benz: Kooperation als Alternative zur Neugliederung? Baden-Baden, Nomos 1991

F. W. Scharpf: Optionen des Föderalismus in Deutschland und Europa. Frankfurt, Campus 1994

H. Schatz u. a.: Wettbewerbsföderalismus: Aufstieg und Fall eines politischen Streitbegriffes. Baden-Baden, Nomos 2000

F. W. Scharpf;: Föderalismusreform. Frankfurt, Campus 2009

W. Schäuble: Der Vertrag. Stuttgart, DVA 1991

H. Scheller (Hrsg.): Föderale Politikgestaltung im deutschen Bundesstaat. Baden-Baden, Nomos 2009

M. G. Schmidt: CDU und SPD an der Regierung. Ein Vergleich ihrer Politik in den Ländern. Frankfurt, Campus 1980

M. G. Schmidt: Politikverflechtung zwischen Bund, Ländern und Gemeinden. Hagen, Fernuniversität 1994[2]

M. G. Schmidt: Thesen zur Reform des Föderalismus in der Bundesrepublik Deutschland. PVS Jg. 42, Nr. 3 2001: 474-491

R. Schmidt (Hrsg.): Aktuelle Fragen der regionalen Strukturpolitik. Heidelberg, v. Decker 1989

H. Schneider: Ministerpräsidenten. Profil eines politischen Amtes im deutschen Föderalismus. Opladen, Leske & Budrich 2001

H.-P. Schneider: Finanzautonomie in föderalen Gliedstaaten und Kommunen: Ein internationaler Vergleich. Gütersloh, Bertelsmann Stiftung 2006

R.-O. Schultze: Föderalismus als Alternative? ZParl 1990: 475-490

R.-O. Schultze: Statt Subsidiarität und Entscheidungsautonomie – Politikverflechtung und kein Ende: Der deutsche Föderalismus nach der Vereinigung. Staatswissenschaften und Staatspraxis 1993: 225-255

R.-O. Schultze: Die Föderalismusreform zwischen Anspruch und Wirklichkeit. APuZ 13/14, 2005: 13-19

M. Seybold: Der Finanzausgleich im deutschen Föderalismus. Baden-Baden, Nomos 2005

B. Stollberg-Rilinger: Das Heilige Römische Reich deutscher Nation: Vom Ende des Mittelalters bis 1806. München, Beck 2006

R. Sturm: Die Zukunft des deutschen Föderalismus. In: U. Liebert/W. Merkel: Politik der deutschen Einigung. Opladen, Leske & Budrich 1991: 161-182

R. Sturm: Industriepolitik der Bundesländer und die europäische Integration. Unternehmen und Verwaltungen im erweiterten Binnenmarkt. Baden-Baden, Nomos 1991

R. Sturm: Föderalismus in Deutschland und in den USA. Tendenzen der Angleichung? ZParl 1997: 335-345

R. Sturm/P. Zimmermann-Steinhart: Föderalismus. Eine Einführung. Baden-Baden, Nomos 2005

B. Tiemann: Gemeinschaftsaufgaben von Bund und Ländern in verfassungsrechtlicher Sicht. Berlin, Duncker & Humblot 1970

Troeger-Kommission: Kommission für die Finanzreform: Gutachten über die Finanzreform in der Bundesrepublik Deutschland. Stuttgart, Kohlhammer 1966

B. Vogel/G. G. Oettinger (Hrsg.): Föderalismus in der Bewährung. Köln, Deutscher Gemeindeverlag/Kohlhammer 1992

Vorschläge zur Neugliederung des Bundesgebietes gemäß Art. 29 des Grundgesetzes. Bericht der Sachverständigenkommission für die Neugliederung des Bundesgebietes. Köln, Heymanns 1973

U. Wachendorfer-Schmidt: Der Preis des Föderalismus in Deutschland PVS 1999: 3-39

U. Wachendorfer-Schmidt: Politikverflechtung im vereinigten Deutschland. Wiesbaden, Westdeutscher Verlag 2005, 2. Aufl.

U. Wachendorfer-Schmidt: Der Föderalismus in der Bundesrepublik Deutschland. Eine Einführung. Wiesbaden, Westdeutscher Verlag 2003

U. Wagschal/H. Rentsch (Hrsg.): Der Preis des Föderalismus. Zürich, Orell Füssli 2002

U. Wagschal u. a. (Hrsg.): Konsolidierungsstrategien der Bundesländer. Gütersloh, Verlag Bertelsmann Stiftung 2009

E. Wegner (Hrsg.): Finanzausgleich. Probleme der Einheit. Marburg, Metropolis 1992

H.-G. Wehling (Hrsg.): Die deutschen Länder. Wiesbaden, VS 2004

H. Weis: Regierungswechsel in den Bundesländern. Berlin, Duncker & Humblot 1980

A. Wiesner: Politik unter Einigungszwang: Eine Analyse föderaler Verhandlungsprozesse. Frankfurt, Campus 2006

Die Wirtschaftslage in der Bundesrepublik Deutschland um die Jahreswende 1990/91. Monatsberichte der Deutschen Bundesbank, Febr. 1991: 5-46

W. Zeh: Spätföderalismus: Vereinigungs- oder Differenzierungsföderalismus? ZParl 1977: 475-490

G. Ziller/G.-B. Oschatz (Hrsg.): Der Bundesrat. 10. Aufl., Düsseldorf, Droste 1998

10 Das Bundesverfassungsgericht

10.1 Entstehung, Organisation und Richterwahl

Zwei Sorgen haben die Verfassungsväter dazu bewogen, im Bundesverfassungsgericht eine Einrichtung zu schaffen, die in dieser herausgehobenen Stellung keine Tradition in der deutschen Rechtsgeschichte hat. Einmal war es die Sorge um den *Rechtsstaat.* Die Kapitulation des Rechtspositivismus vor dem nationalsozialistischen Unrecht, weil Recht in der Weimarer Republik von der herrschenden Lehre allzu *formal* auf die Prozedur staatlicher Willensbildung und die Einzelheiten des Gesetzgebungsverfahrens beschränkt gesehen wurde, führte nach 1945 zur Suche nach einer Einrichtung, die kontrolliert, ob die Gesetze auch *materiell* mit den Grundsätzen des Rechtsstaates in Einklang sind. Zum anderen war der Wunsch, erstmals einen echten *Bundesstaat* zu schaffen, in dem keine Hegemonialmacht die Konflikte letztlich schlichtet, sondern ein Organ der Rechtspflege die Streitigkeiten zwischen Bundesstaat und Ländern beilegt, Geburtshelfer bei der Entstehung des Bundesverfassungsgerichts.

Im Kaiserreich war die Schlichtungsfunktion noch einem politischen Organ, dem Bundesrat, übertragen worden. Die Weimarer Reichsverfassung schuf 1919 einen Staatsgerichtshof für das Deutsche Reich. Seine Stellung im System war jedoch mit der des Bundesverfassungsgerichtes nicht zu vergleichen. Er war zuständig für Streitigkeiten zwischen Reich und einem Land oder den einzelnen Ländern und bei Verfassungsstreitigkeiten innerhalb eines Landes. Außerdem oblagen ihm Relikte der konstitutionellen Zeit wie Anklagen gegen Reichspräsident, Reichskanzler und Minister, Maßnahmen, die durch die politischen Sanktionen des parlamentarischen Systems ihre alte Bedeutung längst eingebüßt hatten. Dem Staatsgerichtshof fehlten hingegen wesentliche Zuständigkeiten eines Bundesverfassungsgerichts wie die Entscheidung bei Streitigkeiten zwischen Reichsverfassungsorganen und die allgemeine Kontrolle von Normen im Hinblick auf ihre Verfassungsmäßigkeit. Artikel 13 der Weimarer Verfassung sah zwar eine abstrakte Normenkontrolle über die Vereinbarkeit von Landesrecht mit dem Reichsrecht vor, übertrug diese aber nicht dem Staatsgerichtshof, sondern dem Reichsgericht. Außerdem fehlte ihm die Möglichkeit der Nachprüfung von Grundrechtsverletzungen aufgrund von Beschwerden der Bürger, welche die wichtigste Errungenschaft der Verfassungsgerichtsbarkeit für den einzelnen Staatsbürger darstellt. Entgegen umstrittenen Doktrinen der Weimarer Zeit war für die Bundesrepublik von Anfang an klar, dass das Bundesverfassungsgericht und kein anderes Organ *„Hüter der Verfassung"* sein sollte.

Erfahrungen der Geschichte trugen zur Einrichtung der Verfassungsgerichtsbarkeit bei. Die überwiegend römisch-rechtliche Tradition des Kontinents war generell der richterlichen Überprüfung von Parlaments- und Regierungsakten abhold. Die herrschende Lehre in Deutschland im besonderen leugnete eine richterliche Autorität, Gesetze zu annullieren. Der Rechtsstaat in Deutschland war weitgehend als Begriff konzipiert, der neutral gegenüber politischen Zielen gedacht war. Er setzte keine anderen Prinzipien voraus – wie die parlamentarische Regierungsweise in Großbritannien oder das *judicial review* in den USA.

Nach 1945 sollte ein grundlegender Neuanfang gemacht werden. Die Kompetenzen des Bundesverfassungsgerichts gehen über alle vergleichbaren Systeme der Verfassungsgerichtsbarkeit hinaus. Der Supreme Court der USA – der vielfach als Vorbild des Bundesverfassungsgerichts dargestellt wird – ist im Gegensatz zu der deutschen Einrichtung in erster Linie Appellationsinstanz gegenüber den nachgeordneten Bundesgerichten. Die Verfassungsgerichtsbarkeit in den USA ist weit dezentralisierter, weil alle Gerichte über Verfassungsfragen entscheiden, auf welcher Ebene sie sich auch stellen. Angesichts dieses deutschen Monopols ist die Gefahr des Gegensatzes zu anderen politischen Gewalten in der Bundesrepublik größer als in den USA, zumal dort nur konkrete Normenkontrolle möglich ist und kein Organstreit im deutschen Sinne existiert.

Ausländische Kommentatoren nannten das Bundesverfassungsgericht angesichts seiner Kompetenzfülle die „originellste und interessanteste Institution im westdeutschen Verfassungssystem" (Alfred Grosser). Aber nicht nur progressive Absichten wurden mit dieser Einrichtung verbunden: Die mangelnde demokratische Tradition und die Gewohnheit, den Rechtsstaat stärker als die politische Partizipation zu betonen, verbanden sich mit dem Vollständigkeitsdrang nach stabilisierenden Elementen, den das Trauma von Weimar bei den Politikern der Nachkriegszeit hinterlassen hatte.

Das Bundesverfassungsgericht ist gegenüber den in Art. 95 GG erwähnten fünf obersten Gerichtshöfen des Bundes besonders herausgehoben. Es steht selbständig und unabhängig neben anderen Verfassungsorganen (§ 1 des Gesetzes über das Bundesverfassungsgericht, BVerfGG). Zunächst wurden aus dieser Deklaration nicht die notwendigen organisatorischen Konsequenzen gezogen. Erst seit 1953 kann das Gericht seine Verwaltungsgeschäfte selbständig wahrnehmen und besitzt einen eigenständigen Haushaltsplan, der nicht mehr in dem des Justizministeriums eingeschlossen ist. Trotz dieser Änderungen wurde das Bundesverfassungsgericht als ein „hinkendes Verfassungsorgan" bezeichnet (Starck 1976: 31), weil Organisation und Verfahren nicht von der Verfassung selbst geregelt sind, sondern durch Einschaltung des Gesetzgebers zustande kommen. An Kompetenzfülle und politischer Bedeutung hat sich das Gericht jedoch inzwischen durchaus als eigenständiges Verfassungsorgan profiliert.

Tabelle 10.1: Zuständigkeiten des Bundesverfassungsgerichts

	Art des Verfahrens	Antragberechtigte
Es kontrolliert den Gesetzgeber	Konkrete Normenkontrolle	Jedes Gericht
	Abstrakte Normenkontrolle	BReg. Landesreg., $^{1}/_{2}$ der Mitglieder des BTags
	Verfassungsbeschwerde	
		Jedermann
	Kommunale Verfassungsbeschwerde (soweit nicht Landesverfassungsgerichte)	Gemeinden und Gemeindeverbände
Es kontrolliert Behörden und Gerichte	Verfassungsbeschwerde	jedermann
Es entscheidet Verfassungsstreitikeiten zwischen staatlichen Organen	Organstreitigkeiten	BTag, BRat, BReg., BPräs., BTagsfraktionen, einzelne Abgeordnete
	Bund-Länder-Streit	
	Verfassungsstreitigkeiten innerhalb eines Landes	BReg., Landesreg.
		Landesorgane
Es entscheidet ferner über:	Beschwerden im Wahlprüfungsverfahren des BTags	u.a. der betroffene Abgeordnete (vgl. § 48 BVerfGG)
	Parteiverbote	BTag, BRat, BReg. (u. U. Landtag)
	Verwirkung von Grundrechten	BTag, BReg., Landesreg.
	Anklagen gegen den Bundespräsidenten und gegen Richter	BTag, BRat
		BTag (Landtag)

Quelle: Heyde/Gielen 1973: 22

Das Bundesverfassungsgericht ist als Zwillingsgericht in zwei Senaten organisiert. Jeder der beiden Senate hat einen ausschließlichen Zuständigkeitsbereich: der erste Senat in Normenkontroll- und Verfassungsbeschwerdeverfahren, vor allem Art. 1-17 GG betreffend. Für Normenkontrollen und Verfassungsbeschwerden aus den Bereichen öffentlicher Dienst, Wehr- und Ersatzdienst, Straf- und Bußgeldverfahren, Strafvollzug wie Organstreitigkeiten, Parteiverbote und Wahlbeschwerden ist der zweite Senat zuständig. Den ersten Senat hat man daher als *„Grundrechtssenat"*, den zweiten als den *„Staatsrechtssenat"* bezeichnet. Bei Unklarheiten, welcher Senat zuständig ist, entscheidet ein Sechserausschuss (Präsident, Vizepräsident und je zwei Richter aus beiden Senaten). Die Richter können zwischen den Senaten nicht ausgetauscht werden, sie werden jeweils unmittelbar für einen bestimmten Senat gewählt. Ursprünglich waren es zwölf Richter je Senat, 1956 wurde die Zahl auf zehn und 1963 auf acht reduziert. Diese Unaustauschbarkeit der Richter in Verbindung mit ihrer Unabsetzbarkeit kann politische Probleme durch die Bedingung für die *Beschlussfähigkeit* eines Senats ergeben (mindestens sechs Richter müssen anwesend sein). Um die Beschlussfähigkeit nicht zum Ziel politischer Ambitionen der Prozessparteien zu machen, wurde in § 18 BVerfGG gesichert, dass die frühere Mitwirkung von Richtern im Gesetzgebungsverfahren, die Äußerung von wissenschaftlichen Meinungen zu einem Thema oder die Parteizugehörigkeit nicht als Ausschlussgrund angesehen werden.

Noch stärkere politische Implikationen hat die *Richterwahl.* Im Vergleich zu anderen Bestellungsmodi höchster Richter durch Kooptation aus den Reihen der Richter durch die Exekutive oder durch die Exekutive mit dem Veto eines Legislativorgans (z.B. des Senats in den USA) scheint die Wahl durch das Parlament demokratisch legitimiert. In der Bundesrepublik war dabei Rücksicht auf das föderative Element zu nehmen. Neben dem zwölfköpfigen Wahlmännerausschuss des Bundestages wählt der Bundesrat jeweils die Hälfte der Verfassungsrichter direkt mit Zweidrittelmehrheit. Die Politisierungsgefahr ist gegeben, weil de facto die Fraktionen die Kandidaten aushandeln und dies meist unter heftigen, zum Teil in der Öffentlichkeit ausgetragenen Kontroversen. Seit die Konflikte zwischen Bundestag und Bundesrat infolge der Polarisierung zwischen den beiden größten Parteien wuchsen (vgl. Kap. 9.3), wird die unterschiedliche demokratische Legitimation der beiden Wahlorgane für Bundesverfassungsrichter als zunehmend problematisch empfunden (Billing 1969: 291 ff.) und ein einheitliches Wahlverfahren für alle Verfassungsrichter auch von Juristen gelegentlich als wünschenswert angesehen (Kröger in: Starck 1976, Bd. 1: 79, Pieper 1998: 82 ff.).

Die Gefahr der Entstehung zweier unterschiedlich stark legitimierter Richtergruppen wird dadurch gemildert, dass die Zweidrittelregelung zur Einigung der Parteien zwingt und auch der jeweiligen Opposition einen starken Einfluss einräumt. Die fixierten Voraussetzungen für dieses Richteramt verhindern zudem, dass unbefähigte Politiker in das Amt gelangen. Die einmalige Wahl auf zwölf Jahre soll die Richter gegen politische Pressionen widerstandsfähig machen. Parteipolitische Bindungen der Richter wurden sorgfältig abgewogen. Das leichte Übergewicht der Richter, die der CDU nahestehen, kam vor allem durch die größere Zahl derer zustande, die durch Tod oder Rücktritt ausschieden. Diese wurden gemeinhin auf das Unionsticket verbucht. Nicht immer war ein striktes Gleichgewicht in den Senaten möglich. In den ersten Jahren des Gerichts wurde häufig vom „roten" und vom „schwarzen" Senat gesprochen. Mit dem Rücktritt von Kurt Zweigert im Februar 1952 entstand in den Augen eines Teils der Öffentlichkeit im damals von der SPD anhängig gemachten Rechtsstreit um die Europäische Verteidigungsgemeinschaft (EVG) und die deutsche Wiederbewaffnung die Gefahr, dass sich in dem zuständigen Senat eine Mehrheit der Richter bilde, die gegen dieses Kernstück Adenauerscher Außenpolitik eingestellt waren. Die CDU beharrte daher energisch darauf, den Nachfolger zu benennen. Die Verzögerungstaktik der SPD in der Nachfolgefrage hat die Richterwahl erstmals ins Zwielicht gebracht. Versuche der Unionsparteien, mit der Vergrößerung ihrer Mehrheit ab 1953 den Modus der Richterwahl zu ändern, schürten das Mißtrauen, dass es auch in Deutschland zu einer Art *„court packing"* kommen könnte, wie Präsident Roosevelt es in dem New Deal gegen die konservative Mehrheit des Supreme Court eingesetzt hatte. Die Krise bei den Richterwahlen von 1963 verstärkte den Politisierungsverdacht zusätzlich. Von den Ausscheidenden stellten sich mehr Kandidaten der SPD als der Unionsparteien zur Wiederwahl zweier SPD-orientierter Richter (Draht und Lehmann). Die Neuregelung vom Dezember 1970, welche für die künftig zu bestellenden Richter keine Wiederwahl mehr zuließ, hat einen Teil der Gravamina beseitigt, die in den fünfziger und sechziger Jahren die Wahlen der Bundesverfassungsrichter politisierten. Nur selten kam es zu abweichenden Urteilen der beiden Senate, wie im Fall „Kind als Schaden" (12.11.1997, BvR 479/92 und 307/94).

Als die SPD die Regierungsverantwortung übernahm, tauchte ziemlich bald der Verdacht auf, auch sie habe ähnliche Pläne der personalpolitischen Beeinflussung der Zusammensetzung des Bundesverfassungsgerichts, wie sie einst die Unionsparteien durchzusetzen versuchten. Durch die Zerschlagung der Hoffnungen auf eine Bundesratsmehrheit für die SPD-FDP-Koalition (erstmals durch die Landtagswahl im Mai 1971 in Schleswig-Holstein) ist das Problem nicht aktuell geworden. Der Kampf um die Präsidentschaft des Verfassungsgerichts, welche die SPD nun als stärkste Regierungspartei gerne mit einem Mann ihres Vertrauens besetzt hätte, schuf neue Konflikte.

1971 mit der Ergänzungswahl von Benda und Hirsch verstärkte sich der Politisierungsverdacht aufgrund von Mitgliedern, die dem Zwölferausschuss angehört hatten. Früher galt die Regel, dass der Bundesrat überwiegend hohe Beamte wählte, während der Bundestag Richter der höheren Gerichte bevorzugte. Beide Institutionen entwickelten jedoch eine Tendenz, die Richter aus ihren eigenen früheren Mitgliedern zu wählen. Die meisten Richter haben eine Karriere in Justiz oder Verwaltung hinter sich. Die Zahl der Richter, die Erfahrungen in Wirtschaft oder Politik haben, hat abgenommen. Kritiker haben von einer „Bürokratisierung des Gerichts“ gesprochen und befürchten vom Wandel der Karrieremuster sogar Rückwirkungen auf die Rechtsprechung (Bryde 1982: 148ff.). Zwischen den beiden großen Parteien lässt sich jedoch eine gewisse Differenz feststellen. Die Richter, die von der SPD nominiert wurden, sind doppelt so häufig politisch tätig gewesen wie die Richter, welche die Unionsparteien benannten (Landfried 1984: 39).

Die komplizierten Proporzgesichtspunkte bei der Richterwahl setzen dem vordergründig parteipolitischen Einfluss Grenzen. Man bemühte sich auch bei den politischen Anschauungen der Richter um eine gewisse Balance der zentralistischen und der föderalistischen Einstellungen. Schließlich herrschte über die besondere Sorgfalt bei der Auswahl durch den Nationalsozialismus nicht belasteter Richter Konsens in allen beteiligten Parteien.

Auch ein Gleichgewicht der Konfessionen wurde angestrebt. Während die CDU-CSU benannten Richter überwiegend Katholiken waren, sind die meisten SPD-Nahesteher Protestanten, was neuerdings zu einer leichten Unterrepräsentierung der Katholiken – wie auch sonst in der politischen Elite (vgl. Kap. 6) – beiträgt.

Der Regionalproporz wurde ebenfalls bedacht. Am Anfang ergab sich ein Übergewicht des Südwestens, was mit dem Sitz des Gerichts in Karlsruhe erklärt worden ist. Neuerdings ist Hessen stark vertreten.

Die Verschiedenheit der Lebenserfahrungen und die wissenschaftliche Reputation einzelner Bundesverfassungsrichter ist immer wieder positiv hervorgehoben worden. Auch von ausländischen Forschern ist dem Bundesverfassungsgericht bescheinigt worden, Richter von hervorragender Qualität zu besetzen, die auf der Liberalismus-Konservatismus-Skala nicht als dogmatisch einzuordnen seien, sondern in ihrer Einstellung je nach dem Streitgegenstand wechselten und im ganzen einen pragmatischen Mittelweg bevorzugten (Kommers 1976: 155).

10.2 Die Zuständigkeiten des Bundesverfassungsgerichts

Das Bundesverfassungsgericht wird nicht von sich aus tätig, sondern nur auf Antrag. Die Rolle des Hüters der Verfassung ist „passiv“, nicht „aktiv“. Einer aktiven Tätigkeit steht der Einwand entgegen, dass die Überwachungspflicht von Amts wegen dem Verfassungsgericht ein Übergewicht gegenüber den anderen Gewalten verleihen würde.

Die quantitative Bedeutung der einzelnen Zuständigkeiten ist unterschiedlich. Verfassungsbeschwerden machen den größten Teil der Vorgänge aus, die vor das Bundesverfassungsgericht kommen (bis 2008: 169 592). Die konkreten

Normenkontrollverfahren nehmen die zweite Stelle ein (2008: 3410, vgl. Tabelle 10.2).

Die Verfassungsbeschwerde ist 1969 durch Grundgesetzänderung in den Art. 93 Abs. 1, Nr. 4a in die Verfassung aufgenommen worden. Sie ist für den einzelnen Bürger der ihn am stärksten betreffende Teil der Aktivitäten des Gerichts. Die Verfassungsbeschwerde kann von jedermann, der sich durch öffentliche Akte in seinen Grundrechten verletzt fühlt, erhoben werden. Er muss jedoch selbst von dem Hoheitsakt betroffen sein. Eine Popularklage ist nicht vorgesehen (im Gegensatz zum Bayerischen Verfassungsgerichtshof).

Der Kreis derer, die zur Beschwerde befugt sind, musste in vielen Entscheidungen immer wieder abgesteckt werden, um einen effektiven Grundrechtsschutz zu ermöglichen und zu verhindern, dass das Bundesverfassungsgericht zu einer Superrevisionsinstanz wird, weil es mit weithergeholten Behauptungen in verkappten Popularbeschwerden mit Anträgen überflutet wird. Trotz dieser Eingrenzung des Kreises der möglichen Antragsteller ließ sich die Flut der Verfassungsbeschwerden nur dadurch bewältigen, dass ein großer Teil nicht zur Entscheidung kommt, weil sie von einem Ausschuss jeder der beiden Senate, der aus drei Richtern besteht, als unzulässig abgelehnt werden. Gründe dafür sind nicht nur die Verstreichung von Fristen, sondern auch die Feststellung, dass nicht das Bundesverfassungsgericht, sondern die allgemeine Gerichtsbarkeit für den Fall zuständig ist. Die Auslegung des Rechts unterhalb der Ebene des Grundgesetzes fällt nur dann in die Kompetenz des Bundesverfassungsgerichts, wenn den Richtern anderer Gerichte eine Verletzung verfassungsrechtlicher Normen, die in Nichtbeachtung von Grundrechten liegt, unterlaufen zu sein scheint. Nur ein kleiner Teil der anhängig gewordenen Verfahren führt zu einer Nichtigkeitserklärung von Gesetzen oder zur Aufhebung von Gerichtsentscheidungen oder Verwaltungsakten. Der Anteil der erfolgreichen Verfassungsbeschwerden ist gering (ca. 1-2%), aber der Anteil an den erfolgreich verlaufenden Verfahren ist (mit mehr als der Hälfte) hoch.

Die antizipatorische Bedeutung für das Verhalten des Gesetzgebers ist noch wichtiger als die bloße Zahl der Entscheidungen des Gerichts, die das Handeln des Gesetzgebers ex post facto korrigieren. Wichtige Beispiele dafür sind die Entscheidung zum Mitbestimmungsgesetz von 1976, die Debatte um die Wehrpflichtnovelle von 1977 und das Problem der Extremisten im öffentlichen Dienst. In allen drei Fällen kam es zu einem „vorauseilenden Gehorsam" des Bundestages. Einziger Vorteil dieser Vorwirkung, die zur Innovationsfeindschaft führen kann, ist die sorgfältige Prüfung aller Gesetzgebungsvorhaben auf ihre Verfassungsmäßigkeit durch Innen- und Justizministerium. Selbst die Richter in Karlsruhe haben auf Befragen zu einem Teil den mangelnden politischen Mut der Politiker kritisch beurteilt (vgl. Landfried 1984: 50ff.). Die wachsende Zahl der eingehenden Verfassungsbeschwerden zeugte vom wachsenden Vertrauen der Bürger in die Verfassungsgerichtsbarkeit. 1976 sah es vorübergehend so aus, als ob der Preis dafür eine wachsende Kluft zwischen eingegangenen (2407) und erledigten Verfassungsbeschwerden (1575) sei. Die Zahlen für 1998 zeigten jedoch, dass sich das Gericht erfolgreich auf die vermehrten Aufgaben eingestellt hat. 1998 ging die Zahl der Verfassungsbeschwerden um ca. 12% zurück, verglichen mit dem Höchststand von 1995. Die deutsche Vereinigung hatte jedoch von 1992 – 1995 zu einer wachsenden Flut von Klagen geführt. Seit 1998 (ca. 4500 pro Jahr) stabilisierten sich die Eingänge der Verfassungsbeschwerden bis 2008.

Das Verfassungsgericht ist der Klageflut nicht hilflos ausgesetzt. Gelegentlich wird sie durch Grundsatzentscheidungen wie der zum Asylrecht eingedämmt, wie der Rückgang der Verfassungsbeschwerden im ersten Halbjahr 1990 zeigte. Unklare Grundsatzentscheidungen könnten freilich auch neue Klagelawinen auslösen. Es wäre verwunderlich, wenn der Gesichtspunkt der Entscheidungsökonomie bei Grundsatzentscheidungen, die den Kritikern nicht einleuchten, nicht gelegentlich eine subsidiäre Rolle spielte. Ein zweites Mittel der Kanalisierung der Beschwerdefluten wurde 1984 vom Justizministerium eingesetzt. Ab 1986 wurden eine *Missbrauchsgebühr* und eine *Nichtannahmegebühr* eingeführt. Die missbräuchliche Bemühung des Gerichts scheint eine wenig verbreitete Erscheinung zu sein. Die Statistik des Bundesverfassungsgerichts hat 1998 nur in 0,36% der eingereichten Verfassungsbeschwerden eine Missbrauchsgebühr vermerkt. Die Nichtannahmegebühr hingegen betraf 1990 immerhin 18,08% aller Fälle. Bis 2001 kam es in 902 Fällen zur Verhängung einer Missbrauchsgebühr.

Die konkrete Normenkontrolle wird eingeleitet durch den Beschluss eines Gerichtes, das einen konkreten Rechtsstreit aussetzt, weil es eine Bestimmung, die für das Verfahren von Wichtigkeit ist, für verfassungswidrig hält (z.B. Numerus-clausus-Urteile 1972, BVerfGE 33, 303ff.; Radikalen-Beschluß 1975, BVerfGE 39, 334ff.), nicht bloß bezweifelt oder nur die Zweifel von dritter Seite aufgreift (BVerfGE 1, 189; 2, 411; 4, 218).

Schutzobjekt sind nicht die Rechtsuchenden und die Organe der Rechtspflege, sondern der Gesetzgeber soll davor geschützt werden, dass Gerichte seine Gesetze missachten oder nicht anwenden (Bettermann in: Starck 1976, Bd. 1: 328). Dabei hat das Bundesverfassungsgericht ein Entscheidungsmonopol für Gesetze. Verordnungen kann hingegen jedes Gericht auf ihre Verfassungsmäßigkeit hin prüfen. In keinem Bereich hat das Bundesverfassungsgericht den Grundsatz der richterlichen Selbstbeschränkung so strikt angewendet und die Zulässigkeit von Vorlagen so streng geprüft. In keinem anderen Bereich der Zuständigkeiten ist aber auch die Diskrepanz zwischen durch Entscheidung erledigten und „auf sonstige Weise" erledigten Verfahren – in diesem Falle meist durch Zurücknahme des Antrags – so groß wie bei der konkreten Normenkontrolle.

Verfahren der *abstrakten Normenkontrolle,* die losgelöst vom konkreten Fall auf Antrag der Bundesregierung, einer Landesregierung oder mindestens eines Drittels des Bundestages beim Bundesverfassungsgericht angestrengt werden können, sind vor allem ein Instrument des Schutzes der Minderheiten und der Opposition (bis 2008: 163). Bayern und Hessen als Hauptbeteiligte haben bisher als Vorreiter der jeweiligen Opposition dieses Mittel benutzt. Seit der Polarisierung im Parteiensystem nach 1969 hat die Opposition der Unionsparteien im Bund sich zunehmend dieses Mittels bedient. Die weitreichendsten Verfahren der abstrakten Normenkontrolle waren das Urteil zum Deutschlandvertrag 1952 (BVerfGE 1, 396). das Saarurteil 1955 (BVerfGE 4, 157), das Urteil zur Parteienfinanzierung 1966 (BVerfGE 20, 56), das Abhörurteil 1970 (BVerfGE 30, 1), das Grundlagenvertragsurteil 1973 (BVerfGE 36, 1), der Bundesratsbeschluss (BVerfGE 37, 363f.) und das Urteil zum Abtreibungsparagraphen 1975 (BVerfGE 39, 1). Die Kritik an der Aufgabe richterlicher Zurückhaltung in den letzten Jahren bezieht sich nicht selten auf Verfahren der abstrakten Normenkontrolle. Gelegentlich ist sogar die Tendenz zu beobachten, dass das Bundesverfassungsgericht die verschiedenen Prozeßarten vermengt und damit die prozessrechtlichen Kompetenzgrenzen verwischt werden. Das Diätenurteil (BVerfGE 40, 296f.) etwa ist mit Recht eine „abstrakte Normenkontrolle aus Anlass einer Verfassungsbeschwerde“ genannt worden (Eckertz 1978: 190).

Die Bund-Länder-Streitigkeiten haben relativ geringe Bedeutung (bis 2008: 44 Fälle).Die Politikverflechtung hat diesen Typ im Gegensatz zu den Befürchtungen der Urheber es Grundgesetzes klein gehalten (vgl. Kap. 9). Die wenigen Fälle waren jedoch von großer politischer Tragweite. Der Niedergang der Bedeutung der Länder, die wachsende Verflechtung des Landes- und der Bundesparteienstruktur, die verwaltungsrechtlichen Kontrollen, die es kaum noch zu Fällen von Bundesaufsicht kommen lassen, haben diese Konfliktform seltener auftreten lassen, als man zu Beginn des Systems hätte vermuten können. Von den wenigen Fällen, die sich zuspitzen, sind einige nicht in erster Linie Bund-Länder-Konflikte, sondern Kontroversen zwischen Opposition und Regierung im Gewande des Bund-Länder-Streits (z.B. Volksbefragung zur Atombewaffnung in Hessen, BVerfGE 8, 122f.; Fernsehstreit, BVerfGE 12, 205f.).

Tabelle 10.2: Übersicht über die Verfahren des Bundesverfassungsgerichts (Stand: 31.12.2008)

	Verfahrensart	Anhängig geworden	Entschieden
A	Verwirkung von Grundrechten (Art. 18 GG)	4	3
B	Verfassungswidrigkeiten von Parteien (Art. 21 Abs. 2 GG)	8	5
C	Wahl- und Mandatsprüfung (Art. 41 Abs. 2 GG)	184	144
D	Präsidentenanklage (Art. 61 GG)	--	--
E	Organstreit (Art. 93 Abs. 1 Nr. 1 GG)	166	89
F	Abstrakte Normenkontrolle (Art. 93 Abs. 1 Nr. 2 GG)	163	104
G	Bund-Länder-Streit (Art. 93 Abs. 1 Nr. 3 und Art. 84 Abs. 4 Satz 2 GG)	44	26
H	Andere öffentlich-rechtliche Streitigkeiten (Art. 93 Abs. 1 Nr. 4 GG)	74	38
I	Richteranklage (Art. 98 Abs. 2 und 5 GG)	--	--
K	Verfassungsstreitigkeiten innerhalb eines Landes (Art. 99 GG)	26	21
L	Konkrete Normenkontrolle (Senate)	3410	1026
	(Kammern seit 1993) (Art. 100 Abs. 1 GG)		185
M	Nachprüfung von Völkerrecht (Art. 100 Abs. 2 GG)	28	13
N	Vorlagen von Landesverfassungsgerichten (Art. 100 Abs. 3 GG)	8	5
O	Fortgelten von Recht als Bundesrecht (Art. 126 GG)	151	19
P	Sonst. Durch Bundesgesetz zugewiesene Fälle (Art. 93 Abs. 3 GG) – ab 1971 -	6	5
Q	Einstweilige Anordnung (§ 32 BVerfGG) und – bis 1970 – sonstige Verfahren	1987	1511
R	Verfassungsbeschwerde (Art. 93 Abs. 1 Nr. 4a, 4b GG)	169592	
	entschieden durch: 1. Senate		3990
	2. Richterausschüsse bzw. Kammern		145297
U	Plenarentscheidungen (§ 16 Abs. 1 BVerfGG)	4	4
	Summe aller Verfahren	175880	152497

Quelle: http://www.bundesverfassungsgericht.de/organisation/statistik_2008.html

Auch die *Organstreitigkeiten* waren verhältnismäßig selten (166 bis 2008). Einmal gab es Überschneidungen mit der abstrakten Normenkontrolle, die sich im Zweifel als die handlichere Prozessform erwies. Zum anderen war es Praxis des Gerichts, diese durch Aufschub der Entscheidung der Dringlichkeit zu berauben, um die Quote der zurückgezogenen Anträge zu erhöhen. Im Bereich „Wahlen“ können auch die Parteien als Prozesspartei auftreten (Parteienfinanzierung, Fünfprozentklausel). Eines der umstrittensten Beispiele dieses Verfahrenstyps betraf die vorzeitige Auflösung des Bundestages 1983 (vgl. Kap. 7.2). Unter den *sonstigen Zuständigkeiten* des Bundesverfassungsgerichts sind die *Parteiverbotsverfahren* nur in den fünfziger Jahren von Bedeutung gewesen (1952 gegen die neofaschistische SRP, 1956 gegen die KPD). Das Bundesverfassungsgericht hat für die Antragstellung im KPD-Prozess der Regierung ein politisches Ermessen zuerkannt (BVerfGE 5, 85). Ein Verbotsantrag gegen die NPD scheiterte an der Verquickung von Ermittlern und Parteifunktionären zur Vorbereitung des Verfahrens.

Nach 1976 hat die Inanspruchnahme des Parteienprivilegs durch einige kommunistische Parteien maoistischer Richtung den Verbotsüberlegungen bei einigen Landespolitikern wieder Auftrieb gegeben. 1991 haben bayerische Politiker über ein Verbot der PDS öffentlich nachgedacht. Der Innenminister lehnte solche Überlegungen jedoch glücklicherweise ab.

Unterhalb der Parteienebene reichte bisher die Behinderung durch administrative Auflösung radikaler Gruppen aus. Verfahren wegen *Verwirkung von Grundrechten* wurden bisher nur viermal gegen Rechtsradikale angestrengt – bei drei Entscheidungen. Am 2. Juli 1974 (BVerfGE 38, 25) hat das Bundesverfassungsgericht mit der Zurückweisung eines Antrags der Bundesregierung gegen den Chefredakteur der „Deutschen Nationalzeitung“ mit der Begründung, seine Auffassungen stellten noch keine ernsthafte Gefahr für den Bestand der freiheitlich-demokratischen Grundordnung dar, seine vorsichtige Verzögerungstaktik in der Ausübung dieses Instruments fortgesetzt.

Die Flut der Verfahren wächst (Tabelle 10.2). Es besteht Einigkeit, dass das Verfassungsgericht entlastet werden muss. Eine Kommission, welche die Möglichkeiten zur Entlastung des Verfassungsgerichts untersuchte, stellte fest, dass das Arbeitsvolumen sich seit 1954 verzehnfacht hat. Modellrechnungen zeigten, dass bei einem Eingang von ca. 5000 Verfahren pro Jahr jeder Richter pro Jahr mehr als 330 Verfahren als Berichterstatter zu bearbeiten hätte, neben seiner Tätigkeit in der Kammer, im Senat und im Plenum. Zwei Senate und jeweils drei Kammern pro Senat kanalisieren die Klageflut, und die Zahl der Kammerentscheidungen nimmt zu, was bedenklich erscheint, weil sie zwar den Einzelfall abschließen, aber nicht zur Rechtsfortbildung beitragen, weil Kammerbeschlüsse nicht in die Entscheidungssammlung aufgenommen werden (Benda 1998: 8). Die Kommission zur Entlastung schlug daher vor, bei Verfassungsbeschwerden nur noch die Senate für zuständig zu erklären. Verfassungsbeschwerden könnten nach dem Votum zweier Richter (Minderheitsmeinung: eines Richters) als erledigt erklärt werden, falls nicht in einer bestimmten Frist ein anderes Senatsmitglied die Beratung im Senat verlangt. Das Verfahren würde damit dem amerikanischen Supreme Court angenähert. Dies ist jedoch dennoch auf praktische wie grundsätzliche Bedenken gestoßen. Die Kommission verwarf sonstige Entlastungsvorschläge wie „Dritter Senat“, eine Anhörungsrüge zur Verlagerung von Verfassungsbeschwerden auf die Landesverfassungsgerichte. Noch steht eine wirksame Entlastung des Bundesverfassungsgerichts aus.

Im Verhältnis von Verfassungsgericht und Gesetzgeber spielte die Normenkontrolle eine wichtige Rolle. Die *abstrakte Normenkontrolle* erlaubt die umfangreichste Prüfung, aber sie ist weit seltener als die *konkrete Normenkontrolle*. Neben der *direkten* steht die *indirekte* Gesetzesprüfung bei Verfassungsbeschwerden gegen Gerichtsurteile.

Auch in einem Sample von Schlüsselentscheidungen wird widerlegt, was vielfach behauptet wurde: Das Verfassungsgericht ist kein Friedhof der kassierten Gesetze:

1. Seit 1951 nahmen die *Nichtigkeitserklärungen* von Gesetzen sogar ab (380 Bund, 156 Länder; inklusive Unvereinbarkeitserklärungen).
2. Als mildere Form des Tadels am Gesetzgeber wurde die Erklärung der *Unvereinbarkeit mit dem Grundgesetz* bevorzugt. Sie bot dem Gesetzgeber unterschiedliche Wege zur Heilung des Mangels (Rupp von Brüneck 1977: 19). Beim Diätenurteil zeigte sich freilich, dass der Spielraum des Gesetzgebers im Einzelfall auch nicht viel größer sein kann als bei der Nichtigkeitserklärung (Landfried 1984: 49).
3. Die Ermahnung zur *verfassungskonformen Interpretation* war prima vista die Intervention des Gerichts, die den Spielraum des Gesetzgebers am wenigsten einschränkt. Vor allem in der Außenpolitik (Verträge von Moskau, Warschau, Maastricht) drückte sich in dieser Interventionsform die richterliche Zurückhaltung aus. Das Urteil hat den Tenor: „Bis hierher und nicht weiter.“ Nach herrschender Lehre ist diese Zurückhaltung des Gerichts in vielen Ländern mit Verfassungsgerichtsbarkeit in der Praxis ins Gegenteil umgeschlagen. Der Gesetzgeber erhält eine genaue Anweisung, welche Auslegung des Gesetzes die allein gültige ist. Selbst bei der klassischen Nichtigkeitserklärung hat der Gesetzgeber bei der Neufassung des Gesetzes einen größeren Spielraum. Die eigentliche Wirkung des Urteils liegt jedoch in den Gerichten, die sich fortan an den „Willen des Verfassungsgerichts“ halten und den „Willen des Gesetzgebers“ sogar in sein Gegenteil verkehren können. Auch in Frankreich ist die „déclaration de conformité sous réserve“ als ähnlich einschränkend interpretiert worden Bei außenpolitischen Entscheidungen sind die Folgen gering. Auch bei wichtigen innenpolitischen Gesetzen kann der Schaden begrenzt werden, wie bei Mitbestimmungsrege-

lungen. Der mühsam erreichte Mitbestimmungskompromiss kann auf Betriebsebene schwerlich verändert werden. Auch gesetzgeberische Veränderungen des Gleichgewichts der Kräfte der Tarifpartner sind erfahrungsgemäß unwahrscheinlich. Aber bei sozialpolitischen und regulativen Maßnahmen kann eine solche vom Verfassungsgericht gezogene Grenze rasch überschritten und von den Gerichten beanstandet werden.
4. Die größte Zahl der Fälle sind vom Verfassungsgericht *für grundgesetzkonform* erklärt worden. Darunter befinden sich auch sehr umstrittene Entscheidungen, die weitreichende Innovationen nach sich zogen, wie bei der Strafrechtsreform (1969) oder dem Arbeitsförderungsgesetz (1969).
5. Nur selten ist die indirekte Normenkontrolle anlässlich von Verfassungsbeschwerden gegen Gerichtsurteile aufgetaucht mit der Folge der Aufhebung eines Urteils.

Die Statistik des deutschen Bundestages listet die Gesetzesentscheidungen auf, die vom Bundesverfassungsgericht für nichtig oder verfassungswidrig erklärt wurden. Die für nichtig erklärte Norm muss revidiert werden, die unvereinbare bedeutet hingegen eine Anwendungssperre. Der Gesetzgeber wird zur Schaffung einer neuen verfassungsmäßigen Rechtslage verpflichtet. 1951-1980 wurden 85 Gesetze für nichtig oder teilnichtig und 55 für unvereinbar mit dem Grundgesetz erklärt. 1981-1991 kam es zu 77 Nichtigkeitserklärungen von Gesetzen. Die mit dem Grundgesetz unvereinbaren Gesetze wurden nicht mehr verzeichnet. Es hat im Ganzen rund 150 Nichtigkeitserklärungen gegeben.

10.3 Richterliche Zurückhaltung oder aktive Rolle der Richter im politischen Prozess?

Idealtypisch sind richterliche Entscheidungen von der politischen Entscheidung abgehoben durch eine stärkere Normenbindung, durch rein reaktives Tätigwerden und durch die Beschränkung auf Ja-Nein Entscheidungen, die weniger Spielraum für Kompromisse läßt (Bryde 1999: 498). Die Verfassungsgerichtsbarkeit weicht von dieser idealtypischen Position dadurch ab, dass sie der politischen Entscheidung näher steht. Das Bundesverfassungsgericht hat angesichts der schweren Konflikte im politischen System seit 1969 eine wichtige Befriedungsfunktion, indem es die Rechte der Minderheiten und der Opposition auch in Zeiten längerer Herrschaft einer Mehrheit immer wieder zur Geltung bringt und die Offenheit des politischen Prozesses selbst für die nicht zum etablierten Parteienkartell gehörenden Gruppen garantiert. Das Bundesverfassungsgericht greift tief in den Kompetenzbereich von Parlament und Regierung ein, obwohl es kein

Ersatzgesetzgeber ist, wie die Kritik manchmal unterstellt. In den USA ist die *Political-Question-Doktrin* entwickelt worden, mit welcher der Supreme Court die Entscheidung in überwiegend politischen Fragen umgehen kann. Vom kontinental-europäischen Rechtsdenken her erscheint die Anwendung der Doktrin manchmal willkürlich, zumal viele Rechtsstreitigkeiten große politische Implikationen haben, auch wenn man definiert, dass politische Streitigkeiten im Gegensatz zu politischen Rechtsstreitigkeiten solche sind, bei denen es um neues Recht, um „den Streit *um* das Recht und nicht *nach* dem Recht" geht (Das Bundesverfassungsgericht 1963: 68).

Das Bundesverfassungsgericht war sich der Problematik gleichwohl bewusst. Im Vergleich zur Mannheimer Elitenbefragung von 1972 hat bei Interviews 1983 die Zahl der Richter stark zugenommen, welche sich auch darüber im klaren waren, dass die Rechtsfortbildung einen gewichtigen Teil ihrer Tätigkeit ausmacht (Landfried 1984: 23). Das Gericht akzeptierte daher zunehmend einen anderen Grundsatz der amerikanischen Verfassungsgerichtsbarkeit, das *judicial self-restraint,* die richterliche Selbstbeschränkung. Im Urteil zum Grundlagenvertrag von 1973, der nach dem Gefühl vieler an die Grundlagen der nationalen Identität Deutschlands rührte, sah das Bundesverfassungsgericht den Anlass gegeben, seine Rolle klarzustellen, da es als Komplize der Exekutive bei der Verschleuderung nationaler Positionen in der Außenpolitik kritisiert wurde: „Die Durchsetzung dieser Verfassungsordnung obliegt letztverbindlich dem Bundesverfassungsgericht. Der Grundsatz des judicial self-restraint, den sich das Bundesverfassungsgericht auferlegt, bedeutet nicht eine Verkürzung oder Abschwächung seiner eben dargelegten Kompetenz, sondern nur den Verzicht, „Politik zu treiben", d. h. in den von der Verfassung geschaffenen und begrenzten Raum freier politischer Gestaltung einzugreifen" (BVerfGE 36, 14). Das Gericht lehnte es daher ab, Zweckmäßigkeit und Opportunität von Akten der anderen Verfassungsorgane zu überprüfen. Aus den Grundrechten hat das Bundesverfassungsgericht für die einzelnen keine originären Leistungsansprüche gegenüber dem Staat herausinterpretiert. Die geringe Entwicklung sozialer Grundrechte im Grundgesetz (Kap. 1.2) hat diese Zurückhaltung begünstigt.

Unterstützung von Leistungsansprüchen des einzelnen würde zwangsläufig finanzielle Vorentscheidungen mit sich bringen und letztlich dem Gericht die Prioritätensetzung in der Haushaltsplanung übertragen. Wie im Numerus-clausus-Urteil von 1972 (BVerfGE 33, 303f.) wurden daher der Exekutive in der Regel keine neuen finanziellen Belastungen aufgebürdet, sondern es wurde lediglich eine dem Gleichheitsgrundsatz entsprechende Verteilung des Vorhandenen auferlegt. 1998 beim Kindergeld wurde diese Zurückhaltung aufgegeben.

Zurückhaltung erlegt sich das Gericht in der Regel auch bei der Absteckung des *Handlungsspielraums* der Regierung auf. Eine empirische Untersuchung ergab, dass jede vierte Tatsachenfeststellung eine Prognose enthält (Philippi 1971: 193). Das Gericht bemüht sich um rationale Voraussagen und vermeidet intuitive Verfahren. Dennoch muß dem Gesetzgeber ein großzügiger Prognosespielraum eingeräumt werden. Die Grenze richterlicher Selbstbeschränkung wird jedoch zunehmend in Ratschlägen für die Zukunft überschritten. Die Absicht ist dabei gelegentlich durchaus wohlwollend. Das Gericht will erneute Niederlagen des Gesetzgebers in weiteren Verfahren vermeiden. Im Urteil zum Parteiengesetz (BVerfGE 24, 300f.) ist das nicht gelungen, als in einer zweiten Runde des Konfliktes der Mindeststimmenanteil der Parteien für die Wahlkampfkostenerstattung von 2,5% auf 0,5% herabgesetzt wurde.

Seit der „Tendenzwende", etwa von 1972/73 bis zum Machtwechsel 1982, zeigten sich Entwicklungen, welche die richterliche Zurückhaltung in vielen Punkten vermissen ließen und dem Verdacht Nahrung gaben, dass die Bundesverfassungsrichter sich mehr und mehr zu einer aktiven Rolle im politischen Prozess bekannten *(judicial activism)*. Aktiv gestaltend wurde etwa in den Streitfällen Hochschulurteil (BVerfGE 35, 79f.), Grundlagenvertragsurteil (BVerfGE 36, 1), Abtreibungsurteil (BVerfGE 39, 1), Witwer-Urteil (BVerfGE 39, 169) und dem Diätenurteil (BVerfGE 40, 296f.) in den politischen Prozess eingegriffen. Diese Entwicklung begann mit dem Parteienfinanzierungsurteil und hatte ihren vorläufigen Höhepunkt im Abtreibungsurteil (und im Urteil zur Kriegsdienstverweigerung). Im ersteren entschied das Gericht gegen die Rechtsauffassung der Mehrheit der Politiker und fiel weit hinter das, was andere Hohe Gerichte im Ausland – wie der Supreme Court in den USA, der Österreichische Verfassungsgerichtshof und der französische Conseil Constitutionnel – entschieden hatten, zurück. Ein hartes Urteil lautete: „Erfolge vor dem Verfassungsgericht sind für die sozialliberale Koalition der siebziger Jahre eine Ausnahme geblieben" (Bommarius 2009: 242).

Im Urteil vom Mai 1977 über die Etathoheit wurde die Bundesregierung dafür gerügt, dass sie Sonderbewilligungen für den Haushalt erteilt hatte, ohne dass ein „unabweisbares Bedürfnis" im Sinne des Grundgesetzes nachzuweisen war. Ebenso gegen die einstigen Gepflogenheiten der Regierungspraxis der CDU-CSU-Opposition fiel das Wahlpropagandaurteil über die Bundestagswahl von 1976 aus, in dem der SPD-Regierung eine Zurückhaltung auferlegt wurde, welche keine CDU-Regierung je eingehalten hatte. Der Gerechtigkeit halber muss jedoch hinzugefügt werden, dass die damalige Opposition, die SPD, ebenfalls versucht hatte, mit Hilfe des Verfassungsgerichts die Benachteiligung der Opposition in diesem Punkt auszugleichen. Verhängnisvoller als die sachliche Entscheidung an sich war der Eindruck, der in der Öffentlichkeit durch solche Urteile geweckt wurde, die Regierung unterlaufe an vielen Stellen wissentlich das Grundgesetz. Im Urteil gegen das Vorschaltgesetz zur Hochschulreform in Niedersachsen im Mai 1973, in dem jedes Partizipationsmodell für verfassungswidrig erklärt wurde, in dem die Professoren nicht wenigstens 51% der Stimmen hatten (BVerfGE 35, 79ff.), kam das Gericht in den Geruch konservativer Parteinahme gegen die wichtigsten Reformen der Ära Brandt. Mit dem Urteil über die Zustimmung des Bundesrates zur Änderung von Zustimmungsgesetzen (BVerfGE 37, 363ff.) wurde anlässlich des 4. Rentenversicherungsänderungsgesetzes von den Regierungen von Rheinland-Pfalz und Bayern die Stellung der Opposition im Gesetzgebungsprozess zu stärken versucht.

Am schärfsten wird von der Kritik die mangelnde Zurückhaltung des Bundesverfassungsgerichts in der *Außenpolitik* vermerkt. Das Urteil über das Saarstatut von 1954, gegen das seinerzeit die SPD klagte und das Urteil über den Grundlagenvertrag von 1973 wurden häufig verglichen, um den juristischen Aktivismus zu kritisieren, der sich entwickelt hat. In beiden Fällen ging es um einen ähnlichen Vorwurf, nämlich, dass ein außenpolitischer Vertrag praktisch auf eine Abtretung deutschen Staatsgebietes hinauslaufe. Während das Gericht jedoch 1954 den politischen Organen noch unterstellte, dass sie keine „grundgesetzwidrigen Bindungen" hätten eingehen wollen und der Regierung Adenauer keine Auflagen gemacht wurden, bestätigte es 1973 im Grundlagenvertragsurteil zwar die Gültigkeit des Vertrages, aber verband das Urteil mit vielen Bedenken und dem Versuch, die Regierung juristisch an die Leine zu legen. Das Saarurteil ist als nahezu uneingeschränktes politisches Vertrauensbekenntnis zur Regierung Adenauer, das Grundlagenurteil hingegen als kaum verhülltes Misstrauensvotum gegen die Regierung Brandt gedeutet worden (Schueler 1978: 10).

Wurde dieses Urteil manchmal noch mit dem Unterschied der Meinungen in der Bundesrepublik gegenüber Fragen der West- und der Ostpolitik gedeutet, der nicht auf die Verfassungsrichter beschränkt ist, so ist auch in der Westpolitik der Trend zur Einmischung in die politische Sphäre stärker geworden, etwa im Europabeschluß (BVerfGE 37, 271) in bezug auf das Verhältnis von nationaler und europäischer Entscheidungsgewalt.

In der Außenpolitik hat das Verfassungsgericht unterschiedlich segensreich gewirkt. Das Urteil zum Vertrag von Maastricht mit seiner Rabulistik über einen „Staatenverbund" – eine Kompromissformel, die kaum in andere Sprachen zu übersetzen ist und daher kaum durchsetzbar sein wird (BVerGE 89, 155ff.) – galt einigen als weise (Scholz 1999: 5), anderen vor allem im Ausland, als deutsche Anmaßung und als Vorbehalt, der wieder in einen deutschen Sonderweg einmünden könnte. Beim Urteil über die „out of area" Einsätze der Bundeswehr im Rahmen der NATO (BVerfGE 90: 286ff.) wurde eine anachronistische Debatte vom Verfassungsgericht in ausgewogener Form entschieden und mit der Bindung der Einsätze an einen Parlamentsbeschluss demokratisch gebändigt, obwohl dieser im Grundgesetz nicht vorgeschrieben war.

Schlüsselt man die Politikfelder auf, in denen Gesetze vom Bundesverfassungsgericht als mit dem Grundgesetz nicht vereinbar erklärt worden sind, so zeigt sich, dass in der Außen- und der Wirtschaftspolitik schon eine gewisse richterliche Zurückhaltung geübt wird. Vor allem Sozial-, Steuer- und Finanzpolitik sind unter den Materien, auf die das überlastete Gericht immer wieder Einfluss nimmt.

Die Überlastung des Gerichts ist nicht nur ein quantitatives Problem, das mit Vorschlägen zur Einführung von Gebühren oder der Durchforstung einiger Verfahren allein behoben werden kann. Es geht vor allem auch um die Verbesserung der Information und die wissenschaftliche Zuarbeit für die Richter. Die Gefahr, dass ein wissenschaftlich begründetes Urteil in konfliktreichen Zeiten durch einen eifernden Normativismus ersetzt wird, ist auch in der Bundesrepublik nicht immer vermieden worden. Die Kritik an einigen Urteilen richtete sich weniger gegen den Inhalt, der sich in manchen Fällen durchaus rechtfertigen ließ, sondern gegen den Stil ihrer Begründung, der in den siebziger Jahren eindeutig oppositionsfreundlich und eifernder gegenüber der Regierungskoalition gewesen ist. Im Abtreibungsurteil hat das Gericht auch nach Meinung eines Ex-Verfassungsrichters, „eingekleidet in den Urteilsstil ein Mustergesetz entworfen“ (Konrad Zweigert in: Starck 1976, Bd. 1: 75).

Angesichts dieser neueren Entwicklung wurde auch in der Bundesrepublik der Ruf nach einer *„Political-Question-Doktrin“* laut, die es erlaubt, kaum Justiziables stärker auszuklammern. Eine Befragung der Richter ergab, dass nur zwei die *political question* für die Bundesrepublik wünschten, drei sie bereits implizit angewandt sahen und zehn diese Einrichtung mit dem deutschen System für schwer vereinbar hielten (Landfried 1984: 153). Im Vergleich mit den USA gilt selbst die Idee der richterlichen Selbstbeschränkung einigen Autoren als problematisch (Rau 1996: 227), weil sie die Grenze der Kompetenz, die außerhalb des Gerichts liegen sollte, in das Gericht verlagert und die Objektivität der Entscheidung mindert. Es wurde auch argumentiert, dass das Grundgesetz nicht prophylaktisch Zurückhaltung verlangen könne, weil man vor allem beim Schutz von Grundrechten gerade richterliche Aktivität verlange, um eine Art „Justizverweigerung“ zu vermeiden. Vom amerikanischen System werden eher prozedurale Hürden gegen die Klageflut aufgebaut. Das Bundesverfassungsgericht setzt Grenzen eher inhaltlich auf der Sachebene.

Die Verfassungsgerichtsbarkeit dient in westlichen Demokratien einerseits der Kontinuität und hat daher auch in anderen Ländern vielfach bremsend in Zeiten beschleunigter Neuerungen gewirkt. Andererseits muß sie – gerade bei der erschwerten Verfassungsänderung in Bundesstaaten – eine der wichtigsten Einrichtungen des Verfassungswandels sein und muß auch ihre Innovationsfunktion wahrnehmen. Eine Zeitlang drohte diese auf den Bereich des Minderheitenschutzes und der Erinnerung an ausdrückliche Verfassungsaufträge zusammenzuschrumpfen. Das Bundesverfassungsgericht hat das Parlament mehrfach ermahnt, klare Verfassungsaufträge durch gesetzgeberische Initiativen zu verwirklichen, wie bei der Gleichstellung der unehelichen mit den ehelichen Kindern (BVerfGE 8, 210; 17, 148; 25, 148) oder 1972 bei der Feststellung, dass Grundrechte von Strafgefangenen nur durch Gesetze eingeschränkt werden können und dass keine Relikte obrigkeitsstaatlicher Vorstellungen vom *„besonderen Gewaltverhältnis“* dazu führen, dass die notwendig erscheinenden Gesetze nicht zustande kommen (BVerfGE 33: 1). Diese innovative Funktion des Bundesverfassungsgerichts hält freilich die umstrittene Lehre vom Verfassungsauftrag in engem, auf den Wortlaut des Grundgesetzes beschränkten Rahmen. Eine radikale Fortentwicklung des Systems im Sinne der Lehre vom Verfassungsauftrag würde ein Gericht nicht nur überfordern, sondern würde auch gegen andere, die Rechts- und Erwartungssicherheit des Bürgers schützende Funktionen verstoßen.

Mit der Reform vom Dezember 1970 ist die Publikation von abweichenden Meinungen einzelner Richter *(dissenting opinions)* nach amerikanischem Vorbild möglich geworden (§ 30 Abs. 2 BVerfGG). Diese sind ein wichtiger Indikator für sich anbahnende Meinungsumschwünge, am spektakulärsten bei der Entscheidung zur Parteienfinanzierung (1992, vgl. Kap. 4.2), bei der nur ein Richter seine Meinung gegenüber 1986 ändern mußte. Zwei hatten bereits früher dissentiert. Die Selbstkorrektur des Gerichtes konnte so auf „Wandel durch Personalwechsel“ reduziert werden (Landfried 1992). Nicht selten hat das Verfassungsgericht – vor allem bei den vier Grundsatzurteilen zur deutschen Einigung – Autorität durch Einstimmigkeit gesucht. Im Ganzen hat sich das Institut der abweichenden Meinung durchgesetzt. Die Mehrheit der Richter hat abweichende Meinungen verfasst. Je stärker politisch die Richter dachten, um so häufiger taten sie es – mit Ausnahmen wie Ernst Benda. Die Störung der Routine, die von solchen Voten ausgeht, erzeugt Wettbewerbsdruck, schärft die Argumentation und macht die Entscheidungen transparenter, gelegentlich auch verständlicher (Lamprecht 1992: 82ff., 290ff.).

In der staatsrechtlichen Literatur fanden sich jedoch auch weniger günstige Urteile. Gerd Roellecke (in: Badura/Dreier 2001, Bd. 1: 380 f.) stufte die Sondervoten als „Relikte aus einer vormodernen Organisation der Rechtsprechung“ ein: „Heute schaden sie weder noch nützen sie etwas“. Konservative Kritiker nehmen vor allem Anstoß daran, dass Sondervoten vielfach vor allem politische Positionen akzentuieren.

Die drohenden Folgen der neueren Entwicklung werden zunehmend schärfer in der Publizistik gebrandmarkt. Es besteht vor allem die Gefahr, dass ein Verfassungsorgan, das immer mehr versucht, die anderen festzulegen, das System als Ganzes weniger lernfähig macht, da die gegenseitige Korrektur der verschiedenen Gewalten nicht mehr funktioniert. Weil die Bindungswirkung der Urteile des Bundesverfassungsgerichts auch auf die sie tragenden Gründe ausgedehnt wurde und diese angesichts der Ausdehnung der Kompetenzen des Gerichts gelegentlich nur noch entfernt mit dem zur Entscheidung stehenden Gegenstand zu tun hatten (z.B. im Radikalenurteil, BVerfGE 39, 334), werden einmal getroffene Entscheidungen schwer revidierbar. Die *obiter dicta*, das Rankenwerk um die tragenden Gründe der Urteile, schossen ins Kraut und entwickelten ihrerseits präjudizierende Kräfte. Ein Ex-Richter wie Mahrenholz (in: Badura/Scholz 1998: 36) sah seit den achtziger Jahren eine Tendenz zu ihrer Abnahme. Zwar kann das Gericht selbst früher vertretene Auffassungen und sogar deren Begründung aufgeben. Aber eine Umfrage von 1983 zeigte, dass die Richter selbst nur zum kleineren Teil diese Möglichkeit als groß einschätzen (Landfried 1984: 219). Wenn das Bundesverfassungsgericht frühere Ansichten nicht wenn nötig revidiert, dann ist die Revision einer Stellungnahme des Gerichts praktisch nur über eine Verfassungsbeschwerde möglich, weil nur der einzelne Bürger nicht – wie andere Gerichte und Verfassungsorgane durch das Bundesverfassungsgerichtsgesetz (§ 31) – an die Entscheidung gebunden ist. Die paradoxe Folge einer solchen Entwicklung wäre, dass die Rechtsentwicklung dem Bundesverfassungsgericht entgleitet (Eckertz 1978: 187), weil sich neben der verwirrenden Fülle der Entscheidungen und ihrer tragenden Gründe angesichts ihrer schweren Revidierbarkeit eine abweichende Praxis zu etablieren droht.

Diese Entwicklung ist nicht unumkehrbar. Die anderen Verfassungsorgane könnten sie stoppen. Ministerien und Fraktionen funktionalisieren oft nicht ungern Verfassungsgerichtsentscheidungen, und vermeintliche Restriktionen in Karlsruhe sind häufig nur den Urteilen „vorauseilender Gehorsam" (vgl. Landfried 1984: 194). Eine quantitative Gesetzgebungsstudie zeigte, dass bei Schlüsselentscheidungen des Bundestages nicht nur 40% der Gesetze vor das Gericht kamen, sondern in 12% der Gesetze, die nicht in Karlsruhe landeten, in der Bundestagsdebatte mit dem Gang nach Karlsruhe gedroht wurde (von Beyme 1997: 304 ff.). Die Funktionalisierung des Gerichts im parlamentarischen Wettkampf legt die Vermutung nahe, dass die Opposition im Bund-Länder-Streit vielfach aktiv wurde. Die beiden großen Volksparteien waren ähnlich häufig tätig geworden. Die Union hatte in ihrer Oppositionszeit etwas größeren Erfolg bei der Nutzung des Verfassungsgerichts für die eigene Rechtsposition. Es wurde zwischen parlamentarischer und föderaler Opposition entschieden, obwohl die Grenzen sich als fließend erwiesen haben (vgl. Kap. 9.3). Oppositionelle Landesregierungen waren erfolgreicher in der Nutzung der abstrakten Normenkontrolle als die parlamentarische Opposition (Stüwe 1997: 231ff.).

Es wurde gelegentlich behauptet, dass ein Teil der Politiker die Berufung auf Handlungsgrenzen durch das Bundesverfassungsgericht recht bequem findet und dass dieses langsam die Rolle des Reichspräsidenten der Weimarer Republik als Entschuldigung für mangelnde Aktivität der Parlamentsparteien spiele (Eckertz 1978: 191). Frühere Elitenstudien (Kaltefleiter/Wildenmann 1973: 114f.) haben diesen Verdacht eigentlich nicht erhärtet. Nur 2,1% der Befragten wünschten eine Stärkung der Kompetenz des Bundesverfassungsgerichts. Zwar stimmten 18,3% der Meinung zu, das Bundesverfassungsgericht werde durch politische Kräfte zu sehr beschränkt. Aber in die Antworten auf diese allgemeine Frage dürfte auch Kritik an dem Bestellungsmodus und nicht nur Bedauern über mangelnde Entwicklungsspielräume eingeflossen sein. Sehr viel mehr der befragten Akteure (26,1%) waren hingegen der Meinung, das Bundesverfassungsgericht urteile auch über Fragen, die eigentlich in die Kompetenz des Parlaments fallen.

Nach dem Regierungswechsel von 1982 stellte sich das Zurückhaltungsproblem in anderer Weise. In einer Zeit, da die neuen sozialen Bewegungen (vgl. Kap. 4.3) von der Umwelt- bis zur Sicherheitspolitik mit Alles-oder-nichts-Forderungen auf den Plan traten, breitete sich gerade unter den sonst ultrademokratisch gesonnenen Alternativen die Neigung aus, das Mehrheitsprinzip der Demokratie in Frage zu stellen. Trotz der generellen Institutionenkritik ist dabei das Verfassungsgericht eine beliebte „Klagemauer der Nation" geworden, vor der zunehmend Wertkonflikte ausgetragen werden, welche das Gericht überfordern. Bei der *Sozial- und Wirtschaftspolitik* galt die Faustregel, dass Verfassungsgerichte der Regierung und dem Parlament keine aufgabenwirksamen Auflagen machen. Spätestens beim Urteil zum Kindergeld 1999 machte das Gericht einen tiefen Eingriff in die Steuerpolitik der neuen Regierung Schröder, der die öffentlichen Hände nach Schätzungen des Finanzministeriums 22 Milliarden DM kosten würde. Der Zeitpunkt war gut gewählt. Die neue SPD-Regierung beeilte sich zu erklären, dass sie diese Erhöhungen eigentlich schon immer gewollt hatte, und die neue Opposition äußerte sich vielfach ähnlich. Zugleich kündigte sie jedoch Widerstand gegen einen Versuch der Regierung an, das neue Defizit über Steuererhöhungen zu finanzieren.

In diesem Konflikt um die Werte wird man bei *Routineentscheidungen* sich tunlichst auf die Fußballschiedsrichterkonzeption zurückziehen können. Bei *Innovationsentscheidungen* ist die Luhmannsche Unsensibilität für die Folgen von Gerichtsentscheidungen unrealistisch. Die deutschen Verfassungsrichter sind zwischen den beiden Meinungen nicht weniger hin- und hergezogen als ihre amerikanischen Kollegen. Manchmal werden beide Auffassungen in sympathischer Inkonsequenz nebeneinander vertreten. Helmut Simon hat in wissenschaftlichen Veröffentlichungen bekannt: „Im Zweifel Verzicht auf eine ständige Verfeinerung der Verfassungsinterpretation und Offenlassen von Streitfragen zur Selbstregulierung im politischen Prozess“ (Simon 1983: 1284). In seinen Ende 1983 selbst vom Bundespräsidenten ohne Namensnennung gerügten Äußerungen gegenüber den Medien hingegen vertrat er eine wertgeladene Konzeption, die ohne „Verfeinerung der Verfassungsinterpretation“, vielleicht sogar ohne „Überspitzung einer bestimmten Verfassungsinterpretation“ nicht ausgekommen wäre. Jedenfalls war ihm klar, dass die „Selbstregulierung im politischen Prozess“ geradewegs zur fristgerechten Aufstellung von Pershing II führen werde. Der Konflikt ist auf der Grundlage des Wortlauts des Grundgesetzes kaum zu schlichten. Die mangelnde Einheit der Verfassung wirkt sich auch hier aus. Im organisatorischen Teil ist sie gewaltenteilig-funktional angelegt, im Staatszweckteil und in Teilen der Grundrechte auf „wehrhafte Demokratie“ hin. Der Zwiespalt der Richter hat seine verfassungsmäßige Grundlage. Die Spannung zwischen Wertorientierung in Grundsatzfragen und prozessualem Formalismus in Routinefragen ist unaufhebbar und letztlich vermutlich sogar fruchtbar. Mit den Worten Weizsäckers in den Heidelberger Thesen zum Frieden: „Nicht jeder muss dasselbe tun, aber jeder muss wissen, was er tut.“ Wer eine starke Wertbezogenheit der Entscheidungen favorisiert, sollte wissen, dass dies mit „judicial restraint“ nicht vereinbar ist.

10.4 Hüter eines gesamtdeutschen Grundkonsenses?

In den achtziger Jahren sah es gelegentlich so aus, als ob die längst unscharfe, aber in der Öffentlichkeit festgesetzte Meinung über einen liberalen Grundrechtssenat und einen etatistischeren „Staatsgerichtshof“ wieder an Plausibilität gewönne. Das Urteil über den Zivildienst, das der Regierung bestätigte, dass der Ersatzdienst länger als der Wehrdienst dauern könne, der Ausschluss der Grünen von dem Ausschuss, der die Geheimdienste kontrollierte, oder das Parteienfinanzierungsurteil, das die Großspender schamlos begünstigte (vgl. Kap. 4.3), und schließlich das Urteil, in dem das Wahlrecht für Ausländer bei Gemeinde- und Kreiswahlen in Schleswig-Holstein für verfassungswidrig erklärt wurde, sind vielfach als konservative Tendenzwende gedeutet worden.

Die Deutsche Einheit wurde zur „Stunde der Exekutive“ (vgl. Kap. 8) und widerlegte Szenarien von der Politikverflechtungsfalle, die den föderalistischen Staat handlungsunfähig mache (Kap. 9). Die Regierung hatte mit der DDR im Einigungsvertrag Verfassungsänderungen vereinbart, die für den Bundestag nicht mehr abänderbar waren. Das Gericht hat sich in einheitsfreundlicher Eile „für das schneidigste aller Verfahren“ entschieden, nämlich die Verwerfung des Antrags nach § 25 BVerfGG (Meyer in: Badura/Dreier 2001, Bd.1: 85).

Der Leitsatz des Urteils vom 31. Oktober 1990, „das Staatsvolk, von dem die Staatsgewalt in der Bundesrepublik Deutschland ausgeht, wird nach dem Grundgesetz von den Deutschen ... gebildet“ (BVerfGE 83, 37), ist gelegentlich als nationalistisch gedeutet worden. Ein solches Verdikt tut den Richtern des zweiten Senats unrecht. Das nicht sehr wegweisende Ergebnis, das hinter Regelungen in den Niederlanden und einigen skandinavischen Ländern zurückblieb, ist nicht zuletzt als Akt richterlicher Zurückhaltung zu verstehen. Das Gericht mischt sich ungern in die Außenpolitik ein. Dass ein anderes Urteil außenpolitische Konsequenzen gehabt hätte, ist nicht zu leugnen. Man kann in dem Urteil auch ein Moratorium sehen, das der Regierung die Möglichkeit offenhält, in der EU eine einheitliche Lösung zu erreichen, und dem Gesetzgeber die Chance zu einer grundsätzlichen Klärung der Frage auf allen Ebenen des Wahlrechts gibt.

Der „Grundrechtssenat“ hat es naturgemäß leichter, Lösungen zu finden, die dem Grundrechtsverständnis der meisten europäischen Staaten entsprechen. Die Grundrechtsprechung ist international bereits homogener als die staatliche Ausgestaltung der westlichen Demokratien. Bei den Entscheidungen zum Demonstrationsrecht oder zur Rundfunkfreiheit hatte der erste Senat weniger Rücksichten auf die Staatsräson zu nehmen und konnte seine Liberalität unter Beweis stellen.

Mit der Wende zu den neunziger Jahren zeigte sich jedoch, dass die Pauschalurteile über die beiden Senate nicht immer haltbar waren. Die deutsche Einigung warf viele Fragen des *„due process“* und der Fairness auf. Dem Verfassungsgericht wuchsen in beiden Senaten wichtige Funktionen des Wächters über ein faires Verfahren gegenüber den ostdeutschen Bürgern zu. Im Wahlrechtsurteil wurde vom zweiten Senat verhindert, dass die Fünfprozentklausel bei den ersten gesamtdeutschen Wahlen sogleich bundesweit angewandt wurde. DDR-regionale Parteien bekamen somit eine Chance, auch wenn sie nicht durch Listenverbindungen mit einer westdeutschen Gruppe listenfähig geworden waren (vgl. Kap. 3.1). Selbst die PDS, die im Kampf um ihr Vermögen (vgl. Kap. 4.5) vor dem Gericht einmal unterlag (BVerfGE 84, 290ff.), bekam in ihrem Anspruch auf Fraktionsstatus wenigstens einen Teilerfolg, da ihr die Mitgliedschaft in den Unterausschüssen des Deutschen Bundestages zugesprochen wurde (BVerfGE 84, 304ff.).

In das Bild des liberalen ersten Senats schien es weniger zu passen, dass das Bundesverfassungsgericht die „Warteschleife“ im April 1991 für verfassungsmäßig erklärte. Die Angestellten des öffentlichen Dienstes, die mit Wirksamwerden des Einigungsvertrages vom 3. Oktober 1990 suspendiert wurden, da sie Einrichtungen angehörten, die nicht von Bund, Ländern und Gemeinden übernommen und daher „abgewickelt“ wurden, wurden für 6 Monate (und Personen über 50 Jahre für 9 Monate) unter Zahlung von 70% ihrer Bezüge gleichsam beurlaubt. 304 der Betroffenen haben in Karlsruhe Verfassungsbeschwerden eingereicht, weil ihnen pauschal und nicht individuell gekündigt worden sei. Sie sahen darin eine Verletzung der Berufsfreiheit, des Eigentumsrechts und der Rechtsweggarantie sowie der Menschenwürde. Die Zahl der Betroffenen schwankte je nach Angaben zwischen drei- und sechshunderttausend. Die Verfassungsbeschwerde wurde in wesentlichen Teilen abgewiesen. Die Menschenwürde sah das Gericht nicht verletzt, da die Bediensteten in der Warteschleife nach Ablauf ihrer Verträge zunächst Arbeitslosengeld und später Arbeitslosenhilfe oder Sozialhilfe erhielten, so dass ihr Existenzminimum gesichert sei. Die staatliche Politik einer effizienten Neuordnung der Verwaltung in den neuen Bundesländern, mit der Konsequenz der Abschaffung aller als überflüssig erachteten Einrichtungen, wurde damit gestützt. Lediglich gegenüber Frauen, die Anspruch auf Mutterschutz hatten, Alleinerziehenden, Behinderten und älteren Angestellten wurden kleine Konzessionen gemacht (BVerfGE 85, 167ff.).

Auch beim Urteil über die Klage von Eigentümern, die sich nicht mit der Respektierung der Enteignung durch die sowjetische Besatzungsmacht abfinden wollten, ist das Gericht 1991 weitgehend der Staatsräson gefolgt, obwohl an seiner allgemeinen Abneigung gegen willkürliche Staatseingriffe kein Zweifel bestand. Die Richter suchten einen Mittelweg zwischen der außenpolitischen Staatsräson, wie sie in einem gemeinsamen Brief Genschers und de Maizières vom 14. September 1990 ausgedrückt worden ist – dass die „Enteignungen auf besatzungsrechtlicher Grundlage“ nicht rückgängig zu machen seien – und den Geboten der Gerechtigkeit gegenüber den Enteigneten. Die Enteignungen galten nicht in dem Verantwortungsbereich der „dem Grundgesetz verpflichteten Staatsgewalt“. Als doppelte Sicherung konnte man darauf hinweisen, dass bis 1949 auch das Grundgesetz, auf das die Kläger sich beriefen, noch nicht einmal in Westdeutschland gegolten hat (BVerfGE 84, 90 ff.).

Auch in diesem Urteil wurde der Staatsgewalt ein weiterer Gestaltungsraum zugemessen. Richterliche Zurückhaltung wurde vor allem im Hinblick auf die Kostenlawine in beiden Urteilen geübt: Wiedergutmachungsleistungen an die Enteigneten und Personalabbau im öffentlichen Dienst sollten sich an der „finanziellen Leistungsfähigkeit von Bund und Ländern“ ausrichten und mussten die sonstigen Staatsaufgaben berücksichtigen. Eine Pflicht zur Herstellung des Status quo ante durch Entschädigung bestand daher nicht. Die Planer in den Ministerien, die sich in ihren Vorarbeiten an der Lastenausgleichsgesetzgebung der Nachkriegszeit in Westdeutschland orientierten, konnten daher ohne grundsätzliche Richtungsänderungen weiterarbeiten.

Zweimal hat das Verfassungsgericht zum Einigungsvertrag entschieden, beide Male hat es sich stark zurückgehalten. Während frühere Entscheidungen für ihr Pathos der moralischen Belehrung kritisiert worden waren, wurde 1991 dem Gericht vorgeworfen, nicht klar das Unrecht beim Namen genannt zu haben, das im Gefolge der Bodenreform Tausenden von Menschen widerfuhr (Fromme 1991). Beide Male hat das Gericht die „Indemnitätsklausel" des im Einigungsvertrag (II 4.5.) geänderten Artikels 143, nach der DDR-Recht längstens bis zum 31. Dezember 1992 von Bestimmungen des Grundgesetzes abweichen könne, nicht angegriffen. Vielfach ist moniert worden, dass das Gericht keine speziellen Kenntnisse der Verhältnisse in der DDR gehabt habe. Dabei ist seine Lage aber eher leichter als bei anderen Materien, über die es entscheiden musste, wie z.B. in Fragen der Sicherheitspolitik. Die Forderung, dass möglichst bald ein ostdeutscher Richter nachrücken solle, ist gleichwohl gerechtfertigt. Da auch der Regionalproporz immer eine gewisse Rolle bei der Besetzung der Richterbank gespielt hat (vgl. Kap. 10.1), ist kaum zu befürchten, dass dieses Desiderat nicht bei nächster Gelegenheit erfüllt wird.

Die Politik „aus dem Geist des Konsens", die zur „geschmeidigen Anpassung an die Bedürfnisse der Macht" führt (Preuß 1987: 5f.), hat sich im Prozess der deutschen Einheit erneut bewährt. Die hervorragende Rolle, die das Gericht spielte, beruhte auf dem hohen Grad von Akzeptanz, die es bei den Bürgern wie bei den politischen Eliten genießt. Noch immer baut das Verfassungsgericht seinen Vorsprung des Vertrauens vor anderen staatlichen Institutionen aus (vgl. Tab. 2.1). Auch die Radikalsten des Runden Tisches haben nicht bezweifelt, dass selbst eine unabhängige demokratische DDR ein Verfassungsgericht brauche, das im Verfassungsentwurf des Runden Tisches dem Karlsruher Original wie ein Ei dem anderen glich. Distanz zur Politik bei Gespür für politische Notwendigkeiten ist die Mittellage, welche das Verfassungsgericht jeweils finden muss. „Meta-Recht" ist der Grundkonsens genannt worden, der als „Verfassungspatriotismus" den Charakter einer „vorverfassungsrechtlichen zivilen Religion" angenommen habe (Preuß 1987: 8). Dieser häufig belehrend wertgeladen definierte Grundkonsens kann in einer postmodernen fragmentierten Gesellschaft nicht mehr naturwüchsig als gegeben angesehen werden. Er wird in mühevoller Interpretationsarbeit an der Verfassung erst definiert. Diese Definition wird von den politischen Akteuren an der Macht nicht in jedem Falle für richtig gehalten. Aber der Dissens verpufft in maßvoller Richterschelte: Die Politiker wissen, was sie der Verfassungsgerichtsbarkeit verdanken, auch wenn diese im Einzelfall gegen sie entscheidet. Sie entlastet den politischen Prozess. Unpopuläre Entscheidungen können von Berlin nach Karlsruhe transportiert werden und erlangen von dort aus höhere Akzeptanz, als wenn sie im Parlament getroffen würden. Bei der Entscheidung im Jahre 1993 über eine einstweilige Anordnung, ob deutsche Soldaten mit AWACS-Flugzeugen im Auftrag der UNO mitfliegen dürfen, wurde diese Möglichkeit bis zur Farce ausgebaut. Das Gericht wurde zu einem Scheinprozess missbraucht, dessen Urteil von der FDP gleichsam wie ein Gutachten behandelt wurde. Die Regierung hat sich in den Augen der Öffentlichkeit um ihre Verantwortung gedrückt und das Gericht in leichtfertiger Weise in politische Querelen hineingezogen, welche die Regierungsparteien hätten untereinander austragen müssen (BVerfGE 93, 266ff.).

Eine Reihe von Urteilen hat Mitte der neunziger Jahre das Gericht tief in den politischen Tagesstreit hineingezogen. Dazu gehörte das Urteil zur Meinungsfreiheit mit der Frage, ob Soldaten als „Mörder" bezeichnet werden dürfen (BVerfGE 92, 1ff.), die Liberalisierung der Meinung des Gerichts zur Frage der Nötigung bei Sitzblockaden (BVerfGE 92, 277), das Urteil, das die führenden Männer der DDR-Spionage straffrei ließ, soweit keine DDR-Gesetze verletzt worden sind (BVerfGE 93, 1ff.). Am meisten Wirbel machte das Urteil zur Religionsfreiheit, das die Anordnung der Aufhängung von Kreuzen durch den Staat für nicht in Einklang mit Art. 4 Abs. 1 GG erklärte. Im letzten Fall gab das Gericht sich die Blöße, ohne Senatsbeschluss eine Klarstellung nachzuschieben, weil das Urteil missverständlich formuliert worden war.

Bedenklicher als einzelne Pannen ist der Trend, das Verfassungsgericht durch maßlose Urteilsschelte in den Strudel des abnehmenden Vertrauens in die Institutionen der Republik hineinzuziehen (vgl. Tab. 2.1). Urteilsschelte wurde zur politischen Drohgebärde funktionalisiert. Im Fall des Kruzifix-Urteils galt die Kritik als Warnung für die anstehende Entscheidung zum Asylkompromiss. Politiker, die sich unliebsamen Urteilen nicht beugen wollen, übersehen, dass sie selbst durch Verlagerung von mancher unpopulären Entscheidung nach Karlsruhe dazu beigetragen haben, dass das Gericht im allgemeinen zu mächtig, im besonderen aber meist hoffnungslos überfordert wird.

Die Wiedervereinigung Deutschlands lief im Kontext wachsender Vertiefung der Europäischen Integration verhältnismäßig reibungslos ab. Querelen um Entschädigungen und Kündigungen im Einigungsprozess konnten nicht darüber hinweg sehen lassen, dass die eigentlichen Konflikte der Zukunft auf dem Gebiet des Verhältnisses von Nationalstaat und Europäischer Union lagen. Im Maastricht-Urteil von 1993 (BVerfGE 89: 155 ff.) musste das Bundesverfassungsgericht über die Verfassungskonformität weitreichender Vertragsänderungen entscheiden. Es ging vor allem um eine europäische Währungsunion. Das Gericht hat sich nicht nur zur Frage des Grundrechtsschutzes gegen Rechtsakte der Gemeinschaft geäußert, sondern auch zu den Grenzen der Kompetenzen der Gemeinschaft und zum Kontrollvorbehalt der Nationalstaaten. Der „Wesensgehalt der Grundrechte" muss nach diesem Urteil auch gegen die Gemeinschaft verteidigt werden. Es kam jedoch zum Bekenntnis der Kooperation mit dem Europäischen Gerichtshof. In der Literatur überwog die Ansicht, dass das „Fehlerkalkül" im Falle der Europäischen Gemeinschaft präzise begrenzt sei (Frowein in: Badura/Dreier 2001, Bd. 1: 223) und es wurde begrüßt, dass das Verfassungsgericht die Kooperation stärker betont habe als in frühen Urteilen (Schwarze ebd.: 243).

Umstrittener war die Definition der Union als „*Staatenverbund*" (BVerfGE 89: 156). Rein sprachlich ist diese Erfindung, die man Paul Kirchhof zuschrieb, in anderen Sprachen schwer reproduzierbar. Im Zweifel käme sie als „Konföderation" in die Übersetzung. Der Staatenverbund sollte jedoch gerade mehr als ein „Staatenbund", wenn auch weniger als ein „Bundesstaat" sein. Die Klagen gegen den Maastricht-Vertrag wurden verworfen, da die Bundesrepublik Deutschland sich mit der Ratifikation des Unions-Vertrags nicht einem „unüberschaubarem in seinem Selbstlauf nicht mehr steuerbaren ‚Automatismus' zu einer Währungsunion unterworfen" habe, und das Parlament auf jeder Stufe bewusst über weitere Integrationsschritte beraten könne. Das Verfassungsgericht ist zunehmend mit Konflikten zwischen Union und Nationalstaat konfrontiert. Es hat dank seiner starken Vorbildwirkung in vielen europäischen Ländern viel zur Herausbildung und Festigung des Rechtsschutzes in Europa beigetragen und im Allgemeinen die Ausgleichs- und „Brückenfunktion" (Kirchhof, NJW 1996: 1497) mit Augenmaß und Mäßigung wahrgenommen.

Dieses Augenmaß scheint 2009 im Urteil über den Lissabon-Vertrag abhanden gekommen zu sein, das Ex-Außenminister Joschka Fischer (2009: 4) „rückwärtsgewandt und realitätsfremd" nannte. Wie schon früher lautete der Tenor wichtiger Entscheidungen: „Bis hierher und nicht weiter". Ein Bundesstaat Europa wird nicht anvisiert. Die Bürger müssen sich mit dem Zwitter EU abfinden, solange das Volk nicht befragt worden ist, und das Volk war 2009 eher gegen weitere Integrationsschritte. Die Bundesrepublik wurde somit vom Promotor engerer Einheit in Europa zum gefährlichsten Bremser der Bewegung. Der Lissabon-Vertrag wurde nicht abgelehnt, aber es wurde ein Riegel vor weitere Integrationsschritte geschoben, da der Bundestag jeweils zustimmen müsse. Das Urteil war nicht zuletzt ein Urteil in eigener Sache, weil es sich weiterhin zuständig für die Kontrolle der Einhaltung der verfassungsrechtlichen Vorgaben des Grundgesetzes fühlte und dem Europäischen Gerichtshof keine Kompetenzen delegierte. Deutsche, die sich in ihren Grundrechten von der EU beeinträchtigt fühlen, sollen sich auch künftig an das Gericht in Karlsruhe wenden. Der Bundestag erhielt ein verbessertes Mitentscheidungsrecht. Politisch naiv wirkte die mangelnde Einsicht, dass Parlamente im außenpolitischen Spiel der Regierungen stets den Kürzeren ziehen, da sie nicht am Verhandlungstisch sitzen (Möllers 2009: 27). Widersprüche von Parlamentarisierung und Demokratisierung hat es auch in der Geschichte der Nationalstaaten gegeben. Der Demokratisierung der EU ist mit diesem Urteil eher ein Bärendienst erwiesen worden, auch wenn das Urteil einiger Spiegel-Autoren (Darnstädt u. a. 2009: 30) etwas zu hart klingt, dass Karlsruhe die EU als „unheilbar undemokratisch" entlarvt habe. In dem Urteil wird moniert, dass die kleinen Staaten in der europäischen Willensbildung überrepräsentiert seien. Das Mehrheitsprinzip wird aber auch in der

Bundesrepublik nicht immer angewandt, etwa in der Stimmenspreizung im Bundesrat. Das Gericht hat sich vorbehalten zu prüfen, ob Rechtsakte der europäischen Einrichtungen sich in den Grenzen der eingeräumten Hoheitsrechte halten Dieser Vorbehalt wurde im Widerspruch zum Wortlaut des Vertrages gesehen, der diese Kompetenz dem Europäischen Gerichtshof zuweist. Selten ist die Richterschelte in Deutschland so scharf ausgefallen, wie beim Urteil zum Lissabon-Vertrag. Das Gericht hat sich in eine politische Rolle hineinbegeben, die ihm nicht zusteht und behindert die Schaffung eines vereinten Europas (Lenz 2009: 7). International sind die Folgen jedenfalls nicht absehbar. Die Präsidenten Tschechiens und Polens konnten Deutschlands Einwände als Vorwand .benutzen ihre Unterschrift weiterhin zu verzögern. Die „irische Krankheit“ drohte in der EU weitere Kreise zu ziehen, und Deutschland – einst europäischer Musterschüler – hat das Gegenteil von ärztlicher Hilfe geleistet.

Literatur

P. Badura/R. Scholz (Hrsg.): Verfassungsgerichtsbarkeit und Gesetzgebung. München, Beck 1998

P. Badura/H. Freier (Hrsg.): Festschrift 50 Jahre Bundesverfassungsgericht. Tübingen, Mohr 2001, 2 Bde.

E. Benda: Entlastung des Bundesverfassungsgerichts. Vorschläge der Entlastungskommission. Baden-Baden, Nomos 1998

K. von Beyme: Verfassungsgerichtsbarkeit und Policy Analysis. In: Ch. Broda u.a. (Hrsg.): Festschrift für Rudolf Wassermann. Neuwied, Luchterhand 1985: 259-277

K. von Beyme: Die richterliche Kontrolle der Verfassungsmäßigkeit. Kap. 17 in: Ders.: Der Gesetzgeber. Opladen, Westdeutscher Verlag 1997: 300-312

G. Biehler: Sozialliberale Gesetzgebung und Bundesverfassungsgericht. Baden-Baden, Nomos 1990

W. Billing: Das Problem der Richterwahl zum Bundesverfassungsgericht. Berlin, Duncker & Humblot 1969

G. Blasberg: Verfassungsgerichte als Ersatzgesetzgeber. Frankfurt Bern, Lang 2003

Ch. Bommarius: Das Grundgesetz. Eine Biographie. Berlin, Rowohlt 2009

J. Bröhmer: Das Bundesverfassungsgericht und sein Verhältnis zum Gerichtshof der Europäischen Gemeinschaften. APuZ B 16 1999: 31-39

A. von Brünneck: Verfassungsgerichtsbarkeit in den westlichen Demokratien. Ein systematischer Verfassungsvergleich. Baden-Baden, Nomos 1992

B.-O. Bryde: Verfassungsentwicklung. Baden-Baden, Nomos 1982

B.-O. Bryde: Die Verfassungsgerichtsbarkeit in der Rechtssoziologie. In: J. Brand/D. Stempel (Hrsg.): Soziologie des Rechts. Baden-Baden, Nomos 1999: 491-504

Th. Darnstädt u.a.: Wut und Tränen. Nach dem Karlsruher Urteil zum Lissabon-Vertrag drängt vor allem die CSU auf weitreichende Verfassungsänderungen. Der Spiegel 28/2009: 28-30

R. Dolzer: Verfassungskonkretisierung durch das Bundesverfassungsgericht und durch politische Verfassungsorgane. Heidelberg, v. Decker & C. F. Müller 1982

F. W. Dopatka: Das Bundesverfassungsgericht und seine Umwelt. Berlin, Duncker & Humblot 1982

I. Ebsen: Das Bundesverfassungsgericht als Element gesellschaftlicher Selbstregulierung. Berlin, Duncker & Humblot 1985

R. Eckertz: Die Kompetenz des Bundesverfassungsgerichts und die Eigenheit des Politischen. Der Staat 1978: 183-203

J. Fischer: Ein nationaler Riegel. Das Urteil des Bundesverfassungsgerichts zum Lissabon-Vertrag ist rückwärtsgewandt und realitätsfremd. Die Zeit, 2009, Nr. 29: 4

F. K. Fromme: Überfordertes Verfassungsgericht. FAZ 2.5.1991: 1

K. H. Goetz/P. J. Cullen (Hrsg.): Constitutional Policy in Unified Germany. German Politics, Jg. 3, Nr. 3, London, Frank Cass 1994

P. Häberle: Verfassungsgerichtsbarkeit als politische Kraft. In: J. Becker (Hrsg.): Dreißig Jahre Bundesrepublik. München, Vogel 1979: 53-76

W. Haller: Die Verfassungsgerichtsbarkeit im Gefüge der Staatsfunktionen. DÖV 1980: 465-472

R. Häußler: Der Konflikt zwischen Bundesverfassungsgericht und politischer Führung. Berlin, Duncker & Humblot 1998

W. Heyde/P. Gielen: Die Hüter der Verfassung. Verfassungsgerichte im Bund und in den Ländern. Karlsruhe, C.F. Müller 1973

W. Hill: Das Kreuz, die Soldaten und die Freiheit des Individuums. Zur Kritik des Bundesverfassungsgerichts. Gegenwartskunde 1995: 433-437

H.-G. Jaschke: Streitbare Demokratie und innere Sicherheit. Opladen, Westdeutscher Verlag 1991

N. Johnson: The Interdependence of Law and Politics: Judges and the Constitution in Western Germany. WEP 1982: 236-252

W. Kaltefleiter/R. Wildenmann (Hrsg.): Westdeutsche Führungsschicht. Kiel/Mannheim 1973 (hektogr.)

U. Karpen/J. Limbach (Hrsg.): Der Richter als Ersatzgesetzgeber. 23. Tagung der Deutschen Gesellschaft für Gesetzgebung. Baden-Baden, Nomos 2002

S. Kneip: Verfassungsgerichte als demokratische Akteure. Der Beitrag des Bundesverfassungsgerichts zur Qualität der bundesdeutschen Demokratie. Baden-Baden, Nomos 2009

D. Kommers: Judicial Politics in West Germany. A Study of the Constitutional Court. London, Sage 1976

D. P. Kommers: The Constitutional Jurisprudence of the Federal Republic of Germany. Durham, Duke University Press 1997

J. Lameyer: Streitbare Demokratie. Eine verfassungshermeneutische Untersuchung. Berlin, Duncker & Humblot 1978

R. Lamprecht: „Abweichende Meinungen“ und ihre Bedeutung für die Rechtskultur. Baden-Baden, Nomos 1992

R. Lamprecht/W. Malankowski: Richter machen Politik. Auftrag und Anspruch des Bundesverfassungsgerichts. Frankfurt, S. Fischer 1979

Ch. Landfried: Bundesverfassungsgericht und Gesetzgeber. Wirkungen der Verfassungsrechtssprechung auf die parlamentarische Willensbildung und die soziale Realität. Baden-Baden, Nomos 1984

Ch. Landfried: Rechtspolitik. In: K. von Beyme/M.G. Schmidt (Hrsg.): Politik in der Bundesrepublik Deutschland. Opladen, Westdeutscher Verlag 1990: 76-98

Ch. Landfried: Parteienfinanzierung. Das Urteil des Bundesverfassungsgerichts vom 9. April 1992. ZParl 1992: 439-447

Ch. Landfried: Judicial Policy-Making in Germany. WEP 1992: 50-67

H. Laufer: Verfassungsgerichtsbarkeit und politischer Prozess. Tübingen, Mohr 1968

C. O. Lenz: Ausbrechender Rechtsakt. Das Urteil des Bundesverfassungsgerichts zum EU-Vertrag legt das integrationsoffene Grundgesetz in einer einseitig restriktiven Weise aus. FAZ, 8. August 2009: 7

H. Lietzmann: Das Bundesverfassungsgericht. Eine sozialwissenschaftliche Studie. Opladen, Westdeutscher Verlag 1988

J. Limbach: Missbrauch des Verfassungsgerichts durch die Politik? Gegenwartskunde 1999: 11-18

K.-H. Milligramm: Separate Opinion und Sondervotum in der Rechtsprechung des Supreme Court of the United States und des Bundesverfassungsgerichts. Berlin, Duncker & Humblot 1985

Ch. Möllers: Was ein Parlament ist, entscheiden die Richter. Unverdientes Lob: Das Lissabon-Urteil des Bundesverfassungsgerichts kann Demokratiefreunde nicht freuen. FAZ, 16. 7. 2009 27

W. J. Patzelt: Warum verachten die Deutschen ihr Parlament und lieben ihr Verfassungsgericht? ZParl 3/2005: 517ff

K.-J. Philippi: Tatsachenfeststellungen des Bundesverfassungsgerichts. Köln, Heymann 1971

St. U. Pieper: Verfassungsrichterwahlen. Berlin, Duncker & Humblot 1998

U. K. Preuss: Politik aus dem Geist des Konsenses. Zur Rechtsprechung des Bundesverfassungsgerichts. Merkur 1987: 1-12

Ch. Rau: Selbst entwickelte Grenzen in der Rechtsprechung des United States Supreme Court und des Bundesverfassungsgerichts. Berlin, Duncker & Humblot 1996

M. Reissenberger: „Wer bewacht die Wächter?“ Zur Diskussion um die Rolle des Bundesverfassungsgerichts. APuZ B 15/16 1997: 11-20

P. Rüffert: Das Kooperationsverhältnis von EuGH und BVerfG. Tübingen, Mohr 1997

B. Rüthers: Reise in den Richterstaat. Verfassungswandel und Politisierung der Justiz. FAZ 15.4.2002: 7

H. Säcker: Das Bundesverfassungsgericht. 6. Aufl., Bonn, Bundeszentrale für Politische Bildung 2003

K. Schlaich: Das Bundesverfassungsgericht. Stellung, Verfahren, Entscheidungen. 7. Aufl., München, Beck 2001

K. Schlaich/H. Korioth (Hrsg.): Das Bundesverfassungsgericht. 6. Aufl., München, Beck 2001

H.-P. Schneider: Richter oder Schlichter? Das Bundesverfassungsgericht als Integrationsfaktor. APuZ B 16 1999: 9-19

R. Scholz: Das Bundesverfassungsgericht: Hüter der Verfassung oder Ersatzgesetzgeber? APuZ B 16 1999: 3-8

R. Scholz: Fünfzig Jahre Bundesverfassungsgericht. APuZ, B 37-38 2001: 6-15

H. Schueler: Die Konterkapitäne von Karlsruhe. Wird Bonn von den Verfassungsrichtern regiert? In: Die Zeit 1978, Nr. 9: 9-11 (Zeitdossier)

G. F. Schuppert/Ch. Bumke (Hrsg.): Bundesverfassungsgericht und gesellschaftlicher Grundkonsens. Baden-Baden, Nomos 2000

H. Simon: Verfassungsgerichtsbarkeit. In: E. Benda u.a. (Hrsg.): Handbuch des Verfassungsrechts. Berlin, De Gruyter 1983: 1253-1280

Ch. Starck (Hrsg.): Bundesverfassungsgericht und Grundgesetz. Festgabe aus Anlaß des 25jährigen Bestehens des Bundesverfassungsgerichts. 2 Bde. Tübingen, Mohr 1976

Ch. Starck/A. Weber (Hrsg.): Verfassungsgerichtsbarkeit in Westeuropa. Baden-Baden, Nomos 1986, 2 Bde.

A. Stone Sweet: Governing with Judges: Constitutional Politics in Europe. Oxford, Oxford University Press 2000

K. Stüwe: Die Opposition im Bundestag und das Bundesverfassungsgericht. Baden-Baden, Nomos 1997

K. Stüwe: Das Bundesverfassungsgericht als verlängerter Arm der Opposition? APuZ 37-38 2001: 34-44

A. Stone Sweet: Governing with Judges: Constitutional Politics in Europe. Oxford, Oxford University Press 2000

M. Tohidipur: Verfassung, Bundesverfassungsgerichtsbarkeit, Politik. Frankfurt, Suhrkamp 1976

R. van Ooyen/M. H. W. Möllers (Hrsg.): Das Bundesverfassungsgericht im politischen System. Wiesbaden, VS 2006

H. Vorländer/G. S. Schaal: Die Deutungsmacht des Bundesverfassungsgerichts. Institutionelles Vertrauen und Entscheidungsakzeptanz. Wiesbaden, Westdeutscher Verlag 2002

R. Wahl: Das Bundesverfassungsgericht in europäischem und internationalem Umfeld. APuZG Nr. 37/39 2001: 45-54

R. Wassermann: Der politische Richter. München, Piper 1972

J. H. H. Weiler: The Constitution of Europe. Cambridge, Cambridge University Press 1999

U. Wesel: Die Hüter der Verfassung. Das Bundesverfassungsgericht: seine Geschichte, seine Leistungen und seine Krisen. Frankfurt, Eichborn 1996

G. Wewer: „Das Bundesverfassungsgericht – eine Gegenregierung?“, in: Bernhard Blanke/Helmut Wollmann (Hrsg.): Die alte Bundesrepublik, Opladen, Westdeutscher Verlag 1991: 311-335

11 Ausblick: Die Leistungen des Systems und die Aufgabe der Vereinheitlichung der Lebensverhältnisse in Deutschland

11.1 Wirtschaftliche und soziale Folgen der Wiedervereinigung

Der deutsche Einigungsprozess wurde durch die Wirtschaftskrise überrollt. Erstmals hat die Inlandskrise keinen Exportboom ausgelöst. Die deutsche Wirtschaft war in einer strukturellen Anpassungskrise. Die Wirtschaftsexperten machten vor allem die zu rasche Angleichung der Lebensverhältnisse dafür verantwortlich. Die Tariflöhne stiegen in Ostdeutschland bis 1998 auf 80-90% des Westniveaus. Die Produktivität war immer noch ein Drittel weniger als in Westdeutschland. Erste Erfolge wurden sichtbar: Per Saldo wurde die Abwanderung von Arbeitskräften aus Ostdeutschland von 110 000 (1991) auf 50 000 (1992) verringert.

Die Schrumpfung der industriellen Basis in den neuen Bundesländern betrug von Januar 1991 bis August 1992 57%. Der Rückgang war am größten in Thüringen (-65%) und am geringsten in Brandenburg (-49%). Der Grundsatz „*Rückgabe vor Entschädigung*", der sich als ein Hemmnis für private Investitionen erwies, wurde im „Gesetz zur Änderung des Vermögensgesetzes" und in weiteren 19 Gesetzen gelockert. Die Auswirkungen haben sich noch kaum in vermehrten privaten Investitionen gezeigt. Vor allem ausländische Investoren hielten sich weiter zurück. Der Sachverständigenrat stellte eine Sprachbarriere fest, da die wenigen ausländischen Anleger überwiegend aus dem deutschsprachigen Ausland kamen. Die Unübersichtlichkeit der Rechtslage und das undurchdringliche Gestrüpp staatlicher Regulierung wird dies eine Weile kaum ändern lassen. Von einer Deindustrialisierung mochte der Sachverständigenrat gleichwohl nicht sprechen (Jg. 1992/93, Ziff. 293). Er sah positive Anzeichen für eine strukturelle Anpassung der ostdeutschen Wirtschaft in den Bereichen Verarbeitung von Steinen und Erden, Stahl und Leichtmetallbau, Druckereigewerbe und Ernährungsindustrie.

Nicht alle Belastungen des Systems der Bundesrepublik erwiesen sich als Folgen der Einigung. Aber nicht wenige waren Fernwirkungen der Veränderungen in Europa durch den Zusammenbruch des Sozialismus. Ende 1991 hatte Deutschland pro 1000 Einwohner bereits 3,3 Asylbewerber aufzunehmen. Nur die Schweiz und Österreich zeigten eine vergleichbare Belastung. 1991-1996 kamen 7,1 Millionen Personen aus dem Ausland nach Deutschland. Nur 4,3 Millionen wanderten ab. Der Asylkompromiss hat ab 1993 die Lage entschärft und zum Niedergang des Rechtsextremismus beigetragen. 1990-1997 zogen 1,7 Millionen Ostdeutsche nach Westen.

In der *wirtschaftlichen Entwicklung* profitierte das vereinigte Deutschland bis 1993 vom Vereinigungsboom, als die Konjunktur in Amerika bereits in eine Rezession eingemündet war. Hohe Exportquoten verhinderten jedoch nach 1993 einen noch stärkeren Einbuch (1998: 6%; 1999: 5% Wachstum im Osten). Im Bausektor kam es vor allem im Osten zu Zuwächsen, die erst ab 1996 wieder abnahmen. Im Westen wurde der stagnierende Bausektor durch den Bau von Eigenheimen und wieder ansteigenden Baumaßnahmen der öffentlichen Hände erneut belebt. Die Binnennachfrage belebte sich seit 1997/98 wieder. Im Export blieb Deutschland begünstigt, weil der überwiegende Teil der Exporte in Europa abgewickelt wurde und daher weniger von den Einbrüchen in Asien und Lateinamerika betroffen war. Da mit der Umstellung auf den EURO die Turbulenzen in der Wechselkurspolitik verringert wurden, blieb das Exportklima günstig.

Staatliche Steuerungsmaßnahmen flankierten die Entwicklung: Die erste Stufe der *Reform der Einkommenssteuer* brachte ca. 10 Mrd. Entlastung. Die Anhebung des Kindergeldes um 30 DM und die Senkung des Spitzensteuersatzes für gewerbliche Einkünfte von 47% auf 45% und die Senkung des Spitzensatzes der Körperschaftssteuer von 45% auf 40%, sowie die Verringerung des Beitragssatzes zur gesetzlichen Rentenversicherung um 0,8% auf 19,5% waren Beiträge des Staates zur Förderung der Binnennachfrage. Einkommensausfälle von 12 Mrd. DM bei der gesetzlichen Rentenversicherung glich der Bund durch einen Zuschuss aus. Das Defizit des Staates sollte sich zugleich um 2,5 Mrd. DM verringern, weil die Steuereinnahmen stärker wuchsen als das nominale Bruttoinlandprodukt. Der Bund kompensierte die Ausfälle durch eine Anhebung der Mineralölsteuer, wie sie die SPD und die Grünen im Wahlkampf 1998 angekündigt hatten und die Einführung von Energiesteuern. Letztere stießen auf den erbitterten Widerstand einzelner Sektoren. Das Ergebnis war die übliche Halbherzigkeit der Reform: zahlreiche Ausnahmen durchlöcherten das Konzept.

Während die Reformen der Steuerpolitik wenigstens schleppend anliefen, wurde das arbeitsmarktpolitische Ziel erneut verfehlt. Der Sachverständigenrat hat die aktive Arbeitsmarktpolitik nicht hoch eingeschätzt, weil sie durch vorübergehende Einbindungsmaßnahmen nur offene in verdeckte Arbeitslosigkeit verwandele (SVR 1998/99, Ziff. 249). Die Erwerbstätigenquote in Ost und West ist noch unterschiedlich (West 60,4%, Ost 61,4%). Hohe Arbeitslosigkeit im Osten ist auch von stärkerer Erwerbsbeteiligung und Arbeitsangeboten mitbedingt. Aber der Sachverständigenrat (ebd. Ziff. 249) ging nicht davon aus, dass dies veränderbar ist, sondern rechnete sogar damit, dass der Westen mit einer vergleichsweise niedrigen Erwerbsquote sich dem Osten anpassen werde und nicht umgekehrt. Eine künstliche Senkung der Erwerbsquote, etwa durch weitere Frühpensionierungen, würde zudem nur Finanzlöcher an anderer Stelle, etwa in der Rentenversicherung, aufreißen. Die Inflationsrate war auf 1% gesenkt worden (1998), ein Ergebnis, das kein Experte angesichts der inflationären Tendenzen des Einigungsbooms und der gewagten Geldumtauschsätze zu hoffen gewagt hätte. Die *Leistungsbilanz* wurde 1998 ausgeglichen und zeigte 1999 erstmals nach der Einigung wieder eine positive Tendenz.

Die *Wanderungsbewegung* zwischen Ost- und Westdeutschland hat sich nur vorübergehend ausgeglichen entwickelt. 1998 gingen 168 000 nach Westen, aber schon 157 000 von West nach Ost. Sechs Jahre zuvor gingen noch dreimal mehr nach Westen (250 000) als Westdeutsche nach Ostdeutschland (80 000). Die Nord-Süd-Wanderung ist inzwischen beträchtlicher als die Ost-West-Wanderung. Die Westwanderung zeigt kaum Tendenzen, die Einkommensungleichheit zu vermehren. Generell aber wird eine zunehmende Spreizung der Lohnstruktur und eine Vergrößerung der Einkommensunterschiede erwartet (Hauser in: Diewald/Mayer 1998: 177). Es verstärkte sich seit der Vereinigung die Tendenz der Migration aus den Großagglomerationen in verstädterte ländliche Räume. Der Abstand zwischen dem besser entwickelten Süden und dem weniger entwickelten Norden vergrößerte sich. Auch die regionalen Disparitäten spiegelten sich in Wanderungsbewegungen wider. Starke Verluste zeigten strukturschwache Regionen wie Mecklenburg (außer dem Westen des Landes), Region Prignitz/Havel, Halle, Oberlausitz, Dessau und Magdeburg. Aber auch im Westen gibt es solche strukturschwachen Gebiete mit starken Wanderungsverlusten wie Dortmund, Duisburg, Essen, Saarland (Maretzke/Irmen 1999: 12). 2009 wurde die Demografiestudie des Berliner Instituts für Bevölkerung und Entwicklung vorgelegt. Überall sinkt die deutsche Bevölkerung durch Sterbeüberschüsse und Wanderungsverluste, vor allem im Osten. Eine Zunahme der Bevölkerung von mehr als 10% gab es nur noch in Hamburg, in den Regionen Düsseldorf, Trier, Karlsruhe und im südlichen Bayern. Im Osten wuchs nur noch Leipzig in ähnlichem Maße. Bescheidenere Zuwächse von 0-5% ließen sich im „Speckgürtel" um Berlin nachweisen (Republik in Schieflage 2009: 34).

Die *finanziellen Folgen der Vereinigung* sind nach wie vor umstritten. Die wachsende Zahl der Transfers wird in einigen Rechnungen aufgerechnet gegen die Einnahmeverluste durch Änderung von Steuergesetzen, durch Refinanzierungen zu Lasten der Steuer- und Beitragszahler. Ein Szenario kam zum Schluss, dass die alten Länder durch die Einheit finanziell gewonnen hätten und der Bund der Hauptfinanzier geworden sei. Die Umschichtungen des Solidarpakts führten dazu, dass die westdeutschen Länder nicht das 1993 vereinbarte Drittel aufbrachten, weil ihr Steueraufkommen sich rückläufig entwickelte. Andere Szenarios errechneten ein faireres Ergebnis für die westdeutschen Länder und kalkulierten die Steuermindereinnahmen der Länder, die Zinsen für Steuerdefizite und die Umschichtungen im bundesstaatlichen Steuerausgleich mit ein, Mehrbelastungen, die etwa 25 Mrd. betrugen, ca. 0,75% des Bruttoinlandsprodukts der alten Bundesrepublik. Die Abwägung der alternativen Rechnungen führte dazu, dass eine Schieflage nicht zu Lasten des Bundes bestand, sondern allenfalls zu Lasten der Steuer- und Abgabenzahler, die die Kosten der Einheit zu zwei Dritteln finanziert haben (Renzsch 1998: 355f.).

Die *Ungleichheit der Einkommen* hat seit 1983 leicht zugenommen, vor allem im unteren Segment (SVR 1998/99 Ziff. 253). Trotz des egalitären Mythos der DDR bestand Ende der achtziger Jahre eine starke soziale Ungleichheit. Leitende Angestellte, die Selbständigen und hochqualifizierten Arbeitskräfte waren privilegiert, die einfachen Angestellten, die Un- und Angelernten, sowie die Rentner gehörten zu den Unterprivilegierten. Im Gegensatz zu Annahmen der „Ostalgie“ hat sich trotz der gewaltigen sozialen Umschichtungen mit horizontaler und vertikaler Mobilität die Ungleichheit in Ostdeutschland bis 1994 nur geringfügig erhöht. Die bisher Unterprivilegierten konnten ihre Lage leicht verbessern, vor allem die Rentner. Die privilegierten Gruppen aber hatten erneut einen größeren Nutzenzuwachs von der Einheit. Ihr Abstand vom Durchschnitt der Einkommen hat sich deutlich vergrößert (Bulmahn 1998: 480).

In der ersten Phase der Vereinigung hatte eine *institutionelle Entdifferenzierung* stattgefunden. Die Bundesregierung entschied im Alleingang, unter Umgehung der funktionalen Gruppen und der Bundesländer. In einer zweiten Phase hingegen wurde eine begrenzte *strategische Anpassungsfähigkeit der Institutionen* sichtbar. Die Tradition der Konzentrierung wichtiger Entscheidungen mit den großen Interessengruppen lebte wieder auf (Lehmbruch 1991, vgl. Kap. 5.4).

Im historischen Rückblick wird die Kritik an der Entscheidungsfähigkeit der deutschen Institutionen sich vermutlich mildern. Immerhin wurde erreicht, dass ein so stark funktional und föderal fragmentiertes System ein Drittel des Bundeshaushalts in der einen oder anderen Form für Ostdeutschland ausgab. 1992 wurde eine Summe von 9500 DM pro Kopf und Jahr an Transfers errechnet. Osteuropa träumte nach dem Zusammenbruch des Sozialismus von einem neuen Marshallplan, der nie zustande kam. Der Marshall Fonds übertrug nach 1947 800 DM pro Kopf an die westliche Besatzungszonen. Die Transfers von West- nach Ostdeutschland übertrafen diese einstige Hilfe um das Elffache (Seibel 1992: 184). An den Aufstellungen westdeutscher Hilfeleistungen ist vielfach Kritik geübt worden, weil sie einigungsbedingte Einnahmen durch Steuern und Beiträge in Ostdeutschland, wachstumsbedingte Impulse, die auf die Einigung zurückgingen und die Möglichkeiten zum Abbau von Ausgaben, die aus der deutschen Teilung resultierten, nicht berücksichtigten. Diese Mängel sind inzwischen behoben.

Die Nettotransfers nach Abzug der Rückflüsse stiegen ständig von 139 Mrd. DM (1991) bis 189 Mrd. DM (1998). Die Bundesbank schlug Alarm und forderte einen Abbau der Transferzahlungen, um keinen Gewöhnungseffekt eintreten zu lassen.

Das schwerfällige System der Bundesrepublik, das als „halbsouverän" bezeichnet worden ist, weil es die Macht mit den Ländern und organisierten Interessen teilen muss, war flexibel genug, um einen Strategiewechsel zu ermöglichen. Eine konservativ-liberale Koalitionsregierung hat eine Arbeitsmarktpolitik betrieben, die sozialdemokratischer erschien als die der Schweden in der Hochzeit der aktiven Arbeitsmarktpolitik (M.G. Schmidt).

Das deutsche Volk mit seinem selbstverschuldeten Unglück von 1945 ist nach fast einem halben Jahrhundert im Wartestand mit einem blauen Auge davongekommen. 1945 hätte die historische Chance bestanden, das traditionelle *West-Ost-Gefälle* abzubauen, nachdem die Ostgebiete verloren waren. 40 Jahre DDR-Misswirtschaft haben es auf verkleinerter Fläche noch einmal reproduziert, obwohl die ostdeutsche Industrie und die Städte der DDR – mit einigen Ausnahmen – nicht so verheerend zerbombt waren wie die meisten westdeutschen Industriezentren und obwohl die Wohnverhältnisse in Ostdeutschland 1945 – auch weil ein geringerer Teil des Flüchtlingsstroms in der DDR geblieben war – günstiger erschienen als in der Bundesrepublik (von Beyme 1987: 294ff.). Solche Standortvorteile wurden durch die Selbsteinmauerung, die Zerreißung der traditionellen wirtschaftlichen Verflechtungen, durch den erzwungenen Exodus von Millionen Ostdeutschen und durch eine verfehlte Eingliederung in den sozialistischen Weltmarkt verspielt. Dieses konnte unentwickelten Ländern wie Bulgarien vorübergehende Vorteile bringen. Die schon entwickelten Ökonomien des Ostblocks wie die DDR und die Tschechoslowakei wurden durch die Planungsfesseln systematisch unter ihr Ausgangsniveau gedrückt. An diesen Folgen hatte das vereinte Deutschland noch eine Weile zu tragen. Das West-Ost-Gefälle wird jedoch vermutlich dauerhafter in der Psyche der Menschen und der gegenseitigen Perzeption von Ost- und Westdeutschen erhalten bleiben als in den realen ökonomischen Gegebenheiten, wenn die Startschwierigkeiten einmal überwunden sein werden.

Die *Mentalitätsunterschiede* in Ost und West und der Modernisierungsgrad der Lebensstile sind unverkennbar, aber angesichts der Akzeleration sozialer Prozesse nicht unüberwindbar. Die Einheit der *Kulturnation* – vom Westen beschworen, aber kaum relevant für tägliches Handeln, von der DDR-Führung energisch im Namen einer „sozialistischen Lebensweise" geleugnet – ist stärker erhalten geblieben, als man geglaubt hat. Die Systemunterschiede wurden nicht nur von der kommunistischen Propaganda systematisch überhöht. Sie wurden auch von westlichen Skeptikern für größer gehalten als tatsächlich gegeben. Die rasche Nivellierung der Plaste- und Elaste-Sprache in der DDR zeigte es. Da wurde noch manchmal von der „Spezifik" einer Sprache gesprochen, aber selbst die Termini, auf die man stolz war – von der „Datscha" bis zum „Objektleiter" – sind erstaunlich rasch aus dem Sprachschatz getilgt worden. Statt dessen haben die Westdeutschen ein neues Kapitel aus dem „Wörterbuch des Unmenschen" aufgeschlagen, von der „Abwicklung" bis zur „Warteschleife". Von der angeblich mangelnden Verantwortungsbereitschaft der „Werktätigen" bis zu ihrer Xenophobie, weil sie an den Ansturm von Ausländern nicht so dosiert gewöhnt wurden wie die Westdeutschen nach 1945, werden viele andersartige Haltungen in Ostdeutschland kritisiert.

In entscheidenden *Verhaltensweisen* im politischen System hingegen waren die Unterschiede bemerkenswert gering. Deduziert man das Bündnispotential der CDU bei den Märzwahlen 1990, so kamen etwa jene 40% heraus, auf welche die CDU sich auch im Westen verlassen kann. Addiert man das linke Potential von SPD- und PDS-Stimmen, die nicht so rasch vom alten Regime lassen konnten und die sich auf Dauer – zum Kummer der SPD – in einer sozialdemokratischen, etwas altertümlich verstandenen „Milieupartei" nicht unwohl fühlen dürften, so erhält man etwa jene 36-37%, auf welche die SPD auch im Westen als Minimalpotential zählen kann. Liberale und Grüne Stimmen waren in Ost und West anfangs nahezu identisch.

Die Wahlen von 1990 reflektierten keine *Parteienidentifikation* im Ausmaß des Westens (vgl. Kap. 3.2). Sie spiegelten Spaltungen in der Gesellschaft wider, die von östlichen Traditionen und westlich gerichteten Erwartungen geprägt waren. „Östlich" war der Zentrum-Peripherie-Konflikt, der sich als Nord-Süd-Spaltung in den Wählerstimmen niederschlug. „Westlich" orientiert war das Gesamtgleichgewicht der politischen Kräfte in der ehemaligen DDR.

Am ungleichgewichtigsten blieben die *Organisationsmuster* und die Repräsentanz der Ostdeutschen in der politischen Elite (Kap. 5 und 6). Gewerkschaftsmitglieder waren angesichts der existentiellen Nöte am leichtesten zu reproduzieren, sowie klar wurde, dass die Gewerkschaften zum Motor für die rasche Angleichung der Einkommen wurden. In anderen Bereichen vollzog sich die Angleichung langsamer. Die „erfundenen Klassen" der DDR-Sozialstatistik mußten sich erst in reale Berufs- und Statusgruppen ausdifferenzieren, um organisierbar zu werden. Ganze Gruppen wie die Bauern im westlichen Sinne gab es lange nicht. Aber auch im landwirtschaftlichen Bereich vollzog sich die Anpassung erstaunlich schnell. Marktwirtschaftler von äußerster Unduldsamkeit gegen Relikte des alten Wirtschaftssystems hätten sich kaum träumen lassen, wie rasch sich das LPG-Sterben vollzog, und zwar nicht nur auf Grund von Machenschaften ehemaliger Eigentümer, welche Rache an der Parole von 1946 „Junkerland in Bauernland" nehmen wollten. Es sind eher die alten LPG-Kader mit Know-how als die „Wiedereinrichter", die sich durchsetzten. „Die roten Junker" kamen ins Gerede. Der Deutsche Bauernverband hat sich gegen seine eigentliche Familienbetriebsideologie zum Repräsentanten dieser Gruppen gemacht. Im ganzen schimmern bei der Organisationsbereitschaft (Kap. 5), dem Grad des Interesses an der Politik (vgl. Kap. 2), in der Bereitschaft, sich in die vorherrschenden politischen Strömungen einzuordnen (Kap. 4), und in der Bevorzugung einer möglichst konfliktarmen Politik (Kap. 2) Konstanten einer gemeinsamen deutschen politischen Kultur durch.

11.2 Politische Folgen der Wiedervereinigung

Eine *„Vereinigung in Würde"* mit einem wirklich *symmetrischen Beitrag* des jeweiligen Systems war nicht möglich. Zu tief schien jeder Sozialismus diskreditiert. Die SPD ist dadurch nicht wenig gehandikapt worden, obwohl sie glaubte, die „wohlverstandenen Interessen" der DDR-Bürger zu berücksichtigen. Ohne Solidarität der ex-sozialistischen Länder war ein Bewahren positiver Seiten des alten Sozialismus als Insel im kapitalistischen Weltmeer undenkbar. Selbst die Vereinigung von Systemen ohne Unterschiede des Wirtschaftssystems ist bisher niemals symmetrisch verlaufen. Der südwestdeutsche Liberalismus konnte sich nicht durchsetzen, als er im Bismarck-Reich absorbiert wurde. Der Mezzogiorno-Autoritarismus wurde glücklicherweise nicht die vorherrschende Komponente der italienischen Kultur nach dem Risorgimento. Um so weniger war zu erwarten, dass ein System seine in der Theorie positiven Seiten in die Integration retten konnte, das nicht einmal das Minimum an Demokratie und Wohlfahrtsstaat entwickelt hatte, das seinem Entwicklungsstand angemessen gewesen wäre.

Ebenso erstaunlich war die *Statusfurcht,* die sich bei den Konservativen im Vereinigungsprozess zeigte. Der *Verfassungspatriotismus* zugunsten des Grundgesetzes wurde in das Gegenteil dessen umgemünzt, was ein wohlmeinender Demokrat wie Jürgen Habermas mit der Übernahme des Terminus bezweckt hatte. Verfassungspatriotismus wurde eingesetzt, um jede Änderung abzuwehren. Selbst vielbeklagte Nachteile der Verfassungsordnung wie die mangelnde explizite Zustimmung des Volkes zum Grundgesetz, die man gerne den Besatzungsmächten anlastete, wollte die Mehrheit erhalten. Der „Verfassungspatriotismus" drohte in „Verfassungsnationalismus" umzuschlagen, als bei den Grünen, in der SPD und in Teilen der FDP die Neigung gering war, durch Grundgesetzänderungen Friedenseinsätze deutscher Truppen außerhalb des Verteidigungsgebietes zu ermöglichen. Es wurde vielfach verkannt, dass die Betonung des Rechtsstaats im

Verfassungspatriotismus zum Status-quo-Denken gerinnen musste. Im Ausland war wenig Verständnis für den neuen deutschen „Sonderweg“ zu erhoffen, der sich mit historischen Erfahrungen der Deutschen um die Übernahme internationaler Verantwortlichkeiten für die Friedenssicherung zu drücken versuchte oder – gegen die Mehrheit der Wähler – am uneingeschränkten Asylrecht festhielt, als ob die neuen Wanderungsströme noch mit den politischen Flüchtlingswellen vor dem Zugriff des Nationalismus zu vergleichen wären. 1999 im Kosovo-Konflikt endete die deutsche Sonderrolle.

Die Klagen mancher Linker über den „Unterwerfungsvertrag“ waren unangemessen. Man konnte nicht demokratische Grundsätze vertreten, aber die Rettung des Sozialismus dem Mehrheitswillen der DDR-Bevölkerung entziehen. Die DDR-Bevölkerung hatte eindeutig gegen den Sozialismus votiert. Wie die Westdeutschen nach 1945 direkt in den Genuss der Vorteile einer bedingungslosen Kapitulation kamen, weil die Alliierten sich – im Gegensatz zu 1918 – nun Gedanken machen mussten, wie sie die Unterworfenen in eine Wirtschaft einbetteten, die ihr Überleben garantierte, so hofften die Ostdeutschen, die Bundesrepublik in die Haftung für ihr Wohlergehen „zur gesamten Hand“ nehmen zu können. Die Rechnung ist aufgegangen. Aus „Brüdern und Schwestern“ der 40jährigen Feiertagsrhetorik wurden die „armen Vettern und Cousinen“. Aber diese Distanz in der familiären Nähe erleichterte die Annahme der eigenen Opfer für die westdeutschen Wähler. Die Kalkulation des Eigennutzes zwang auch jene, die keinerlei verwandtschaftliche Gefühle jenseits der Werra festmachen konnten, die Bedürfnisse von 20% Ostdeutschen mit einer Vetoposition bei den Wählern nicht zu vergessen. Kleine Korrekturen der eigenen Vormachtposition im Bundesrat durch Spreizung der Stimmen, welche die großen westdeutschen Länder privilegierte (Kap. 9.4), konnten an dem Grundsachverhalt nichts ändern, da bei allen nicht zustimmungspflichtigen Gesetzen der Bundestag noch immer den Ausschlag gab.

Die *Nostalgie* nach der alten DDR, die sich bei den Menschen in der Warteschleife auszubreiten drohte, hatte ihr westliches Pendant. Erstmals wurde das provisorische Zweckgebilde Bundesrepublik, in 40 Jahren Rückblick nostalgisch verklärt, mit Gefühlen besetzt, die den Verfassungspatriotismus überschritten. Die Bundesrepublik wird nie mehr so sein, was sie einmal war – lautete die Klage. Im Grunde ist diese Dichotomie nur die Übernahme der These von der *blockierten Gesellschaft*, die der französische Soziologe Michel Crozier für Frankreich entwickelt hatte. Im Arsenal der Unregierbarkeitshypothesen hatte sie bedeutet, dass der moderne Staat im Zweifrontenkrieg keine Chance hat, sich durchzusetzen: Als *„bourgeois“* stellen die Bürger steigende Ansprüche für ihr Wohlergehen an den Staat, als *„citoyens“* hingegen schwören sie jedem Kollektivismus ab und versuchen, die Grenzen des Staates zurückzudrängen und ihre

Freiheitsrechte auszudehnen. Die deutsche Einheit ist ein Testfall für diese Hypothese, und die Erwartungshaltungen der ostdeutschen Neubürger scheinen sie zu bestätigen. Man hat gegen den Sozialismus gewählt, möchte aber alles an Absicherung erhalten, was das alte Regime gewährte. Die wirtschaftspolitisch fast unverantwortlichen Lohnerhöhungen, welche die Gewerkschaften erkämpften, wurden dankbar angenommen. Gegen die Mieterhöhungen aber wurde jede Obstruktionsmacht eingesetzt.

Die DDR konnte mit einigen Anstrengungen von westlichen Produktionsstätten aus bedient werden. Eile zum Engagement empfanden die Investoren nicht. Nachfrage, die nicht gedeckt werden konnte, wurde leicht aus dem westlichen Ausland befriedigt. Das historisch einmalige große Experiment der Integration zweier unterschiedlicher Wirtschaftssysteme wird weltweit mit Spannung verfolgt. Sozialer Wandel wird gemeinhin an vier Indikatoren gemessen (W. Zapf): Tempo, Tiefgang, Richtung und Steuerbarkeit. Kein Zweifel: Das *Tempo* des sozialen Wandels ist atemberaubend, und der *Tiefgang* lässt selbst jene Strukturen wie die landwirtschaftlichen Produktionsgenossenschaften, die von der Betriebsgröße und Mechanisierung her überlebensfähig schienen, in kurzer Zeit verschwinden. Die *Richtung* war sehr viel eindeutiger, als die Apologeten billigen, die gern ein bisschen Sozialismus erhalten hätten. Konzessionen an staatliche Steuerung, selbst in der Arbeitsmarktpolitik, gingen kaum über das hinaus, was auch im Westen vielfach erprobt worden ist. Die *Steuerbarkeit* allein schien gering in diesem Prozess des sozialen Wandels. In den ersten zwei Jahren griffen weder die staatlichen Programme noch die Marktmechanismen voll, weil die rechtliche Lage, die Infrastruktur der DDR und die verunsicherte Bevölkerung ohne marktwirtschaftliches Know-how die heilenden Kräfte der „unsichtbaren Hand“ wesentlich langsamer wirksam werden ließen, als die Ideologen des Rufes „Erhard siegte über Marx“ es wahrhaben wollten. Die Grenzen staatlicher Steuerung wurden sichtbar: Steuerung konnte nur die Rahmenbedingungen neu ordnen, durch Schaffung des neuen Rechts, Aufbau einer neuen Verwaltung, Klärung der Eigentumsverhältnisse und Bereitstellung der Mittel für die Erneuerung der in Grund und Boden gewirtschafteten Infrastruktur. Am Ende der Planungseuphorie hatte auch in der politischen Theorie die Hoffnung auf Steuerung kontinuierlich abgenommen. In dieser Hinsicht fiel die Wiedervereinigung ebenfalls auf einen günstigen Zeitpunkt: Es gab nur noch bei Minderheiten übertriebene Planungshoffnungen, und diese wollten sie gerade nicht vom „kapitalistischen“ Westen auf ostdeutschen Boden verwirklicht sehen (vgl. Kap. 8.4).

Wenn sich der Erfolg der Einigungspolitik einstellt, so beruht er schwerlich auf der großen *Steuerungsfähigkeit* des politischen Systems. Dieses hat sich freilich handlungsfähiger als erwartet erwiesen, auch wenn man einen Generalplan für die Einigung vermisste. Vor allem in der Föderalismusforschung ist dem

System bescheinigt worden, dass es nur zu inkrementalen Maßnahmen des Weiterwurstelns fähig sei, wo Strukturreformen angestanden hätten (vgl. Kap. 9.4). Es gab kein Vorbild für die Umstellung einer sozialistischen Planwirtschaft auf eine Marktökonomie. Anfangs hat man gleichsam den Teufel Planwirtschaft mit dem Beelzebub für Sanierung und Privatisierung in Gestalt der „Treuhand" ausgetrieben. Sehr rasch erschallte der Ruf der neuen ostdeutschen Länder nach Regionalisierung dieser Anstalt. Treuhandchef Rohwedder hat nicht verborgen, dass es eine Unvereinbarkeit von betriebsorientierter Politik der Treuhand und den Erfordernissen einer wirtschaftlichen Struktur- und Regionalpolitik nach übergeordneten Gesichtspunkten gab. Die verwirrende Fülle der getrennt und gemeinschaftlich zwischen Bund und Ländern bewältigten Aufgaben hat sich auch bei der Steuerung der Wirtschaft in den neuen Ländern reproduziert.

In vieler Hinsicht erwies sich jedoch die deutsche Unübersichtlichkeit des *Föderalismus* bei der Integration Ostdeutschlands von Vorteil: Die Länderhilfe, die Hilfe westdeutscher Gemeinden beim Aufbau einer modernen Verwaltung in den neuen Bundesländern, hätte sich schwerlich zentral in gleich effizienter Weise steuern lassen. Schon vor dem Zusammenbruch ist der deutsche Föderalismus als ein „evolutionär fortschrittliches System" bezeichnet worden, obwohl er früher überwiegend als Hemmschuh zur Bewältigung großer Aufgaben galt. Das Urteil ist durch das Maßnahmengewirr im deutschen Einigungsprozess nicht hinfällig geworden.

Die deutsche Vereinigung wird im In- und Ausland (vgl. Lehmbruch 1995) unter dem Aspekt bewertet, dass die Transformation sich nicht auf Ostdeutschland hätte beschränken dürfen, da in Westdeutschland ein großer Reformstau zu beklagen war. Aber ist es wirklich so verwunderlich, dass die Bundesrepublik, die im 12. Bundestag das größte Gesetzgebungsprogramm ihrer Geschichte absolvieren musste (vgl. Kap. 7), wenig Aufmerksamkeit auf die fälligen Reformen richtete? Nicht wenige Transformationsstudien messen die Leistungen der Regierung in diesem Bereich, als ob die Politiker dieses Reforminteresse geteilt hätten. Aber Wolfgang Schäuble (1991: 157, 231) als Hauptinitiator der Verträge mit der DDR, hat immer klipp und klar gesagt, dass die Wiedervereinigung nicht die günstige Gelegenheit sei, „durch die Hintertür durchzusetzen, was ohne diese Gelegenheit seit Jahren nicht gelungen ist". Taktisch zutreffend ist zweifellos Schäubles Argument, dass man die Verhandlungen – die unter Zeitdruck stattfanden – nicht mit zu vielen Lösungsversuchen belasten durfte. Beim Streit um die *Erhaltung der Fristenlösung* war es für die Reformer besonders bitter, dass auch alle Nachbesserungsversuche der Opposition zu § 218 nur zu einer Schonfrist für die Regelung der DDR führte. Die Bundesregierung konnte die Opposition austricksen, da eine Übergangsregelung, nach der von der Rechtslage Westdeutschlands langfristig abgewichen worden wäre, einer Grundgesetzänderung bedurft hätte. Für diese wurde die Union gebraucht. Die Schwierigkeit des *Verfassungswandels* – von den Grundgesetzvätern und -müttern gewollt und von der Publizistik im allgemeinen begrüßt – erwies sich als beispiellose Schranke gegen Reformen der Bundesrepublik aus Anlass der Vereinigung in vielen Bereichen (vgl. Kap. 1). Ein exzessiv angelegter *Rechtswegstaat* verband sich im „halbsouveränen Staat" mit einer *sektoralen Korporatismus- oder Selbstverwaltungstradition*, die Eingriffe des staatlichen Akteurs auf ein Minimum beschränkten. Die Vereinigung löste Statusängste auch bei den etablierten sozialen Großakteuren aus. Verschiebungen im Gleichgewicht der Kräfte wurden nach Möglichkeit blockiert. Durch die Rezession, die dem „geborgten" Anfangsboom folgte, wurden solche Statusängste noch verstärkt.

Die Reformfähigkeit des Bundes war noch geringer in den Bereichen, in denen er geringe Kompetenzen aufgrund der föderalen Machtverteilung besaß. *Forschungs- und Rundfunkpolitik* sind dafür gute Beispiele. Auch sie werden als Musterbeispiele westdeutscher Kolonialisierungspolitik gewertet. Im Bereich von *Schulen und Hochschulen* hatte der Bund keine Kompetenzen. Die Länder – und im Rahmen ihrer Autonomie die ostdeutschen Hochschulen – arbeiteten mit westdeutschen Spezialisten zusammen. Die Arbeit, die dort von der „Gelehrtenrepublik" geleistet wurde, war beachtlich, aber nicht immer uneigennützig.

Auch im *Kulturbereich* ist das Kahlschlaggeschrei vielfach übertrieben worden. Eine empirische Studie über die DDR-Orchester zeigte, dass der Aufbau des kulturellen Erbes in quantitativer Hinsicht kaum stattfand. Allenfalls bei der Arbeitszufriedenheit zeigten sich nach der Wende Verschlechterungen (Allmendinger 1993: 247, 275). In diesem kulturellen Bereich, der stark von staatlicher Alimentierung abhängig ist, ergaben sich trotz der 40 Jahre Trennung erstaunliche Gemeinsamkeiten einer *deutschen „Staatskultur"* im Gegensatz zu den angelsächsischen „Marktkulturen", die zum Vergleich herangezogen worden sind. Der Kulturbereich wurde zu einer der seltenen Ausnahmen, bei denen der Bund sich – zum Kummer der Haushaltsexperten und Verfassungsjuristen – über seine Kompetenzen hinaus in eine Bundesförderung verstricken ließ, die nicht zu seinen eigentlichen Aufgaben gehört (Ackermann 1991: 17). Die Länder haben in der „Stunde der Exekutive" aber noch manche Kompetenzüberschreitung des Bundes akzeptiert, wenn sie nur ihre Finanzen schonen konnten.

In der *Rundfunkpolitik* kam es ebenfalls zu tiefgreifenden Kolonialisierungstendenzen. Jedes Argument zur Erhaltung des Bestehenden der DDR konnte mit dem Gegenargument vom Tisch gewischt werden, dass die alten Seilschaften daran gehindert werden müssten, weiterhin ihre Propaganda über die Massenmedien zu lancieren (Schäuble 1991: 198). Zur Koalition der Länder und westdeutscher Interessenten, vor allem der Rundfunk- und Fernsehanstalten, traten hier ganz vordergründige *Parteipatronagemotivationen* hinzu, die im Art.

36 des Einigungsvertrages per 31. Dezember 1991 das Aus für die DDR-Rundfunk- und Fernsehanstalten brachten. Die versäumten Chancen einer sinnvollen Neugliederung der Bundesländer hätten bei der Entstehung großer Sendegebiete partiell nachgeholt werden können. Die nordostdeutsche Rundfunkanstalt (NORA) mit Sitz in Berlin scheiterte am Veto der Fraktion der FDP, der Linken Liste, der PDS und der SPD-Fraktion in Mecklenburg-Vorpommern, welche den Beitritt zum NDR betrieb. Der Mitteldeutsche Rundfunk schuf ein großflächiges Sendegebiet, nachdem Thüringen auf Pläne der Kooperation mit Hessen verzichtet hatte, aber er wurde vielfach wie eine „Außenstelle des Bayrischen Rundfunks" angesehen. Im Gegenzug wurde im Ostdeutschen Rundfunk in Brandenburg eine unverhüllt parteipolitische Personalpolitik von der SPD betrieben.

In allen Bereichen mit stark föderalistischer Zersplitterung der Kompetenzen schien der Bund allenfalls noch *viertelsouverän*. Grundlegende Innovationen der Reformpolitik konnten von ihm nicht erwartet werden. Mit begrenzter Intervention, bei Überlassung vieler Aufgaben an unbezahlte Kolonisatoren und Locatoren, wurden im Sinne der Ausdehnung des Status quo im Westen erstaunliche Erfolge erzielt, die an Gründlichkeit und Tiefe der Umgestaltung jeden sozialistischen Klassenkampf in den Schatten stellten.

Östliche Verbände waren noch nicht konfliktfähig, und wo ihre Organisation stand, fehlte ihr das soziale Umfeld, das eine funktionierende Verbandsstruktur an informellen Netzwerken zur Verfügung stellt. Es hielten sich in Ostdeutschland unabhängig nur einige lokale und funktionale Gruppen, soweit sie geringe revindikative Funktionen hatten, wie im Bereich der Kulturschaffenden oder dort, wo aus Statusgesichtspunkten westliche Verbände die potentiellen Mitglieder der DDR ausgrenzten, wie bei den berufsständischen Verbänden der Ingenieure in Westdeutschland (Eichener u.a. 1992, 1. Halbband: 250ff.). In einer solchen Lage asymmetrischer Organisationspotentiale war es nicht verwunderlich, dass die westlichen Interessen sich durchsetzten und dass der Vereinheitlichungsdruck, der von gesellschaftlichen Organisationen ausging, vielfach größer war als jener, den aufgeklärte Bürokraten auf der Ebene der staatlichen Akteure ausübten. Im Vakuum der Verbandslandschaft Ostdeutschlands musste der Gesetzgeber zunächst die *heterogene Strukturbildung* zulassen, weil hier zentralistische Entscheidung gar nicht möglich war (vgl. Manow-Borgwardt 1994). Der *Selbstverwaltungspessimismus* war durch westdeutsche Erfahrungen gerechtfertigt, in Ostdeutschland war *Selbstverwaltungsoptimismus* unumgänglich, um für staatliche Akteure überhaupt gesellschaftlich organisierte Gesprächspartner zu bekommen (vgl. Kap. 5). Der Staat der Bundesrepublik beruht auf einem komplizierten Geflecht von sich ausbalancierenden und konterkarierenden Vetogruppen in den Ländern, in den organisierten Verbänden, in den konkurrierenden Bürokratien, in den politischen Eliten. Die Kompromissbereitschaft bei marginalen Verteilungsgewinnen ist vergleichsweise größer als dort, wo große Verteilungen winken und für den, der leer ausgeht, ein Statusverfall droht, auch wenn andere ebenfalls nichts bekommen!

Die neuere Transformationsforschung arbeitet überwiegend mit diesem Modell, angereichert um eine moderne Netzwerkanalyse. Die Netzwerke haben sich in der Einigung erwartungsgemäß verhalten. Gelegentlich hat eine Gruppe, eine Partei, ein Elitenakteur seine Position in den asymmetrischen Verteilungspositionen zwischen Ost und West schamloser ausgespielt als in der Bonner Routinepolitik. Die Spielregeln waren weniger fixiert, und auch die, welche in Bonn an feste Spielregeln gewohnt waren, zeigten sich, wie Kolonisatoren, auch anderswo, außerhalb des schützenden Hags hauptstädtischer Kleinstadtenge etwas rücksichtsloser. Es ging um einmaligen großen Gewinn und um ein Spiel auf kurze Zeit. Antizipierende Konzessionen, um das Spiel eines *„general political exchange"* – bei dem es nicht auf jeder Stufe zum Austausch von äquivalenten Leistungen kommt – nicht zu stören, schienen nicht vielversprechend. Die Tendenz zur *Sektoralisierung der Politikfeldarenen* war noch größer als bei westlicher Politik im allgemeinen und zeigte Varianzen (vgl. Matrix). Es war kaum zu erwarten, dass anlässlich der Wiedervereinigung die Handlungslogiken der Akteure von den in Westdeutschland eingespielten Mustern abweichen würden.

Die *Gesundheitspolitik* gilt vielfach als Beispiel, bei dem es erhaltenswerte Einrichtungen der DDR gegeben hatte. Die Effizienz des Systems der DDR wurde vom Bundesgesundheitsministerium (Indikatoren 1993) nicht schlecht beurteilt. Dennoch hat die ärztliche Statuspolitik erreicht, dass das Monopol der ambulanten Versorgung durch freiberufliche Ärzte wie im Westen sichergestellt wurde (Lehmbruch 1994). Wer hätte anders entscheiden sollen? Die Patienten waren nicht organisiert und hatten schwerlich eine einheitliche Meinung. Umfragen zeigen bis heute, dass die ostdeutsche Bevölkerung in der Frage, ob das alte oder neue Gesundheitssystem besser sei, gespalten ist (vgl. Kap. 2). Die Ärzte Ostdeutschlands waren die einzig organisierbaren „Betroffenen" und haben für das westliche Modell gestimmt. Vom Interesse der Gruppe her sind sie dabei gut gefahren (Perschke-Hartmann 1993).

Ähnlich führte der westdeutsche Transformationsdruck auf die politischen Akteure, vom *Sozialstaat* zum Sicherungsstaat zu gelangen (Nullmeier/Rüb 1993) zur Entlastung auf dem östlichen Kriegsschauplatz der Interessenkonflikte. Den Interessengruppen mit öffentlichem Status gelang es, das gegliederte System der Sozialversicherung mit seinen ständischen Relikten aus der Zeit des Bismarckschen Paternalismus auch in Ostdeutschland einzuführen. Den zuständigen Ministerien wurden gewisse Interessen an der Erhaltung eigener Reformbrückenköpfe durch Erhaltung einiger Elemente des Gesundheits- und Sozialversicherungssystems der DDR nachgesagt (Lehmbruch 1994: 33). Aber die Entlastungsstrategien zwangen dazu, die Koalition von westdeutschen Interessenten und interessierten Parteien gewähren zu lassen, um sich auf die Probleme der gesamtdeutschen Reformvorhaben konzentrieren zu können. Der halbsouveräne Staat hat in weiser Beschränkung nur an den Fronten gekämpft, an denen sich ein lang erwiesener Reformbedarf kumuliert hatte.

Nicht nur Statuspolitik war im Vereinigungsprozess erfolgreich, sondern auch *Klassenpolitik*. Ein Teil der Landnahme in der Wirtschaftspolitik wurde mit Modellen einer *Stamokap-Theorie* gedeutet (vorsichtig Offe 1994: 263): „Ein Parafiscus, die Treuhand, Bankenkonsortien, Interessengruppen und Ministerialbürokraten entschieden über die Filetstücke der DDR-Produktivvermögen" und verteilten sie. Im Stromvertrag haben die „drei großen Schwestern" der westdeutschen Energieversorgung mit der Regierung der DDR und der Treuhandanstalt – zur Erleichterung der staatlichen Akteure (Schäuble 1991: 224) – sogar an der Regierung vorbei die Weichen in Richtung einer oligopolistischen Marktwirtschaft gestellt. *Private interest government* in Deutschland! Nicht einmal der Rest des kommunalen *„Gas- und Wasser-Sozialismus"*, den jede Marktwirtschaft duldet, wurde damit möglich – zum Ärger der ostdeutschen Kommunen.

Der Verdacht wurde laut, dass die westdeutschen Industrieinteressen so dominant waren, dass ausländische Investoren keine Chance bekamen. Bischofferode und SKET in Magdeburg oder Fritz Heckert in Chemnitz wurden als Beispiele genannt, wie Großbetriebe zerschlagen und interessengerecht für westdeutsche Investoren zurechtgeschneidert wurden (Lehmbruch 1994: 26f.). Aber es gab durchaus Gegenbeispiele wie die EKO-Stahlwerke in Eisenhüttenstadt oder Leuna, allerdings nur, wenn westdeutsche Konzerne kein hinreichendes Interesse zeigten. Außerdem haben Erhaltungsinitiativen der Länder, vor allem in Brandenburg und in Sachsen, zunehmend die Alleinentscheidung der großindustriellen Interessenten konterkariert.

Der wirtschaftliche Aufschwung im Osten kann auf die Dauer nur erhalten bleiben, wenn neue Unternehmen – neben den von der Treuhand privatisierten und reprivatisierten – entstehen. Bis 1992 wurden 200 000-300 000 Gewerbe angemeldet. 1993 nur noch 190 000. Ihnen standen 119 000 Gewerbeabmeldungen gegenüber. Mit einem positiven Saldo von 40 000 im ersten Halbjahr 1994 lagen die östlichen Bundesländer weit über dem Saldo Nordrhein-Westfalens, das eine etwa vergleichbare Bevölkerungszahl aufweist (SVR: Jg. 1994/95: 86). Aber der Vergleich mit einem Revier im Niedergang ist nicht fair, da Ostdeutschland „blühende Landschaften" versprochen worden waren. Kein Zweifel, dass die Gewerbeanmeldungszahl vorübergehend rückläufig war. Es wird jedoch geltend gemacht, dass ausländische Investitionen im Osten Ende der neunziger Jahre häufiger waren als in Westdeutschland.

Die andere Seite der Klassenpolitik, die *Gewerkschaften,* war im Vereinigungsprozess zunächst kaum benachteiligt. Die Gewerkschaften waren die zögerlichsten Landnehmer unter den großen Interessenten, wurden aber rasch in die Rolle eines Anwalts der Angleichungsansprüche gedrängt. Die Rolle mussten sie spielen, weil der ständig sinkende gewerkschaftliche Organisationsgrad, der anfangs weit über Westniveau lag, zur Stabilisierung der eigenen Organisation zwang. Ihre egalisierende *Einkommenspolitik* wird gegen den Rat der meisten Experten politisch akzeptiert. Nur ein paar linke Ökonomen haben ihre Bedenken ganz der Selbsterhaltungspolitik gewerkschaftlicher Organisationsimperative untergeordnet (z.B. Hickel/Priebe 1994: 44f.). Mit steigendem Potential des Linkspopulismus der PDS wurde die Bereitschaft größer, dem Druck übersteigender Angleichungserwartungen nachzugeben, besonders in einem Superwahljahr wie 1994.

Das Neue an der Umbruchsituation erscheint, dass politische Akteure wider besseres Transformationswissen handeln. Auch in Zeiten normaler Innovationspolitik werden Interessen durch distributive oder gar redistributive Politik positiv und negativ tangiert. Weite Sektoren der Gesellschaft hingegen sind von der Maßnahme nicht betroffen. Die Transformation hingegen bringt eine neue Lage für die Berater von Politikern mit sich: Sie müssen weit stärker als üblich *Akzeptanz* ins Kalkül einbeziehen. Nie gab es so große Koalitionen von Gewinnern und Verlierern. Wissenschaftler werden in diesem Prozeß in gewisser Weise korrumpiert: Sie äußern ihre Meinung, und wenn die Politik anders entscheidet, beeilen sie sich, eine Verbeugung vor dem Primat der Politik zu machen (Schiller 1994: 38).

Man kann den gleichen Sachverhalt auch positiv formulieren: Etabliertes Spezialwissen löst in Transformationszeiten die Probleme nicht und behindert in fachlicher Enge den Kommunikationsprozeß. In Umbruchsituationen kann *soziale Kompetenz* wichtiger werden als *Sachkompetenz* (Czada 1994: 263). Aber dieser Euphemismus birgt populistische Gefahren. Der Dezisionismus stützt sich auf stimmungsdemokratische Prozesse zur Minimisierung von Unzufriedenheit: Sachkompetenz muss dann durch große Anstrengungen – wie etwa im Bereich der *Arbeitsmarktpolitik* – wieder gutmachen, was soziale Kompetenz in vorauseilendem Gehorsam gegenüber der Volksmeinung angerichtet hat (etwa durch generöse Umtauschraten und zu rasche Lohnangleichung).

Die Transformation in Ostdeutschland wird vorwiegend als *Steuerungsproblem* beleuchtet. Dabei zeigte sich, dass der Staat in einigen Bereichen effizient steuerte (z.B. in der Arbeitsmarktpolitik), zum Teil, weil er in anderen Bereichen falsche Weichen stellte (wie in der Eigentums- und Privatisierungspolitik). Die christdemokratisch-liberale Regierung entwickelte sektoral einen *Vereinigungskeynesianismus wider Willen.* Gelegentlich hat der Bund sogar „übersteuert", weil die Länder nicht zahlungswillig oder -fähig schienen, wie in der Kulturpolitik. In anderen Bereichen überließ er nach der Setzung eines normativen Rahmens das Feld *parastaatlichen Einrichtungen* wie der Treuhand. In den meisten Arenen beherrschten *organisierte Interessen* das Feld, vor allem in jenen Statusbereichen, in denen die Regierung sich gezwungen sah, sich an anderer Stelle mit den Interessengruppen anzulegen, weil größere Reformen im Bereich der Gesundheitspolitik und der Sozialpolitik auf der Agenda standen. Gerade weil in einigen Sektoren großer Reformbedarf bestand, hatten die Akteure nicht den Rücken frei, anlässlich der Vereinigungspolitik weitere Reformen anzupacken. Staatliche Akteure hätten die vielen Aufgaben ohne parastaatliche und private Akteure schwerlich bewältigen können (vgl. Matrix).

Dass die Interessengruppen im Zeitalter eines fehlenden generellen Normenkonsenses nur noch ein Interesse an der Erhaltung des übergreifenden Systems haben (Mayntz 1992: 18), ist eine ehrwürdige Binsenweisheit der Verbandsforschung. Das „entfremdete Interesse von Organisationen an sich selbst" wird im Zeitalter postmoderner Selbststeuerungstheorien nach der autopoietischen Wende in der Systemtheorie milder als in der früheren Linken beurteilt. Die Interessen verhielten sich erwartungsgemäß, und nur in wenigen Bereichen richteten sie großen Schaden an, weil sie dem begründeten Erhaltungsinteresse der DDR-Einrichtungen, die sich nur schwach artikulieren konnten, nicht nachgaben.

Matrix: Akteure und Ziele der Transformationspolitik in Ostdeutschland

	Dominante Akteure		
	Staatliche	*Parastaatliche*	*Interessenten und Verbände*
Bestandserhaltung für Institutionen und Regulierungen	Arbeitsmarktpolitik (aktive Teile) Kultur- und Denkmalpolitik Wirtschaftliche Strukturpolitik der neuen Länder Schulpolitik der neuen Länder	Beschäftigungsauflagen der Treuhand Beschäftigungsgesellschaften	Agrarpolitik Lohnpolitik und Arbeitsplatzerhaltungspolitik der Gewerkschaften
Transformation und Übernahme westlicher Lösungen	Verfassungspolitik Föderalismuspolitik Finanzpolitik Rechtspolitik (überwiegend) krass: § 218 Frauenpolitik Beamtenpolitik	Privatisierungspolitik Geldpolitik Abwicklung der Hochschulen	Soziales Sicherheitssystem Gesundheitswesen Forschungspolitik Investitionspolitik der wirtschaftlichen Akteure Abwicklung der Forschungseinrichtungen

Die Steuerungsfähigkeit des Staats der Bundesrepublik in der „Stunde der Exekutive“ war größer als man erwarten konnte, zumal viele andere Akteure (z.B. die Länder und die Gewerkschaften) noch weit hilfloser erscheinen. Dennoch war die sektorale Fragmentierung der Problemverarbeitung im Transformationsprozess größer als bei der herkömmlichen Innovationspolitik. Die Netzwerke von staatlichen, parastaatlichen und Verbandsinteressen haben – ohne große Innovationsabsichten – die Übertragung der Einrichtungen der Bundesrepublik bewerkstelligt. *Gesellschaftliche Selbstregulierung aber schließt große gesamtstaatliche Reformen aus.* Gerhard Lehmbruch (1994) zog es vor, von *Transformationsdynamik* zu sprechen, da es *Transformationsstrategien* allenfalls sektoral gab. Dies schließt aber nicht aus, von Steuerung zu sprechen. Mangelnde Konzepte wurden gelegentlich durch *Dezisionismus* ausgeglichen.

Angesichts solcher Verselbständigungstendenzen der Prozesse ist es nicht verwunderlich, dass ein altes Paradoxon der Bundesrepublik sich zuspitzte: Die beiden großen Volksparteien erreichten jeweils das Gegenteil von dem, was sie auf ihre Fahnen geschrieben hatten. Die SPD unter Schmidt wollte *Arbeitsmarktpolitik*, war aber erfolgreich in der Realisierung des Unions-Ziels Nr. 1: der *Inflationsbekämpfung*. Kohl wollte keine „sozialdemokratische“ aktive Arbeitsmarktpolitik und musste gerade diese in gigantischem Maße schaffen, so dass sie schwedischer erscheint als die schwedische Arbeitsmarktpolitik auf ihren sozialdemokratischen Höhepunkten (M.G. Schmidt).

Im Lichte dieses hier beschriebenen „Steuerungschaos“ waren große Innovationen nicht zu erwarten. Das ist umso bedauerlicher, als ihre Unerledigtheit den Prozess des Zusammenwachsens der beiden Teile Deutschlands belastet. Viele Reformen wären wünschbar gewesen. Als die *Verbeamtung* in Ostdeutschland stark umstritten war, hätte ein Verbeamtungsstopp in ganz Deutschland vielleicht den „ersten Schritt in die richtige Richtung“ – wie das im Bonn-Deutsch genannt wurde – darstellen können. Aber die Beamtenlobby, die ihr Interesse sogar im Grundgesetz zementierte, war stärker. Eine Föderalismusreform war überfällig, nicht nur als Reform des horizontalen Finanzausgleichs. Aber sollte man wirklich das zarte Pflänzchen eines Regionalbewusstseins in den neuen Bundesländern durch rationale Flächenzusammenlegungspolitik wieder ausjäten?

Verfassungsveränderungen standen 1990 auch in Deutschland auf der Tagesordnung. Ich meine nicht die Staatsziel-Romantik, die Hauptergebnis des Verfassungsprozesses 1993/94 wurde, sondern Änderungen bei Föderalismus und im Institutionengefüge der Gewalten, vor allem in der Frage des Parlamentsauflösungsrechts (vgl. Kap. 1). Aber auch diese Desiderate konnten keine Aufmerksamkeit in der „Vordringlichkeit des Befristeten“ (Luhmann) auf sich ziehen. Die Non-Decisions in diesen Bereichen sind bedauerlich, aber zugleich erklärlich.

Viele Bilanzen der Vereinigung sind negativer ausgefallen als nötig. Das Dilemma der alten DDR-Forschung wirkte weiter. Die DDR-Forschung verlor mangels Sprachkenntnissen weitgehend die vergleichende Dimension und kam daher gelegentlich zu übertriebenen Schlüssen. Die Vereinigungsbilanzen fallen ebenfalls negativ aus, wenn man den Vergleich mit anderen postsozialistischen Systemen nicht zieht.

Akteurstheoretische Ansätze haben die Eigendynamiken des Verlaufs geschildert (Lehmbruch) und die nichtintendierten Folgen politischen Handelns betont. Verpasste Reformen oder gar böser Kolonialisierungswillen wurden unterstellt (Bulmahn 1997).

Systemtheoretische Ansätze kamen vielfach zu positiveren Ergebnissen. Auch ohne Vergleich behielten sie das Machbare stärker im Auge. Modernisierungsansätze betonen vielfach die Notwendigkeit der *doppelten Modernisierung*, wobei vielfach übersehen wurde, dass der reale Sozialismus in einigen Bereichen (Zentralisierung, mobilisierende Erfassung der Bevölkerung, Urbanisierung und Laizisierung) schon übermodernisiert hatte. Am negativsten war das Urteil, wenn die Diskrepanz vom modernisierten System und den Beharrungskräften der alten Lebenswelt der DDR ins Blickfeld geriet. Die Entwertung der früheren Biographie und Erfahrungen musste als Verlust empfunden werden, selbst wenn die Modernisierung des postsozialistischen Systems einen wirtschaftlichen Nutzenzuwachs für die betroffenen Individuen brachte. Das ist ganz auffällig bei vielen ostdeutschen Rentnern. Nicht wenige der einst Arrivierten haben sich wie Fremde im eigenen Land gefühlt. Das gilt sicher für die frühere Spitzenelite. Die mittleren Kader, die bei der negativen Elitenpolitik (vgl. Kap. 6.3) nicht schlecht fuhren, haben sich vielfach gut adaptiert, selbst wenn sie ihre staatlichen Karrieren aufgeben mussten. Das hindert die Betroffenen nicht, der Dynamik des westdeutsch geprägten Systems noch mit Vorbehalten zu begegnen.

Werden die Sorgen der Deutschen durch Umfragen gemessen, so stehen im Osten die zu teuren Beamten und die Macht von Banken und Großkapital an erster Stelle, während die Westdeutschen eher den teuren Aufbau Ost und die erdrückende Ausgabenlast monieren. Die Gefährdung von Arbeitsplätzen durch Ausländer wurde 1998 im Osten als stärker empfunden als im Westen. Die hohen Zahlungen an die EU und das Dickicht der zu hohen Subventionen waren den Westdeutschen eher ein Problem als den Ostdeutschen (Schaub 1998: 9).

Nur transnationale Umfragen können zeigen, wie stark die Angleichung in Ostdeutschland durch den direkten Kontakt mit dem Westen schon fortgeschritten ist. In Ostdeutschland ist das Privateigentum an Produktionsmitteln mit 86% weit stärker akzeptiert, als in allen anderen postkommunistischen Systemen.

Aber in der individuellen Verantwortlichkeit für die soziale Sicherheit und in der Leistungsabhängigkeit der Entlohnung zeigt die Ex-DDR noch mehr von der alten Versorgungsmentalität als die Bevölkerung anderer Systeme. Differenziert urteilen die Ostdeutschen bei einer Gewinn- und Verlustrechnung als Folge der Einheit. Persönliche Freiheiten, Umwelt, Wohnen und neuerdings auch Gesundheit und Politik werden positiv bewertet. Auf der Verlustliste werden noch immer Arbeit, soziale und persönliche Sicherheit verbucht (Wiesenthal 1996: 16f.). Es gibt kaum noch Antisystemgefühle gegen Demokratie und Marktwirtschaft, sondern nur noch politische Enttäuschungen im Einzelnen, wie die Zahlen auch der vergleichenden angelsächsischen Studien über Ostdeutschland gezeigt haben (vgl. Kap. 2)

Ein weiterer Vergleichsmaßstab könnte aus der Transformation nach 1945 gewonnen werden. 1990 schien zu gelten, dass überall Nichtentscheidungen und Reformversäumnisse zu beklagen waren. War das 1949 anders ?

11.3 Von der „Bonner“ zur „Berliner“ Republik

Die Bundesrepublik folgte als politisches System nicht in allen Bereichen dem herkömmlichen Muster, die mangelnde Einheit der Lebensverhältnisse durch „*Übersteuerung*“ mit Hilfe der staatlichen Administration zu kompensieren. Im Föderalismus und in der stark entwickelten Marktideologie als Grundlage einer sehr verbreiteten Aversion gegen weitreichende Planung der Politik neigte die Bundesrepublik in den ersten zwei Jahrzehnten eher zur „*Untersteuerung*“ des Systems durch zentrale Institutionen. Die Erfolge der kaum geplanten Wiederaufbauphase und eine allgemeine Abneigung gegen die Übersteuerung in der Zeit des Nationalsozialismus, in der Besatzungszeit und in der DDR haben eine Ideologie der Nichtplanung entstehen lassen.

Der Anteil des Staatssektors blieb gering und ist unter Erhard noch weiter verringert worden. Steuerungsleistungen für die Gesamtwirtschaft kann er weniger als in anderen Marktwirtschaften erbringen. Die Planung blieb im Vergleich zu anderen westlichen Demokratien unterentwickelt, und durch den Föderalismus wurde selbst die existierende sektorale Planung in den Bereichen Wirtschaft und Bildung stark fragmentiert. Dezentrale Lenkungsinstitutionen mit wachsender Unabhängigkeit von der Regierung entwickelten sich nicht nur bei Verfassungsorganen wie dem Bundesverfassungsgericht (vgl. Kap 10.3) und dem Bundesrat (Kap. 9.2), sondern auch bei Einrichtungen, die ministeriellen Ressorts zugeordnet sind, wie der Bundesbank oder bei der Bundesanstalt für Arbeit (Kap. 8.3). Die Grenzen der Steuerungsmöglichkeit des Staates sind durch einen aus rechtsstaatlicher Sicht erfreulich starken Ausbau des institutionellen Grundrechtsschutzes und die Absicherung einer alle Bereiche der Staatstätigkeit umfassenden Verwaltungsgerichtsbarkeit noch zusätzlich enger gesteckt als in anderen westlichen Demokratien.

Trotz solcher Steuerungsdefizite ist die Leistung des Systems im internationalen Vergleich selbst dann nicht so negativ wie es in der internationalen Presse oft dargestellt wird, wenn man berücksichtigt, dass die Zahlen mancher EU-Länder noch stärker „geschönt" sind als die der Bundesanstalt für Arbeit, die Ende der achtziger Jahre den Berechnungsmodus von Arbeitslosigkeit zu ihren Gunsten änderte. Andererseits ist die „Kurzarbeit" eine deutsche Besonderheit, die seit der deutschen Vereinigung zur Irreführung benutzt werden kann, wenn in den ostdeutschen Ländern Kurzarbeit vielfach schon „Nullarbeit" bedeutete. Hinter der im ganzen noch akzeptablen Leistung in der Arbeitsmarktpolitik nach der Vereinigung stehen beunruhigende regionale Differenzen.

Nicht jede gute Leistung auf dem Gebiet der sozialen Leistungen ist positiv zu bewerten, wenn sie durch zu hohe Staatsverschuldung und hohe Inflationsraten erkauft wird. Diese Gefahr haben die korporativ handelnden Pioniere der Arbeitsmarktpolitik in den nordeuropäischen Ländern nicht immer vermieden. Die Bundesbank war sehr beunruhigt über die Staatsschulden. Mit 59,5% des BIP lag die Bundesrepublik (2002) im internationalen Vergleich noch in der Gruppe wie Frankreich, die „blaue Briefe" aus Brüssel zu erwarten hatte. Wo ein vergleichbares Land wie Großbritannien auf diesem Feld bessere Erfolge aufzuweisen schien, mussten die sozialen Kosten einer thatcherischen Rosskur zur Abmagerung des Wohlfahrtsstaates dagegen aufgerechnet werden. Selbst Japan – das gelobte Land bei so vielen Indikatoren zur gesamtwirtschaftlichen Lage – war höher verschuldet als die Bundesrepublik.

Die Staatsverschuldung kann so wenig wie andere Indikatoren isoliert beurteilt werden. Die Währungsreserven und die Entwicklung der Leistungsbilanz entscheiden unter anderem, wie bedrohlich der Schuldenstand für ein System tatsächlich ist. Bei den Währungsreserven war Deutschland lange Spitzenreiter. Die Deutschen waren darauf kaum weniger stolz als auf ihre Rolle als „Weltmeister des Exports", die sie jedoch zunehmend verlieren. Ende 2003 lag die Bundesrepublik auf Platz eins, vor den USA und Japan. Die nur noch gelegentlich (1995, 2000) negative Leistungsbilanz erschien umso beachtlicher als kaum ein Volk durch exzessives Reisen so hohe Beträge an Devisen ins Ausland brachte. An allen drei Indikatoren gemessen, begann Deutschland schon vor der Vereinigung leicht abzufallen. In der Baisse von 1992 musste der Sachverständigenrat (Jg. 1992/93, Ziff. 214) feststellen, dass erstmals die Erhöhung der Auslandsnachfrage bei einer Rezession im Inland ausblieb.

Kein Indikator wirkt sich so direkt auf die Zufriedenheit der Bürger aus wie die Steuerlast. Im Vergleich der Belastung von Bürgern mit Steuern und Abgaben lag die Bundesrepublik in den achtziger und neunziger Jahren unter dem Belastungsniveau der meisten Wohlfahrtsstaaten. Nur Japan, die Schweiz und die USA, die ihren Bürgern ein höheres Maß an privater Daseinsvorsorge zumuten, trugen eine leichtere Steuerlast. Mit den Steuererhöhungen und Belastungen im Versicherungswesen, die nach der deutschen Vereinigung wenig glaubhaft als zeitlich befristet angekündigt werden mussten, hat sich Deutschlands Position in den neunziger Jahren verschlechtert. Anpassungen an den Durchschnittssatz bei der Mehrwertsteuer, der in Europa bei bis zu 25% liegt, sind der Bundesrepublik nicht erspart geblieben. Im Wahlkampf 2009 kam auch die Erhöhung der Mehrwertsteuer auf dänisches Niveau (25%) auf und wurde wieder verworfen.

Unglücklicherweise hat die Bundesregierung offenbar damit gerechnet, dass sie mit den durch die europäische Einigung notwendigen Steuererhöhungen auch für die deutsche Einheit davonkommen könnte. Dies hat sich inzwischen als Fehlrechnung erwiesen. Die Bundesrepublik hatte in der Vorbereitung der Integrationsrunde von Maastricht immer sehr rigide Grundsätze für die Zulassung von Ländern des inneren Zirkels für das „Europa der zwei Geschwindigkeiten“ verfochten. 1992/1993 kam in der verspäteten Rezession die Frage auf, ob Deutschland selbst diesen Kriterien noch gerecht wurde.

Wenn nach Faktoren gesucht wird, welche die im Ganzen günstige Bilanz der wirtschaftlichen und sozialen Leistungen erklären, ist das hohe Maß an Arbeitsfrieden in der Bundesrepublik immer an erster Stelle genannt worden. Die Konfliktträchtigkeit der Arbeitsbeziehungen, gemessen an verlorenen Arbeitstagen, hat auch in der Bundesrepublik zugenommen. Die Arbeitsbeziehungen sind in den siebziger und achtziger Jahren nicht mehr so konfliktarm gewesen wie in der Aufbauzeit nach dem Krieg. Aber im Vergleich mit mittleren und großen Demokratien ist die Konflikthäufigkeit noch immer gering. Sie lag gelegentlich unter dem Niveau Japans, einem Land, das bekannt ist für seine paternalistischen Arbeitsverhältnisse.

Das *„deutsche Modell“* mit starker Regelung der Konflikte der Interessengruppen wurde im Ausland mit einem Gemisch von Kritik und heimlicher Bewunderung zur Kenntnis genommen. Ein kommunistischer Funktionär der CGT in Frankreich hat in einem privaten Gespräch einmal zugegeben: „Sonntags halten wir Brandreden gegen die integrative Politik des DGB, montags aber hoffen wir im stillen, an Einfluss, Einheitlichkeit, Organisations- und Finanzkraft einmal so stark zu werden wie er.“ Inzwischen ist die Ordnungsleistung der Gewerkschaften in die Kritik gekommen.

Der Sachverständigenrat (SVR 2002/03: 10ff.) hat den Regierungen Schröder/Fischer immer wieder die Leviten gelesen. Im Jahresgutachten 2002/03 wurde er mit seinen „20 Punkten für Beschäftigung und Wachstum“ nachdrücklicher als je zuvor mit Empfehlungen, die Lohnentwicklung unterhalb der Arbeitsproduktivität zu halten, das Arbeitslosengeld wieder auf 12 Monate zu befristen, die Arbeitslosenhilfe in die Sozialhilfe zu integrieren, der Reform des Gesundheitswesens, Reduktion der Staatsausgaben, der staatlichen Verschuldung und der Reform des Föderalismus. Viele dieser Vorschläge beherrschten die Reformdiskussion 2003. Die Regierung Schröder bekam wieder leichten Aufwind, als die Opposition in ihren Gegenvorschlägen säumig blieb und sogar die Arbeitgeberverbände auf die Unon einwirkten, die Regierungspläne – zu wenig, aber „Schritte in die richtige Richtung", wie es im Berlin-Deutsch hieß – nicht zu blockieren.

Ein Vergleich der Ausgaben mit anderen hochentwickelten Industriestaaten der westlichen Welt wäre nur von begrenzter Aussagekraft. Wie ein Blick auf andere Bundesstaaten zeigt (Kanada, Österreich, Schweiz, USA), fallen in föderalistischen Systemen die Bundesausgaben für Erziehung gering aus, weil die Hauptausgaben bei den Gliedstaaten liegen. Gerade im Vergleich der Erziehungsausgaben wird in der populären Literatur, die anprangern möchte, viel Missbrauch getrieben. Selbst die Verteidigungsausgaben, die in allen Staaten bei der höchsten staatlichen Ebene liegen, können auf diese Weise überhöht erscheinen, wenn im Vergleich zu zentralisierten Staaten rechnerisch wichtige Posten aus dem Bundesbudget herausfallen und so die relativen Anteile verzerren. In der Tradition deutscher Liberaler lag es, alles Britische zu bewundern, von der kommunalen Selbstverwaltung bis zur Organisation des Parlaments, vom Zweiparteiensystem bis zum Wahlrecht. Seit den sechziger Jahren hat sich das Bewunderungsgefälle erstmals ein wenig ausgeglichen. Britische Royal Commissions reisten durch die Bundesrepublik. Sie blieben skeptisch gegen schlichte Imitationen, aber sie begannen, sich mit vielen Detaillösungen des deutschen Systems anzufreunden, vom Föderalismus bis zum Wahlrecht oder den Arbeitsbeziehungen (vgl. Royal Commission on the Constitution. London, HMSO 1973: 152ff.; Report of the Committee of Enquiry on Industrial Democracy. London, HMSO 1977: 2 et passim).

Manche der Leistungen im Nachkriegsdeutschland sind nicht überwiegend auf das politische System zurückzuführen. Die Startvorteile für eine Wirtschaft, die nach den Kriegszerstörungen unter dem Zwang zur totalen Erneuerung stand, sind nur sehr indirekt mit den Aktivitäten der Politik der Ära Adenauer verbunden. Der gründliche Verlust der Illusion, als mittlerer Staat noch eine Großmacht zu sein, gab der Bundesrepublik gegenüber Großbritannien und Frankreich weitere Vorteile, die nach dem Krieg einen Teil ihrer Anstrengungen und Mittel noch auf die sterbenden Bereiche der Machtrepräsentanz in aller Welt richteten. Die Existenz einer „industriellen Reservearmee" in Form von Vertriebenen, die besonders motiviert waren, den kollektiven Niedergang der Gesellschaft durch individuelle Anstrengungen im Bereich der Arbeit zu kompensieren, gab Westdeutschland einen unvergleichlichen Vorteil beim Neubeginn. Selbst Diskriminierungen wie die Unterbewertung der D-Mark münzten sich vorübergehend in Vorteile für das Exportgeschäft um.

Gleichwohl war zu Selbstgefälligkeiten über die Prosperität des „Modells Deutschland“, wie sie einst in Wahlkämpfen durchschimmerten, wenig Anlass. In der Zeit des langfristigen Aufschwungs wurde mache fällige Anpassung in der Strukturpolitik versäumt. Die Schonzeit des Differenzierungswettbewerbs im internationalen Wirtschaftsaustausch ist vorüber. Die Bundesrepublik beginnt die Folgen eines zunehmenden Verdrängungswettbewerbs einerseits und eines wachsenden Protektionismus anderer hochentwickelter Industrieländer, die wichtige Handelspartner sind, andererseits zu spüren. Angesichts der überproportionalen Bedeutung des Industriesektors in der Bundesrepublik drohten Stagnationskrisen im industriellen Bereich stärker auf Wachstum und Beschäftigungsniveau durchzuschlagen als in anderen Ländern.

Die Wiedervereinigung hat eine unionsgeführte Regierung gezwungen, manche Maßnahme aus dem Arsenal der Sozialdemokraten, von den Subventionen bis zu Arbeitsmarktprogrammen, zu übernehmen. Die einst als „links“ verschriene binnenorientierte expansive Vollbeschäftigungspolitik hat sich im Osten Deutschlands nicht vermeiden lassen.

Im Ausland wurde die Bundesrepublik einst verdächtigt, ihre Macht als *„économie dominante“* auszubauen. Das Misstrauen, das aus den wirtschaftspolitischen Meinungsverschiedenheiten deutscher und ausländischer Politiker entstand, schaffte für die politisch Verantwortlichen in der Bundesrepublik zusätzliche Belastungen. Die Bundesrepublik geriet zunehmend unter den Druck, nach den Vorstellungen der Mehrheit der Industrieländer zu handeln, ohne ihre eigene starke Position hinreichend in Vetomacht umsetzen zu können, welche auf die Richtung eines gemeinsamen Kurses der Industrieländer Einfluss nehmen könnte. Die Sorge vor der dominanten deutschen Wirtschaft im Ausland hat den deutschen Einigungsprozess noch einmal begleitet. Vorübergehend trat Entspannung ein. Eine leise Schadenfreude über die wirtschaftlichen Schwierigkeiten Deutschlands nach der Vereinigung und den Wertverlust der DM breitete sich in wichtigen Medien der Nachbarländer aus.

Trotz mancher Krisenzeiten blieb den politischen Institutionen im überwiegenden Schönwettersystem der Nachkriegszeit der Erfolgstest bisher erspart. Die Legitimation des Systems vollzog sich weitgehend über Wirtschaftsleistungen. Rechtssicherung und soziale Leistungen kompensierten unter den demokratischen Bedingungen des Grundgesetzes die traditionell unterentwickelte Bereitschaft vieler Deutscher zur politischen Teilnahme und vor allem zu einer konflikt-toleranten Partizipation (vgl. Kap. 2).

Wichtigstes Charakteristikum des deutschen Systems ist die *Fragmentierung der Macht.* In der Regel werden die Thesen über die Selbstblockade des deutschen Systems im Bereich des Föderalismus untersucht (Kap. 9). Das Neben- und Gegeneinander von Bund und Ländern hat zweifellos dazu beigetragen, dass Deutschland als ein System gilt, in dem radikale Innovationen in einer „Revolution von oben" so gut wie ausgeschlossen sind. Die Reformen der Ära Brandt haben dies erwiesen.

Das sozialdemokratische Experiment, das 1982 nach 13 Jahren zu Ende ging, zeigte zunehmend einige Begrenzungen wie Möglichkeiten des Systems in der Bundesrepublik. Die vergleichende Politikforschung hat für Europa Lowis Schule machende Annahme „*policies determine politics*" nicht voll übernehmen können. Zunehmend kamen die Institutionen wieder ins Blickfeld. Gerade für die Bundesrepublik war erklärungsbedürftig, warum sie trotz ähnlicher Traditionen und Ziele der Sozialdemokratie an der Macht, wie in Österreich oder Schweden, keineswegs die gleichen Erfolge hatte. Sie war erfolgreicher als Schweden in der Inflationsbekämpfung, aber weit weniger erfolgreich in der Bekämpfung der Arbeitslosigkeit. Unter Schmidt wurde ein eher typisch konservatives Ziel wie Geldwertstabilität besser erreicht als ein typisch sozialdemokratisches Ziel wie die Arbeitsplatzsicherung. Zu den Erklärungen dieses Phänomens gehören institutionelle Faktoren wie die Stärke der Opposition und die Zwänge einer Koalitionsregierung mit den Liberalen ebenso wie die Bremswirkung von Föderalismus, Bundesbank, Verfassungsgerichtsbarkeit und anderer Institutionen.

Im internationalen Vergleich gab es danach kaum Gründe, die Gesamtleistung der Bundesrepublik als unterdurchschnittlich einzustufen. Das partiell selbstblockierte System hat gelegentlich auch ein paar Vorteile:

- *Geringere Schwankungen* der Richtung der Politikentwicklung als in majoritären Konkurrenzdemokratien und Einheitsstaaten und damit Kontinuität, auch wenn alternative Regierungen sich häufen sollten.
- *Größere Mehrheiten* für die Entscheidungen, die nicht als abortive Nondecisions auf der Strecke bleiben.

Im Lichte weitreichender Strukturreformen allerdings ist das System überholungsbedürftig. Nicht nur im Wirtschafts- und Strukturbereich, sondern, wie die politische Krise 1982/83 zeigte, zunehmend auch im institutionellen Gefüge, auf das die Verfassungsväter einst so stolz waren und das sich mehr und mehr als ein System erwies, das konstruiert ist, um die Mängel von „Weimar" zu überwinden, und daher gerade gegenüber einigen Problemen von „Bonn" versagt hat. Die erneute Arbeit am Grundgesetz, die durch die deutsche Einigung notwendig wurde, zeigte bisher nicht, dass das System zu einer tiefgreifenden Weiterentwicklung fähig ist (vgl. Kap. 1.4).

Die deutsche Vereinigung wurde möglich am Ende einer langen Prosperitätsphase. Nach dem wirtschaftlichen Einbruch Mitte der siebziger Jahre im Gefolge der Ölkrise hatte kaum eine Prognose einen so anhaltenden Aufschwung für möglich gehalten. Keineswegs nur linke Krisentheoretiker hatten geraten, den „kurzen Traum immerwährender Prosperität" (Burkhart Lutz) aufzugeben. Der Zeitpunkt der Vereinigung war alles andere als geplant, gleichwohl hat er sich in einem günstigen Moment ereignet. Die Prosperität war hinreichend groß, um die Opfer finanzierbar werden zu lassen, welche die Integration zweier diametral entgegen gesetzter Wirtschaftssysteme erforderte.

Viele der geschilderten Friktionen haben auch den Westen zunehmend geändert. Von einem „Schleichweg in die Dritte Republik" (Czada 1994) möchte ich gleichwohl nicht reden. Die Differenzen der Transformationspolitik in Ostdeutschland zum politischen „business as usual" in Bonn sind dafür nicht groß genug. Die gelegentliche – wenn auch erfreulich wenig heftige – Diskussion um die *Berliner Republik* steht unter dem Druck eines Sogs der Reihe. Die *„Bonner Republik"* ist im Vergleich zur *„Weimarer Republik"* begrifflich konzipiert worden. „Bonn" beeilte sich zu erklären, dass es „nicht Weimar" sei. Bei den harmlosesten Krisenzeichen, wie Ende der sechziger Jahre, haben die Konservativen gekontert: „Bonn ist doch Weimar".

Das Grundgesetz ist an vielen Stellen (im Föderalismus, in der Verfassungsgerichtsbarkeit, in der Schwäche des Bundespräsidenten, in der auf Stabilität gerichteten Konzeption der exekutiv-legislativen Beziehungen, im Wahlrecht, im Fehlen sozialer Grundrechte, die überhöhte Ansprüche wecken könnten, oder im Fehlen plebiszitärer Möglichkeiten der Willensbildung) bewusst gegen „Weimar" konzipiert worden. Die Weigerung der Mehrheit nach 1990, das „Rad neu zu erfinden" und zur Totalrevision des Grundgesetzes zu gelangen, um eine echte Mitwirkung der neuen Bundesbürger und den Eingang von Ideen Ostdeutschlands zu ermöglichen, kann umgekehrt als Dammbau gegen eine „Berliner Republik" verstanden werden, von der man befürchtete, dass sie am Ende der Weimarer Republik ähnlicher als der Bonner Republik sein könnte.

Die publizistische Sensationshascherei, dass „Bonn doch Weimar" werden könnte, ist immer wieder rasch gegenstandslos geworden. Meine These lautet, dass dies auch auf das gelegentliche Gerede über eine „Berliner Republik" zutreffen wird. Niemand – außer gelegentlich im nicht wohlwollenden Ausland – hat je einen plötzlichen Fall in eine Berliner Großmachtsrepublik befürchtet. Es war immer nur vom „Schleichweg in eine andere Republik" die Rede, bei dem die Spielregeln im System unmerklich zur mehr autoritär-zentralistischer Entscheidungsfindung geändert werden könnten. Es macht wenig Sinn, dem Austausch von bloßen Meinungen eine weitere Variante hinzuzufügen. Es muss zunächst operationalisiert werden, was man unter „Berliner Republik“ überhaupt verstehen könnte.

Zwei sehr unterschiedliche Sachverhalte werden unter dem Schlagwort „Berliner Republik“ diskutiert:

- *Vordergründig* scheint es um die Einflüsse zu gehen, die von der Wahl der Hauptstadt Berlin auf die Veränderung des politischen Klimas ausgehen können.
- *Hintergründig* wird „Berlin“ als *pars pro toto* der Vergrößerung und Ostverschiebung Deutschlands gesetzt und ein andersartiges Funktionieren des Systems vermutet, welches durch das Grundgesetz in Bonn einst geschaffen worden ist.

Beide Richtungen des Einsatzes einer gefühlsträchtigen Vokabel sind meist pejorativ gemeint. Es hat sich nach der Vereinigung ja nicht nur DDR-Nostalgie im Osten ausgebreitet. Konservative haben vielfach auch bedauert, dass in der „Bonner Republik“ nichts mehr so sein werde wie früher. „Dabeisein und Dagegensein“ war die griffige Formel, die Niklas Luhmann (FAZ 22.8.1990: S.3) für die ambivalenten Gefühle der Westdeutschen fand. „Profitieren und protestieren“ könnte für den Osten ergänzt werden.

(1) Die *Wahl der Hauptstadt Berlin* ist erbittert diskutiert worden. Die Debatte darüber im Bundestag war eine rhetorische Sternstunde des deutschen Parlamentarismus. Die Entscheidung fiel knapp aus und war den kleinen Parteien zu verdanken. Dass die PDS vor allem für diese Wahl verantwortlich war, ist von der Bonnlobby anfangs noch gelegentlich zur Verzögerung der Implementation des Hauptstadtbeschlusses ins Feld geführt worden. Aber sie ist im Ganzen erstaunlich wenig beanstandet worden. Die Ängste, die für den Hauptstadttransfer geschürt worden sind, wie eine „Hauptstadt in einer unregierbaren Stadt“, überrannt von Millionen aus dem Osten, unterwandert vom Geist der alten DDR – durch die zivile Entwicklung Berlins sind alle diese Unkenrufe gegenstandslos geworden. Nicht einmal die positiven Hoffnungen, welche die Berlinanhänger mit diesem Transfer der Hauptstadt verbanden, sind in Sicht. Eine stärkere Kontaktaufnahme der Eliten und vor allem eine Annäherung der kulturellen und wissenschaftlichen Eliten an die politische Elite zeichnete sich nicht ab. Vieles spricht dafür, dass die Bonner Usancen, möglichst Donnerstag Abend, wenigstens aber Freitag Nachmittag zurück nach Hause und in den Wahlkreis zu fahren, in Berlin nicht aussterben werden. Hauptstadtflair eines Zentrums, in dem über einer Pizzeria regiert wird, kann sich nicht rasch bilden: Neue Hauptstädte von

St. Petersburg und Washington bis Brasilia haben auf diese manchmal viele Jahrzehnte warten müssen; um so länger je monumentaler gebaut wurde (von Beyme 1991).

Im Zeitalter der elektronischen Medien scheint ein Land eine Hauptstadt allenfalls noch als Faxadresse zu brauchen. Dennoch zählt die symbolische Präsenz. Die Ministerien und Dienststellen, die in Bonn bleiben sollten, fühlten sich schon als Ämter zweiter Klasse, noch ehe der Umzug bewerkstelligt wurde. Der Verfasser hat der Berlinlobby die „alles oder nichts" wollte, immer ins Gewissen geredet: es kommt nur auf die Kommandohöhen des politischen Systems an. Der Rest strebt später von allein in die Hauptstadt, was immer im Bonn-Berlin-Vertrag stehen mag.

Eine neue Staatsarchitektur ist außer beim Bundeskanzleramt und im Dunstkreis des Reichstags nicht im Entstehen. „Der Geist von Potsdam" kann also allenfalls von einigen alten Gebäuden ausgehen, von Görings Luftfahrtministerium bis zur ehemaligen Reichsbank, die sogar faschistoiden oder protofaschistischen Geist der Baugesinnung atmen. Aber nirgendwo ist bewiesen worden, dass die Steine sich direkt in Haltungen der in ihm arbeitenden Bewohner umsetzen. Sonst müssten unter den Delacroix-Fresken der beiden Palais, die den Kammern des französischen Parlaments dienen, bessere Gesetze als im Bonner Wasserwerk oder im Reichstag entstehen. Genau dafür gibt es bisher wenig Evidenz.

Wirtschafts-, Banken-, Kultur- und Medienhauptstädte bleiben im Westen. Berlin wird vielfach mit der Schlagerreminiszenz des „Koffers in Berlin" abgespeist. Baulich ist Berlin ein Neu-Teutonia meist nur von den Architekten vorgeworfen worden, die sich bei der Auftragsvergabe zu kurz gekommen fühlten. Das produktive Chaos des Bauens, in der „Stadt die immer wird und niemals ist" (Scheffler) zeichnet sich bereits ab. Weder ein „verslumtes Detroit" noch ein „achsial-martialisch gestyltes Germania-Berlin" vergangener Ängste ist in Sicht.

(2) *Die Vergrößerung und Ostverschiebung Deutschlands* ist mit dem Schlagwort von der „Berliner Republik" als Angstvision benutzt worden. Zum Glück hat der Umzug nach Berlin fast ein Jahrzehnt in Anspruch genommen. Falls Veränderungen im vereinten Deutschland sichtbar wurden, mussten sie nicht der Stadt Berlin angelastet werden. Aber zehn vereinte Jahre haben keine Berliner Republik entstehen lassen, und dies kann schwerlich dem Genius loci der verträumten Stadt am Rhein gutgeschrieben werden.

Die übertriebene Darstellung der Veränderungen der Republik beruht immer auf einer Inkonsequenz: einerseits wurden dem System der Bonner Republik Schwerfälligkeiten und Innovationsmangel zugeschrieben. Andererseits sollte es – ohne nennenswerte Änderungen des Institutionensystems und der Eliten –

einen neuen Berliner Geist entwickeln. Beide Grundannahmen erwiesen sich als problematisch:

Das Bonner System wurde vielfach als *„semisouverän“* eingestuft (Peter Katzenstein). Es galt verstrickt in *„Politikverflechtungsfallen“* (Fritz Scharpf), die den Bonner Tanker kaum manövrierfähig erscheinen ließen. Mit der Vereinigung wurden alle Hypothesen überraschend in Frage gestellt, jedenfalls für vorübergehende Krisenzeiten. Der Bonner Staat war nicht in dem Sinn souverän nach außen, dass er das „Wunder im Kaukasus“, die Zustimmung der Sowjetunion, selbst geschaffen hatte, wie einem überraschten Wählervolk in Deutschland weisgemacht werden sollte. Ohne diskrete Vorbereitung der USA hätte sich kein Wunder ereignet. Der Architekt des Wunders, George Bush, ist über all den anderen Akteuren allzu sehr vergessen worden.

Die Semisouveränität ist ja eigentlich innenpolitisch behauptet worden, aber sie zeigte sich nach 1990 nicht. Es gab keinen Vereinigungsplan. Der Kanzler war noch im Sommer 1989 in einer tiefen Krise und soll an Rücktritt gedacht haben. Der innenpolitische Architekt der Einigung, Wolfgang Schäuble, hatte einige Weichen gestellt. Aber auch er gab zu: „Wir saßen wie die Kinder vor dem Weihnachtsbaum und haben uns die Augen gerieben.“ Der Bund schien handlungsunfähig. Die Länder haben ihren Finanzbeitrag minimiert und sich anlässlich von Maastricht beträchtliche Konzessionen herausgehandelt. Und doch blieb die Einigung die Stunde der Bundesexekutive.

In Krisenzeiten scheint die Handlungsfähigkeit sich jeweils einzustellen – nicht zuletzt durch eine kooperative Opposition. Mit dem Rücktritt Lafontaines schien offenbar, dass die rot-grüne Koalition nicht handlungsfähig sei. Nach zwei Wochen Bomben auf Belgrad waren die Publizisten des Lobes voll auf die angeblich verfeindeten Akteure. Vor allem Rudolf Scharping überraschte alle. Vom scheidenden Altkanzler war er mit dem Hohn bedacht worden: der leidenschaftliche Rennradfahrer Scharping solle künftig doch die „Tour de France“ kommentieren. Nun war er plötzlich ein un-martialischer Verteidigungsminister geworden, der Tornados einsetzte. Mit seiner „Entdeckung der Langsamkeit“ und Zivilität verkörperte er jedoch das Gegenteil des Geistes einer „Berliner Republik“. Der süddeutsche Wahlhesse Joschka Fischer kommentierte mit ethischer Würde die Unausweichlichkeit eines Waffenganges, dass selbst in seiner Partei, die sich vom Pazifismus her definiert hatte, anfangs erstaunlich wenig Aufstand geprobt wurde. Auch hier war der Geist einer „Berliner Republik“ nicht präsent. Bei wachsenden Kosten ist gleichwohl wieder „Semisouveränität“ in Sicht. Aber die ersten Koordinierungsmaßnahmen zur Aufnahme von Kosovo-Flüchtlingen wurde mit den Ländern erstaunlich reibungslos erreicht.

Die entgegengesetzte Unterstellung, das innovationsschwache System könne in ein *zentralisiertes Großmachtsgehabe* umschlagen, wenn es in den Dunst von Berlin eintauche, ist durch die institutionelle Trägheit und Selbstblockade des Systems unwahrscheinlich. Gerade weil der Eliten- und Institutionentransfer nach Ostdeutschland so lückenlos geklappt hat, sind keine großen qualitativen Sprünge im System zu erwarten. Die Gefahr einer Koalitionsfähigkeit der PDS – einziges reales Indiz für eine Veränderung der Mechanik im Bonner System – wird gelegentlich noch beschworen. Aber selbst Bayern, ein Meister darin, rostende Schwerter an der Wand zu lassen, wird seine Drohungen mit Finanzsperren nicht wider die Verfassung und die politischen Abmachungen realisieren.

11.4 Steuerungsleistungen in Wirtschafts- und Sozialpolitik

Deutschland kennt in seinen politischen Systemen traditionell eine starke Steuerung durch gesetzliche Regelungen des sozialen Lebens. Gerade wegen der politischen und sozialen Heterogenität des Landes wurden die deutschen Staaten in einzelnen Bereichen – wie der Bildungs-, der Militär- und der Sozialpolitik – früher auf den Weg einer allgemeinen staatlichen Regelung verwiesen als andere größere Staaten. Das gilt vor allem für die deutsche Vormacht in der zweiten Hälfte des 19. Jahrhunderts, für Preußen. Selbst scharfe Kritiker Preußens und seiner deutschen Einigungspolitik wie Friedrich Engels lobten einige Innovationen in Preußen: „Zwei gute Einrichtungen hatte Preußen vor anderen Großstaaten voraus: die allgemeine Wehrpflicht und den allgemeinen Schulzwang... und damit erhielt sich Preußen die Möglichkeit, die in der Volksmasse schlummernde potentielle Energie eines Tages in einem Grade zu entfalten, der für eine gleiche Volkszahl anderswo unerreichbar blieb“ (MEW Bd. 21: 422). Bildungs- und Sozialpolitik tragen in der Bundesrepublik bis heute an den negativen Folgen dieses Vorteils, ein Vorreiter gewesen zu sein, durch ihre Zersplitterung. In der Bildungspolitik wurden diese Nachteile durch den westdeutschen Föderalismus zusätzlich verstärkt.

Beachtlich war auch die Steuerung im Bereich der gesellschaftlichen Interessengruppen. Durch frühe rechtliche Anerkennung der Gruppen und Verrechtlichung ihrer Austausch- und Konfliktbeziehungen, durch organisatorische Begünstigung von Spitzenverbänden und Privilegierung der Parteien ist die Zentralisation bei den Organisationen der Interessenartikulation vorangetrieben worden: in der Sphäre der Interessengruppen seit dem Kaiserreich, auf der Ebene der Parteien erst seit der Existenz des Grundgesetzes. Die herausgehobene Position der Beamten und die Konservierung eines traditionellen Loyalitäts- und Fürsorgeverhältnisses zwischen Staatsdienern und dem Staat hat die Steuerungsleistungen deutscher politischer Systeme trotz der späten nationalen Einigung und der sozialen Heterogenität des Landes im Vergleich zu westlichen parlamentarischen

Systemen beachtlich gestärkt. Der Preis dafür war eine verspätete Parlamentarisierung und Demokratisierung des Systems, wenn man letztere nicht nur an der frühen Einführung des allgemeinen Wahlrechts in Deutschland misst.

Tabelle 11.1: Gesamtwirtschaftliche Daten im internationalen Vergleich

	DEMOGRAFIE						ENTWICKLUNG			
Land	Be-völker-ung in Mio. (2006)	Be-völker-ung projiziert 2045	Alter über 65 in %	Ge-burt-en-rate	Le-benser-war-tung	Kinder-sterb-lich-keit pro 2000	Human Development Index HDI	Öff. Schulden in % GDP (2005)	Anteil am Einkommen in Prozent	
									Ärmste 10%	Reichste 10%
Belgien	10,4	10,5	17,5	1,7	78,8	4	0,95	90,3	3,4	28,1
Dänemark	5,5	5,6	14,9	1,8	77,1	3	0,94	28,1	2,6	21,3
BRD	82,4	82,5	18,3	1,3	78,8	4	0,93	66,8	3,2	22,1
Frankreich	63,7	62,3	16,6	1,9	79,4	4	0,94	64,7	2,8	25,1
UK	60,8	61,4	15,9	1,7	78,3	5	0,94	42,2	2,1	28,5
Italien	58,1	57,8	19,2	1,3	80,0	4	0,93	107,8	2,3	26,8
Japan	127,4	128,0	19,2	1,3	81,9	3	0,94	176,2	4,8	21,7
Niederlande	16,6	16,8	14,0	1,7	78,3	5	0,94	50,8	2,5	22,9
Schweden	9,0	9,3	17,1	1,6	80,1	3	0,95	46,4	3,6	22,2
Schweiz	7,6	7,3	15,7	1,4	80,5	4	0,95	51,0	2,9	25,9
Spanien	40,4	44,4	16,5	1,3	79,5	4	0,93	39,9	2,6	26,6
USA	301,1	325,7	12,3	2,0	77,3	7	0,94	64,7	1,9	29,9
Polen	38,5	38,1	12,8	1,3	74,3	6	0,86	49,0	3,1	27,0
Russland	141,4	136,7	4,0	1,3	65,4	16	0,80	8,0	2,4	30,6
Tschechien	10,2	10,1	14,1	1,2	75,5	4	0,87	29,1	4,3	22,4
Ungarn	10,0	9,8	15,1	1,3	72,6	7	0,86	68,6	4,0	22,2

	WIRTSCHAFT		
Land	GDP pro Kopf in $	GDP Wachstum 1990-2004	Ungleichheit Gini-Index
Belgien	33.807	1,7	33,0
Dänemark	44.673	1,7	24,7
BRD	33.312	1,5	28,3
Frankreich	33.896	1,7	32,7
UK	35.485	2,2	36,0
Italien	29.143	1,3	36,0
Japan	36.182	0,8	24,9
Niederlande	35.560	2,1	30,9
Schweden	38.525	1,8	25,0
Schweiz	48.385	0,2	33,7
Spanien	24.360	2,3	34,7
USA	39.883	1,9	40,8
Polen	6.346	4,0	34,5
Russland	4.042	-0,6	39,9
Tschechien	10.475	2,7	23,4
Ungarn	9.962	3,1	26,9

	UMWELT		GENDER			ARBEIT			
Land	Kohlen-dioxid Emissionen pro Kopf		Frauen-arbeit 2004	Verhältnis im Ein-kommen Mann-Frau	Parlaments-sitze für Frauen in %	Arbeitslosig-keit in %	Landwirt-schaft	Industrie	Dienstleist-ungen
	Metr. Tonnen	% der Welt							
Belgien	8,3	0,3	43,4	0,63	34,7	8,1	1,3	24,5	74,2
Dänemark	10,1	0,2	59,4	0,73	36,9	3,8	3,0	21,0	76,0
BRD	9,8	3,2	50,4	0,58	31,8	7,1	2,8	33,4	63,8
Frankreich	6,2	1,5	48,2	0,64	12,2	8,7	4,1	24,4	71,5
Großbrit.	9,4	2,2	55,0	0,65	19,7	2,9	1,4	18,2	80,4
Italien	7,7	1,8	37,0	0,46	17,3	7,0	5,0	32,0	63,0
Japan	9,7	4,9	48,5	0,44	9,0	4,1	4,6	27,8	67,7
Niederlande	8,7	0,6	55,8	0,63	36,7	5,5	2,0	19,0	79,0
Schweden	5,9	0,2	58,8	0,81	45,3	5,6	2,0	24,0	74,0
Schweiz	5,6	0,2	60,1	0,61	25,0	3,3	4,6	26,3	69,1
Spanien	7,3	1,2	44,2	0,50	36,0	8,1	5,3	30,1	64,6
USA	19,8	23,0	59,6	0,62	15,2	4,8	16,5	22,9	60,6
Polen	7,9	1,2	47,9	0,59	20,4	14,9	16,1	29,0	54,9
Russland	10,3	5,9	54,3	0,62	9,8	6,6	10,8	29,1	60,1
Tschech.	11,4	0,5	51,7	0,51	17,0	8,4	4,1	37,6	58,3
Ungarn	5,7	0,2	42,1	0,64	10,4	7,4	5,5	33,3	61,2

	MIGRATION	MILITÄR		
Land	Pro 1000 der Bev.	Ausgaben In % GDP		Waffenexporte in Mio. $
		1990	2005	
Belgien	1,22	2,4	1,3	173
Dänemark	2,50	2,0	1,5	2
BRD	2,18	2,8	1,5	1.855
Frankreich	1,52	3,5	2,6	2.399
Großbritannien	2,17	4,0	2,4	791
Italien	2,06	2,1	1,8	827
Japan	0,00	9,0	0,8	0
Niederlande	2,63	2,5	1,6	840
Schweden	1,66	2,6	1,5	592
Schweiz	2,66	1,8	1,0	74
Spanien	0,99	1,8	1,2	113
USA	3,05	5,3	4,1	7.101
Polen	-0,46	2,7	1,7	124
Russland	0,28	12,3	4,3	3.771
Tschechien.	0,97	4,1	1,8	10
Ungarn	0,86	2,8	1,8	70

Quelle: Carmani, Daniele (2008): Comparative Politics. Oxford, UP: 653-690.

Tabelle 11.2: Gesamtwirtschaftliche Daten im Vergleich

	BIP (% zum Vorjahr)	Inflation	Arbeitslosenquote	Leistungsbilanzsaldo	Staatsschuldenquote
Deutschland	1,5	1,8	7,1	7,3	61,6
Frankreich	1,4	2,0	8,1	- 3,0	65,1
Großbritannien	1,6	2,2	5,7	- 3,2	48,2
Italien	0,8	2,2	5,9	- 2,1	102,6
Japan	1,1	0,6	4,2	5,0	185,5
Polen	5,0	3,4	6,1	- 5,5	44,1
Schweden	5,1	4,8	5,9	5,6	31,9
Schweiz	1,4	1,5	3,8	11.0	57,3
Spanien	1,8	2,6	10,6	- 11,2	35,2
USA	0,7	1,6	6,2	- 4,0	69,8

Quelle: Finanzbericht 2009: 391ff

Trotz der viel beklagten partiellen Untersteuerung des Systems sind Deutschlands Leistungen im internationalen Vergleich vielfach bewundert worden. Gemessen an den selbstgesteckten Zielen im magischen Viereck fällt der Vergleich mit anderen Demokratien bei vielen Indikatoren positiv aus. Im Vergleich internationaler Standorte fiel Deutschland im neuen Jahrtausend 2002 von Platz 12 auf Rang 15 (2001), lag aber immer noch vor Großbritannien (Platz 16), Frankreich (Platz 21) und Japan (Platz 30) (FAZ 30.4.2002: 17). Im Wirtschaftswachstum erreichte Deutschland 1992-2000 mit 1,6% einen Platz zwischen Frankreich (1,9%) und Italien (1,4%) (Eichhorst u.a. 2001).

Laut Finanzbericht (2009: 391ff.) waren einige Zahlen für 2009 ungünstiger, wie die Arbeitslosenquote. Bei den Staatsschulden und dem Leistungsbilanzsaldo stand Deutschland vergleichsweise besser da als andere Länder. Nur mit der Schweiz konnte das Land in keinem Bereich mithalten. Die empirischen Daten der vergleichenden Indikatorenforschung erwiesen sich seit 2006 nicht eben günstig für Deutschland. In der Demographie war Deutschland mit einem Anteil von 18.3% über 65 nach Italien (19,2%) am stärksten überaltert. Die Geburtenrate von 1.3% wurde nur noch von Tschechien (1,2%) unterboten und lag gleichauf mit Italien, Spanien, Japan, Polen und Russland. Im Human Development Index lag Deutschland mit 0.93 unter den meisten Nachbarn auf dem Niveau von Italien und Spanien. Bei den öffentlichen Schulden in Prozent des GDP wurde Deutschland mit 66,8% nur von Belgien (903%), Italien (107.8%) und Japan (176,2%) übertroffen. Beim Anteil der Ärmsten und der Reichsten 10 Prozent erwies sich Deutschland als egalitärer als die meisten OECD-Staaten. Trotz der enormen Bedeutung von Umweltpolitik in Deutschland lag das Land bei Kohlendioxid-Emissionen pro Kopf hinter den USA und Russland, aber keineswegs an der Spitze der Emissionsvermeidung. Bei der Gender-Gleichheit war der Anteil der arbeitenden Frauen in Deutschland eher durchschnittlich und lag beträchtlich unter den skandinavischen und den angelsächsischen Ländern. Nur bei den Parlamentssitzen (31,8%) liegt Deutschland im oberen Drittel. Bei der Arbeitslosigkeit fiel Deutschland unter die Schlusslichter in den Bereich von Spanien und Italien, zumal in Krisenzeiten, weil das Land mit einem Anteil der Industrie von 33.4% einen Spitzenplatz einnimmt und fast osteuropäische Züge aufweist. Bei der Migration pro 1000 der Bevölkerung nahm Deutschland mit 2.18 einen hohen Platz ein, der aber unter dem Niveau der USA, Dänemarks oder der Niederlande lag. Die Belastungen durch Militärausgaben in Prozent des GDP sind in Deutschland seit 1990 wie überall in der Welt zurückgegangen. Aber sie blieben im Mittelfeld angesiedelt. Frankreich (2,6%), Großbritannien (2.4%) und die USA (4.1 und Russland (4.3) lagen auf Grund ihrer Großmachtambitionen über den deutschen Werten. Eine Analyse des Deutschen Instituts für Wirtschaftsforschung (DIW) fand Deutschland nach den USA, der Schweiz und Schweden nur auf dem 9. Platz. Es wurde moniert, dass das Bildungssystem Innovationen hemme, das Geld für innovative Projekte in Deutschland schwer zu mobilisieren seien und dass die Eigenkapitalquote in Deutschland zu niedrig ausfalle (Bigalke 2009: 19).

Neuere Studien mit zahlreichen Indikatoren stellten fest, dass Deutschland in kaum einem Bereich einen Spitzenplatz einnimmt. Insofern ist der „große Ruck“, den Roman Herzog einst forderte, ausgeblieben. Bei den Indikatoren zur Reformfähigkeit schneidet Deutschland relativ gut ab. In einigen Bereichen hat Deutschland im letzten Jahrzehnt aufgeholt (Wagschal 2009: 57f.). Über den ständigen Alarmmeldungen wurde dabei wieder einmal in der Interpretation der Daten unterschlagen, dass von den großen Staaten nur die USA und Japan vor Deutschland lagen. Selbst Großbritannien rangierte auf Platz 10 hinter Deutschland. In kleineren Staaten wie in Skandinavien, den Niederlanden oder der Schweiz ist die Szene übersichtlicher und leichter steuerbar – auch in anderen Bereichen. Die starken sozialstaatlichen Elemente, die Deutschland auch in der Hartz IV-Ära bewahrte, führten zudem in neoliberal gestimmten Messansätzen des Weltwirtschaftsforums oder der Heritage Foundation zu einer schlechten Bewertung Deutschlands, da man die langfristigen Tugenden einer Politik des „mittleren Weges“ nicht in Rechnung gestellt hat (Schmidt 2009, Wagschal 2009: 57f.). Die Gesamtbilanz der Politikfeldanalyse fällt bei den meisten Autoren gleichwohl positiv aus. Freiheit, Sicherheit und Wohlfahrt, sind nur in wenigen Demokratien so kontinuierlich gesichert worden. Im internationalen Vergleich lag Deutschland bei der inneren Sicherheit, der Wohlfahrtsstaatlichkeit, der Inflationsrate und beim Umweltschutz in den oberen Rängen der 21 reichsten Demokratien (Roller 2005: 29, 35ff, 70). Hinsichtlich der Zukunftsfähigkeit nahm Deutschland den Platz 7 im oberen Mittelfeld ein. Nicht günstig schnitt die Bundesrepublik beim Wirtschaftswachstum ab und bei der Arbeitslosenquote hat Deutschland seine frühere gute Position inzwischen verloren. In der Bildungspolitik blieb die Bundesrepublik zersplittert und fiel zurück. Das Sozialsystem wurde zu einer „Dauerbaustelle".

Deutschland wurde von der Krise nach Japan am empfindlichsten getroffen, härter als die USA. Der deutsche Aktienmarkt hat 2009 nach Polen die schlechteste Entwicklung in der Welt genommen. Ein Grund dafür ist die starke Exportabhängigkeit im Vergleich zu den USA. Die US-Notenbank hat die Volkswirtschaft zudem stärker mit ihrer Geldpolitik stimuliert (Ferguson 2009: 19). Die föderale Struktur ist einer Krisenpolitik vielfach im Wege, etwa bei der notwendigen Fusion der angeschlagenen Landesbanken, die von einigen eigensinnigen Ministerpräsidenten noch immer behindert wird. Die Arbeitslosigkeit variierte beträchtlich zwischen 2,9% (Bezirk Freising) und 17,2% im Bezirk Sangerhausen. Unter 10% Arbeitslosigkeit gab es in Ostdeutschland nur in Südthüringen und südlich von Berlin. Noch verhinderte die staatlich geförderte Kurzarbeit, dass sie die Rezession von 2009 voll in der Arbeitsmarktstatistik niederschlug. Ohne die Kurzarbeit wären fast ein halbe Million Arbeitsplätze in Deutschland gefährdet. Am stärksten von der Krise betroffen waren Baden-Württemberg und Bayern, weil hier der Anteil der exportabhängigen Arbeitsplätze besonders hoch war. Gleichwohl hatten in diesen süddeutschen Ländern viele Regionen noch unter 5% Arbeitslose (Der deutsche Arbeitsmarkt im Überblick. FAZ 1. 7. 2009: 11). Eine Befragung ergab, dass einen flächendeckenden Mindestlohn nur 15% der Ökonomen, aber 76% der ökonomischen Laien befürworten. Der SPD hat diese Zustimmung zu einem der Ziele, die in der Partei überwiegend vertreten werden, 2009 bei den Wahlen nicht genutzt

Viele Gründe sind für die negativen Seiten des Systems genannt worden, wie die große Zahl der Vetospieler im deutschen Föderalismus, die Sicherheitsfixierung der Wähler, und eine Atmosphäre dauernder Wahlkämpfe. Eine Zusammenlegung der Landtagswahlen ist vielfach vorgeschlagen worden, würde aber in die Verfassungsstruktur der Länder zu stark eingreifen (vgl. Kap.9). Dennoch gab es gewichtige Reformen wie in der Alterssicherung der Übergang von einem auf Rentenniveau fixierten System zur einnahmeorientierten Alterssicherung. Die „Agenda 2010" war ein wichtiger Reformschritt und die Föderalismusreform 2006 hat einige gewichtige Reformen ermöglicht (Kap. 9). Deutschland gilt nicht mehr als „Modell" für andere Länder, sondern als stagnierendes und reformbedürftiges System, auch wenn nicht alle Spottnamen wie „kranker Mann Europas" oder gar „DDR light" wörtlich zu nehmen sind (Schmidt 2007: 473)

Die tiefen Unterschiede in den Wertprioritäten und Auffassungen vom Funktionieren einer Demokratie zwischen Ost und West sind noch nicht abgebaut. Aber das Wahlverhalten hat sich erstaunlich angenähert. Taktisches Wählen durch Stimmensplitting wurde schnell gelernt. Noch zögert die westdeutsch dominierte Wahlforschung, den ostdeutschen Wählern den Ehrentitel des „rationalen Wählers" nach dem Michigan-Modell zu gewähren, der ohne große affektive Parteibindungen und ohne Surplus-Vertrauen in die westdeutsche Elite kühl seinen Nutzen kalkuliert. Aber in der Wahl 1998 ist dieser Titel eigentlich verdient worden. Manches spricht auch sonst dafür, dass in einem Jahrzehnt Ostdeutschland der modernere Teil Deutschlands sein wird, der kaum noch durch „Ostalgie" auffällig wird.

Die ostdeutschen Delegationseliten haben sich in Bonn angesichts der westdeutschen Majorität vielfach unwohl gefühlt. Ihre Vetomacht von einem Fünftel haben eher die Wähler als ihre Repräsentanten gebraucht. Das Fünftel der ostdeutschen Eliten im Bundestag war nicht nur in der PDS allzu sehr mit regionalen Problemen befasst, um auf die Gesamtwillensbildung einen klar definierbaren Einfluss auszuüben. Das ist in Berlin besser geworden – dank der Nähe zu den Wurzeln der ostdeutschen Repräsentanten. Wahrscheinlicher ist ein wachsender Einfluss der Ostdeutschen durch geschickteren Lobbyismus quer zu den Parteien, der sich gelegentlich bei den neuen Bundesländern im Bundesrat schon zeigt. Wenn diese Angleichung eines Tages abgeschlossen ist, wird die Berliner Republik jedoch noch mehr den Geist einer extrem pluralistischen, auf Vetomachtkartellen aufgebauten Bonner Republik atmen. Ein Land lag in Trümmern, aber es blieb elf Jahre ohne Bundesbaugesetz und 22 Jahre ohne Städtebaugesetz. Die Anforderungsbedingungen waren damals ungleich härter als die nicht so rosige Lage im heutigen Ostdeutschland. Dennoch unterblieben viele Innovationen, die selbst die Alliierten uns aufdrängen wollten, vom modernisierten Föderalismus bis zum vereinheitlichten sozialen Sicherungssystem. Trotz dieser versäumten Reformen wurde die Geschichte dieser Republik vergleichsweise eine Erfolgsstory!

Literatur

M. Ackermann: Der kulturelle Einigungsprozeß. Bonn, Friedrich-Ebert-Stiftung 1991

J. Allmendinger: Staatskultur und Marktkultur, ostdeutsche Orchester im Vergleich. In: Stiftung mitteldeutscher Kulturrat (Hrsg.): Kultur und Kulturträger in der DDR. Berlin, Akademie-Verlag 1993: 215-281

H.-J. Andreß (Hrsg.): Fünf Jahre danach. Zur Entwicklung von Arbeitsmarkt und Sozialstruktur im vereinten Deutschland. Berlin, De Gruyter 1996

K. Armingeon/M. Freitag: Deutschland, Österreich, Schweiz. Die politischen Systeme im Vergleich. Ein sozialwissenschaftliches Datenhandbuch. Opladen, Leske & Budrich 1997

H. L. Arnold (Hrsg.): Die Abwicklung der DDR. Göttingen, Wallstein 1992

P. Bauer: Ideologie und politische Beteiligung in der Bundesrepublik Deutschland. Opladen, Westdeutscher Verlag 1993

H. Bertram (Hrsg.): Die Familie in den neuen Bundesländern. Opladen, Leske & Budrich 1992

H. Bertram (Hrsg.): Ostdeutschland im Wandel. Lebensverhältnisse – politische Einstellungen. Opladen, Leske & Budrich 1995

H. Bertram u.a. (Hrsg.): Sozialer und demographischer Wandel in den neuen Bundesländern. Berlin, Akademie Verlag 1995

H. Bertram u.a. (Hrsg.): Systemwechsel zwischen Projekt und Prozeß. Analysen zu den Umbrüchen in Ostdeutschland. Opladen, Leske & Budrich 1998

K. von Beyme: Der Wiederaufbau. München, Piper 1987

K. von Beyme: Hauptstadtsuche. Hauptstadtfunktionen im Interessenkonflikt zwischen Bonn und Berlin. Frankfurt, Suhrkamp 1991

K von Beyme: Verfehlte Vereinigung – verpasste Reformen? Zur Problematik der Evaluation der Vereinigungspolitik in Deutschland seit 1989. Journal für Sozialforschung 1994: 249-269

K. von Beyme: Kulturpolitik und nationale Identität. Opladen, Westdeutscher Verlag 1998

S. Bigalke: Schlechtes Klima für Erfinder. Nur neuner Platz in der Innovationsrangliste. FAZ 22. 10. 2009: 19

J. Borchert: Die konservative Transformation des Wohlfahrtsstaates. Frankfurt, Campus 1995

Th. Bulmahn: Vereinigungsbilanzen. Die deutsche Einheit im Spiegel der Sozialwissenschaften. APuZ 40/41 1997: 29-37

Th. Bulmahn: Soziale Schichtung und Mobilität im ostdeutschen Transformationsprozess. In: H. Bertram u.a.: Systemwechsel zwischen Projekt und Prozeß. Opladen, Leske & Budrich 1998: 457-482

Bundesministerium für Arbeit und Soziales (Hrsg.): Geschichte der Sozialpolitik in Deutschland seit 1945. Baden-Baden, Nomos 2001-2008, 11 Bde.

Bundesministerium für Gesundheit (Hrsg.): Indikatoren zum Gesundheitszustand der Bevölkerung der ehemaligen DDR. Bonn 1993

R. Czada: Schleichweg in die „Dritte Republik". Politik der Vereinigung und politischer Wandel in Deutschland. PVS 1994: 245-270

R. Czada: Vereinigungskrise und Standortdebatte. Leviathan 1998: 24-59

R. Czada/G. Lehmbruch (Hrsg.): Transformationspfade in Ostdeutschland. Frankfurt, Campus 1998

Datenreport 2002. Hrsg.: Statistisches Bundesamt. Bonn, Bundeszentrale für Politische Bildung 2002

Der deutsche Arbeitsmarkt im Überblick. FAZ. 1. 7. 2009: 11

V. Eichener u.a. (Hrsg.): Organisierte Interessen in Ostdeutschland. Marburg, Metropolis 1992, 2 Halbbände
W. Eichhorst u.a.: Benchmarking Deutschland. Arbeitsmarkt und Beschäftigung. Heidelberg, Springer 2001
H. Esser (Hrsg.): Der Wandel nach der Wende: Gesellschaft, Wirtschaft, Politik in Ostdeutschland. Wiesbaden, Westdeutscher Verlag 2000
N. Ferguson: Deutschland verdrängt die Gefahr. Der Abschwung der Weltwirtschaft trifft die Bundesrepublik besonders hart. Selbst schuld! Die Zeit, Nr. 28: 19
S. Frech/J. Schmid (Hrsg.): Der Sozialstaat. Reform, Umbau, Abbau? Schwalbach, Wochenschau Verlag 2004
H.-W. Fuchs/L. R. Reuter: Bildungspolitik seit der Wende. Opladen, Leske & Budrich 1995
B. Gahlen u.a. (Hrsg.): Von der Plan- zur Marktwirtschaft. Eine Zwischenbilanz. Tübingen, Mohr 1992
R. Giessler (Hrsg.): Sozialer Umbruch in Ostdeutschland. Opladen, Leske & Budrich 1993
W. Glatzer/G. Kleinhenz (Hrsg.): Wohlstand für alle? Opladen, Leske & Budrich 1997
St. A. Glimke: Erfolgsgeschichte Bundesrepublik? Göttingen, Wallstein 2008
R. Hasse: Wohlfahrtspolitik und Globalisierung. Opladen, Leske & Budrich 2003
H. Heinelt/M. Weck: Vom Vereinigungskonsens zur Standortdebatte. Opladen, Leske & Budrich 1998
Th. Hertfelder/A. Rödder: Modell Deutschland. Erfolgsgeschichte oder Illusion? Göttingen, Vandenhoeck & Ruprecht 2007
H. Hickel/J. Priebe: Nach dem Fehlstart. Ökonomische Perspektiven der deutschen Einigung. Frankfurt, Fischer 1994
J. Hilbert u.a.: Wachstumsmarkt Gesundheit. Opladen, Leske & Budrich 2003
H.-G. Hockerts: Grundlinien und soziale Folgen der Sozialpolitik. In: H. Kaelble u.a. (Hrsg.): Sozialgeschichte der DDR. Stuttgart, Klett-Cotta 1994: 519-544
M. Hüther: Integration der Transformation. Überlegungen zur Wirtschaftspolitik für das vereinigte Deutschland. Jahrbuch für Sozialwissenschaft 1993: 31-52
Jahresgutachten 1991/92 – 1997/98 des Sachverständigenrates zur Begutachtung der gesamtwirtschaftlichen Entwicklung (zit. Jg.)
W. Jäger: Die Überwindung der Teilung: der innerdeutsche Prozeß der Vereinigung 1989/1990. Stuttgart, DVA 1998
S. Jochem/N. Siegel (Hrsg.): Konzertierung, Verhandlungsdemokratie und Reformpolitik im Wohlfahrtsstaat. Opladen, Leske & Budrich 2003
M. Kaase: Politik im vereinten Deutschland. Berliner Journal für Soziologie 1997: 511-523
M. Kaase/G. Schmid (Hrsg.): Eine lernende Demokratie: 50 Jahre Bundesrepublik Deutschland. Berlin, Sigma 1999
F. X. Kaufmann: Varianten des Wohlfahrtsstaats. Der deutsche Sozialstaat im internationalen Vergleich. Frankfurt, Suhrkamp 2003
J. Kocka: Vereinigungskrise. Zur Geschichte der Gegenwart. Göttingen, Vandenhoeck & Ruprecht 1995

J. Kocka/R. Mayntz (Hrsg.): Wissenschaft und Wiedervereinigung. Berlin, Akademie Verlag 1998

K.-R. Korte: Die Chance genutzt? Die Politik zur Einheit Deutschlands. Frankfurt, Campus 1994

K.-R. Korte/W. Weidenfeld (Hrsg.): Deutschland Trendbuch. Fakten und Orientierungen. Bonn, Bundeszentrale für politische Bildung 2001

H. Krumrey: Aufschwung Ost, Märchen oder Modell? Frankfurt, Fischer 1992

Ch. Landfried: Das politische Europa. Differenz als Potential der Europäischen Union. Baden-Baden, Nomos 2002

K. Lauterbach: Der Zweiklassenstaat. Berlin, Rowohlt 2007

G. Lehmbruch: Die deutsche Vereinigung. Strukturen und Strategien. PVS 1991: 585-604

G. Lehmbruch: Institutionen, Interessen und sektorale Variationen in der Transformationsdynamik der politischen Ökonomie Ostdeutschlands. Journal für Sozialforschung 1994: 21-44

G. Lehmbruch (Hrsg.): Einigung und Zerfall. Deutschland und Europa nach dem Ende des Ost-West-Konflikts. Opladen, Leske & Budrich 1995

M. Linden: Politische Integration im vereinten Deutschland. Baden-Baden, Nomos 2006

B. Lippert u.a.: Die EG und die neuen Bundesländer. Eine Erfolgsgeschichte von kurzer Dauer? Bonn, Bouvier 1993

B. Löffler: Integration in Deutschland. München, Oldenbourg 2009

S. Lütz/R. Czada (Hrsg.): Wohlfahrtsstaat – Transformation und Perspektiven. Opladen, Leske & Budrich 2003

Ph. Manow-Borgwardt: Die Sozialversicherung in der DDR und der BRD 1945-1990: Über die Fortschrittlichkeit rückschrittlicher Institutionen. PVS 1994: 40-61

St. Maretzke/E. Irmen: Die ostdeutschen Regionen im Wandel. Regionale Aspekte des Transformationsprozesses. APuZ B5 1999: 3-14

R. Mayntz: Die außeruniversitäre Forschung im Prozeß der deutschen Einigung. Leviathan 1992: 64-82

R. Mayntz (Hrsg.): Deutsche Forschung im Einigungsprozeß. Frankfurt, Campus 1994

H.-W. Meyer (Hrsg.): Sozial gerecht teilen – ökologisch untersteuern? Köln, Bund 1994, 2 Bde.

M. Müller/W. Thierse (Hrsg.): Deutsche Ansichten. Die Republik im Übergang. Bonn, Dietz 1992

G. Neuweiler: Das gesamtdeutsche Haus für Forschung und Lehre. APuZ B 25 1994: 3-11

F. Nullmeier/F. W. Rüb: Die Transformation der Sozialpolitik. Vom Sozialstaat zum Sicherungsstaat. Frankfurt, Campus 1993

C. Offe: Der Tunnel am Ende des Lichts. Erkundungen der politischen Transformation im neuen Osten. Frankfurt, Campus 1994

C. Offe u.a.: Überholen ohne Einzuholen. Opladen, Westdeutscher Verlag 1998

D. Patton: Social Coalitions. Political Strategies and German Unification 1990-1993. WEP 1993: 470-491

Ch. Perschke-Hartmann: Die doppelte Reform. Gesundheitspolitik von Blüm zu Seehofer. Opladen, Leske & Budrich 1994

M. E. Porter: Nationale Wettbewerbsvorteile. München, Droemer Knaur 1991: 735ff.

J. Priebe/R. Hickel: Der Preis der Einheit. Bilanz und Perspektiven der deutschen Wiedervereinigung. Frankfurt, Fischer 1991
Republik in Schieflage. Die Zeit, Nr. 29, 2009: 34
E. Roller: Erosion des sozialstaatlichen Konsenses und die Entstehung einer neuen Konfliktlinie in Deutschland? APuZ 29/30, 2002: 13-19
E. Roller: The Performance of Democracies. Political Institutions and Public Policies. Oxford, Oxford University Press, 2005
R. Sally/D. Webber: The German Solidarity Pact. German Politics 1994: 18-46
B. Schäfers: Gesellschaftlicher Wandel in Deutschland. Stuttgart, Enke 1995[6]
B. Schäfers/W. Zapf (Hrsg.): Handwörterbuch zur Gesellschaft Deutschlands. Opladen, Leske & Budrich 2001
G. Schaub: Reform macht angst. Aller Stillstand geht vom Volke aus. Die Zeit 1998, Nr. 32: 9-10
W. Schäuble: Der Vertrag. Stuttgart, DVA 1991
K. Schiller: Der schwierige Weg in die offene Gesellschaft. Kritische Anmerkungen zur deutschen Vereinigung. Berlin, Siedler 1994
M. G. Schmidt: Sozialstaatliche Politik in der Ära Kohl. In: G. Wewer u.a. (Hrsg.): Festschrift für Hans-Hermann Hartwich. Opladen, Leske & Budrich 1998
M. G. Schmidt: Sozialpolitik in Deutschland. Opladen, Leske & Budrich 1998, 2. Aufl.
M. G. Schmidt: Warum Mittelmaß? Deutschlands Bildungsausgaben im internationalen Vergleich. PVS, Jg. 43, Nr. 1, 2000: 2-19
M. G. Schmidt u. a.(Hrsg.): Der Wohlfahrtsstaat. Wiesbaden, VS 2007
M. G. Schmidt: Das politische System Deutschlands. München, Beck 2007, Kap. Bilanz: 461ff
M. G. Schmidt: Die Sozialpolitik der zweiten Großen Koalition (2005 bis 2009). Heidelberg, Mimeo 2009
R. Schmidt/B. Lutz (Hrsg.): Chancen und Risiken der industriellen Restrukturierung in Ostdeutschland. Berlin, Akademie Verlag 1995
R. Schmitt-Beck u.a. (Hrsg.): Sozialer und politischer Wandel in Deutschland. Opladen, Leske & Budrich 2003
V. Schneider: Politikfeldanalyse. Wiesbaden, VS 2006
K. Schubert/N. C. Bandelow (Hrsg.): Lehrbuch der Politikfeldanalyse. München, Oldenburg 2003
K. Schubert u. a. (Hrsg.): Europäische Wohlfahrtssysteme. Wiesbaden, VS 2009
O. Schwinn: Die Finanzierung der deutschen Einheit. Opladen, Leske & Budrich 1997
W. Seibel: Necessary Illusions: The Transformation of Governance Structures in the New Germany. La Revue Tocqueville 1992: 177-197
W. Seibel: Strategische Fehler oder erfolgreiches Scheitern? Zur Entwicklungslogik der Treuhandanstalt 1990-1993. PVS 1994: 2-39
H. Seifert: Was bringen die Hartz-Gesetze? APuZ 16/2005: 17-24
H. Siebert: Das Wagnis der Einheit. Eine wirtschaftspolitische Therapie. Stuttgart, DVA 1992

N. Siegel: Baustelle Sozialpolitik: Konsolidierung und Rückbau im internationalen Vergleich. Frankfurt, Campus 2002
G. u. H.-W. Sinn: Kaltstart. Volkswirtschaftliche Aspekte der deutschen Vereinigung. Tübingen, Mohr 1991
R. Sturm/H. Pehle (Hrsg.): Wege aus der Krise? Die Agenda der zweiten Großen Koalition. Opladen, Budrich 2006
R. Ulrich/R. Münz: Migration von und nach Ostdeutschland. Berliner Journal für Soziologie 1994: 293-302
U. Wagschal (Hrsg.): Deutschland zwischen Reformstau und Veränderung. Ein Vergleich der Politik- und Handlungsfelder. Baden-Baden, Nomos 2009
A. Waschkuhn/A. Thumfahrt (Hrsg.): Politik in Ostdeutschland. Transformation und Innovation. München, Oldenbourg 1999
N. Werz: Demografischer Wandel. Baden-Baden, Nomos 2008
G. Wewer (Hrsg.): Bilanz der Ära Kohl. Christlich-liberale Politik in Deutschland 1982-1998. Opladen, Leske & Budrich 1998
J. Wielgohs/H. Wiesenthal (Hrsg.): Einheit und Differenz. Die Transformation Ostdeutschlands in vergleichender Perspektive. Berlin, Berliner Debatte 1997
H. Wiesenthal (Hrsg.): Einheit als Interessenpolitik. Frankfurt, Campus 1995
H. Wiesenthal (Hrsg.): Einheit als Privileg. Vergleichende Perspektiven auf die Transformation Ostdeutschlands. Frankfurt, Campus 1996
D. Wittich (Hrsg.): Momente des Umbruchs. Sozialstruktur und Lebensqualität in Ostdeutschland. Berlin, Akademie-Verlag 1994
W. Zapf: Die Transformation in der ehemaligen DDR und die soziologische Theorie der Modernisierung. Berliner Journal für Soziologie 1994: 295-306
R. Zohlnhöfer: Die Wirtschaftspolitik der Ära Kohl. Opladen, Leske & Budrich 2001